Christoph Kleßmann/Georg Wagner (Hrsg.)

Das gespaltene Land

Das gespaltene Land

Leben in Deutschland
1945–1990
Texte und Dokumente
zur Sozialgeschichte

Herausgegeben von
Christoph Kleßmann und Georg Wagner

Verlag C. H. Beck München

Die Deutsche Bibliothek – CIP-Einheitsaufnahme

Das gespaltene Land : Leben in Deutschland 1945–1990 ; Texte
und Dokumente zur Sozialgeschichte / hrsg. von Christoph
Klessmann und Georg Wagner. – München : Beck, 1993
  ISBN 3-406-37165-5

NE: Klessmann, Christoph [Hrsg.]

ISBN 3 406 37165 5

© C. H. Beck'sche Verlagsbuchhandlung (Oscar Beck), München 1993
Satz: Fotosatz Janß, Pfungstadt
Druck- und Bindearbeiten: Ebner, Ulm
Gedruckt auf alterungsbeständigem (säurefreiem) Papier,
gemäß der ANSI-Norm für Bibliotheken
Printed in Germany

INHALTSVERZEICHNIS

Teil I
Die Zusammenbruchgesellschaft in Deutschland
1945–1948/49

Teil II
Die Bundesrepublik Deutschland
1949–1990

Teil III
Die DDR 1949–1990

Anhang

Einleitung der Herausgeber

Sozialgeschichte ist seit langem eine fest etablierte historische Teildisziplin, die eine bestimmte Sichtweise auf die Vergangenheit meint. Sie hatte es zunächst schwer, sich in Deutschland durchzusetzen, im Westen und noch viel mehr im Osten. Als Geschichte von Klassen, Schichten, Gruppen, von Strukturen und sozialen Konflikten, von Lebens- und Arbeitsverhältnissen, Mentalitäten und Verhaltensweisen haftete ihr lange Zeit der Verdacht einer von Soziologismen und abstrakten sozialwissenschaftlichen Begriffen geprägten Wissenschaft an, da sie sich gegen die Vorstellung von den «großen Männern», die angeblich Geschichte machen, zur Wehr setzte und weniger nach Zielsetzungen und Intentionen der Handelnden als nach dem «stummen Zwang» vorgegebener und schwer zu verändernder Verhältnisse und Strukturen in der modernen Gesellschaft fragte. Daß dabei Politik ausgeblendet bleibt und der einzelne in einer menschenleeren Strukturlandschaft verschwindet, gehört zu den kuriosen Mißverständnissen, die der Streit um adäquate wissenschaftliche Zugänge und angemessene Darstellungsformen hervorbrachte. Dieser Streit ist bei näherem Hinsehen längst überholt. Sozialgeschichte und politische Geschichte können nicht ernsthaft als Alternativen verstanden werden, so unterschiedlich auch die Akzentsetzungen jeweils ausfallen mögen.

Aus einer anderen Richtung kommt ein Einwand jüngeren Datums. Er fordert gegenüber langfristig wirksamen Strukturen und universalen Problemlagen, die mit sozialwissenschaftlichen Begriffen und Modellen zu erfassen versucht werden, eine stärkere Einbeziehung der Perspektive «von unten», der vielen und oft namenlosen Betroffenen, «des Volkes» und seiner Alltagswelt. «Alltagsgeschichte» heißt das Panier, unter dem gegen eine allzu theorielastige, die «großen Zusammenhänge» thematisierende Sozialgeschichte zu Felde gezogen wurde und wird. So berechtigt derartige Forderungen sind, so schwierig ist es zu bestimmen, was «Alltag» ist. Auch hier geht es nicht ohne Reflexion darüber ab, was den Alltag welcher Menschen ausmacht und wie er begrifflich und inhaltlich angemessen zu erfassen und darzustellen ist.

Der noch anhaltende Grundsatzstreit ist hier nicht zu erörtern.[1] Man darf jedoch mittlerweile davon ausgehen, daß solche Postulate nicht nur legitim sind, sondern auch bereits offene Türen einrennen, sofern nicht einer naiven Verklärung der angeblich heilen Welt der «kleinen Leute», der

---

[1] Vgl. Alf Lüdtke (Hg.), Alltagsgeschichte. Zur Rekonstruktion historischer Erfahrungen und Lebensweisen, Frankfurt/M. 1989.

Idyllisierung des vorindustriellen Lebens und ihrer Residuen in der Gegenwart sowie der Ausblendung struktureller Rahmenbedingungen das Wort geredet wird.

Die Verbindung von Sozial-, Politik-, Alltags- und Erfahrungsgeschichte läßt sich als Forderung leicht aufstellen, jedoch schwer einlösen. Dennoch ist eine solche Verbindung zumindest die Zielvorstellung, die dieser Sammlung von Dokumenten und Lebenszeugnissen zugrunde liegt. Sozialgeschichte wird hier somit in einem umfassenden, weder Politik noch Alltag vernachlässigenden Sinne verstanden. Sie hat für den hier zu behandelnden Zeitraum ein besonderes Gewicht. Denn zum einen ist die Geschichte Deutschlands nach 1945 vor allem in ihren politischen Zusammenhängen dargestellt worden, so daß die für andere Epochen breit entwickelte Sozialgeschichte hier immer noch in den Anfängen steckt. Zum anderen war insbesondere die frühere DDR-Historiographie extrem politisch überformt. Es dominierte die Perspektive «von oben», der private, ja «unpolitische» Alltag trat bestenfalls in der Brechung politischer Kritik durch die führende Partei in Erscheinung. Die nach der Revolution von 1989 einsetzende Selbstkritik der Historiker der früheren DDR hat dieses eklatante Defizit mittlerweile nachdrücklich offengelegt. Insofern läßt sich unschwer voraussagen, daß Sozial- und Alltagsgeschichte in Zukunft gerade für die Geschichte Ostdeutschlands ein großes Gewicht bekommen werden. Überdies werden unter den veränderten politischen Bedingungen auch die entsprechenden Quellen reichlicher fließen. Ihre umfassende Erschließung jedoch braucht noch viel Zeit.

Als dieser Band konzipiert wurde, war das Ende der DDR noch gar nicht absehbar und auch nicht vorstellbar. Die ursprüngliche Konzeption wurde in den Grundzügen, wenn auch in erweiterter Form, dennoch beibehalten. Das hier vorgelegte Lesebuch hat nämlich mittlerweile in einem doppelten Sinne historischen Charakter. Es enthält neben den Texten zur Bundesrepublik Zeugnisse aus der Geschichte eines Staates, den es nicht mehr gibt. Viele dieser Zeugnisse dokumentieren zugleich eine unter den politischen Bedingungen der DDR entwickelte Methodik, aus offiziösen, politisch gefärbten und zensierten Verlautbarungen, Artikeln und Erinnerungen in Kombination mit anderen Quellen gesellschaftliche Realität zu erschließen, Texte «gegen den Strich» zu lesen, um so ihren Wirklichkeitsgehalt jenseits politischer Wunschvorstellungen freizulegen. Die «von oben», von Parteigremien und staatlichen Instanzen geäußerte Kritik an bestimmten Personen, Verhaltensweisen und Zuständen oder deren schönfärberische Darstellung erlaubte es durchaus, indirekt auf die tatsächliche Bedeutung des Kritisierten, Ungewünschten, verzerrt Dargestellten zurückzuschließen. So ließ sich wenigstens annäherungsweise die Abweichung von der politischen Linie angemessen erfahren. Sozialgeschichtliche Untersuchungen werden in Zukunft diesen Umweg in der Regel nicht mehr so ausschließlich nehmen müssen. Gerade deshalb ist es von historischem Interesse, auch diese historiographische Dimension hier mitzuberücksichtigen, um zu sehen, was unter Bedingungen einer äußerst restriktiven Informations- und Archivpolitik an historischen Einblicken möglich war.

Ein anderes Problem, das vor allem die Zeitgeschichte insgesamt betrifft, erscheint für die hier behandelte Phase besonders gravierend: die Distanz fehlt. Distanz nicht nur hinsichtlich der Urteile über gerade erst abgeschlossene Ereignisse, sondern auch hinsichtlich ihrer Wirkung. Gerade das macht aber auch einen Teil der Faszination für die miterlebenden Zeitgenossen aus. Die Geschichte Nachkriegsdeutschlands hat sich als viel offener erwiesen, als wir alle geglaubt haben. Die Vereinigung Deutschlands hat, zumindest in kurzfristigen Zeiträumen, niemand ernsthaft für möglich gehalten, der kein politischer Träumer war. Daß sie so plötzlich und für alle überraschend zustande kam, zeigt, wie komplex politische Vorgänge sind, so daß sie auch nicht prognostiziert werden können. Daraus ergeben sich jedoch für eine historische Perspektive auch unübersehbare Gefahren. Weil es so gekommen ist, mußte es so kommen – dieser Suggestion kann die historische Analyse von heute allzu leicht erliegen, wenn sie nicht bewußt gegen eine solche deterministische Sicht angeht und sowohl auf der überwiegend anders gelagerten zeitgenössischen Wahrnehmung der Dinge als auch auf der prinzipiellen Offenheit der Entwicklung insistiert. Denn die Vereinigung ist durch die Koinzidenz vieler Faktoren zustande gekommen. Sie ist kein Beleg für die Richtigkeit einer bestimmten Politik und kein Beweis dafür, daß Nationen und Staaten nicht auch auf Dauer geteilt werden könnten. Diese Offenheit der deutschen Nachkriegsgeschichte in einem doppelten Sinne gilt es daher auch in einer historischen Dokumentation im Auge zu behalten.

Vor allem die Teilung Deutschlands und seine Integration in zwei völlig verschiedene und einander feindlich gegenüberstehende gesellschaftliche Systeme legen eher eine Charakterisierung durch Spannungen und Gegensätze als die Herausarbeitung von gemeinsamen und verbindenden Grundzügen der Epoche nahe. Diese politisch determinierte Gegensätzlichkeit mit einschneidenden sozialen und kulturellen Konsequenzen hat das Profil der deutschen Nachkriegsgeschichte in besonderer Weise geprägt. Die Teilung und die Forderung nach ihrer Überwindung, aber auch nach Anerkennung ihrer Endgültigkeit oder ihrer Milderung durch «Normalisierung» der zwischenstaatlichen Beziehungen erscheinen als mögliche Orientierungslinien. Ebenso das Faktum und der Wunsch nach einer durchgängigen «Modernisierung» der Gesellschaft im Sinne des Abbaus überkommener sozialer Barrieren, der Anpassung an den technischen Fortschritt und der Hebung des allgemeinen Wohlstandes. Die Realisierung und Umsetzung solcher Leitlinien fiel dann aber in beiden Staaten so unterschiedlich aus, daß sie nur auf einer sehr abstrakten Ebene einen gemeinsamen Nenner abgeben könnten.

Charakteristische Grundzüge werden für bestimmte Phasen der Nachkriegsentwicklung durchaus deutlich erkennbar. Die Unterschiede zwischen den fünfziger, sechziger, siebziger und achtziger Jahren sind offenkundig. Ob sich der gesamte hier behandelte Zeitraum jedoch über die Tatsache der

Teilung der Nation hinaus auch als innere Epocheneinheit begreifen läßt, ist angesichts fehlender zeitlicher Distanz noch kaum zu entscheiden. Deshalb haben wir auf eine generelle Charakterisierung vorweg verzichtet.

Für die 45 Jahre vom Ende des «Dritten Reiches» bis zur Revolution in der DDR und der Wiederherstellung der deutschen Einheit 1990 ließen sich verschiedenartige Periodisierungen denken. Doch ist dabei zu berücksichtigen, daß sich bundesrepublikanische und DDR-Geschichte kaum durchgängig synchronisieren lassen. Sinnvoll erschien es daher, im ersten Teil der Dokumentation nur die Besatzungszeit bis 1949 zu behandeln und daran 40 Jahre zweistaatlicher Geschichte anzuschließen. Bis 1949 gab es trotz unterschiedlicher politischer Rahmenbedingungen noch sehr viele Gemeinsamkeiten, nicht zuletzt bei den sozialen Problemen, so daß ein zonenübergreifender Querschnitt sinnvoll ist. Später erscheint jedoch angesichts der immer tiefer werdenden Spaltung und der forcierten Abgrenzung ein «Systemvergleich» eher künstlich, so daß vier Jahrzehnte Bundesrepublik und DDR getrennt, aber im wesentlichen nach den gleichen systematischen Themenkomplexen dargestellt werden, um so Parallelen und Unterschiede deutlich zu machen. Die Synopse der getrennt dokumentierten Quellenstücke erlaubt so die Rekonstruktion einer gegensätzlichen gemeinsamen Geschichte.

Zu den Gefahren einer zu eng verstandenen Sozialgeschichte gehört es, daß sie Politik ausblendet. Eine entsprechende Kritik ist beispielsweise gegen einen Band formuliert worden, der aus sozialhistorischer Perspektive den Zäsurcharakter des Jahres 1945 in Frage stellt und mit den provokativ formulierten Eckdaten «Stalingrad» und «Währungsreform» den in vieler Hinsicht gleitenden Übergang von der NS-Diktatur zur bundesrepublikanischen Demokratie thematisiert.[2] Die sozialgeschichtliche Betonung des Untergangs, der zugleich einen Übergang zu neuen gesellschaftlichen Strukturen und politischen Verhaltensweisen bildete, gibt dennoch einen produktiven Anstoß, um den Bruch von 1945 zu relativieren, dessen Betonung lange Zeit auch zur politischen Legitimation verdrängter Kontinuität diente.[3]

Politische Geschichte tritt hier, obwohl sich die Herausgeber der Gefahr eines verengten Blickwinkels bewußt sind, aus guten Gründen dennoch in den Hintergrund. Die vorliegende Sozialgeschichte will einen Kontrapunkt bilden zu den bisher in der Bundesrepublik, vor allem aber in der früheren DDR erschienenen historischen Darstellungen und Dokumentationen, bei denen in der Regel die politische Geschichte dominiert.[4] Den Beginn bildet

---

[2] Martin Broszat u. a. (Hg.): Von Stalingrad zur Währungsreform. Zur Sozialgeschichte des Umbruchs in Deutschland, München 1988. Eine kritische Auseinandersetzung damit gibt Heinrich August Winkler in: Geschichte und Gesellschaft 16 (1990), S. 403–409.

[3] Vgl. Lutz Niethammer: Zum Wandel der Kontinuitätsdiskussion. In: Ludolf Herbst (Hg.), Westdeutschland 1945–1955, München 1986, S. 65–83.

[4] Statt umfangreicher Literaturhinweise seien hier nur die beiden Forschungsüberblicke genannt: Rudolf Morsey: Die Bundesrepublik Deutschland. Entstehung und

die politische Zäsur von 1945. Alles andere wäre künstlich. Die Zweistaatlichkeit Deutschlands, die vier Jahrzehnte Nachkriegsgeschichte geprägt hat, nahm hier ihren Ausgangspunkt. Diese Feststellung bedeutet nicht, aus dem Untergang des Hitler-Reiches und der Aufteilung Deutschlands in vier Besatzungszonen eine zwangsläufige politische Entwicklung zu konstruieren, wie es sowohl Zeitgenossen als auch Historiker getan haben. Die territoriale Verkleinerung und Entmachtung Deutschlands, nicht aber seine Zweiteilung, waren ein Ergebnis des Zweiten Weltkrieges. Erst der Kalte Krieg und das Scheitern von Alternativen, die zeitgenössisch erwogen wurden, führten zur Spaltung des Landes und damit zu einer spezifischen Ausformung der viel älteren «deutschen Frage». Wie stark diese als politische Determinante auch soziale und innenpolitische Entwicklungen vor allem in der DDR bestimmte, hat die friedliche Revolution von 1989 erst wieder voll ins Blickfeld gerückt. Die nationale Dynamik, die alle politischen Planungen innerhalb kürzester Zeit völlig über den Haufen warf, hatte keineswegs primär «patriotische» Wurzeln. Sie war wesentlich sozial vermittelt: Allein die nationale Vereinigung versprach angesichts des ökonomischen und ökologischen Desasters in der DDR eine schnelle Rettung. Als vage Hoffnung hatte dieser konkrete Bezug der Wiedervereinigung zur Verbesserung der individuellen Lebenssituation anders als in der Bundesrepublik vierzig Jahre Trennung offenkundig überlebt. Insofern gab es die «deutsche Frage» in ihrer sozialgeschichtlichen Dimension vor allem dort, wo sie offiziell als erledigt galt und nicht erörtert werden durfte.

Die Quellenauswahl für einen Zeitraum, in dem das Ende der Zweistaatlichkeit nicht absehbar war, ja, eher immer unwahrscheinlicher wurde, sollte jedoch nicht nachträglich von heute aus der perspektivischen Suggestion erliegen, als habe 1989/90 die 1947 von Adenauer ebenso wie von Schumacher proklamierte «Magnettheorie» ihren späten Triumph gefeiert. Vielmehr bietet gerade die trotz der immer schärfer werdenden Trennung und Abgrenzung konstitutive Verflechtung beider Staaten und Gesellschaften ein besonders interessantes Themenfeld. Konkret bedeutet dies, daß die Möglichkeit einer dauerhaften Zweiteilung als Perspektive ebenso sichtbar wird wie die «dialektische Einheit», die entgegen allen Erwartungen einen Widerruf der separatstaatlichen Entwicklung in einer grundlegend veränderten Konstellation erlaubte.

Am Beginn der doppelten Staatsgründung 1949 standen zwei entgegengesetzte Antworten auf die totale Niederlage des nationalsozialistischen Regimes. Die DDR beanspruchte den historischen Ehrentitel eines «Neuen Deutschlands», dessen politisch und sozioökonomisch begründeter Antifaschismus ein für allemal mit den Traditionen gebrochen hatte, die zu 1933 führten. Die Bundesrepublik bekräftigte ebenso den völligen Bruch von

Entwicklung bis 1969, München 1987. Hermann Weber: Die DDR 1945–1986, München 1988.

1945, verband aber mit dem erfolgreichen Start der zweiten Demokratie in Bonn zugleich den Hinweis auf die totalitäre Kontinuität in der kommunistischen «Volksdemokratie» jenseits der Elbe.

Diese Frontstellung hatte gravierende innenpolitische und auch soziale Konsequenzen. Sie war Legitimation und Herausforderung zugleich. Legitimation für eine politische Option, die im Osten ohne jede demokratische Beteiligung der Bevölkerung erfolgte, im Westen zwar demokratisch abgestützt, aber zugleich von anderen Prioritäten überlagert und insofern eher halbherzig getroffen wurde. Herausforderung, weil die politische Freiheit einer parlamentarischen Demokratie in Verbindung mit einem rasanten ökonomischen Wiederaufstieg das aufgezwungene politische System der DDR ständig in Frage stellte. Der Anspruch der DDR, soziale Ungleichheit und politisch gefährliche ökonomische Machtkonzentration beseitigt zu haben, konnte zwar die Stabilität der prosperierenden Bundesrepublik in keiner Weise erschüttern, unterstrich aber gerade das Gewicht sozialpolitischer Probleme, wenn Bonn nicht erneut Weimar werden sollte. Die sehr erfolgreiche «Modernisierung unter konservativen Vorzeichen»[5] hatte ihre primären Ursachen in der gelungenen weltwirtschaftlichen Verflechtung und in den günstigen inneren ökonomischen Startbedingungen der Bundesrepublik. Die Konfrontation mit der DDR war aber ebenfalls ein wichtiger Faktor, weil das Kontrastbild jenseits der Grenze zur Legitimation und Akzeptanz des eigenen Systems erheblich beitrug. Insofern gehört nicht nur die bundesrepublikanische Geschichte als Element der inneren Destabilisierung der SBZ- und DDR-Geschichte, sondern auch umgekehrt die abschreckende Entwicklung der DDR als Stabilisierungsfaktor zur Geschichte der Westzonen und der Bundesrepublik. In unterschiedlicher Ausprägung und Intensität hat diese Verschränkung 45 Jahre deutscher Nachkriegsgeschichte geprägt. Als Einstieg in diesen zentralen Zusammenhang dient daher das quer zur chronologischen Gliederung gedachte erste Kapitel.

Es thematisiert die alltäglichen Folgen von Teilung und Abgrenzung, die erschwerten Kommunikationsbedingungen und die starken, aber ungleichen wechselseitigen Fixierungen und auch schiefen Bilder von Deutschland-Ost und Deutschland-West. Die Verflechtung hat seit den siebziger Jahren trotz formal sanktionierter Teilung zugenommen. Sie bildete insofern eine der Voraussetzungen des Umbruchs von 1989, als der Zusammenhalt der Nation, der in den sechziger Jahren immer mehr verlorenzugehen drohte, nun offensichtlich viel stärkere Wirkungen entfaltete, als wir alle geglaubt haben.

Die drei großen Abschnitte dieses Bandes sind jeweils nach den thematischen Kapiteln so untergliedert, daß sie eine parallele Lektüre und somit verglei-

---

[5] So die treffende Charakterisierung der gesamtgesellschaftlichen Rolle der Vertriebenen durch Peter Waldmann, in: Josef Becker u. a. (Hgg.): Vorgeschichte der Bundesrepublik Deutschland, München 1979, S. 188. Sie läßt sich durchaus generalisieren.

chende Aspekte erleichtern. Der erste, die Besatzungszeit umfassende Teil läßt sich plakativ mit dem Begriff «Zusammenbruchgesellschaft» kennzeichnen.[6] Diese war von materieller und sozialer Zerstörung (Kap. 2) in bisher kaum gekanntem Ausmaß geprägt, die auch die Verhaltensweisen und das Bewußtsein der Bevölkerung bestimmten, und zwar relativ unabhängig von der Politik der jeweiligen Besatzungsmacht. Der Kampf ums individuelle Überleben (Kap. 3) verlagerte sich sehr stark in die Familien (Kap. 5), veränderte tradierte Rollen und diktierte den ersten, allmählich wiederentstehenden politischen Organisationen und Verbänden ihre Aufgaben (Kap. 4). Selbst in der Ostzone, wo Parteien, Gewerkschaften und Betriebsräten schon frühzeitig wieder eine politische Funktion zugewiesen wurde, stellte der Kompensationshandel zur Sicherung der Ernährung zunächst manche der gewünschten politischen Ziele in den Schatten.

Zu den Kennzeichen dieser Gesellschaft gehörte aber ebenfalls in allen Zonen die «Kultur auf Trümmern» (Kap. 6). Sie diente der Entlastung, der Zerstreuung und auch der von den Alliierten ins Auge gefaßten «reeducation». Die entscheidende Zäsur für den Übergang in eine neue Phase der ökonomischen, sozialen, politischen und kulturellen Entwicklung bildete in den Westzonen die Währungsreform. Zwar verschwanden damit nicht über Nacht die Trümmer in ähnlichem Tempo, wie sich die Schaufenster füllten, aber die Hoffnung auf einen Wiederaufstieg erhielt jetzt ein solides Fundament. Auch in der Ostzone gab es eine Währungsreform, deren Wirkung jedoch sehr begrenzt blieb (Kap. 7). Als viel einschneidender erwies sich hier die Verschärfung des Kalten Krieges im Gefolge der Berlin-Blockade und die Umformung der SED zur leninistischen Kaderpartei, die fortan in Abhängigkeit von sowjetischen Wünschen die politische und gesellschaftliche Stalinisierung der DDR allein bestimmte.

Der zweite und dritte Abschnitt dokumentieren die Geschichte der Bundesrepublik und der DDR bis zur Neuvereinigung beider Staaten 1990. Während die soziale Entwicklung der Bundesrepublik von der außenpolitischen Grundsatzentscheidung für die Westintegration und vom «Wirtschaftswunder» geprägt war (Kap. 8), blieb für die DDR der zentrale Wirtschaftsplan das Regulativ, das auch die Gesellschaft bestimmte (Kap. 14). Mit seinen Konstruktions- und Ausführungsmängeln waren auch die Dauerprobleme der Produktion und der alltäglichen Versorgung vorprogrammiert. Denn eine grundlegende Reform, wie sie ansatzweise in den sechziger Jahren versucht worden war, erwies sich nicht zuletzt aus Gründen der Sicherung des Machtmonopols der SED als undurchführbar. Sowohl als Konsequenz des Krieges als auch infolge von Wirtschaftswunder und Planwirtschaft veränderten sich die Zusammensetzung und das Profil der sozialen Schichten und Gruppen tiefgreifend (Kap. 9, 15). Weitreichende soziale Sicherungen trugen ebenfalls

---

[6] Erstmals verwandt von Hajo Dröll in: Lutz Niethammer u. a. (Hrsg.): Arbeiterinitiative 1945, Wuppertal 1976, S. 164.

dazu bei, traditionelle Klassengegensätze abzuschleifen, ohne daß diese freilich verschwanden, wie in beiden Staaten programmatisch behauptet wurde.[7] Während sich in der Bundesrepublik Parteien und Verbände zum Kernelement einer funktionierenden parlamentarischen Demokratie entwickelten und Pluralismus zunehmend akzeptiert wurde (Kap. 10), degenerierten sie in der DDR zum formalen Integrationselement und zum eher dekorativen Transmissionsriemen für den politischen Willen der allein führenden SED (Kap. 16). Lediglich die Kirchen bilden eine Ausnahme. Sie blieben als einzige (relativ) autonome Organisationen ein Sammelbecken für potentielle Abweichung und Opposition.

Die Funktionsveränderung der Familie und die Rolle der Frau in Familie und Gesellschaft treten in beiden Staaten in ganz unterschiedlichen Formen, aber auch mit unübersehbaren Ähnlichkeiten in Erscheinung (Kap. 11, 17). Die verstärkte Einbeziehung von Frauen in den Produktionsprozeß vollzog sich in der Bundesrepublik als kaum wahrgenommener, aber unaufhaltsamer Trend. In der DDR wurde sie lautstark als Element der Befreiung der Frau propagiert, blieb aber lange Zeit deutlich hinter den politischen Erwartungen zurück. Gleichzeitig restaurierte sich in Ost und West ein eher kleinbürgerlich gefärbtes idyllisierendes Leitbild von Familie, Frau und Mutter, das u. a. in den zahllosen Anstands- und Benimm-Büchern seinen bisweilen kuriosen Niederschlag fand und den Kontrast zu der Trümmerzeit unmittelbar nach dem Kriege betonen sollte. Auch in den Verhaltensweisen der Jugend sind Parallelen trotz ganz unterschiedlicher Lebensbedingungen feststellbar. Freilich konnte sich in der DDR jugendliche Aufmüpfigkeit nur in verdeckten Formen entfalten und sich kaum in den typischen Halbstarken-Krawallen der fünfziger Jahre oder in den Protestformen der APO von 1968 artikulieren. Auflehnung gegen Bevormundung und Gängelung durch die Erwachsenen gab es aber auch hier (Kap. 11, 18).

Vor allem aus ökonomischen Zwängen hat dagegen die DDR viel früher als die Bundesrepublik die große politische und gesellschaftliche Bedeutung von Bildung entdeckt (Kap. 12, 19). Sie hatte bereits eine Reihe von Reformexperimenten hinter sich, als in Westdeutschland die Diskussion um die «deutsche Bildungskatastrophe» (Georg Picht 1964) ihre Konsequenzen zeigte. Selbst wenn die Erfahrung von Bevormundung und Unterdrückung durch rigide Normen im Klassenzimmer in beiden Teilen erfahrbar sein mochte, kann das nicht über die gravierenden Unterschiede in Inhalten und Formen hinwegtäuschen. Soziale Diskriminierung durch direkte und indirekte Ausleseverfahren gab es jedoch mit umgekehrten sozialen Vorzeichen und in ganz unterschiedlichen Formen in beiden Staaten.

---

[7] Der hier verwendete Begriff «Klasse» orientiert sich an Max Weber. Bestimmend für soziale Unterschiede zwischen Klassen in der bürgerlichen Gesellschaft sind demzufolge «typische Chancen der Güterversorgung, der äußeren Lebensstellung und des inneren Lebensschicksals». Zitat aus Max Weber: Wirtschaft und Gesellschaft, Tübingen [5]1972, S. 177.

Ein gerade aus alltagsgeschichtlichem Blickwinkel deutlicher gemeinsamer Trend wird schließlich im Bereich der Trivialkultur und der Freizeitgestaltung sichtbar (Kap. 13, 20). Langfristige Tendenzen im Freizeitverhalten setzen sich in der Bundesrepublik und mit Zeitverzögerung in der DDR ähnlich durch, und gegen die Rezeption westlicher jugendlicher Musikkultur kämpfte die SED einen hartnäckigen, aber letztlich erfolglosen politischen Kampf. Dagegen entwickelten sich die Wohnstandards eher auseinander, weil die Altbausubstanz in der DDR rapide verfiel und die Neubaublocks nur durch die technische Ausstattung eine Alternative bildeten, architektonisch jedoch ein trostloses Bild boten. Die Wohnungsversorgung blieb in der DDR eines der Probleme, die der Bevölkerung am meisten auf den Nägeln brannten. In der Bundesrepublik schien die Entwicklung zeitweilig auf einen einigermaßen ausgeglichenen Wohnungsmarkt hinauszulaufen. Überdies nahm die architektonische Planung seit den siebziger Jahren zunehmend Abschied von der problematischen «Modernität» phantasieloser Trabantenstädte und riesiger Wohnmaschinen der fünfziger und sechziger Jahre. Stadtnahe Altbauten erfreuten sich wieder zunehmender Beliebtheit. Mit der steigenden Nachfrage nach «Singlewohnungen» und mit den in den achtziger Jahren rasant wachsenden Zahlen von Aussiedlern aus osteuropäischen Ländern verschärfte sich jedoch die Lage auf dem Wohnungsmarkt erneut, so daß sich auch hier preiswertes Wohnen zu einem der gravierendsten sozialen Probleme entwickelte.

Der Auswahl der Texte standen Schwierigkeiten im Wege, die es bei früheren Epochen nicht gegeben hatte: So spielte die Presse als Quellengattung eine erhebliche Rolle, denn Erinnerungen, Tagebücher und Reportagen stehen – sieht man von literarischen Gattungen ab – noch nicht überall in breitem Umfang zur Verfügung. Gleichwohl ist das Material so umfangreich, daß damit mühelos weitere Bände hätten gefüllt werden können. Die Kriterien für die Auswahl und Kürzung der schließlich aufgenommenen Texte sind zwar nicht willkürlich, aber zwangsläufig subjektiv. Inhaltliche Ergiebigkeit und Anschaulichkeit, Wechsel und Konfrontation der Perspektiven zum gleichen Thema (insbesondere im DDR-Teil), Berücksichtigung unterschiedlicher Gattungen von Quellen, breite Streuung der Themen, um ein möglichst komplexes Bild der gesamtgesellschaftlichen Entwicklung einschließlich mancher Kuriositäten zu vermitteln, Ergänzung der gängigen Urteile durch abweichende Sichtweise und die Verwendbarkeit der Quellenauszüge als illustrativer Einstieg in gründlichere Analysen der einzelnen Themenbereiche waren die leitenden Gesichtspunkte bei der Zusammenstellung des Bandes. Daß damit keine «Repräsentativität» erreicht werden kann, sollte sich bei dem Charakter einer solchen Sammlung von selbst verstehen.

Die Kapiteleinleitungen verzichten auf Quelleninterpretation: Jeder Text soll weitgehend für sich selbst sprechen. Wir beschränken uns auf eine allgemeine Beschreibung der Rahmenbedingungen, in denen die Quellenstücke stehen. Die knapp gehaltenen Literaturhinweise in den Einleitungen und in der Bibliographie sollen Hilfen geben, um eine genauere Beschäftigung mit den behandelten Themen zu erleichtern. Für die endgültige Textauswahl und die Einleitungen zu dem bundesrepublikanischen Teil ist Georg Wagner, für die beiden anderen Teile und die Gesamtleitung Christoph Kleßmann verantwortlich.

Für die formale Gestaltung der Texte sind entweder die Originalüberschriften (in Anführungsstrichen) oder eigene Titel zur Kennzeichnung gewählt worden, wobei dann der ursprüngliche Titel im Nachweis am Ende des Textes auftaucht. Bei Zeitungs- und Zeitschriftentexten sind die Verfasser in der Regel weggelassen worden. Häufig waren sie ohnehin nicht zu ermitteln oder für unseren Zusammenhang nicht von besonderer Bedeutung. Im Gesamtverzeichnis der Quellen tauchen wegen der häufigen Rückgriffe auf Zeitungen nicht alle Artikel noch einmal einzeln auf, sondern lediglich die Titel und der Erscheinungszeitraum der ausgewerteten Zeitungen und Zeitschriften sowie der Sammlungen, die besonders ergiebig waren. Die von den Herausgebern vorgenommenen Kürzungen in den Texten und die bereits in den Textvorlagen zu findenden Kürzungen sind einheitlich durch eckige Klammern markiert worden.

Bei der Suche nach geeigneten Materialien und ihrer Vorbereitung für den Druck haben viele mitgeholfen, denen hier zu danken ist: insbesondere Sabine R. Arnold, Dirk Meyer, Gerd Meier, Justus Goldmann. Dem PDS-Archiv in Leipzig, der Hamburgischen Staatsbibliothek und der Presseausschnittsammlung des Gesamtdeutschen Instituts in Bonn (jetzt Teil der Bundeszentrale für politische Bildung) verdanken wir wichtige Ergänzungen, insbesondere für den DDR-Teil. Beim Schreiben der Texte waren insbesondere Frau Christel Schwigon und Frau Ellen Dorn behilflich. Das Sachregister haben Friedhelm Jostmeier und Martina Busse erstellt. Schließlich haben Herr Dr. Ernst-Peter Wieckenberg und Herr Peter Schünemann vom Beck-Verlag viel Langmut und Verständnis für die Schwierigkeiten eines Vorhabens bewiesen, das kurz vor der Fertigstellung von den politischen Ereignissen eingeholt und in einem neuen Anlauf erheblich verändert und erweitert werden mußte.

Bielefeld, Sommer 1992

Erstes Kapitel

Deutsch-Deutsches

Einleitung

Über die Grenze zwischen Nord- und Südkorea ist in Mitteleuropa nicht viel bekannt. Sie war bis 1990 völlig unüberwindlich. Insofern ist die Grenze, die Deutschland über vierzig Jahre lang, vor allem aber seit dem Mauerbau von 1961, teilte, nicht singulär. Für europäische Verhältnisse lassen sich zur innerdeutschen Grenze dennoch keine Vergleichsbeispiele finden.[1] Noch stehen Reste des Metallgitterzaunes in der Landschaft, aber in Zukunft wird es schwierig sein, einen authentischen Eindruck davon zu vermitteln, wie diese Grenzbefestigung ein Land zerschnitt und die Bevölkerung eines Staates zumindest gegenüber dem Westen einsperrte. Die minuziöse Reportage eines Journalisten gibt einiges davon wieder, auch wenn sie nur einen begrenzten Ausschnitt spiegeln kann (Dok. 1).

Die Grenze und die Versuche, sie durchlässig zu machen und ihre Folgen zu mildern, stehen im Mittelpunkt jeder Betrachtung deutsch-deutscher Nachkriegsgeschichte. Denn vielfältige Formen von Abgrenzung und Grenzüberschreitung gab es auch über die sichtbare Monstrosität der DDR-Staatsgrenze hinaus. Die Nachbarschaft zur Bundesrepublik prägte die innere Situation des SED-Staates. Informationen kamen zu allen Zeiten auf vielen Wegen von Ost nach West und umgekehrt. Da sie sich nicht völlig unterbinden ließen, mußten sich Staat und Partei damit immer wieder auseinandersetzen. Karl Eduard von Schnitzlers berüchtigte Sendung «Der schwarze Kanal» war der offensivste, wenn auch propagandistisch wenig wirksame Versuch dieser Art (Dok. 13). Sie verweist gerade in ihrer giftigen Polemik auf die enge Verflechtung beider Staaten und Gesellschaften, die vor allem die Geschichte der DDR, indirekt und weniger ausgeprägt aber auch die Geschichte der Bundesrepublik mitbestimmt hat.

Die Vorgänge in der DDR lagen ständig im Visier westlicher Beobachter, und ihre Stellungnahmen wirkten zurück auf die DDR, auch wenn sie wegen strikter Zensur die Öffentlichkeit, besonders in der Anfangsphase, nur indirekt und bruchstückhaft erreichen konnte. Die schlimmsten Exzesse politischer Repression boten immer wieder Anlässe zu öffentlich gemachten Interventionen (Dok. 2). Seit 1963 und vor allem seit der Aufnahme politischer Beziehungen zwischen der DDR und der Bundesrepublik liefen Versuche, den Opfern des Regimes zu helfen, von staatlicher Seite meist über indirekte

---

[1] Vgl. zur Reflexion über die Grenze das Themenheft «Grenze» der Zeitschrift Sowi-Sozialwissenschaftliche Informationen 1991, Heft 3.

Kanäle. Häftlingsfreikauf gegen Devisen war eine geräuschlose, aber angesichts der Geldnot des ostdeutschen Staates effektive Angelegenheit (Dok. 3).
Eine andere Form von Grenze und Abgrenzung schuf die Verflechtung beider Teile Deutschlands in die Fronten des Kalten Krieges und die davon geprägte Form der Auseinandersetzung mit der nationalsozialistischen Vergangenheit.[2] Der Umgang mit jüdischen Emigranten war für beide Staaten kein Ruhmesblatt, wie das Beispiel der Tochter Kurt Eisners zeigt (Dok. 4).
Bis 1961 bildete Berlin das Schlupfloch, das die Grenze noch durchlässig machte. Da es die DDR zu ruinieren drohte, war «Republikflucht» ein Dauerthema öffentlicher und interner Diskussionen in Partei und Staat (Dok. 5, 6).
Westreisen von DDR-Bürgern waren in den fünfziger Jahren noch möglich und wurden seit Mitte der siebziger Jahre sehr restriktiv, aber mit steigender Tendenz in dringenden Fällen auch für diejenigen wieder erlaubt, die noch nicht im Rentenalter waren.[3] Welches Abenteuer eine Reise von Ost nach West und umgekehrt in der Regel bedeuten konnte, zeigt ein zeitgenössischer Bericht von 1960 (Dok. 7). Nach dem Mauerbau bildete zeitweilig die Leipziger Messe die einzige Möglichkeit für Westdeutsche, in die DDR zu reisen. Ohne größere Probleme, aber gegen ein hohes «Eintrittsgeld» von 25,- DM am Tag konnten sie auf diese Weise wenigstens die Stadt Leipzig besuchen und sich dort auch mit Verwandten treffen (Dok. 11).
Die Schikanen der Grenzkontrolle und die administrative Einschränkung der Kontakte führten jedoch auf Dauer zwangsläufig zur Schwächung und Lockerung der Verbindungen. Die emotionale Fixierung der DDR-Bevölkerung auf den westlichen Teil blieb aber groß. Insofern spiegeln «Mahnungen von drüben» (Dok. 8) ebenso wie die Freude über ein Westpaket oder Briefe, die der Zensur entgingen (Dok. 9), viel von der ungleichen Gewichtverteilung wider, die die «deutsche Frage» bei der Bevölkerung beider deutscher Staaten besaß. Daß es über verwandtschaftliche und freundschaftliche Verbindungen hinaus auch kuriose Gemeinsamkeiten in beiden Gesellschaften gab, zeigt ein Blick in die Benimmbücher (Dok. 10).
Zur deutsch-deutschen Nachkriegsgeschichte gehört auch die veränderte Wahrnehmung der DDR in der Bundesrepublik. Dieses fremde und ferne Land erregte zwar nicht in gleicher Weise breites Interesse wie umgekehrt, aber im Zuge der begrenzten Modernisierung dieser Gesellschaft und vor allem im Rahmen der Entspannung und der angestrebten Normalisierung der innerdeutschen Beziehungen versuchten westdeutsche Beobachter, die DDR nicht mehr primär durch die gewohnte politische Brille zu sehen. Man be-

---

[2] Vgl. Christoph Kleßmann: Das Problem der doppelten «Vergangenheitsbewältigung», in: Die neue Gesellschaft/Frankfurter Hefte 1991 Nr. 12, S. 1099–1105.
[3] Vgl. Margit Roth: Zwei Staaten in Deutschland. Die sozialliberale Deutschlandpolitik und ihre Auswirkungen 1969–1978, Opladen 1981. Johannes Kuppe: Die deutsch-deutschen Beziehungen aus der Sicht der DDR, in: Werner Weidenfeld, Hartmut Zimmermann (Hgg.): Deutschland-Handbuch. Eine doppelte Bilanz 1949–1989, München/Bonn 1989, S. 551–567.

mühte sich um Differenzierung und auch um Anerkennung der Aufbaulei-
stungen der ostdeutschen Bevölkerung. Der Fortschritt in der DDR schien
zwar mühsam und langsam, aber doch sichtbar (Dok. 12). Da niemand ernsthaft mit der Auflösung des Ostblocks und dem Ende der DDR rechnen
konnte, wurde im Zuge dieses Normalisierungswunsches der kritische Blick
auf den zweiten deutschen Staat oft getrübt. Eine produktive Koexistenz, die
auch der einzelne im Alltag spüren sollte, schloß in der Tat Vorsicht und
Zurückhaltung im Umgang miteinander ein. Dies hat ohne Zweifel dazu geführt, die Identifizierung von Bevölkerung und politischer Führung in der
DDR zu überschätzen und den Status quo allzu moderat zu kritisieren
(Dok. 14).

Nach der «Wende» von 1989 ist dieses Verhalten eher ins Gegenteil umge-
schlagen. Der historische Rückblick sollte dazu beitragen, sich zu vergegen-
wärtigen, daß heute nicht nur die mittlere, sondern auch die jüngere Generation in der DDR ihre prägenden Erfahrungen machte und ihre Vergangenheit
nicht ausschließlich in den düsteren Farben des Stasi-Staates sehen will. Insofern wird das klassische Doppelleben, das eine Diktatur produziert, auch
nach 1989 in ganz anderer Form noch ein Thema der Zukunft bleiben
(Dok. 15).

1. «Die Narbe der Nation»

[...]

Vom Prexerwald im Bayerischen reicht diese Grenze bis an die Pötenitzer
Wiek vor der Ostsee und ist 1381 Kilometer lang. Einmal heißt sie *Zonengrenze*, ein andermal *Eiserner Vorhang*, dann wieder *Staatsgrenze West* oder
Demarkationslinie. Zaun, Todesstreifen, Ulbrichts längster Staatspark – die
Bezeichnungen sind beliebig auswechselbar. Doch unverrückbar in der Landschaft bleiben stets Grenze und Graben. Schlägt Haken, springt im Zick-
Zack über Saale, Aller und Ratzeburger See, kreuzt dreimal die Werra und
läuft erst bei Werleshausen nach Norden weiter. Ein bizarres Gemälde alle
mal. Drängt sich durch den Harz, versteckt sich hinter Lübeck im Lauerholz,
zerhackt zwischendurch Zicherie und Böckwitz, zerschneidet Mödlareuth,
zerteilt Offleben.

Acht Tage bin ich an dieser Grenze entlanggefahren, unten vom Dreiländer-
eck am Ursprung der Regnitz bis oben nach Travemünde. Dazwischen, aufgereiht wie auf einer Perlenschnur, die Orte der vierstelligen Postleitzahlen.
Dazwischen auch: ein ausgeklügeltes System tiefgestaffelter Hindernisse,
zwischen Deutschen und Deutschen.

Unmittelbar am Grenzstrich: verrottende Pfähle, rostiger Stacheldrahtver-
hau; vor den ziegelroten Dörfern meterhohe Sichtblenden aus Beton. Straßen
enden jäh an Gräben, Wege verlieren sich in wildwuchernden Hecken. Die
Welt ist hier mit Brettern vernagelt. Der alte Zehnmeterstreifen, früher sorg-

fältig geeggt und zweimal täglich nach Fußspuren abgesucht: zugewachsen.
Ein Schonraum für Fasane, eine Promenade für Rotwild. Zum Abschuß sind
freigegeben: Republikflüchtige.

Hauptmann Zumkley vom Bundesgrenzschutz kennt hier jeden Baum und
jede Ecke. Er kennt auch die siebzehn Jahre alte, modifizierte «Verordnung
des DDR-Ministerrats» zum Ausbau der Grenzsicherheitsanlagen: «raffiniert ist gar kein Ausdruck dafür. Der Bewegungsfreiheit sind drüben zwar
sichtbare Grenzen gesetzt, dem traurigen Erfindergeist scheinbar nicht. Vorn
verzichtet man auf Stacheldraht und Kontrollstreifen. Das machen die aus op-
tischen Gründen. Landeinwärts aber erstreckt sich die fast unüberwindliche
Sperrzone. Fünf Kilometer tief.»

Wir fahren langsam. Es regnet leicht. Nach Meiningen 19 km ... Wegwei-
ser sind geduldig. Hinter Eußenhausen zieht der Landrover durch einige Kur-
ven. «Halt! Zonengrenze.» Quer über die Straße ein sperriger Balken, harte
Bohlen sind in die Erde gerammt.

«*Moderne Grenze,* so nennen sie das. Maschendrahtzaun, Minengürtel,
wieder Maschendrahtzaun. Und erst hinter dem Kraftfahrzeugsperrgraben
der neue Kontrollstreifen. Doch damit ist der Einfallsreichtum noch nicht zu
Ende. Dahinter erstreckt sich ein tückisches Machwerk aus Stolperdrähten
und elektrischen Alarmanlagen. Hunde an Lauflienen, auf Menschen dres-
siert, ergänzen es.» In der Mitte, drohend wie die Spinne im Netz, ein hölzer-
ner Wachturm auf seinen staksigen Beinen. «583 Stück von Prex bis Priwall.»

Zahlen allein sind uninteressant. Hauptmann Zumkley nickt: «Die ändern
sich. Die Probleme aber, die bleiben. – Nein», verbessert er sich, «die wachsen.»

[...]

*(Sepp Binder: Die Narbe der Nation. Zwischen Touristen und Tretminen: Die
Zonengrenze. In: Die Zeit vom 13. 6. 1969)*

2. Strafvollzug in der DDR
Offener Brief des Untersuchungsausschusses Freiheitlicher Juristen

Sehr geehrter Herr Becher!

Sie haben auf einer Pressekonferenz anläßlich der Tagung des PEN-Clubs in
Wiesbaden geäußert, Sie seien bereit, Ihre westdeutschen Kollegen durch die
Gefängnisse der sogenannten Deutschen Demokratischen Republik zu füh-
ren, um nachzuweisen, daß dort niemand zu Unrecht festgehalten werde.
Wir hoffen, daß einige der Mitglieder des PEN-Clubs Sie beim Wort nehmen
werden. Der Herr Minister für Staatssicherheit, Wilhelm Zaisser, hat bisher
nicht einmal den Geistlichen die Genehmigung erteilt, die Gefängnisse des
Staatssicherheitsdienstes zu betreten, und sogar die Generalstaatsanwälte der
Länder fordern erfolglos, wenigstens die Namen der dort inhaftierten Perso-

nen zu erfahren. Warum scheut der Staatssicherheitsdienst so sehr das Licht der Öffentlichkeit? Warum dürfen – entgegen den Bestimmungen der Verfassung – politische Häftlinge nach ihrer Inhaftierung weder ihre Angehörigen benachrichtigen noch einen Verteidiger hinzuziehen? Die Antwort würden Sie bei einer Rundreise durch die Gefängnisse der «Deutschen Demokratischen Republik», besonders jener, die dem Staatssicherheitsdienst unterstehen, erhalten.

Lassen Sie sich zunächst bei einer Besichtigung des Berliner Stadtvogtei-Gefängnisses in der Dircksenstraße 14–16 durch den als Schläger bekannten Hauptwachtmeister Sult den «Streckverband» vorführen. Versuchen Sie selbst: Man wird Sie auf eine Holzpritsche schnallen und Ihre Hände und Füße mit Gewichten von 50 bis 60 Pfund beschweren. Prüfen Sie dann, wie lange Sie es aushalten und ob Sie nach einiger Zeit nicht bereit sind, jede beliebige Aussage zu machen.

Der Gefängnisarzt wird Ihnen ferner bestätigen müssen, daß das Prügeln von Häftlingen an der Tagesordnung ist. Er wird Ihnen auch einige Auskünfte über die Anwendung der sogenannten «Wahrheitsspritze» geben.

Fahren Sie dann nach Weimar und lassen Sie sich im Gefängnis des Staatssicherheitsdienstes eine sogenannte «Badekarte» geben. Das bedeutet, daß Sie in eine erst kürzlich fertiggestellte Wasserzelle eingesperrt werden, in der innerhalb 24 Stunden kaltes Wasser bis zu Ihrer Mundhöhe ansteigt. Alle 6 Stunden werden Sie für eine Stunde aus dieser Zelle herausgeholt. Diese Prozedur wiederholt sich mehrere Tage, bis Sie bereit sind auszusagen. Besuchen Sie auch die Lichtzelle, in der tausendkerzige Glühbirnen brennen. Sie können nicht schlafen, Sie erfahren nicht, ob Stunden, Tage oder Wochen vergangen sind. Aus den Nebenzellen hören Sie die Schreie von mißhandelten Leidensgenossen. – Wir wären interessiert, zu erfahren, wie Sie sich in diesem Fall verhalten würden. [...]

Fahren Sie dann weiter nach Meißen und erkundigen Sie sich nach dem Bibelforscher Erich Poppe, der am 31. 8. 1950, morgens 4.30 Uhr, von drei Beamten des Staatssicherheitsdienstes kerngesund aus seiner Wohnung abgeholt worden ist.

Seine Frau wird Sie nur ängstlich ansehen und keine Auskunft geben. Im Löbauer Krankenhaus werden Sie dann erfahren, daß Poppe, nachdem er vom Staatssicherheitsdienst in schwerverletztem Zustande eingeliefert worden war, bald darauf verstarb. An Unterernährung, behauptet der von der Polizei ausgestellte Totenschein. In Wirklichkeit war er, wie die Sektion der Leiche ergab, zu Tode geprügelt worden.

Erkundigen Sie sich ferner in den Zuchthäusern Waldheim und Bautzen, wie die «Verhandlungen», in deren Verlauf die Häftlinge fast durchweg zu Freiheitsstrafen von 15 bis 25 Jahren verurteilt wurden, vor sich gingen. Es ist nicht zu empfehlen, daß Sie in diesem Zusammenhang auf die Verfassung der «Deutschen Demokratischen Republik» hinweisen, in der von öffentlichen

Gerichtsverhandlungen und dem Verbot von Sondergerichten zu lesen ist. Sie könnten leicht in den Verdacht eines «Agenten» kommen.

Von einem Besuch des Gefängnisses in Brandenburg möchten wir Ihnen wegen der damit verbundenen Ansteckungsgefahr abraten. Ein Drittel der Häftlinge ist dort an Tbc erkrankt, trotzdem aber gemeinsam mit den übrigen Häftlingen untergebracht.

Ob Sie dann immer noch die Meinung vertreten werden, es gäbe in der Sowjetzone den «fortschrittlichsten und humansten Strafvollzug», erscheint uns sehr zweifelhaft. Wenn Sie ein Herz im Leibe haben, müßten Sie sich voller Abscheu von einem System des Unrechts, das Sie immer noch verherrlichen, abwenden.

Untersuchungsausschuß Freiheitlicher
Juristen
der Sowjetzone
gez. Dr. Friedenau

(PZ 1950, Nr. 9)

3. Häftlingsfreikauf

Im August 1973 unternahm der dreiunddreißigjährige Wolfgang Dietrich zusammen mit seiner Frau und drei Kindern im Alter von neun, elf und zwölf Jahren einen Versuch, die DDR illegal zu verlassen. Kurz vor dem Aufbruch wurde das Ehepaar denunziert, verhaftet und zu fünfzehn Monaten Gefängnisstrafe verurteilt. Die Kinder, die bei einer befreundeten Familie hätten untergebracht werden können, wurden statt dessen von den Behörden in ein staatliches Heim eingewiesen, eine Anordnung, die folgendermaßen begründet wurde: «Die Verwandten des Ehepaares sind nicht in der Lage, die Kinder im Geist des Sozialismus zu erziehen.»

Nachdem die Mutter aus dem Gefängnis entlassen worden war, wurde ihr noch einmal bestätigt, daß sie nicht würdig sei, ihre Kinder aufzuziehen. Man erlaubte ihr nicht, sie wieder zu sich zu nehmen. Als Protest gegen diese Anordnung begann Wolfgang Dietrich in seiner Gefängniszelle einen Hungerstreik. Nach acht Tagen waren die Kinder tatsächlich wieder bei ihrer Mutter. Dietrich schildert diesen Lebensabschnitt folgendermaßen:

«Mitte November 1974 sollten meine Frau und ich entlassen werden. Daher wurden wir von Cottbus in die Haftanstalt von Karl-Marx-Stadt verlegt, die dem Staatssicherheitsdienst untersteht. Mir war bekannt, daß dieses Gefängnis die letzte Etappe vor der Entlassung ist. Doch in diesem Augenblick, in dem ich glaubte, in den Westen transportiert zu werden, wurde mir mitgeteilt, ich würde nur unter der Bedingung entlassen, daß ich mit meiner Frau in der DDR bliebe. Meine Antwort war eindeutig: ‹Lieber kehre ich nach Cottbus in mein kleines Gefängnis zurück, als daß ich in dem großen Gefängnis lebe, das die DDR darstellt.› Also schickte man mich wieder nach Cottbus. Meine Frau dagegen wurde entlassen, doch wurden ihr unsere Kinder nicht zurückgegeben. Daraufhin entschloß ich mich zum Hungerstreik, den ich so lange durchhalten wollte, bis wir unsere Kinder wieder hätten. Ich habe versucht, dem Minister für Staatssicherheit meinen Beschluß schriftlich mitzuteilen, doch mein Brief wurde von den ‹Erziehern› unseres Gefängnisses, Leutnant Hofrichter und Leutnant Grube, zurückgehalten. Sie wollten mich von meinem Entschluß abbringen, zunächst durch gutes Zureden, dann durch die Androhung neuer Quälerei. Sie haben mir dann Seifenpulver ins Wasser getan, damit ich es nicht trinken konnte. Am 14. Januar habe ich mit dem Hungerstreik begonnen; am 22. Januar besuchte mich ein Beamter des Staatssicherheitsministeriums, der eigens von Berlin gekommen war. Am 21. Januar hatte die ‹Bewegung 13. August› bekanntgegeben, daß ich im Hungerstreik sei, und diese Nachricht war von der Deutschen Presseagentur und von Associated Press verbreitet und von der westlichen Presse und den Rundfunkstationen übernommen worden. Meinem Besucher lag hauptsächlich daran, zu erfahren, auf welchem Wege die Nachricht von meinem Hungerstreik nach West-Berlin gelangt war. Er erhielt keine befriedigende Antwort. Nachdem er mir dann glaubwürdig versichert hatte, daß uns die Kinder zurückgegeben würden, erklärte ich mich bereit, den Hungerstreik abzubrechen. Zehn Tage später waren unsere Kinder wieder bei ihrer Mutter.

Am 5. Dezember 1975 wurde ich entlassen und in die Bundesrepublik transportiert. Meine Frau und unsere drei Kinder kamen ein halbes Jahr später nach. Wieviel die Bundesregierung für uns fünf bezahlt hat, habe ich nie erfahren (Nach zuverlässigen Informationen kann man die Kosten dieser Transaktion mit 140 000 DM beziffern). Die Anwälte beider Staaten ermahnten uns ausdrücklich, im Hinblick auf weitere Entlassungen nie über unsere Erlebnisse zu sprechen. Wegen dieser Ermahnungen und weil viele von uns eines Tages in die DDR reisen möchten, um Verwandte oder Freunde wiederzusehen, gibt es über die DDR-Gefängnisse nur so wenige authentische Informationen. [...]»

(Michel Meyer: Freikauf. Menschenhandel in Deutschland, S. 96 ff., © Paul Zsolnay Verlag Gesellschaft mbH, Wien/Hamburg 1978)

4. Freia Eisner
Eine jüdische Emigrantin in Deutschland

[...]

In Frankreich wollte mir die Baronin von Rothschild ein Medizinstudium bezahlen, unter der Bedingung, daß ich Französin werde. Aber ich konnte nicht einfach die Staatsbürgerschaft wechseln, wie man ein Hemd wechselt. Ich war Deutsche! Im Kriege habe ich darunter gelitten. Ich fühlte mich trotz

Emigration und eigener Verfolgung verantwortlich. Gegen Kriegsende kümmerte ich mich um Fremdarbeiter, die von den Deutschen verschleppt und in den schon befreiten Gebieten nach England geschafft worden waren. Einmal kam ich in ein Zugabteil mit Polen. Die dachten, ich sei Engländerin und freuten sich. Als ich sagte, daß ich Deutsche sei, war plötzlich Totenstille, Feindseligkeit, Haß. Ich dachte, die schmeißen mich durchs Fenster. Deutschsein haftete mir an wie ein Makel.

Doch ich wollte zurück nach Deutschland. Ab 1948 besuchte ich meine Schwester in Halle. Gott, waren die Leute schrecklich. Ich hatte Ringelsokken an, das war suspekt. Einmal hat eine Straßenbahnschaffnerin mich angebrüllt: Jetzt werden bald andere Zeiten aufziehen!

Aber daheim, im badischen Gengenbach, war es nicht besser. Eine Woge von Mißtrauen, dort wie hier. Warum will eine in die DDR? Daß meine Schwester krank war, schien kein Grund.

Ruths erster Antrag für meine Übersiedlung wurde abgelehnt. Sie hat es nie erzählt, ich fand die Papiere. Schließlich wurde er doch genehmigt. Aber die Leute verstehen mich heute noch nicht. Was ich normal finde, finden sie nicht normal, selbst Menorah, meine Kanaaniterhündin, war nicht genehm, weil sie aus Israel kam. Da habe ich gesagt: Sie werden bei mir, deren Familie so unter den Nazis gelitten hat, wohl begreifen, daß ich mir keinen Deutschen Schäferhund halte.

Viele hatten anfangs Angst, mit Freia Eisner zu reden. Eisner paßte nicht rein, tut es auch jetzt nicht ganz, Pazifist. Nach dem Krieg war sogar verboten, seine Bücher zu lesen.

Wir Töchter beschlossen dennoch in den 50er Jahren, unsere Anteile am literarischen Nachlaß des Vaters dem Zentralen Parteiarchiv zu schenken. Daß damit fast niemand mehr an Eisners Erbe herankam, ahnten wir nicht.

Die DDR war ein schwieriges spätes Zuhause. Der DDR-Wimpel in meinem Zimmer ist Bekenntnis, dann aber denke ich: Alles Kram und Quark hier. Diese ständige Meckerei, früher wie heute. Das ewig Provinzielle werden sie auch nicht los. Und der Staat ist wieder ein richtiger Männerstaat geworden. Ich leide keine Not, bekam schließlich doch die VdN-Rente (Verfolgte des Naziregimes), die man mir drüben verweigert hatte. Und die Nazis haben hier nichts zu pfeifen.

Alles andere – ...

Als ich in das Heim zog, wurde mir der Ausweis abgenommen – angeblich zur Eintragung des neuen Wohnorts. Im Mai 1989 wollte ich ihn holen, für die Kommunalwahlen. Ich bekam ihn nicht. Ich fühlte mich wieder wie ein Jude behandelt, keine Rechte, kein Ausweis, nichts. Was vom Nachlaß an Geld und Werten übrigbleibt, bekommt die Jüdische Gemeinde. Um meinen Vater zu ehren. Weil die Juden so viel gelitten haben.

[...]

(Sonntag vom 3. 6. 1990)

5. Republikflucht

Die tragische Bevölkerungsbewegung zwischen Ost und West im gespaltenen Deutschland geht weiter. Menschen verlassen ihren Wohnsitz, im Monat Tausende, und siedeln in beiden Richtungen in den anderen Teil Deutschlands um. Unverkennbar hat die Ost-West-Bewegung in den letzten Monaten zugenommen.

Was bewegt diese Menschen, unsere Republik zu verlassen? In diesem Jahr kann der überwiegende Teil der Republikflüchtigen kaum politische Motive vorschützen. In erster Linie sind es opportunistische Erwägungen, an der Hochkonjunktur des Westens teilzunehmen. Abgesehen von einer moralischen Einschätzung einer solchen Handlungsweise, das Aufbauwerk des neuen Deutschlands zu verlassen, erscheint diese Spekulation mit der Bonner Konjunktur nicht sehr umsichtig in einem Augenblick, wo viele Anzeichen dafür sprechen, daß der Höhepunkt der Konjunktur bereits überschritten ist. [...]

Die Krise wird kommen. Es ist müßig, über ein Datum zu orakeln – aber daß die Krise kommen wird, das ist so sicher wie das Amen in der Kirche. Die Dinge entwickeln sich in beiden deutschen Staaten unterschiedlich; in absehbarer Zeit schon wird die Gesamtlage sehr verändert sein. Die Menschen, die heute die Republik verlassen, um in einigen Mangelberufen drüben Arbeit zu finden oder als Lohndrücker dem Klassengegner Handlangerdienste zu leisten, sollen doch nicht glauben, daß man bei einer Verschlechterung der Konjunkturlage auf sie Rücksicht nehmen wird. Man wird sie als erste entlassen. [...]

Die Arbeiter und Techniker, die dem Werbemanöver zum Opfer fallen, haben offenbar noch nicht begriffen, daß sie der Kriegsvorbereitung in Westdeutschland dienstbar gemacht werden. Wer also in dieser zugespitzten Situation die Republik verläßt, muß sich klar sein, daß er neben allen persönlichen Gefahren und Nachteilen zu einem Schädling an den Interessen des werktätigen Volkes wird – bewußt oder unbewußt.

Er darf sich auch keinen Illusionen darüber hingeben, wie die Masse der Werktätigen der DDR seine Handlungsweise beurteilt. Zehn Jahre harter Aufbauarbeit haben die Arbeiter in den Betrieben, alle Schichten des werktätigen Volkes in unserer Republik zu einer Gemeinschaft werden lassen. Nicht alle fühlen sich dieser Gemeinschaft zugehörig, aber Millionen, viele Millionen Werktätige der Republik empfinden es als Verrat, diese Gemeinschaft heute zu verlassen. Keiner, der die Republik klammheimlich verläßt, soll sich darüber im unklaren sein, daß er zum Schädling wird und als solcher angesehen wird.

Wie viele werden erst nach den Durchgangslagern und im erbarmungslosen Existenzkampf drüben begreifen, was sie aufgegeben haben, als sie den sicheren Arbeitsplatz in ihrem volkseigenen Betrieb verließen. Dann werden sie auch begreifen, wie sehr sie selbst trotz manchem Ärger und mancher Mei-

nungsverschiedenheit mit dem großen Aufbauwerk der Deutschen Demokratischen Republik und dem tiefen Bemühen um ein neues Deutschland innerlich verbunden waren. «Länder, in denen man sorglos gelebt, verläßt man ohne Betrüben, doch das Land, mit dem man hat gebangt und gelebt, das werden wir ewig lieben!» Leider wird das manchem zu spät aufgehen. [...]
(Berliner Zeitung vom 12. 11. 1955)

6. Flucht-Motive nach Erhebungen von infratest

Unsere vor zwei Jahren erarbeitete These von den vorwiegend materiellen Fluchtgründen der Arbeiterschaft ist für den jetzigen Zeitpunkt nur noch teilweise gültig. Die durch den politisch-ideologischen Druck bedingte geringe Zukunftshoffnung vieler Bewohner der SBZ ist in Beziehung zu setzen mit der Aussichtslosigkeit ihres wirtschaftlichen und beruflichen Weiterkommens. Die Aufstiegsmöglichkeit ist für die breite Masse der Arbeitnehmer weniger vom Fleiß und Können abhängig als von der persönlichen Identifizierung mit der marxistisch-leninistischen Ideologie. Gegen diese schirmt sich jedoch die große Mehrheit der Bevölkerung im Rahmen ihrer häuslichen Sphäre ab. Erst wenn dieser um den familiären Bereich gezogene imaginäre Schutzwall vom politisch-ideologischen Druck durchbrochen wird und wenn die Familie als soziologische Gruppe und auch als wirtschaftliche Einheit diesem Druck nicht mehr widerstehen kann, wird der Entschluß zur Flucht gefaßt. Die Flucht in die Bundesrepublik wird dann auch in sehr vielen Fällen von langer Hand vorbereitet.

In einer im Sommer 1956 durchgeführten Untersuchung über «die Arbeiterschaft in der volkseigenen Industrie» hatten wir festgestellt, daß es vornehmlich materielle Gründe waren, die damals der Anlaß zur Flucht in die Bundesrepublik waren. Das trifft heute nicht mehr im vollen Umfang zu. In den letzten zwei Jahren hat sich, was durch die Ergebnisse dieser Untersuchung teilweise bestätigt wird, die materielle Situation der Bevölkerung in der SBZ wesentlich gebessert. Dafür hat sich der politisch-ideologische Druck zweifellos verstärkt. Einen großen Anteil an den Flüchtlingen aus der SBZ haben diejenigen, die dort dem politisch-ideologischen Druck am meisten ausgesetzt sind: die Angestellten aus den mittleren und hohen Einkommensgruppen, die vornehmlich in der Wirtschaftsverwaltung und im öffentlichen Dienst beschäftigt sind.

Diese Familien-Situation in der SBZ gestattet die Deutung, daß dem SED-Regime die geistig-ideologische Umstrukturierung der Bevölkerung bisher noch nicht gelungen ist – ganz im Gegensatz zur sozialen Umstrukturierung, die vom ideologischen Ansatz der SED her bei einem großen Teil als gelungen bezeichnet werden kann. Darauf konnten wir in der Untersuchung über «Die Angestellten in der Sowjetzone Deutschlands» bereits hinweisen.

Die Bewohner der SBZ haben – wie wir in einer weiteren Untersuchung noch ausführen werden – ihr Verhalten im häuslichen Bereich dem von außen wirkenden politisch-ideologischen Druck angepaßt und stehen ihm abwehrend gegenüber. Sollte bei einer politischen Umstrukturierung dieser Druck weichen, wird sich die Bevölkerung der SBZ in ihrem Alltagsleben höchstwahrscheinlich nicht viel anders verhalten als die Masse der Bevölkerung in anderen Kulturstaaten innerhalb der modernen Industriegesellschaft.

(Die ökonomischen Einflüsse auf das Alltagsleben in der SBZ, hg. von infratest, München 1958 [hektographiert], S. 129 f.)

7. «Über das Reisen mit der Eisenbahn»

Eine durch Gesetz geregelte Reisebeschränkung gibt es in der Sowjetzone nicht. Theoretisch kann jeder Bewohner der Zone und des Sowjetsektors von Berlin zu jedem Ort der Zone reisen. Ausgenommen sind bestimmte Bahnhöfe an der Zonengrenze, für die nur Fahrkarten ausgegeben werden, wenn die Notwendigkeit der Reise amtlich begründet ist. In der Praxis dagegen sind allerdings der allgemeinen Freizügigkeit im Reiseverkehr innerhalb der Sowjetzone noch andere Grenzen gesetzt. Das gilt vor allem für Zonenbewohner, die nach Berlin fahren wollen. Auch das Reisen nach Ostberlin bereitet Schwierigkeiten. Das Berlin-Reisen ist zwar nicht verboten, doch kann es passieren, und das kommt häufig vor, daß Reisende, die von Erfurt oder Schwerin nach Berlin fahren, aus dem Zug geholt werden, weil sie den Kontrollorganen keinen stichhaltigen Grund für ihre Fahrt nennen können.

Die meisten Reisezüge in der Sowjetzone, grundsätzlich die D-Züge, werden während der Fahrt von «Zugbegleitkommandos» (ZBK) kontrolliert. Die stärksten Zugbegleitkommandos sind in den Zügen von und nach Berlin. Für sie sind in jedem Zug ein oder zwei Abteile reserviert. Sie sind Organe des Innenministeriums und haben unbeschränkte Vollmachten. In der Regel tragen sie die Uniform der Transportpolizei. Zu einem «Zugbegleitkommando» gehören fünf bis sieben Personen, darunter zwei Frauen. Meist handelt es sich um jüngere Leute, oft sind sie nicht älter als 21 Jahre. Ihre Aufgabe ist es, «Spione, Agenten, Diversanten, Republikflüchtige und Schieber» zu «entlarven» und festzunehmen. In Zweier-Gruppen durchkämmen die ZBK-Angehörigen gründlich den ganzen Zug, Abteil für Abteil. Jeder Reisende muß ihnen den Personalausweis aushändigen. Es wird dann gründlich das Bild im Personalausweis mit der Wirklichkeit verglichen, die Eintragungen im Personalausweis werden durch Stichfragen kontrolliert. Die ZBK-Leute fragen nach Ziel und Zweck der Reise. Besonders gründlich wird in den Berlin-Zügen nach dem Reisegrund geforscht. Während dieses Verhörs wird festgestellt, ob der Reisende im Fahndungsbuch der Volkspolizei steht. Zu den Aufgaben der Zugbegleitkommandos gehört unter Umständen

auch, das Gepäck auf «verdächtiges Material» zu untersuchen. Im Verdachts-
falle werden die Reisenden in das reservierte Abteil zur Leibesvisitation mitgenommen. Schriftstücke, Notizen, Taschenkalendervermerke usw., die den
ZBK-Angehörigen verdächtig erscheinen, werden beschlagnahmt. Nicht nur
«verdächtiges», sondern auch «belastendes» Material sind: westliche Zeitungen, westliche politische Druckschriften und größere Mengen von Lebensmitteln. In Mangelzeiten genügen schon 2 Pfund Butter, um eine Festnahme
zu veranlassen. Reisende, die aus Berlin kommen, werden streng auf den Besitz von Westwaren kontrolliert. Westzigaretten, Schokolade, Schuhe und In-
dustrieerzeugnisse wie Eimer, Fahrradketten, Nähmaschinenersatzteile und
auch Medikamente werden den Reisenden abgenommen. Sie erhalten ein Be-
schlagnahmeprotokoll. Die Strafanzeige folgt später, sofern es sich nur um
kleinere Mengen handelt. Werden Reisende mit größeren Mengen angetroffen, so erfolgt Verhaftung. Beliebt sind Kontrollen der Geldbörsen und Brief-
taschen von Reisenden. Größere Geldsummen, etwa über 50 Ostmark, machen den Besitzer verdächtig. Er muß angeben, was er mit diesem Betrag vor-
hat. Strafbar ist der Besitz von Westgeld. Es wird sofort abgenommen. Bei
größeren West-Beträgen wird der Besitzer, wie alle von den ZBKs Festge-
nommenen, auf dem nächsten Bahnhof dem stationären Kommando der
Transportpolizei übergeben.

Bei Leibesvisitationen muß sich der Betreffende oft völlig nackt in dem re-
servierten Abteil ausziehen. In solchem Fall wird der Körper nach verborge-
nen Schriftstücken und Mikrofilmen abgesucht. Auch Frauen werden dieser
Prozedur von den weiblichen ZBK-Angehörigen unterzogen. Reisende in
nach Berlin fahrenden Zügen, die keinen plausiblen Grund für die Notwendigkeit der Reise angeben können, erhalten ihren Personalausweis nicht zurück. Sie werden ersucht, auf dem nächsten Bahnhof auszusteigen und umgehend wieder nach Hause zu fahren. Den Personalausweis dürfen sie dann
8 Tage später auf ihrem zuständigen Polizeirevier abholen. Wenn es gutgeht,
erhalten sie ihren alten Personalausweis zurück. Vermutet die Polizei jedoch
Republikflucht, so wird nur ein Behelfsausweis ausgehändigt, der nicht für
Berlin-Reisen gilt. Jugendliche werden grundsätzlich aus Berlin-Zügen herausgeholt, es sei denn, daß sie eine Bescheinigung für die Notwendigkeit der
Berlin-Reise besitzen. Schwierigkeiten haben in Berlin-Zügen auch Männer,
die noch berufstätig sind und nicht nachweisen können, daß sie dienstlich
nach Berlin fahren oder Urlaub haben.

Mit den Zugbegleitkommandos allein ist die Kontrolle der Reisenden allerdings nicht zu bewältigen. Sie werden unterstützt von den «Helfern der
Transportpolizei». Es handelt sich um eine Hilfspolizeitruppe aus Eisenbah-
nern des Zugbegleitdienstes: Zugführer und Zugschaffner. Etwa 20% aller
Zugführer und Zugschaffner der Sowjetzonen-«Reichsbahn» sind als Helfer
der Transportpolizei verpflichtet. Die Verpflichtung ist zwar freiwillig, doch
wird auf die Eisenbahner ziemlicher Druck ausgeübt, diese Verpflichtung einzugehen. Wer bei der Sowjetzonen-Reichsbahn beruflich weiterkommen

will, muß sich als Helfer der Transportpolizei melden. Lohneinstufungen und Prämienzuteilungen hängen außerdem von der Verpflichtung ab.

[...]
Ein Kapitel, das selbst den Politfunktionären auf die Nerven geht, ist der niedrige Stand der «Reisekultur» in den sowjetzonalen Zügen. Hier den Anschluß an das «Weltniveau» zu erreichen, wird den Sowjetzonen-Eisenbahnern ständig vor die Nase gehalten. Typisch sind die verschmutzten Abteile der sowjetzonalen Reisezüge, zurückzuführen auf den Braunkohlenstaub, der durch Schornstein und Aschkasten der Lokomotiven in großen Mengen ständig den Zug einnebelt. Auch durch die geschlossenen Fenster dringt der Staub unaufhörlich ein. In den sowjetzonalen Tageszeitungen wird oft über den Schmutz in der Eisenbahn geklagt. Doch was wollen die Eisenbahner machen? Steinkohlen zum Feuern der Lok gibt es nicht, und bei Braunkohle läßt sich der Ascheregen nicht verhindern.

[...]
Der völlig überalterte Reisezugwagen-Park der Sowjetzonen-Eisenbahn trägt nicht unerheblich zu dem niedrigen Stand der Reisekultur bei. Die sehr leistungsfähige sowjetzonale Waggonindustrie produziert zwar viele Reisezugwagen, doch rund 80 % der Produktion gehen nach dem Osten. Lediglich einige Doppelstockwagen und wenige Eilzugwagen wurden bisher für die Sowjetzonen-Eisenbahn abgezweigt. Weil nicht geplant ist, in naher Zukunft den Reisezugwagenpark mit neuen Wagen aufzufrischen, sollen bis 1963 3000 alte Reisezugwagen «rekonstruiert», d. h. neu aufgefrischt werden.

Die Eisenbahner-Wochenzeitung bietet eine Fülle von Beispielen für die Verhältnisse im Reiseverkehr. So z. B. in «Fahrt frei» Nr. 38/1959. Es handelt sich da um den Personenzug P 298 von Magdeburg nach Halberstadt, bei der Bevölkerung der «Rasende Halberstädter» genannt. Der Zug sei in so schlechtem Zustand, heißt es, daß es eine Zumutung für die Reisenden ist, mit diesem Zug zu fahren. Es seien *artistische Fähigkeiten* erforderlich, um mit diesem Zug die Fahrt gut durchzustehen.

[...]
Lokomotivmangel oder, was für westliche Verhältnisse kaum glaublich ist, Fehlen von Zugschlußsignalen sind häufig die Ursachen für das verspätete Abfahren von Reisezügen.

Der Vizepräsident der Reichsbahndirektion Berlin, Groß, hat kürzlich die Eisenbahner aufgerufen, «zu Ehren der Eisenbahnerkonferenz des ZK der SED» mehr auf Disziplin, Ordnung und Pünktlichkeit zu achten: *Die oft stundenlangen Verspätungen der Eisenbahnzüge machen es notwendig, Klarheit darüber zu schaffen, daß die Eisenbahner ein wichtiger Teil der Arbeiterklasse in der DDR sind.* Vizepräsident Groß sagte: *Jede Minute Zugverspätung ist eine Minute Verspätung auf dem Wege zum Sozialismus.*

[...]
Nachdem Parteichef Ulbricht das Stichwort von den «1000 kleinen Dingen» gegeben hat, an denen es in der Sowjetzone immer noch mangelt, wird

über den Reiseverkehr noch lauter gewettert als bisher. In Arnstadt fand eine Eisenbahn-Konferenz statt, die Maßnahmen beriet, um das Niveau im Reiseverkehr zu heben. Abteilungsleiter Mietzke von der Reichsbahndirektion Erfurt forderte zur Verbesserung der «Reisekultur»: *«Das Anbrüllen der Reisenden, Fehlabfertigungen, falsche Auskünfte usw., alle diese Dinge dürfen nicht mehr anzutreffen sein. Höflichkeit und Hilfsbereitschaft zeichnen Menschen einer sozialistischen Gesellschaftsordnung aus.»*

[...]

(SBZ-Archiv 1960, S. 183 ff.)

8. «Mahnung von drüben»

Nach dem Kriegsende im Mai 1945 habe ich mich entschlossen, im Raume östlich der Elbe unter der sowjetischen Besatzungsmacht zu verbleiben. Als Angehöriger der Intelligenz, der nicht Mitglied der SED ist, bin ich heute noch von der Richtigkeit meiner damaligen Entscheidung überzeugt und glaube, daß mein Leben und Wirken in der DDR um der mir anvertrauten Menschen willen sinnvoll und notwendig ist. Trotz grundsätzlicher Bedenken gegenüber der Sozialistischen Einheitspartei und der Staatsführung der DDR erkenne ich eine allzu billige Schwarz-Weiß-Malerei nicht an, wonach die Bundesrepublik als «goldener freier Westen» und die DDR als «Land des Elends und der Sklaverei unter kommunistischer Herrschaft» angesehen wird. Umgekehrt verwahre ich mich gegen jede Einstellung, die in der DDR «den ersten deutschen Arbeiter- und Bauernstaat als Bollwerk des Friedens, des Fortschritts und des wahren Humanismus» erblickt, dem die «Westzone» machtpolitisch, wirtschaftlich und ideologisch nur anzugleichen wäre, wobei die «Westzone» zur Zeit als Lager der Kriegstreiber, der wachsenden Verelendung der Massen und des kulturellen und sittlichen Verfalls erscheint. Diese extremen Klischee-Vorstellungen sind einseitig und falsch. Sie vertiefen die innere Entfremdung der Deutschen in Ost und West und tragen zur weiteren Spaltung bei.

Es kommt entscheidend darauf an, in beiden Teilen Deutschlands mit nüchternem Blick denjenigen Möglichkeiten nachzuspüren, die wirklich dem Frieden dienen, die über die Grenzen hinweg zu einer Entkrampfung der ideologischen Erstarrung beider Seiten sowie speziell zu einer Erleichterung der wirtschaftlichen Schwierigkeiten der DDR beitragen. Damit mögen sie auch auf eine fernere Zukunft hin den Boden für eine Wiedervereinigung der deutschen Teilstaaten in Frieden und Freiheit bereiten. Unter diesem Blickwinkel sehe ich die Lage der Bundesrepublik im Verhältnis zur DDR und ihren Menschen folgendermaßen:

1. Sehr eindrücklich stellt sich uns der wirtschaftliche Aufschwung in der Bundesrepublik dar. Diese Tatsache bereitet unseren Funktionären viel Kopfzerbrechen, wenn die Propaganda immer wieder von Wirtschaftskrisen in der

Bundesrepublik berichtet und die Schwierigkeiten im eigenen Lager als Übergangserscheinungen beim Aufbau des Sozialismus hinstellt. Die Mehrheit der Bevölkerung ist nicht geneigt, bei einem augenscheinlichen Vergleich in Westberlin oder der Bundesrepublik den Propagandathesen der Partei Glauben zu schenken. Dennoch sollte die stete Erhöhung des Lebensstandards in der DDR seit 1949 nicht übersehen werden, die uns in dieser Hinsicht an die Spitze der Länder des Ostblocks geführt hat und uns daher im Vergleich mit diesen als wirtschaftlich reiches Land erscheinen läßt. So halten es viele Leute bei uns für möglich, daß im Laufe der nächsten Jahre der Lebensstandard der Bundesrepublik erreicht wird. Die Leute der Bundesrepublik sollten sich hüten, die nach höchst ungünstigen Startbedingungen und gegen größte außen- und innenpolitische Erschwernisse erzielten bedeutenden, wenn auch auf vielen Gebieten noch nicht ausreichenden wirtschaftlichen Leistungen der DDR zu unterschätzen, und besonders sollten sie es vermeiden, in der Rolle eines reichen Onkels gegenüber den armen Verwandten aufzutreten und wirtschaftlichen Reichtum auf die Dauer als überzeugenden Maßstab anzusehen.

2. Gerade unsere Jugend ist empfänglich für die Parole, daß wir Opfer bringen müssen, um den sozialistischen Brudervölkern und den farbigen Völkern in Asien und Afrika beim Aufbau ihrer Wirtschaft zu helfen. Das «Ideal des satten Spießbürgers» ist kein Ziel unserer Jugend. Zeitung und Rundfunk der DDR ziehen Nutzen daraus, daß die sogenannten jungen Völker um ihren Anspruch auf Rechte, Selbstbestimmung und soziale Neuordnung dort betrogen werden, wo zwar äußere politische Anerkennung gewährt wird, die wirtschaftliche Hilfe aber überkommene soziale Verhältnisse zementiert. Ein großangelegter Hilfsdienst der Jugend der Bundesrepublik in den industriell unterentwickelten Ländern, erhebliche finanzielle Opfer der Bundesrepublik und große persönliche Leistungen aller Art seitens ihrer Bürger würden unserer Propaganda viel Wind aus den Segeln nehmen.

3. Die wirtschaftliche, politische und militärische Einbeziehung der Bundesrepublik in den Westen muß in ihrer ganzen Problematik gesehen werden. Die Zonengrenze wird Jahr für Jahr stärker aus einer Grenze zwischen Ost- und Westdeutschland zu einer Mauer mit wenigen Löchern zwischen dem Ostblock und dem Westblock. Wenn schon die Einbeziehung der Bundesrepublik in den Westen aus zwingenden Gründen notwendig erscheint, dürfte sich niemand über die Tragik dieses Weges hinwegtäuschen. Manche Bundesbürger sind aus Bequemlichkeit geneigt, diese Einbeziehung bedenkenlos als selbstverständlich anzusehen. Die Politik der Bundesrepublik und unter ihrem Einfluß die von fast allen Organisationen bis hin zu Sportverbänden ist darauf gerichtet, die DDR nicht nur de lege, sondern auch de facto nicht anerkennen zu wollen. Sie erklärt den Staat für nicht existent und damit – entsprechend der hiesigen Staatsordnung – fast alles gesellschaftliche Leben.

[...]

6. Die Alternative Kapitalismus-Sozialismus ist im Denken vieler DDR-Bürger überholt. Nur wenige wollen eine Wiederherstellung des Privateigen-

tums an Produktionsmitteln; die meisten wünschen sich einen besseren Sozialismus als den jetzigen. Wer sich nicht in die Bundesrepublik absetzt, findet sich langsam mit den Verhältnissen in der Industrie und nunmehr auch in
der Landwirtschaft ab und richtet sich ein, so gut es eben geht. Die Erfahrungen des 17. Juni haben die DDR-Bürger belehrt, daß ein Widerstand gegen
sowjetische Panzer zwecklos ist und auf militärische Unterstützung seitens
der Bundesrepublik nicht gerechnet werden kann und darf. Darüber hinaus
sollten die Bundesbürger Verständnis dafür aufbringen, wie tiefgreifend die
Sozialisierung im Bewußtsein der Bevölkerung der Ostblockstaaten als bessere Wirtschaftsform gegenüber früheren Formen verankert ist. Man wünscht
wohl eine leistungsfähigere, weniger willkürliche und dogmatische Wirtschaftsführung mit Raum für persönliche Initiative auf allen Ebenen, doch
findet eine Empfehlung privatkapitalistischer Eigentumsordnung bei uns wenig Verständnis. Der Wunschtraum einiger Fabrikbesitzer, Gutsbesitzer und
Aktionäre in der Bundesrepublik, ihre früheren Positionen bei uns wieder
einzunehmen, wird hier als Illusion empfunden.
[...]

*(Bilanz der Bundesrepublik, Magnum Sonderheft, Köln 1961, S. 52f. Der Ver-
fasser stammt aus der DDR und mußte anonym bleiben.)*

9. Oma Krauses Briefe nach Westen

5. Juli 1962

Habe gestern mit großer Freude Deinen lieben Brief erhalten danke auch viel-
mals dafür. Daß Ihr den Kuchen zur rechten Zeit erhalten habt freut mich besonders. Heute habe ich wieder ganz groß geerntet. 5 Pfund Erdbeeren und
26 Pfund Stachelbeeren. Die Stachelbeeren hat mir Opa Paul abgeliefert,
habe 10,14 M dafür bekommen. Na und die Erdbeeren verspeise ich alleine
das heißt heute nehme ich Mertkes ein paar mit die freuen sich auch darüber.
Opa Paul hat am 17. Juli und Oma Marie am 21. Juli Geburtstag. Wenn Du
willst und nicht vergißt dann kannst Du ihr ja schreiben die freun sich dann
darüber. Daß sie die Briefe öffnen ist ja gerade nicht schön wo bleibt da das
Briefgeheimnis. Na ich schreibe ja nichts Besonderes das können sie ruhig
lesen wenn sie daran Spaß haben. Waren die Pakete auch geöffnet? Da kann
man nichts zu sagen.

15. Juli 1962

Na das war diesmal eine Freude als Eure lieben Briefe ankamen mit den vielen
schönen Bildchen. Ich mußte mir das Bildchen immer wieder ansehen und
dabei kamen die Tränen man so gelaufen. Ich habe doch schon mächtige
Sehnsucht nach meinen Lieben. Wann wird bloß der Tag kommen wo ich
Euch wiedersehen werde. Na und ich denke so in 14 Tagen will ich mal nach

Potsdam fahren und sehen was es da so gibt. Ich muß doch mein Geld ausgeben. Ich habe mir schon so allerhand zusammengespart (400,00 M) ist doch ganz schön. Für 300,00 M werde ich doch einen Mantel bekommen wenn es überhaupt welche gibt. Dadurch daß ich so lange im Krankenhaus war ist die Summe zusammengekommen. Denn ich war ja bald 7 Wochen drin eine schöne lange Zeit. Und am Montag werde ich noch schwarze Johannisbeeren pflücken und Opa Paul liefert sie für mich ab die werden nämlich gut bezahlt. Das ist dann das Geld für den Frisör. Sonst geht es mir gut bloß ich darf noch nicht arbeiten und das ist nicht schön.

    Beim Konsum keine Tante
    Beim H. O. keine Verwandte
    Aus dem Westen kein Paket
    Und da fragen Sie mir noch wie es mir geht.
    Ist das nicht ein schöner Spruch Küßchen Omi

(Gertrud Krause: Oma Krauses Start ins Glück. In: Frankfurter Rundschau vom 30. 6. 1990)

10. Knigge (Ost), Knigge (West)
Ein Vergleich

[...]
Benimmbücher erfreuen sich trotz ihres penetranten Tons und des gouvernantenhaft erhobenen Zeigefingers großer Beliebtheit, denn sie besitzen das geheimnisvolle Abrakadabra, das Zauberwort, den großen Schlüssel zum großen Erfolg. Wer schon will hintanstehen oder ein Mitleid erheischendes Leben am Rande der Gesellschaft führen? Die Parole hüben wie drüben heißt: mithalten, vorwärtskommen. Der östliche Knigge meint: *«Es hat schon etwas für sich, wenn man in puncto Benimm im Bilde ist. Man kommt leichter vorwärts.»* Der westliche Knigge sagt es gleich in der Überschrift: *«Der eine Schlüssel: Erfolg im Leben»*, und im Text: *«Und wer dann nicht gelernt hat, die Menschen zu nehmen, der bleibt zurück, weil die Umwelt gewinnen, die Menschen erobern heißt.»*
    Man täte den Verfassern in West und Ost nun Unrecht, wenn man ihnen unterstellte, sie verfaßten lediglich ein paar handfeste Regeln über das Schneuzen, Händeküssen, Fischessen oder das Benutzen von Zahnstochern. Sie tun mehr: Sie liefern gleichzeitig die geistigen Grundlagen des Benimms mit, oder den Überbau, um die rechte Terminologie für den Knigge (Ost) zu benutzen. Von Gemeinschaft und Gesinnung ist da die Rede, und es tut gut zu lesen, daß auch der Fachausschuß für Umgangsformen an den in *«einer Hütte Geborenen»* denkt, *«der durch Leistung und Gesinnung die Hochachtung jener Mitmenschen und die höchsten Ehrungen der Menschheit erlangen kann»* (also nicht nur in einem sozialistischen Land). *«Höflichkeit heute, das*

ist auch die Kunst, die Pflichten dem Nächsten gegenüber in kleinen wie in großen Dingen als die Selbstbeschränkung des freien Menschen zu handhaben.»

Und auch im Arbeiter- und Bauernstaat weiß man, daß *«die menschliche Gesellschaft sich die Umgangsformen nicht nur zum Spaß gegeben hat».* Und auch hier werden Imperative verkündet: *«Die Welt muß anständiger werden. Mit innerem Anstand ist noch nicht genug getan. Besonders heute und hier, wo sich die sozialistische Gesellschaft formiert und in ihr der innere Anstand, die Ehrlichkeit und der Wille, mit- und füreinander zu leben, unser neues Lebensgefühl bestimmt, wird es darauf ankommen, auch in den äußeren Formen des Umgangs zu zeigen, daß wir eine Gemeinschaft sind, bei der ein gutes Wort immer ein Echo findet. Rücksichtslosigkeit ist im Grunde ein Merkmal brutaler Macht- und Existenzkämpfe. In unserer Gesellschaft ist dafür kein Platz.»*

Beruhigend, nun zu wissen, daß die Teilung Deutschlands das allgemein Gültige am guten deutschen Ton nicht hat zerstören können. Wie aber im Detail? Eine sozialistische Gesellschaft lebt doch nach Lebensregeln und Ordnungsprinzipien, die denen der westdeutschen Wohlstandsgesellschaft entgegengesetzt sind?

Und dennoch: Frack bleibt Frack. *«Auf die Dauer kann man schlecht ohne die gelegentliche Beachtung äußerer gesellschaftlicher Formen auskommen»,* sagt Knigge (Ost). Der Frack für große Gelegenheiten ist in Düsseldorf und Leipzig gleichermaßen erwünscht. Wenn die westlichen Vorschriften vom Frack als dem konservativsten Festanzug des Herrn reden und Lackpumps erlauben, sind die östlichen Vorschriften noch konservativer und verbieten, daß Lackschuhe durch Lackpumps ersetzt werden. Lackpumps seien etwas für die Bühne. Man ist sich aber einig, daß der Frackträger hüben wie drüben keine Armbanduhr tragen darf. Die Forderung, daß der Frack eine flache Uhr verlange, wird nur im Osten aufgestellt. Der Fachausschuß für Umgangsformen übergeht dieses Problem.

Die silbergraue Krawatte ist in Ost und West das Tüpfelchen auf der weißen Hemdenbrust. Die korrekte Welt trägt einen schwarzen Smoking, allenfalls einen nachtblauen. Man ist sich einig; einen Schritt weiter geht auch hier wieder der Osten: *«Alle Versuche, den weißen Smoking für den Winter salonfähig zu machen, werden vergeblich sein.»*

In der Frage, wann, wo und wie Damen Schmuck zu tragen haben, gibt es verbindliche westliche Regeln nicht, dafür östliche: guten Schmuck, echten Schmuck, aber nicht protzen. Auch daß für Damen das Kopftuch passé ist, erfährt man nur hier, denn die Kopfbedeckung erinnere an die Zeiten der «Trümmerfrauen», sollte daher lieber nicht getragen werden.

[...]

Wer glaubt, in Leipzig rede man sich mit Genosse an und duze einander, irrt. Das «Du» macht den östlichen und westlichen Verfassern gleichermaßen Schwierigkeiten. Es soll verschenkt werden, nicht wahllos; sehr differenziert ist dabei vorzugehen, auf Alter und Geschlecht zu achten, auf Betriebszugehörigkeit und Vorgesetztenverhältnis. *«Und schließlich braucht das ‹Du› nicht in jedem Fall ein Zeichen fortschrittlicher Gesinnung zu sein.»* Die westlichen Tanzlehrer könnten dies unterschreiben, wie auch die Verfasser des Knigge (Ost) zustimmen werden, daß die *boy-friend*-Manieren aus den USA, woher das Nennen beim Vornamen stammt, abzulehnen seien.

[...]

255 Seiten der Knigge (Ost), 221 der Knigge (West) – die Unterschiede sind an einer Hand aufzuzählen. Im Prinzipiellen ist man sich so einig, daß der deutsche Bürger weder in Karl-Marx-Stadt noch in Hannover unangenehm auffällt, so er sich des guten Tones befleißigt und beim Vorstellen das «angenehm» oder «erfreut» wegläßt (weil das nämlich veraltet ist). Er hat sogar alle Chancen, die höchsten Sprossen der Erfolgsleiter zu erklimmen. Die Anstandsbücher weisen den Weg zum Vorsitzenden einer Landwirtschaftlichen Produktionsgenossenschaft – oder zum Direktor an der Ruhr.

[...]

(Die Zeit vom 9. 4. 1965. Originaltitel: Beiderseits der Elbe: Küß die Hand.)

11. «Leipzig ist eine Reise wert»
Eindrücke von der Frühjahrsmesse 1969

«Kommunismus + Preußentum = Magenkrampf.» Die Frage, ob diese Formel des sowjetischen Schriftstellers Majakowski zutrifft, muß der Besucher der Leipziger Frühjahrsmesse zumindest mit einem «Teil-Ja» beantworten. Beweise: Die perfektionistisch-humorlose Grenzkontrolle mit der Bemerkung: «Sie müssen deutlicher schreiben», und das Grinsen des Staatspolizeibeamten bei der Anmeldung mit der kommandierten Höflichkeit «Angenehmer Aufenthalt in unserer Republik». Trotzdem, ob es uns paßt oder nicht: Die nervösen Reisenden im Interzonenzug am Tage der Berliner Bundespräsidentenwahl waren sich darin einig, wir können es uns einfach nicht leisten, in Leipzig nicht vertreten zu sein, da es kein besseres Ost-West-Treffen gibt als dort.

Übereinstimmend fanden Aussteller und Besucher die Behandlung der Bundesrepublikaner auch seitens der offiziellen Stellen durchaus freundlich. Das bedarf besonderer Hervorhebung, nachdem die DDR die Wahl des Bundespräsidenten in Berlin hochgespielt hatte und das politische Klima uns gegenüber nur langsam wieder auf normal herunterspielen kann. Zur Messe selbst: Mehr als 10 000 Aussteller unter der modernen Akzentsetzung von Automation und Datenverarbeitung gaben dieser traditionsreichsten Messe der Welt ein bemerkenswertes Flair. Beachtlich die französischen und englischen Pavillons, und auch die sowjetischen Exponate wurden nicht nur ausstellungstechnisch geschickt, wenn auch stark propagandistisch dargeboten.

«20 Jahre DDR» – nach diesem Motto, wohltuend gedämpft, eine Darstel-
lungsflut, wie die DDR sich selbst sieht. Unter dem Titel «So sind wir» bringt
ein preisgekrönter Film drei Trümpfe: Fotoindustrie, Dieselmaschinenbau
und – aufgrund von Kinderzeichnungen und BB-Gedichten – eine Erinnerung an Bertold Brecht. Schade, daß sich in Leipzigs Renommierkino gerade
im Brecht-Teil des Films die Kritik am Regime in einem Zwischenruf «Welcher Mist!» äußerte. Erstaunlich, wie häufig das westdeutsche Fernsehen gesehen und der westdeutsche Rundfunk gehört werden. Im Taxi am Leipziger
Hauptbahnhof war der Bericht über die Präsidentenwahl per Deutschlandfunk zu hören. Immer wieder aber erhält die DDR-Selbstbeweihräucherung
unübersehbare Dämpfer. An einem Messetag ging in einem Stadtviertel des
«Welthandelsplatzes» für eine Stunde das Licht aus. Das sind Kinderkrank-
heiten, die man höchstens noch in Entwicklungsländern erlebt. Ansonsten
werden in allen Zeitungen Abmagerungsmittel angepriesen; Leckereien sind
teuer, aber außerhalb der Messezeiten Mangelware.
[...]
Neben den verfallenen Häuserfassaden, der fast völlig fehlenden Farbe und
den ungepflegten Straßen ist ein merkwürdig penetranter Geruch bezeichnend für Leipzig. Kommt er von den in der Nähe befindlichen Benzinwer-
ken? Kommt er von der Braunkohle? Oder ist er gar die Gestank gewordene
Mischung von Kommunismus und Preußentum? Trotzdem, und gerade deshalb: Leipzig ist nicht nur eine Messe, Leipzig ist auch eine Reise wert.

(Der Arbeitgeber 1969, S. 218f.)

12. Reiseeindrücke westdeutscher Journalisten von 1964

[...]
Die private Welt ist eingebettet in ein Stück Deutschland, das meiner Generation von Westdeutschen, den Mittdreißigern, meist nur noch aus Ge-
schichtsunterricht und Wandkalendern bekannt ist. Kindheitserinnerungen
an behäbige thüringische Residenzstädtchen, in Ostberlin bewahrte Bilder
aus der preußischen Geschichte – was war mir außerdem schon davon gewär-
tig geblieben? Jetzt fuhr ich plötzlich durch Fontanes Ribbeck, stand im Magdeburger Dom unerwartet vor dem Sarkophag Ottos des Großen, in der Wit-
tenberger Schloßkirche vor der Grablege des Reformators. Die verblaßte
Landkarte, die ich von der deutschen Welt jenseits der Elbe im Kopfe trug,
füllte sich plötzlich wieder mit Namen, Gestalten, Gebäuden.
Verwinkelt und versponnen dämmern die kleinen Kreisstädte und die Bau-
erndörfer vor sich hin, von den schönen Fassaden blättert der Putz, der Wagen rumpelt über Kopfsteinpflaster, noch ist der Verkehr nirgends ein alles
verschlingender Moloch. Auf diese Weise ist die DDR eine Art Freilichtmu-
seum deutscher Vergangenheit geworden: das Deutschland von Anno dazu-

mal ist dort konserviert, das Zeitalter der Fußgänger und Bierkutscher noch nicht zu Ende.

Diese altertümliche Welt der DDR hat ihren sentimentalen Reiz, jedoch auch ihre aktuellen Nachteile. Die meisten Städte bestimmt ein düsteres Grau, kraftlose Straßenlampen werfen nachts nur trübes Licht. Das Wachstum der Orte ist Ende der zwanziger oder Anfang der dreißiger Jahre gewaltsam gestoppt worden, die Dörfer und Städte haben seitdem keine Jahresringe von Neubauten angesetzt. Nur dort, so scheint es, wo der Krieg Zerstörungen angerichtet hat, sind überhaupt neue Gebäude errichtet worden. Auch sie sind allerdings keine helle Freude.

Überall in der DDR stößt der Besucher aus dem Westen auf die Stalin-Alleen im Moskauer Zuckerbäckerstil. Nicht nur in Ostberlin stehen diese monumentalen Scheußlichkeiten – sie verderben einem auch den Genuß am Wiederaufbau des Dresdener Altmarkts oder an der wiedererstandenen Magdeburger Innenstadt. Mittlerweile haben sich die Staatsarchitekten drüben zwar von dem Konditorstil gelöst, sie bauen jetzt entschnörkelte Häuser, freundlicher, froher und farbiger, aber sie bauen überall genormt. Allenthalben wachsen die gleichen Typenhausreihen aus dem Boden, und wer Abwechslung für die Würze des Lebens hält, wird auch die nachstalinistische Bauweise noch immer als einförmig, ja, trist empfinden.

[...]

[...]   ... und 1986

Vor 22 Jahren entdeckten die drei ZEIT-Reisenden einige Ansätze zum Wandel: magere Anzeichen beginnenden Wohlstandes; Versuche einer neuen ökonomischen Politik, um Schluß zu machen mit Stalins Verwaltungswirtschaft und statt dessen die materielle Interessiertheit des einzelnen als Hebel des Fortschritts zu nutzen; eine bemessene Lockerung auf dem Felde der Kunst und der Literatur; die allmähliche Herausbildung eines separaten DDR-Staatsbewußtseins auch. Erste Anzeichen – aber der vorherrschende Eindruck war doch: Da bewegt sich wenig. Es herrschten Stagnation, Zaghaftigkeit, trübes Grau.

DDR 1986: Sie ist von alledem weltenweit entfernt. Es herrscht Bewegung statt Stagnation, die Zaghaftigkeit hat einer selbstbewußten Gelassenheit Platz gemacht, das Grau weicht überall freundlicheren Farben, die niederdrückende Trübsal ist verflogen. Keine Spur von Kontaktscheu mehr bei den Funktionären. Keine Aggressivität mehr im Gespräch, nicht einmal in der Kontroverse. Keine plumpe Agitation. So ähnlich wie der Rostocker SED-Bezirkssekretär Ernst Timm haben es viele gesagt: «Damals, ja, da haben wir euch agitiert. Die Zeit ist weitergegangen, vieles ist realer geworden. Es läßt sich besser miteinander reden, wenn man den anderen Standpunkt kennt, ohne den eigenen aufzugeben.»

Es gibt noch Plakate, Transparente und Propagandabanner, zumal nach dem XI. Parteitag der SED, aber es sind sehr viel weniger geworden. Manche sind so formuliert, daß sie den Regeln mindestens der bürgerlichen Grammatik ins Gesicht schlagen («Fest auf dem Kurs der Hauptaufgabe»). Bei anderen stimmt es mit der Logik nicht so ganz. «Bis zur Jahrtausendwende eine Welt ohne Atomwaffen» legt jedenfalls die Erkundigung nahe, ob eigentlich danach die Kernwaffenarsenale wieder aufgefüllt werden sollen. Doch müssen wir die Losungen wohl auch nicht zu ernst nehmen. Die DDR-Bürger lassen sie noch unbeeindruckter an sich abrieseln als der durchschnittliche Bundesbürger die Fernsehwerbespots. Und parteioffiziell wird der «Transparentismus» der Übereifrigen heute eher belächelt: «Transparenz brauchen wir, nicht Transparente.»

Vor allem wirkt das Land bunter, seine Menschen sind fröhlicher geworden (obwohl einer der jüngeren ZEIT-Reisenden, der die heutigen Zustände nicht aus eigener Anschauung mit den früheren vergleichen kann, rasch zu dem Urteil fand, die DDR mache einen «unfrohen» Eindruck). Zumal die Jungen sind von ihren Altersgenossen im Westen schwer zu unterscheiden; die Abiturklasse, die wir im mecklenburgischen Bad Doberan besuchten, hätte genauso gekleidet auch im Gymnasium von Bad Kissingen oder Bad Tölz sitzen können. Die Jugend trägt Levis, T-Shirts mit westlichem Aufdruck, viel Weiß. Ein erheblicher Teil stammt aus dem kapitalistischen Ausland – regulär importiert, von Verwandten mitgebracht oder im Intershop gegen – weiß-der-Herrgott-wie-ergatterte – Westmark erstanden.

[...]

Die Menschen drüben genießen denn, wo sie schon die große Freiheit nicht haben, die kleinen Freiheiten, die ihnen ihr Staat gewährt. Auch das war im Ansatz schon 1964 zu erkennen: «Sie leben ihren bescheidenen Interessen, Hoffnungen und Steckenpferden. Die private Sphäre dient wieder einmal als Zufluchtsstätte, in die man sich vor dem Zugriff der Politik rettet, die Intimsphäre desgleichen. Auch Bildung und Ausbildung bieten eine Zuflucht.» Das alles hat sich seitdem eher noch verstärkt. Günter Gaus, der erste Ständige Vertreter Bonns in der DDR, hat dafür den Begriff «Nischengesellschaft» geprägt. Die Nische – das ist in seiner Definition «der bevorzugte Platz der Menschen drüben, an dem sie Politiker, Planer, Propagandisten, das Kollektiv, das große Ziel, das kulturelle Erbe – an dem sie das alles einen guten Mann sein lassen ... und mit der Familie und unter Freunden die Topfblumen gießen, das Automobil waschen, Skat spielen, Gespräche führen, Feste feiern. Und überlegen, mit wessen Hilfe man Fehlendes besorgen, organisieren kann, damit die Nische noch wohnlicher wird.»

Es ist nicht anders als bei uns; warum sollte es auch. Und Gaus hat ganz recht: eine gewisse Staatsferne prägt das Leben in den Nischen schon, aber sie existieren innerhalb des Sozialismus, nicht außerhalb des Sozialismus. Es handelt sich nicht um Brutstätten der Opposition. Die Partei, die gesellschaftlichen Organisationen und die Betriebe tun sogar viel, um den Menschen das Nischendasein überhaupt erst zu ermöglichen. Philatelie, Zierfischzucht, Jagen und Angeln – überall gibt es Kreise und Zirkel, Klubs und

Vereinigungen. Sport wird in jeglicher Variation getrieben. Mehr als 4 Millionen DDR-Bürger (ein Viertel der Bevölkerung!) machten 1985 das Sportabzeichen.

Die liebste Nische ist den Menschen drüben jedoch die eigene «Datsche». Das kann ein Schrebergarten sein mit Laube, eine alte Kate auf dem Lande oder eine Hütte im Forst. Das Wort «Datsche» ist aus dem Russischen übernommen, die Sache nicht. (In Thüringen hatten die kleinen Leute schon immer ihre «Tränke», ein Stückchen Garten, einen Streifen Wiese, ein Eckchen Wald.) Die Partei hat nichts dagegen. «Warum soll der Mensch nicht eine Datsche haben?» fragte Kurt Hager. «Ein bestimmtes Publikum bei Ihnen sieht darin etwas völlig Antisozialistisches. Ich sehe darin etwas Selbstverständliches.»

[...]

Leben in der DDR – das heißt Leben in der Knautschzone. Es heißt auch: Leben unter Erich Honecker. Die Bürger des anderen deutschen Staats bringen ihm fast so etwas wie stille Verehrung entgegen; in Gesprächen schlägt sie immer wieder durch. Wohl vermeidet er sorgsam jeden Personenkult. Es heißt nie: «seit Erich Honeckers Amtsantritt»; es heißt stets: «seit dem VIII. Parteitag». Doch läuft das auf dasselbe hinaus. Die meisten Neuerungen gehen auf das Jahr 1971 zurück, in dem Honecker die Nachfolge Walter Ulbrichts antrat. Realismus statt Utopie, Vertrauen auf die Macht des Faktischen; bessere Befriedigung der materiellen Bedürfnisse; weniger Angst, mehr Angebot; Intensivierung der Produktion; Ankurbelung des Dienstleistungssektors; Umweltschutz; neue Freiräume für Kunst und Künstler; sogar die Einführung von Sexualberatungsstellen – alles wird Honecker gutgeschrieben und zugute gehalten. «Honi» nennt ihn keiner, das ist westlicher Sprachgebrauch und wird als genierlich empfunden. Er heißt «der Chef», «der Erste» oder einfach Erich. «Erich währt am längsten», heißt ein kabarettistisches Lied im jüngsten Programm der Berliner «Distel». Der Titel verrät etwas von der heimlichen Zuneigung derer, die seinem Regiment unterstehen.

[...]

(Marion Gräfin Dönhoff u. a. (Hgg.): Reise in ein fernes Land, Hamburg 1964, S. 97 f.
Theo Sommer (Hg.): Reise ins andere Deutschland, S. 19 f./S. 35 ff., © 1986 by Rowohlt Verlag GmbH, Reinbek

13. Der «schwarze Kanal» und die Tante in Mainz

9. Dezember 1988. – «Tal der Ahnungslosen», so wird das Elbtal zwischen Meißen und Bad Schandau mit dem dazwischenliegenden Großraum Dresden im Volksmund genannt, weil man hier keine westlichen Fernsehpro-

gramme empfangen kann. Im übertragenen Sinn bezeichnet man so aber auch alle Gebiete der DDR, die weiter östlich liegen und die ebenfalls auf das Westfernsehen verzichten müssen. Die einzigen sichtbaren Informationen aus der Bundesrepublik vermittelt den Bewohnern dieser Landesteile eine Sendung, die regelmäßig Montagabend um 21.30 Uhr im ersten Programm des Fernsehens der DDR unter dem Titel «Der schwarze Kanal – Eine Sendung von und mit Karl Eduard von Schnitzler» ausgestrahlt wird. Zusammengestellt unter einem gesellschaftspolitischen Thema, beeindrucken den Fernsehzuschauer 20 Minuten lang Ausschnitte aus Sendungen von ARD und ZDF, die irgendwann und irgendwo einmal gelassen – und in seiner freien Zeit lieber vor dem Fernseher sitzt, ist sein Bild von der Bundesrepublik hauptsächlich durch diese Montagabendsendung bestimmt. Das heißt, er weiß vom Westen, daß dort mehr als zwei Millionen Arbeitslose leben, davon allein in der Stadt Mainz, wo eine 74jährige Tante von ihm wohnt, 43 000. Er kennt die Zahlen von 85 000 Lehrern und 12 000 Ärzten ohne Arbeitsplatz. Sieben Prozent der Jugendlichen lungern ohne Beschäftigung auf der Straße herum, ein großer Teil davon ist drogensüchtig, jeder zweite Haushalt steckt mit mehr als 15 000 Mark bis über beide Ohren in Schulden, jede dritte Mark des Verdienstes schluckt die Miete. Mit Frauen empfindet er Mitleid, die ihren Ehering versetzen müssen und Blut spenden, um nicht zu verhungern oder sich eine Kinokarte leisten zu können. Ebenso bedauert er die Obdachlosen, die in Zelten hausen müssen oder unter Brücken. Haifischgesellschaft! Das «Ich» wird demontiert. Mit Geld bist du ein Drachen, ohne Geld ein Wurm – diese Worte nisten sich in Ludwigs Kopf ein, gehen ihm nach und lassen ihn über so manche Unzulänglichkeit in seinem Alltag hinwegsehen, hin zur Sicherheit und Geborgenheit, in der er in seinem Staat lebt.

Doch wie bekanntlich überall der böse Feind auf der Lauer liegt, so auch bei Ludwig in Gestalt seiner 74 Jahre alten Tante aus Mainz. Nicht ahnend, daß sie der Versucher als willfähriges Werkzeug ausersehen hat, schickt die alte Dame Ludwig eine Einladung, sie zu ihrem 75. Geburtstag zu besuchen. Ludwig, der dieses Land der «oberen Zehntausend», des «bösartigen Lächelns» schon lange einmal vor Ort kennenlernen wollte, weiß offenbar nicht, worauf er sich einläßt, als er die Besuchsreise beantragt und die Grenze in Richtung Mainz passiert. Woher sollte er auch. Unvorbereitet, beziehungsweise völlig falsch, wird er in den Kampf mit dem kapitalistischen Drachen geschickt. Wen wundert es, daß er nie zurückkehrt.

(Christian Weber: Ich bleibe. Alltag in der DDR, Stuttgart 1989, S. 106–108, © Quell Verlag, Stuttgart 1989)

14. «Mußten wir werden, wie wir sind?»

[...]

In den vierzig Jahren deutscher Zweistaatlichkeit haben wir bewiesen, was manche Sowjets und Amerikaner, wie ich weiß, anfangs nie geglaubt hätten: Die Deutschen haben, tüchtig und gründlich und gehorsam, wie sie sind, ihre Teilung funktionsfähig gemacht. Musterschüler beide in NATO und Warschauer Pakt, die DDR für Polen, Ungarn und nun auch sogar noch für die Sowjetunion Schulmeister.

Und wir? Wir bieten permanenten Unterricht darüber an, wie man am besten mit Kommunisten umgeht – dosierte Vernunft und möglichst wenig Gönnerhaftigkeit –, sogar die CDU hat's gelernt.

Daß sich die meisten Westdeutschen kaum ernsthaft für die anderen Deutschen interessieren, daß die meisten Bundesbürger ihnen faktisch den Rücken zukehren – wen stört's?

Daß Fremdenfeindlichkeit auch auf Auswanderer aus der DDR übergreift, daß die wachsende Zahl der Besucher aus der DDR endlich auch finanziell als willkommene Gäste behandelt werden sollten, anstatt für manchen demütigende Besuche auf Sozialämtern machen zu müssen, um sich ihr Begrüßungsgeld abzuholen, anstatt ihr hart erarbeitetes Geld bei uns regulär eintauschen zu können – vielleicht bis zu dreihundert Deutsche Mark im Jahr – wer zerbricht sich hierzulande darüber schon den Kopf?

Es war einmal ein schönes großes Land, fast hundertzwanzig Jahre ist das jetzt her. Dieses Deutsche Reich haben wir verspielt, so ähnlich wie Hans im Glück. Dennoch laufen bei uns immer mehr einfältige, weder in der Schule ausreichend informierte noch von unserer Ellenbogengesellschaft umsorgte junge Leute herum, die auf ihrer Kleidung plakatieren: «Ich bin stolz, ein Deutscher zu sein!» – womit sie Ausländerfeindlichkeit demonstrieren.

Immer wieder haben Vernünftige hierzulande vor den Folgen einer Millionenarbeitslosigkeit, vor allem für junge Menschen, gewarnt und daran erinnert, wie es zu 1933 kam. Auch Wiedervereinigungssprüche sind von diesen jungen Rechten zu hören.

Sicher gibt's auch in der DDR Typen mit solchen Sprüchen, obwohl dort gewiß nicht Arbeitslosigkeit die Ursache ist, sondern wohl eher fehlende Reisemöglichkeit und Langeweile für junge Menschen. Außerdem sind viele mutlos und resignierend, weil sich in ihrem Staat, verglichen mit Polen, Ungarn und der Sowjetunion, so wenig bewegt.

Gern reden wir mit Blick auf eine offene oder nichtoffene deutsche Frage vom gemeinsamen europäischen Haus oder von einer noch immer existierenden deutschen Nation oder Kulturnation. Reden kostet nichts. Und schließlich hatte jeder mit sich selbst zu tun, bis wir so wurden wie wir sind. Ich weiß ... dieser Schlußsatz klingt weder hoffnungsvoll noch pointiert. Aber eine Pointe ist auch nicht in Sicht!

(Metall 1989, Nr. 10)

15. «Eine Art Doppelleben»
Zwei ostdeutsche Schüler über die alte und die neue Zeit

Katrin, 16 Jahre, 10. Klasse
[...]
Seit der Wende haben wir mehr Freizeit. Ich persönlich finde es jetzt besser, die meisten anderen auch. Vorher hatten wir einmal in der Woche FDJ-Versammlung. Da wurde über die politische Situation gesprochen und manchmal auch über die Leistungen einzelner Schüler. Die guten Schüler mußten die schwächeren auf Trab bringen. Wer wem zu helfen hat, wurde von der Lehrerin festgelegt. Ob die zwei sich mochten oder nicht, darauf hat sie keine Rücksicht genommen. Jetzt läuft so etwas natürlich nicht mehr. Wir sind nur noch im Unterricht zusammen. Ich bin seit ein paar Wochen in einer Clique. Wir treffen uns jeden Tag um halb sieben. Dann stehen wir an den Tischtennisplatten rum und quatschen oder fahren mit Motorrädern durch die Gegend. Einer aus der Clique hatte Probleme mit der Wende. Er hat seine Lehrstelle verloren, Türken haben ihn krankenhausreif geschlagen. Danach hat er versucht, sich das Leben zu nehmen. Ich habe ihm ein bißchen geholfen. Einen anderen Ausbildungsplatz hat er inzwischen auch.

Donnerstags und samstags gehen wir in die Disko, und wenn bei einem sturmfrei ist, machen wir da 'ne Fete. Über Ostern waren wir in einer Jugendherberge. Na und ansonsten hängen wir rum. Vielleicht ist die Clique auch Ersatz für die ehemalige Klassengemeinschaft. Es gibt neuerdings in der Klasse sogar richtige Gruppenfeindschaften. Die Lehrer fühlen sich nicht mehr zuständig. Sie machen Unterricht, und damit hat sich's.
[...]
Vieles hat sich schon für uns verändert, und für manche ist es sicher auch sehr hart im Moment. Aber ich denke, daß wir in zehn bis zwanzig Jahren auf der gleichen Höhe wie die Westdeutschen sind. Klar, jetzt muß es erst einmal bergab gehen, mit allem. Bloß wegrennen hilft da auch nicht. Ich selber habe keine Angst vor meiner Zukunft. So wie das jetzt ist, finde ich es super. Früher durfte man sich nur einmal bewerben. Bei «Hofka» habe ich inzwischen eine Lehrstelle als Verkäuferin für Lebensmittel. In Berlin bist du froh, wenn du 'ne Lehrstelle hast, weil jetzt auch viele Jugendliche aus der Umgebung hier eine suchen. Falls es aber mit einer Lehrstelle bei der Post oder einem Bezirksamt klappen sollte, gehe ich natürlich lieber ins Büro.

Insgeheim habe ich einen richtigen Haß auf die DDR. Wir haben ja gar nicht gewußt, was so alles hinter den Rücken der Menschen passiert ist. Die hatten ja schon Lager eingerichtet. Als erstes sollten sie Honecker zur Verantwortung ziehen. Daß der jetzt in Moskau sitzt und einen ruhigen Lenz schiebt, könnte mich auf die Palme bringen. Und die Hauptschuldigen sollte man auch vor Gericht stellen, aber die kleinen Spitzel sollte man normal einreihen. Nur ist es doch so, daß es denen, die die meiste Schuld hatten, gutgeht, weil sie schon wieder in guten Positionen sitzen. Das ist einfach ungerecht.

Ich bin schon froh, daß die Wende gekommen ist, und mir gefällt es jetzt auch wesentlich besser, aber alles war nicht schlecht in der DDR. Vielleicht kann man wenigstens die Krippen und Kindergärten erhalten. So etwas Ähnliches wie die FDJ sollte es auch geben, damit man die Möglichkeit hat, auch dahin zu gehen. Früher hat man sich mehr untereinander geholfen. Jetzt ist jeder auf sich gestellt, und viele Menschen bangen um den Arbeitsplatz. Mein Vater wird vielleicht im Sommer arbeitslos. Er hat gesagt, daß wir dann nach Konstanz ziehen, wo meine Tante mit ihrer Familie lebt. Ich würde nicht wegziehen wollen, weil ich alle Freunde hier habe.

Maxim, 17 Jahre, 11. Klasse

[...]

Das Ganze war eben so eine Art Doppelleben. Wir haben nach außen hin zugestimmt, dem Lehrer nach dem Munde geredet, vor allem in Staatsbürgerkunde. Das konnte auch jeder Schüler. Anders war es, wenn man sich mit Freunden unterhalten hat. Da haben wir sehr wohl abgewogen und differenziert. Der Westen war für uns nicht nur schlecht und der Osten nicht nur gut.

Es gab auch Lehrer, bei denen konnte man etwas offener reden. Das haben wir immer ganz schnell rausgefunden. Und wir wußten, daß Lehrer, bei denen wir nicht so offen reden konnten, eher hilflos waren und sich nur strikt an ihre Vorgaben gehalten haben. [...]

Die Atmosphäre in der Klasse hat sich im Herbst '89 verändert. Wir waren ziemlich schnell gespalten. Die eine Gruppe hing am alten System, die andere war wesentlich offener, diskutierte über die verschiedenen Möglichkeiten. Die erste Gruppe wurde im Laufe der Monate unpolitisch, die andere spaltete sich in links und rechts.

Anfangs fand ich schon toll, daß die Mauer weg war. Als aber das Einheitsgeschrei in Leipzig losging und ich merkte, daß es mit der DDR zu Ende geht, war ich schon nicht mehr so begeistert. Ich wußte natürlich auch, daß es so kommen mußte. Es war ja wirklich ein Unding, daß zwischen zwei deutschen Ländern so eine undurchlässige Grenze war. Diese Erkenntnis entwickelte sich bei mir aber auch erst allmählich. Manchmal habe ich überlegt, ob wir die Chance gehabt hätten, etwas Besseres aus diesem Land zu machen, wenn die Grenze später geöffnet worden wäre. Vielleicht hätten sich die Leute dann nicht so blindlings in die Einheit gestürzt. Gewünscht hätte ich mir den dritten Weg, von dem anfangs die Rede war. Eben eine DDR, in der die Menschen gern gelebt hätten. Je mehr Zeit nach der Wende verging, desto klarer wurde mir, daß eine andere Entwicklung unlogisch gewesen wäre. Die Teilung war nur möglich durch die Diktatur und die starke Mauer.

Unter den Jugendlichen hat sich auch schnell herauskristallisiert, wofür man war. Entweder du warst für Deutschland oder du warst noch für diese

DDR. Anfangs war die Mehrheit für Deutschland. Jetzt ändert es sich langsam. Mit meiner Klasse in der EOS habe ich Glück gehabt. Fast alle sind links eingestellt. Wir haben schon darüber diskutiert, daß wir es traurig finden, wie alles abgelaufen ist, daß wir aber auch alle sehen, daß es so ablaufen mußte.   [...]

(Freitag vom 21. 6. 1991)

Teil I

Die Zusammenbruchgesellschaft in Deutschland 1945–1948/49

Zweites Kapitel

Zerstörung und Entwurzelung

Einleitung

Ob das Jahr 1945 primär als Niederlage und Kapitulation, als Zusammenbruch oder Befreiung vom Terrorregime des Nationalsozialismus, als Erlösung von Krieg und Zerstörung zu charakterisieren ist, darüber hat es unter Historikern in der Öffentlichkeit kontroverse Diskussionen gegeben.[1] Sicher treffen alle Kennzeichnungen zu, aber sie geben jeweils nur Teilaspekte wieder. Wenn in der DDR grundsätzlich nur von der «Befreiung vom Faschismus» die Rede war, spiegelte das ein politisches Urteil derer, die sich zu den «Siegern der Geschichte» rechneten. Vieles spricht für diese Kennzeichnung, sie gibt aber kaum die Perspektive der Verlierer wieder. Soldaten an den zusammenbrechenden Fronten, die Familien im Luftschutzkeller, die Flüchtlinge im Treck, die KZ-Häftlinge auf dem Marsch in die Freiheit oder die Displaced Persons (DPs) in den sich auflösenden Lagern hatten jeweils völlig unterschiedliche Erfahrungen und Erwartungen, von denen ihr Urteil bestimmt wurde. Für die große Mehrheit der deutschen Bevölkerung dürfte jedoch der mit einem Gefühl der Erleichterung verbundene Zusammenbruch die bestimmende politische und soziale Erfahrung gewesen sein. Er hatte viele Dimensionen und war zunächst vor allem als materielle Zerstörung, soziale Entwurzelung und Verelendung unmittelbar sichtbar.

Zerstört waren vor allem die großen Städte, die industriellen Anlagen und das Verkehrssystem. Der Grad der Zerstörung schwankte nicht nur zwischen Stadt und Land, sondern er fiel auch regional sehr unterschiedlich aus. Die westlichen Gebiete des Reiches waren in der Regel stärker von den Folgen des Bombenkrieges betroffen als die östlichen. Dafür zeigten diese zumeist schlimmere Spuren der besonders erbitterten Kämpfe zwischen Wehrmacht und Roter Armee. Die sichtbaren Zeichen der Zerstörung reichten weit in die Wirtschaftswunderzeit der fünfziger Jahre hinein, auch die unmittelbare Trümmerbeseitigung nahm nach 1945 noch Jahre in Anspruch (Dok. 11). Die äußere Zerstörung verlieh der durch Krieg und Fluchtbewegungen verursachten demographischen Zerstörung von bisher kaum bekanntem Ausmaß ihre besondere soziale Dramatik. Evakuierte, DPs, Vertriebene und Flüchtlinge waren Bevölkerungsgruppen, an denen das soziale Massenelend kraß hervortrat. Vor allem die aus den Ostgebieten Vertriebenen – der Begriff bürgerte sich erst seit 1947 ein – schufen fast unlösbar erscheinende sozialpolitische

---

[1] Vgl. zur Diskussion Christoph Kleßmann: Befreiung – Zusammenbruch – Neuaufbau – Restauration. In: Gewerkschaftliche Monatshefte 36 (1985), S. 199–211.

Probleme. Nicht nur die administrativen Fragen der Verteilung, Versorgung und Unterbringung, sondern auch die sozialpsychologischen Aspekte der unvorbereiteten Begegnung von Einheimischen und «Fremden» spiegeln sich in zahlreichen autobiographischen Berichten (Dok. 1) und Beschwerden (Dok. 2, 3). Die Konfrontation zweier Lebenswelten im Dorf schuf Spannungen, veränderte aber langfristig auch soziale Milieus und von bestimmten Konventionen geleitete Verhaltensweisen.[2]

Kaum weniger spannungsreich verlief in der Regel das Leben in Lagern, das die verbliebenen DPs ebenso traf wie viele Flüchtlinge und Vertriebene. Die dürren, aber im Tonfall einer autoritären Bürokratie gehaltenen Reglements in einer bayerischen Lagerordnung (Dok. 4) sprechen hier ebenso eine deutliche Sprache wie ein amerikanischer Report über ein DP-Lager (Dok. 5). In den Großstädten wurde eine andere Art von Zerstörung nicht zuletzt im Verhalten von Kindern und Jugendlichen sichtbar: Deren Spiele reflektierten, wie Peter Weiss als schwedischer Journalist in Deutschland beobachtete, die Intensität des Erlebten (Dok. 6), ihr Verhalten wurde durch den Zwang zum «Organisieren» bestimmt, manche waren auf dauernder Wanderschaft (vgl. Kap. 4).

Zerstörung und Entwurzelung prägten zwar das Bild im Vier-Zonen-Deutschland, aber auch der Kontrast gehörte dazu: die relative Idylle unzerstörter Dörfer und Städte. Herne im Zentrum des Ruhrgebiets war ein Beispiel, das bürgerliche Goslar mit seinem mittelalterlichen Stadtbild ein anderes (Dok. 10). Die typischen Bilder und Konstellationen der sozialen Probleme glichen sich in allen Zonen. Allerdings weigerte sich die französische Besatzungsmacht anfänglich, Vertriebenenkontingente aufzunehmen, so daß hier erst 1948 die Probleme zu bewältigen waren, mit denen man sich in anderen Zonen schon ab 1945 herumschlug. Besonders betroffen war die Ostzone. Dank der zentralistischen Strukturen gelang hier bisweilen die Verwaltung des Mangels zunächst besser als in den Westzonen (Dok. 8). In der Selbstdarstellung der DDR ist der Umgang mit den verharmlosend als «Umsiedler» bezeichneten Flüchtlingen und Vertriebenen bis 1989 jedoch nur ganz unzureichend problematisiert worden.[3]

Zum «Alltag» seit dem Sieg der Alliierten gehörte die Anwesenheit von Besatzungstruppen. Ihr Verhalten und ihre Bewertung waren unterschiedlich. Manche Beurteilung hat sich jedoch in der Erinnerung verblüffend verschoben. So sind zumeist nur die Gewalttaten der sowjetischen Truppen, die vor allem die letzten Kriegs- und ersten Nachkriegswochen betrafen, kaum dagegen die verbreiteten Exzesse französischer Truppen und die anfängliche Behandlung deutscher Kriegsgefangener in improvisierten amerikanischen

---

[2] Verschiedene Beiträge zu diesem Komplex finden sich in: Martin Broszat u. a. (Hgg.): Von Stalingrad zur Währungsreform, München 1988.
[3] Vgl. dazu jetzt Alexander von Plato, Wolfgang Meinicke: Alte Heimat – neue Zeit. Vertriebene, Umgesiedelte, Flüchtlinge in der SBZ/DDR, Berlin 1991.

2. Zerstörung und Entwurzelung

Lagern im öffentlichen Gedächtnis geblieben.[4] Dagegen verlief der sowjetische Einmarsch in die von amerikanischen Truppen geräumten Gebiete Thüringens und Sachsens im Juni 1945 relativ diszipliniert (Dok. 7). Zum Besatzungsalltag gehörte auch die Beschlagnahme von Wohnungen für alliierte Truppen (Dok. 9), die häufig ohnmächtige Erbitterung hervorrief.

Die Stimmung unter der Bevölkerung in der Zusammenbruchgesellschaft entsprach deren diffusem äußeren Gesamtbild. Enttäuschung über das Verhalten und die Politik der Besatzungsmächte, die desolate Versorgung und Sorgen um die eigene Zukunft drängten politische Überlegungen und Scham über die Vergangenheit ganz in den Hintergrund. Die Beobachtung des kurzzeitig aus der Emigration in die französische Zone zurückgekehrten Schriftstellers Alfred Döblin, daß Auseinandersetzungen mit der Vergangenheit an der verbreiteten Apathie abprallten (Dok. 12), sprach dieses Dilemma besonders deutlich an, das noch viele Jahre auch die Geschichte der Bundesrepublik prägen sollte.

1. Aus dem Tagebuch eines aus Schlesien
geflüchteten Mädchens

10. Mai 1945
Der Krieg ist aus! Schon seit zwei Tagen. Keiner darf mehr schießen. Ist das schön! Nun kann auch meinem Papa nichts mehr passieren. Ich glaube fest daran, daß er noch lebt.

Die Russen kamen nach Emmendorf (Dorf in Sachsen-Anhalt) schon im April. Und vorher kam noch meine Schwester. Sie stand eines Nachts vor der Tür. Sie war getürmt, und wir mußten sie verstecken, weil das keiner wissen sollte. So hat's also gestimmt, was Elsa immer gesungen hat: «Es geht alles vorüber, es geht alles vorbei. Im Mai geht der Hitler mit seiner Partei.» Dieser Hitler ist nun endlich tot, er soll sich selber umgebracht haben.

Mama hat recht, so schlimm sind die Russen gar nicht. Manche sprechen sogar deutsch und geben den Kindern was zu essen. Ich habe immerzu Hunger, schon lange, und ich weiß gar nicht mehr, wie es ist, wenn man satt ist. Manchmal, wenn der Hunger ganz schlimm ist, denke ich an die Kaninchenkeulen und den vielen Kuchen und all das andere, was ich gegessen habe, bevor wir aus Liegnitz flüchteten. Aber leider werde ich vom Denken allein auch nicht satt. Ich muß noch mal was über die Russen sagen. Es gibt nämlich welche, die sind doch ganz schön schlimm. Die betrinken sich und dann ziehen sie grölend durch die Siedlung oder gehen einfach in die Häuser. Dann zittern die Frauen, weil sie Angst haben. Mama hat mir gesagt weshalb, verstanden habe ich es nicht. Mama hat Gott sei Dank keine Angst und versteckt

[4] Vgl. James Bacque: Der geplante Tod. Deutsche Kriegsgefangene in amerikanischen und französischen Lagern 1945–1946, Frankfurt/M. 1989.

sich deshalb auch nicht. Als gestern ein Russe unsere beiden Rucksäcke mitnehmen wollte, hat sie mit ihm so geschimpft, daß er wieder ging. Richtig gefallen tut's mir in Emmendorf nicht. Es sind hier noch mehr Flüchtlinge. Die Kinder von hier lachen mich aus, weil ich anders spreche. Sie laufen hinter mir her und rufen: «Pollack!» Dabei bin ich doch gar keine Polin. Einmal haben sie sogar mit Steinen geworfen. Wenn ich nicht so schnell rennen könnte, hätten sie mich bestimmt getroffen. In die Schule bin ich noch nicht wieder gegangen. Mit meinen beiden Kusinen Anneliese und Renate verstehe ich mich gut. Sie haben mir sofort was von ihren Spielsachen geschenkt, auch einen Teddy, damit ich wieder was zum Schlafen habe. Aber er ist eben nicht mein Teddybär. Ob er noch da ist? Ich darf gar nicht an ihn denken, dann fange ich gleich an zu heulen. Ich möchte in Emmendorf nicht bleiben. Ich möchte wieder nach Hause.

[...]

(Ursula Höntsch-Harendt: Wir Flüchtlingskinder. Roman, Leipzig 1985, S. 87 f. Das hier angesprochene Thema der Flucht vor der Roten Armee und des Verhaltens der sowjetischen Soldaten war zum Zeitpunkt, als dieser Roman erschien, in der Geschichtsschreibung der DDR immer noch absolutes Tabu.)

2. Beschwerde eines Flüchtlings über einen Bürgermeister

19. 6. 1947

An die
Ortsgruppe der SPD

Betrifft: Beschwerde über den Bürgermeister von R.

Ich wurde gestern 15 h in die Gemeindekanzlei in R. bestellt. Der Bürgermeister sagte es handle sich um die Wohnungsangelegenheit meines Gehilfen Josef Sch. Genanter ist Serbiendeutscher u. seit November 46. als Gehilfe bei mir tätig. Und wohnt bei mir im Wohnzimmer. Nun ist Frau Sch. mit ihren zwei Kindern aus Jugoslavien unter Verlust aller Habe u. seelisch u. kaput angekommen. Vom Flüchtlingskommissar erhielt sie die Zuzugsgenehmigung. Darauf ersuchte mein Gehilfe um Zuteilung eines Wohnraumes für seine Familie. 14 Tage lang wurde er von einem Tag zum anderen vertröstet mit dem Hinweis daß in R. kein Wohnraum mehr zu verschaffen sei. Seine Frau und Kinder mußten abwechselnd auf der Erde schlafen. Der Bürgermeister sagte mir daß die Wohnungskommission beschlossen habe, daß ich mein Zimmer meinem Gehilfen u. seiner Familie abzutreten habe, u. ich irgendwo am Ende des Dorfes eine Schlafstube bekomme. Ich sagte dem Bürgermeister «da ist Ihnen nichts Gescheitertes eingefallen». Er erwiderte daß ich nicht frech werden solle. Und sagte mir Sie haben den Gehilfen hergebracht u. jetzt haben wir die Frau auch noch hier in so einem Tone als wenn ein Flüchtling nicht die Berechtigung zum Leben hätte ich sagte dem Bürgermeister, «das ist kein Zeichen von christlicher Nächstenliebe» (der Bürgermeister ist Vorsitzender der C.S.U.). Der Bürgermeister wurde darauf wütend u. sagte mir daß ich Ihm keinen *Sozialismus* lehren brauche. Er stand auf und wies mir die Türe. Als ich keine Anstalten machte, die Gemeindekanzlei zu verlassen stieß Er die Tür auf u. wieß mich mit ausgestreckten Arm aus der Kanzlei. Der Bürgermeister kam auf mich zu. Ich sagte Ihm «mich werden sie nicht anfassen». Darauf packte er mich am Arm und wollte mich mit Gewalt heraus werfen. Als ich mich zur Wehr setzen wollte, faßte er mich fester u. stieß mich in das Geländer der Gemeindekanzlei. Als ich mich erheben wollte faßte Er mich wieder u. warf mich über dem Ofen. Dabei wurde der Rock meines einzigen Anzuges so zerrissen daß ich den Anzug nicht mehr reparieren kann. Außerdem erhilt ich Prellungen am linken Fuß die mir Schmerzen bereiten. Ich sagte dem Bürgermeister so gehen Sie mit Menschen um die Ihre Heimat u. alles verloren haben. Gleichzeitig sagte ich dem Bürgermeister daß Er die Konsequenzen zu tragen hätte. Ich begab mich zur Militärregierung die den Bürgermeister kommenden Tages 10 h vormittags telefonisch bestellte. Bei der Einvernahme der Militärregierung erklärte der Bürgermeister auf die Frage des Dolmetschers ob in R. kein Wohnraum aufzutreiben sei «Nein». Der Dolmetscher fragte ob bei den Pg. in R. es sich nicht so regeln könnte daß ein Pg. in einen kleineren Raum, und mein Gehilfe diesen Raum bekäme. Der Bürgerm. sagte, daß im Dorfe nur lauter arme Holzhauer als Pg. waren die nur 1 Raum zur Verfügung hätten. Der Dolmetscher fragte ob der Bürgermeister es von der örtlichen Wohnungskommission schriftlich hätte daß kein Wohnraum mehr vorhanden sei. Der Bürgermeister bejahte. Darauf sagte der Beamte der Militärregierung, wir werden uns R. selbst ansehen. Mir wurde von der Militärregierung gesagt ich solle zur Landespolizei gehen u. gegen den Bürgermeister die Strafanzeige machen. Nachmittags war der Militärguverneur selbst in R. u. beschlagnahmte für meinen Gehilfen 2 Zimmer und noch mehrere Räumlichkeiten. Ein Zeichen, daß bei gutem Willen noch genug Wohnraum vorhanden ist. Ich will darauf hinweisen, daß unser Bürger meister für die Lage der Flüchtlinge überhaupt kein Verständnis aufbringt. Wenn Wohnraum gebraucht wird so will der Bürgermeister die Flüchtlinge u. Ausgewiesenen noch mehr zusammenpferchen. Bezeichnend ist, daß als die letzten Transporte aus der Cechei kamen und in die Gemeinde R. verwiesen wurden sich bei Ankunft der Bürgermeister überhaupt nicht sehen ließ. Der Transport wurde ins Schulhaus verwiesen und mußten diese unglücklichen Menschen 9 volle Wochen im Schulhaus, am blanken Fußboden kampieren mußten. Einige kampierten sogar im Walde. Kochgelegenheit hatten sie während dieser 9 Wochen überhaupt keine die Unglücklichen machten Feuerstellen im Walde um ihr kärgliches Mahl zu bekommen. Dies über die Einstellung unseres Bürgermeister gegenüber den Flüchtlingen. Ich will darauf hinweisen, daß ich als entlassener Soldat hierherkam u. nichts als das was ich am

Leibe hatte besaß. Deshalb trifft mich der Verlußt meines Anzuges um so
schwerer. Ich bitte die Leitung der S. P. D. um Weiterleitung meiner Angaben.

Hochachtungsvoll»
[Name]

(Friedrich Prinz [Hg.]: Integration und Neubeginn, München 1984, S. 957f.)

3. Vertriebene in Mittenwald

Johann Neuners Qualifikationen für das Amt des Bürgermeisters sind beein-
druckend: Sein alter, angesehener Mittenwalder Name, neun Jahre Karriere
beim Militär, der Verlust seines rechten Armes bei der Kaukasus-Offensive,
eiserne Disziplin sowie ein wohlwollender, etwas naiver amerikanischer Captain und der ehemalige SA-Obergruppenführer Walter Luetgebrune verhalfen
ihm zum Amt des Bürgermeisters von Mittenwald.

«Meine oberste Aufgabe als Bürgermeister ist es, unseren Bürgern ihren
berechtigten Wohlstand zurückzubringen. Mittenwald ist ein Ferienparadies;
das bedeutet, daß wir unsere Zimmer für Touristen, nicht für Flüchtlinge
und Heimatlose brauchen. Man kann uns nicht zumuten, eine derartige
Flut hier zu beherbergen. So leid es mir tut: Sie müssen sich woanders Platz
suchen. Man muß doch zugeben, daß diese Leute eine ganz andere Mentalität haben und sich unter uns einfachen Leuten sowieso nicht wohl fühlen
würden.»

Neuners «einfache» Mitbürger sind vollständig damit einverstanden, daß
man diese «Neulinge» so schnell wie möglich loswerden muß. Nicht nur
diese, alle neuen Ideen und Verordnungen sollte man sich schleunigst vom
Halse schaffen, wie zum Beispiel diese öffentlichen Bürger-Versammlungen,
die der amerikanische Captain ganz vorsichtig einzuführen versucht hat.

«Diese sogenannten ‹town-meetings› wurden selbstverständlich sofort von
den Vertriebenen und Kommunisten ausgenutzt. Ich machte lange genug gute
Miene zum bösen Spiel, aber bald blieb mir nichts anderes übrig, als mein
eigenes Forum zu gründen, wo lediglich ich oder mein Stellvertreter das Wort
haben. Die Meckerer und Kommunisten beklagen sich natürlich, denn so
habe ich ihnen die Chance genommen, einen Streit zu entfachen. – Unser
Dorf ist ein friedlicher Ferienplatz, wo wir eine Einmischung fremder Elemente nicht dulden. Lediglich ein einziger Mittenwalder versucht uns zu pro-
vozieren, und das ist dieser Zimmer mit seiner Gruppe von Unruhestiftern –
noch dazu ein Mann, der einmal General war.»

[...]

Pfarrer Knöbl wacht über Zucht und Sitten seiner Gemeinde von 5000 Seelen, darunter eine große Anzahl von Flüchtlingen. Er spielt eine wichtige
Rolle in der Mittenwalder Gemeinde, und er trägt sie mit Würde.

«Meine größte Aufgabe sehe ich darin, Verständnis und Frieden zwischen Einheimischen und Neuzugezogenen zu stiften. Wie der Heilige Vater sollten die Mitglieder meiner Gemeinde ein für den Frieden offenes Herz besitzen. Es sind anständige Menschen mit einer sauberen moralischen Einstellung. Sie waren nie richtige Nazis oder Militaristen, sondern einfache, gesunde Bayern – fest und standhaft wie die Berge ringsherum und, wenn ich das mal so sagen darf, mit Köpfen so hart wie Granit. Sie halten sich an Brauch, Sitte und Tradition, wie es unter einfachen Leuten üblich ist; das allerdings erschwert es, eine Brücke zwischen den zwei Gruppen in unserer Gemeinde zu bauen – dies um so mehr, als einige Störenfriede nur auf die Gelegenheit warten, Unruhe zu stiften und somit verletzte Gemüter und Verdruß hervorrufen.

Man muß es als ein Unglück bezeichnen, daß Mittenwald so übervölkert ist. Die damit verbundenen Spannungen richten sich zwangsläufig gegen die Neuzugezogenen. Nun kommt hinzu, daß viele von ihnen außerhalb der Kirche bleiben, was verständlicherweise neuen Argwohn und Mißtrauen erweckt.

Ich weiß, daß das Leben dieser unglücklichen Menschen sehr schwer ist. Viele von diesen armen Leuten, die zu wenig zum Leben und zu viel zum Sterben besitzen, wünschen sich, die Gaskammern in Auschwitz wären nicht geschlossen worden. Gäbe es doch nur einen Weg, auf dem sie in ihre alte Heimat zurückkehren könnten!»

Knöbl ist für seine mutigen Predigten von der Kanzel gegen die Besatzermächte bekannt: «Die sogenannten Siegermächte, die sich heute als Befreier aufspielen, wollen nichts anderes, als uns am Boden halten, damit wir uns nicht wieder aufrichten können. Sie sprechen von Schuld und Sühne, und ich frage: Was haben wir getan?»

(Henry Ries: Deutsche Gesichter und Gedanken, S. 44, 58, © Argon Verlag, Berlin 1988)

4. «Anweisung für das Lager Michaelsbuch»
im Landkreis Deggendorf vom 1. 10. 1946

[…]
Jeder Bewohner des Lagers untersteht den Anordnungen der Lagerleitung und hat diesen genauestens nachzukommen. […]
3. Alle Lagerbewohner haben die Pflicht, ihre Unterkunft, die nähere Umgebung sowie das ganze Lager sauber und in Ordnung zu halten. Dazu gehört auch die Benutzung der Aborte.
4. Anforderungen des Lagerpersonals und der Lagerwache ist Folge zu leisten. Ausfällige Bemerkungen oder Widersetzlichkeiten werden nicht mehr geduldet und als Amtsbeleidigung strafrechtlich verfolgt.
[…]

6. Menschen, die glauben, gegen jedes Recht und jede Pflicht verstoßen zu können, stellen sich außerhalb der Gesetze und werden auch entsprechend behandelt.
[…]
8. Von abends 22.00 Uhr bis morgens 6.00 Uhr hat im Lager Nachtruhe zu herrschen. Jeder Lärm und sonstige Ruhestörung hat zu unterbleiben.
9. […] Das Abmontieren von Brettern und sonstigen Gegenständen […] wird ab sofort unter Strafe gestellt […] Auch ist das […] Mitnehmen von jeglichen Gegenständen beim Verlassen des Lagers, sofern es sich um *Lagereigentum handelt, unter Strafe gestellt.* (Im Original geschieht die Hervorhebung durch Fettdruck; Anm. d. Verf.)
10. Widersetzlichkeiten gegen die Lagerwache werden in Zukunft, wenn es die öffentliche Ordnung des Lagers und die Sicherheit erfordern, mit Gewalt gebrochen. Mittel stehen hierzu genug zur Verfügung.
[…]
13. Jedes wilde Zusammenleben von männlichen und weiblichen Personen, die nicht gesetzlich dazu berechtigt sind, ist hier im Lager verboten und wird bei Feststellung dem Gericht zur weiteren Bearbeitung übergeben.
14. Krankheiten, vor allem aber bekannte ansteckende Krankheiten, sind sofort dem Lagerarzt zu melden, damit Weiterverbreitungen auf alle Fälle vermieden werden können.
[…]
16. Da von der Lagerleitung Brennholz ausgegeben wird, ist es verboten, sich auf andere Art Brennholz zu verschaffen, das aus dem Lager stammt. Wer irgendwelche Gegenstände abreißt oder abbricht, oder sonstige Sachen, die aus dem Lager stammen, verfeuert, wird wegen Holzdiebstahls angezeigt. In den Städten bekommt jede Familie für den ganzen Winter 2 Ster Holz zugewiesen, da kann hier bei der Brennstoffknappheit nicht wild darauf los gehandelt werden […] Jeder kann nur das verlangen, was ihm zusteht.
17. Jeder hat das Recht, sich […] bei den zuständigen Abteilungen zu erkundigen. Alles hat *in höflicher und anständiger Art* zu geschehen […] *Wilde Äußerungen und Vermutungen sind zu unterlassen.* (Hervorhebung durch den Verfasser). Es wird hier versucht, alle Schwierigkeiten, die nun einmal bestehen, zu überwinden, aber alles braucht seine Zeit und kann nicht auf einmal erledigt werden.

(Friedrich Prinz [Hg.]: Integration und Neubeginn, München 1989, S. 916a)

5. Ein DP-Lager bei Gießen (August 1945)

Eine kürzliche Inspektion dieses Lagers enthüllte höchst unbefriedigende Zustände. Bei einer Kapazität von 1000 leben dort 1300 Personen (648 Männer, 473 Frauen, 34 Kinder zwischen 10 und 14, 119 Kinder unter 10) in Holzbaracken von schlechter Konstruktion, die dringend reparaturbedürftig sind. Die Schule mußte zugunsten der Unterbringung von Neuankömmlingen geschlossen werden. Im Lager fehlen Duschen, Bäder, Latrinen, ordentliche Waschgelegenheiten, sogar eine Wäscherei – und sei sie noch so primitiv –, Heizstoffe, Decken, medizinische Ausrüstung und eine Ambulanz; in der Tat, alles fehlt. Die DPs brauchen dringend Schuhwerk und Kinderkleidung. – Etwa 100 Personen sind innerhalb des Lagers beschäftigt, und weitere 50 arbeiten für amerikanische Armee-Einheiten in diesem Gebiet. – Der völlige Mangel einer organisierten Schneiderei, Schuhmacherei, eines Friseurs, einer Gärtnerei und anderer Einrichtungen dieser Art liegt zum Teil an den fehlenden Werkzeugen, zum Teil an der Apathie der DP-Bevölkerung. Die DPs sind hilfsbereit und gehorsam, aber uninteressiert und ohne Initiative. Obgleich sich das Lager in einem sehr schlechten technischen Zustand befindet (Regenfälle hinterlassen riesige Seen aus Wasser, Abfällen und Dreck; gärtnerische Arbeiten sind vernachlässigt), sehen die DPs allgemein sauber aus, und einige Räume sind makellos sauber und wohnlich. Für die Kinder gibt es überhaupt keine Anregungen; die Nahrung ist monoton; die Gesundheit ist gut. Ein UNRRA-Team war eine Woche vor Inspektion des Lagers angekommen. In dieser vergleichsweise kurzen Zeit sind von dem Team, das offensichtlich voller Initiative ist und guten Willen hat, eine Reihe von Verbesserungen eingeführt worden; aber die Schwierigkeiten dieses Lagers sind von der Art, daß selbst das tüchtigste Team kaum erfolgreich sein dürfte. Daher wird mit Nachdruck empfohlen, das Lager, das hauptsächlich von festsitzenden (static) Polen belegt ist, vor dem Nahen der Winterzeit zu evakuieren.

(Amerikanischer Inspektionsbericht, zitiert bei Wolfgang Jacobmeyer: Vom Zwangsarbeiter zum heimatlosen Ausländer, Göttingen 1985, S. 559)

6. Kinder in Berlin (1945)

[...]
Der Zusammenbruch ist total. Sogar die allerjüngste Generation ist besiegt worden: sie wird kaum mehr geboren, und wenn sie geboren wird, hat sie keine großen Chancen zu überleben. Die Tuberkulose nimmt ständig zu. In den Krankenhäusern gibt es keine Betten für die Patienten, es gibt keine Medikamente, kein Bettzeug, keinen Verbandsstoff. Die Kranken müssen zu 90 Prozent abgewiesen werden und nach Hause zurückkehren, wo sie in der Enge ihrer Wohnungen die andern anstecken.
[...]
Ohne Aufsicht wächst der größte Teil dieser Generation auf. Es gibt noch immer keine neuen Lehrer, die den Problemen gewachsen waren. Die mittlere Generation der Lehrer fällt wegen politischer Belastung und der Verluste im Krieg aus. Die Schulen sind in den Händen der Ältesten, die alle Autorität

verloren haben und die in einer alten lebensfernen Welt weiterexistieren. Sie versuchen, die Macht nach dem überlieferten Prinzip aufrechtzuerhalten: Gehorsam ist die höchste Tugend. Diese Vaterneurose, die seit Generationen bei den Deutschen gepflegt wird und die sie zu gedanklicher Unselbständigkeit und stupider Untergebenheit führte, wurde von den Machtfaktoren des Vaters, des Lehrers und des militärischen Drills bestimmt. Die Verwilderung der Jugend kann man unter dieser Perspektive betrachten als ein Zeichen für Genesung – wenn es Leiter für sie gäbe und wenn man ihnen die Rechte des Individuums und des freien Denkens und der Arbeit verliehe. Aber wenn es kein Verständnis für sie gibt, wenn die Züchtigung in der Schule wiedereingeführt wird, um mit ihnen fertig zu werden, wenn sie in einer korrumpierten Gesellschaft leben, wenn sie als minderwertig angesehen werden, werden sie eines Tages für ihr zerstörtes Leben in einer allgemeinen Destruktion Kompensation suchen.

Auf einem Autowrack sitzt ein kleines Mädchen. Mit seiner Puppe spielt es «Vergewaltigung». Es schildert dies mit der Intensität eines Erlebnisses aus erster Hand. Ein anderes Kind schneidet den Bauch seines Teddybärs auf und reißt seine Perlenaugen heraus; es singt: Der Soldat hat keine Augen mehr, der Soldat hat keine Augen mehr! Eine Schar kleiner Jungen kommt gerannt. Sie haben einem jungen Mädchen sein Brot geraubt. Ich halte sie fest, und die Jungen verteidigen sich: Wir haben ihr nicht weh getan! Sie haben bereits ihre eigenen Rechtsbegriffe. Es gibt kein: Stehlen, es gibt nur: den Besitzer wechseln.
[...]

(Peter Weiss: Die Besiegten, S. 133ff., © Suhrkamp Verlag Frankfurt am Main 1985)

7. Besatzungsalltag in der SBZ

[...]
Die Russen waren diszipliniert eingezogen, Besatzungstruppen und nicht Eroberer. Nach Erfahrungen mit unseren amerikanischen Befreiern schlug ihnen, trotz der Berichte aus den örtlichen Kampfgebieten, nicht Haß entgegen; eher war es dumpfe Furcht, mit der man die oft fremdartigen Gestalten betrachtete, denen die Spuren des jahrelangen Krieges anzusehen waren. Sie waren nicht so abgerissen wie unsere Landser, aber welcher Gegensatz zu den friedensmäßig ausgerüsteten Amerikanern mit ihren blütensauberen Uniformen, ihrer Verpflegung mit drei bis vier Gängen, zu denen noch Tagesrationen mit Nescafé, Hershey-Schokolade und Lucky Strike kamen. Es stellte sich fast so etwas wie eine Gemeinsamkeit der Opfer her, wobei mitspielte, daß nun Fotos befreiter russischer Städte auftauchten, die so verwüstet wie unsere eignen waren. Auch schienen sie kein Fraternisierungsverbot zu kennen und zeigten mitunter eine kindliche Vertraulichkeit, die wir bis dahin nur

an den farbigen amerikanischen Soldaten erlebt hatten. Ihre Versuche, so unbekannte Geräte wie Fahrräder zu besteigen, gingen unter dem Gelächter des
Marktplatzes vonstatten, und stundenlang konnten sie staunen, wenn in den
Wasserklosetts nach dem Ziehen der Kette Kartoffeln, Brotreste und Gemüse-
abfälle verschwanden. Es war Neugier und Müdigkeit auf beiden Seiten, auch
Erleichterung, daß sie irgendwann, hoffentlich bald zurückkehren würden;
die meisten waren ja achtzehn- oder zwanzigjährige Jungen.

Bald aber häuften sich die Beschwerden über nächtliche Zudringlichkeit.
Nach Einbruch der Dunkelheit zogen sie in Gruppen, häufig schwer nach
Schnaps riechend, von Haustür zu Haustür und verlangten Einlaß. Wenn sie
das Gesuchte nicht fanden, schlugen sie die Scheiben ein und zertrümmerten
das Geschirr; oft waren es dieselben Russen, die am Tag zuvor den Kindern
Geschenke mitgebracht hatten. Fast jede Nacht wurde ich drei- oder viermal
gerufen, um den Kommandanten um Hilfe zu bitten. Dennoch ging das
Leben seinen Gang, normalisierte sich sogar zusehends.

Die anfänglichen Besorgnisse, die sowjetische Besatzung werde alle Ordnung auflösen, bestätigten sich zunächst nicht. Es blieb zwar bei der Ausgangssperre von 21 Uhr bis 6 Uhr früh – wer Nachtdienst hatte, mußte besondere Ausweise haben –, aber allmählich kam der Postbetrieb wieder in Gang
und es fuhren auch wieder Züge. Mit Reiseerlaubnissen gingen die Sowjets
aber streng um; zunächst waren Fahrten nur im Umkreis von fünfzig Kilome-
tern erlaubt, auch für Reisen im Kraftfahrzeug. Nur in besonderen Ausnahmefällen wurden Passierscheine in die Westzone jenseits der Demarkationslinie
bewilligt, die gleich hinter Blankenburg in zwanzig Kilometer Entfernung in
Richtung Helmstedt verlief. Die Grenze war aber noch nicht sehr bewacht,
und unangefochten wurde sie Tag für Tag von vielen Grenzgängern passiert.
Rasch sprach sich herum, wo man am besten hindurchkam, das heißt, wo die
wenigsten sowjetischen Grenzstreifen anzutreffen waren. Von Goslar und
Helmstedt gab es eine Zugverbindung nach Bremerhaven, die vor allem von
den sogenannten «Heringsfahrern» benutzt wurde. Die Fahrerei war lang-
wierig und anstrengend, die Personenzugwagen hatten nur selten Fenster-
scheiben, von Heizung war auch im kühler werdenden Herbst keine Rede,
und vor allem stank der ganze Zug nach Fisch. In Bremerhaven gab es Fische
und Heringe ohne Bezugsschein, mit denen man lukrative Tauschgeschäfte
machen konnte.
[...]

(Dietrich Güstrow: In jenen Jahren, Berlin [W] 1983, S. 110f.)

8. «Was nicht im Baedeker steht.
Kleiner Reiseführer durch die Ostzone»

Es ist alles verändert, hier wie drüben. Das liegt zu einem großen Teil daran, daß – hier wie drüben – die Flüchtlinge ins Land gekommen sind. Nun haben sie in der Westzone die Aufnahme der Vertriebenen gestoppt; in der Ostzone aber laufen noch Tag für Tag neue Transporte ein, die alle in sogenannten Quarantänelagern münden. Entlausung, Registrierung, ärztliche Untersuchung – das beansprucht vierzehn Tage. Aber die Lager, die einem Zentralverwaltungsamt für Umsiedlung oder der sowjetischen Besatzungsmacht direkt unterstehen, sind nicht schlecht intakt. Es sind sanitäre Einrichtungen vorhanden, die es bisher verhindert haben, daß auch nur eine einzige Seuche um sich griff. Die Insassen der Quarantänelager werden relativ gut verpflegt, so gut jedenfalls, daß nicht in allen Haushaltungen der Ostzone ein so nahrhaftes Essen auf dem Mittagstisch steht. Daß dennoch viele Menschen das Lager anstatt zu Fuß in Särgen – oder dem Ersatz davon – verließen, daran trug allein der erbarmungswürdige Zustand die Schuld, in dem sich die Vertriebenen befanden, als sie hier ankamen. Es gibt auch Dauerlager der Flüchtlinge. Aber ihre Zahl – und dies vor allem klingt unbedingt positiv gegenüber den Verhältnissen im Westen – ist gering, wobei die Umsiedler es ohne Zweifel der großen Energie der Landesregierungen verdanken, daß sie in Wohnungen untergebracht wurden. Woher die Umsiedler stammen? Aus Westpreußen, Pommern, Schlesien, aus dem Wartheland, neuerdings auch aus dem russischbesetzten Teil Ostpreußens. Eines ist hüben wie drüben das gleiche Elend: Die Einheimischen sehen die Vertriebenen als Eindringlinge an, und die Umsiedler sind deshalb verbittert. Dort aber, wo Stadt, Gemeinde oder Kirche sich mit Energie einsetzen, ist auch sogleich ein Gewinn zu spüren, und die Zustände werden erträglich. Andererseits: Dort, wo noch ein Dauerlager existiert, kann man in der Ostzone schließen, daß etwas faul bei Behörde oder Gemeinde sei. Wohlverstanden: in der Ostzone. Von der Westzone ist in diesen Notizen überhaupt keine Rede. [...]

Da ist das Land Mecklenburg. Vergeßt, ihr Deutschlandreisenden aus früheren Tagen, was über Mecklenburg im Baedeker stand! Das Land hat die doppelte Bevölkerung, während die anderen Ostzonenländer durch die Umsiedler nur um ein Viertel volkreicher geworden sind. In Mecklenburg also, früher einem fetten stillen Bauernland, drängen sich die Menschen. Beispielsweise im Schloß Basthorst bei Crivitz: da wohnen 32 Familien, insgesamt rund 150 Menschen, in 32 Zimmern des Gebäudes. Aber jedes Zimmer hat einen Ofen, der den Familien selbst zu eigen gehört. Und die Siedler sagen, daß dies immerhin etwas sei. Im ganzen Kreise Parchim sind die Gutshäuser dicht belegt. Ländliches Wohnen, doch wenig Gelegenheit, Zusätzliches zu erhalten, weil das «Ablieferungssoll» der Bauern dort drüben scharf kontrolliert wird; offenbar schärfer, als dies in den Westzonen der Fall ist. Die

Lebensmittel wandern in die Städte, so daß es beispielsweise in dem Dorf Dobbertin – es gehört zu den Dörfern, die seinerzeit besonders stark ausgeplündert wurden – keine Kartoffeln gab. Leider können aber die Städte, obwohl sie das «Ablieferungssoll» erfüllt sehen, sich gegenüber Mecklenburgs Landbevölkerung nicht entsprechend revanchieren. Keine Textilien, Neusiedler in Lumpen. Und der Pfarrer von Dobbertin läuft immer noch in seinen Kriegsgefangenenkleidern herum. Keine Schuhe: das ist besonders von Güstrow notiert, wo außerdem die Verkehrsmittel fehlen, die Schaffenden an die Arbeit zu bringen. Kirchgänger in Lumpen: so heißt es von Wismar, vom stark zerstörten Rostock heißt es, daß die Wohnverhältnisse schwierig sind; dennoch sind die Flüchtlingsdauerlager aufgelöst. Dies hat man immerhin geschafft in der stark zerstörten Stadt.

[...]

Auch in Sachsen, immer schon eines der dichtest bevölkerten Gebiete Europas, ist der Hunger Herr im Land. Früher, in den Baedeker-Zeiten, konnte die Industrie vergelten, was aus den landwirtschaftlichen Gebieten des Ostens zugeschossen werden mußte. [...] Heute hat die Demontage wichtige Teile der Fabriken weggefressen, und die Ostgebiete liefern ohnehin nicht mehr. Die Trostlosigkeit dieser Lage macht es geradezu auf natürliche Weise klar, daß die Notizen über Sachsen hier und dort guten Willen, aber wenig Gelingen verzeichnen.

Und da ist die Mark Brandenburg. Und da ist Forst, einst berühmte «Stadt der Hüte», heute trotz aller Trümmer übervölkert, und mitten darin ein Durchgangslager nur für «Schwarzgrenzgänger». In Guben ein Schild am Bahnhof: «Mission im Dienst der märkischen Volkssolidarität». In Kottbus sagten Leute, daß sie, ehe die neue Ernte kam, seit Weihnachten kein Stück Kartoffel gesehen hätten und daß es auf Fleischmarken häufig kein Fleisch, sondern Quark gäbe. Und schließlich Frankfurt an der Oder, die große Station der Transporte aus Rußland, wo durch eine «Päckchen-Aktion des Westens» überhaupt erst die Möglichkeit gegeben ist, den Heimkehrern zu helfen. Pakete müssen sein! Denn was nützen dem Heimkehrer die 50 Mark, die ihm im Durchgangslager Cronenfelde ausgezahlt werden? Alle Länder der Ostzone haben in Frankfurt ihre Beratungsstellen. Aber Beratungsstellen für Heimkehrer der Westzonen fehlen. Notiz: «Die heimkehrenden Kriegsgefangenen befinden sich jetzt in besserem Gesundheitszustand als früher. Erschütternd jedoch ist nach wie vor der Anblick der halbverhungerten Frauen, die aus russischen Zwangsarbeitslagern zurückkehren.» [...]

Am schlimmsten aber sieht es, den Notizen zufolge, im Oderbruch aus. Im letzten Kriegsjahr schwer betroffen, erhielt dies Gebiet durch die Dammbruchkatastrophe im vergangenen Jahr den Todesstoß. Die meisten Ortschaften um Seelow etwa sind zu 80 v. H. zerstört. Unbestellte Felder, soweit man blickt; Franzosenkraut, Disteln, Schilf. Bauernhöfe, die 200 oder 300 Morgen messen und doch nicht ein Pferd besitzen. Und viele Bauern haben nicht eine Kuh. Und dennoch lastet – entgegen ursprünglichen Ankündigungen –

noch ein «Ablieferungssoll» auf den Bauern, die, wenn sie pflügen, oft genug sich selbst vor den Pflug spannen müssen. Eine furchtbare Hungerkatastrophe vor Augen, stöhnen die Bauern über das «Soll», dieses «Meisterstück der Bürokratie». Das alte Schwedt, die märkische Tabakstadt, ist so getroffen, daß die Bewohner nur noch in Kellern hausen: von 20000 Bürgern der Stadt waren nur 6500 noch geblieben. Tuberkulose und ein – «Tabak-Soll», so daß es ihnen unmöglich schien, genug Kartoffeln anzubauen. Alles war anders geworden seit den Baedeker-Tagen. Nur die Oder war noch da. Man konnte hinübersehen zur anderen Seite: kein Acker mehr, kein Feld; nur Unkraut, Gestrüpp.
[...]

(Die Zeit vom 20. 11. 1947)

9. Beschlagnahme von Wohnraum
durch die britische Besatzungsmacht

«Das unmittelbar nach der Besetzung Kölns eingerichtete Besatzungsamt entwickelte sich sehr bald zu einer wichtigen Verbindungsstelle zwischen Stadtverwaltung und Bürgerschaft einerseits und der Militärregierung andererseits. Außerdem bildete es sich zu einer Beschaffungsstelle für Militärregierung und Besatzungsarmee aus, deren Befehle ordnungsgemäß und termingerecht durchzuführen waren. Es mußte in der ersten Zeit zwangsläufig oft improvisiert werden. Erst nach Konsolidierung des städtischen und auch des übrigen Behördenbetriebs konnte ein Teil der anfallenden Arbeiten an andere Ämter und Dienststellen abgegeben werden.

Für die britische Militärregierung wurden beschlagnahmt: 66 Häuser und Wohnungen (950 Räume), 23 Einzelräume, 16 Garagen, 4 Tennisplätze und ein Fußballplatz, für die belgische Besatzungsarmee: 140 Häuser und Wohnungen (800 Räume), 50 Einzelräume, 3 Garagen, 3 Tankstellen, 2 Kühlzellen und ein Teil des Stadions (2 Schwimmbecken, 4 Tennisplätze, 2 Fußballplätze).

Die Requisitionen von Waren und Leistungen erfolgten in der ersten Zeit formlos, erst im August 1946 wurde der Requisitionsschein eingeführt. Die Beschlagnahme von Waren und Leistungen erreichte einen Wert von 2,5 Mill. RM. Vier Kasernen, das Stadion und 250 Einzelquartiere mußten auf Anordnung der Besatzungsmächte instand gesetzt werden. Bis zum 31. März 1947 waren 300 Anträge auf Erstattung von Personenschäden und 10000 Entschädigungsanträge für Sachschäden zu bearbeiten. [...]

(Verwaltungsbericht der Stadt Köln 1945–1947, S. 59)

10. «Goslar – Hort des Bürgertums»

Mit dem in der internationalen Schiwelt bekannten, den Ruhm von Russisch-Schierke nicht unwesentlich stützenden Hotel «Fürst Stolberg», das kürzlich auf den Namen Heinrich Heines umgetauft wurde und heute dank seiner unmittelbaren Lage an der englischen Zonengrenze zu den mondänsten und teuersten Gaststätten Deutschlands zählt, kann der uns in Goslar aufnehmende Gasthof – der für die Benutzung von Deutschen größte der Stadt – natürlich nicht verglichen werden. Aber der bunkerhotelgewohnte Deutschlandreisende vermerkt mit der seine Generation auszeichnenden Bescheidenheit dankbar das Vorhandensein regelrechter Betten.

Diese winzige Horizontalperspektive persönlicher Bequemlichkeit verbindet sich mit der auch ihrerseits die persönliche Note betonenden Perspektive des tausendjährigen Goslar, die sich von dem von Schierke den Harz Herunterkommenden als seltener optischer Genuß eines unzerstörten deutschen mittelalterlichen Stadtbildes bietet, zu dem rührenden Symbol konservierten Bürgertums.

Matthäus Merian stach um die Mitte des 17. Jahrhunderts die Silhouette des türmereichen Goslar in Kupfer. Das Blatt zeigt, von wenigen durch Brände verursachten Änderungen abgesehen, die Konturen der heutigen Stadt. Ihre für den mitteleuropäischen Raum bedeutsame Geschichte erreichte damals nach Verlust des bereits von Otto I. ausgebeuteten Bergwerks ihren tiefsten Punkt. Als einige Jahrzehnte später Merians Tochter Maria Sibylla das vom Vater ererbte Talent auf Insulinde an subtileren Objekten erprobte, stand Goslar nach dem Aufschwung seiner Brennereien, Brauereien und Schiefergruben wieder unter einem freundlicheren Stern.

Während die Brennereien heute nur noch lokale Bedeutung haben, sind die Schiefergruben zusammen mit den Sägewerken und dem bodenständigen Kunsthandwerk (Holzschnitzkunst, Keramik, Schmiedekunst) die wirtschaftliche Hoffnung der 26 000 Einwohner und der 10 000 Flüchtlinge. Die eigentliche Holzindustrie (Faß- und Kistenfabriken) liegt auf Grund der vordringlichen Holzexporte danieder.

Der Fremdenverkehr blüht wie nie zuvor, allerdings unter Herausstellung englischer Uniformen, so daß dieser früher so wichtige Aktivposten völlig gestrichen ist. Das angelsächsische männliche Publikum überwiegt in allen Hotels und Pensionen des Südharzes. Große Zukunftspläne zur Hebung des Fremdenverkehrs haben die Stadtväter im vergangenen Jahr bewogen, einem bedeutenden deutschen Elektrowerk und der bekanntesten Papierfabrik der Ostzone, die ihre Erzeugungsbasen in den Bereichen der Stadt zu legen bereit waren, abschlägige Antworten zu erteilen. Der saturierte Wohlstand und die seriöse Ruhe des Goslarer Bürgers, dessen Dachböden meist mit alten Möbeln – flüchtlingssicher – ausgefüllt sind, benötigen keine neuen, schnell sprudelnden Einnahmequellen. Die Flüchtlinge dagegen sind eine dringlichere und handgreiflichere Wirklichkeit als auch nach Jahren noch nicht unterzubringende Touristen.

Die menschlichen Ruinen, die der Krieg im niedersächsischen Land hinterließ, werden von den zahlreichen Lazaretten der Stadt beherbergt. Sie schleppen sich müde und matt durch die engen fachwerkbebauten Straßen, drängen an ehrwürdigen Monumenten des frühen Mittelalters und köstlichen Denkmälern aus der reichs- und hansestädtischen Epoche vorbei, um sich in einem flimmernden Film oder einem billigen Café zu verlieren. Sie werfen auch hin und wieder – im Gegensatz zum Bürger – einen Blick in die Auslage der kommunistischen Buchhandlung, die ihr Schrifttum aus Ostdeutschland über die grüne Grenze bezieht.
[...]

(Der Kurier, Berlin, vom 13. 5. 1947)

11. Trümmerbeseitigung in Karlsruhe

Karlsruher!
Im Herbst des letzten Jahres vor Beginn des gefährlichsten Winters unserer Geschichte rief ich Euch zur Notgemeinschaft auf. Mit bewundernswerter Disziplin und Opferbereitschaft seid Ihr ohne nationalsozialistischen Terror und Zwang dem Rufe freiwillig gefolgt und habt durch Eure Hilfe viel Leid und Elend abgewendet oder doch gemildert. Dafür gebührt Euch herzlichster Dank.

Nun ist der Frühling wieder in unser Land eingezogen und erfüllt uns trotz allem Leid und allen Trümmern mit neuem Lebensmut und neuen Hoffnungen. Nun wollen wir ans Werk gehen, unsere liebe Heimatstadt wieder aufzubauen. Die erste Voraussetzung hierzu ist die Beseitigung der Trümmer.

Wir haben alle technischen Voraussetzungen für eine großzügige Bereinigung der Stadt durch die Gründung der Aufräumungs-Arbeitsgemeinschaft Karlsruher Unternehmer geschaffen.

Was uns fehlt sind die Arbeitskräfte. Wir wollen möglichst Zwang vermeiden und appellieren an den Opfergeist der Karlsruher Bevölkerung. Die Beseitigung des Schuttes ist nicht nur die Sache der Handarbeiter. Die Größe der Aufgabe verlangt den Einsatz aller Männer. Sie kann aus dem gleichen Grunde nicht nur im Wege der Strafarbeit durch ehemalige Pgs. gelöst werden.

Sie ist Ehrensache des ganzen Volkes.

Deswegen rufe ich alle männlichen Bewohner der Stadt vom 14. bis 65. Lebensjahr auf, sich beim Arbeitsamt zum Ehrendienst für den Wiederaufbau zu melden. Keiner ist für diese Arbeit zu schade, keiner so beschäftigt, daß er nicht mithelfen könnte, nur wenige so krank, daß sie befreit werden müssen. Damit auch die Berufstätigen ihrer Ehrenpflicht nachkommen können, wird die Ableistung des Ehrendienstes in kleinsten Zeiträumen bis zur Halbtagsarbeit gestattet.

Wer seiner Ehrenpflicht nachgekommen ist, erhält die Ehrenkarte. Mindestleistungen zur Erfüllung der Ehrenpflicht und Erlangung der Ehrenkarte sind

1. für vollbeschäftigte politisch Unbelastete	7 Arbeitstage
2. für nicht- oder vollbeschäftigte Unbelastete	14 Arbeitstage
3. für vollbeschäftigte Personen, die unter das Befreiungsgesetz fallen	20 Arbeitstage
4. für nicht- oder nicht vollbeschäftigte Personen, die unter das Befreiungsgesetz fallen	30 Arbeitstage

Es kann jeder, der sich meldet, selbst bestimmen, ob er den Ehrendienst in einem Stück oder in Teilleistungen bis zur Halbtagsarbeit pro Woche ableisten will. Für 10 hintereinander geleistete Arbeitstage wird ein Tag, für 20 hintereinander abgeleistete Tage werden zwei Tage, für 30 hintereinander abgeleistete Tage drei Tage gutgeschrieben. Politisch Belastete haben sich selbst das Pensum ihrer Arbeitspflicht zu bestimmen unter Berücksichtigung der Schwere ihrer Belastung. Die angegebenen Zeiten sind nur Mindestzeiten.

Nach der Ehrenkarte, deren Besitz jeder anständig denkende männliche Bewohner unserer Stadt anstreben muß, um von sich sagen zu können, daß er am Wiederaufbau unserer Stadt mitgeholfen hat, wird gefragt werden,

wenn politisch Belastete bevorzugt vor die Spruchkammer kommen wollen, wenn die Bewährung politisch Belasteter nachgewiesen werden soll, wenn eine Arbeitsstelle gesucht wird, bei der Wohnungszuteilung und in allen sonstigen Fällen, in denen Anliegen bei Behörden vorgebracht werden. [...]

Karlsruher! Folgt unserem Beispiel! Gemeinschaftlich wollen wir alle ohne Unterschied der Stellung an den Wiederaufbau gehen. Karlsruhe soll die erste, schwer geschädigte Stadt sein, die von den Trümmern, die uns der Nationalsozialismus hinterlassen hat, freigemacht ist. Meldet Euch alle! Meldet Euch sofort! Keiner darf fehlen! Wenn wir alle zusammenstehen, wird es um so schneller gelingen, Karlsruhe wieder aufzubauen!

Karlsruhe, 11. 5. 1946   (Oberbürgermeister Veit)

(Der deutsche Südwesten zur Stunde Null, Karlsruhe 1975, S. 157ff.)

12. Alfred Döblin über die deutsche Bevölkerung (1947)

[...]

Die Menschen sind dieselben, die ich 1933 verließ. Aber es ist allerhand mit ihnen geschehen. Ich stelle es im täglichen Umgang mit ihnen fest. Sie haben dieselben Interessen, Allüren wie früher, haben unverandert Sinn für Musik, viele besitzen Kenntnisse. Aber sie sind im Ganzen weniger mannigfaltig, weniger persönlich als früher. Sie erscheinen mir, jedenfalls mir, der von draußen hereinkommt, viel uniformer. Sie haben eben zwölf Jahre wenig Einflüsse von außen erfahren, und diese Einflüsse waren stark kontrolliert. Eine gleichsinnige Propaganda, ein ununterbrochener Druck von behördlicher Propaganda lastete auf ihnen und nivellierte sie, ob sie gebildet oder ungebildet waren.

Ich habe den Eindruck und ich behielt ihn die ganze erste Zeit hindurch: Ich habe ein Haus betreten, das voller Rauch steht –, aber die Bewohner merken nichts davon.

Neu ist mir eine gewisse geistige Schwerfälligkeit. Sie sind wie eingerostet. Sie verfügen über ein kleines Repertoire an Vorstellungen, das man ihnen eingeprägt hat, und damit arbeiten sie, und man kann sie schwer daraus ziehen. Das hat das Regime hinterlassen. Und darum prallen von ihnen auch alle Aufrufe ab, die man an sie richtet, und die Broschüren zur Aufklärung wirken darum kaum und werden ablehnend und empört gelesen, als wenn der Diktator noch im Lande wäre. Und darum kann man auch bei Diskussionen über die Schuldfrage mit ihnen nicht weiter kommen. Darum sperren sie sich auch gegen politische Unterhaltungen mit Leuten, die eine andere Auffassung haben. Sie sind verstört, gequält und wollen zufrieden gelassen sein. Wie begreiflich. Wie kommt man hier nun weiter? Vor allem mit Vernunft und nicht drängen, kommen lassen, die Umstände wirken lassen. An sich könnten Berichte und Daten aus den Konzentrationslagern und von andern Greueln, wie man sie jetzt publiziert, aufklärend wirken. Aber man ist einfach nicht geneigt, sie zu glauben, da es in der Regel Fremde sind, die diese Mitteilung machen. Ebenso könnte ja auch der Anblick der zerstörten Städte wirken. Aber nun ist da die Okkupation. Okkupation ist den Anhängern des alten Regimes, die es natürlich in Massen gibt, als Geschenk in den Schoß gefallen. Okkupation kann benutzt werden, wie man nach 1918, nach dem Ersten Weltkrieg die Revolution und ihre Vorgänge benutzte, zur Verhinderung der Aufklärung, zur Bildung einer neuen Dolchstoßlegende. Während der Okkupation, während sich sukzessive die Kriegsfolgen auswirken –, was liegt näher, als alle Kriegsfolgen auf die Okkupation zu schieben? So schwierig ist die Situation.

Denkt man an die Lage nach dem Ersten Weltkrieg, so erscheint die unruhige Zeit jener Jahre von geradezu freskenhafter Klarheit, verglichen mit dem Bild von heute. [...]

(Alfred Döblin, Schicksalsreise [Frankfurt/M. 1949]. In: Autobiographische Schriften und letzte Aufzeichnungen, Freiburg 1977, S. 382f., © Walter Verlag Olten)

Drittes Kapitel

Der Kampf ums Überleben

Einleitung

Wir können nicht mehr verhindern, daß das Volk hungert, nur noch, daß es «verhungert», erklärte der Gauleiter und Reichsverteidigungskommissar Lohse als Resümee einer Krisensitzung am 16. Februar 1945.[1] Der Hunger, im zentralistischen NS-Staat noch in engen Grenzen gehalten durch die rücksichtslose Ausplünderung der materiellen und menschlichen Ressourcen der unterworfenen Länder und auch durch rigorose Sanktionen gegen Schwarzschlachten, Plünderung nach Bombenangriffen und Schwarzhandel, wurde bald nach dem Ende des «Tausendjährigen Reiches» zum Problem Nummer Eins.[2]

Nachdem die anfangs noch vorhandenen Vorräte vor allem aus alten Wehrmachtsbeständen aufgebraucht waren und die organisierten Massentransporte mit Ausgewiesenen aus den früheren deutschen Ostgebieten im Vier-Zonen-Deutschland eintrafen, verschärfte sich die Lebens- und Ernährungssituation für die deutsche Bevölkerung dramatisch (Dok. 1, 3). Sie wurde auch zu einer der zentralen Fragen der Politik der Alliierten.[3] Diese versuchten auf unterschiedliche Weise, die Ablieferung und Erfassung von Nahrungsmitteln sicherzustellen und Großküchen zu versorgen (Dok. 6). In der britischen Zone blieb das alte System des Reichsnährstandes als Notlösung zunächst erhalten (Dok. 2), ohne daß damit jedoch eine gleichmäßige und halbwegs ausreichende Versorgung sichergestellt werden konnte. Die bürokratische Zuteilung der knappen Lebensmittel machte ein Ei zur Kostbarkeit (Dok. 5). Die Zahl der Raubüberfälle stieg im Zusammenhang mit der Hungersituation drastisch an (Dok. 4).

Alliierte Lieferungen, insbesondere die seit 1947 auf Initiative des früheren amerikanischen Präsidenten Hoover anlaufende Schulspeisung (Dok. 7) und private Spenden vor allem aus den USA und Kanada über die CARE-Organisation (Cooperative for American Remittances to Europe), konnten zumindest punktuell die Not lindern. Das legendäre CARE-Paket wurde zum neuen Statussymbol innerhalb einer pauperisierten Bevölkerung. Auch in der

[1] Zit. bei Gabriele Stüber: Der Kampf gegen den Hunger 1945–1950, Neumünster 1984, S. 36.
[2] Vgl. Karl-Heinz Rothenberger: Die Hungerjahre nach dem Zweiten Weltkrieg, Boppard 1980.
[3] Vgl. Günter J. Trittel: Hunger und Politik. Die Ernährungskrise in der Bizone (1945–1949), Frankfurt 1990.

SBZ spielten ausländische Lieferungen, die von der als sozialen Hilfsorganisation ins Leben gerufenen «Volkssolidarität» als «Soli-Pakete» verteilt wurden (Dok. 8), eine wichtige Rolle zur Sicherung der Versorgung der von den Kriegsfolgen besonders Betroffenen. Ohne ausländische Hilfe wäre angesichts der Abtrennung der Ostgebiete und der niedrigen landwirtschaftlichen Produktion eine noch viel einschneidendere, massenhafte Hungersnot unvermeidlich gewesen.

Dennoch blieben alle Hilfslieferungen nur ein Tropfen auf den heißen Stein, solange die deutsche Wirtschaft daniederlag und auch die ersten, vorsichtigen Ansätze eines ökonomischen Aufschwungs ohne Wirkung bleiben mußten, weil das Transportsystem nicht für eine funktionierende Verteilung sorgen konnte.[4] Die zwangsläufige Konsequenz war ein blühender Schwarzhandel (Dok. 11). Die Organisation des Überlebens hing daher sehr stark von individueller Initiative, Phantasie und auch Skrupellosigkeit ab. Gerade diese Umstände des Schwarzmarkts und des «Organisierens» haben den ersten Nachkriegsjahren in der Erinnerung ihre abenteuerliche Note verliehen (Dok. 10). Um den verbotenen, aber bis zur Währungsreform nicht auszuschaltenden Schwarzmarkt einzudämmen, wurden auch reguläre Tauschzentralen als Ersatz für den freien Handel eingerichtet (Dok. 12).

Nicht nur die Beschaffung von Nahrungsmitteln für den auch noch nach der Währungsreform mageren Speisezettel (Dok. 9) gehörte zum Überleben. Besonders für die große Gruppe der Ausgebombten, Flüchtlinge und Vertriebenen mußten Hausrat und Kleidung beschafft werden. Auch hier fehlte es häufig am Nötigsten, weil der Markt zwar vielerlei Kurioses produzierte, aber weder Nadeln und Nägel (Dok. 13). Unter den Ersatzprodukten aus Kunststoff für die in viel zu geringer Zahl hergestellten Lederschuhe brachten es die Igelit-Sandaletten zu besonderer Berühmtheit (Dok. 14).

Angesichts des hohen Zerstörungsgrades und der durch die Flüchtlinge gestiegenen Bevölkerungszahl gehörte die Wohnraumbeschaffung zu den schwierigsten Problemen der Nachkriegsjahre. Hier gab es eine bruchlose Kontinuität zur NS-Zeit, in der die Zwangseinweisungen von Evakuierten und Flüchtlingen und die rigide Begrenzung von Zuzugsgenehmigungen in die Städte begonnen hatten (Dok. 15, 16). Kommunale Wohnungseinweiser hatten unter alliiertem Druck für eine Verteilung des erhalten gebliebenen, knappen Wohnraums zu sorgen. Solche Zwangseinweisungen produzierten eine Fülle von sozialen Konflikten, die zu den schlimmsten Erfahrungen für die meist völlig mittellosen Flüchtlinge gehörten. Für die Evakuierten aus den Städten gerieten die Konflikte bis zum juristischen Streit um das Mietrecht in Ruinen (Dok. 17). Auch die ehemaligen Luftschutzbunker bildeten überall eine Form der Unterbringung und waren noch für viele Jahre eine Variante der Lagerexistenz in Deutschland.

---

[4] Dies ist eine der zentralen Thesen von Werner Abelshauser: Wirtschaft in Westdeutschland 1945–1948, Stuttgart 1975.

Im vielfach geschilderten und breit dokumentierten sozialen Elend der ersten Nachkriegsjahre fehlten aber auch die Kontraste und die psychischen Mechanismen des Überlebens nicht. Der schon 1947 erstmals wieder gefeierte rheinische Karneval (Dok. 18) gehörte dazu ebenso wie das kulturelle Leben, das inmitten der Trümmer eine erstaunlich schnelle Blüte erlebte (vgl. Kap. 6).

1. Hans Erich Nossack
Aus einem Brief 1945

Ich versprach Ihnen, einmal etwas persönlicher zu schreiben. Aber ich komme kaum dazu. Bedenken Sie bei all meinen Briefen, unter welch abnorm schweren Umständen sie geschrieben werden. Meine Angestellten sitzen um mich herum und wollen Antwort, Telefon und Maklerbesuche unterbrechen mich. Vor allem ist da aber die Kälte, die Gedanken verwirren sich darüber, man vergißt das meiste, und ein vielleicht vernünftig begonnener Brief verläuft im Sande. Es ist kaum zu schildern und eigentlich auch nicht nötig, was wir im November schon unter der Kälte auszustehen hatten. Auch Neher's Heizmaterial kommt nicht zur Verteilung, vielleicht einmal ein Hektoliter Holz, aber was ist das schon. Die meisten Menschen laufen mit geschwollenen Fingern und offenen Wunden umher, und es lähmt alle Tätigkeit. Zum Überfluß hatten wir schon Frost und Schnee, im Augenblick ist es allerdings wieder etwas wärmer geworden. – Unser Tag beginnt um ½6 Uhr, wir werden dann durch unsre Mitbewohner geweckt, die, ohne es nötig zu haben, vor lauter Übermut um diese Zeit aufstehen. Von 8 bis 3 Uhr halte ich im Geschäft aus –, erst ab 3 Uhr gehn die Verkehrsmittel wieder, – bin dann aber auch so erfroren, zumal ich nur zwei Scheiben trocknes Brot mitnehmen kann, daß ich kaum mehr gehen kann. Und dann beginnt ein harter Kampf um die U-Bahn. Inzwischen hat meine Frau morgens Stunden gegeben, eilt mittags eine Stunde weit, um das Essen aus der Volksküche zu holen, worauf wir mangels Gas, Elektrizität und Kochgelegenheit angewiesen sind, obwohl die meisten Lebensmittelmarken dabei drauf gehn, und die notwendigsten Besorgungen sind erledigt. Gegen 3 Uhr macht sie auf der Brennhexe unser Essen warm, dadurch wird das Zimmer ein wenig verschlagen. Nach dem Essen gibt es für mich immer zu handwerken oder Holz zu verkleinern etc. Zwischen 5 und 6 Uhr versuche ich zu schlafen, um einen Vorhang vor den bisherigen Tag zu ziehen und die fehlenden Kalorien gleichzeitig zu ersetzen. Später nehmen wir noch etwas Teeartiges und einen kleinen Imbiß zu uns, und sitzen uns dann, wenn nicht gerade Besuch verabredet ist, arbeitend bei 15 Watt-Kerze gegenüber. Um 10 Uhr heult die Sirene 3 mal, um 10¼ zweimal und 10½ einmal; dann ist, wie es hier heißt «curfew», also Ausgehverbot. Ich selber sitze meist in Decken gehüllt noch bis 1 Uhr auf, um dann erfroren ins Bett zu kriechen. Für einen Mann, der gewohnt ist, beim Schaffen im Zimmer auf und ab zu wandeln, sind diese Decken ein ärgerliches Problem. Da haben Sie ein Durchschnittsleben. [...]

(aus: Diese Andere; Brief an Hermann Kasack 30. 11. 1945. © Suhrkamp Verlag Frankfurt am Main 1976)

2. Die Organisation der Landwirtschaft und Ernährung

Schreiben des Präsidenten des Landesernährungsamtes Hannover
an alle Ernährungsämter (25. Mai 1945)

Von der Militär-Regierung Hannover bin ich provisorisch zum Leiter der Landesbauernschaft ernannt.

Die Ernennung habe ich angenommen, um in dieser Zeit, in der unser Vaterland schwer darnieder liegt, zu meinem Teil dazu beizutragen, daß die Niedersächsische Land- und Forstwirtschaft ihr Bestes tut, um die Ernährung unseres Volkes zu sichern.
[...]
Jeder einzelne landwirtschaftliche Betrieb muß auf seine Leistungen geprüft werden; gegebenenfalls ermächtige ich die Kreisbauernführer, die erforderlichen Änderungen im Rahmen der bestehenden Gesetze zu veranlassen.

Die Ostarbeiter werden nach Möglichkeit bald abtransportiert. Ersetzt werden sie durch deutsche Männer und Frauen vom Land und aus der Stadt. Die nötigen Anregungen dazu sind gegeben.
[...]
Die Organisation des Reichsnährstandes ist durch die alliierte Militär-Gesetzgebung nicht aufgehoben. Auch die Funktion als Ernährungsamt ist bestehen geblieben. Es ist ferner ausdrücklich bestimmt, daß alle ergangenen Bestimmungen über Erfassung, Verteilung, Produktions-Kontrolle, Kontingente und Preisgestaltung unverändert in Kraft bleiben.

Das Ordnungsstrafrecht der Wirtschaftsverbände ist geblieben.

Die Bezugschein-Vorschriften sind genau zu beachten.

Im einzelnen wird folgendes bestimmt:

1. Die Ablieferung von Brotgetreide (Roggen, Weizen, Gerste), die in den letzten Wochen ins Stocken geriet, muß sofort wieder aufgenommen werden, da sonst die Brotversorgung bis zur neuen Ernte nicht sichergestellt ist. Die restlose Erfüllung der Kontingente wird erwartet. Das Verfütterungsverbot von Brotgetreide muß wieder genau innegehalten und überwacht werden.

2. In den letzten Wochen sind zum Teil von Selbstversorgern Hausschlachtungen durchgeführt, die nicht genehmigt und nicht in der Schlachtkarte eingetragen worden sind. Die nachträgliche Anmeldung und Verrechnung dieser Schlachtungen wird angeordnet. Schwarzschlachtungen werden wie früher streng bestraft.
[...]

9. Eine geordnete Versorgung setzt eine einheitliche Lenkung und Erfassung der zur Verfügung stehenden bzw. anfallenden Lebensmittelmengen durch das Landesernährungsamt und die Wirtschaftsverbände voraus. Zur Zeit wird aber über Getreide, Mehl usw. von einer Vielzahl von örtlichen Stellen verfügt, die weder über die in ihrem Bezirk benötigten Mengen genau im Bilde, noch geeignet sind, Überschußmengen an andere Bezirke abzugeben. Hieraus ergeben sich Versorgungsstörungen und untragbare Transportbelastungen. Von derartigen Eingriffen muß daher in Zukunft grundsätzlich abgesehen werden. Es dürfen auch keine künstlichen Mauern um die einzelnen Kreise errichtet werden, weil sonst ein Ausgleich unmöglich ist.

Diese Anordnungen ergehen im Einvernehmen mit dem Military Government Han. Provinz. Übertretungen können daher auch von der englischen Militärverwaltung geahndet werden.

Der Präsident
gez. v. Reden

(Ursachen und Folgen, Berlin o. J. Bd. 23, S. 290ff.)

3. Hunger

Der frühere amerikanische Präsident Hoover hat dieser Tage auf der Welternährungskonferenz in London darauf aufmerksam gemacht, daß der Mensch zur Aufrechterhaltung seiner Lebens- und Arbeitskraft ein tägliches Minimum von 2300 Kalorien brauche.

In der britischen Besatzungszone ist der Kaloriengehalt der täglichen Normalration 1040 Kalorien. In der amerikanischen Zone beträgt er 1275 Kalorien, in der französischen Zone sind dem Jugendlichen von 10 bis 18 Jahren und dem Normalverbraucher täglich 927 Kalorien, dem Schwerarbeiter 1144 Kalorien zugeteilt. Für die russisch-besetzte Zone liegen keine Einzelangaben vor; es ist aber ohne weiteres anzunehmen, daß die Durchschnitts-Kalorienzahl dort nicht größer ist als in den westlichen Reichsgebieten. Das heißt also: das deutsche Volk erhält heute in der britisch- und in der französisch-besetzten Zone weniger als die Hälfte, in der amerikanisch besetzten Zone nur etwas mehr als die Hälfte der nach den Feststellungen Hoovers zum Leben notwendigen Kalorienmenge.

Auch wenn in Rechnung gestellt wird, daß sich für weite Kreise, vor allem auf dem Lande, zusätzliche Versorgungsmöglichkeiten bieten, so ist die Folge solcher Hungerrationen: ein allmählicher, aber immer schneller sich fortsetzender Verfall der physischen Leistungs- und der seelischen Widerstandskräfte der Nation. Dieser Verfall wird und muß vor allem die Schichten ergreifen, von denen der wirtschaftliche Wiederaufbau des neuen Deutschlands und seine politische Befriedung in erster Linie abhängt: die deutsche Arbeiterschaft. Es ist kein Zweifel, daß der deutsche Arbeiter seine nationale Pflicht in vollem Umfang erfüllt: er hat sich der harten Aufgabe des nationalen Wiederaufbaus mit einer Disziplin, mit einer Arbeitswilligkeit und mit einer Opferbereitschaft zur Verfügung gestellt, die höchste Anerkennung verdienen. Aber auch sein Leistungswille und sein Leistungsvermögen sind an unumgängliche physische Voraussetzungen gebunden. Und diese Voraussetzungen beginnen allmählich in bedenklichstem Maße brüchig zu werden. Welch grundsätzliche Gefährdung unseres ganzen nationalen Wiederaufbaus das in sich schließt, beweist z. B. die Tatsache, daß im Ruhrkohlenbergbau im März die Förderleistung um 12,4 % gegenüber dem Vormonat zurückgegangen ist. Dementsprechend mußten die bereits zugesagten Lieferungen an Ruhrkohle für die südwestdeutsche Wirtschaft um annähernd die Hälfte gekürzt werden, was wiederum zur Folge hatte, daß die ganze Wirtschaftsplanung der südwestdeutschen Industrie umgestoßen wurde.

So greift ein Rad hier ins andere. Nur, daß der ganze Organismus nicht vorwärts, sondern rückwärts läuft.

Es ist klar, daß hier Halt geboten werden muß.

(Hamburger Freie Presse vom 10. 4. 1946)

4. Raub als zeittypisches Delikt

«Der Mord an der 69jährigen Kolonialwarenhändlerin Louise Z., die am 7. April im Keller ihres Geschäftes Barmbeckerstr. 187 erschlagen und erdrosselt aufgefunden wurde, ist aufgeklärt. Olga G., die 24jährige Enkelin der Ermordeten, hat ein Geständnis abgelegt. Sie erschlug ihre Großmutter mit einem Beil, um ihre Wäsche, Kleider und Lebensmittel zu rauben.»

(Hamburger Volkszeitung vom 13. 4. 1946)

«Zu einem Feuergefecht, bei dem jedoch niemand verletzt wurde, kam es in der Nacht zum Donnerstag zwischen einer Polizeistreife und drei Männern, als diese im Lehmweg in Hamburg gerade ein Lebensmittelgeschäft ausräumten.»

(Hamburger Echo vom 8. 6. 1946)

«Auf Steinwärder überstiegen am Freitagabend etwa 10 bis 15 Männer das Zollgitter am Bahnhof Ross und versuchten, drei Kühlwagen aufzubrechen, die mit Gefrierfleisch beladen waren. Eingreifende Polizeibeamte sahen sich bald von immer mehr Plünderern umgeben, die eine drohende Haltung einnahmen. Mit Hilfe eines inzwischen herbeigeholten Überfallkommandos konnte die Beraubung jedoch verhindert werden.»

(Hamburger Volkszeitung vom 7. 8. 1946)

«Am 11. 8., zwischen 20 und 21 Uhr, sind 10- bis 13jährige Jungen auf originelle Art in den Besitz von Brot gelangt. Bei dem Bäckermeister Bockmann in Altona, Gr. Bergstr. 218, haben sie mittels einer mit Lappen umwickelten Stange eine etwa 50 × 80 cm große Scheibe zertrümmert. Mit der Stangenspitze konnten sie dann sechs im Innern der Bäckerei liegende Schwarzbrote aufspießen und herausnehmen.»

(Kriminalpolizeiliches Meldeblatt für Groß-Hamburg vom 15. 8. 1945)

(Zit. nach: Michael Wildt: Der Traum vom Sattwerden, Hamburg 1986, S. 115)

5. Ein Ei als Kostbarkeit

In einer amtlichen Bekanntmachung für die britische Zone heißt es:

Zur Durchführung einer Verteilung von einem Ei und 25 g Eisparpulver müssen alle Verbraucher den Abschnitt 19 der Registrierungskarte in der Zeit vom 5. bis 12. Dezember 1945 bei den für den Verkauf von Eiern zugelassenen Eierhändlern als Vorbestellungsschein abgeben. Die Einzelhändler haben die Abschnitte zu je 10 Stück auf weißes Papier zu kleben und sofort bei ihrem Großhändler zwecks Belieferung einzureichen. – Die Abgabe erfolgt sofort nach Belieferung der Einzelhändler.

(Hamburger Nachrichtenblatt vom 10. 12. 1945)

6. «Frankfurt eröffnet Großküche»

In einem ehemaligen Möbelspeicher in der Kriftelerstraße in Frankfurt wird die neue Großküche gebaut, die nach dem Plan der Stadt Frankfurt täglich 50 000 bis 75 000 warme Essen der Bevölkerung bieten soll. In einem großen Saal im Erdgeschoß des Gebäudes arbeiten Dutzende von Arbeitern an der Installierung der großen Kessel, die teilweise von der amerikanischen Militärregierung aus Beständen der ehemaligen Flakkaserne der Stadt Frankfurt zur Verfügung gestellt worden sind. Diese Kochkessel sollen durch Dampf betrieben werden; im Keller des Gebäudes sind die Dampfkessel bereits aufgestellt. Auch sind die ersten Vorräte im Keller eingespeichert – Haufen von Kartoffeln und großen Kürbissen und andere Gemüse.

In einem kleinen Raum, in dem ein paar Tische und Stühle stehen, empfängt uns der Leiter der Frankfurter Massenspeisung, Josef *Boos*. Er entschuldigt sich, daß das Büro noch nicht eingerichtet ist: «Sehen Sie, wir sind ja gerade hier eingezogen.» Boos erklärt uns den Plan der Stadt Frankfurt, der aus der Notwendigkeit der Tagesereignisse erwachsen ist.

Tausende entlassene Wehrmachtsangehörige, Flüchtlinge, Durchreisende und Notuntergebrachte mußten versorgt werden. So sah sich die Stadtverwaltung in die Lage versetzt, Speisungen durchführen zu müssen, wollte sie nicht, daß diese Menschen hungrig blieben. Von der Versorgung der «Durchreisenden» bis zur Versorgung der einheimischen Frankfurter Bevölkerung war es nur ein Schritt, und dieser Schritt wird spätestens am 1. November getan werden – das endgültige Datum hängt von der Fertigstellung der Großküche in der Kriftelerstraße ab.

Josef *Boos*, dessen offizieller Titel *«Wirtschaftsvorsteher»* ist, gibt uns ein paar Zahlen, die für das Ausmaß der vorgesehenen Massenspeisungen bezeichnend sind. Pro Tag werden 250 bis 300 Zentner Kartoffeln, 250 bis 300 Zentner Gemüse sowie 40 Zentner Nährmittel verbraucht werden. An Fleisch ist ein Verbrauch von 5000 Kilo pro Woche vorgesehen. Die notwendigen Vorräte kommen aus allen Teilen der amerikanischen Besatzungszone. Es ist vorgesehen, daß eine warme Mahlzeit pro Tag an 50000 bis 75000 Frankfurter Bürger ausgegeben werden soll, und zwar vor allem an Familien – und besonders hier wieder an die Jugendlichen in der Familie –, die nicht genügend Kochgelegenheit haben, ferner an Alleinstehende, an alle Fürsorgebetreuten und an alle Werktätigen in solchen Fabriken, die keine eigenen Werksküchen haben. Es ist vorgesehen, daß zahlreiche Fabriken sich dem Massenspeisungsprogramm anschließen werden. Besondere Ausgabestellen sollen eingerichtet werden, unter anderem auch in solchen Gaststätten, die selbst keine gekochten Mahlzeiten verabreichen.

Die Mahlzeiten werden in sogenannten *«Thermophorbehältern»* von der Großküche zu den Ausgabestellen transportiert. Diese Thermophorbehälter, von denen jeder 50 Liter faßt, können die Speisen zwölf Stunden lang warmhalten. Sie wurden in *Speyer* hergestellt, und die französischen Besatzungsbehörden haben die Genehmigung zur Lieferung nach Frankfurt für den Zweck der städtischen Massenspeisung erteilt.

Es ist geplant, daß eine gewisse Anzahl Lebensmittelmarken für die ausgegebene Mahlzeit abgegeben werden soll. Genaues steht aber noch nicht fest. Auf unsere Frage, wie viele Kalorien eine solche Mahlzeit enthält, erklärte Josef Boos, daß als Mindestmaß 500 Kalorien vorgesehen sind.

Die Verteilung der Mahlzeiten soll namentlich durch Personal der Arbeiterwohlfahrt und des Deutschen Roten Kreuzes ehrenamtlich vorgenommen werden. Bezahlt wird im ganzen Unternehmen nur das Küchenpersonal, und dieses nach den üblichen Tarifen.

Dann führte uns Wirtschaftsvorsteher Boos zu der alten Großküche im Gebäude des Konsumvereins, die den Bedarf für die augenblicklich durchgeführten Speisungen Durchreisender deckt. Wir kommen gerade zurecht, um zu beobachten, wie der Küchenchef Valentin *Fischer* die an diesem Tage fertiggestellte Mahlzeit kostete. Er schien mit dem Resultat seiner Arbeit zufrieden zu sein und bot uns einen kleinen Teller an mit den Worten: «Eine Kostprobe? Schmecken Sie mal!»

Es gab Spinat mit Kartoffeln, und man muß feststellen, daß Fischer und seine Leute ihr Handwerk verstehen – es schmeckte vorzüglich.

[...]

(Neue Zeitung, München, vom 18. 10. 1945)

7. Schulspeisung in der US-Zone

Hoover-Hilfsaktion für 3,5 Millionen deutsche Kinder

Ab 1. Mai soll in den Vereinigten Westzonen die im Rahmen der Hoover-Hilfsaktion vorgesehene Kinderschulspeisung beginnen. In der amerikanischen und in der britischen Zone sollen in allen Städten mit mehr als 20000 Einwohnern alle schulpflichtigen Kinder von 6 bis 18 Jahren an jedem Schultag eine Mahlzeit mit einem Nährwert von etwa 350 Kalorien erhalten. In den Städten und Gemeinden mit weniger als 20000 Einwohnern soll durch eine amtsärztliche Untersuchung bestimmt werden, welche Kinder an der Schulspeisung teilnehmen. Man schätzt, daß diese großzügige Ernährungshilfe in der amerikanischen Zone 1,4 und in der britischen Zone 2,1 Millionen deutschen Kindern zugute kommen wird.

Die Richtlinien für die Schulspeisung sind von OMGUS [Office of Military Government for Germany, United States] Berlin und dem bizonalen Ernährungs- und Landwirtschaftsrat in Stuttgart ausgearbeitet worden. Auf Wunsch von OMGUS haben in den einzelnen Ländern die Ministerpräsidenten das Protektorat über diese Speisung übernommen. Unter der Leitung der jeweiligen Ernährungsminister sind in beiden Zonen Landesausschüsse für Schulspeisung gebildet worden. Mit Beginn der Hoover-Hilfsaktion fällt die bisherige Kinderspeisung fort. Die für die Schulspeisung benötigten Lebensmittel werden entweder den Beständen aus bereits eingeführten Importen entnommen oder durch den Ernährungs- und Landwirtschaftsrat aus den zu erwartenden Einfuhren noch vor deren Verteilung abgezweigt. Jede Mahlzeit kostet 25 Pfennig, in Notfällen tragen der Staat und die freien Wohlfahrtsverbände die Kosten.

In Bayern hat die Schulspeisung bereits am 23. April begonnen, und zwar wurden an diesem Tage in einigen Schulen Münchens 15000 und in Nürnberg 3500 Kinder verpflegt. Vom 28. April an werden die Speisungen laufend in allen Städten aufgenommen, zunächst dort, wo die Voraussetzungen für eine solche Massenverpflegung durch bereits bestehende Großküchen gegeben sind. Für jedes Land wird wöchentlich ein einheitlicher Plan für die Speisung aufgestellt. In Bayern zum Beispiel erhalten die Kinder am 28. April einen gesüßten Grießbrei, am 29. April Spaghetti mit Tomatenpürree, am 30. April Kartoffelbrei mit Erbsen und Fett, am 2. Mai gesüßte Haferflocken und am 3. Mai eine Tafel Schokolade. Insgesamt werden in Bayern 675000 Kinder während der Schulzeit verpflegt. Hierfür stehen bereits folgende Lebensmittel zur Verfügung: mehrere tausend Tonnen Restbestände aus früheren Importen, die zur Zeit hier lagern (Frucht- und Tomatensäfte, Trockenfrüchte und -gemüse, Trockenei, Eiscreme, Apfelmus, Kakao, Puddingpulver, Fleisch); Bestände aus dem Verpflegungsdepot der US-Armee in Augsburg (Erdnüsse, Marmelade, Schweinefleisch mit Ei, Milch, Puddingpulver, Butter, Schokolade, Fleischkonserven, Kekse); Restbestände aus Lieferungen an

DPs (Trockengemüse, Hülsenfrüchte, Kondensmilch, kochfertige Suppen, Trockenkartoffeln).

(Neue Zeitung vom 25. 4. 1947)

8. «Was muß ich über die Soli-Pakete wissen?»

SOLI-Pakete sind Lebensmittel-Sendungen, die, in Paketen verpackt, von ausländischen Spendern vorerst aus der Schweiz, Nord-, Mittel- und Südamerika, außer Kanada, über die «Volkssolidarität» den Adressaten in der sowjetischen Besatzungszone Deutschlands zugeleitet werden.

SOLI-Pakete können alle Personen in der sowjetischen Besatzungszone Deutschlands erhalten, für die von ihren im Ausland lebenden Freunden oder Verwandten in der Schweiz oder in den nord-, mittel- und südamerikanischen Staaten, außer Kanada, der entsprechende Geldbetrag entrichtet worden ist. Zu diesem Zwecke schreibt man an seine Freunde oder Angehörigen im Auslande, gibt ihnen die nachfolgende genaue Adresse der Schweizer Vermittlungsstelle: CSS, Centrale Sanitaire Suisse, Zürich, Birmensdorfer Straße 1, die gewünschte Pakettype, den zu zahlenden Preis und seine genaue Anschrift an. In der Schweiz wird der Betrag auf das Postscheckkonto VIII 38040 für Firma Tracont A.-G., Zürich 1, Fraumünster-Straße 15, eingezahlt. In den nord-, mittel- und südamerikanischen Staaten wendet man sich wegen der Einzahlung des Spendenbetrages an den überseeischen Vertreter der Firma Tracont A.-G., Mr. Karl J. Gause, Accountant and Auditor, 175 Fifth Avenue, New York 10, N. Y. Aus diesen Ländern werden nur die Pakettypen G zu 12 Dollar und K zu 19 Dollar in Kommission genommen. Die SOLI-Pakete werden in vier verschiedenen Typen geliefert, und zwar: Paket A: 0,5 kg Kaffe, 0,5 kg Zucker = 9,50 Fr.; Paket E: 1 kg Kaffee, 1 kg Kakao, 1 kg Zucker = 20,65 Fr.; Paket G: 1 kg Speck, 1 kg Butter, 1 kg Dauerwurst, 1 kg Zucker, 0,5 kg Milchpulver, 0,5 kg Kaffee, 0,5 kg Kakao = 35,85 Fr.; Weihnachtspaket K: 1 kg Butter, 1 kg Speck, 1 kg Kaffee, 1 kg Kakao, 2 kg Zucker, 1 kg Käse, 0,5 kg Dauerwurst, 0,5 kg Malzextrakt, 0,5 kg Milchnährmehl, 1 kg Knäckebrot, 0,5 kg Trockengemüse = 58,– Fr.

Die SOLI-Pakete werden aus dem Ausland in geschlossenen Transporten über den Land- oder Wasserweg eingeführt und in das Lager des Zentralausschusses der «Volkssolidarität» nach Berlin geleitet, dort gesichtet, sortiert und über die Landes-, Provinzial- und Kreisausschüsse an die Ortsausschüsse weitergegeben. Jedes Paket wird durch eine Postkarte vom Kreis- bzw. Ortsausschuß dem Empfänger angekündigt. Eine Zustellung der SOLI-Pakete durch die Post erfolgt nicht.

Von der SOLI-Paket-Aktion sind Kriegsverbrecher und Naziaktivisten ausgeschlossen, denen einwandfrei verbrecherische Handlungen nachgewiesen werden können. Über die Nichtaushändigung eines Pakets kann nur der

Kreisausschuß entscheiden. Ein Protokoll ist in jedem Falle an den Zentralausschuß der «Volkssolidarität» zu senden. Unzustellbare Pakete müssen sofort an den Zentralausschuß der «Volkssolidarität» zurückgegeben werden, der auch über die weitere Verwendung entscheidet.

Für die Spendenverteilung der SOLI-Pakete erhält die «Volkssolidarität» 50 Prozent des Wertes der durch sie vermittelten Pakete zusätzlich. Diese zusätzlichen Lebensmittel werden nicht etwa den adressierten Paketen entnommen, sondern unabhängig von dem Verhältnis zwischen Spender und Empfänger von der Centrale Sanitaire Suisse der «Volkssolidarität» zur Verfügung gestellt, um an besonders Notleidende verteilt zu werden.

Für die Sendung weiterer Pakete gilt als Voraussetzung, daß der Empfänger des ersten Paketes sofort an den ihm nunmehr bekannten Absender von sich aus einen Brief oder eine Postkarte schreibt und den Empfang des ersten Paketes bestätigt.

Die Empfänger von SOLI-Paketen können eine Geldspende für die «Volkssolidarität» entrichten. Der Betrag der Spende ist auf den Quittungsvordrucken einzuzeichnen und ist ganz in das Belieben des Empfängers gestellt. Die Geldspende wird besonders verbucht und ohne Abzug über die Landesausschüsse dem Zentralausschuß der «Volkssolidarität» abgerechnet.

Mit bisherigen Paketsendungen aus dem Ausland hat die «Volkssolidarität» nichts zu tun.

(Volkssolidarität 1947, Nr. 3, S. 12)

9. Speisezettel des Landesernährungsamtes Nordrhein-Westfalen
für die 118. Zuteilungsperiode vom 1.–30. 9. 1948 (für 22 Tage)

An 3 Tagen: Haferflockenbrei.

Haferflocken	40 gr
Tr.M. Milch	30 gr
Zucker	15 gr
Trockenei	5 gr

Kochanweisung:
Haferflocken mit ¼ Ltr. Wasser (pro Kopf) kalt ansetzen, langsam zum Kochen bringen und 10–15 Min. garquellen lassen. Tr. Magermilch, Zucker und Trockenei vermischen und mit ⅛ Ltr. Wasser glatt anrühren, unter die kochenden Haferflocken geben und einmal mit aufkochen.
Ausgabemenge: ca. ½ Ltr.

An 4 Tagen: Grießbrei mit Rosinen.

Grieß	35 gr
Tr. Magermilch	30 gr

Zucker	15 gr
Trockenei	5 gr
Mehl	5 gr
Rosinen	15 gr

Kochanweisung:
¼ Ltr. Wasser pro Kopf zum Kochen bringen. Grieß, trocken unter ständigem Rühren in das kochende Wasser einrieseln und 10–15 Min. garkochen lassen.
Tr. M. Milch, Zucker, Trockenei, Mehl vermischen und mit ⅛ Ltr. Wasser glatt anrühren, unter den kochenden Grieß geben und einmal mit aufkochen lassen.
Rosinen in den kochenden Brei geben und mit aufquellen lassen.
Ausgabemenge: ca. ½ Ltr.

An 4 Tagen: Brötchen mit Brühe.

Mehl	75 gr
Hefe	0,4 gr
Brühpaste (1,5 gr. Fett)	6 gr

Kochanweisung:
Aus der Brühpaste sind pro Kopf ca. ⅜ Ltr. heißes Getränk herzustellen.

An 4 Tagen: Weizenflocken mit Rosinen.

Suppenmehl	88,5 gr
Rosinen	15 gr

Zusammensetzung des Suppenmehls:

Weizenflocken	34,5 gr
Mehl	9,5 gr
Tr. Magermilch	25 gr
Zucker	15 gr
Trockenei	4,5 gr

Rosinen werden den Kochstellen direkt zugewiesen.

Kochanweisung:
Suppenmehl mit ⅛ Ltr. Wasser (pro Kopf) glatt anrühren, dann in das kochende Wasser (¼ Ltr. pro Kopf) geben und unter öfterem Umrühren 10–20 Min. garkochen lassen.
Rosinen in den kochenden Brei geben und mit aufquellen lassen.
Ausgabemenge: ca. ½ Ltr.

An 1 Tag: Leg. Erbsensuppe.

Suppenmehl	69 gr
Fett	10 gr

Zusammensetzung des Suppenmehls:

Erbsen	34,5 gr
Tr. Kartoffeln	19,5 gr
Mehl	5 gr
Trockenei	10 gr

Das Fett wird den Kochstellen direkt zugewiesen.

Kochanweisung:
Suppenmehl mit ⅛ Ltr. Wasser (pro Kopf) glatt anrühren, dann in kochendes Wasser (¼ Ltr. pro Kopf) geben und unter öfterem Umrühren 20–30 Min. garkochen. Fett in die kochende Suppe geben.
Ausgabemenge: ca. ½ Ltr.

An 2 Tagen: Milchnudeln.

Teigwaren (Mehl 64 gr)	60 gr
Tr. Magermilch	30 gr
Trockenei	2 gr
Zucker	15 gr

Kochanweisung:
Tr. Magermilch, Zucker, Trockenei vermischen und mit ⅜ Ltr. Wasser (pro Kopf) glatt anrühren, zum Kochen bringen und dann die Teigwaren beigeben und 10–15 Min. garkochen.
Ausgabemenge: ca. ½ Ltr.

An 2 Tagen: Tomatennudeln.

Teigwaren (Mehl 64 gr)	60 gr
Tomatenpaste (Fettgeh. 8,5 gr)	40 gr

Kochanweisung:
Teigwaren in kochendes Wasser geben und 10–15 Min. garkochen. Tomatenpaste im Verhältnis 1:1 mit Wasser verquirlen, kurz aufkochen und über die fertigen Teigwaren geben.

An 1 Tag: Rosinen   125 gr

An 1 Tag: Erdnüsse   60 gr
Tägl. Nährwertdurchschnitt: 350,3 Kal.

gez. Thiele

(Stadtarchiv Bielefeld, EuW Nr. 67)

10. Geschichten vom Überleben in Berlin

RUTH WERGAU · FESTESSEN

Einmal hatte ich was in Stadtmitte zu erledigen, in der Nähe der Museums-insel. Da sah ich einen Pferdewagen, das war kein besonders kräftiges Pferd, das den Wagen zog, eher so ein alter Klepper. Als ich mir das so angucke, fällt das Pferd plötzlich um und bleibt reglos auf der Straße liegen. Und auf einmal kommen Leute aus den Häusern und stürzen sich auf das Tier.

Die haben da mit ihren Messern rumgemacht, das war fürchterlich. Ich glaube, das Pferd wurde bei lebendigem Leibe zerteilt. Ich weiß gar nicht, wo die Leute auf einmal alle herkamen. Die waren plötzlich da und schnitten sich Fleischstücke aus dem Tier. Zum Schluß war da nur noch der Kopf und eine riesige Blutlache.

Ich sehe noch, wie der Kutscher versuchte, die Leute abzuhalten, aber der kam überhaupt nicht durch. Die hätten den auch noch abgemurkst, wenn der sich ernsthaft eingemischt hätte. Bei uns war das für die Männer ja auch immer ein ziemliches Festessen, wenn es mal Sauerbraten aus Pferdefleisch gab. Aber ich wäre wohl lieber verhungert.

JOHANNA WREDE · AUF GUT DEUTSCH

Unser Hauptproblem im Krankenhaus war, wie ernähren wir die Patienten? Die Kranken bekamen Lebensmittelkarte V, also die Karte der Rentner. Un-ser Arzt sagte damals, warum operieren wir die Leute eigentlich noch, die verhungern uns ja doch.

Wir hatten eine sehr lustige und resolute Stationsnonne, die sagte eines Tages zu uns: Heute habe ich mit dem lieben Gott mal auf gut deutsch geredet. Wir pflegen hier die Leute und die verhungern uns, jetzt muß was zu essen her. Sprach's und ging was klauen. Es war einfach herrlich. Tag für Tag brachte sie, immer fröhlich, Taschen voller Eier und andere leckere Sachen mit. Nur der liebe Gott weiß, woher sie das alles hatte.

Aber nicht nur die Patienten, auch wir Schwestern hatten Hunger. Wir haben uns manchmal das Essen aufgebessert, indem wir schlafenden Schwe-stern die Kartoffeln vom Teller pickten. Jeder von uns bekam im Kranken-haus fünf Pellkartoffeln und etwas Soße, woraus immer die auch zusammen-gekocht war. Unser Hunger war groß. Und so kam es eben vor, daß man dem Nachbarn, der vor Müdigkeit beim Essen eingeschlafen war, mal was unter der Nase wegzog und sich selbst genehmigte.

(Detlef Mittag, Detlef Schade: Die amerikanische Kaltwelle. Geschichten vom Überleben in der Nachkriegszeit 1945–1950, S. 119ff., © 1983 by Das Arsenal. Verlag für Kultur und Politik GmbH, Berlin-Charlottenburg)

11. Schwarzer Markt

[...] Die Tür zu der Wohnung, in der Frau S. ein Zimmer besitzt, ist unverschlossen. Die Zimmertür ist mit schweren Eisenriegeln versehen. Man tritt ohne zu klopfen ein und wird Frau S. vorgestellt. Sie ist aus Rumänien geflohen und wohnt in einer Straße, in der deutsche Polizei nicht kontrollieren darf. Frau S. verkauft nur an Leute, die durch ihre Stammkunden bei ihr eingeführt werden.

Im Zimmer stehen ein Bett, ein Tisch, eine Nähmaschine, eine Anrichte, ein paar Stühle. Über der Anrichte hängt ein Öldruck «Elfenreigen». Es ist sauber und ordentlich. Frau S. bedient ihre Kunden, die pausenlos kommen und gehen, mit zurückhaltender Höflichkeit. Auf der Anrichte stehen 6 Flaschen Cognac, 8 Flaschen Sekt, 3 Flaschen Wein. Büchsen mit Kaffee, Kakao, Eipulver, Milchpulver, Päckchen mit Tee, Zigaretten, Schokolade. Eine Geschenkpackung Pralinen. In der Ecke eine Obstkiste mit Weintrauben, eine zweite mit Birnen. In der Anrichte selbst größere Mengen Fleischdosen, Kondensmilch, Nähzwirn. Über einer Vase hängen sieben Schlipse. Auf dem Tisch steht eine Waage. Frau S. wiegt auf das Gramm genau aus. Was nicht vorrätig ist, wird bereitwillig besorgt. Als ein Käufer nach Stoffen fragt, schickt sie die Kundschaft auf den Gang, riegelt von innen ab, ruft nach fünf Minuten wieder ins Zimmer, zeigt fünferlei Kostümstoffe, schneidet Stoffproben ab und gibt sie bereitwillig mit. Auf die Frage nach Nes-Kaffee erklärt Frau S., sie führe ihn nicht, da zu viel Betrug damit gemacht werde. Sie lege Wert darauf, ihre Kunden reell zu versorgen. Frau S.' Preise sind stabil und liegen um ein Weniges unter den üblichen Schwarzmarkt-Kleinpreisen.
[...]

(Hans A. Rümelin: So lebten wir ... Ein Querschnitt durch 1947, Heilbronn o. J., S. 63)

12. Tauschzentralen

Die allgemeine Warenknappheit als Folge des Krieges hat überall in Deutschland zahlreiche Tauschstellen erstehen lassen.

Für private Geschäftsunternehmen sind Tauschstellen vielfach eine willkommene Möglichkeit, in den Besitz bewirtschafteter Waren zu gelangen, um diese auf Kosten der Bevölkerung in die Kanäle des Schwarzen Marktes zu leiten. Hier muß sich die Volkssolidarität einschalten, um das Tauschbedürfnis der Bevölkerung vor Mißbrauch zu schützen.

Bisher entstanden in einigen Orten der sowjetischen Besatzungszone Tauschzentralen der Volkssolidarität, die einen enormen Umsatz aufweisen und sich bei der Bevölkerung großer Beliebtheit erfreuen.

Die Tauschzentralen der Volkssolidarität arbeiten auf gemeinnütziger Grundlage. Der gesamte, durch die Tauschgeschäfte erzielte Gewinn wird an bedürftige Bevölkerungskreise verteilt, die nicht im Besitze von Tauschgegenständen sind. Damit trägt die Volkssolidarität zum sozialen Ausgleich unter der Bevölkerung bei und hilft in großem Maße, die Not zu lindern.

Eine der größten Tauschzentralen der Volkssolidarität hat sich in Halle entwickelt. In einem geräumigen Warenhause des Stadtzentrums nimmt sie zwei Etagen in Anspruch und hat sich seit ihrem Bestehen beim Publikum als wertvoller Bestandteil des hallischen Wirtschaftslebens eingebürgert. Dies bezeugt die ständig steigende Umsatzentwicklung, die von Januar bis August 1947 163 255 Tauschstücke im Werte von 615 537 RM betrug. Dabei ist zu beachten, daß bei der Bewertung der Tauschgegenstände Vorkriegspreise zugrunde gelegt werden.

Das Tauschgeschäft wickelt sich wie folgt ab:

Der Kunde läßt den Wert seines mitgebrachten Tauschgegenstandes zunächst an der Taxstelle abschätzen und erhält, wenn er mit den Tauschbedingungen einverstanden ist, einen Warengutschein gegen Hergabe dieses Tauschgegenstandes. Als Tauschgebühr werden dem Kunden 10 % des Warenwertes von seinem Warengutschein abgesetzt. D. h., bei einem geschätzten Wert von 20 RM für den Tauschgegenstand lautet der Warengutschein über 18 RM.

Um die Tauschstelle vor Fehlschlägen zu schützen, ist es notwendig, daß sich der Kunde einwandfrei legitimiert und daß die Tauschbedingungen nur gemäß ihres zeitbedingten Wertes eingehalten werden können. So werden z. B. Textilien nur gegen Textilien, Schuhe nur gegen Schuhe getauscht. Es bedarf eines feinen Fingerspitzengefühls der Geschäftsleitungen, um das qualitative Niveau der Tauschstelle auf der Höhe zu halten. Alle Schwankungen, die sich zu Ungunsten der Tauschstelle auswirken können, müssen rechtzeitig erkannt werden, um Verlusten vorzubeugen. Wenn der Kunde seinen Warengutschein empfangen hat, kann er in den entsprechenden Abteilungen der Tauschzentrale einen passenden Gegenstand auswählen und einlösen.

Er hat mit dem Tausch zwei Monate Zeit und kann, falls er das Gewünschte nicht gleich vorfindet, gelegentlich wieder vorsprechen. Eine genaue Geschäftsführung, Buchhaltung, Abrechnung und Statistik sorgt für die Aufrechterhaltung eines exakten Geschäftsganges. Der erzielte Überschuß von 10 % des Warenumsatzes wird so zusammengestellt, daß möglichst viele mittellose Menschen, also vorwiegend Umsiedler und Ausgebombte, mit praktischen Gegenständen versehen werden können.

Die Verteilung erfolgt durch die Volkssolidarität. Ein Verdienst der Tauschzentrale liegt darin, daß sie sich besonders für die Wiederingangsetzung von Betrieben einsetzt; Maschinen, Arbeitsgeräte, Werkzeuge und Rohstoffe, die von der Kundschaft eingetauscht werden, stellt die Tauschzentrale in Garnituren, entsprechend dem Bedarf gewisser Betriebe, zusammen und übergibt sie diesen gegen Überlassung von Artikeln aus der laufenden Fabrikation dieser Betriebe. Dadurch wird die Leistungsfähigkeit der Tauschzentrale ständig verbessert. Hierdurch ist eine wirtschaftliche Entwicklung angebahnt worden, die allerorts Nachahmung finden sollte und sich bei richtiger Handhabung bald zum Nutzen der gesamten Bevölkerung auswirken wird.

(Volkssolidarität 1947 Nr. 8, S. 8f.)

13. Keine Nähmittel zum Stopfen alter Kleidung

[...] Die Zuteilungen an Näh- und Stopfmitteln sind stets unzureichend gewesen. 1946 kamen 136000 Bezugsmarken für Nähmittel und 422800 Bezugsmarken für Stopfmittel zur Ausgabe. 1947 standen nur 19300 Bezugsmarken für Nähmittel und 383200 für Stopfmittel zur Verfügung, das heißt, daß innerhalb von 2 Jahren nur 20 g Stopftwist bzw. -wolle je Einwohner ausgegeben worden sind und lediglich Dreiviertel der Bevölkerung in den Besitz einer kleinen Rolle Nähgarn kam. Auf der anderen Seite gab es Tausende von Bedürftigen, die seit Jahren nur über ein Stück Oberbekleidung verfügten und dies immer wieder ausbessern mußten, da nichts Neues vorhanden war.
[...]

(Verwaltungsbericht der Stadt Braunschweig 1946–1947, S. 61)

14. «30000 laufen auf Igelit-Sandaletten»

Neben der Kleidung ist in den letzten Jahren die Schuhfrage eine der brennendsten gewesen. Zu den Hilfsmaßnahmen der Volkssolidarität Sachsen-Anhalt kam neuerdings die Herstellung von Igelit-Sandaletten. Am 1. Mai 1948 wurde in den Räumen der ständigen Musterschau die Herstellung mit drei Arbeitskräften aufgenommen und nahm einen so rapiden Aufschwung, daß heute in der Fabrikation allein 125 Kräfte und außerdem in der angeschlossenen Igelitschuhreparatur und Vulkanisierwerkstatt weitere 75 Kräfte tätig sind. In knapp fünf Monaten wurden rund 30000 Paar Sandaletten vorwiegend für Frauen und Kinder hergestellt. Allein in Halle werden 10000 Paar dieser Schuhe getragen, während die anderen im ganzen Lande Sachsen-Anhalt zur Verteilung kamen. In der Vulkanisierwerkstatt werden täglich 50 Fahrradmäntel vulkanisiert.

Da die Schuhe ohne Abgabe von Igelitabfällen abgegeben werden, hat die starke Nachfrage dazu geführt, daß ständig eine große Schlange vor der Verteilungsstelle zu bemerken ist. Die Räume sind schon zu eng geworden, und man mußte die gesamte Reparatur und Fabrikation in ein anderes Gebäude verlegen. Daß nicht noch mehr Schuhe fabriziert werden konnten, war keine Rohstoff-, sondern eine Raum- und Werkzeugfrage. Auch hier zeigt sich wieder die Notwendigkeit der Einheit Deutschlands, denn die Lötkolben, die zum «Löten» der Schuhe gebraucht werden, wurden bisher im Westen hergestellt. Jedoch sind jetzt einigermaßen gute elektrische Lötkolben auch hier entwickelt worden.

In dem ganzen Betrieb werden nur Frauen und Versehrte beschäftigt, die in den Lehrgängen der Schweiß- und Versuchsanstalt in Trotha zu «Kunststoffschweißern» ausgebildet wurden. Die Reparaturen gehen schnell vor sich, weil weder Nägel noch Garn gebraucht werden.

Gegenwärtig ist man gerade dabei, geschlossene Übergangsschuhe für den Winter zu entwickeln. Das Thema «Igelit und Winterkälte» ist noch nicht gelöst. Es bleibt nach wie vor ein heikles Gebiet. Die Nachteile haben sich bei Igelit bisher nicht beseitigen lassen. Z. Zt. läßt sich noch kein absolut kältebeständiger Schuh herstellen. Es ist zweckmäßig, mit Igelit nicht in die Kältegrade hineinzugehen. Und was macht die Werkstatt im Winter? Sie hat alle Hände voll zu tun, denn dann läuft schon wieder die Frühjahrsproduktion, und auch Reparaturen sind immer zu erledigen.

Hier entstand durch die Volkssolidarität eine Arbeitsstätte, die vielen Schaffenden, wenn auch nur zeitbedingt, Hilfe angedeihen läßt.

(Volkssolidarität 1948 Nr. 6, S. 6)

15. Eindrücke eines Berliners aus Düsseldorf 1946

[...]

Düsseldorf. Wenn man einen Keller, der unverputzte und ungeweißte Wände hat, völlig besenrein kehrt, weiß man, welches Gefühl der Anblick Düsseldorfs auslöst. Es erscheint einem ein wenig widersinnig, einen Raum, der offenbar nicht bewohnt werden kann, so peinlich in Ordnung und Sauberkeit zu behandeln, als müßte man von seinem Fußboden essen können. Die Ruinen Düsseldorfs (und derer sind sehr, sehr viele) zeigen adrett geschichtete Steine und wohlgefällig geordneten Schutt. Man möchte vermuten, daß hier täglich noch mit dem Staublappen geputzt wird. Die Fülle der verglasten Fenster fällt auf. Wenn die eine Haushälfte völlig bombenzertrümmert ist, ist die andere doch wieder weitgehend hergestellt. Solch ein Haus erinnert an einen Mann, der einen halben tadellosen Frack trägt, während die andere Hälfte noch in den Lumpen der Landstraße steckt, allerdings in Lumpen mit Bügelfalten.

Die Personenzüge im Westen sind mit den unseren gar nicht zu vergleichen, soviel man dort in den Zonen auch klagt. Zwar hat man Viehwagen für den Personenverkehr eingerichtet, aber diese Viehwagen sind in Ordnung gebracht, und es reist sich gar nicht schlecht in ihnen. Die Personenwagen sind weitgehend verglast. Auf kurzen Strecken überfüllen sich die Züge; aber Trittbrett und Puffer brauchen nie benutzt zu werden. Ich suchte den Bunker auf, links neben dem Bahnhof, unter der Erde, in den man hineinschreitet, wie vormals wohl die primitivsten Menschen einmal in eine Erdhöhle hineinschlüpften. Ich wollte hören, was die Menschen unter sich erzählen, wie sie von den Dingen sprechen, welche Ansichten sie bewegen. Aber als Berliner erkannt, mußte ich unentwegt von Berlin «hinter der Elbe» erzählen. Der Begriff «hinter der Elbe» ist im Westen völlig verzerrt worden. Die praktische Undurchdringlichkeit der Zonengrenze innerhalb Deutschlands löste die Vorstellung aus, daß diese Grenze nicht zwischen zwei Zonen desselben Landes besteht, sondern zwei Welten voneinander trennt. Fast gerät man in den Verdacht der Unglaubwürdigkeit, wenn man unseren Alltag schildert, der im ganzen dem deutschen Alltag so gleicht, wie er immer war.

Und wie es nun hier in der Gegend aussieht? fragt man zurück. Die Antworten sind besonnen und ohne Eifer. Die wenigsten bekennen sich zu einer Partei, weil sie für etwas sind. Die meisten sind gegen etwas. Als ich auf diesen Umstand hinweise, erklärte mir der eine: «Nach 12 Jahren Hitler wird kein Politiker so leicht mehr in Deutschland Stimmung entfesseln.» Ein zweiter brummt vor sich hin: «Nichts zu essen, nichts zu heizen, nichts anzuziehen, so ist es heute. Von morgen weiß ich nur bestimmt: nichts zu essen, nichts zu heizen, nichts anzuziehen. Und warum es übermorgen anders sein sollte, weiß kein Mensch. Was zu essen, was zu heizen, was anzuziehen, das ist mir wichtiger als: Heute darfst du wählen, morgen darfst du wählen, übermorgen darfst du wählen, denn jetzt haben wir Demokratie.»

Ich konnte dem Mann nichts erwidern, aber er zog inzwischen die Schuhe aus, statt der Strümpfe trug er Zeitungspapier, die Füße sind blutig gelaufen. Er hörte jetzt nicht auf mich, denn er machte sich an sein kombiniertes Mittag- und Abendessen. Es besteht aus zwei Schnitten trocken Brot.

(Sie, Berlin, vom 29. 9. 1946)

16. Bitte um Zuzugsgenehmigung

Bielefeld-Schildesche, d. 27. 4. 48

An das
Wohnungsamt der Stadt
Bielefeld

Mit Verfügung des dortigen Amtes vom 26. 8. 46 Nr. 13361 – V 20/VIII – habe ich für meine Person die Zuzugsgenehmigung nach Bielefeld-Schildesche erhalten. Meine Frau und unsere 4 Kinder im Alter von 4–11 Jahren sowie die zu unserem Haushalt gehörende Pflegeschwester meiner Frau mußten bis auf den heutigen Tag auch weiterhin in einem Notquartier in Balderschwang-Hirschgrund, Kr. Sonthofen/Allgäu verbleiben.

Wie allgemein bekannt ist, besteht für mich als gebürtigen Ostpreußen keine Möglichkeit, in Bayern eine Beschäftigung zu finden. Auch meine Frau hat bei der bekannten Einstellung der Bayern gegen uns Norddeutsche laufend mit den größten Schwierigkeiten zu kämpfen. Außerdem liegt unser Notquartier, ein Hochalpengasthaus, derart abgelegen, daß unsere schulpflichtigen Kinder nunmehr schon seit 3 Jahren an keinem geregelten Schulunterricht teilnehmen können. Der nächste Ort mit Schule, Lebensmittelgeschäft usw. ist über 15 km entfernt. Schließlich bringen die dortigen Witterungsverhältnisse es mit sich, daß die Wege in den Übergangsjahreszeiten mitunter 6–8 Wochen vollkommen unpassierbar sind. Diese auf die Dauer untragbaren Zustände erfordern eine Umquartierung meiner Familie.

Unter Berücksichtigung dieser Verhältnisse und um dem auch im Wohnungsnotgesetz zur Anerkennung gebrachten Grundsatz Rechnung zu tragen, daß Familien wieder zusammengebracht werden müssen, hat sich mein Arbeitgeber, das Evangelische Hilfswerk Westfalen in Bielefeld bereiterklärt, meiner Familie und mir eine Werkswohnung zur Verfügung zu stellen.

Ich bitte daher, den Zuzug meiner Familie nach Bielefeld zu genehmigen.

[Name]

(Stadtarchiv Bielefeld, Bestand SPD-OWL 1059)

17. Mietrecht bei Ruinen

Nach der «Verordnung über die Einwirkung von Kriegssachschäden an Gebäuden auf Miet- und Pachtverhältnisse» vom 28. September 1943 erlöschen Mietverhältnisse an zerstörten Wohnungen, wenn die Instandsetzung nicht innerhalb Jahresfrist in Angriff genommen wurde. Die geschädigten Mieter müssen jedoch bei der Vermietung der wiederhergestellten Wohnung bevorzugt berücksichtigt werden. Deshalb braucht der Vermieter bei der erstmaligen Wiedervermietung der wiederhergestellten oder neu erstellten Wohnung die Genehmigung des Wohnungsamtes. Entgegen den Gepflogenheiten verschiedener Wohnungsämter, die Anwendbarkeit dieser Verordnung zu verneinen und auf die alten Mieter keine Rücksicht zu nehmen, hat der Württembergische Verwaltungsgerichtshof folgende Entscheidung getroffen:

«Nach der auch heute noch gültigen Verordnung über die Einwirkung von Kriegssachschäden an Gebäuden auf Miet- und Pachtverhältnisse sind die Mieter, deren Mietverhältnisse erloschen sind, bei der Vermietung der wiederhergestellten Räume bevorzugt zu berücksichtigen. Wäre demnach zwischen Vermieter und Mieter ein neuer Mietvertrag über diese Räume abgeschlossen worden, so hätte das Wohnungsamt diesem Vertrag seine Zustimmung erteilen müssen, wenn nicht besondere außergewöhnliche Gründe die Zustimmung zur Vermietung an einen qualifizierten Dritten geboten erscheinen ließen. Als außergewöhnliche Gründe können aber Mietstreitigkeiten der geschilderten Art nicht angesehen werden, ganz abgesehen davon, daß diese Gründe auch auf der Seite des zu begünstigenden Dritten vorliegen müßten. [...] Wenn demnach das Wohnungsamt grundsätzlich einem Mietvertrag zwischen dem Anfechtungskläger und dem früheren Mieter seine Zustimmung erteilen mußte, so konnte es sinngemäß beim Fehlen eines Vertrages die Zuteilung der wiederhergestellten Räume nur an den früheren Mieter M. und nicht etwa an W. verfügen, nur weil dieser sein besonderes Interesse an der Wohnung dadurch bekundet hatte, daß er zu ihrem Ausbau Bauholz und Arbeitskräfte zur Verfügung gestellt hatte.»

Danach haben also die Mieter eines zerstörten Hauses nach wie vor ein Recht auf ihre Wohnung, dessen Wahrung wir sehr empfehlen möchten. Alle Mieter mögen ihre Ansprüche auf ihre Wohnung sowohl gegenüber dem Wohnungsamt wie gegenüber dem Hauseigentümer unverzüglich geltend machen, ohne Rücksicht darauf, ob der Wiederaufbau der Wohnung im Gange ist oder nicht.

(Selbsthilfe vom 1. 4. 1948)

18. Karneval 1948

Das rheinische Klima ist, wie man weiß, dem Optimismus von Natur aus schon am bekömmlichsten. Köln, Düsseldorf, Koblenz, Aachen und Mainz zum Beispiel betreiben ihren Wiederaufbau nicht nur mit Ziegelsteinen, sondern, wie sie gerne wahrhaben möchten, mit einem gehörigen Schuß Optimismus. Darin haben sie einen Teil ihres übriggebliebenen Kapitals investiert. Wie schon im vorigen Jahre, haben sie auch die jetzige Karnevals-«Saison» am Elften im Elften (11. November) mit einiger Turbulenz begonnen. Obwohl die Kölner 107 schwerste Luftangriffe auf ihre heilige Colonia-Agrippina erlebten, obwohl auf den Kopf der Kölner Bevölkerung, als sie Bestandsaufnahme machten, 14 Kubikmeter Schutt entfielen, obwohl von 84 Kirchen, als am 2. März 1945 der letzte Bomberpulk abdrehte, nur noch drei leidlich erhalten waren – «mir lossen nit, mir lossen nit, vum Fasteleer». Sämtliche Brücken lagen im Strom und strangulierten die Stadt ohnegleichen. Die Menschen in den Kellern glichen (und gleichen) Lemuren. Im Herbst 1946 waren noch 40 000 Familien ohne eigene Kochgelegenheit. Im Winter 1946/47 wurden auf den Kölner Güterbahnhöfen täglich – wohlgemerkt täglich – 18 000 Zentner Briketts gestohlen. Im Frühjahr 1947 bekam der Kölner täglich 800 Kalorien, und seitdem hat er den zugesagten Tagessatz von 1550 Kalorien nie erreicht. Mitte Dezember 1947 standen sie vor der Frage: streiken oder nicht streiken, weil ein großer Teil der Bevölkerung seinen halben Zentner Einkellerungskartoffeln noch nicht im Keller hatte. Anfang Januar 1948 soffen rund 400 t Milchpulver beim Hochwasser des Rheins, zwar unverschuldet, ab. 80 000 bis 90 000 Kölner sind z. Z. krank, wie der zuständige Stadtrat jetzt bekanntgab, von denen rund 25 000 Tuberkulosekranke nur

¼ Liter Milch bekommen und 70000 Schulkinder Milch nur noch vom Hörensagen kennen.

Obwohl dies alles unwiderlegliche Fakten sind, obwohl keine deutsche Stadt so abgeschlachtet wurde (und so amorph, so form- und gestaltlos geworden ist, wie ihr Pressechef Dr. Schmitt sich jetzt ausdrückte), wird uns ein beachtliches Veranstaltungsverzeichnis des «Festausschusses des Kölner Karnevals e. V.» präsentiert. 26 Karnevalsgesellschaften veranstalteten vom 1. Januar bis zum Rosenmontag (9. Februar) 71 «Herrensitzungen», «Sitzungen mit Damen», «Fremdensitzungen» und «Gesellschaftsbälle» (im Vorjahre waren es für die gleiche Zeit rund die Hälfte). Dazu kommen ungezählte «Künstlerbälle» und «Atelierfeste», und wenn bei der «Inauguration» des Karnevals am 11. November (die sich wegen des Raummangels bis zum 22. November hinzog) nicht weniger als 35 (fünfunddreißig!) neue Karnevalsschlager für den diesjährigen Kölner Karneval ihre «Uraufführungen» erlebten, kann man sich ein Bild machen, was es mit der Philosophie vom rheinischen Optimismus auf sich hat. Die kaninchenhafte Produktion der Karnevalsdichter, die Gschaftlhuberei berufsmäßiger Karnevalsakteure sind allerdings auch ein Zeichen der Zeit, und die platteste Verflachung des alten rheinischen Volksfestes, des echten Volkskarnevals, scheint damit nur näher gerückt. Wären nicht einige Säle wieder notdürftig zusammengeflickt, hätte Köln nicht den Zirkusbau Williams, man wüßte nicht, wo man in die «Bütt» steigen sollte. Aber auch in Sporthallen und selbst in der alten Mülheimer Hacketäuer-Kaserne hat man Behelfe gefunden. Gambrinus und Bacchus sind bei den Veranstaltungen stark ins Hintertreffen geraten. Als Patron der Rüben-, Kartoffel-, Roggen- oder Pflaumenschnäpse, die die Stunde regieren, hat der «Kölsche Kappesbauer» fröhliche Urständ gefeiert. «Knolly-Brandy» heißt dieser Fusel bäuerlicher Provenienz, der ein prächtiger Rachenputzer ist. Es wird geschunkelt wie in alten Tagen, «geknutscht» und «gebützt» wie einst.

Außenstehende, die nicht mit den Wassern dieses Stroms getauft sind, werden gewiß von frivolem Zynismus sprechen, wenn sie die flachgewalzten Städte und die Menschen in ihrer latenten Hunger- und Armutskur erleben. Aber eine Erörterung der Frage, den Karneval zu unterbinden, würde an die Frage des rheinischen Wesens schlechthin rühren.

(Südkurier vom 3. 2. 1948)

Viertes Kapitel

Politische und soziale Initiativen

Einleitung

Das Bild der Zusammenbruchgesellschaft wäre einseitig, thematisierte man nur Zerstörung, soziales Elend und depressive Stimmungslagen. Zur anderen Seite der ersten Nachkriegsjahre gehört auch die Bereitschaft, sich politisch zu engagieren, alte Organisationen wieder aufzubauen oder neue zu schaffen und denen zu helfen, die besonders von den Kriegsfolgen betroffen waren.

Die Alliierten erließen zwar zunächst ein generelles politisches Betätigungsverbot, rückten jedoch bald davon ab, als die Sowjetunion in ihrer Zone bereits vor der Potsdamer Konferenz Parteien und Verbände wieder zuließ. Trotz des anfänglichen Organisationsverbots entstanden überall in Deutschland in den Betrieben in den Wochen des Umbruchs spontane Belegschaftsvertretungen und antifaschistische Ausschüsse (Dok. 1, 2). Sie konnten meistens nur eine kurze Lebensdauer entfalten, sofern politische Aktivitäten zu ihren Zielen gehörten, und wurden schnell wieder in die organisatorischen Strukturen der traditionellen Verwaltung, der Parteien und Gewerkschaften eingebunden oder gingen an innerer Auszehrung wieder ein.[1] Im betrieblichen Bereich gelang es jedoch den Besatzungsmächten lediglich, die oft vor den Gewerkschaften entstandenen Betriebsräte zu kanalisieren, nicht aber sie ganz auszuschalten, wollte man nicht die angestrebte Wiedereingangsetzung der Produktion gefährden. Gerade in der SBZ, wo viele Betriebe herrenlos waren, weil ihre Besitzer vor der Roten Armee geflüchtet waren, entwickelten Betriebsräte weitreichende Aktivitäten, die bis zu Vorformen von «Arbeiterselbstverwaltung» gingen.[2] Den Beteiligten sind diese ersten Jahre nach dem Krieg in Erinnerung geblieben als die «große Zeit» der Betriebsräte, die nicht nur im Betrieb das Sagen hatten, sondern auch bei der Belegschaft für alles zuständig waren (Dok. 3). Die wahren Stärkeverhältnisse spiegelte das jedoch nicht wider. Mitbestimmung mußte über Betriebsvereinbarungen, Gesetzesregelungen oder mit Hilfe von Streiks durchgesetzt werden. Nur wenig blieb in beiden Staaten von den weitreichenden Mitbestimmungsregelungen des «Aufbruchs». In der SBZ wurden die Betriebsräte ab 1948 in die gewerkschafts- und parteiabhängigen Betriebsge-

---

[1] Vgl. Lutz Niethammer u. a. (Hgg.): Arbeiterinitiative 1945, Wuppertal 1976. Zu den Frauenausschüssen: Annette Kuhn (Hg.): Frauen in der deutschen Nachkriegszeit Bd. 2, Düsseldorf 1986, S. 94 ff.

[2] Vgl. Siegfried Suckut: Die Betriebsrätebewegung in der sowjetischen Besatzungszone Deutschlands 1945–1948, Frankfurt 1982.

werkschaftsleitungen (BGL) überführt und gleichgeschaltet, in der Bundesrepublik wurde die paritätische Mitbestimmung lediglich im Montanbereich 1951 kodifiziert.[3]

Die Muster der Wiederentstehung von lokalen Organisationen – von Parteien bis zu Sportvereinen – glichen sich anfangs stark (Dok. 6, 9). Alte Funktionäre oder Aktivisten ergriffen die Initiative und bauten mit einem Kern von früheren Mitgliedern die Organisation unter strikter Kontrolle der Besatzungsmacht auf. Insofern entstanden zunächst alte Organisationsstrukturen häufig wieder. Die Arbeiterbewegung als «Kultur» und auch das alte, stark ideologisch gebundene Parteiwesen ließen sich jedoch auf Dauer nicht wieder zum Leben erwecken.[4] Im Parteisystem der SBZ verschwand die SPD durch die erzwungene Fusion mit der KPD (Dok. 7). Die bürgerlichen Parteien CDU und Liberaldemokraten gerieten in die Defensive gegenüber den immer schärfer hervortretenden Monopolansprüchen der SED (Dok. 8).

Zu den frühen politischen Aktivitäten gehörten die Versuche zur politischen «Säuberung» von Betrieben und Verwaltungen (Dok. 4). Das entsprach zwar den Zielen der Alliierten, aber die Durchführung und Kontrolle von Entnazifizierungsmaßnahmen wollten sich die Sieger selbst vorbehalten. Dieser Vorbehalt führte nicht nur zu unterschiedlichen Verfahren in den einzelnen Zonen, sondern auch zu mancherlei Ungereimtheiten innerhalb der Zonen und der Regionen. Daß die personelle Entnazifizierung besonders in der amerikanischen Zone falsch angelegt war und daher scheitern mußte, wurde schon von den Zeitgenossen heftig kritisiert (Dok. 5).

Das politische Organisationsverbot betraf eine große soziale Gruppe besonders nachhaltig und lange: die Vertriebenen. Bis zur Gründung der Bundesrepublik hatten sie keine Möglichkeit, sich als Interessengemeinschaft zusammenzuschließen. Die Alliierten wollten auf diese Weise den Eingliederungsprozeß forcieren und verhindern, daß politische Forderungen nach Rückkehr in die alte Heimat organisatorisch größeren Nachdruck erhielten. Besonders die berechtigte Forderung nach Lastenausgleich mußten die Vertriebenen daher durch öffentliche Proklamationen, über die Parteien und mit Hilfe von Ersatzorganisationen vorbringen (Dok. 11, 13). Aus lokalen Nachbarschaftsverbänden und seit 1948 auch regionalen Zusammenschlüssen entwickelten sich die sowohl für soziale Tagesaufgaben wie für die Traditionspflege bedeutsamen Landsmannschaften. In der SBZ gab es zwar «Umsiedlerausschüsse», eine eigenständige Interessenartikulation wurde den Flüchtlingen und Vertriebenen jedoch konsequent verwehrt (Dok. 12).

Gegenüber den ersten politischen und sozialen Organisationen, die nach 1945 neu geschaffen oder wiederhergestellt werden mußten, waren die Kirchen als Großinstitutionen privilegiert, weil sie zumindest im Kern das

---

[3] Vgl. Horst Thum: Mitbestimmung in der Montanindustrie, Stuttgart 1982.

[4] Josef Mooser: Arbeiterleben in Deutschland 1900–1970, Frankfurt 1984, S. 213 ff.

«Dritte Reich» institutionell überlebt hatten und von den Besatzungsmächten als tatsächliche oder vermeintliche Träger von Widerstand eine besondere Legitimation besaßen. Angesichts des Zusammenbruchs staatlicher Strukturen spielten die Kirchen mit ihren sozialen Hilfsorganisationen eine zentrale Rolle bei der Lösung der drängenden Probleme (Dok. 14). Dennoch blieb im Selbstverständnis der Kirchen trotz ihrer nachdrücklichen Versuche zur «Rechristianisierung» von Staat und Gesellschaft nicht einfach alles beim alten. Besonders im Protestantismus fanden die Bemühungen um ein neues Verhältnis zur Gesellschaft ihren Ausdruck in Versuchen zur Loslösung von den hergebrachten amtskirchlichen Strukturen und in verstärkten Bemühungen, sich insbesondere in der Gründung Evangelischer Akademien aktiv in die Diskussion gesellschaftlicher und politischer Probleme einzuschalten (Dok. 16).

Der soziale Dienst als kirchliche Aufgabe nahm in allen Zonen eine führende Stellung ein und wurde auch in der SBZ zunächst kaum behindert. Aus der hier durchgesetzten konsequenten Trennung von Kirche und Staat erhielten die Kirchen jedoch deutlicher als im Westen eine institutionelle Konkurrenz durch die «Volkssolidarität».[5] Diese war anfänglich eine überparteiliche, von gesellschaftlichen Organisationen, Kirchen und staatlichen Verwaltungen getragene Vereinigung in der Tradition der sozialdemokratischen «Arbeiterwohlfahrt» und der kommunistischen «internationalen Arbeiterhilfe». Sie konnte besonders in der Anfangszeit, als die Anleitung «von oben» noch nicht ausgeprägt war, eine Reihe wichtiger sozialer Aufgaben übernehmen (Dok. 15). Sie bildete insofern einen Ersatz für die freien Wohlfahrtsverbände, die sich in Westdeutschland parallel zu den Kirchen und in Anknüpfung an Vorkriegstraditionen den besonders drängenden sozialen Problemen stellten.

1. Arbeiterrat
Die Wirtschaftskammer Bielefeld beschwert sich beim Oberbürgermeister

Bei der Firma Phönix Nähmaschinen AG. Baer & Rempel hat unter der Firma *«Der Arbeiterrat» eine Gruppe von 7 Arbeitern des Betriebes* dem Vorstande, der von der Bildung dieses Arbeiterrates bisher keinerlei Kenntnis hatte, die Erklärung abgegeben, er halte eine Zusammenarbeit mit *ihm aus politischen und fachlichen Gründen* für untragbar. Gleichzeitig erhebt dieser Arbeiterrat, über dessen Zustandekommen der Werkleitung nichts Näheres bekannt ist, *Vorwürfe* gegen den bisherigen Vorstand und verlangt von ihm unter der Androhung, daß er «Material» gegen ihn an geeigneter Stelle vorzulegen bereit sei, «sofort die erforderlichen Schlüsse zu ziehen».

[5] Hinweise zu dieser bislang kaum bearbeiteten Organisation in: SBZ-Handbuch, hg. von Martin Broszat u. Hermann Weber, München 1990, S. 739ff.

Gestern vormittag hat dann eine Arbeiterabordnung die im Bürogebäude der genannten Firma anwesenden Vorstandsmitglieder aufgefordert, binnen einer Stunde das Werk zu *verlassen und es nicht wieder zu betreten.*

Es handelt sich hier anscheinend um eine unüberlegte Einzelaktion, deren Folgen höchst bedenklich erscheinen. Wir haben z. B. im Auftrage der Alliierten Militärbehörde gerade in diesen Tagen bei allen Betrieben der hiesigen Industrie Feststellungen zu treffen, die wir bei der Firma Phönix Nähmaschinen AG. Baer & Rempel *nicht treffen können,* wenn den Vorstandsmitgliedern das Betreten des Betriebes unmöglich gemacht wird.

Im übrigen verweisen wir auf das im Original hier beigefügte, an uns gerichtete Schreiben vom heutigen Tage nebst Anlage und bitten Sie, im *Interesse der mehr denn je notwendigen Ordnung und Disziplin in den hiesigen Betrieben sofort alles unternehmen zu wollen, um wilde Aktionen der Arbeiterschaft auszuschalten.* Falls zwischen den Arbeitnehmern und den Leitern eines Betriebes irgendwelche ernstlichen Differenzen bestehen, müssen sie – das dürfte auch vor allem im Interesse der Erhaltung des Betriebes und der in ihm beschäftigten Arbeitnehmer liegen – auf einer anderen Ebene ausgetragen werden als auf der des Faustrechts.

Wir wären Ihnen wegen der grundsätzlichen Bedeutung gerade dieses Falles außerordentlich dankbar, wenn Sie uns freundlichst *umgehend* mitteilen wollten, was Sie in dieser Sache zu unternehmen gedenken.

Wirtschaftskammer Bielefeld

(gez. Sartorius)

(Schreiben vom 15. 5. 1945, Stadtarchiv Bielefeld, Besatzungsamt IHK)

2. Politische Aktivitäten in den Betrieben der SBZ

Kurz nach dem Einmarsch der Roten Armee fanden sich in fast allen Betrieben demokratisch und sozialistisch eingestellte Arbeitsgruppen zusammen, die ihre Arbeitsplätze, die sie nicht durch eigene Schuld eingebüßt hatten, wieder einnehmen wollten. Nach und nach kehrten auch Unternehmer wieder in ihre Betriebe zurück, und die sächsischen Industriebetriebe begannen langsam aus den noch vorhandenen Beständen wieder zu produzieren. Die Arbeiterschichten in den Betrieben, die vor 1933 zum großen Teil in Arbeiterorganisationen, wie Gewerkschaft und den sozialistischen Parteien, organisiert gewesen waren, fingen an, sich wieder zusammenzufinden, und es entstand der Wunsch, ihre alten oder ähnliche Organisationen zu gründen. Hier kam den Parteien die Rote Armee mit den Erlassen entgegen, daß politische Parteien wie KPD, SPD, CDU und LPD und als Organisation der Werktätigen der FDGB ins Leben gerufen werden konnten und gleichzeitig Organisationen der Arbeitgeber nicht gestattet wurden. Die Betriebe erhielten ihre provisorischen Betriebsräte, die in den meisten Betrieben das politische und auch wirtschaftliche Geschehen mit beeinflußten.

[...]

Demokratisierung durch die Betriebsräte

Im Zuge der Demokratisierung der Industriebetriebe wurden dann die Betriebsrätewahlen vorgenommen, in denen die Belegschaft ihre Betriebsvertretung selbst wählen konnte. Auf Eingaben des FDGB wurden die Rechte und Pflichten der Betriebsräte bedeutend erweitert: Mitbestimmungsrecht im Fertigungsprogramm, Überwachung der Preise auf der einen Seite und die Forderung der sozialen Einrichtung des Betriebes auf der anderen Seite. Durch die Preisüberwachung erwuchsen den Betriebsräten in den einzelnen Betrieben besondere Pflichten bei der Kalkulation. Diese Pflichten waren für die Betriebsräte besonders verantwortungsvoll, da die Preise zum großen Teil durch Umstellung von Maschinenarbeit zur Handarbeit, durch berufsfremde Arbeitskräfte, zum Teil an veralteten Maschinen, sehr ungünstig lagen und trotzdem mit den Preisen von 1944 in Einklang gebracht werden mußten, so daß also hier nicht der kapitalistische Gewinn zur Geltung kam, sondern die rein demokratische und sozialistische Einstellung zum Mehrgewinn. Daß die Arbeiterorganisationen in den Betrieben ihr Mitbestimmungsrecht zu wahren wissen, zeigten im Laufe der Zeit die Einwände und auch das erfolgreiche Vorgehen der Belegschaften gegen Unternehmer, die auf jeden Fall ihre Betriebe zurückerhalten wollten. In diesen Fällen setzte sich trotz der an und für sich kurzen Zeitspanne der Demokratisierung der Industrie immer wieder das Mitbestimmungsrecht der Arbeitnehmer in der Entwicklung der Industrie und der Gestaltung der Wirtschaft durch. In letzter Zeit weigerten sich die Belegschaften, in die Betriebe zurückzukehren, die ehemaligen Nazis und Kriegsverbrechern zurückgegeben werden sollten. Sie sandten Deputationen an die Regierung und erwirkten, daß die Regierung verfügte, daß der Volksentscheid endgültig abgeschlossen sei.

Es wurden innerhalb der Betriebe Werksküchen eingerichtet, Erholungsheime für die Belegschaft erworben, kulturelle Schulungsabende eingerichtet. Als Hauptaufgabe aller Erziehungsarbeiten wurde die Jugendarbeit gestellt. Es galt vor allen Dingen, die jungen Menschen von dem Gedankengut der nazistischen Irrlehre zu befreien und sie in die Ideenwelt der Demokratie einzuführen. Denn gerade die jungen Arbeiter sollen im Laufe der Zeit die Demokratisierung der Industrie weiter durchführen. Diese Aufgabe wurde von den Betrieben durch Sonderveranstaltungen für die Jugend und Sonderrechte für die jugendlichen Arbeiter erreicht. In diesem Zusammenhang standen auch die Forderungen für Gleichberechtigung, gleichen Lohn für gleiche Arbeit, die später auch durch Tarife zur Durchführung kamen. Die Einführung der 48 Stundenwoche in den Betrieben führte zu geregelten Lohn- und Tarifverhältnissen. Aufgrund all dieser demokratischen Einrichtungen in den Betrieben konnte auch die Arbeitslosenzahl, die durch die Stillegung der Betriebe im Mai 1945 eintrat, im Ablauf der Jahre 1945 und 1946 beseitigt werden. Rund zwei Millionen Arbeitskräfte wurden in diesen beiden Jahren vermittelt, davon allein im Jahre 1946 1,4 Millionen.

[...]

(Wirtschaftsbericht der Landesregierung von Sachsen vom 12. 2. 1947. Berichte der Landes- und Provinzialverwaltung zur antifaschistisch-demokratischen Umwälzung 1945/46, Berlin (O) 1989, S. 420f.)

3. Die «große Zeit» der Betriebsräte

Ein kommunistischer Betriebsrat (geb. 1906) erinnert sich

Im Betrieb waren keine Chefs. Das machte der Kommunist Raben. Der war hier Sprecher und hat das alles in die Hand genommen [...] Dann wurde der Notar der Firma als Treuhänder eingesetzt. Der Raben hat zu mir gesagt: «Du mußt helfen. Ich schaff das nicht mehr alleine.» Ich wurde dann von ihm als Betriebssprecher vorgeschlagen und die Kollegen waren einverstanden, denn ich war mit allen gut Freund. Der Raben hat den Betrieb von Nazis gereinigt. Da waren keine Fremdarbeiter mehr und auch keine Nazis. Die meisten haben sich abgesetzt [...] Die Hauptarbeit des Betriebsrats waren der Aufbau und private Sorgen, die Esserei mit dem Aufbau der Küche und der Kantine [...] Man besorgte Obst, machte Geschäfte mit anderen Betrieben, besorgte Kartoffeln aus dem Emsland, auch rote Kartoffeln. Wir haben zweimal zweitausend Zentner Kartoffeln geholt. Die wurden bei uns gelagert, auch Zigaretten. Von einigen Lebensmitteln in Pulverform haben die alle die große Scheißerei bekommen. Ich habe auch Verbindungen nach Solingen gehabt und machte Kompensationsgeschäfte mit Messern, Rasierklingen, Rollschuhen, Schlittschuhen usw. [...] Im Sauerland haben wir das tollste Ding gedreht: Mit einem Kollegen haben wir dort Schmalz besorgt, und zwar einen halben Lastwagen voll. Mit diesem LKW fuhr ich in den Betrieb (zurück). Jeder bekam sieben Pfund Schmalz, auch die Kriegerwitwen, auch die (inzwischen zurückgekehrte) Geschäftsleitung und jeder Stift [...] Im Betrieb haben wir Werkzeuge gemacht für den Bergbau, Draht gezogen, Bohrer. Die Kontakte mit dem Bergbau sind auch über den Betriebsrat gelaufen, auch der Verkauf und der Einkauf. Zum Beispiel als ein Betriebsleiter und ein Obersteiger mit einem Auftrag zu uns kamen, in Wirklichkeit um zu trinken, zu essen und in den Puff zu gehen. Da gibt es kein Vertun.

(Alexander von Plato: «Der Verlierer geht nicht leer aus», Berlin 1984, S. 107f.)

4. Probleme der Entnazifizierung in der Verwaltung (1945)

«[...] Ich (möchte; M. R.) darauf hinweisen, daß zunächst einmal die Besatzungsmächte untereinander und innerhalb der englischen Zone die verschiedenen Stellen untereinander sich klar werden möchten, nach welchen Grundsätzen sie Parteigenossen ganz allgemein wieder zulassen wollen. Wir haben zurzeit noch den grotesken Zustand, daß in der amerikanischen Zone anders verfahren wird als in der englischen und russischen, daß aber in jeder Zone auch wieder die verschiedenen Persönlichkeiten in ihren öffentlichen Darlegungen keineswegs übereinstimmen. Es kommt sogar vor, daß innerhalb einer Darlegung Gedanken sich finden, die dem nicht eingeweihten Deutschen als widerspruchsvoll erscheinen. [...]

Hier in Köln erleben wir täglich die Groteske, daß etwa vom Stadtkommandanten der Betreffende zur Arbeit zugelassen und dann von der FSP (gemeint ist wohl der Field Security Service FSS; M. R.) nach ein paar Wochen wieder herausgesetzt wird. Es scheinen hier in Köln die Militärregierung 622 und die FSP nicht nach denselben Grundsätzen zu verfahren.

Wenn aber schon in den Grundsätzen überhaupt keine Einigkeit besteht, dann kann es nur schlimmer werden, wenn aus dem Gesamtkomplex heraus die Frage der Wiederzulassung von Mitgliedern der Industrie und des Handwerks herausgerissen wird. Dazu kommt noch, daß auch jede einzelne Militär-Regierung wieder ihre eigene Auffassung über die Zulassung von Parteigenossen hat. So mußten wir es erleben, daß in Köln 5500 Beamte, die Pg's waren, hinausgeworfen wurden und ganze 527 Beamte übrig blieben. Auch die Angestellten wurden zu ⅔ hinausgeworfen und ⅓ blieben. In Düsseldorf arbeiten alle Pg's. In Wuppertal wurden die von der Stadt Hinausgeworfenen auf Befehl der Mil.-Reg. wieder hereingeholt. Dabei stehen wir vor der Groteske, daß bei den untersten Verwaltungsbehörden (Stadt- und Landkreise) zum Teil rigoros, zum Teil sehr milde vorgegangen wird, während bei den höheren Verwaltungsbehörden (Landwirtschaftskammer in Bonn, Landesernährungsamt, Regierung, Oberpräsident) Parteigenossen in den wichtigsten und verantwortungsvollsten Stellen sitzen. [...]

Aber die Groteske nimmt kein Ende. Während ein amerikanischer Leutnant verlangte, daß Parteigenossen, die als Evakuierte zufällig in einem städtischen Kinderheim weit draußen außerhalb Kölns wohnten, wegen ihrer gefährlichen Einwirkung auf die Kinder sofort zu entfernen wären, befindet sich in Köln ein menschenfreundlicher Offizier für Unterrichtsangelegenheiten, der nicht nur in der Schulverwaltung die Parteigenossen ohne Verfahren und ohne Verbindung mit dem Personalamt wieder zuläßt, sondern auch Lehrpersonen als Parteigenossen wieder in den Beruf zurückkehren läßt.

Solange noch ein derartig tolles Durcheinander besteht, scheint es mir ziemlich zwecklos, sich über die Spezialfrage der Zulassung von irgendwelchen Parteizugehörigen zu Industrie und Handwerk eingehender zu unterhalten.»

(Schreiben des Personalamtes der Stadt Köln vom 21. 11. 1945 an Bürgermeister Suth. In: Martin Rüther: Zwischen Zusammenbruch und Wirtschaftswunder. Betriebsratstätigkeit und Arbeiterverhalten in Köln 1945 bis 1952, Bonn 1991, S. 323f.)

5. Entnazifizierung

Die Befreiung vom Nationalsozialismus hat nur dann einen positiven Sinn, wenn sie von den Deutschen selber geleistet wird. Sie muß eine wirkliche Selbstreinigung sein, das Ergebnis einer inneren Abkehr von den Sünden der Vergangenheit. Eine «Denazifizierung» nach den Vorschriften und durch die Organe einer Besatzungsmacht könnte zweifellos eine mechanische Säuberung gewisser Positionen im öffentlichen und privaten Leben erreichen, und auf diesen Effekt kann nicht verzichtet werden; aber eine solche Aktion bliebe im Äußerlichen und Negativen stecken und würde für die politische Zukunft Deutschlands niemals fruchtbar werden, wenn sich nicht die Deutschen selber der Aufgabe bemächtigen und sie aus eigenem Willen zu einer Probe ihres demokratischen Bewußtseins machten. Die politische Befreiung bietet in der Tat den Deutschen eine beispiellose Bewährungsprobe. Die ganze Welt wartet auf den Ausgang dieser Probe. Sie hat nach allem, was vorgegangen ist, ein Recht darauf, zu wissen, ob die Deutschen jetzt aus sich heraus der nationalsozialistischen Infektion Herr und gegen eine neue Ansteckung immun geworden sind. Die Denazifizierung ist die Gretchenfrage der Welt an die Deutschen geworden, aber auch eine politische Lebensfrage für die Deutschen selber. Es sollte daher unter guten Demokraten keinen Augenblick einen Zweifel darüber geben, daß man um der Nation willen zu der Selbstreinigung von Nationalsozialismus und Militarismus ein volles und ungebrochenes Ja sagen muß. Ohne eine resolute politische Befreiung von der eigenen Vergangenheit gibt es für uns keine Zukunft, weder im Innern noch nach außen.

[...]

Die Ursache des allgemeinen Mißbehagens gegenüber der bisherigen Denazifizierung wird aber noch deutlicher, wenn man die Massenanklage einmal nüchtern und ohne Ressentiment der nationalsozialistischen Wirklichkeit jener zwölf Jahre gegenüberstellt. Die Denazifizierung ist dazu berufen, die Verantwortlichen des nationalsozialistischen Gewaltregimes zur Verantwortung zu ziehen und sie aus den wichtigen Positionen im demokratischen Gemeinwesen auszuschalten und fernzuhalten. Wer war nun die Führungsschicht des Nationalsozialismus? Sollten es in der US-Zone wirklich jene 3,3 Millionen Menschen gewesen sein? Haben wir vergessen, daß der Nationalsozialismus eine totale Diktatur war, gipfelnd in einem einzigen – freilich wahnsinnigen – Kopfe? Daß seine Führungsschicht zum Unterschied von der Elite anderer Staatsgebilde aus einer besonders kleinen zentralistischen Clique bestand, die mit besonders raffinierter Anwendung bisher und anderswo unbekannter Beeinflussungsmittel das Problem der Beherrschung der Massen in ihrer Weise zu lösen versuchte? Das Arsenal dieser Mittel enthielt ebenso das gelinde Mittel einer liebenswürdig erscheinenden Massenschmeichelei wie den direkten wirtschaftlichen Druck und den blutigen Terror. Es wäre eine verdienstvolle Tat, einmal nüchtern die wahre innenpolitische Herrschaftsstruktur des «Dritten Reiches» in seiner ganzen teuflischen «Reichhaltigkeit» und skrupellosen Zweckmäßigkeit zu rekonstruieren. Die Atmosphäre jenes Regimes war der Zwang – das sollte nicht vergessen werden –, Zwang in hundert offenen und verhüllten Formen, angefangen vom Suggestions-Zwang einer mit allen Mitteln massenpsychologischer Reklametechnik arbeitenden Propaganda, den der derart Gezwungene kaum bewußt verspürte, über eine lange Skala des «freiwilligen Zwanges» – welch ein Wort hätte die Perversion jenes Systems treffender enthüllen können! – bis zum Zwang der vorgehaltenen Pistole oder mit der Drohung des Abtransportes nach Buchenwald. Und all dieser Zwang wird ausgeübt durch eine relativ kleine Räuberbande und ihre zahlreichen Söldner – die Anderen waren die Objekte. Gewiß war die Zahl der Komplizen, Helfershelfer, Henker und Handlanger jenes Regimes recht groß – aber eines ist sicher: sie betrug nicht 28 Prozent der gesamten erwachsenen Bevölkerung. Sie umfaßte gewiß mehr als ein Dutzend Menschen, auch mehr als hundert und mehr als tausend. Aber wenn man einige «zigtausend» zugibt, kommt man schon an die obere Grenze der Wirklichkeit. Auf jeden Fall waren nicht Hunderttausende verantwortlich für das Terrorsystem, erst recht nicht Millionen Menschen. Wenn man sie trotzdem vor Gericht stellt, steht man – schlicht und einfach gesagt – mit der Wirklichkeit im Widerspruch.

[...]

(Karl Heinrich Knappstein: Die versäumte Revolution. Wird das Experiment der «Denazifizierung» gelingen? In: Die Wandlung 1947, S. 633 ff.)

6. Die Wiederentstehung der SPD in der ostwestfälischen Kleinstadt Spenge

«Am Wiederaufbau der SPD war Heinrich Freese noch beteiligt. Er war einer der ersten damals. Ich weiß noch, als die Sache von den Alliierten noch nicht zugelassen worden war, da haben wir von der SPD schon Kreise gehabt. ‹Was machen wir, was machen wir nun mit der Partei?› Da hatte Freese schon Kontakt zu Bielefeld aufgenommen, zu Artur Ladebeck (Bürgermeister in Bielefeld, W. F.) und Wilhelm Korspeter (ehemaliger Chefredakteur der «Volkswacht», W. F.). Dann kam es zu Beziehungen zu den Gewerkschaften, so daß ich einige Male in Bielefeld auf der Eisenhütte (Versammlungslokal der Gewerkschaften) war, wo vorbereitet wurde. Es hieß dann: ‹Alle Genossen in Spenge ansprechen.› Einige waren noch da. Dann hieß es: ‹Jetzt wollen wir eine Versammlung abhalten.› Dann kam in dem Moment von der Besatzung die Order, daß jetzt die Parteien wieder zugelassen würden. Soweit ich bemerkt und gehört habe, hatten die anderen auch schon begonnen, sich unter der Hand zu treffen. Heinrich Freese und Heinrich Hildebrand haben gesagt: ‹Wir sind jetzt wieder da. Seit gestern oder vorgestern ist die Partei wieder zugelassen worden. Wir machen das jetzt weiter mit der SPD.› Eine ganze Reihe von Leuten war da, die meisten Genossen waren persönlich angesprochen worden. Der eine ging zum anderen: ‹Der ist auch noch da.› So wußten wir Bescheid, so ging es dann weiter.»

(Interview mit einem Zeitzeugen. In: Werner Freitag: Spenge 1900–1950, Bielefeld 1988, S. 474)

7. Die Gründung der SED

Am nächsten Morgen, am 21. April 1946, vormittags 10 Uhr, begann im Admirals-Palast zu Berlin der Vereinigungsparteitag. Mehr als tausend Delegierte und Hunderte von Gästen strömten in das Gebäude – der erste gemeinsame Parteitag der Kommunisten und Sozialdemokraten!

Vor dem Admirals-Palast hatten sich – damals noch keineswegs organisiert, sondern spontan aus Interesse und Sympathie heraus – Tausende von Menschen eingefunden, die uns zuwinkten und ermunternde Worte zuriefen. Endlich hatten wir Platz genommen. Kommunisten und Sozialdemokraten saßen in den Reihen bunt durcheinander, begrüßten sich, sofern sie sich von früher kannten, und stellten sich vor, wenn sie sich zum erstenmal sahen. Das Orchester spielte die Fidelio-Ouvertüre von Ludwig van Beethoven. Einige Minuten später kamen Wilhelm Pieck und Otto Grotewohl von verschiedenen Seiten auf die Bühne, trafen sich in der Mitte und reichten sich unter minutenlangem stürmischem Beifall die Hände.

«Als wir beide eben auf diese Bühne kamen», sagte Grotewohl, «wurde mir die symbolische Bedeutung dieses Aktes klar. Wilhelm Pieck kam von links, und ich kam von rechts. Wir kamen aber beide, um uns in der Mitte zu treffen.»

Die Delegierten waren aufgesprungen und brachen in Hochrufe aus.

Was immer auch später geschah – an diesem Vormittag des 21. April 1946 herrschte eine echte, spontane Begeisterung unter den Delegierten.

Der erste Tag des Kongresses verging mit Begrüßungen; besonders oft kamen Kommunisten und einheitsbejahende Sozialdemokraten aus den westlichen Teilen Deutschlands zu Wort.

Der zweite, entscheidende Tag des Vereinigungsparteitages begann mit einer Überraschung.

«Ich möchte dem Genossen Amborn aus Leipzig zu einer Überrreichung eines Geschenkes und zu einer kurzen Erklärung dazu das Wort geben», wurde vom Präsidium mitgeteilt.

In den hinteren Reihen des Parteitages stand ein Delegierter auf und ging langsam durch den großen Saal zum Präsidium. Er trug in der Hand einen großen, gefährlich aussehenden Holzstock. Endlich war er, von den erstaunten Blicken der Delegierten begleitet, zum Präsidiumstisch gelangt.

Feierlich übergab er Grotewohl den großen Stock, der ihn an Pieck weiterreichte, bis beide den Stab gemeinsam in den Händen hielten.

Es handelte sich, so erklärte der Delegierte Amborn aus Leipzig, um ein Erinnerungsstück von August Bebel. Dieser habe den Stock selbst gedrechselt. Mit ihm habe Bebel den Erfurter Parteitag 1890 geleitet.

«Damals war eine Opposition vorhanden, die sogenannten ‹Jungen›. Bei den schweren Auseinandersetzungen haben dann die Delegierten des Parteitages erklärt, daß August Bebel mit diesem Stab die ‹Jungen› niedergeschlagen habe.»

Allgemeines Lachen im Saal.

Nach Ende des Parteitages habe August Bebel den Stock dem Genossen Paul Reißhaus zur treuen Aufbewahrung übergeben. Reißhaus sei ein Anhänger der Einheit gewesen. Er wollte diesen Stock nur dann einem Parteitag zur Verfügung stellen, wenn die Einheit verwirklicht worden sei.

«Als Nachlaßverwalter des Genossen Reißhaus habe ich mich verpflichtet gefühlt», sagte Amborn, «diesen Stab dem Parteitag bzw. dem neuen Vorstand der Einheitspartei zu übergeben.»*)

Obwohl dieses Intermezzo natürlich vorbereitet war, zeigte Wilhelm Pieck sich sichtlich bewegt. Erinnerte er sich seiner eigenen Jugend in der deutschen Arbeiterbewegung? Fühlte er sich dieser Zeit noch immer im Herzen verbunden – trotz aller Umschulung, Parteidisziplin und sowjetischer Emigration?

Ich kannte Wilhelm Pieck gut genug, um gespieltes und echtes Gefühl bei ihm unterscheiden zu können.

Dann wurde ihm von Grotewohl das Wort für sein Referat erteilt. Wilhelm Pieck führte noch einmal alle Gründe an, die für die Vereinigung sprachen, und erwähnte jene Konferenzen und Beschlüsse, die dem Vereinigungstag vorausgegangen waren. Von der sachlichen Darstellung ging er nur einmal ab, als er von dem sozialdemokratischen Parteitag der Einheitsgegner in Zehlendorf und von der Urabstimmung sprach. In völliger Verkennung der Stärke

---

*) Amborn, ein alter Parteiveteran der Sozialdemokratischen Partei, war Bürgermeister in Burghausen ü. Sa. und wurde einige Zeit nach der Gründung der SED wegen seiner sozialdemokratischen Gesinnung (Sozialdemokratismus) von der MWD (der sowjetischen Geheimpolizei) verhaftet.

der Sozialdemokratie nannte er den Parteitag in Zehlendorf einen «Scherz» und die dort gegründete Sozialdemokratische Partei Berlins einen «Zehlendorfer Krankenhaus-Klub». Niemand im Saal ahnte, daß der «Zehlendorfer Krankenhaus-Klub» sich nur sechs Monate später als die stärkste Partei Berlins erweisen würde …

Abgesehen von dieser Verächtlichmachung war Piecks Rede eine Mahnung zur harmonischen Zusammenarbeit von Sozialdemokraten und Kommunisten in der SED. Das Ziel müsse in einem völligen Ineinanderaufgehen bestehen, erklärte Pieck, «so daß nicht mehr zu unterscheiden ist, wer Sozialdemokrat oder Kommunist ist». Er rief alle Delegierten und Parteimitglieder auf, «den Geist der Kameradschaft, der Freundschaft und der Geduld noch mehr zu pflegen».

Auch Grotewohl redete damals noch nicht in jenem Einheitsjargon, der heute zum festen Bestandteil der SED geworden ist. Undogmatisch, lebendig, mit einer Fülle brillanter Formulierungen sprach er über Gegenwart und Zukunft Deutschlands. Die SED, erklärte Otto Grotewohl, lehne den Antibolschewismus ab, «aber diese Ablehnung ist weit davon entfernt, innere Bindungen an fremde Einflüsse zu verraten». Den größten Beifall des gesamten Parteitages erntete Grotewohl mit der Erklärung:

«Ich glaube nicht, daß es vermessen ist, und ich glaube auch nicht, daß die sowjetischen Besatzungsbehörden es mir etwa übelnehmen werden, wenn ich an dieser Stelle erkläre, daß die heute geschaffene Sozialistische Einheitspartei mindestens in der sowjetischen Besatzungszone durch ihre riesengroße politische Stärke eine so große Sicherheit für unseren Bestand in der sowjetischen Zone darstellt, daß wir auf die Bajonette der Russen nicht mehr angewiesen sind.»

Der tosende, minutenlange Beifall und die begeisterten Zurufe waren ein Ausdruck der Hoffnung, daß mit der Gründung der SED die deutschen Sozialisten bald Herren im eigenen Haus sein würden, um dann auf Grund eigener Tradition einen selbständigen Weg zum Sozialismus zu beschreiten. […]

(Wolfgang Leonhard: Die Revolution entläßt ihre Kinder, S. 446 ff., © 1955/ 81/90 by Verlag Kiepenheuer & Witsch Köln)

8. Die CDU in Kleinmachnow

[…]

Ich mußte mich mit der Zeit daran gewöhnen, daß in beinah jeder Versammlung, auf der ich sprach, sogenannte «Volkskorrespondenten» anwesend waren und nach Möglichkeit alles mitschrieben, was ich sagte. Allmählich kannte ich sie vom Ansehen, und da sie oft auch in die Diskussion nach dem Vortrag eingriffen und immer die gleichen dummen Sprüche machten, pflegte ich ihre Beiträge gewöhnlich schon im Vortrag aufzugreifen und zu zerpflücken. Das hörte sich dann so an: «Dahinten sehe ich ja auch meine Freunde sitzen, die mich auf meinen Reisen durchs Land so liebenswürdigerweise begleiten. Nachher werden sie aufstehen und mich fragen: ... Dann werde ich antworten: ...» – Ich hatte die Lacher auf meiner Seite, und da die Brüder meist nur ihr vorgeschriebenes Repertoire hatten, schwiegen sie in der Diskussion.

Kurze Zeit nach jedem Vortrag wurde ich ziemlich regelmäßig zum Kreiskommandanten befohlen. Dort wurde ich sehr höflich aufgefordert, an der gegenüberliegenden Seite des Schreibtisches Platz zu nehmen, und ein freundschaftliches Gespräch begann. Natürlich hatten die Volkskorrespondenten ihren Bericht abgeliefert, und dem Kreiskommandanten paßte diese oder jene Äußerung von mir nicht. In Deutschland würde das Gespräch so verlaufen, daß der Offizier beginnen würde: «Hören Sie mal, mir ist da zu Ohren gekommen ...» – Nicht so bei den Sowjets. Die liebten ein Palaver nach orientalischer Manier. Erst einmal fragte der Kommandant: «Wie geht es Ihnen?» – «Gut? – Sähr gut!» – «Was macht die Familie?» – «Gut? – Sähr gut!» – «Waren Sie in letzter Zeit politisch tätig?» – Dabei lag offen auf dem Schreibtisch der Bericht, über den gesprochen werden sollte. Ich machte das Spielchen meist nicht mit und sagte nach der ersten Frage brüsk: «Herr Kommandant! Sie wollen mit mir doch über meine Versammlung in sowieso reden. Da liegt doch der Bericht.» Dann resignierte mein Gesprächspartner über soviel barbarische Direktheit und kam zur Sache. Ich wurde verwarnt und machte unbeeindruckt weiter. Aber es war doch immer ein Eiertanz oder besser: Tanz auf dem Vulkan.

Während die Sowjets mich zwar bespitzelten, aber mit einem gewissen Respekt behandelten, haßten mich die deutschen Kommunisten von Herzensgrund. Die SED-Presse griff mich laufend an und machte mich für jeden Verstoß eines CDU-Funktionärs verantwortlich, gleich, ob ich etwas damit zu tun hatte oder nicht. Meist handelte es sich um sogenannte «Wirtschaftsverbrechen». Ich besitze noch eine Ausgabe des Organs der SED im Lande Brandenburg, «Märkische Volksstimme», vom 16. Juni 1947, in der ein Artikel unter der Überschrift «Ist das Sozialismus aus christlicher Verantwortung, Herr Kreistagsabgeordneter?» veröffentlicht wurde. Ein CDU-Mitglied namens Liesegang, der größte Bauer im Dorf, Vorsitzender der Raiffeisengenossenschaft und Gemeinderat in Mahlow-Glasow, war bei seinem Jahressoll von 12000 Litern Milch mit 2500 Litern im Rückstand. Außerdem war der Fettgehalt der Milch zu niedrig. Die «Märkische Volksstimme» sprach von «Gewinnsucht» und «Schiebung». Wer war schuld? Natürlich ich, wie die Zeitung behauptete, der «gewandte Wortführer der CDU des Kreises Teltow und Berater des Landrates». – So ging es mir oft. [...]

(Peter Bloch: Zwischen Hoffnung und Resignation. Als CDU-Politiker in Brandenburg 1945–1950, Köln 1986, S. 109 ff.)

9. Anordnung des Alliierten Kontrollrats zum Sport

Der Kontrollrat ordnet an:

1. Jegliche Aktivität von Sportorganisationen und solchen Organisationen, die der militärischen bzw. vor-militärischen Körperertüchtigung dienen (Klubs, Vereine, Anstalten und andere Organisationen) und die in Deutschland vor der Kapitulation bestanden, ist zu verbieten und sind diese Organisationen ab 1. Januar 1946 aufzulösen.

2. Das Betreiben und die Entfaltung innerhalb der deutschen Bevölkerung von Organisationen, die der militärischen Körperertüchtigung dienen, sind verboten. Dieses Verbot soll besonders auf Organisationen Anwendung finden, die sich mit Luftfahrt, Fallschirmspringen, Segelflug, Fechten, militärischer oder vor-militärischer Ertüchtigung bzw. Ausrichtung, Schießen mit Schußwaffen und dergleichen befassen.

3. Die Unterrichtung in sportlicher Betätigung militärischer oder militärähnlicher Natur bzw. das Betreiben eines solchen Unterrichts in deutschen Lehranstalten, öffentlichen und politischen Organisationen, Firmen und Fabriken und in allen sonstigen Organisationen ist verboten.

4. a) Die Errichtung nicht-militärischer Sportorganisationen lokalen Charakters ist auf deutschem Gebiet zu gestatten.

   b) Diese Organisationen sollen nicht über den Bereich eines Kreises hinausgehen und sollen seitens öffentlicher oder privater Körperschaften mit einer über Kreisebene hinausragenden Organisation keinerlei Beaufsichtigung oder Unterweisung erfahren noch Gelder erhalten, ausgenommen mit Genehmigung durch den Zonenkommandeur, die sich ausschließlich auf solche Sportarten begrenzen soll, denen unter keinen Umständen irgendwelche militärische Bedeutung beigemessen werden kann.

   c) Jede neu gegründete Sportorganisation lokalen Charakters bedarf der Genehmigung durch die örtliche Alliierte Besatzungsbehörde, und die Tätigkeit einer solchen Organisation unterliegt der Beaufsichtigung durch diese Behörde. Die körperliche Ertüchtigung wird auf Grundlagen der Heilhygiene und des Ausgleichssports erfolgen, unter Ausschluß solcher Übungen, die militärähnlichen Charakter besitzen.

5. Die Durchführung der Bestimmungen dieser Anordnung wird durch die Zonenkommandeure in Deutschland sichergestellt.

Ausgefertigt in Berlin, 17. Dezember 1945

gez. Lucius D. Clay
gez. Brian L. Robertson
gez. Louis Koeltz
gez. Sokolovsky

(Jahrbuch des Sports 1955/56, S. 82)

10. Politischer Sport in der SBZ

[...]
In der heutigen Sitzung des Landesjugendausschusses kam es nach einer Diskussion über die Westpolitik der Zone zu einer erregten Debatte über Sinn und Unsinn weiterer politischer Tätigkeit in der LDP. Einer der Freunde ging dabei so weit, die illegale Arbeit der LDP-Jugend zu fordern. Ich versuchte zu bremsen. Unsere Möglichkeiten in der Ostzone liegen – leider – nicht darin, so schnell wie möglich ein liberales Wirtschaftssystem durchzusetzen oder die Verwaltung zu entSEDfizieren. Alles was wir tun können, ist, uns wo immer möglich schützend vor die Bevölkerung zu stellen, um sie vor allzu schlimmen Auswirkungen der gegenwärtigen Politik zu bewahren.

Zu Beginn der Tagung berichtete ich kurz über den Verfassungsentwurf des Volksrates. Bätcher meinte zu diesem Entwurf, daß die Regelung der Tätigkeit der Massenorganisationen unsere Zustimmung nicht finden könne. Nur die Parteien sollten an der Regierungs- und Parlamentsarbeit beteiligt werden. Wie zur Bestätigung dieser Ansicht von der Unvereinbarkeit der Tätigkeit der kommunistischen Massenorganisationen mit einem demokratischen Verfassungsleben gab der zu Punkt 3 der Tagesordnung geladene Vertreter des Landessportausschusses, das FDJ-Mitglied G., eine Kostprobe des einseitig politischen Charakters der «Demokratischen Sportbewegung». Diese wurde von der SMA der FDJ und dem FDGB übertragen. So sei diese Frage nach der Direktive 23 anders gelöst als im Westen, wo sich im Sport Kräfte bereitfänden, mit den Kriegstreibern und fremden Mächten zusammenzuarbeiten, meinte der Jugendfunktionär. Die Zonensportbewegung sei überparteilich, aber politisch. In ihren Reihen sei die Kampfbereitschaft gegen den Militarismus und Faschismus zu stärken. Die Überparteilichkeit werde dadurch gewährleistet, daß in jeder Sportgemeinschaft die FDJ den 1. und der FDGB den stellvertretenden Vorsitzenden stelle. Alle Sportler bis zum 25. Lebensjahr besäßen zudem die Kollektivmitgliedschaft der Freien Deutschen Jugend.

Nach diesen eindrucksvollen Beweisen für die Überparteilichkeit der Demokratischen Sportbewegung bat uns der FDJler um die Unterstützung im Landtag, sobald dort ein Antrag zur Finanzierung dieses Vereins eingebracht werde. Ich erwiderte, das sei nicht die Aufgabe dieses Jugendausschusses. Da solle er sich besser an unsere Landtagsfraktion wenden. Im übrigen könnten uns die Ausführungen über die sogenannte Kollektivmitgliedschaft keineswegs befriedigen. Das schien jedoch den Jugendfreund nicht im mindesten zu beunruhigen.
[...]

(Werner Schollwer: Potsdamer Tagebuch 1948–1950, © Oldenbourg Verlag München 1988, S. 82f. Eintragung v. 22. 9. 1948)

11. «Lastenausgleich heißt Vermögensausgleich!»

[...]

Der Krieg hat viel gekostet. Es war ein Wahnsinn, und alle zusammen, die ganze Schicksalsgemeinschaft des Volkes muß ihn endlich bei Heller und Pfennig abrechnen und bezahlen, damit wenigstens in Zukunft nicht so bald wieder ein paar Wahnsinnige in Versuchung kommen, mutwillig einen Krieg vom Zaune zu brechen in der sicheren Erwartung, daß ja doch auf keinen Fall sie selbst, sondern letzten Endes die breite Masse zu bezahlen haben wird. Wenn uns daher der vergangene Krieg 80% unseres Volksvermögens gekostet haben sollte, dann muß eben jeder mit 80% seines Vermögens zu seiner Kostendeckung beitragen. Nur ein allgemeiner, gerechter Vermögensausgleich im Rahmen der Konkursmasse Deutschland kann daher der wahre Sinn eines Lastenausgleiches sein. Gerade das aber sei ‹volkswirtschaftlich› untragbar, wird behauptet. Den Beweis für diese Behauptung allerdings bleibt man lieber einfach schuldig.

Gewiß, wenn man darauf bestehen will, das Problem nach kapitalistischen Rezepten wie bisher immer schon in der Geschichte einfach durch Überwälzung auf andere, diesmal durch Überwälzung auf den zukünftigen Ertrag der Volkswirtschaft zu lösen, um die eigene Substanz für sich zu retten, dann ist das Problem selbstverständlich unlösbar, dann können nur Brosamen abfallen und Almosen, kümmerliche Renten, Linsengerichte. Wer gibt aber im übrigen den belasteten Sachwertbesitzern das Recht, über die Verteilung der künftigen Produktion einfach zu verfügen? Darum Hände weg von der künftigen Produktion. Ganz abgesehen davon, daß eine solche Lösung bedeuten würde, daß sich die Kriegsgeschädigten 50% ihrer Forderungen aus dem Titel Lastenausgleich selbst erarbeiten müßten, lehnten sie es ab, den Ertrag der Arbeit anderer zu stehlen und sei es auch durch ein Gesetz. Die künftige Produktion gehört jenen allein, die sie künftig erarbeiten werden. Wir haben kein Recht, zur Verwirklichung eines Lastenausgleichs etwa gar eine künftige Generation zu belasten. Die Kosten des Krieges müssen jetzt und ohne alle Winkelzüge von den Lebenden übernommen werden. Nur der Feigling und der Lump drückt sich um die Verantwortung, die jeder im Schicksalsgefüge der Nation irgendwie mitzutragen nun einmal gehalten ist.

[...]

In die Enge getrieben glauben nun manche Vertreter des «Besitzes», den notwendigen Lastenausgleich als Kommunismus abtun zu können. Mit aller Deutlichkeit muß hier vor solchen armseligen Diskussionsmethoden gewarnt werden, um so mehr wenn es Christen sind, die sie anwenden, beleidigen sie doch auf solche Art in unerhörter Weise die Päpste, in deren bewunderten Sozialrundschreiben auch der Lastenausgleich seine Rechtfertigung findet. Der Lastenausgleich zerstört nicht das Privateigentum, sondern festigt es im Gegenteil erst wieder. Die Päpste verlangen aber nicht Bewunderung, sondern Taten gerade von den Christen, um durch eine rechtzeitige Sozialreform viel-

leicht doch noch den Sturm aus dem Osten aufzuhalten. Nicht der Lastenausgleich ist Kommunismus. Mit Sicherheit ruft aber seine Torpedierung Verzweiflung und Kommunismus ins Land, der ja bisher nur deshalb in Westdeutschland nicht Fuß fassen konnte, weil allzuviele gerade der härtest Betroffenen, der Ostflüchtlinge, ihn in seiner echtesten Gestalt nur zu gut kennenlernen mußten. Man täusche sich aber nicht: Nur um den Preis eines gerechten, allgemeinen Vermögensausgleichs als der endgültigen Kostenabrechnung des Krieges, dessen theoretische Berechtigung unbestritten ist, ist er auf die Dauer fernzuhalten. Er ist eine Forderung strikter Verkehrsgerechtigkeit ebensosehr wie echten Christentums und eines wahren Sozialismus.
[...]

(Der Leuchtturm, 1948, Nr. 5, S. 66 f.)

12. Jahresbericht über die Tätigkeit des Amtes für Umsiedler
bei der Provinzialverwaltung Brandenburg (Ende 1946)

[...]
In der Provinz entstanden über 80 Lager mit einer Aufnahmekapazität von 50–10 000 Menschen. Wir stellten eine Zusammenarbeit mit der Reichsbahnverwaltung her, um die notwendigen Transportzüge zu erhalten, verpflichteten Fuhrunternehmer für die Gestellung von LKW's, sorgten für die Zufuhr von Lebensmitteln und verpflichteten Ärzte für die Auffanglager. Die ankommenden Umsiedler wurden registriert; das gleiche erfolgte auch in der Provinz mit den Umsiedlern, die bereits Unterkunft gefunden hatten.

Die Hauptaufgabe der Provinz wurde in der Zeit von Oktober 1945 bis Januar 1946, 200 000 Umsiedler in den Auffangpunkten zu versorgen und sie in die Länder und Provinzen zu leiten. Die Kranken mußten Krankenanstalten zugeführt werden; die nicht transportfähigen, altersschwachen Frauen, die große Zahl der Waisenkinder sollten betreut werden. In näherer und weiterer Umgebung fehlten ausreichende, aufnahmefähige Krankenanstalten und Unterkünfte.

200 000 Menschen sollten versorgt werden; für 200 000 Menschen mußten insgesamt 440 523 t Mehl, 11 938 t Fett, 620 488 t Kartoffeln und 33 170 t Nährmittel herangeschafft werden. Etwa 450 Transportzüge waren notwendig, um die Umsiedler in die eigene Provinz, nach Mecklenburg, Thüringen und nach Sachsen zu leiten.

Mit Anfang des Jahres 1946 ließ der regellose Zustrom nach. Es begann nun eine systemvollere Arbeit. [...] In Bezirks- und Kreis-Konferenzen wurden alle Verwaltungsstellen und auch die Lagerleiter für die zu leistende Arbeit geschult und belehrt. Das Amt entsandte ständig Referenten in die Kreise zu den Lagern und sorgte für Verbesserungen in der Wirtschaftsführung und in der Ausgestaltung der Lager. Es wurden viele Lager geschlossen, um die verbliebenen Lager besser einzurichten. Die Anforderungen, die wir heute an die Lager stellen, sind noch größer, so daß von 29 Lagern, die z. Zt. in Betrieb sind, weitere stillgelegt werden. Auf peinlichste Sauberkeit und Ordnung in den Lagern wird größter Wert gelegt, um jeder Seuchengefahr, speziell in den Wintermonaten, zu begegnen. Die Kreisärzte sind verpflichtet, die Lager allmonatlich zu kontrollieren. Eine Wirtschaftskommission überprüft die Buchführung und den Warenbestand. Der Chef des Kommandanturdienstes der SMA (Sowjetische Militär-Administration) sowie der Arztmajor und der Leiter des Amtes überprüfen in jeder Woche einige Lager. Auf Grund des Prüfungsergebnisses wurden Strafen verhängt, fristlose Entlassungen angeordnet, aber auch Belobigungen ausgesprochen. Ca. 400 Lagerkontrollen pp. wurden durchgeführt.

Für eine gleichmäßige Verwaltungsarbeit in der ganzen Provinz ist gesorgt, durch einen Runderlaß mit Ergänzung, der alle Umsiedlerfragen behandelt. Zur Vertiefung des Verständnisses für die große soziale fürsorgerische Arbeit wurden Arbeitstagungen abgehalten. [...]

Eine besondere Stütze für die Arbeit des Amtes sind die Umsiedlerausschüsse. Die Tätigkeit der Orts- und Kreis-Umsiedlerausschüsse zeigte in der Vergangenheit noch gewisse Schwächen. Durch den vor einiger Zeit gebildeten Provinzial-Umsiedlerausschuß wird hier in kürzester Frist eine Besserung erwartet. Eine Arbeitskommission des Provinzial-Ausschusses schafft die Grundlagen für eine umfassende Arbeit und Planung der Verwaltung. Die Ergebnisse der Ermittlungen in allen Gemeinden werden den zuständigen Abteilungen der Provinzialverwaltung Möglichkeiten für Planungen aller Art geben (Wohnungsbau, Industrie, Versorgung usw.). Darüber hinaus werden die Ortsumsiedlerausschüsse dazu herangebildet, in der eigenen Gemeinde die rechtliche Gleichstellung und bevorzugte Versorgung der Umsiedler, Schaffung von Existenzmöglichkeiten den örtlichen Verhältnissen entsprechend sicherzustellen. [...]

Die Eingemeindung der Umsiedler erfolgte in den ersten Monaten zahlenmäßig. Heute tritt das Auffangen und Versorgen der Umsiedler in den Lagern als eine Selbstverständlichkeit in den Hintergrund. Wir sind jetzt darum besorgt, die Eingemeindungen so zu lenken, daß der Kräftebedarf in den einzelnen Kreisen gedeckt wird und die Umsiedler eine ausreichende Existenz und nicht zuletzt eine Heimat finden. Heute stehen uns allein zu diesem Zweck in der Provinz Brandenburg zwei Pendelzüge zur Verfügung, die nur die Umsiedler von den Lagern in die einzelnen Kreise der Provinz befördern. Ein Transport mit ca. 1200 Umsiedlern wird nicht selten auf 4–6 verschiedene Kreise verteilt.

Wir wissen genau, daß der Platz, wo der Umsiedler Arbeit findet, ihm und seiner Familie zur Heimat wird. Aus dieser Erkenntnis versuchen wir dafür zu sorgen, daß jeder sofort Arbeit erhält. [...]

(Rolf Badstübner: Friedenssicherung und deutsche Frage. Vom Untergang des «Reiches» bis zur deutschen Zweistaatlichkeit [1943–1949], Dietz Verlag Berlin/Bonn 1990, S. 204–206)

13. Eine Ersatzorganisation der Vertriebenen

Nachdem feststand, daß das Organisationsverbot in absehbarer Zeit nicht in Fortfall kommen würde, und ebenso sichtbar geworden war, daß die Parteiarbeit den überparteilichen Weg nicht ersetzen konnte, suchte ich nach einem Ausweg. Das Ergebnis war die Gründung der «Aufbaugemeinschaft der Kriegsgeschädigten e. V.» mit dem Sitz in Hamburg. Die Gründungsversammlung fand am 24. März 1948 statt. Ich wurde 1. Vorsitzender, 2. wurde Werner Groth und 3. Dr. Oellers. Von den weiteren 15 Vorstandsmitgliedern kamen 11 aus Schleswig-Holstein und Niedersachsen.

Der Name gibt bereits über den Ausweg Auskunft. Es war keine Flüchtlingsorganisation, sondern ein Zusammenschluß von Kriegsgeschädigten. In der Satzung hieß es: «Ordentliches Mitglied des Vereins kann jeder Deutsche werden, der das 18. Lebensjahr vollendet und durch Kriegseinwirkung seine Existenz, seine Heimat oder sein Vermögen ganz oder teilweise verloren hat.»

Der zweite Vorsitzende war der nichtvertriebene Renommierschulze, ein angesehenes Mitglied der Hamburger Bürgerschaft aus meiner Fraktion, der mit der Annahme dieser Bürde ein ziemliches Opfer brachte, für das ich heute noch dankbar bin. Diese Tarnung – die Mitglieder waren immer zu weit über 90 % Vertriebene – hat gehalten, was wir damit erstrebten. Die Aufbaugemeinschaft ist, obwohl es an Versuchen nicht gefehlt hat, niemals verboten worden und besteht mit einem Traditionsfähnlein noch heute, unter der bewährten Führung des bekannten Königsberger Facharztes Dr. Paul Wienert. Das kam einmal daher, daß wir uns auf die Satzung und auf Werner Groth berufen konnten. Es kam hinzu, daß die Verbotsfront ab 1948 immer mehr ins Wanken kam, und schließlich hat uns geholfen, daß die drei Vorsitzenden gewissen politischen Einfluß hatten. Von Groth habe ich schon gesprochen, Dr. Oellers war inzwischen von seiner Partei in den Wirtschaftsrat entsandt, und ich war stellvertretender Vorsitzender der CDU in der britischen Zone geworden.

Wie schon die Zusammensetzung des Vorstandes zeigte, sollte die Tätigkeit der Gemeinschaft von vornherein nicht auf das Gebiet der Hansestadt beschränkt sein. Die Voraussetzungen für eine umfassende Organisation waren günstig, weil wir als einzige «auf dem Mark» waren, zunächst wenigstens. Dabei war es in den örtlichen Bezirken immer von der Personenfrage abhängig, ob wir vorankamen oder nicht. Unser Glanzstück war der Regierungsbezirk Lüneburg in Niedersachsen in unmittelbarer Nachbarschaft von Hamburg. Das Hauptverdienst daran hatte der Bezirksvorsitzende, der evangelische Pastor Schulz-Rackwitz, dessen unermüdlichen Anstrengungen es gelang, in sämtlichen Kreisen des Bezirkes starke und blühende Organisationen auf die Beine zu stellen. Dieser Bezirk hat auch später im Landesverband Niedersachsen seine Stärke behauptet. Neben dem Pastor war uns dort eine besondere Stütze auch der frühere Königsberger Rechtsanwalt Hensel in Dan-

nenberg. Auch der spätere Bundestagsabgeordnete Eplée wirkte in diesem
Bezirk, und zwar in Soltau. Schließlich kam auch Gossing, der langjährige
Landesvorsitzende von Niedersachsen, aus dem Bezirk Lüneburg, und zwar
aus Fallingbostel. Mit dem gleichfalls Hamburg benachbarten Bezirk Stade hatten wir nicht
den gleichen Erfolg. Hier kam die Aufbaugemeinschaft nur in einem Teil der
Kreise zum Zuge. In Schleswig-Holstein hatten wir 9 Kreisvereinigungen,
die stärksten in Pinneberg, Plön und Flensburg. Insgesamt gehörten zur Aufbaugemeinschaft in den beiden Nachbarländern über 40 Kreisverbände mit
weit über 100000 Mitgliedern. Als die Landesverbände entstanden, gaben wir
sämtliche Kreisverbände ab und beschränkten uns auf Hamburg. Die Aufbaugemeinschaft, bei der später im Namen das Wort «Kriegsgeschädigte»
durch «Vertriebene» ersetzt wurde, war gleichzeitig der Landesverband
Hamburg der Bundesorganisation.

(Linus Kather: Die Entmachtung der Vertriebenen Bd. 1, München 1964,
S. 38 f. Linus Kather war einer der frühesten Vertriebenen-Funktionäre und
gehörte nacheinander mehreren Parteien an.)

14. «Das Hilfswerk der evangelischen Landeskirchen»

Die Gliederung des Hilfswerkes der evangelischen Landeskirchen ist denkbar
einfach und stellt kein super-bürokratisches Unternehmen dar etwa im Stile
früherer Wohltätigkeitsvereine. Die Zentrale steht in Stuttgart unter der Leitung von Dr. E. Gerstenmaier, einem Mann der Widerstandsbewegung. Jedes
Land besitzt ein Hauptbüro. Das für Württemberg ist in Stuttgart, mit einer
Zweigstelle für die französische Zone in Tübingen. In diesem Sektor befinden
sich 15 Bezirksstellen – Balingen, Biberach, Calw, Freudenstadt, Münsingen,
Nagold, Neuenbirk, Ravensburg, Reutlingen, Sigmaringen, Sulz, Tübingen,
Tuttlingen, Urach und Lindau –, jeweils geleitet vom zuständigen evangelischen Pfarrer. Fürsorge der Tat – unter diesem Motto könnte die Arbeit dieser «helfenden Hand der Kirche» stehen.
[...]
Auf dem Bahnhof in Aulendorf beobachteten wir vor nicht allzu langer
Zeit eine Schar von Kindern. Pausbäckig, gut gekleidet und mit allerlei Pro-
viant versehen, sogar mit kleinen Stücken Schokolade, schien die lustige Gesellschaft in bester Stimmung zu sein. Ein Brot nach dem anderen wurde ver-
zehrt, eine Flasche mit Kakao ging reihum, und ein junges Fräulein sorgte für
die nötige Ordnung. Nachdem wir dem frohen Treiben eine gute Weile zuge-
sehen hatten, packte uns doch die Neugier, zumal wir es nicht mit Kindern
aus schwäbischen Dörfern zu tun hatten. Manieren, Redensarten, Gesten
und Bewegungen wiesen die Kinder als Bewohner einer größeren Stadt aus.
Nach einigem Befragen stellte sich dann auch heraus, daß die Kinder gerade

von einem dreiwöchigen Aufenthalt im Kindererholungsheim Hitzenlinde bei Leutkirch zurückkehrten. Sie stammten alle aus Tuttlingen und hatten, wie uns das Fräulein versicherte, vor wenigen Wochen noch blasse Bäckchen und magere Glieder gehabt. In Hitzenlinde aber hatte man dem guten Essen reichlich zugesprochen, war auch sonst mit dem Nötigsten versorgt worden, mit Kleidern, Schuhen und all dem, worin die Not am größten ist; und man fuhr nun frohgemut und unter Gesang in die Heimat. Fürwahr, ein solcher Anblick bewegt das Herz.

Das evangelische Hilfswerk unterhält ein solches Kindererholungsheim nicht nur in Hitzenlinde, sondern zugleich auch in Altmannshofen bei Leutkirch und in Scheidegg. In all diesen Heimen sind ständig dreißig bis fünfzig Plätze vorhanden. Auch hier wird die Speisung zu einem Teil mit Spenden (Geld, Naturalien, insbesondere Obst) besorgt. Die Kinderfürsorge ist ein bevorzugtes Hilfsgebiet der evangelischen Kirche, ihm gilt die größte Mühe. So kommt auch rund die Hälfte der Inlandsspenden und Sammlungen, die in jedem Jahr mit großem Erfolg, vor allem in den ländlichen Bezirken, inszeniert werden, den Kinderspeisungen zugute, die eine Art «Schwerarbeiterzulage für kleine Leute» in den Schulen darstellen. 1947 gelangten allein 800 000 Portionen zur Verteilung. Zur Verteilung, das heißt hier: ohne Unterschied der Konfessionen, der Rassen oder gar der Parteizugehörigkeit (auch im alten Sinne). Vermittlung und Weiterleitung der Liebesgaben aus dem Ausland – aus Nord- und Südamerika, Südafrika, der Schweiz usw. – ist neben der Kinderfürsorge eines der wichtigsten Gebiete des Hilfswerkes, genannt «Notsorge». Allein die gerechte Aufteilung der Kleidungsstücke an jene, die sie wirklich nötig haben, also Flüchtlinge, Heimkehrer, Kranke und besonders Notleidende, beschäftigt ein besonderes «Ressort» innerhalb des Hilfswerkes, das nach einem «Verteilerschlüssel» arbeitet.

Liebesgabenpakete aus dem Ausland, die immer schon an bestimmte Empfänger gerichtet sind, werden vom Hilfswerk weitergesandt. Sie gehen meist den örtlichen Bezirksstellen zu, die immer mit den zuständigen evangelischen Pfarrämtern verbunden sind, und von dort an die Empfänger. Die übrigen Spenden dienen vorzüglich der «Inneren Mission», den Universitätskliniken, den Versorgungskrankenhäusern und Heimen. In Frankfurt an der Oder wurden im vergangenen Jahr an zurückkehrende Gefangene aus Rußland unmittelbar unzählige Päckchen ausgegeben, die das Hilfswerk besorgt hatte. Kriegsgefangene in anderen Ländern erhielten zur Weihnacht Pakete, die große Freude bereiteten. Zahlreiche Dankberichte liefen im Laufe des Jahres seit Bestehen der Einrichtung bei der Zentrale des Hilfswerkes ein und wurden von dort den Spendern im Ausland übergeben.

Im übrigen steht das Hilfswerk in ständiger brüderlicher Verbindung mit der katholischen Caritas, dem Roten Kreuz und dem Wohlfahrtsbund. Als diese Organisationen anläßlich der furchtbaren Hochwasserkatastrophe in den vergangenen Wochen in Aktion traten, stand auch das evangelische Hilfswerk nicht zurück. Es leitete sofort mehrere Lastwagen mit Kleidungsstükken und Schuhzeug in die gefährdeten Gebiete und trug so zur Milderung der Not bei. Das Hilfswerk erstrebt somit im ganzen gesehen weniger eine unmittelbare Breitenwirkung, die jedem spürbar wäre, obwohl Gesamtzahlen immer recht beachtliche Ausmaße haben; es geht um die Linderung der Not an besonders gefährdeten Stellen. Als im Herbst 1947 etwa 150 Theologiestudenten aus französischer Gefangenschaft entlassen wurden und in der Zone eintrafen (sie kamen aus dem Lager Montpellier), wandte sich ihnen das Hilfswerk mit besonderer Liebe zu.

(Südkurier vom 10. 2. 1948)

15. Volkssolidarität und Suchdienst

[...]
Der Suchdienst für vermißte Deutsche hat seit dem 1. August 1946 große Anstrengungen gemacht und nicht unwesentliche Erfolge erzielt. Durch die Hilfe der Presse, der Suchzeitung, des Rundfunks, des Films, mit der Unterstützung vieler Behörden, der Zusammenarbeit mit den Zonenzentralen des Westens und der Hilfe alliierter Stellen gelang es, einen Aufklärungsfeldzug zu führen, um den Sinn unserer Arbeit klarzulegen. Das Geheimnis besteht darin, den Suchdienst in eine solche innige Verbindung mit der Bevölkerung zu bringen, daß er, im Volke wurzelnd, die Nöte desselben versteht und entsprechend den materiellen und ideellen Voraussetzungen das Größtmöglichste leistet.

Aber Presse, Rundfunk, Film genügen nicht. Sie reichen nicht aus, um in das kleinste Dorf zu dringen und um den letzten Umsiedler, den letzten Menschen, der nach seinen lieben Vermißten sucht, aufzuklären, welchen Weg er einzuschlagen hat, um zu einem Ergebnis zu gelangen. Hier müssen Wege gefunden werden, um noch mehr als bisher Kenntnis zu geben von der Arbeit des Suchdienstes. Hier gilt es, Transmissionsriemen von der Behörde zur Bevölkerung einzuschalten, deren Aufgabe es ist, überall dort helfend einzugreifen, wo der Arm einer Zentralstelle nicht lang genug ist. Die Massenorganisationen, seien es Gewerkschaften, kulturelle Organisationen, politische Parteien, Organisationen zum Wohl des Volkes, sie alle haben die Möglichkeit, hier zu helfen. Eine der wichtigsten dieser Organisationen ist die Volkssolidarität, die Organisation der Solidarität für das Volk.

Wir können mit Freude feststellen, daß uns die Volkssolidarität schon viel geholfen hat, sei es den Umsiedlern oder den armen Alten, die ohne Verbindung mit ihren Kindern sind, seien es Kinder, die in Heimen untergebracht werden müssen, überall fühlten wir den hilfreichen Arm dieser Organisation.

Besonders erwähnen wollen wir hier die rühmenswerte Initiative des Landes Sachsen, das eine Broschüre elternloser Kinder in Zusammenarbeit mit dem Suchdienst herausgegeben hat. Es ist zu hoffen, daß diese Initiative alle

Länder erfaßt und zentral geleitet wird, damit auch hier ein Höchstmaß von Erfolg in gedeihlicher Zusammenarbeit mit den Landesorganisationen der Volkssolidarität verzeichnet werden kann. Die Hilfe, welche die Volkssolidarität den elternlosen Kindern gewährt, muß ergänzt werden durch die gemeinsame Arbeit der zuständigen Stellen, das Letzte zu tun, allen Spuren nachzugehen, um die Eltern, Elternteile oder Verwandte der heute noch ohne Nachricht dastehenden Kinder aufzufinden. Die Aufklärungsarbeit, die von den Funktionären auf der Schule der Volkssolidarität geleistet wurde, muß von dort weitergetragen werden nach unten. Es muß eine enge Zusammenarbeit zwischen allen Stellen des Suchdienstes und den Organisationen der Volkssolidarität vorhanden sein. Wenn das Verständnis für unsere Aufgabe praktisch umgemünzt wird in positive Erfolge, werden wir gemeinsam ein großes Stück wichtiger Aufbauarbeit für den neuen demokratischen Staat leisten. [...]

(Volkssolidarität Dez. 1947, Nr. 9, S. 7f.)

16. Evangelische Akademie Bad Boll

Mit der Einrichtung der Evangelischen Akademie zieht die evangelische Kirche eine Lehre aus ihren Erfahrungen der vergangenen Jahrzehnte. Diese Erfahrungen beschränken sich nicht auf die deutsche Kirche allein. In verschiedenen anderen Ländern der Welt sind, unabhängig voneinander, ähnliche Arbeiten in Angriff genommen worden. Alle verbindet der gemeinsame Wille, aus dem Ghetto der religiösen Vereinzelung und sektenhaften Abgeschlossenheit herauszukommen. Die Welt wartet auf die Botschaft der Kirche, aber sie wartet darauf, daß es eine Botschaft für das wirkliche Leben und eine Antwort auf die Zweifel der heute lebenden Menschen ist. [...]

So fragt die Welt heute wieder nach den eigentlichen Fundamenten des Lebens: Sie fragt vor allem die Kirche, ob sie die Regeln des Tiefbaus beherrscht, der den schwankenden Häusern des Lebens dauerhafte Festigkeit zu verleihen vermag. Aber die Welt fragt nicht ohne Zweifel: Sind die Fundamente der kirchlichen Glaubenslehre nicht selbst erschüttert und zersprengt von den Erkenntnissen der modernen Wissenschaft, oder sind diese Fundamente unserem Leben und Denken nicht zu fern und unerreichbar, als daß Menschen des modernen Alltags sie verwenden könnten? Die unter der Führung von Landesbischof D. Wurm begründete Evangelische Akademie in Bad Boll stellt den Versuch der Kirche dar, auf diese Fragen zu antworten. Damit ist ihr eine doppelte Aufgabe gestellt.

1. Die Evangelische Akademie will mit den Menschen der Gegenwart über die Fragen und Zweifel reden, die sie beim Hören der christlichen Botschaft bewegen. Es genügt nicht, daß die Kirche nur predigt. Sie muß ein Gespräch führen. Sie muß in Rede und Gegenrede, ohne auszuweichen, dem Zweifel

des modernen Menschen standhalten und mitten in ihn hinein die Autorität des göttlichen Wortes bezeugen. Die Kirche wird damit von selbst auf die platonische Methode der «Akademie» geführt, in der im gemeinsamen Ringen um die Wahrheit der rechte Weg der Erkenntnis gesucht wird. [...]

2. Es genügt aber nicht, den modernen Menschen das Fundament eines persönlichen Glaubenslebens zu vermitteln. Eine Evangelische Akademie muß damit die Aufgabe verbinden, aufzuzeigen, wie die einzelnen Gebiete des weltlichen Lebens und Denkens sachgemäß auf diesem Fundament gegründet werden können. Denn nicht nur der Sonntag bedarf der religiösen Begründung, sondern auch der Alltag; nicht nur die private Sphäre der persönlichen Lebensführung, sondern auch das berufliche Handeln; nicht nur die Familie, sondern auch der Staat.

Darum pflegt die Evangelische Akademie das Gespräch in der Gruppierung einzelner Berufe.

Die Evangelische Akademie in Bad Boll hat seit der Begründung ihrer Arbeit im September 1945 in bisher fünfundzwanzig Tagungen dieses Gespräch geführt. Juristen und Ärzte, Lehrer und Pfarrer, Arbeiter und Bauern, Studenten, Künstler, Wirtschaftler und Presseleute versammelten sich in einem Kreis von jeweils hundert bis hundertfünfzig Männern und Frauen, in der seit den Tagen Blumhardts weit über die Grenzen Deutschlands hinaus berühmten Pflanzstätte evangelischen Glaubenslebens. [...]

(Der deutsche Südwesten zur Stunde Null, Karlsruhe 1975, S. 223 f.)

Fünftes Kapitel

Familie, Frauen, Jugend

Einleitung

Die Auflösung staatlicher Strukturen verlagerte schon in der Endphase des Krieges die gesellschaftlichen Aktivitäten in die «kleinen Gemeinschaften». Dazu gehörten bis zu einem gewissen Grade auch Partei-, Betriebs- und Gewerkschaftsgruppen, die anfangs nur halblegal existierten und zunächst vor allem andere als ihre «klassischen» Aufgaben zu erfüllen hatten (vgl. Kap. 3). Vor allem aber rückte die Familie jetzt ins Zentrum der Überlebensstrategien.[1] Familiäre Spannungen und Überlastung der Frauen sind das dominierende Thema der soziologischen Bestandsaufnahmen der frühen Nachkriegszeit (Dok. 6, 7). Die Idyllisierung der «heilen Kleinfamilie» in den fünfziger Jahren hatte in der Situation der Überanstrengung unmittelbar nach dem Krieg einen ihrer Ursprünge (vgl. Kap. 11). Durch die Kriegs- und Zusammenbruchsituation bedingt, trugen dabei die Frauen die größte Last. Sie hatten nicht nur die Reproduktionsarbeit im Haushalt unter den erschwerten Bedingungen von Schwarzmarkt, Hamsterfahrten und Schlangestehen zu übernehmen, sondern waren angesichts fehlender Männer und Väter auch für die psychischen Probleme «zuständig», die sich aus zerstörten und unvollständigen Familien ergaben.[2]

Frauen wurden aber auch durch den Ausfall vieler Männer für körperlich besonders schwere Arbeiten eingesetzt. Die «Berliner Trümmerfrau» ist zum Symbol für diese Art von Arbeit geworden. Jedoch beschränkte sich weibliche Schwerarbeit keineswegs auf Trümmerräumung, und Berlin war in dieser Hinsicht keineswegs ein Einzelfall (Dok. 1, 2). Der Kontrollrat genehmigte ausdrücklich den Einsatz von Frauen für Bau- und Instandsetzungsarbeiten und setzte entgegenstehende sozialpolitische Vorschriften außer Kraft (Dok. 3). Besonders in der sowjetischen Zone zeigten sich bereits 1947 deutliche Engpässe auf dem Arbeitsmarkt, so daß hier verstärkt versucht wurde, Frauen als Arbeitskraftreserven auch in bisher männliche Berufsdomänen zu lenken (Dok. 4). Dabei traten bereits ausgeprägte Vorbehalte seitens der Männer zutage, in größerem Umfang Frauen einzustellen. Dieses Problem

---

[1] Eine gute Zusammenfassung der Diskussion über die Rolle der Familie bietet Dieter Wirth: Die Familie in der Nachkriegszeit. Desorganisation oder Stabilität? In: Josef Becker u. a. (Hgg.): Vorgeschichte der Bundesrepublik Deutschland, München 1979, S. 193–216.

[2] Ausführlich dazu Annette Kuhn (Hg.): Frauen in der deutschen Nachkriegszeit, 2 Bde., Düsseldorf 1984/1986.

blieb noch lange Jahre ein vieldiskutiertes Thema in der DDR, die aus ökonomischen Gründen auf die verstärkte Einbeziehung der Frauen in die Produktion besonders angewiesen war (vgl. Kap. 17).

Um die familiären Konsequenzen einer vollen Berufstätigkeit der Frau zu mildern, verabschiedeten einzelne Länder in den Westzonen Gesetze zum Hausarbeitstag. Doch höhlte der nach der Währungsreform veränderte Arbeitsmarkt mit wachsenden Arbeitslosenzahlen die beabsichtigte Entlastung wieder aus (Dok. 5).

Die Überanstrengung sowie Tendenzen des Zerfalls vieler Familien spiegelten sich auch in der Situation der Jugendlichen.[3] Heimatlose, vagabundierende Jugendliche und wachsende Kriminalität bildeten ein Massenproblem, mit dem angesichts der schwierigen Existenzbedingungen und des Mangels an geeignetem Personal weder kommunale noch kirchliche Organisation fertigwerden konnten (Dok. 8, 9, 10).

Angesichts der Schwierigkeiten, die junge Generation für den politischen Neuaufbau zu gewinnen, versuchte auch die SED, ihre Konsequenzen aus der Niederlage zu ziehen. Mit der FDJ als einheitlicher Jugendorganisation wollte sie der Desorientierung entgegenwirken und den fehlgeleiteten Idealismus der Vergangenheit als Wasser auf ihre politischen Mühlen leiten. Sie reklamierte für sich die «fortschrittlichste» Jugendpolitik aller Besatzungszonen (Dok. 9). Die Vielfalt politisch oder kirchlich gebundener und freier Jugendverbände der Zeit vor 1933, die in den Westzonen größtenteils wieder auflebte, verschwand zugunsten einer Einheitsorganisation, deren primäres Ziel die politische Umerziehung der Jugend und ihrer Mobilisierung für den politischen Neuaufbau war. Erich Honecker wurde der erste Vorsitzende der im März 1946 von der Sowjetischen Militäradministration (SMAD) genehmigten FDJ. Er behielt diese Funktion bis 1955. Bereits 1949 gehörten dem zunächst aus Vertretern vieler Parteien und auch der Kirchen zusammengesetzten Zentralrat der FDJ fast nur noch SED-Funktionäre an.[4]

Das Problem der «verlorenen Generation» wurde in der Öffentlichkeit intensiv diskutiert. Es war Dauerthema in den zahllosen Zeitschriften, die bis zur Währungsreform wie Pilze aus dem Boden schossen (Dok. 10). Was konkret geschah, um der allerorten konstatierten Misere entgegenzuwirken und den Jugendlichen konkrete Hilfen anzubieten, ist noch kaum erforscht. Das gilt auch für eine Aktion, die nur in der sowjetischen Zone gestartet wurde. Um insbesondere Kindern aus den Städten die Möglichkeit zu einem Ferienaufenthalt und zu verbesserter Ernährung zu geben, organisierte hier die «Volkssolidarität» eine neue Form der «Kinderland-

---

[3] Zur Jugend in den Nachkriegsjahren vgl. Rolf Schörken: Jugend 1945. Politisches Denken und Lebensgeschichte, Opladen 1990.
[4] Genaue Organisationsdaten in: SBZ-Handbuch, hg. von Martin Broszat und Hermann Weber, München 1990, S. 665 ff.

verschickung». Daß der Begriff wegen seiner Herkunft aus der nationalsozialistischen Zeit einen fatalen Beigeschmack haben könnte, verhinderte
zumindest nicht seine Verwendung. Die Richtlinien und Berichte dazu lassen erkennen, daß es sich hier um eine wohlorganisierte, zentrale Initiative
der Länder handelte. Sie geben jedoch keine Auskunft darüber, in welchem Umfang bedürftige Kinder in dieses Programm einbezogen wurden
und wie diese Art von «Ferien auf dem Bauernhof» konkret ausgesehen hat
(Dok. 11, 12).

1. Großstadtfrauen als Schwerarbeiter

Erdgrau und staubbedeckt wie die Ruinen Berlins, die ihre Arbeitsstätte sind,
sehen die Frauen aus, die Tag für Tag acht Stunden lang in Akkordarbeit
Loren mit Schutt füllen, auf primitiven Schienenwegen vorwärtsschieben und
am Abladeplatz wieder auskippen. 30000 Frauen arbeiten heute in Berlin als
Bauhilfsarbeiterinnen. Viele sind darunter, die noch vor einem Jahr eine solche Vorstellung als phantastisch belächelt hätten, viele, deren Kleidung auch
bei der jetzigen schweren Arbeit schon rein äußerlich verrät, daß sie aus anderen Berufen, aus anderen Schichten kommen. Aber der Weg der Frau zur
Handarbeit, wenn nicht zu Schwerarbeit, scheint für die Großstadt unvermeidlich. Mancher freilich mag sich wundern, daß ein paar Straßenzüge entfernt von solch einem Bild der Frauenarbeit Männer in Massen anscheinend
beschäftigungslos herumstehen, die Hände in den Taschen, im eifrigen Gespräch – Käufer, Aufkäufer und Vermittler des schwarzen Marktes. Eine selt-
same neuartige Arbeitseinteilung zwischen den Geschlechtern scheint Platz
gegriffen zu haben.

Einstweilen liegt zahlenmäßig gerade in den Großstädten das Übergewicht
bei den Frauen. In Berlin zählt man 170 Frauen auf 100 Männer. Bei den Arbeitsämtern ergab sich vorläufig eine Abneigung vieler Frauen, in die hand-
werklichen Berufe überzugehen. Man sucht nach Überbrückungen. Da sind
etwa Nähstuben in vielen Berliner Bezirken eingerichtet worden. Die Jugendlichen, die man dort beschäftigt, kommen aus den verschiedensten Berufen:
Buchhalterinnen und Stenotypistinnen, Flakhelferinnen, aber auch Laboran-
tinnen oder Bühnenbildnerinnen.

Es gibt Kurse für den weiblichen Tischlerberuf, für die Frau als Zimmermann, für die Frau im Baugewerbe. Das Hemmnis ist einmal die Scheu vor
dem, was man bisher Männerberuf nannte, zum anderen die Dauer der Ausbildung. «Wir müssen verdienen, wir können uns keine lange Lehrzeit leisten», sagen die Zwanzigjährigen, die schon einen Beruf hatten. Für die
Älteren ist das Problem noch schwerer lösbar. Gleiche Bezahlung für Männer
und Frauen während des Umlernens ist einer der Auswege, den man jetzt bei
verschiedenen Berufen gefunden hat. Eine Konferenz der Frauenausschüsse
aus der gesamten sowjetischen Besatzungszone, die in Berlin tagte, forderte

gleichen Lohn, gleiche Arbeitsbedingungen und einen arbeitsfreien Tag je Monat.

(Südkurier vom 22. 2. 1946)

2. Bericht einer Studentin über ihren Einsatz bei der Enttrümmerung in Freiburg

Meinen Arbeitseinsatz habe ich für dieses Semester auch hinter mir: 56 Stunden Bauarbeit. Ich habe Steine geklopft, d. h. von alten Ziegelsteinen den Mörtel entfernt, um sie wieder brauchbar zu machen. Am Abend des ersten Tages konnte ich meine Hand nicht mehr geradebiegen, weil ich noch nie einen ganzen Tag lang einen Hammer geschwungen hatte, aber zum Schluß gings dann leidlich, und unser Polier stellte fest, daß ich das Backsteinputzen jetzt könne. Es ist der erste Arbeitseinsatz, um den ich mich nicht gedrückt habe. Vielleicht sogar aus Prinzip: denn diese Arbeiten müssen sein, und wer soll sie machen, wenn nicht wir, die wir (egal, wieviel Jahre wir zählen) die Jugend genannt werden. Am Westwall habe ich aus denselben Gründen nicht «geschippt»: Ich war restlos überzeugt von der Sinnlosigkeit dieser Arbeiten. [...]

Denen aber, die mit mitleidigem Lächeln behaupten: da kommt ja doch nichts dabei heraus, kann ich jetzt aus Erfahrung sagen: es kommt etwas dabei heraus. Rein praktisch: die Mauer, die aus den von unserem Trupp geputzten Ziegeln gebaut wurde, haben wir entstehen sehen, und wir sahen im Geiste viele andere Mauern entstehen, wir wußten in diesen Tagen: wir bauen auf. Und das ist doch das Entscheidende in der heutigen Zeit: Der Wille zum Aufbau.

Wenn man hier die Trümmerfelder sieht, könnte man verzagen. Man kann sich nicht vorstellen, daß da wieder einmal Menschen wohnen sollen. Man denkt nur schaudernd: hier haben einmal Menschen gewohnt; man sieht auf den Trümmern mitten in der Stadt Grabkreuze, mit Blumen geschmückt; man sieht hinunter in zweistöckige Keller, die glatt durchschlagen wurden. Und dann kommt einem eigentlich erst zum Bewußtsein, welch ungeheuren Dusel man hatte, daß man diese sechs Jahre des Grauens lebend überstanden hat. Und von da ist es eigentlich nur ein Schritt bis zu der Erkenntnis, daß diese Tatsache auch eine Verpflichtung bedeutet.

(Badener Tageblatt vom 29. Juni 1946. Zit. in: Manfred Bosch: Der Neubeginn. Aus deutscher Nachkriegszeit. Südbaden 1945–1950, Konstanz 1988, S. 66)

3. Kontrollratsgesetz Nr. 32 über die Beschäftigung von Frauen
bei Bau- und Wiederaufbauarbeiten vom 10. Juli 1946

In Anbetracht des großen Mangels an tauglichen männlichen Arbeitskräften
in gewissen Teilen Deutschlands, erläßt der Kontrollrat das folgende Gesetz:
Artikel I
Die zuständigen deutschen Behörden dürfen weibliche Arbeitskräfte bei
Bau- und Wiederaufbauarbeiten einschließlich Aufräumungsarbeiten be-
schäftigen beziehungsweise ihre Beschäftigung genehmigen.
Artikel II
Die Bestimmungen der Verordnung vom 30. April 1938 über die Arbeitszeit
(Arbeitszeitordnung, RGBl. 1938, I, S. 447) und alle sonstigen gesetzlichen
Bestimmungen, die im Widerspruch zu diesem Gesetz stehen, werden hier-
mit aufgehoben oder im Sinne dieses Gesetzes abgeändert.
Artikel III
Dieses Gesetz tritt mit dem Tage seiner Verkündung in Kraft.

V. Sokolowskij, Marschall der Sowjetunion
Joseph T. McNarney, General
Sholto Douglas, Marschall der Royal Air Force
P. Koenig, General der Armee

*(Klaus-Jörg Rühl [Hg.]: Frauen in der Nachkriegszeit 1945–1963, München
1988, S. 52)*

4. Arbeitsreserven – woher nehmen?

Ein offenes Wort zur Frauenarbeit

In der Ostzone erleben wir in der Wirtschaft bereits Engpässe, wie sie in der
Vergangenheit nur aus den Planwirtschaftsperioden der Sowjetunion bekannt
sind. Wachstumsschwierigkeiten wurden sie damals genannt. Sie zeigen sich
auch bei uns als solche, die durch den Mangel an Arbeitskräften entstehen.
Die Arbeitsämter verfügen heute fast in der ganzen Ostzone über keine ein-
satzfähigen männlichen Arbeitslosen, weder Facharbeiter noch Ungelernte.
Daraus folgt, daß der Bedarf der wichtigsten Industriegruppen an Arbeitskräften, z. B. Bergbau, nur durch Umschulung männlicher Arbeitskräfte gedeckt werden kann. Für die dadurch entstehenden Lücken stehen als Reserve
nur noch weibliche Arbeitskräfte zur Verfügung. Die Frauen müssen daher in
weit größerem Umfange als bisher zur Berufsarbeit herangezogen werden,
wenn unsere Wirtschaft nicht stagnieren und damit jede Aussicht auf eine Hebung unseres Lebensstandards hinfällig sein soll. Diese notwendige Erkenntnis in die Tat umzusetzen, darauf kommt es an. Durch den Kontrollratsbefehl

Nr. 3 und die soeben ergangenen Ergänzungen über die Freistellung der Frauen vom Arbeitseinsatz und das Beschäftigungsverbot in schweren Berufen durch die SMA ist hinreichend Klarheit geschaffen worden, so daß den Arbeitsämtern nunmehr die Verpflichtung obliegt, diesen Engpaß in der Gestellung der Arbeitskräfte zu überwinden. Vor allem sind alle Hemmungen zu beseitigen, die heute noch viele Betriebsleitungen und Betriebsräte dem Eindringen der Frauenarbeit entgegensetzen. Aber auch in den Arbeitsämtern muß der Zustand verschwinden, daß – obwohl eine große Reserve an Frauen zur Verfügung steht – monatelang Tausende von Stellen offenbleiben und kein Versuch gemacht wird, diese durch Umsetzung männlicher und Umschulung auch weiblicher Arbeitskräfte zu besetzen.

[...]

Daß die Annahme der Arbeit durch die Frau ohne Zwang erfolgt und nur ihrer freien Entschließung unterliegt, ist selbstverständlich. Viele Beispiele beweisen, daß die Frau, soweit sie nicht durch soziale Verhältnisse behindert ist, durchaus bereit ist, die eingenommene Stellung im Produktionsprozeß zu behaupten. Als im Rahmen eines größeren Kräftebedarfes an graphischen Arbeiterinnen im Baugewerbe beschäftigte Frauen einen Arbeitsplatzwechsel vornehmen sollten, weigerten sich die Bauarbeiterinnen durchgehend, ihre bisherige Tätigkeit aufzugeben. Die Gleichstellung in der Entlohnung von Mann und Frau bei gleicher Arbeit wird wesentlich dazu beitragen, diese Tendenzen zu festigen.

Gegen die Einstellung von weiblichen Arbeitskräften in die allgemeine Berufsarbeit wenden sich nicht so sehr die Frauen selbst, als vielmehr die Männer und oft auch Betriebsräte und selbst Gewerkschaftsfunktionäre. [...]

Die Arbeitsämter müssen die heute in der Arbeitslenkung bestehenden Engpässe überwinden. Die Reserven dafür finden sie nur in den brachliegenden weiblichen Arbeitskräften. Diese Aufgabe kann aber nur derjenige erfüllen, der selbst von der unabwendbaren Notwendigkeit des Fraueneinsatzes überzeugt ist und diese Überzeugung anderen vermitteln kann. Das Ergebnis dieser mühevollen Arbeit wird eine Steigerung der Produktion auf allen Gebieten sein, die wiederum der arbeitenden Bevölkerung in ihrer Gesamtheit zugute kommt.

(Arbeit und Sozialfürsorge 1947, Nr. 8)

5. Das Gewerbeaufsichtsamt Essen
über die Auswirkungen des Hausarbeitstages (1949)

Bisher hat das Gesetz über Freizeitgewährung für Frauen mit eigenem Hausstand weitgehend keine Anwendung gefunden.

Besonders auffällig ist die Haltung des Einzelhandels; hier haben bisher auch zahlreiche große Kaufhäuser den Hausarbeitstag noch nicht gewährt, obwohl gerade in diesem Wirtschaftszweig die wenigsten Störungen zu erwarten sind, weil die Frage der Vertretung viel leichter zu lösen ist als beispielsweise in der Textilindustrie.

Dagegen haben die beiden großen Textilbetriebe des hiesigen Bezirkes den Hausarbeitstag sofort eingeführt, obwohl er einen empfindlichen Produktionsausfall bedeutet (20 Prozent der Textilarbeiterinnen haben Anspruch auf den Hausarbeitstag). Abgesehen davon, daß beispielsweise eine Spinnerin nicht als Weberin eingesetzt werden kann, ist auch die Vertretung der Weberinnen untereinander kaum möglich – nicht nur wegen der verschiedenen Webstuhltypen, sondern weil auch die Verantwortung für das Webstück erfahrungsgemäß am besten bei einer Person bleibt.

In der Bekleidungsindustrie wirkt sich der Hausarbeitstag ebenfalls ungünstig aus, weil zu wenig Springerinnen vorhanden sind; im allgemeinen ist die Abneigung der Arbeiterinnen gegen den Einsatz als Springerin groß und schwer zu überwinden. Verschiedene Betriebe haben diese Schwierigkeit dadurch umgangen, daß sie die 5-Tage-Woche eingeführt haben.

In den kleinen Betrieben ist der Hausarbeitstag durchweg nicht gegeben worden.

Im übrigen haben einige Betriebsräte ihre Kolleginnen gewarnt, den Hausarbeitstag zu beanspruchen – mit dem Hinweis, daß bei schlechtem Geschäftsgang solche Kräfte womöglich zuerst entlassen werden.

Eine ältere Angestellte in gehobener Stellung erklärte, daß sie den Hausarbeitstag ablehne, weil er mit dem von ihr verfolgten Ziel der Gleichberechtigung der Frauen mit den Männern nicht zu vereinbaren sei, und weil er den Start der Frauen beim Wettbewerb mit dem Manne verschlechtere.

(Klaus-Jörg Rühl [Hg.]: Frauen in der Nachkriegszeit 1945–1963, S. 68f., © 1988 Deutscher Taschenbuch Verlag München)

6. Familien- und Wohnsituation in Berlin 1946/47

Schilderung einer Fürsorgerin aus Berlin-Schöneberg

[...]

Wenn man durch die Wohnungen der einzelnen Familien geht, so begegnet man auch solchen, die nicht gleich auf den ersten Blick die Zeichen der Armut zur Schau tragen. Manche Familien sind bemüht, ihre Häuslichkeit, die ihnen erhalten blieb, nach den schweren Jahren zu überholen, Wandschäden selbst auszubessern, die Wände neu zu tünchen und mit einer hübschen Decke dem Raume etwas Behaglichkeit zu geben. Doch bei vertrauten Gesprächen bekommt man einen tieferen Einblick. Man erfährt, daß Wäsche und Kleidung durch die Flucht stark vermindert wurden; es werden die leeren Kommodenkästen geöffnet. Der Kleiderschrank – wie die ganze Zimmereinrichtung in seinem Äußeren oft bestechend – birgt nur noch wenige, meist abgetragene Kleidungsstücke.

Neben diesen scheinbar behaglichen Haushalten findet man andere, denen man auf den ersten Blick die Not der letzten Jahre ansieht: Ausbombung, eingeengte Unterkunft zusammen mit Fremden, öfter mit geliehenen Möbeln. Manchmal hat nicht mehr jedes Familienmitglied sein eigenes Bett, es fehlen die Federbetten, kein Kleiderschrank ist vorhanden, der allerdings bei dem Mangel an Kleidung nicht besonders entbehrt wird. Solche Familien sprechen gern davon, wieviel besser es bei ihnen früher aussah. – So geht es weiter abwärts, schließlich bis zu denen, die aus Apathie das Wenige, was sie besitzen, auch noch verkommen lassen.

[...]

Mütter, die alleinstehend für ihre Kinder zu sorgen haben, waren im Winter in ganz besonderem Maße in körperlicher wie in seelischer Hinsicht Überbelastungen ausgesetzt. Innerhalb der Häuslichkeit führten sie den Kampf gegen die Kälte; die Fenster waren oft nur verpappt, Wasserleitung wie Toiletten waren auf Monate unbrauchbar. Das Waschen der Wäsche aus Feuerungsmangel, das Trocknen derselben in der Kälte ein oft nicht zu lösendes Problem. Mütter gaben zu, daß sie es an der nötigen Sauberkeit bei den Kindern aus diesen Gründen fehlen lassen mußten. Krätze trat häufiger auf. Vor der Kälte wurden die Kinder oft dadurch geschützt, daß sie im Bett gelassen wurden. Sonst zog man, was an verfügbaren Kleidungsstücken vorhanden war, übereinander an, was einen erhöhten Verschleiß zur Folge hatte.

Eine seelische Entspannung gab es nach diesen winterlichen Monaten nicht. Verschiedentlich machten sich bei den Frauen im Frühjahr schwere Erschöpfungszustände bemerkbar. Doch schon kamen neue Sorgen: unregelmäßige Belieferung der Lebensmittelkarten, die Sorge um den Anschluß an die neue Ernte und als Schreckgespenst steht schon jetzt vor ihnen wieder die Angst vor dem kommenden Winter. – Viele gaben zu, an Werten aus ihrem Haushalt schon mehr als das Entbehrliche gegen Lebensmittel eingetauscht zu haben. Sie fürchten, nicht mehr durchzukommen.

(Hilde Thurnwald: Gegenwartsprobleme Berliner Familien, Berlin 1948, S. 61 f.)

7. Familiäre Spannungen

[...]

In den Vollfamilien traten Spannungen am häufigsten auf zwischen den Ehepartnern und zwischen heimgekehrten Vätern und Kindern, seltener zwischen Müttern und Kindern. Öfter ist es nur die große Liebe und Geduld des Mannes oder der Frau, die den ichsüchtigen oder sonst schwierigen Partner festhält (vgl. Fam. C). Bei den heimgekehrten Vätern spielte neben allgemei-

ner Entfremdung nicht selten starke Eifersucht gegen die der Mutter eng verbundenen Kinder eine bedeutende Rolle. In den Restfamilien waren es in erster Linie die Jugendlichen, die gegen ihre Mütter aufbegehrten oder sich um
ihre Weisungen überhaupt nicht kümmerten. Über das erzieherische Versagen überlasteter und erschöpfter Mütter wurde schon berichtet. Auch der
Streit unter hungrigen und frierenden Geschwistern, die zusammengedrängt
in der Küche miteinander auskommen sollten, konnte öfter nicht von den
Müttern geschlichtet werden. Daneben gab es energische Frauen, die trotz
ihrer Übermüdung die streitenden Kinder zu beruhigen wußten (vgl. Fam. T).
In 2 Fällen erklärten die Mütter, ihre Kinder besser und friedlicher lenken zu
können, seit die Väter fehlten (vermißt und gefallen). Beide Väter wurden als
«Quertreiber» bezeichnet.

Überwiegend wurden Spannungen und Streit ausgelöst durch die Nah-
rungsfrage, durch den «ewigen Hungerreiz» von Mann und Kindern, der in
verschiedenen Fällen zu einer Art Zwangsvorstellung führte, durch die sich
bald der Vater, bald eines der Kinder benachteiligt und zurückgesetzt fühlte.
Zu was für heftigen Reaktionen das Überwältigtwerden vom Hunger führen
kann, zeigt das folgende Beispiel: In einer Familie, die aus Vater, Mutter und
drei Schulkindern bestand, war im Frühjahr 1947 das erste Care-Paket aus
Amerika eingetroffen. Der durch Winterkälte und anhaltende Kartoffelnot
völlig ausgehungerte Vater schleppte das Paket heimlich in den Keller und aß
dort den Inhalt in wenigen Tagen allein auf. Als seine Familie das merkte, lief
die entrüstete Mutter zum Rechtsanwalt und wollte sich sofort scheiden lassen. Andere schwerwiegende Gründe gegen den sonst arbeitsamen und für
seine Familie sorgenden Ehemann lagen nicht vor. Durch gütliches Zureden
von einer mit den Verhältnissen vertrauten Fürsorgerin ließ die Frau sich be-
sänftigen. Auch der Mann hatte inzwischen die Tragweite seiner Tat erkannt
und versprach, das nächste Paket gerecht zu verteilen. Der Familienfrieden,
der vorher bestanden hatte, war wieder hergestellt. In einem anderen Fall be-
herrschte tiefe Unzufriedenheit über die mangelhafte Ernährung den Ehemann K. Er ließ seine Mißstimmungen an seiner Frau aus. Ärger und Streit
über das Essen waren an der Tagesordnung, bis das erste Care-Paket kam.
Der Ehemann wurde in seinem Glück über diese Hilfe wieder zärtlich gegen
seine Frau, und die hergestellte Harmonie erinnerte an die Flitterwochen ihres
Ehelebens.

[...]

*(Hilde Thurnwald: Gegenwartsprobleme Berliner Familien, Berlin 1948,
S. 191 f.)*

8. Jugendprobleme im Nachkriegsdeutschland (1946)

Heimathof, den 2. Oktober 1946

Bericht

Eines der erschütterndsten Probleme der Gegenwart ist die Not der entwurzelten deutschen Jugend. Viele Kinder und Jugendliche haben ihre Angehörigen verloren oder sind von ihnen getrennt worden. Viele wechseln aus dem Osten in die westlichen Zonen herüber. Sie alle sind sich selbst überlassen, gehen ihre eigenen Wege, geraten unter den Einfluß lichtscheuen Gesindels, bevölkern den schwarzen Markt, lernen die ehrliche Arbeit überhaupt nicht kennen, suchen ihre Vergnügen in Kinos, auf Tanzböden, in Spelunken, finden sexuelle Abenteuer, werden geschlechtskrank, verfallen der widernatürlichen Unzucht, begehen strafbare Handlungen am laufenden Band.

Es ist jetzt leicht, glaubhaft zu machen, daß man keine Papiere besitzt, und unter falschem Namen zu segeln. Straffällige, aus dem Elternhaus oder der Fürsorgeerziehung Entwichene entziehen sich so der Nachforschung. Man kann ja jetzt so schöne, rührselige Geschichten von Verfolgung, Verschleppung, Tötung der Angehörigen, abenteuerliche Flucht erfinden und damit hausieren gehen und Mitleid erregen. Eine große Anzahl von Kindern und Jugendlichen ist tatsächlich von schwerem Schicksal getroffen, hat grauenhafte Dinge erleben müssen, ist aus der Bahn geworfen und sucht in den westl. Zonen mit den besten Vorsätzen Halt zu gewinnen.

Diese hier in kurzen Zügen geschilderte Jugend liegt bunt durcheinandergewürfelt auf der Landstraße, verkriecht sich in den Schlupfwinkeln der Städte, sitzt in Flüchtlingslagern ohne Betreuung oder wird bestenfalls von caritativen Einrichtungen aufgenommen. Viele von ihnen sind schon monatelang, ja ein ganzes Jahr und länger den oben geschilderten negativen Einflüssen ausgesetzt. Man braucht kein Psychologe zu sein, um zu erkennen, was dies für eine junge Seele und deren Entwicklung bedeutet.

Die für die Jugendfürsorge zuständigen staatlichen u. kommunalen Stellen sind außerstande, dieser gefährlichen Massenerscheinung Herr zu werden, abgesehen davon, daß es den Dienststellen u. den ihnen unterstehenden Einrichtungen an geeignetem Personal fehlt. Es ist unbedingte Pflicht der caritativen Verbände, sich dieser Not anzunehmen! Dazu gehört in allererster Linie Bethel! Es widerspräche dem Bodelschwingh'schen Geist, diesem sozialen Problem, dieser nach Nächstenliebe und Hilfe schreienden Not der deutschen Jugend aus dem Wege zu gehen.

Bethel hat den Ruf gehört und einige ganz wenige dieser Jugendlichen aufgenommen. Wie aber sieht diese Aufnahme, wie sieht diese Hilfe aus? Im Heimathof, einer landwirtschaftlichen Kolonie der von Bodelschwingh'schen Anstalten, wo sich alte Kolonisten, Heimatlose, aus der Gefangenschaft entlassene Soldaten und leicht Schwachsinnige befinden, wurden sie untergebracht. Hier müssen dem leichten Heideboden in zäher Arbeit landwirtschaftliche Erzeugnisse abgerungen werden. Man hat hier kein Verständnis u. auch keine Zeit für die oben geschilderte Jugend. Man sieht in ihr nur die billige Arbeitskraft und kann sich mit Erziehungsfragen nicht abgeben. Man sieht nicht, daß sich der Einfluß der hiesigen Belegschaft auf die Jugendlichen ungünstig auswirken muß, daß gerade diese seelisch bereits angekränkelten Jungens isoliert und ganz individuell behandelt werden müssen, daß man für sie nicht einen Aufpasser, sondern ganz besonders geeignete, von dieser großen Not innerlich gepackte Erzieher haben muß, aber man setzt dem Erzieher passiven Widerstand entgegen. Man hat kein Interesse an dem Einzelschicksal der Jugendlichen, man hat keine Zeit, sich der persönlichen Sorgen und Nöte des einzelnen anzunehmen. Die Nachprüfung der Angaben der Jugendlichen über ihr Herkommen u. ihre Personalien wird als nebensächlich betrachtet. Von Berufsfürsorge ist überhaupt keine Rede, obwohl jeder Erwachsene aus eigener Erfahrung wissen müßte, wie wichtig für den jungen Menschen das Berufsziel ist. Um die Bestellung von Vormündern oder Abwesenheitspflegern für die Jugendlichen, die ihre Angehörigen verloren haben, kümmert man sich nicht. Freizeitgestaltung wird zwar geduldet, aber nicht durch die notwendigen Mittel und die nötige Vorbereitungszeit für den Erzieher unterstützt. Sport wird belächelt, ja sogar untersagt u. natürlich nicht das einfachste Gerät zur Verfügung gestellt. Sonntägliche Wanderungen, die als wesentliches Erziehungsmittel bekannt sind, mit nichtigen Begründungen nicht erlaubt. Prügel und Einsperren sind die anerkannten Erziehungsmittel. Das Entweichen von Jugendlichen ist nicht zuletzt auf die geschilderten Zustände zurückzuführen. Die Nachforschung nach Entwichenen wird erst nach Tagen, ja sogar nach Wochen, in völlig unzureichender Form durchgeführt. Man ist sich darüber klar, daß die Entwichenen wieder straffällig werden u. immer mehr verwahrlosen müssen.

Von einer Steuerung oder Linderung der geschilderten Not der deutschen Jugend kann also hier keine Rede sein. Man darf aber die aus der falschen Behandlung dieses Problems entstehende Verantwortung nicht übersehen. Dazu kommt, daß die Jugendlichen mit dem ihnen eigenen feinen Instinkt die Mißstände deutlich fühlen und eine schwere Erschütterung in ihrem Vertrauen zu christlichen Einrichtungen erleiden.

Da ich die Arbeit an dieser Jugend hier Ende Juli d. Js., allerdings unter anderen Voraussetzungen, übernommen habe, fühle ich mich mitverantwortlich und zu diesem Bericht gezwungen. Ich bitte dringend um sofortige Abhilfe. (G. Hopsch)

(J. Scheffler [Hg.]: Bürger und Bettler. Materialien und Dokumente zur Geschichte der Nichtseßhaftenhilfe in der Diakonie, Bd. 1, Stuttgart 1987, S. 349)

9. Probleme der jungen Generation
aus der Sicht eines SED-Funktionärs

[...]

Die Masse der Jugend betrachtete sich als verlorene Generation, und sie begann unter denkbar ungünstigen Voraussetzungen ihre Wanderung zwischen den zwei Welten, der in Blut und Tränen untergegangenen und jener neuen Welt, die sich die deutschen Menschen durch eigene Kraft schaffen müssen, aber deren Gestalt der Jugend in ihrer Verbitterung, Ratlosigkeit, ihrem Betrogensein und dem täglichen Druck ihrer sozialen und materiellen Lage nebelhaft und in weite Ferne gerückt scheint. Der sozialistischen Arbeiterbewegung, die durch die Entwicklung dazu berufen ist, an hervorragender Stelle die gesellschaftlichen Verhältnisse unseres Landes neu zu gestalten, obliegt die verantwortungsvolle Aufgabe, die Probleme der jungen Generation zu lösen. Sie muß der Jugend einen neuen Geist geben, sie auf neue Wege führen. Dadurch wird sie die Jugend gewinnen und sie zu einer gesellschaftlichen Kraft der Gegenwart und Zukunft gestalten können.

Wie ist denn die wirtschaftliche und soziale Lage der Jugend?

Der Zweite Weltkrieg veränderte ganz erheblich die Bevölkerungszusammensetzung. Wenn bei einer normalen Bevölkerungszusammensetzung die Altersgruppen von 20 bis 40 Jahren etwa 12 Millionen ausmachten, so sind heute kaum 6 Millionen übriggeblieben. Das bedeutet ein Absinken um die Hälfte. Die Rückkehr der Kriegsgefangenen in die Heimat wird zwar die arbeitsfähige Bevölkerung vergrößern, aber das schreiende Mißverhältnis nicht beseitigen können. Das Resultat des männermordenden Krieges ist ein absolutes Absinken der erwerbsfähigen männlichen Bevölkerung. Hinzu kommt noch, daß etwa eine Million erwerbsunfähiger oder stark erwerbsbeschränkter junger Männer die arbeitspolitische Lage noch erschweren. Im Mai 1946 waren zum Beispiel im Lande Sachsen von 4700 männlichen Arbeitslosen im Alter von 19 bis 25 Jahren 4128 erwerbsbeschränkt.

[...]

So wie der Krieg und die Hitlerzeit Not und Krankheiten im Gefolge hatten, so brachten sie auch eine Lockerung der Arbeitsmoral und ein Anwachsen der Jugendkriminalität mit sich. Für viele ist es heute noch einträglicher, den Beruf eines Schwarzhändlers auszuüben, als durch ehrliche Arbeit ihr Brot zu verdienen.

Daß das Anwachsen der Jugendkriminalität eine unmittelbare Folge der Hitlererziehung und des Krieges ist, bedarf keiner Beweise. Es genügt die Feststellung, daß in den Jahren der Hitlerherrschaft die Verbrechen von Jugendlichen von Jahr zu Jahr zunahmen. Der Nazismus ist letzten Endes die Ursache, daß wir heute eine große Zahl jugendlicher Banditen, Schwarzmarkthändler und junger Menschen beiderlei Geschlechts haben, die mit dem Gesetz in Konflikt geraten. Betrug, Raub, Unterschlagung und Schwarzhandel nehmen den größten Anteil der Delikte ein. 80 % aller Delikte, die durch Jugendliche in Berlin begangen wurden, sind Eigentumsdelikte. 85 % der jugendlichen Straffälligen sind Jungen und 15 % Mädel im Alter von 11 bis 21 Jahren; davon sind 40 % zwischen 16 und 18 Jahren, je 25 % zwischen 14 und 16 Jahren und 18 bis 21 Jahren und 10 % zwischen 11 und 14 Jahre alt.

Nichts wäre falscher, als aus diesen nüchternen Zahlen die Schlußfolgerung zu ziehen, die Jugend sei verwahrlost, und vielleicht mit pharisäerhaft erhobenem Zeigefinger auf die «schlimme Jugend» zu zeigen. Sensationslust und dunkle Absichten reaktionärer Kreise versuchen die wirklichen Ursachen zu verdecken, um politisches Kapital daraus zu schlagen. In dem Maße, wie sich die Verhältnisse in Deutschland bessern werden, wird auch die Jugendkriminalität zurückgehen.

[...]

Wollen wir die politischen und ideologischen Verhältnisse und Strömungen in der Jugend untersuchen, so muß von der Erkenntnis ausgegangen werden, daß die junge Generation wohl nach außen eine einheitliche umfassende Masse darstellt, in ihrer inneren Struktur aber in verschiedene Gruppen zerfällt. Ziemlich scharfe Grenzlinien lassen sich zwischen den Vierzehn- bis Achtzehnjährigen und den Neunzehn- bis Fünfundzwanzigjährigen ziehen. Diese unterscheiden sich wieder von den Jugendlichen älteren Jahrganges. Den beiden ersten Gruppen ist gemeinsam, daß sie keine anderen Maßstäbe besitzen als die der Hitlerzeit, wobei die Achtzehn- bis Fünfundzwanzigjährigen heute noch die Gruppe der Jugend darstellen, die noch abwartend ist. «Wir haben uns die Finger genügend verbrannt, laßt uns mit allem zufrieden!» ist eine oft gehörte Redensart. Auf diese Gruppe trifft vor allem die Feststellung eines ausländischen Berichterstatters zu, der schrieb:

«Unter Politik können sich offenbar sehr viele Menschen in Deutschland nur das vorstellen, was die Nationalsozialisten aus der Politik gemacht haben, etwas Schlechtes, das abzulehnen ist. [...] Bei der jungen Generation, bei denjenigen, die nur den Nationalsozialismus und seine Begriffswelt gekannt haben, scheint diese Haltung besonders weit verbreitet zu sein [...]»

Aufgewachsen im Nazismus, erzogen in den verruchten Lehren der Hitlerbarbarei, fremd dem Gedankengut anderer Völker, brach diesen jungen Menschen eine Welt zusammen, die sie haltlos machte und mißtrauisch, skeptisch, teilweise zynisch dem Neuen gegenüber. Gerade diese zweite Gruppe hat es besonders schwer, sich zurechtzufinden. Die Jüngeren finden sich schneller zurecht und sie entwickeln bereits eine beachtliche gesellschaftliche Aktivität. Das drückt sich auch darin aus, daß die große Mehrheit der Mitglieder der «Freien Deutschen Jugend» Jungen und Mädel zwischen vierzehn und achtzehn Jahren sind.

Seit dem Tage des Zusammenbruchs geht ein politischer Klärungsprozeß in der Jugend vor sich, der in der sowjetisch besetzten Zone eine beträchtliche Breiten- und Tiefenwirkung angenommen hat. Kurz nach der Bildung der demokratischen politischen Parteien entstanden bei den Selbstverwaltungen der

Städte und Dörfer antifaschistische Jugendausschüsse, deren Aufgabe es war, die Jugend zu sammeln und im demokratischen Sinne zu erziehen. Die Bedeutung der Jugendausschüsse lag darin, daß sie der Jugend den Weg ebneten für das Entstehen einer großen, einheitlichen und überparteilichen Massenjugendorganisation. Aus den Jugendausschüssen erwuchs auch jenes Aktiv, das heute an der Spitze der Organisationen der «Freien Deutschen Jugend» steht. Seit dem 7. März besteht in der Sowjetzone die FDJ, die gegenwärtig in den fünf Ländern und Provinzen rund 300000 Mitglieder zählt und neben den Parteien, Gewerkschaften und Frauenausschüssen schon eine beachtliche gesellschaftliche Rolle spielt. Die FDJ ist eine Jugendorganisation, in deren Reihen alle Weltanschauungen und Konfessionen sowie die verschiedensten Schichten der Jugend Platz und Spielraum haben. War es doch mit ein Ergebnis des Krieges, daß eine ganze Reihe sozialer Schranken niedergerissen wurden. Vor der Arbeiterjugend, den Studenten, der Bauernjugend wie den jungen Angestellten stehen die gleichen großen Probleme. Sie können nur gemeinsam und durch gemeinsame Anstrengungen gelöst werden. Deshalb fiel der Gedanke einer einheitlichen Jugendorganisation auch auf fruchtbaren Boden. Und deshalb ist die Jugendbewegung in der sowjetisch besetzten Zone viel fortgeschrittener als in den westlichen Gebieten Deutschlands.
[...]

(Paul Verner: Probleme der jungen Generation. In: Einheit Nr. 1, Sept. 1946, S. 240 ff. Verner war KPD-Funktionär und «Westemigrant», 1946/47 Mitglied des Zentralrats der FDJ.)

10. Junge Menschen 1947

Die Straffälligen

[...]
    Alte Frau von Achtzehnjährigem mit dem Beil niedergeschlagen und ihrer Schmucksachen beraubt (Berlin). Jugendliche Mörder an der Autobahn Frankfurt–Darmstadt. Drei Kinder, zwei vierzehnjährige und ein zwölfjähriger überfielen und beraubten eine siebzigjährige Frau (Berlin). Der siebzehnjährige Schüler Helmut Heuneck und der neunzehnjährige Arbeiter Günther Tiegel wurden von einem Militärgericht wegen Raubmordes zum Tode verurteilt (Regensburg). Einbruch in einer Kartenstelle. Die jugendlichen Täter wurden gefaßt (Hamburg). Eine jugendliche Diebesbande, die vorwiegend Diebstähle und Einbrüche in französische Dienststellen ausgeführt hat, wurde festgenommen (Donaueschingen). Gegenüber dem letzten Jahre vor dem Kriege ist die Jugendkriminalität in Hamburg auf das Vierfache angestiegen.
    «Das ist die deutsche Jugend: verbrecherisch, haltlos, ohne Moral. Maßlos

in ihrem Selbstbewußtsein, hemmungslos in ihren Trieben, ein entsetzliches Erbe des Nazismus und des von ihm angezettelten Krieges.»

«Diesen Bengels, die nicht arbeiten mögen, die lieber sich in Kaschemmen herumtreiben und durch Raub, Diebstahl und dunkle Geschäfte sich das Geld verschaffen, um mit ihren Mädels tanzen und saufen zu können, fehlt nur eine straffe Erziehung. Früher, als wir noch den Arbeitsdienst und den Kasernenhof hatten, gab es so was nicht.»

«Diese Zustände unter der Jugend sind ja kein Wunder, denn sie ist ohne Moral aufgewachsen und hat sich von den Geboten Gottes entfernt. Sie kennt sie nicht einmal mehr, und da ihr Glaube an die Macht des Diesseits, die von Hitler verkörpert wurde, gebrochen ist, hat sie keine Richtschnur mehr für ihr Handeln.»

Das erste sind Tatsachenmeldungen, die sich beliebig durch neue fortsetzen lassen und das zweite landläufige Meinungen, die mehr oder weniger variiert überall da zu hören sind, wo von Älteren über die Verwilderung der Jugend gesprochen wird. Die Tatsachen sind nicht zu leugnen und zeigen wirklich bedenkliche Symptome. Die Meinungen haben irgendwo einen wahren Kern, nur daß ihre Träger einem üblen Denkfehler zum Opfer fielen. Sie tun nämlich alle so, als sei die Jugend an sich etwas Selbständiges, ein Novum ohne Vergangenheit, als seien es Kinder ohne Eltern. Diese Jugend ist aber das leibliche, geistige und – moralische Erzeugnis der Älteren, deren Schuld auch in der Jugend fortwirkt. Sie ist nur ein Spiegelbild der Erwachsenen.

[...]

Das sprunghafte Ansteigen der Jugendkriminalität nach dem Zusammenbruch ist bekannt. In den vier Monaten Januar bis April 1947 schwebten in Hamburg 4719 Verfahren gegen Jugendliche, hinzu kamen noch etwa 2700 Fälle geringerer Kohlendiebstähle, die nicht verhandelt wurden.

Die Entflechtung der Ursachen dieses Ansteigens ist sehr schwer. Die allgemeine Not wird oft zu Unrecht bemüht und die Behauptung Jugendlicher, daß sie infolge des Schuhmangels die Berufsschulen hätten schwänzen müssen – ein Mädchen ließ sich in Holzpantoffeln dem Gericht vorführen –, ist sehr oft als Lüge zu entlarven durch den Beweis, daß sie sich auf dem Tanzboden oder dem Schwarzen Markt herumtrieben. Die Unterscheidungen, ob Brot, Glühbirnen und Kohlen aus wirklicher Not oder aus Gewinnsucht gestohlen wurden, ist häufig nur mit der ganzen Erfahrung des Jugendrichters und unter gewissenhafter Mitarbeit der Jugendgerichtshilfe, der die Beurteilung des Jugendlichen nach seinen Anlagen und häuslichen Verhältnissen obliegt, zu treffen. Eine wesentliche Ursache für die Verlotterung Jugendlicher ist das häufige Fehlen der väterlichen Hand – und die weibliche Schwäche.

Unter den jugendlichen Angeklagten gibt es selten welche, die gewillt sind, die Verantwortung für ihre Taten zu übernehmen. Auch darin sind sie ein Spiegel der Erwachsenen in Deutschland, von denen die meisten an «Gedächtnisschwund» zu leiden scheinen. Sie flüchten in die Lüge und die Sentimentalität, zumal sie verkennen, daß der Jugendrichter in menschlicher Weise versucht, ihnen wieder auf den rechten Weg zu helfen. Dabei ist gerade sein Amt unendlich schwer in einer Zeit, deren sittliche Maßstäbe völlig ins Wanken gerieten. Glücklicherweise ist nur ein geringer Teil der Jugendlichen, die vor Gericht kommen, wirklich tiefgehend verbrecherisch.

[...]

(Benjamin 1947, Nr. 11, S. 4)

11. Richtlinien für die Kinderlandverschickung

Der Träger der Kinderlandverschickungsaktion ist die *Volkssolidarität*. Die Aufgaben sollen jedoch in planvoller Zusammenarbeit mit den behördlichen Stellen, insbesondere mit den Ämtern für Sozialfürsorge, Sozialversicherung und den Ämtern für das Gesundheitswesen durchgeführt werden.

Die Deutsche Verwaltung für das Gesundheitswesen hat Richtlinien für die Kinderlandverschickung herausgegeben und an ihre Dienststellen versandt, die genauestens beachtet werden müssen. Bei Verschickung der Kinder in Privatlandpflegestellen verschickt jedes Land in das eigene Gebiet. Ausnahmen bilden die Fälle, in denen der Gesundheitszustand des Kindes einen Klimawechsel (See oder Gebirge) erfordert und die Unterbringung in einem Kur- oder Erholungsheim außerhalb des eigenen Landes notwendig ist.

Die *Volkssolidarität verpflichtet* sich darüber hinaus, einige tausend Berliner Kinder ebenfalls in die Landverschickung mit einzubeziehen. Die Landesausschüsse der Volkssolidarität werben zu diesem Zweck Privatpflegestellen auf dem Lande oder stellen eine entsprechende Anzahl Heimplätze zur Verfügung. Die Verschickung der Berliner Kinder erfolgt durch die Volkssolidarität in engster Zusammenarbeit mit dem Hauptjugendamt der Stadt Berlin.

Zur Durchführung der Arbeit und um ein Gegen- und Nebeneinander der verschiedensten Amtsstellen und Organisationen, die an der Kinderlandverschickung interessiert sind, zu vermeiden, wird für diese besondere Aktion in den Städten und Gemeinden ein besonderer Ausschuß gebildet. Diesem Ausschuß gehören die Volkssolidarität, das Gesundheitsamt, das Sozialamt, das Schulamt, der Frauenausschuß und die FDJ, Abteilung Kinderland, und die Kirchen an. Es empfiehlt sich, auch in diese Ausschüsse Vertreter des Ernährungsamtes, des Verkehrswesens und die Bürgermeisterin heranzuziehen.

Die Volkssolidarität wirbt in den Landgemeinden und Landstädten unter der Bevölkerung die privaten Pflegestellen für den Landaufenthalt. Sie übernimmt die *Agitation und Propaganda*, wobei sie Presse und Rundfunk besonders einschaltet. Die Prüfung der geworbenen Pflegestellen übernehmen die Beauftragten der Volkssolidarität, unter besonderer Heranziehung der Mitarbeiterinnen der Frauenausschüsse, der Vereinigung der gegenseitigen Bauernhilfe usw. Die Kreisfürsorgerinnen sollen ebenfalls bei der Prüfung der Pflegestellen zur Mitarbeit herangezogen werden.

Das Prüfungsergebnis wird in einem Fragebogen niedergelegt. Die ausgefertigten Formulare werden durch die Kreisfürsorgerinnen oder eine andere damit beauftragte Vertrauensperson, gemäß den Richtlinien der Deutschen Verwaltung für das Gesundheitswesen mit den Karten der Ambulatorien bei den Kreisen verglichen. Die ausgefüllten Formulare sind dann sofort den Kreis- bzw. Ortsausschüssen zuzustellen.

Ärztliche Betreuung: Zur Sicherung der ärztlichen Betreuung der Kinder während des Erholungsaufenthaltes soll jedem Kinde ein Versicherungsausweis der Sozialversicherung mitgegeben werden, durch den die ärztliche Behandlung, Medikamente, Heilmittel und die Übernahme evtl. notwendiger Krankenhauskosten im Erholungskreise gesichert ist. Die Landesämter für Sozialversicherung werden gebeten, die Verwaltungsstellen der Kreise und die Kassen entsprechend zu informieren.

Die Auswahl der Kinder erfolgt nach gesundheitlichen und sozialen Gesichtspunkten. Sie geschieht nach den jeweils zentralen, gültigen ärztlichen Bestimmungen, im Einvernehmen mit dem Sozial-, Gesundheits- und Schulamt. In Reihenuntersuchungen wird der Gesundheitszustand der Kinder ermittelt. In erster Linie kommen die Kinder der Gesundheitsstufe III, die dringend erholungsbedürftig sind, sowie Kinder, die in besonders schlechten sozialen Verhältnissen leben, zur Verschickung.

Haftpflicht: Die Landesausschüsse haften für einen evtl. Unfall des Kindes. Deshalb ist der Landesausschuß verpflichtet, alle Kinder, die zur Verschickung gelangen, in eine Haftpflichtversicherung einzukaufen.

Zentralausschuß der Volkssolidarität

(Volkssolidarität 1947, Nr. 6, S. 2)

12. «Unsere schönste Aufgabe – Kinderlandverschickung»

Als eine der vordringlichsten und auch schönsten Aufgaben hat die Volkssolidarität die Verschickung erholungsbedürftiger Kinder übernommen. Gerade die Kinderlandaktion hat neben der großen praktischen Bedeutung, daß sie zur Gesundung unserer Kinder beiträgt, einen hohen ideellen Wert, denn sie ist in besonderem Maße Trägerin des Solidaritätsgedankens. Die Hilfsbereitschaft der Bauern im vorigen Jahre, besonders Sachsens und Thüringens, erstreckte sich über die Provinz-, ja über die Zonengrenzen hinaus und gab Kindern und Eltern der anderen Provinzen ein schönes Beispiel der praktischen Solidarität. Außerdem liegt aber noch für unsere Kinder selbst ein hoher Wert in dem Reisen, denn es trägt mit dazu bei, ihren Blick für andere Menschen und andere Lebensverhältnisse zu öffnen, es gibt ihnen die Grundlagen zu einer weiten Weltanschauung und hilft mit, sie zu freien

Menschen zu erziehen. Die Volkssolidarität muß daher auch in Zukunft ganz besonders Sorgfalt auf die Durchführung der Kinderlandverschikkung verwenden, und die Erfahrungen des vergangenen Sommers geben uns die Richtlinien für die vor uns liegenden Aufgaben. Der erste und wichtigste Punkt ist, daß schon in die Werbeaktion zur Kinderlandverschickung alle maßgeblichen Kräfte, wie Landräte, Bürgermeister, Vereinigung der gegenseitigen Bauernhilfe, Frauenausschüsse, neben den Ortsausschüssen der Volkssolidarität mit eingeschaltet werden. Sie alle müssen von der Wichtigkeit der Kinderlandverschickung überzeugt werden und die Werbung der Volkssolidarität für ländliche Ferienstellen aus wirklichem Interesse für die Sache unterstützen.

[...]

Wichtig ist ferner, daß den Bauern rechtzeitig die Ankunft der Kinder bekanntgegeben wird und nur soviel Kinder in einen Ort geschickt werden, wie Ferienplätze gemeldet waren. Es kann unserer Arbeit nur schaden, wenn Kinder zwangsläufig bei Bauern einquartiert werden. Man kann wohl vorher bei der Werbung mit einem gewissen Nachdruck die Solidarität der Bauern wachrütteln, aber man darf sie später nicht zwingen, Kinder, für die keine gemeldeten Stellen vorhanden sind, nun plötzlich aufzunehmen.

Sehr empfehlenswert ist es, daß bei Unterbringung einer größeren Anzahl Kinder, die aus einem Heimatort stammen, ein Transportbegleiter die Ferienwochen mit den Kindern im Aufnahmeort verlebt. Er hat dann die Möglichkeit, die Ferienbetreuung der Kinder durchzuführen, das heißt, er kann sie zu gemeinsamen Spaziergängen und Spielen sammeln, erkrankte Kinder betreuen, die Post für die Kleineren erledigen, kleine Feste veranstalten, zu denen auch die Dorfjugend herangezogen wird, und so die Bauern wesentlich entlasten.

Dies wäre ein kurzer Umriß der vorbereitenden Arbeit in den Aufnahmeorten. In den Entsendeorten sind die Vorbereitungen zu einem Kindertransport von den Ortsausschüssen der Volkssolidarität ebenfalls mit größter Sorgfalt zu treffen. Auf jeden Fall darf die Auswahl der zu verschickenden Kinder nur in Zusammenarbeit mit den Gesundheitsämtern oder Amtsärzten nach gesundheitlichen Gesichtspunkten erfolgen. Es ist im vergangenen Jahr vorgekommen, daß man Kinder von Bürgermeistern oder Bauern verschickt hat, die dann ihren Ferieneltern erzählten, daß sie zu Hause besseres Essen hätten. Selbstverständlich führt das zu einer Verärgerung der Bauern.

Erforderlich ist, daß in jedem Kreis- und Ortsausschuß zwei bis drei verantwortliche Helfer der Volkssolidarität nur für die Kinderverschickung tätig sind und daß die Transporte auch stets von den gleichen Helfern begleitet werden. Diese Transportbegleiter müssen auf Grund ihrer gesammelten Erfahrungen in der Lage sein, allen unterwegs auftretenden Schwierigkeiten begegnen zu können. Es darf nicht vorkommen, daß Transportbegleiter selbst hilflos wie ein Kind sind oder daß sie die Reise mit den Kindern nur dazu benutzen, um zu «organisieren». Das muß bei Mitarbeitern der Volkssolidarität

ausgeschlossen sein; es muß ihnen stets bewußt sein, daß sie Vorbild und Beispiel sein müssen.

[...]

Darüber hinaus muß angestrebt werden, die Unkosten der Volkssolidarität
bei der Kinderlandverschickung so niedrig wie möglich zu halten. Zu diesem
Zwecke kann an die Eltern, die dazu finanziell in der Lage sind, herangetre-
ten werden, daß sie die Fahrtkosten selbst bezahlen, und zwar möglichst in
voller Höhe, damit minderbemittelte Kinder kostenlos mitgenommen werden können. Ebenso sollten wirtschaftlich besser gestellte Eltern veranlaßt
werden, bei Aufnahme ihrer Kinder in Heimen die Verpflegungskosten zu
übernehmen. Dabei kann darauf hingewiesen werden, daß ja für die Kinder
während des Ferienaufenthalts auf dem Lande daheim keine Aufwendungen
erforderlich sind.

[...]

Wir wollen auch in diesem Jahre, trotz vieler zeitbedingter Schwierigkeiten, unsere große und schöne Hilfsaktion der Kinderlandverschickung fortsetzen und erweitern in der Hoffnung, daß sich wieder viele offene Herzen
finden werden, die bereit sind, unseren Kindern Liebe, Freude und Erholung
zu schenken.

(Volkssolidarität 1947, Nr. 6, S. 3ff.)

Sechstes Kapitel

Kultur, Bildung

Einleitung

«Kultur auf Trümmern» ist nicht nur eine feuilletonistische Schlagzeile.[1] Es gab sie überall, und sie hatte eine wichtige Funktion in der Zusammenbruchgesellschaft. Sie symbolisierte angesichts der allgemeinen Verunsicherung die Flucht in (vermeintlich) gesicherte Traditionsbestände, die Halt bieten sollten. Sie hatte damit auch psychische Entlastungsfunktionen für das soziale Elend. Sie bot schließlich Zerstreuung, die den trostlosen Alltag vergessen ließ. Die Alliierten verbanden mit der Kulturpolitik zugleich ein Stück Umerziehung. Wenn die Orchester den im Dritten Reich wegen seiner jüdischen Herkunft verbotenen Komponisten Felix Mendelssohn-Bartholdy spielten oder die Theater mit «Nathan dem Weisen» nach dem rasseideologischen Fanatismus der Vergangenheit nun ein Plädoyer für Toleranz zum Programm erhoben, paßte das zu den Zielen der Umerziehung. Wieweit ein solches Programm den vorhandenen Wünschen und Bedürfnissen entsprach, läßt sich jedoch nur schwer genauer bestimmen.

Das Bild ist insgesamt so bunt, daß es kaum knapp zu dokumentieren ist. Besonders in Berlin, der Viersektorenstadt, konnte sich schon bald nach der Kapitulation ein von der Konkurrenz der vier Siegermächte beflügeltes kulturelles Leben entwickeln (Dok. 3). Die Sowjets erwiesen sich hier anfänglich als besonders aktive und auch noch liberale Förderer von Kunst und Kultur. Diese Förderung gehörte zur Politik der «antifaschistisch-demokratischen Umwälzung». In der Provinz mochten örtliche Kulturoffiziere stärker ihre Vorlieben zur Geltung bringen und auf der Aufführung russischer Komponisten bestehen (Dok. 1). Die SED versuchte, vor allem in den Großbetrieben verschiedene kulturelle Veranstaltungen und Bildungsinitiativen zu fördern, um so, wie es pathetisch hieß, «das Kulturgut der Menschheit zum vollen Bewußtsein des schaffenden Volkes zu bringen» (Dok. 2). Im Unterschied zu späteren Phasen der DDR war jedenfalls das kulturelle Angebot noch sehr breit und wenig reglementiert.

Der Drang zum «Wesentlichen» war enorm, wie sich besonders in den bis zur Währungsreform überall wie Pilze aus dem Boden schießenden Kultur-

---

[1] Die Trümmerassoziation findet sich in mehreren neueren Titeln. Als wichtige Dokumentation ist vor allem zu nennen: Brewster S. Chamberlin (Hg.): Kultur auf Trümmern. Berliner Berichte der amerikanischen Information Control Section Juli – Dezember 1945, Stuttgart 1979.

zeitschriften zeigte.[2] Manchen Kritikern ging die «Kunstinflation» schon zu weit, und sie forderten strengere Maßstäbe, um zuviel Präsentation von Mittelmäßigem zu verhindern (Dok. 4).

Das literarische Leben war von der Zeitschriftenblüte geprägt, keineswegs von den großen Werken, die in der «inneren Emigration» des Dritten Reiches hätten entstehen können. Denn die Schubladen erwiesen sich als leer. So war der Appell an die Emigranten zur Rückkehr naheliegend. Walter von Molos berühmter offener Brief an Thomas Mann und dessen schroffe Antwort (Dok. 5) charakterisieren symptomatisch das schwierige Verhältnis von im Lande Gebliebenen und Exilierten. Diejenigen, die zurückkehrten und das literarische Leben wesentlich mitbestimmten, waren zumeist politisch linksstehende Autoren in der sowjetischen Zone.[3] Eine tendenzielle Spaltung des Landes gab es auch im Umgang mit den Emigranten. Die intensive Rezeption westeuropäischer und amerikanischer Literatur setzte dagegen erst Anfang der fünfziger Jahre in Westdeutschland ein – zu einer Zeit, als die politischen Bedingungen dafür in der DDR verschwanden.

Zum spontan wiederentstehenden vielfältigen kulturellen Leben gehörte auch die «zehnte Muse», das politisch-literarische Kabarett. Wie für die Zeitschriften bedeutete auch hier die Währungsreform einen Einschnitt und häufig das Ende (Dok. 6). Denn als das Geld wieder etwas wert war und die Gesetze der Marktgesellschaft in Kraft traten, erwiesen sich viele Experimente als kurzlebig. Zugleich brach sich der Massengeschmack an Trivialliteratur Bahn, als im Zuge der Verschärfung des Kalten Krieges die von den Alliierten geförderte Reeducation-Literatur verschwand. «Vom Winde verweht» traf viel eher die Gemütslage eines geschlagenen Volkes als das zuvor sorgfältig Ausgewählte. Die Auflagen von Sportzeitschriften und Illustrierten erlebten einen explosionsartigen Anstieg. Angesichts der «großen Zeit» des Schlagers in den fünfziger Jahren mag dagegen überraschen, daß eine Umfrage unter Radiohörern (Dok. 12) eine andere Vorliebe zutage förderte: An der Spitze der Beliebtheit lag das von den «Regensburger Domspatzen» gesungene Wiegenlied «Schlafe, mein Prinzchen, schlaf ein» von Mozart!

Im Prozeß der geistigen und politischen Erneuerung Deutschlands sollte neben der Presse nach Ansicht der Alliierten, aber auch deutscher Reformpädagogen, dem Bildungswesen eine Schlüsselrolle zukommen.[4] Die Entnazifizierung der Lehrer, der Schulverwaltungen und der Unterrichtsmaterialien wurde daher in allen Zonen mit Nachdruck betrieben, besonders rigoros in der amerikanischen und sowjetischen Zone (Dok. 8). Darüber hinaus aber

---

[2] Vgl. Hermann Glaser: Kulturgeschichte der Bundesrepublik Deutschland. Bd. 1: Zwischen Kapitulation und Währungsreform 1945–1948, München 1985, S. 196 ff.

[3] Vgl. Manfred Jäger: Kultur und Politik in der DDR, Köln 1982, S. 11 ff.

[4] Einen Überblick über wichtige Aspekte der Schulsituation und der Reformversuche in allen Besatzungszonen gibt Manfred Heinemann (Hg.): Umerziehung und Wiederaufbau, Stuttgart 1981.

sollten Schulen und Hochschulen inhaltlich erneuert werden. Breite Reform-diskussionen und eine Vielzahl von Reformexperimenten bestimmten die er-sten Jahre nach dem Ende der für politische und kriegerische Ziele miß-brauchten Schule im Nationalsozialismus. Für den Schulalltag dagegen hat-ten sie viel weniger Bedeutung. Denn dieser wurde vor allem von materiellen Zwängen geprägt, wie ein zeitgenössischer Brief über die «Schulnot von heute» verdeutlicht, der sich primär auf Volksschulen bezieht (Dok. 9). Der Mangel an Lehrern machte anfangs auch den Einsatz von «Schulhelfern» in großem Umfang nötig (Dok. 7). In der SBZ sollten vor allem die «Neuleh-rer» für die Entlassenen Ersatz bieten. Politisch waren sie meist akzeptabel und pädagogisch häufig auch engagiert, die extrem kurze Ausbildungszeit machte sie dennoch zu einer problematischen Neulösung.

Weniger rigide als in den Schulen wurde die Erneuerung an den Universi-täten angegangen. Die Wiedereröffnung lief auch in der SBZ in den traditionel-len Formen akademischer Rituale ab (Dok. 11). Das Studium einer aus dem Krieg heimgekehrten, wissensdurstigen Generation, die unter erbärmlichen sozialen Bedingungen lernte und später deshalb mit einer besonderen Aura umgeben wurde, war dagegen vor allem von Improvisation bestimmt (Dok. 10).

1. Eine Klinik in der SBZ als kultureller Treffpunkt

[...]

Die Klinik wurde zu einem kulturellen Mittelpunkt der Gegend und von weither reiste man an, um im Gesellschaftssaal oder im weitläufigen Garten Virtuosen zu hören, die sonst nur in Leipzig, Dresden oder Berlin auftraten. Auch die Russen waren mit ganzem Herzen dabei. Die Zusammenstellung der Programme unterlag der Aufsicht des russischen Kulturoffiziers beim Kreiskommandanten. Stets mußte ein Teil der russischen Tradition entstam-men. Da Tschaikowsky, Rachmaninow, Glasunow oder Rimskij-Korsakow als Liederkomponisten wenig hergaben, war zuweilen ein phantasievolles Er-finden russischer Namen nötig, deren Träger ihre Autorschaft angeblich im 17. und 18. Jahrhundert ausgeübt hatten, in Wirklichkeit aber nur als Etikett für weniger bekannte deutsche Komponisten dienten. Spielten die Russen bei diesem Spiel mit? Mitunter schien es uns so; einmal kamen Bedenken gegen den Formalismus von Béla Bartók auf. Kurzerhand frisierten wir ihn mit dem Kulturoffizier gemeinsam zum ungarischen Komponisten um, und damit war er für die Zensur passabel!

Die Honorarfrage löste sich durch Naturalien aller Art. Kartoffeln, Boh-nen oder Mohrrüben waren ja gefragter als Geld. Am begehrtesten war reiner Alkohol, der einer Klinik reichlich zur Verfügung stand. Das staatliche Gesundheitsamt, das die Zuteilung zu bewilligen hatte, unterlag russischer Aufsicht. Die sowjetischen Behörden aber wußten von Desinfektion und

Sterilisation nur eins: Reiner Alkohol war ein Allheilmittel! Über die bakterientötende Wirkung dieser Flüssigkeit bei äußerer Anwendung hat die Wissenschaft sehr unterschiedliche Urteile, aber die innere Anwendung in reichlichem Maße schien nach sowjetischer Erfahrung einen enorm heilkräftigen Wirkungsgrad zu besitzen, denn das «Klisa» empfing pro Bett im Monat eine offizielle Zuteilung von einem Liter reinen Sprits. Bei achtzig Betten waren das Mengen, die selbst bei einer Verdünnung von fünfzig zu fünfzig schwer zu bewältigen waren. So hatte das «Klisa» eine Währung zur Verfügung, die in der frühesten Form des Merkantilismus, dem Tauschhandel, vieles möglich machte. Fröhliche Feste mit und ohne Tanz waren – alkoholstimuliert – wie nach jedem Krieg allen Davongekommenen ein Bedürfnis.

[...]

(Dietrich Güstrow: In jenen Jahren, Berlin [W] 1983, S. 140f.)

2. Kulturelle Betriebsarbeit im Leunawerk

Über die Notwendigkeit und Bedeutung der kulturellen Arbeit in den Betrieben sollte heute eigentlich kein Zweifel mehr bestehen. Die Gestaltung der kulturellen Arbeit im Leunawerk war und ist nicht nur durch seine Eigenart als Großbetrieb, sondern auch dadurch bedingt, daß es sich um einen stark zerstörten Großbetrieb handelte. Durch 22 Bombenangriffe wurden nicht nur Produktionsstätten, sondern auch jene Räume, Einrichtungen und Gegenstände zerstört, die für die Durchführung kultureller Veranstaltungen oder von Unterricht notwendig waren. Hier konnte wohl inzwischen durch Not- und Zwischenlösungen einiges wieder hergerichtet werden, aber der Wiederaufbau des Werkes, das Ringen um die nackte Existenz, drängte die Kulturarbeit zuweilen in den Hintergrund. Trotzdem wurde die Kulturarbeit im Leunawerk Schritt um Schritt, Zug um Zug auf- und ausgebaut. Das Hauptaugenmerk wurde auf die *Förderung begabter Jugendlicher,* auf *Pflege und Ausbau der Werkbücherei* und auf die *Umschulung zu Bauhandwerkern* gelegt. So war es z. B. möglich, ein begabtes Belegschaftsmitglied direkt auf die Hochschule und zehn weitere begabte Betriebsangehörige in die Vorsemester der Universität Halle zu entsenden. Die Ausbildungskosten hat das Werk übernommen; darüber hinaus stellte das Leunawerk dem Stipendienfonds einen Betrag von 10000 Mark zur Verfügung.

Für die Hebung des allgemeinen Bildungsniveaus der Betriebsangehörigen leistet die *Werkbücherei* ausgezeichnete Dienste. Sie begann ihren öffentlichen Betrieb am 1. Oktober 1945 mit einem Bestand von 5000 Bänden, der inzwischen auf 6000 Bände angewachsen ist. Betrug die Leserzahl Ende Februar 1946 schon 1517, so ist sie bis Ende 1946 sogar auf 3454 gestiegen. Dabei ist festzustellen, daß die Lesergruppe der Arbeiter besonders stark zunahm.

Die Mobilisierung von Reserven an Bauhandwerkern hat das Leunawerk bereits im Juni 1945 mit der *Umschulung* nach den aufgestellten Richtlinien der Bauwirtschaft begonnen. Zurückkehrende Soldaten ohne Beruf, Hilfs- und Betriebskräfte aus stilliegenden Produktionsstätten, abgebaute und rückversetzte Arbeiter oder Angestellte des Werkes, aufstrebende Belegschaftsmitglieder aus den Bauhilfsarbeiterkreisen standen hierfür zur Verfügung. Gegenwärtig werden im Chemiewerk Leuna rund 180 Umschüler zu Bauhandwerkern, und zwar zum größten Teil zu Maurern umgeschult, während sich die übrigen auf die Berufe des Isolierers, Zimmerers, Dachdeckers und Steinsetzers verteilen. Auch Kriegs- und Unfallbeschädigte werden mit Erfolg um- und neugeschult. Die praktische Ausbildung erfolgt durchweg im Rahmen der Wiederaufbauarbeiten, so daß sich die geleistete Arbeit zum Nutzen der Allgemeinheit auswirkt. Bisher haben 121 Umschüler ihre Facharbeiterprüfung bestanden.

Besonderes Gewicht wird auf die Hebung des fachlichen Wissens der Arbeiter gelegt. So lief im Winterhalbjahr 1946/47 eine Vortragsreihe für die Arbeiter des Werkes, deren einzelne Themen wie «Düngung des Bodens», «Treibstoff aus Kohle», «Warum Frostschutz?», «Unfallverhütung», «Arbeitsweise der Materialprüfung» eine genauere Kenntnis der Produktionsvorgänge des Werkes vermitteln sollten. Ein Teil dieser Vorträge ist den Jugendlichen des Werkes vorbehalten.

Aus dem Kreise der Jugendlichen bildete sich die Laienspielgruppe, die wöchentlich regelmäßig dreimal probt und schon wiederholt in namhaften Theaterdarbietungen vor die Belegschaft trat. Auch Rezitationen und Gesang werden gepflegt. Daneben hat sich eine aus Jugendlichen bestehende Volkstanzgruppe entfaltet, die wöchentlich einmal zusammenkommt.

Überhaupt hat sich die Jugend des Werkes im Winterhalbjahr 1946/47 rege an den Lehrgängen zur beruflichen Fortbildung der Werksangehörigen beteiligt. Diese Lehrgänge, die für die Teilnehmer gebührenfrei sind und Fachrechnen, Mathematik, Technisches Zeichnen, Blechabwicklungen, Elektrotechnik, Wärmelehre, Kapitel aus der Chemie, Chemisches Rechnen, Stenographie und Russisch umfassen, weisen eine Besucherzahl von 1023 auf, wovon 43 Prozent Jugendliche sind. Charakteristisch ist außerdem, daß neun Zehntel aller Teilnehmer an den Kursen des Chemiewerkes Leuna aus Arbeitern bestehen.

Bei der Durchführung geschlossener Veranstaltungen (Theater, Oper, Konzert, Film) und guter Unterhaltungs- und Kleinkunstdarbietungen ist zu berücksichtigen, daß die Wohnungen der Belegschaft des Leunawerkes in mehr als 600 Orten liegen, die zum Teil von der Arbeitsstätte erheblich entfernt sind. Im Ort Leuna wohnt nur ein geringer Prozentsatz der Gesamtbelegschaft. Es ist also notwendig, die kulturelle Betreuung in die einzelnen Wohnorte, vornehmlich in die größeren, zu verlegen. Deshalb wurden Theater-, Film- und Varietéveranstaltungen z. B. in den Städten Halle, Merseburg, Weißenfels, Leuna und Bad Dürrenberg durchgeführt. Insgesamt 7000 Werksangehörige haben daran teilgenommen. Die Volksbühne der Provinz

Sachsen-Anhalt hat diesen Teil der Kulturarbeit für das Leunawerk gut unterstützt.

Die Kulturarbeit im Leunawerk wird auf ihrem Weg, den Kulturwillen der Belegschaft zu wecken und zu steigern, weiterhin vorwärtsgeführt werden und dazu beitragen, das Kulturgut der Menschheit zum vollen Bewußtsein des schaffenden Volkes zu bringen.

(Neuer Weg [KPD] 1947, Nr. 5, S. 10)

3. Kulturelles Leben in der Viersektorenstadt Berlin

Der Musikkritiker der großen Tageszeitung ist in letzter Zeit sehr nervös. Er weiß nicht mehr, wie er seine Arbeit schaffen soll. Die Staatsoper hat unter Furtwänglers Leitung den «Tristan» herausgebracht; das ist Anlaß genug für eine umfangreiche Würdigung. Aber da ist auch der «Freischütz» in der Städtischen Oper neu einstudiert; Einladungen für umbesetzte Aufführungen beider Häuser liegen auf dem Redaktionstisch. Celibidache will die Berliner Philharmoniker mit einem Konzert zeitgenössischer Musik vorstellen. In Zehlendorf hält der amerikanische Dirigent John Bitter einen Vortrag über die Tonkunst seines Heimatlandes, im Haus der Kultur der Sowjetunion spricht ein russischer Hauptmann über Schostakowitsch. Gastspiele der Pariser Opéra Comique sind angekündigt. Mendelssohns 100. Todestag muß Anlaß sein zu einer ausführlichen Wertung seines Werkes. Und wie soll der Kritiker die unzähligen Konzerte «mitnehmen»? Er weiß es nicht. Zumal er obendrein unter Pseudonymen noch für eine andere Berliner Tageszeitung, für zwei Zeitschriften und schließlich noch für einige Blätter in der britischen Zone arbeitet. Musikkritiker sind ein Mangelberuf in Berlin.

Die Kollegen von der Theaterkritik haben es nicht leichter. Sie sind fast in jeder Redaktion der 14 Berliner Tageszeitungen doppelt vertreten. Wie könnten sonst alle Premieren der zwölf großen Zentrums- und rund zwanzig Bezirks- und Stadtrandtheater besprochen werden? Und welche Schätze tragen doch die Spielpläne dieser Häuser zusammen! Alle bedeutenden klassischen und modernen Autoren des Auslandes sprechen wieder zu den Berlinern; die einst verbotenen Deutschen kommen zu Wort, und ganz verschüchtert wagt sich von Zeit zu Zeit auch ein Nachwuchsdichter an die Rampe. Das Publikum genießt begeistert diese Hochflut guten Theaters.

Am glücklichsten die Männer von der Filmkritik. Täglich singen sie ihr Loblied der Viersektorenstadt Berlin. Wo in der Welt, so fragen sie, gibt es einen zweiten Punkt, an dem die Spitzenfilme der führenden Länder sich ein Stelldichein geben? Wir schwimmen in Celluloid. Vorgestern sahen wir den großartigen politischen Dokumentarfilm aus der Sowjetunion, gestern die muntere Gespenstergeschichte aus England, heute hat uns ein Meisterwerk René Clairs erschüttert, für morgen steht ein Monstre-Revuefilm aus den USA bevor. Und bald werden neue deutsche Erzeugnisse sich präsentieren, Filme der rührigen DEFA, die mit russischer Lizenz arbeitet und einen gewaltigen Apparat aufgebaut hat; das Studio 45, das britische Lizenz besitzt; die Objectiv-Film-Gesellschaft, die mit amerikanischer, die Herold-AG, die mit französischer Erlaubnis tätig ist. Sie alle drehen in Berlin. In Babelsberg, in Johannistal, in Tempelhof. Im Freien, in allen Straßen, auf allen Plätzen. Am liebsten im abgeholzten Tiergarten und am verödeten Potsdamer Platz. Und dazwischen sehen wir die neuen Filme aus Italien, Österreich, aus der Schweiz. Wir sind das Filmparadies! Hoch leben die Sektoren!

Die verfluchten Sektoren! murren die Normalverbraucher. Sie wohnen grundsätzlich im falschen Sektor. Die Reinickendorfer (französisch), die Kohle und Brennholz nur noch vom Hörensagen kennen, fluchen grimmig, wenn für die Zehlendorfer (amerikanisch) Hausbrand aufgerufen wird. Den Wilmersdorfern (britisch) kitzelt der Schlund, wenn die Pankower (russisch) schon wieder Schnaps aus der Zone bekommen. Der vereinigte Zorn aller Sektoren landet schließlich immer wieder auf dem Haupte des bedauernswerten städtischen Ernährungsdezernenten. Grundsätzlich soll, da Berlin kein «Hinterland» besitzt, jede Besatzungszone ihren entsprechenden Sektor beliefern. Nährmittel, Mehl, Kartoffeln, Fett und Fleisch lassen sich schließlich auch aus der Ferne heranschaffen, aber in der Gemüse- und Frischmilchversorgung sind der amerikanische, englische und französische Sektor weitgehend auf die sowjetische Besatzungszone angewiesen. Das klappt nicht immer, und es kommt vor, daß die «Westberliner» (im Hochsommer!) von ersatzweise herangeschafften amerikanischen Gemüsekonserven leben und die Kleinkinder aufgelöste Trockenmilch aus Übersee trinken müssen.

[...]

(Hans A. Rümlin: So lebten wir .... Ein Querschnitt durch 1947, Heilbronn o. J., S. 54 f.)

4. «Kunstinflation»

[...]

Kaum ist ein halbes Jahr seit dem Waffenstillstand verflossen, da taucht schon die Gefahr einer Kunstinflation auf. Was nach Monaten und Jahren der Entbehrung auf kulturellem Gebiet zuerst freudig begrüßt und begünstigt wurde, droht heute zu einem Übel zu werden.

Ein Blick auf die Anschlagsäulen oder in die Ankündigungen der Zeitungen ergibt das Bild einer verwirrenden Zahl kultureller Veranstaltungen, so daß die Frage berechtigt erscheint: Wie reimt sich das mit der Not unserer Zeit zusammen? Entspricht eine so eifrige Kunstbetätigung einem Bedürfnis? Und wenn, ist dieses Bedürfnis noch angemessen und gesund? Man muß die kritische Sonde hier an zwei Stellen ansetzen, bei den Veranstaltern und beim Publikum.

Beim Publikum begegnet man zwei Auffassungen. Die eine Gruppe meint, daß nach einem gründlich verlorenen Kriege, der nur Not gebracht hat und vielleicht unsagbares Elend nach sich ziehen wird, die Kunst als eine Angelegenheit des Luxus keine Daseinsberechtigung habe. Zuerst müsse für Arbeit, Brot, Obdach und Wärme gesorgt werden. Diese Auffassung ist zweifellos zu materialistisch und läßt die Aufgabe der Kunst als Trösterin und Erzieherin außer acht. Die andere Gruppe vertritt den Standpunkt, daß die Kunst kein Luxus sei und daß der Mensch nicht von Brot allein lebe. Insbesondere der deutsche Mensch, der zwölf Jahre lang mit nationalsozialistischer Kunst gefüttert und in den Kriegsjahren kulturell ausgehungert worden sei, habe ein starkes Verlangen nach der Kunst, die nicht bevormundet oder diktiert, sondern in einer freien Atmosphäre entstanden ist.

Die Wahrheit liegt hier, wie so oft, in der Mitte. Fraglos bestand und besteht nach dem Kriege bei vielen Deutschen ein tiefes Bedürfnis nach guten Kunstdarbietungen. Das beweisen die Besucherzahlen der zuerst spärlich einsetzenden, dann sich immer mehr häufenden Veranstaltungen. Es wäre nur natürlich, wenn diese Zahlen mit der Zunahme der Theater- und Konzertaufführungen, der Lieder- und Vortragsabende wieder zurückgingen. Der erste Hunger ist gestillt. Doch war es immer echter Kunsthunger? Enthüllte er sich bei den einen nicht vielfach als bloße Vergnügungssucht? Und war es bei den andern nicht etwa eine Flucht vor der unfreundlichen Wirklichkeit? ...

Sowohl bei einem großen Teil des Publikums wie bei den Künstlern fehlt augenscheinlich weithin die Einsicht in die wahre Lage unseres Landes. Sie tun beide, als ob kein Krieg gewesen wäre, als ob wir einfach da weitermachen können, wo wir 1933 aufgehört haben. Wohin eine solche Als-ob-Haltung führt, hat das Naziregiment bewiesen. Wollen wir in die gleichen Fehler zurückverfallen?

Es erscheint deshalb notwendig, rechtzeitig zur Selbstbesinnung zu rufen und daran zu erinnern, daß Kunst eine ernsthafte, sogar sehr ernsthafte Angelegenheit ist. Sie darf nicht zum Unterhaltungsobjekt erniedrigt werden. Nur das Beste hat Daseinsberechtigung. Der Kunstkritik aber ersteht eine besonders schwere Aufgabe. Sie muß unerbittlich einschreiten gegen Unkunst und Dilettantismus. Getragen von höchstem Verantwortungsgefühl muß sie strenge Maßstäbe anlegen. Es gilt heute, angesichts des Dranges zur Öffentlichkeit, weniger zu ermuntern als vorzubeugen, zu sichten und Unberufene fernzuhalten. Was unter allen Umständen vermieden werden muß, ist eine Inflation des Mittelmäßigen. Der Himmel bewahre uns vor aller Betriebsamkeit, die aus der Kunst nur ein Geschäft machen will.

(Stuttgarter Zeitung vom 10. 11. 1945. In: Der deutsche Südwesten zur Stunde Null, Karlsruhe 1975, S. 181 f.)

5. Briefwechsel zwischen
Walter von Molo und Thomas Mann 1945

Walter von Molo *Offener Brief an Thomas Mann*

[...] Mit aller, aber wahrhaft aller Zurückhaltung, die uns nach den furchtbaren zwölf Jahren auferlegt ist, möchte ich dennoch heute bereits und in aller Öffentlichkeit ein paar Worte zu Ihnen sprechen: Bitte, kommen Sie bald, sehen Sie in die vom Gram durchfurchten Gesichter, sehen Sie das unsagbare Leid in den Augen der vielen, die nicht die Glorifizierung unserer Schattenseiten mitgemacht haben, die nicht die Heimat verlassen konnten, weil es sich hier um viele Millionen Menschen handelte, für die kein anderer Platz auf der Erde gewesen wäre als daheim, in dem allmählich gewordenen großen Konzentrationslager, in dem es bald nur mehr Bewachende und Bewachte verschiedener Grade gab. [...]

Bitte, kommen Sie bald und zeigen Sie, daß der Mensch die Pflicht hat, an die Mitmenschen zu glauben, immer wieder zu glauben, weil sonst die Menschlichkeit aus der Welt verschwinden müßte. Es gab so viele Schlagworte, so viele Gewissensbedrückungen, und so viele haben alles vor und in diesem Kriege verloren, schlechthin alles, bis auf eines: Sie sind vernünftige Menschen geblieben, ohne Übersteigerung und ohne Anmaßung, deutsche Menschen, die sich nach der Rückkehr dessen sehnten und sehen, was uns einst im Rate der Völker Achtung gab. [...]   (13. 8. 1945)

Thomas Mann *Offener Brief für Deutschland*

[...] Nun muß es mich ja freuen, daß Deutschland mich wieder haben will – nicht nur meine Bücher, sondern mich selbst als Mensch und Person. Aber etwas Beunruhigendes, Bedrückendes haben diese Appelle doch auch für mich, und etwas Unlogisches, sogar Ungerechtes. Nicht Wohlüberlegtes spricht mich daraus an. Sie wissen nur zu gut, lieber Herr von Molo, wie teuer Rat und Tat heute in Deutschland sind bei der fast heillosen Lage, in die unser unglückliches Volk sich gebracht hat. Und ob ein schon alter Mann, an dessen Herzmuskeln die abenteuerliche Zeit doch auch ihre Anforderungen gestellt hat, direkt, persönlich, im Fleische noch viel dazu beitragen kann, die Menschen dort aus ihrer tiefen Gebeugtheit, die Sie so ergreifend schildern, aufzurichten, scheint mir recht zweifelhaft. Dies nur nebenbei. Nicht recht überlegt aber scheinen mir bei jenen Aufforderungen auch die technischen, bürgerlichen, seelischen Schwierigkeiten, die meiner «Rückwanderung» entgegenstehen. Sind diese zwölf Jahre und ihre Ergebnisse denn von der Tafel zu wischen, und kann man tun, als seien sie nicht gewesen? Schwer genug, atembeklemmend genug war Anno 33 der Schock des Verlustes der gewohnten Lebensbasis von Haus und Land, Büchern, Andenken und Vermögen, begleitet von kläglichen Aktionen daheim, von Ausbootungen, Absagen. Nie vergesse ich die analphabetische und mörderische Radio- und Pressehetze gegen meinen Wagner-Aufsatz. [...] Schwer genug war, was dann folgte: das Wanderleben von Land zu Land, die Paßsorgen, das Hoteldasein, während die Ohren klangen von den Schandgeschichten, die täglich aus dem verlorenen, verwildernden, wildfremd gewordenen Lande herüberdrangen. Das haben Sie alle, die Sie dem «charismatischen Führer» (entsetzlich, entsetzlich, die betrunkene Bildung) Treue schworen und unter Goebbels Kultur betrieben, nicht durchgemacht. Ich vergesse nicht, daß Sie später viel Schlimmeres durchgemacht haben, dem ich entging. Aber das haben Sie nicht gekannt: das Herzasthma des Exils, die Entwurzelung, die nervösen Schrecken der Heimatlosigkeit. [...]

Ja, Deutschland ist mir in all diesen Jahren doch recht fremd geworden. Es ist, das müssen Sie zugeben, ein beängstigendes Land. Ich gestehe, daß ich mich vor den deutschen Trümmern fürchte, daß die Verständigung zwischen einem, der den Hexensabbat von außen erlebte, und euch, die ihr mitgetanzt und Herrn Urian aufgewartet habt, immerhin schwierig wäre. [...] Es mag Aberglaube sein, aber in meinen Augen sind Bücher, die von 1933 bis 1945 in Deutschland überhaupt gedruckt werden konnten, weniger als wertlos und nicht gut, in die Hand zu nehmen. Ein Geruch von Blut und Schande haftet ihnen an. Sie sollten alle eingestampft werden. [...]

«Unter Leuten», sagte ich mir, «die zwölf Jahre lang mit diesen Drogen gefüttert worden sind, kann nicht gut leben sein. Du hättest», sagte ich mir, «zweifellos viele gute und treue Freunde dort, alte und junge, aber auch viele lauernde Feinde, geschlagene Feinde wohl, aber das sind die schlimmsten und giftigsten.»

Und doch, lieber Herr von Molo, ist dies alles nur eine Seite der Sache, die andere will auch ihr Recht – ihr Recht auf das Wort. [...] Ein amerikanischer Weltbürger – ganz gut. Aber wie verleugnen, daß meine Wurzeln dort liegen, daß ich trotz aller furchtbaren Bewunderung des Fremden in deutscher Tradition lebe und wese, möge die Zeit auch meinem Werk nicht gestattet haben, etwas anderes zu sein als ein schon morbider, schon halb parodistischer Nachhall großen Deutschtums. (28. 9. 1945)

(Thomas Mann, Briefe 1937–1947, © 1963 Katja Mann. Abdruck mit Genehmigung der S. Fischer Verlag GmbH, Frankfurt/Main)

6. «Adieu ‹Schaubude›»

Schluchzend verhüllt die namenlose, die zehnte Muse ihr Haupt. Ihr Köpfchen. Die Schaubude, ihr hehrster Tempel, hat seine Pforten für immer geschlossen. Wenn sie sich wieder öffnen, wird die ältere Schwester Thalia mit dem Ensemble des «Bayerischen Hof»-Theaters dort ihren Einzug halten. Ihm wird der Stadtsäckelmeister an Zuschüssen zahlen, was der Schaubude an Steuern abgenommen wurde, der Besuch der Vorstellungen wird nicht nur dem freien Ermessen überlassen, sondern organisiert sein, ein solider Rechenstift wird dem Schminkstift zur Seite stehen, und ein neues Falliment des Theaterchens in der Reitmorstraße nicht mehr zu befürchten sein. Aus dem Schutt ihres Zusammenbruches konnte die Schaubude nur eines retten: einen makellosen Namen, der in die Geschichte des deutschen Kabaretts eingehen wird. Friede ihrer Asche!

Asche, nichts als Asche und Brandschutt war es, was die Schaubudenleute sahen, als sie im Sommer 1945 zum ersten Male die Stelle betraten, auf der ihr Kabarett erstehen sollte. Ein Geviert verkohlten Gemäuers, das einen schwarzen Schuttberg umgab, auf den der weißblaue Himmel skeptisch herablächelte. Doch die eine Schmalseite schloß ein verrosteter eiserner Vorhang ab, und dahinter stand ein Bühnchen, das die Bomben ganz schlecht getroffen hatten. Es gehörte freilich Phantasie dazu, sich diese Ruinenstätte in ein Theater verwandelt vorzustellen. Die Kompensationszeit war angebrochen und machte es schwierig, den Bau zu erstellen. Aber ein halbes Jahr später war es soweit. Am 12. April 1946 betrat Ursula Herking, von Hellmuth Krüger angekündigt, die Bretter, setzte sich auf einen alten Koffer und sang dabei:

«In den letzten dreißig Wochen
zog ich sehr durch Wald und Feld
und mein Hemd ist so durchbrochen,
daß man's kaum für möglich hält.
Ich trag Schuhe ohne Sohlen
und der Rucksack ist mein Schrank.
Meine Möbel hab'n die Polen
und mein Geld die Dresdner Bank ...»

Erinnert Ihr Euch noch? War's nicht schön? Kein Zweifel, die echte Schaubude war existent geworden.

Es war damals gar nicht so schwer, Kabarett zu machen. Goebbels war tot, die Militärregierung wohlgesinnt. Sie lachte mit, wenn ein GI des Jahres 1946 einen Gamsbart auf dem Helm und Krachlederne trug und ein gschertes Boarisch sprach. Die Themen lagen auf der Straße wie die Kippen, wie das Geld, wie mitunter auch die Traubenfahrer der Trambahn, wie die früheren Nazis. – Hei, was war es eine Lust, das alles zu verulken! Und die Kabaretts schossen ja denn auch allerorten wie das Unkraut auf den Schutthalden der Städte empor. Nun, so leicht machte es sich die Schaubude nicht. «Unser Kabarett hatte literarischen Ehrgeiz», schreibt Erich Kästner in seinem neuen Buch «Der tägliche Kram». Er war der Primus inter pares des kleinen Autorenkreises, der der Schaubude mit seinen Manuskripten die Richtung gab. Axel von Ambesser, Herbert Witt und Hellmuth Krüger gehörten dazu, Edmund Nick komponierte die Chansons, Gustav Tolle malte eigenhändig die Prospekte und Rudolf Schündler inszenierte das Ganze.

«Jedes dieser Programme wurde von durchschnittlich fünfzigtausend Menschen besucht», schreibt Erich Kästner in seiner Nachkriegschronik. Stimmt,

damals war das so. In der sonst so stillen Reitmorstraße konnte man allabend-
lich eine polizeiwidrige Auffahrt von Automobilen sehen. Das eine Mal war
das vom Ministerpräsidenten darunter, der sich in seiner eigenen Maske auf
der Bühne jodeln hören wollte, zu anderen Malen brachte der Oberbürgermeister die illustren Gäste der Hauptstadt mit, denn, wer nach München
kam, aus den Zonen oder aus dem Ausland, der mußte die Schaubude gesehen haben. Ihr Ruhm stieg. Man verglich sie mit den alterlauchten Kabaretts,
dem Überbrettl, den Elf Scharfrichtern, dem Simplizissimus und mit der
durch ihre herrliche Frechheit und grandiose Höllenfahrt berühmt gewordenen Katakombe. Ein Kabarett, das 650 Plätze in Stuhlreihen faßte und sich
ohne «Verzehr», ohne Verkauf teurer Weine erhielt, war eine Einmaligkeit,
zumal der Schaubude durch zwei Jahre die Anerkennung ihres künstlerischen
Wertes vorenthalten wurde, was sich in den Prozentsätzen der Vergnügungs-
steuer ausdrückte. [...] Die Währungsreform ließ den Besucherkreis im Gegensatz hierzu zusammenschmelzen. Das Ensemble ging auf Reisen. Es kam
nicht wieder. Man spielte im freundlich renovierten Raum ein Lustspielchen.
Dann war es auch damit zu Ende. Da gab sich der traumtänzerische Direktor
einen Ruck und erklärte dem Amtsgericht, was los ist.

Kurzlebigkeit muß wohl zum Wesen des Kabaretts gehören. Auch die fröhlichen «Hinterbliebenen» dürften sich ja bald in teure Verblichene verwandelt
haben. Behaltet sie im guten Andenken, die Schaubude, ihre heiteren Persifla-
gen ebenso wie die ernsten Worte, die sie zu den großen, ungelösten Problemen unserer Zeit zu sagen hatte, zur Friedens-, zur Flüchtlings-, zur Kriegs-
gefangenenfrage. Sie wird die Schildbürger und Bürokraten, die Pegehs und
Militaristen, die Schwarzhändler und Streunerinnen so wenig gebessert haben
wie des St. Antonius Fischpredigt die Aale und Hechte und Karpfen. Aber
sie tat, was sie glaubte tun zu müssen. Ihren Gläubigern aber, die ihr Geld haben wollen, sei der Titel des Abschiedsprogramms in Erinnerung gebracht:
Bitte recht friedlich!

(Münchner Merkur vom 28. 3. 1949)

7. Schulhelfer

Berlin steht vor einer Reform seines Schulwesens. In der Erkenntnis, daß eine
Reform nur in die Praxis umzusetzen ist, wenn entsprechende Lehrkräfte zur
Verfügung stehen, soll die Ausbildung aller Lehrer auf gemeinsamer Grundlage erfolgen. Die Stadt Berlin hat deshalb die Gründung eines Pädagogischen Instituts beschlossen, das von allen Lehrern durchlaufen werden soll.

Als maßgeblicher Grundatz für die Gründung, den Aufbau und die Durchführung der Arbeit des Pädagogischen Instituts wird vom Schulamt die Ausbildung eines «Einheitslehrers» in Anlehnung an den Begriff der Einheits-
schule bezeichnet, die das Ziel der beginnenden Reform ist. Man ist sich

bewußt, daß dieses Ziel nur über verschiedene Stufen des Übergangs erreichbar ist. Für alle Bewerber wird das Abitur zur Bedingung der Aufnahme gemacht.

[...]

Zur Frage der Schulhelfer nimmt man eine durchaus positive Haltung ein. Schulhelfer wurden nach dem Zusammenbruch ohne Anweisung einer zentralen Stelle von fast allen Bezirken herangezogen, weil die vorhandenen Lehrkräfte nicht ausreichten. Diese Einrichtung, die also aus der Not der Zeit entstand, ist heute in Berlin schon so verbreitet, daß fast 20 % aller Lehrkräfte Schulhelfer sind. Dieses Verhältnis soll jedoch noch erhöht werden, und zwar bis zu etwa 30 %. Der Schulhelfer soll kein Notbehelf sein, sondern die Verwirklichung des Strebens sein, den Lehrkörper und damit den Unterricht dem praktischen Leben möglichst nahezubringen. Der Mangel an methodischem Wissen soll unter Mithilfe ordentlicher Lehrer ausgeglichen werden. Für Schulhelfer wird das Abitur nicht verlangt, ihr Können, Bildungsgang, Charakter und politische Haltung berechtigen sie zur Jugenderziehung.

Besondere Kurse sind am Pädagogischen Institut für Bewerber aus der Arbeiterschaft vorgesehen, die nach ihrer Fähigkeit in die Lehrerausbildung aufsteigen können, die damit kein wissenschaftliches oder Bildungsprivileg mehr sein soll. Als Maximum der Ausbildungszeit für Schulhelfer sind drei Jahre vorgesehen. Diese Dauer kann entsprechend dem Niveau des einzelnen Bewerbers herabgesetzt werden, und das Schulamt beabsichtigt sogar, Schulhelfern, die in den vergangenen drei Monaten ihre Lehrfähigkeit unter Beweis gestellt haben, die Ausbildungszeit ganz zu erlassen und sie sofort von einem Ausschuß prüfen zu lassen. Diese Prüfung wird der ersten Lehrerprüfung gleichgestellt. Nach dem weiteren normalen Ausbildungsgang und der zweiten Lehrerprüfung sind diese Bewerber dann auch formal völlig gleichberechtigte Mitglieder des Lehrerkollegiums.

Da die Schulhelfer in ihrer Gesamtheit kein geschlossenes Bild bieten, muß bei ihrer Schulung von verschiedenen Voraussetzungen ausgegangen werden. Das Schulamt glaubt, durch Verlegung der Ausbildung in die Bezirke zu höchster Wirkung zu kommen. Eine lebhafte Wechselwirkung zwischen den Bezirken und dem Pädagogischen Institut und die Lenkung des Schulamtes in Stundenverteilung und Stoffplan soll verhindern, daß von Bezirken grundsätzliche Fehler und Unterschiede gemacht werden.

Man will die Not zur Tugend machen und glaubt gerade im kommenden Winter bei geringen Unterrichtsmöglichkeiten die Ausbildung des Lehrerpersonals besonders vorantreiben zu können. Für die Schulhelfer sollen deshalb nur 12 bis 18 Stunden Unterricht wöchentlich angesetzt werden. Die Gehaltsordnung, die die Zustimmung des Stadtkämmerers erhalten hat, sieht für Schulhelfer monatlich 225 RM. (unter 24 Jahren abzüglich 20 %), Hilfslehrer (nach der ersten Lehrerprüfung) etwa 300 RM. und ordentliche Lehrer 460 RM. vor.

Die Schulräte haben Anweisung erhalten, bei der Ermittlung ihres Lehrerbedarfs großzügig zu sein und sich dabei nicht von der Ansicht leiten zu lassen, daß zur Aufrechterhaltung des Unterrichts in diesem Winter vielleicht eine kleine Lehrerzahl genüge.

Das Schulamt vertritt die Ansicht, daß es die höchste Aufgabe des Lehrers sein muß, die Jugend zur freien Urteilsbildung zu erziehen. Jeder Lehrer dürfte seine politische Haltung festgelegt haben. Das darf aber nicht dazu führen, dem Jugendlichen wie bisher die Meinung seines Lehrers aufzuzwingen. Der Lehrer soll die verschiedenen Gesichtspunkte eines Problems aufzeigen; der Schüler soll sich danach eine eigene Ansicht bilden.

(Allgemeine Zeitung vom 30. 9. 1945. In: Hans A. Rümlin: So lebten wir ...
Querschnitt durch 1947, Heilbronn o. J., S. 255 f.)

8. Entnazifizierung im Schulwesen Thüringens

A. Landesamt für Volksbildung, interner Betrieb

1. Die Säuberung des Landesamtes für Volksbildung von nazistischen Elementen kann als abgeschlossen betrachtet werden. Es wurden von der gesamten Belegschaft 35 % als aktive Nazis entlassen. Das sind mehr als 45 % der Angehörigen des Landesamtes, welche Mitglied der NSDAP waren. Von den am 12. April 1945 im früheren Volksbildungsministerium vorhandenen 71 Beschäftigten gehörten 78 % der NSDAP an. Von den am 7. September 1945 im Landesamt für Volksbildung [tätigen] 89 Beschäftigten waren 72 % niemals Mitglied der NSDAP.

2. Bei der Auswahl der im Landesamt neu eingestellten Arbeitskräfte ist besonders darauf geachtet worden, daß es sich um antifaschistische Personen handelt. Sie sollen durch eine besondere Schulung die Ausbildung für ihre neuen Arbeitsgebiete erhalten. Von den jetzt vorhandenen 16 Abteilungsleitern, Referenten und Hilfsreferenten haben 5 in Gefängnissen und Konzentrationslagern auf Grund ihrer antifaschistischen Gesinnung gesessen, und zwar Oberregierungsrat Brumme 7½ Jahre, Regierungsrätin Fischer 10½ Jahre, Regierungsrat Girnus 10¼ Jahre, Regierungsrat Heilmann 3 Jahre, Regierungsinspektor Alexander Wolf 12 Jahre. Der Leiter des Landesamtes, Landesdirektor Walter Wolf, hat 7½ Jahre im Konzentrationslager gesessen. Die Mehrzahl der übrigen ist von der nazistischen Regierung verfolgt und gemaßregelt worden. 5 wurden gemaßregelt.

3. Durch die Einbeziehung des Regierungsbezirkes Erfurt in das Land Thüringen ergab sich für das Landesamt für Volksbildung eine 30 %ige Steigerung des Arbeitsbereiches.

4. Neu eingerichtet wurden im Landesamt ein Referat für vorschulische Erziehung, ein Referat für Jugendfragen. Außerdem wurden in die Kunstabtei-

lung die Sachgebiete Rundfunkwesen, Film- und Bildwesen, Denkmalschutz und Heimatpflege eingegliedert.

B. Schulwesen

1. Geleistete Arbeit

a) Entlassung aller Schulräte (Anzahl: 30, davon 22 Alt-Pg.). Einsetzung neuer Schulräte. Von den 30 kommissarisch eingesetzten Schulräten hatten 6 politische Strafen, 17 sind gemaßregelt worden.

b) Aufbau von 22 Kreisbildungsämtern unter Leitung eines hauptamtlichen Schulrats mit je 7 nebenamtlichen Referenten. [...]

c) Reinigung der Lehrerschaft. Entlassung der Lehrer steht vor ihrem Abschluß. Sie wird nach dem bisherigen Überblick 2000 Lehrer umfassen.

d) Umschulung von Lehrkräften. Es laufen pro Kreis 2 Umschulungskurse mit zusammen 2300 Lehrkräften. Die Vorträge umfassen 3 politische und 3 methodische Themen, die ersteren werden von Referenten des Landesamtes und den Schulräten unter Mithilfe örtlicher antifaschistischer Lehrkräfte gehalten. Das Referentenmaterial wird vom Landesamt zur Verfügung gestellt.

e) Heranziehung von Laienkräften. [...] Zirka 600 Laienkräfte sind vorgesehen im Alter von 22 bis 35 Jahren. 50% davon sollen aus Arbeiterkreisen stammen.

f) Ausbildung von Lehrern an Lehrerbildungsanstalten in 6monatigen Kursen. Es ist geplant, 5 Lehrerbildungsanstalten zu errichten, und zwar in Erfurt, Gera, Keilhau, Hildburghausen und Nordthüringen (Sondershausen) mit je ca. 75 Schülern. Für die Lehrerbildungsanstalt Erfurt ist die Aufnahmeprüfung durchgeführt, der Ausbildungsplan genehmigt.

g) Ausbildung von Lehrern an der Universität Jena. Die Erziehungswissenschaftliche Anstalt Jena unter Professor Peter Petersen beginnt am 15. Oktober 1945 mit der Ausbildung von Lehrern für die Volksschule, die höhere Schule. Der Lehrplan ist ausgearbeitet. Bisher liegen 110 Bewerbungen für das Lehrerstudium vor.

h) Aufstellung von Lehrplänen. Lehrplan, Richtlinien für die Volksschulen, höheren Schulen und Berufsschulen werden am 15. September 1945 der Militärregierung zur Bestätigung vorgelegt.

i) Bereitstellung von Lehrbüchern und Lehrplänen. Lehrbücher der Volksschule sind durchgesehen, gereinigt und der Militärregierung zur Bestätigung vorgelegt worden. Die Fibel ist bereits genehmigt und in Druck gegeben. Die Durchsicht der Lehrbücher für die höheren Schulen steht vor ihrem Abschluß. Dieselben werden am 15. September der Militärregierung zur Bestätigung vorgelegt.

k) Die Frage des Religionsunterrichtes, die Frage Kirche und Schule wurde geregelt. Es erfolgt keinerlei Religionsunterricht mehr in der Schule. Vielmehr ist die religiöse Unterweisung ein seelsorgerischer Akt, der den Kirchen und Religionsgesellschaften anheimzugeben ist.

l) Bereitstellung von Unterrichtsräumen. 5 % der Schulgebäude sind vollkommen zerstört, 15 % beschädigt. Bei den Stadtschulen 25 % vollkommen zerstört. An die Kreisbildungsämter erging die Mitteilung, daß laut Befehl Nr. 40 von Marschall Shukow die Rote Armee die Schulen bis 10. September räumen soll und die Kreisbildungsämter in Zusammenarbeit mit den örtlichen Behörden die Instandsetzung der Schulen bis zum 20. [September] betreiben sollen. [...]

m) Kindergärten. Die Übernahme von Kindergärten, Kinderhorten oder Kinderheimen, deren Träger kirchliche Körperschaften, Stiftungen, Vereine oder Einzelpersonen waren, durch die Gemeinden wurde angeordnet. [...]

n) Das neue Referat für Jugendfragen ist im Aufbau. Es sollen zunächst in den großen und mittleren Städten kommunale Jugendämter gebildet werden. Die kommunalen Jugendausschüsse unterstehen den Kreisbildungsämtern und damit dem Landesamt für Volksbildung.

[...]

(Tätigkeitsbericht des Landesamtes für Volksbildung; Berichte der Landes- und Provinzialverwaltungen zur antifaschistisch-demokratischen Umwälzung 1945/46, Berlin [O] 1989, S. 96f.)

9. «Schulnot von heute»
Brief nach Amerika (1947)

Lieber Curt Bondy!

Du willst wissen, wie es heute bei uns in der Schule aussieht, in unserm armen geschüttelten und geplagten Land, von dem Ihr Euch so schwer ein Bild machen könnt. Die Antwort ist nicht ganz leicht, und ich bin etwas in Sorge, daß Du über all der Mühsal und Widrigkeit, die dabei zur Sprache kommen wird, nicht viel spüren wirst von der täglich neuen Freude, daß überhaupt wieder Schule sein kann! Und so laß mich vor allem anderen doch mit Nachdruck sagen: daß ich jeden Morgen mit Dankbarkeit das Glück empfinde, meine Schulkinder um mich zu haben und bei ihnen soviel an Bereitschaft zum Lernen, soviel Fröhlichkeit und Zutrauen, soviel Tapferkeit all der äußeren Unbill gegenüber zu finden.

Aber nicht nur Ihr drüben – auch die deutsche Öffentlichkeit weiß nicht viel mehr über die Schule, als daß es in ihr wieder Unterricht und außerdem Haferbrei und Schokolade gibt, «glückliche Schule!». Wieweit auch sie von dem allgemeinen deutschen Schicksal des Überfordertseins betroffen und bis in ihre Grundlagen gefährdet ist, ahnen die wenigsten. So mag auch von daher der Versuch, ein Bild unserer Schulnot von heute zu geben, gerechtfertigt sein.

Die rein äußeren Schwierigkeiten (gibt es das überhaupt?) mögen noch am ehesten bekannt sein: keine Bücher, keine Hefte, keine Zeichenblocks, keine

Buntstifte, kein Material für Werkunterricht und Nadelarbeit, keine Turngeräte und kein Turnzeug – kannst Du Dir denken, wie lähmend allein dies alles schon für den Unterricht sein muß, wie alles Mittun und Selbsttun der Kinder dadurch beschnitten oder unmöglich gemacht wird? Und wieviel Zeitvergeudung es z. B. bedeutet, allen Lesestoff, alle Hausaufgaben, alle Liedertexte an die Tafel zu schreiben und abschreiben zu lassen? Abschreiben – worauf? Auf kleine Kassabons, auf die Rückseiten von Kalenderblättern oder Rechnungen, auf Einwickelpapier. Plötzlich gibt es dann einmal ein paar hundert Hefte mit Doppellinien: alle Kinder mühen sich nun einige Wochen, in die weiten ungewohnten Abstände ihre Buchstaben zu malen – dann sind die Vorräte aufgebraucht und es gilt nun wieder, mit großer Mühe die großen Buchstaben in die kleinen Liniaturen irgendwelcher alter Notizbücher zu zwängen.

Da müßte man dann eigentlich hilfreich neben jedem Kind stehen können, hier die Hand führen, da Hilfslinien ziehen, wie undenkbar bei Klassen von 60–70 Kindern! Doppelt undenkbar, weil nur wenige Lehrer so glücklich sind, nur eine Klasse zu führen, weil die anderen zwei, ja drei Klassen haben – das macht 180 Kinder an einem Schulmorgen; wobei dann auf jede Klasse höchstens zwei Schulstunden (Kurzstunden!) fallen, denn am Nachmittag werden die gleichen Räume wieder von einer anderen Schule gebraucht. – Da muß man sich einrichten.

Zu dieser Verkürzung der Unterrichtszeit durch den Stundenplan kommt nun noch die durch das viele Fehlen der Kinder. Versäumniszahlen bis zu 50 Prozent oder gar noch mehr sind bei uns in der Hilfsschule keine Seltenheit – an der Normalschule mag es besser sein, aber auch da erreichen sie früher für unmöglich gehaltene Zahlen. Die Gründe: keine Schuhe, nichts anzuziehen («Inge kann heute nicht kommen, ich muß ihr Hemd waschen, sie hat weiter keins»), Helfen beim Holzholen, Syrupkochen, Ablösen beim Schlangestehen bei der Milch, vor dem Fischgeschäft, vor dem Wirtschaftsamt (selbst nachts haben in diesem Winter einige unserer Kinder ihre Mütter beim Schlangestehen für einen Schuhbezugsschein abgelöst, von 10 bis 2 Uhr nachts oder von 12 bis 4 Uhr morgens). Dazu kommt das unvermeidliche, jetzt natürlich auch erhöhte Fehlen wegen Krankheit: Darmkrankheiten, Furunkulose und Krätze sind die hartnäckigsten Erscheinungen, die die Kinder oft wochenlang der Schule fernhalten, ganz abgesehen von den jahreszeitlichen Infektionen und anderen schwereren Erkrankungen. Ganz jämmerlich ist der Zustand der Füße der Kinder: die Holzsandalen und Schuhe aus Ersatzstoffen scheuern und drücken die Füße meist schon in den ersten Tagen wund; was man da an Beulen, tiefen Rissen und eitrigen Wunden täglich zu sehen bekommt (Heftpflaster und Verbandstoff gibt es nicht!), ist erbarmungswürdig; fast schlimmer noch, weil es die Füße für Lebenszeit verdirbt, sind die krumm gewachsenen Zehen in den zu kleinen Schuhen; das Bild hinkender Kinder ist so häufig, daß ich, als ich neulich im Wesertal eine große Schafherde sah, in der viele Tiere hinkten, sofort an meine Schulkinder dachte: «die sind aber noch schlimmer dran, denn die können nicht die kranke Pfote hochheben und haben dann immer noch drei zum Laufen!»

Oft frage ich mich: warum kommen die Kinder überhaupt noch zur Schule? Das, was sie im Augenblick am meisten zieht, ist die Schulspeisung und da vor allem die Schokolade. Es ist sehr drollig zu sehen, wie im gleichen Rhythmus, in dem die Schokoladentage mit den Suppentagen abwechseln, die Kurve der Versäumnisse fällt und steigt. Wer wollte es Kindern verübeln, die mit 12 Jahren zum ersten Mal in ihrem Leben ein Stück Schokolade bekommen haben? Die sich im Kriege für geschenkte 80 Pfennige Sauerkraut kauften, weil es das einzige war, was es damals ohne Marken gab (jetzt gehört auch das schon zu den rationierten Kostbarkeiten). Viele kommen auch, weil es ihnen zu Hause zu langweilig ist – eine alte Erfahrung schon aus Friedenszeiten bei zu langen Ferien. Und zum Glück kommen nicht wenige, weil sie etwas lernen wollen, weil sie nach den Jahren des geistigen Brachliegens hungrig sind nach Anregung und Leistung und Erproben ihrer Kräfte. Und auch, weil in ihnen, so sehr sie den Reiz uneingeschränkter Freiheit gekostet haben, doch ein gesundes Bedürfnis nach Zucht und Ordnung wachgeblieben ist. Sie wollen wieder, daß Zwang und Freiheit, Arbeit und Spiel, sittliche Forderung und Gewährenlassen ihnen im rechten Verhältnis zugemessen werde.

Und da steht nun die paradoxe Tatsache, die uns Lehrern am meisten zu schaffen macht, ja unsere ganze Arbeitsfreudigkeit zu lähmen droht: daß in der deutschen Schule kaum Raum mehr ist für Unterricht und Erziehung! Mit all den bisher gezeigten äußeren Schwierigkeiten wollten wir fertig werden. Mit den inneren, die in der geistigen und seelischen Verfassung einer Jugend liegen, die die Nazizeit, 6 Jahre Krieg und nun Hunger und wirtschaftliches Elend erlebte, wollten wir auch den Kampf aufnehmen, denn wir sehen überall mit beglücktem Staunen, wie die Keime zu allem Guten und Tüchtigen nur verschüttet, nicht ertötet sind. Und wir fühlen uns in den besten Kräften unseres Erzieherberufes aufgerufen zu diesem Kampf. So gehen wir jeden Morgen in unsere Schule mit allem guten Willen, etwas Rechtes zu schaffen, mit schönen Plänen für eine lebendige Heimatkundestunde, für vergnügtes Wettrechnen, wir haben uns verlockende Lesetexte ausgedacht und Aufsatzthemen, wir freuen uns auf eine fröhliche Musik- oder Turnstunde und darauf, was die Kinder wohl beim Zeichnen aus einer Aufgabe machen werden, die wir ihnen stellen – und kommen mittags nach Hause mit dem drückenden Bewußtsein, nichts, gar nichts von alledem geschafft zu haben.

Warum nur, willst Du wissen? Um es kurz und etwas banal zu sagen: weil die Schule weiter «Mädchen für alles» ist. Soviel sich im Jahre 1945 geändert hat, *das* ist völlig das Gleiche geblieben, ja es droht sogar noch über das uns schon Gewohnte hinauszugehen.

Da kommen die alten Sammelaufrufe: Heilkräuter, Wildfrüchte, Altpapier («Neue Hefte können nur geliefert werden in dem Maße, in dem Altpapier von der Schule abgeliefert wird»), Knochen (bei 150 Gramm Fleischration in

der Woche!), die Geldbeträge für das Jugendherbergswerk, für die Kriegsgrä-
berfürsorge, für die Filmgeräte, das Verkaufen von Heften, Bleistiften, Schul-
büchern, Eßgeschirren für die Speisung u. a. m.
[...]

(Elisabeth Engelhard. In: Die Sammlung 1947, Nr. 2, S. 304 ff.)

10. «Helm ab, wir wollen studieren»

Als der Krieg aus war, wollten die einen schnell nach Hause. Andere zöger-
ten, und sehr viele wollten plötzlich lange und möglichst für immer bleiben,
was sie ungern gewesen waren: Soldaten, die Bett und Brot hatten, einige
Papierscheine Wehrsold und Zeit, viel Zeit.

Es war ein Tag im Mai 1945, als ich verwundet im (zum Hilfslazarett eingerichteten) Gemeindesaal einer holsteinischen Kleinstadt lag. Da krächzte aus
dem alten Volksempfänger die Nachricht, daß Professoren aus Warschau in
Breslau eingetroffen seien, um den Aufbau einer polnischen Universität vorzubereiten. In Breslau. Dort hatte ich zwischen zwei Verwundungen studiert, und ich hatte den Studentenausweis im verschwitzten Soldbuch bis zur
vierten und letzten Verwundung durch den Krieg mitgeschleppt und war
1945 der Meinung gewesen, ich würde irgendwann aus der Uniform ausstei-
gen und eines Tages am Fechterbrunnen vorbeigehen, um mich in der Quästur der Friedrich-Wilhelms-Universität zu Breslau zum Studium zurückzu-
melden. [...]

Nun aber war alles aus. Nach Breslau gab es keine Rückkehr, und es gab
kein Studium mehr. Aus der Traum vom friedlichen Lehrerleben in Glatz,
Brieg oder Breslau selbst, wo ich Abitur gemacht hatte, wo meine Eltern und
Geschwister lebten, meine Frau. Wo waren sie alle? Meine Frau müßte jetzt
unser erstes Kind bekommen, irgendwo. Wo waren der Vater, die Brüder,
Soldaten wie ich? Wo die Mutter mit den jüngsten Geschwistern? Was auf
Schleichwegen in Gerüchten über die Zonengrenze durchsickerte, war voller
Widerspruch: dort lief das Leben weiter, und anderswo geschah Entsetz-
liches.

In dieser Lage gab es für mich drei Gründe, doch zu studieren:
Es war 1945 ohnehin alles sinnlos und unabsehbar, was man tat.
Mir fiel nichts anderes ein. Denn der Rat, am besten als Bauer oder Maurer
zu arbeiten, half dem Kriegskrüppel wenig.
Zum Studium rieten auch die «Alten», die zwei Weltkriege mitgemacht
hatten.

Die nächste Universitätsstadt war für mich Kiel. Ein merkwürdiger Instinkt, den Menschen in Notzeiten wiedergewinnen, lenkte mich dorthin.
Dabei hatte ich keine Ahnung, daß man sich in Kiel ernsthaft überlegte, ob
man die Universität nicht besser aus dem Trümmerhaufen nach Schleswig ver-

legen sollte, wo schon Kliniken und Institute behelfsmäßig untergekommen waren. Die weltberühmte Bibliothek des Weltwirtschaftlichen Instituts wartete ausgelagert im Ratzeburger Dom.

Ähnliche Überlegungen gab es im Sommer 1945 auch in Münster, Würzburg oder München; in München dachte man an eine Verlegung der Universität nach Regensburg. Von 32 Universitäten und Hochschulen im Bereich der späteren Bundesrepublik Deutschland waren zwölf fast völlig zerstört wie in Kiel und vom Rest nur 6 annähernd intakt, darunter Heidelberg und Göttingen.

[...]

Und dann, am 27. November 1945, begannen die Vorlesungen und Seminare. Daß die Zulassungsbarriere überhaupt eine war, hatte ich gar nicht gemerkt. Ich war zur Quästur gegangen, hatte meinen Breslauer Studentenausweis vorgelegt und war zugelassen. Daß ich da war, als man anfing, und daß ich den Studentenausweis aus purer Sentimentalität im Kriege bei mir getragen hatte, gab den Ausschlag.

Ich hatte keine Vorstellung davon, daß sich inzwischen 10 bis 12 Abiturientenjahrgänge vor den Hochschulen zu drängeln begannen. Man schätzt, daß 54 Prozent der möglichen Studienbewerber gefallen waren. Verständlich, da Abiturienten als Unterführer besonders exponiert waren. Wer überlebt hatte, wollte mit dem Studium erst beginnen, also sprang ich über die Hürde dieses ersten Semesters; denn ich wollte ja ins zweite. Das hatte freilich auch peinliche Folgen.

Professor Karl Jordan hatte Übungen angekündigt zur Kaiserkrönung Karls des Großen. So stolperte ich eines Abends in einen Kellerraum des Geographischen Instituts, um an diesem Seminar teilzunehmen. Professor Jordan sah in seiner Liste, daß zwei oder drei «höhere» Semester da waren. Er ließ Texte verteilen, und wir angeblich «Fortgeschrittenen» sollten gleich übersetzen aus Einharts «Vita Caroli magni». Nun hatte ich in sechs Kriegsjahren schon mein «klassisches» Latein vergessen und kam mit diesem skurrilen Karolingerplatt überhaupt nicht zurecht. Die anderen auch nicht. Professor Jordan, qualifizierter Experte für mittelalterliche Quellenangaben, tolerierte unser Gestümper und übersetzte die meisten Texte selbst.

Die Vorlesungen waren erst vom Sitzplatz und dann vom Inhalt her ein Problem. In die überfüllten Räume hineinzukommen, war kaum möglich. Der Philosoph Professor Bollnow wurde im Kolleg «Existenzphilosophie» (Hörsaal des Geographischen Instituts) vom Eingang über uns hinweg zu seinem Pult gehoben. Da Otto Beckers Kolleg über Bismarcks Reichsgründung bei den Historikern ebenso überfüllt war, vorher dort aber Mathematiker hörten, setzte man sich unauffällig zwischen sie, um anschließend einen Sitzplatz zu haben.

Schreibzeug und Bücher gab es nicht. Ich hatte zufällig beim Arbeitsamt einen Job gefunden, um eine Statistik auszuwerten. Davon und von dem Rest meines Wehrsolds lebte meine Familie. Beim Arbeitsamt fand ich Stapel alter

Formulare der «NS-Gemeinschaft Kraft durch Freude in der Deutschen Arbeitsfront». Auf den Rückseiten schrieb ich Kollegs und Seminare mit. Namen, Begriffe: man schrieb anfangs fast alles falsch, stieß ständig auf Bildungslücken einer Schulzeit, die «Kerle» und nicht «Köpfe» erzog.

[...]

Die drückende Armut der studentischen Existenz empfanden wir erst 1948, das heißt nach der Währungsreform. Vorher hatten die meisten nichts, unterschieden wir uns von den anderen kaum. Meine Frau hatte die Monatsmiete für ein Zimmer, in dem wir mit unserem kleinen Jungen lebten, jahrelang mit den Raucherkarten bezahlt. Als alle Waren wieder normal zu kaufen waren, brauchten wir Geld. Auch hier griffen Hilfsmaßnahmen für Kriegsversehrte und Vertriebene ein, und meine Frau arbeitete stundenweise in ihrem alten Beruf. Als unser zweiter Sohn 1949 geboren wurde, hatte ich schon zwei Examina hinter mir und bereitete mich im 10. Semester auf die beiden Schlußprüfungen in den Hauptfächern vor. Thema der literarischen Arbeit sinnigerweise: «Das Idyll in der Epik der jüngeren Romantik», und das hatte ich mir noch selbst gewünscht!

Man hat diese Generation der heute Fünfzig- bis Sechzigjährigen zunächst nie studieren lassen wollen, weil man uns für verdorben hielt, verdorben für alle Zeit. Man hat uns später zu sehr hochgelobt als eine der fleißigsten, ernsthaftesten, offensten, sozialsten und doch nüchternsten Generationen der deutschen Studentengeschichte.

[...]

(Die Zeit vom 26. 12. 1975)

11. Die Wiedereröffnung der Berliner Universität 1946

[...]

Nachdem ich bereits im Sommer 1945 auf eigene Faust mit der Lehrtätigkeit begonnen und ein geburtshilflich-gynäkologisches Bunkerseminar abgehalten hatte, an dem zunächst sieben Famuli und Famulae beteiligt waren, bis der Kreis auf zwanzig Studenten anwuchs, wurde am 29. Januar 1946 die Universität Berlin mit einem Festakt im Admiralspalast in der Friedrichstraße, dem derzeitigen Sitz der Staatsoper, feierlich eröffnet. Meinem Gefühl nach mit etwas zu viel Theaterpathos: Wir übriggebliebenen Ordinarien mußten in Talaren, die uns die Kollegen von der Universität Jena gepumpt hatten, auf der Bühne Platz nehmen, Front zum Zuschauerraum; der Vorhang öffnete sich rauschend, und das Publikum vermochte ob des unbeholfenen Anblicks, den wir akademischen «Komparsen» zweifellos boten, kaum das Lachen zu unterdrücken. Brugsch fiel die Aufgabe zu, den ersten Rektor, der gewählt worden war, Professor Johannes Stroux, auf der Bühne mit den Insignien der Rektoratswürde zu bekleiden und ihm die Amtskette umzulegen. Vom alten

Stamm der Fakultät waren mit mir sieben Professoren übriggeblieben: Sauer-
bruch, Bonhoeffer, v. Eicken, Rößler, Stieve und Kopsch.
Später wurden in einer besonderen Veranstaltung die Bestätigungsdiplome
überreicht. Ich hatte das meinige als erster schon vorher, zum 75. Geburtstag, geschenkt bekommen, war also bereits «angestellt». Als die Rektorats-
räume in der Charlottenstraße 43 fertiggestellt waren, lud Professor Stroux
uns «Angestellte» zu einem Imbiß ein, bei dem vierzehn Reden gehalten wurden. Ich saß neben Professor Bonhoeffer. Als uns die Phrasen auf die Nerven
gingen, drückten wir uns. Im Vorzimmer aber standen wir plötzlich vor
einem Tisch mit bereitgestelltem kalten Abendessen. Bonhoeffer blickte mich
lauernd an, ich plinkerte zurück – dann machten wir kehrt und warteten brav,
bis die Platten herumgereicht wurden. Zwei Jahre früher hätte man dieses
Essen kaum einem Kutscher zugemutet. Jetzt schmeckte es herrlich und
schien uns die Umkehr wert ...
[...]
(Walter Stoeckel. In: H. Borgelt [Hg.], Erinnerungen eines Frauenarztes,
© Kindler Verlag München 1966)

12. Hörerumfrage des Frankfurter Rundfunks (1949)

Was gefiel Ihnen am besten?

Wir hören so oft Klagen über die Leichtlebigkeit unserer Zeit, vor allem der
jungen Generation, die nicht gerne eine Stunde der Besinnung sucht, die lie-
ber Swing tanzt, anstatt klassische Musik hört, die alles Auffallende dem Ge-
diegenen vorzieht. Den Geschmack der jungen Menschen zu beeinflussen
und ihn in geordnete Bahnen zu lenken, ist nicht nur Aufgabe der Eltern und
Erzieher, sondern in verantwortlichem Maße auch die der Öffentlichkeit.
Theater, Kino und Funk sind wesentliche Kräfte , die an der Formung und
Vertiefung des Kunstinteresses der Menschen, vornehmlich der jungen,
Anteil haben.
Ein erfreuliches Ergebnis zeigt die allwöchentliche Sendung des Frankfurter Rundfunks: «Was gefiel Ihnen am besten?» Jeden Samstagnachmittag
kommen seit geraumer Zeit sechs Musikstücke, Lieder oder Tanzweisen zum
Vortrag. Die Hörer werden dann aufgefordert, ihre Meinung zu schreiben,
welches Stück ihnen am besten gefallen hat und warum. In sehr einfallsrei-
chen Briefen, köstlichen Zeichnungen und schwierigen Rätsellösungen erfolgen oft die Antworten, von denen die treffendsten bei der nächsten Sendung
vorgelesen werden. Während der Faschingszeit war die Sendung recht bunt
zusammengesetzt, man wollte dadurch den Geschmack der Hörer besonders
auf die Probe stellen. Es erklangen: das beliebte Wolgalied, das «Abendstern-
chen», der «Theodor im Fußballtor», amerikanische Songs, unsterbliche
Schlager und dazwischen klassische und volkstümliche Weisen. Zum wieder-

holten Male erhielt nun Mozarts inniges Wiegenlied «Schlafe, mein Prinzchen, schlaf ein», gesungen von den hellen Knabenstimmen der Regensburger Domspatzen, den ersten Preis. Bei der letzten Sendung galten dem Wiegenlied 407 Stimmen, dem «Theodor» nur 191, die Schlager waren überhaupt nicht in Erwägung gezogen worden. Ein Mechanikerlehrling bekundete seine Zustimmung in sehr origineller Weise. Er schickte an den Rundfunk Frankfurt eine Metallplatte mit sechs numerierten Löchern und eine Schraube. Die Ansager müßten nun herausfinden, für welches Loch die Schraube gedreht war. Sie paßte in Nummer drei. Das Wiegenlied hatte in dieser Sendung die Nummer drei getragen. Es ist ein Zeichen dafür, daß es doch noch viele Jugendliche gibt, deren Geschmack nicht verbildet ist.

(Mainpost vom 8. 6. 1949)

Siebtes Kapitel

Wirtschaft zwischen Demontage und Währungsreform

Einleitung

Die Währungsreform 1948 ist als *die* große Zäsur der Nachkriegsgeschichte in Erinnerung geblieben (Dok. 12). Die politische Propaganda hat das Ihre dazu getan, den Glauben an diese abrupte Zäsur zu bestärken. Vor der Währungsunion in der DDR 1990 gab es eine Neuauflage dieser Argumente. Ludwig Erhard, die Währungsreform und die Einführung der sozialen Marktwirtschaft erscheinen in der Rückschau als Erfolgsrezept für den schnellen Aufstieg aus Trümmern und sozialem Elend. In dieser plakativen Form ist das Bild falsch. Der Stellenwert der Währungsreform und des Marshall-Plans für den schnellen ökonomischen Wiederaufstieg des westlichen Deutschlands ist in der historischen Forschung durchaus umstritten.[1] Unzweifelhaft bildeten beide aber eine sehr bedeutsame ökonomische und politische Starthilfe für das – erst später einsetzende – «Wirtschaftswunder». Ihre Wirksamkeit war jedoch an bestimmte Voraussetzungen gebunden, die in der Erinnerung und in der politischen Diskussion häufig verschwunden sind.

Deutschland schien 1945 in einem nie dagewesenen Ausmaß zerstört (vgl. Kap. 2). Ein Wiederaufstieg würde, so legte der Augenschein der Zeitgenossen nahe, Jahrzehnte dauern. Die von den Alliierten aus politischen Gründen in Potsdam verabredeten Demontagen und Entflechtungsmaßnahmen für die deutsche Großindustrie verschärften die durch Zerstörung, territoriale Abtrennungen, Zustrom von Millionen Flüchtlingen und Produktionsverbote ohnehin schon desolate Wirtschaftslage und machten die Hoffnungslosigkeit noch größer (Dok. 1, 2). Das Ruhrgebiet als wichtigstes deutsches und europäisches Wirtschaftszentrum spiegelte diese Lage besonders eindrücklich. Ein Blick hinter die Kulissen zeigt jedoch, daß dieses Bild insgesamt zu düster war, zumindest nicht für alle Zonen in gleicher Weise zutraf. Das Ausmaß der industriellen Kriegszerstörungen erwies sich nicht überall als so gravierend, wie man zunächst befürchten mußte. Die Auswirkungen von Demontagen sind zwar schwierig genau zu bemessen, weil ein fehlendes Glied in der Kette einen ganzen Produktionszweig lahmlegen konnte. Zumindest in den Westzonen wirkten sie sich jedoch weniger einschneidend aus, als die Zeitgenossen vermuteten. Die drückende Last der Besatzungskosten und das Interesse an einer schnellen Ingangsetzung der deutschen Industrieproduk-

[1] Die Argumente dafür und dagegen werden diskutiert von Christoph Buchheim in: Peter Hampe (Hg.): Währungsreform und Soziale Marktwirtschaft. Rückblicke und Ausblicke, München 1989, S. 86ff.

tion (insbesondere in der Energiewirtschaft) als Voraussetzung auch für die ökonomische Gesundung Europas ließ die Westalliierten im Zuge des sich abzeichnenden Kalten Krieges schnell von ihren ursprünglichen Plänen abrücken. In den Westzonen betrafen die Demontagen vor allem solche Industriezweige, die in den Jahren zwischen 1936 und 1944 besonders stark expandiert hatten.[2] Dies war zunächst aber nicht erkennbar, und die Erbitterung wuchs nicht zuletzt deshalb, weil die Demontagen noch weitergingen, als bereits die Marshallplan-Hilfe in Aussicht stand. So stellte ein gemeinsamer Appell von Betriebsrat und Betriebsleitung eines Bochumer Stahlwerks vom Januar 1949 fest: «Es ist unsere feste Überzeugung hier in Deutschland, daß Mr. Marshalls Hände nicht voll informiert sind darüber, was Mr. Morgenthaus Faust tut».[3] Erst der Korea-Krieg 1950 zog hier einen Schlußstrich, nachdem im Petersberger Abkommen vom November 1949 das Ausmaß der Demontagen weiter reduziert und genau eingegrenzt worden war.

Ein völlig anderes Bild bot die SBZ. Hier gehören die Reparationen zu den wichtigsten Belastungsfaktoren des künftigen Wirtschaftslebens (Dok. 2). Die anfangs in chaotischen Formen verlaufenden, später stärker von oben gesteuerten Demontagen und Reparationen trafen die ostdeutsche Wirtschaft schwer. Sie bildeten bis zur offiziellen Aufhebung 1953 neben der Etablierung einer zentralistischen Planwirtschaft eines der gravierendsten Hemmnisse eines schnellen Aufschwungs und vertieften die Kluft zwischen dem östlichen und dem westlichen Teil Deutschlands.[4] Die erste Leipziger Messe 1946 verdeckte diese Kluft zunächst noch (Dok. 9).

Neben der doppelten Geldreform (Dok. 10, 13), die sich für die Bevölkerung sehr unterschiedlich auswirkte und anfangs durch die damit verbundenen Preiserhöhungen (Dok. 12) auch einschneidende soziale Konsequenzen hatte, waren die sozialökonomischen Strukturreformen ein wesentliches Element der Auseinanderentwicklung Deutschlands. Die schon 1945 begonnene und in hohem Tempo durchgeführte Bodenreform (Dok. 3, 4) und die als «Enteignung der Kriegs- und Naziverbrecher» proklamierte Verstaatlichung der Großindustrie in der sowjetischen Zone (Dok. 6) entsprachen zwar prinzipiell durchaus den Beschlüssen und dem Geist der Potsdamer Konferenz. Ihre Realisierung wich aber völlig vom Vorgehen in den Westzonen ab. Die DDR-offizielle Sicht der Strukturreformen, wie sie sich in den Texten spiegelt, ist zwar nicht falsch, aber sie gibt nur einen Teil der Wirklichkeit wieder.

[2] Vgl. Werner Abelshauser: Wirtschaftsgeschichte der Bundesrepublik Deutschland 1945–1980, Frankfurt/M. 1983, S. 25 f.

[3] Zit. bei Christoph Kleßmann, Peter Friedemann: Streiks und Hungermärsche im Ruhrgebiet 1946–1948, Frankfurt/M. 1977, S. 19. Mit dem Namen des früheren amerikanischen Finanzministers Henry Morgenthau wurde auf die zeitweilig erörterten Pläne der völligen Deindustrialisierung Deutschlands angespielt.

[4] Vgl. Wolfgang Zank: Wirtschaft und Arbeit in Ostdeutschland 1945–1949. Probleme des Wiederaufbaus in der sowjetischen Besatzungszone Deutschlands, München 1987.

Denn die Willkür bei den Enteignungen war groß, und viele «politische Rechnungen» konnten unter dem Deckmantel einer radikaldemokratischen Maßnahme mitbeglichen werden.

Die ökonomischen und sozialen Folgen dieser im Osten radikal durchgeführten und im Westen kaum in Ansätzen realisierten Struktureingriffe waren tiefgreifend (Dok. 5). Die Zusammensetzung der bäuerlichen Schicht in der sowjetischen Zone verschob sich zugunsten der Kleinbauern, und die Großgrundbesitzer als soziale Klasse verschwanden ebenso wie das wirtschaftliche Großbürgertum. Die Zusammenfassung der ökonomisch auf Dauer kaum lebensfähigen kleinbäuerlichen Betriebe in landwirtschaftlichen Produktionsgenossenschaften (LPG) in den fünfziger Jahren war damit zwar nicht vorprogrammiert, die Kollektivierung wurde aber durch die Bodenzersplitterung erleichtert. Ebenso zog die Verstaatlichung faktisch aller Großbetriebe, die 1947 56 % der industriellen Produktion lieferten, eine Intensivierung der staatlichen Planung bereits zu einem Zeitpunkt nach sich, als das Modell der sowjetischen Fünfjahrespläne noch nicht zur Debatte stand.

Zu den Hauptproblemen gerade der staatlichen Betriebe gehörte in der Folgezeit die mit dem SMAD-Befehl 234 vom Herbst 1947 forcierte Erhöhung der Arbeitsproduktivität (Dok. 7) und die Erschließung zusätzlicher Arbeitskraftreserven. Während die Einbeziehung von Frauen in den Produktionsprozeß dank hartnäckiger Bemühungen und vielfältiger sozialpolitischer Hilfen in einem viel höheren Maße gelang als in der Bundesrepublik, blieb die Forderung nach Hebung der Arbeitsproduktivität trotz der «großen Tat» des «Kumpel Hennecke» von 1948 (Dok. 8) zur Initiierung einer Aktivistenbewegung aus vielerlei Gründen stets hinter den Möglichkeiten zurück. Diese Diskrepanz hat die DDR von ihren Anfängen bis zu ihrem Ende 1990 kontinuierlich begleitet.

1. «Immer noch Stillstand in den Stahlwerken an der Ruhr.
Kürzung der Lebensmittelrationen»

Das Ruhrgebiet bietet noch immer einen tragischen Anblick, nicht weniger schlimm als sechs Monate zuvor. Die meisten Räder der Industrie stehen noch immer still. Wenn man durch die lieblichen Straßen des Tales reist, sieht man nur am Horizont ein paar rauchende Fabrikschlote.

In den Städten macht die Enttrümmerung Fortschritte, aber wie langsam, wie schrecklich langsam ist der Arbeitsrhythmus!

Berlin ist den Städten an der Ruhr gewiß voraus. Irgendwie fühlt man fast überall greifbar den Mangel an Unternehmungslust und Zielstrebigkeit. Eine große Ausnahme bildet die Kohleindustrie. Die North German Coal Control, die die Ruhrbergwerke kontrolliert, hat entschieden gute Arbeit geleistet.

Im vergangenen Dezember erreichte die Kohleförderung das für den kommenden April vorgesehene Niveau. Die Fördermenge der letzten Zeit belief sich auf 55 000 000 Tonnen im Jahr; und Beamte der North German Coal Control sagen, daß sie die Produktion in diesem Jahr auf 100 000 000 erhöhen könnten – das heißt auf achtzig Prozent der Vorkriegsproduktion –, wenn die Förderung nicht durch Kürzungen der Lebensmittelrationen, Stahlknappheit, mangelnde Grubenausrüstung und andere unvorhergesehene Hindernisse beeinträchtigt werden würde. Die Kürzung der Lebensmittelrationen hat bereits einen leichten Rückgang der Förderung bewirkt.

Im Gegensatz zur Kohleförderung zeigt die Stahlindustrie noch nicht einmal Anzeichen einer Erholung. Dabei hängt hier alles – die Wiederaufnahme des Transportwesens, die weitere Gesundung der Kohleindustrie, die Belieferung der Bauern mit landwirtschaftlichen Maschinen und dementsprechend die Lebensmittelerzeugung – von der Stahlproduktion ab. Wenn die Stahlwerke an der Ruhr stillstehen, stirbt das gesamte Wirtschaftsleben in Deutschland ab.

Die gegenwärtige Stahlproduktion ist lächerlich gering – etwa 100 000 Tonnen im Monat, dieselbe Menge, die für letzten Oktober geplant war. Das kann nicht damit entschuldigt werden, daß die vier Mächte in Berlin das Stahlkontingent, das Deutschland zugebilligt werden soll, noch nicht festgesetzt haben.

Die Stahlproduktion beträgt kaum ein Fünftel des Minimalkontingents, das die Russen vorgeschlagen haben; es hätte, ohne Widerspruch hervorzurufen, das Drei- oder Vierfache sein können. Diese Situation steht in schreiendem Gegensatz zu der fast fieberhaften industriellen Aktivität in der russischen Zone.

Sicherlich fehlt es der Militärregierung nicht an guter Absicht, es herrscht jedoch ein entschiedener Mangel an Antriebskraft und Entschlossenheit. Es war in Ordnung, Krupp und ein paar andere Stahlmagnaten hinter Schloß und Riegel zu bringen, warum aber sollen deshalb auch die Stahlwerke geschlossen bleiben?

Die Kürzung der Lebensmittelrationen hat bis jetzt nur verhältnismäßig milde Reaktionen in der Bevölkerung hervorgerufen. Abgesehen von einem Rückgang der Kohleförderung haben Transportarbeiter hier und da eine Verkürzung des Arbeitstages von acht auf sechs Stunden gefordert, weil sie bei weniger Essen auch weniger Arbeit haben wollten. Als man ihnen mitteilte, daß ihre Forderungen nicht erfüllt würden, nahmen sie nach sehr kurzen Arbeitsunterbrechungen ihre Tätigkeit wieder auf.

Diese milde Reaktion wird durch die Tatsache erklärt, daß der größte Teil der Bevölkerung noch immer von Vorräten lebt und Nahrungsmittel von den Bauern erhält. Neuansiedler aus Ostdeutschland und alte Leute, die keine Vorräte haben und von den Bauern nichts bekommen können, sind am schlimmsten dran. Sie leiden bereits Hunger.

Die Mehrheit der Bevölkerung an der Ruhr hat anscheinend die physischen Auswirkungen der Kürzung noch nicht zu spüren bekommen. Es gibt da sozusagen eine Spätzündung. Aber der Aufschub wird sicherlich nicht lange währen.

«Die Briten lagern Lebensmittel ein, um einen Krieg gegen Rußland zu führen.» Das ist ein typischer deutscher Kommentar zur Kürzung der Lebensmittelrationen. «Sie hungern uns absichtlich aus, um uns für den Krieg zu bestrafen», lautet ein anderer. «Das kann nicht sein, sie werden die alten Rationen bald wieder einführen», ist ebenfalls eine charakteristische Bemerkung. Nur selten findet das Argument von der Knappheit der Lebensmittel auf der ganzen Welt Glauben.

Zur Angst vor dem Verhungern kommt das weitverbreitete Gefühl, daß die Entnazifizierung trotz aufsehenerregender Verhaftungen von Kohle- und Stahlmagnaten in Wirklichkeit nicht weit genug gegangen ist. Neulich schilderten mir Sozialdemokraten in Dortmund, wie die Industriellenvereinigungen, die einst die Ruhr den Nazis auslieferten, ihr altes Selbstvertrauen und ihren Dünkel wiedergewinnen.

«Vor einigen Monaten», so berichteten sie, «baten sie uns noch zitternd, daß wir in die Verwaltungsräte ihrer Konzerne eintreten mögen. Jetzt werden sie halsstarrig und lassen durchblicken, daß auch sie ihre Beschützer haben.»

Die enttäuschte und etwas zynische Moral an der Ruhr wird durch den folgenden volkstümlichen Reim angedeutet:

> O Herr, erhöre unsere Bitte,
> Gib uns das Fünfte Reich,
> Denn das Vierte ist wie das Dritte.

Man kann leider nicht darüber hinwegsehen, daß es in einer Anzahl von Fällen an psychologischem Verständnis und politischer Einsicht fehlt. Es gibt zum Beispiel fast keine deutschen Zeitungen an der Ruhr, sieht man von den Zeitungen ab, die von der Militärregierung veröffentlicht werden und unter der deutschen Leserschaft eine sehr negative Aufnahme gefunden haben. Dabei ist das Ruhrgebiet wie kein anderer Teil Deutschlands politisch interessiert.

Es sind noch immer Sperrstunden in Kraft. Neulich wurde ich in einer kleinen Stadt am Rande des Ruhrgebiets, eigentlich schon in Westfalen gelegen, um halb elf Uhr vom Geheul der Sirenen überrascht. Eine Viertelstunde später heulten die Sirenen ein zweites Mal. Das war die zweite Warnung vor Eintritt der Sperrstunde. Im stürmischen Berlin gibt es keine Sperrstunde. Die Straßen in der russischen Zone sind bis nach Mitternacht voller Passanten.

(Isaac Deutscher in: The Observer vom 17. 3. 1946. In: Reportagen aus Nachkriegsdeutschland, Hamburg 1980, S. 163 ff.)

2. Demontagen in der sowjetischen Zone

[...]

Im Anfangsstadium wurden viele Demontagen Hals über Kopf, ja geradezu sinnlos vorgenommen. Außer den Fabriken wurden auch öffentliche Einrichtungen wie Telefonämter, Materiallager der Post, Eisenbahnwerkstätten, Transporteinrichtungen und Kabelleitungen, ja auch Universitätslaboratorien, wie die in Rostock, abgebaut. Zunächst waren ausschließlich ungelernte Kräfte der Roten Armee mit den Abbauarbeiten beschäftigt. Dadurch wurde der Wert der Anlagen natürlich beträchtlich gemindert. Der plötzliche Riesenanfall von Reparationsmaterial führte auch sehr rasch zu ernstlichen Transportschwierigkeiten. Nicht einmal die Eisenbahnen waren auf ihre für diese Aufgabe verfügbare Kapazität überprüft worden. So blieb vieles Material am Ort der Demontage oder in dessen Nachbarschaft liegen. Man konnte die im Gebäude verstreuten und der Verwitterung preisgegebenen Reparationsgüter rund um die Werke verkommen sehen – was die auf solche Weise unnütz ausgeplünderten Deutschen natürlich nicht gerade sanfter stimmte.

[...]

Beherrschender Gesichtspunkt war bei den direkten Demontagen der Bedarf der Sowjet-Union. Das scheint vor allem für den Abbau der Transport- und Posteinrichtungen und für einen großen Teil der Schwer-Industrie, insbesondere für den Maschinenbau, die Eisenerzeugung und die Fahrzeug-Industrie zuzutreffen. Diese Industrien waren die ersten, die in Mitleidenschaft gezogen wurden. Auch hatten die Russen ein ganz besonderes Interesse an der Sperrholz-Industrie und der Chemie der Wasserstoffderivate, wo schon frühzeitig und eifrig zur Befriedigung der innerrussischen Bedürfnisse demontiert wurde. Werke mit modernen Anlagen und neuesten Fabrikationsmethoden standen auf den Demontagelisten überall an erster Stelle. Fernerhin wurde alles demontiert, was für die Weiterentwicklung und den Wiederaufbau der russischen Industrie schlechthin nützlich war. Wie sich noch zeigen wird, war es ursprünglich die Absicht der Russen, ein Maximum an Investitionsgütern aus ihrer Zone zu demontieren und diesem Grundsatz alle anderen, insbesondere späteren Möglichkeiten für Reparationsentnahmen unterzuordnen. Jener Grundsatz war Anfang 1946 allein herrschend; er wich erst langsam einer steigenden Entnahme aus der laufenden Produktion und deren Export auf russisches Konto. Anfänglich wurden sogar große Teile der Konsumgüter-Industrie demontiert. Dabei wurden natürlich diejenigen Branchen, die hochqualifizierte technische Einrichtungen besaßen, wie die Textil- und Schuh-Industrie und besonders die Gummiwaren-Industrie, besonders betroffen. Aber auch große Teile der Zement-Industrie, der Glas- und Keramikerzeugung, der Baustoff- und der Verpackungs-Industrie wurden in Mitleidenschaft gezogen.

In einigen Industrien wurden die Demontagen allerdings zu einem auffällig

frühen Termin eingestellt; ja in ein oder zwei Fällen ist die teilweise demontierte Ausrüstung sogar wieder ersetzt worden. Das gilt für den Bergbau und einen Teil der Brikett-Industrie, die Zuckerraffinerien und andere Nahrungsmittelfabriken, es gilt vor allem aber für die Leuna-Werke, wo der Befehl zur Demontage mehrmals gegeben und ebensooft, schließlich endgültig, widerrufen wurde. Diese standortgebundenen Industrien bildeten dann später den Kern der Sowjet-Aktiengesellschaften, der sogenannten SAG. Alle Werke, die im Oktober 1946 von der Demontageliste für das erste Quartal 1947 gestrichen wurden, gehörten mit einer einzigen Ausnahme zu den soeben genannten Kategorien. In ganz wenigen Fällen vermochte ein deutscher Einspruch ein Werk wenigstens zum Teil vor der Demontage zu retten. Als typisches Beispiel hierfür sei die Firma Rudolf Sack, Leipzig, genannt. In diesem Werk, das landwirtschaftliche Maschinen herstellt, wurde der deutschen Leitung eine Halle mit der ganzen Maschinenausrüstung belassen. Nur die Stromgeneratoren sind in diesem Fall entfernt worden.
[...]

(J. Peter Nettl: Die deutsche Sowjetzone bis heute, Frankfurt/M. 1953, S. 184f., 189)

3. «Wie wir unseren Gutsbesitzer enteigneten»

Von unserem I. Kreissekretär der KPD, dem Genossen Ernst Puchmüller, erhielten wir den Auftrag, in Torisdorf, Kreis Schönberg, die Bodenreform durchzuführen. Ich fuhr in den ersten Oktobertagen 1945 hin, um mich erst mal dort umzusehen und mit Landarbeitern und Umsiedlern zu sprechen.

Torisdorf war ein Gut von etwa 400 Hektar. Es gehörte dem Junker Axel Bunger, einem eingefleischten Militaristen, der sich von «seinen» Leuten mit «Herr Hauptmann» anreden ließ. Im Dorf gab es einige klassenbewußte Landarbeiter, die uns halfen, durch individuelle Aussprachen eine Dorfversammlung vorzubereiten. Sie fand, soweit ich mich erinnere, am 3. oder 4. Oktober morgens um 7 Uhr statt. Wir hatten diese Zeit gewählt, weil sich zu dieser Stunde, wie es auf den Gütern so üblich war, die Landarbeiter zum «Befehlsempfang» vor dem Gutshaus versammelten.

Es waren alle da, auch die Umsiedler. Einige Landarbeiter waren bemüht, den Eindruck zu erwecken, als wären sie nur zufällig auf die Versammlung gestoßen. Sie hielten Wassereimer oder Milchkannen in den Händen und standen etwas abseits. Das war sicher wegen des «Herrn Hauptmanns», vor dessen Augen sich ja alles abspielte.

Als Referent sprach ich über die Notwendigkeit und Bedeutung der Bodenreform und erklärte das Gesetz über die Bodenreform. In der anschließenden Diskussion zeigten sich unterschiedliche Standpunkte und Unklarheiten der Versammelten. Zuerst traten die klassenbewußten Landarbeiter,

wie Genosse Bruns oder der alte Kröger, auf. Sie forderten, daß mit der Guts-
herrschaft Schluß gemacht werden und die sofortige Enteignung des Guts-
herrn und seine Entfernung aus dem Dorf erfolgen sollte.

Einige Landarbeiter drehten und wendeten sich noch mit Meinungen:
«Wer weiß, wie das noch kommt, der Herr ist ja noch da, und er kann ja auch
wiederkommen, dann geht es uns an den Kragen.» Andere meinten: «Wie
sollen wir denn mit dem Land fertig werden, wenn jeder für sich wirtschaf-
tet? Wir haben ja nichts dazu.»

Die Umsiedler waren durch die Bank für die Bodenreform, gab sie ihnen
doch eine neue Existenz. So gingen eine Zeitlang die Meinungen hin und her,
bis schließlich alle ihre Zustimmung zur Aufteilung des Gutes gaben. Es
wurde eine Bodenkommission gebildet, an deren Spitze der Landarbeiter Genosse Bruns stand. Der Weg zu einem neuen Bauernleben ohne Ausbeutung
wurde beschritten.

Jetzt mußte aber der Gutsbesitzer von dem Beschluß der Versammlung offiziell unterrichtet werden. Das war Aufgabe der gewählten Bodenkommission, aber alle hatten Hemmungen, als Sprecher aufzutreten, so übernahm
ich diese Rolle. Als wir zu ihm gingen, kam er uns schon schreiend und
schimpfend entgegen. Ich teilte ihm in knappen Worten den Beschluß mit
und forderte ihn auf, der Bodenkommission unverzüglich die Schlüssel und
alle Gutsunterlagen auszuhändigen, sich bis auf weiteres in seinem Zimmer
aufzuhalten und sich jeder Einmischung zu enthalten. Er versuchte uns zunächst einzuschüchtern, erklärte die Versammlung für nicht kompetent, und
mündliche Beschlüsse könne er überhaupt nicht anerkennen. Auf die Frage
der Kompetenz antwortend, fragte ich ihn, ob er es auf eine Machtfrage ankommen lassen wolle. Dazu käme er zu spät, sie sei bereits zugunsten des
werktätigen Volkes entschieden, er und seinesgleichen hätten hier für immer
ausgespielt.

[...]

(Wie wir angefangen haben. Von der demokratischen Bodenreform zum Sieg
der sozialistischen Produktionsverhältnisse in der Landwirtschaft, Erinnerun-
gen, Berlin [O] 1985, S. 27 ff.)

4. Ein Westbesucher über die Bodenreform

[...]

Zu den niederdrückendsten Erlebnissen meines Aufenthalts gehörte die
Besichtigung einiger großer Güter, die mir mit Stolz gezeigt wurden als kommunistische Mustersiedlungen. Diese Güter waren früher hoch intensiv, voll-
gefüllt mit wertvollem Vieh und leisteten enorme Beiträge zur Volksernäh-
rung. Heute waren die großen Ställe leer; auf den Höfen wurden mir die Siedler vorgeführt, keine Bauern, sondern eine völlig bunt zusammengewürfelte

Gesellschaft, deren Charakteristikum war, daß sie früher nichts besessen hatte und jetzt zur kommunistischen Partei gehört. Jeder hatte etwa 20 Morgen Land bekommen, und zwar in lauter kleine Parzellen geteilt. Ich habe mich mit diesen Leuten mit der gebotenen Vorsicht unterhalten. Ihre völlige Unkenntnis landwirtschaftlicher Dinge war in die Augen springend. Sie bilden die kommunistischen Zellen, aus denen man die landwirtschaftliche Berufsvertretung wählen lassen will. Aller Besitz über 400 Morgen ist in Fetzen zerrissen. Der Wald ist bis zu einer Größe von 1 ha auf diese Siedler verteilt, die nun ihr Möglichstes tun, um schnellstens die guten Stämme abzuhauen und zu verkaufen. Man hat den Großgrundbesitz bis zu 400 Mg. theoretisch denen zugebilligt, die nachweisbar antifaschistisch waren, aber nur einem war es zunächst gelungen, diesen Nachweis zu erbringen, nämlich einem Herrn Wenzel in Teutschenthal, dessen Vater am 20. Juli erhängt worden ist. Aber auch diese 400 Restmorgen sind nach wenigen Wochen unter einem fadenscheinigen Grunde weggenommen worden. Es handelt sich eben gar nicht um Bodenreform, sondern um Vernichtung der Intelligenz, wie das in Rußland der Fall war. Die größeren Bauern, d. h. die alt Angesessenen, sehen diesen Vorgängen völlig apathisch zu, haben aber gar nicht die Möglichkeit irgendeiner Gegenwehr und warten in dumpfer Verzweiflung nur auf den Tag, wo man auch ihnen ihren Hof nehmen wird. Heute steht das Land Thüringen ernährungsmäßig noch günstig da, weil es eine geringe Bevölkerungszahl, viel Ackerland und keine Groß-Städte besitzt. Ich sehe voraus, daß es bei diesem wirtschaftlichen System in zwei Jahren von dem Paradestück der russischen Zone , das es heute ist, zu einem absoluten Hungerlande geworden sein wird.
[...]

(Hans Schlange-Schöningen: Bericht über einen Besuch in Thüringen im Mai 1946. In: Vierteljahreshefte für Zeitgeschichte 27/1979, S. 677. Schl. war Gründungsmitglied der CDU in Schleswig-Holstein und gehörte zu deren protestantisch-konservativem Flügel)

5. Die Sorgen der Bauern in der SBZ (1948)

In der vergangenen Woche in der Provinz, um dort den «freien Bauern auf freier Scholle» persönlich kennenzulernen. Auf Befehl der SMA und Veranlassung der Landesregierung wurden Vertreter der Parteien und Massenorganisationen in die Kreise des Landes Brandenburg geschickt. Sie sollten sich an Ort und Stelle für eine «vorfristige Erfüllung» des Brotgetreidesolls bis zum 10. Oktober einsetzen. Ich startete am Mittwoch, fuhr mit der Bahn nach Lübben und von dort weiter in das Notstandsgebiet am Schwielochsee östlich von Lübben. Am Donnerstagvormittag traf ich mit den Vertretern der SED und des FDGB im Dörfchen Goyatz am Südzipfel des Sees ein. Der Boden hier ist sandig und wenig ergiebig. Überschwemmungen des Frühsommers haben die Saat teilweise vernichtet. Die Getreideernte ist darum auch sehr kümmerlich ausgefallen. Viele Bauern sind nicht in der Lage, ihr «Soll» zu erfüllen. Am Freitag besuchte ich mit dem Kontrolleur der Gemeinde, einem vernünftigen und humanen Mann, die Bauernhöfe, deren Besitzer mit der Ablieferung von Getreide noch im Rückstand sind. Wir fanden fast überall leere Scheunen, Böden und Ställe; das Vieh war längst als «Äquivalent» für nichtgeliefertes Brotgetreide fortgeschafft. In einem oder zwei Jahren wird vielleicht in diesem Notstandsgebiet das letzte Vieh verschwunden sein. Dann haben die Bauern kein Zugvieh mehr, keinen Dung für den Acker, keine Milch, die sie in die Städte liefern können, und kein Fleisch. So jedenfalls beurteilten von uns besuchte Bauern ihre – und unsere Zukunft. Die Regierung scheint sich nicht darum zu kümmern, wenn eine Gemeinde oder ein Kreis von einer Mißernte heimgesucht werden. Sie fordert lediglich einhundertprozentige Sollerfüllung von den Landwirten, ganz gleich wie. Wer es nicht schafft, wird bestraft, wandert ins Gefängnis oder auch in einen GPU-Keller: «Sabotage». Oder er muß vom Hof.

Aber nicht nur schlechte Ernten machen den Bauern Sorgen, sondern auch die dadurch hervorgerufenen «Schulden» an Saatgut. War die Ernte schlecht, muß der Landwirt sein Saatgut hergeben, um «erfüllen» zu können. Das wird ihm dann zwar als Leihsaat bis zur nächsten Ernte zur Verfügung gestellt. Aber letztes Jahr bekamen die Bauern diese ihre Leihsaat erst im November! Und vor allem: bei der nächsten Ernte heißt es dann, nicht nur das Soll erfüllen, sondern auch noch diese «Schulden» abdecken. Da das nicht möglich ist, wachsen die Schulden immer weiter. Gut ist der daran, der noch über Vieh verfügt, um es anstelle von Getreide abzuliefern. Für den Moment ist er die bittersten Sorgen los. Aber der nächste Ablieferungstermin kommt bestimmt – und weiter geht es bergab.

Am Freitagabend wurde ich Zeuge eines Verhörs besonderer Art. Ein sowjetischer Offizier aus Lübben hatte sämtliche Bauern, die ihr Soll nicht erfüllt haben, in die Bürgermeisterei von Lamsfeld zitiert. Der Major saß an einem Tisch an der Breitseite des Raumes, um ihn herum im Halbkreis die Bauern. Der Bürgermeister war dabei und wir Funktionäre aus Potsdam. Mit schneidender Stimme fragte der Offizier jeden der «Angeklagten», warum er nicht «erfüllt» habe und was er zu tun gedenke, um endlich seinen Pflichten nachzukommen. Ängstliche, stammelnde, Entschuldigung heischende Antworten, immer wieder durch höhnische Bemerkungen des Majors unterbrochen. Ein vielleicht siebzigjähriger Bauer versicherte mit Tränen in den Augen, er habe wirklich nichts mehr und könne auch nichts beschaffen. Nein, er wisse wirklich nicht, woher er das fehlende Getreide nehmen solle. Sein Nachbar argumentierte ähnlich. Einer nach dem anderen bekannte sein Unvermögen, die Forderungen zu erfüllen. Mit bösem Lächeln stellte der Major fest, er sähe schon, sie wollten nicht. Nun, dann müßten sie sich eben am Sonntagvormittag auf der Kreiskommandantur in Lübben melden. Dort würden sie das weitere hören. Zwei der Bauern, die weniger als 40 % abgeliefert hatten und, wie der Bürgermeister beteuerte, tatsächlich ihr letztes Getreide fortgaben, sollen vor Gericht gestellt und abgeurteilt werden. So befiehlt es der sowjetische Offizier.

Später, beim Abendessen, sagt mir ein Herr von der Landesregierung, Mitglied der SED, er habe sich immer gewundert, daß die politische Arbeit auf dem Dorfe nicht recht vorangehe. Seit er gesehen habe, mit welchen Mitteln hier gearbeitet werde, sei ihm alles klar. Man müsse schon völlig gewissenlos sein, wenn man solche Methoden Jahr für Jahr mitmachen wolle. Er jedenfalls könne das nicht, er habe genug. Auch die anderen kommunistischen Funktionäre, die mit am Tisch saßen, waren von dem Erlebten offensichtlich erschüttert. Was werden sie nun daraus gelernt haben?

[...]

(Wolfgang Schollwer: Potsdamer Tagebuch 1948–1950, © Oldenbourg Verlag München 1988, S. 83 ff. Eintragung vom 3. 10. 1948)

6. Verstaatlichung der Großbetriebe in der SBZ

[...]

Die Wirtschaftsform, die jetzt in der Ostzone für Gewerbe und Industrie entwickelt wird, weicht völlig von der Ordnung im übrigen Deutschland ab. Es ist ein sehr fremdartiges Bild, das sich uns West- und Süddeutschen bietet, wenn mehrere tausend Betriebe zu sogenannten landeseigenen Betrieben gemacht worden sind, indem man ehemalige Besitzer enteignet und nicht nur das Eigentum, sondern auch die Leitung in die Hand des Staates gegeben hat. Dazu kommen dann noch die anderen enteigneten Betriebe, die wir in den Händen von Gemeinden, Städten und Kreisen oder in den Händen der Konsumgenossenschaften sehen. Wenn man nicht nur die Zahl der Betriebe in Privateigentum und Gemeineigentum vergleicht, sondern die Zahl der Beschäftigten, die Kapitalkraft und die Verteilung auf die einzelnen Wirtschaftszweige, dann zeigt sich, daß das Schwergewicht der ganzen industriellen Wirtschaft in der Ostzone bei den landeseigenen oder sonst sozialisierten Unternehmungen liegt. Man braucht nur daran zu denken, daß allein im Lande Sachsen fast 200 000 Beschäftigte in den 1000 landeseigenen Betrieben tätig sind und daß auf diese Betriebe die sehr hohe Durchschnittszahl von 200 Beschäftigten entfällt. Der staatswirtschaftliche Sektor ist aber noch größer, denn zu ihm muß man ja auch den großen Block der deutschen Betriebe in sowjetischer Hand rechnen. Auf die sowjetischen Gesellschaften und Kombinate entfällt in der Ostzone ein Anteil von 20–30 % der gesamten industriellen Produktion. Und damit sind die Schlüsselbetriebe und Schlüsselgruppen der Industrie der Ostzone in öffentlicher Hand. Begonnen wurde diese Entwicklung mit der Begründung, es sei notwendig, die Enteignung der Kriegsverbrecher und nationalsozialistischen Aktivisten durchzuführen. Gegen ein solches Vorgehen wird kein vernünftiger Mensch nach den Erfahrungen, die das deutsche Volk machen mußte, Einwendungen erheben können. Es muß selbstverständlich dafür gesorgt werden, daß nationalsozialistische Aktivisten ihrer wirtschaftlichen Machtmittel entledigt werden, damit sie nicht noch einmal mit deren Hilfe verderblichen Einfluß auf die Geschicke des deutschen Volkes ausüben können. Aber was hier in der Ostzone geschehen ist, geht weit über eine solche berechtigte Enteignungsaktion hinaus. Sie ist hier ausgeweitet worden zu einer bewußten Änderung der gesamten Wirtschaftsstruktur, zu einer Sozialisierung nicht aus sachlicher Notwendigkeit, sondern aus einem Dogmatismus einseitiger marxistischer Vorstellung. Es ist deshalb gut zu verstehen, daß die Union des Ostens sich mit Entschiedenheit dagegen verwahrt, daß ihr Ja zur Enteignung der Kriegsverbrecher und Aktivisten umgedeutet wird in ein Ja zu der Entwicklung einer Wirtschaftsstruktur, die den Auffassungen der Union nicht entsprechen kann und daher eine vernünftige Korrektur dieser Entwicklung verlangt.

Im übrigen ist es nicht nur diese primitive Umwandlung privater Wirtschaftszweige in eine staatskapitalistische Form, die den entschiedenen Widerspruch hervorrufen muß. Die Masse der Betriebe ist ja nicht nur verstaatlicht worden, sondern man hat ihnen auch eine Form gegeben, die eine gewaltige Zusammenballung von Macht in staatlichen Händen darstellt. Während man sich auf der einen Seite nicht ohne Grund gegen die frühere Machtballung in privaten Konzernen und Truste gewandt hat, hat man auf der anderen Seite noch mächtiger und noch dichter zusammengeschlossene Komplexe geschaffen, deren einziger Unterschied für den einzelnen werktätigen Menschen und für den Verbraucher der ist, daß an der Spitze dieser Gebilde nicht wie früher eine mächtige private Bürokratie, sondern eine noch mächtigere Staatsbürokratie steht. Bei den zentralen Verwaltungen der landeseigenen Betriebe sind alle wesentlichen Befugnisse zusammengefaßt. Von einer wirklichen Selbständigkeit im rechtlichen und kaufmännischen Sinne kann nicht mehr die Rede sein. Wo ist schließlich noch eine solche Selbständigkeit möglich, wenn z. B. die Verwendung der Roh- und Hilfsstoffe, der Einsatz der Arbeitskräfte, die Gestaltung der Betriebsfinanzen in die Hände der über dem Betrieb stehenden zentralen Verwaltungen gelegt ist? Hier ist in einer Weise sozialisiert worden, die wirklich nicht vorbildlich ist. Die Union – ich betone ausdrücklich die Union aller Zonen – ist durchaus auch in den Fragen der sozialen und wirtschaftlichen Neuordnung den Erfordernissen der neuen Zeit gegenüber weit aufgeschlossen. Wir wissen und fordern, daß die künftige deutsche Wirtschaft in ihren Grundindustrien eine Gemeinwirtschaft sein muß. Wir wissen auch, daß Betriebe der privaten Macht entzogen und der Allgemeinheit übergeben werden müssen, wenn sie insbesondere wegen ihrer wirtschaftlichen und politischen Vormachtstellung eine Gefahr für die Gesamtinteressen werden. Aber diese Neuordnung darf nicht dazu führen, daß an die Stelle privater Macht nun einfach der Staat als allmächtiger Arbeitgeber

gesetzt wird. Betriebe, die zu sozialisieren sind, müssen so umgestaltet werden, daß sie in wirklicher Selbständigkeit wirtschaften können und daß klar erkennbar ist, wie es bei ihnen um Gewinn und Verlust steht. Was soll man schließlich dazu sagen, wenn allein im Lande Sachsen für die landeseigenen Betriebe 65 Verwaltungsgruppen geschaffen worden sind? Das Merkwürdigste allerdings ist, daß sich die Hauptverwaltung landeseigener Betriebe dieser Bürokratie noch rühmt, denn sonst hätten sie ja nicht, wie es geschehen ist, in einer Wirtschaftszeitung eine ganze Seite mit einem Inserat belegt, nur um diese 65 Verwaltungsgruppen schön säuberlich mit Namen, Anschrift und Telefonnummern bekanntzugeben. Aber natürlich, wenn man jeden wirtschaftlichen Vorgang in einem Plan erfassen will, wenn man sich unter Wirtschaftsplanung eine Planwirtschaft nach denselben Mustern vorstellt, wie man in einem sorgsamen öffentlichen Haushalt einen Etat aufstellt, der auch für die kleinste Ausgabe bis ins letzte gegliedert ist, wenn also grob gesprochen der Staat sich auch um den kleinsten wirtschaftlichen Dreck kümmern soll, dann allerdings wird man ohne eine gewaltige Bürokratisierung der Wirtschaft nicht auskommen können. Nur glaube ich, daß wir es uns, nachdem wir durch den nationalsozialistischen Krieg so viele Millionen arbeitsfähiger Menschen des besten Alters verloren haben, wirklich nicht leisten können, in bürokratischen Apparaten zu schwelgen.
[...]

(Rede Karl Arnolds auf dem Parteitag der Ost-CDU in Berlin 1947. In: Johann Baptist Gradl: Anfang unter dem Sowjetstern, Köln 1981, S. 185 ff.)

7. Steigerung der Arbeitsproduktivität in der SBZ

Am 29. Oktober 1947 fand unter Vorsitz von Herrn Anton Jaddasch, Generalsekretär der Vereinigung der gegenseitigen Bauernhilfe, eine Tagung der Deutschen Wirtschaftskommission [die 1947 geschaffene DWK war das zentrale Koordinationsgremium der Zentralverwaltungen und Kern der späteren Regierung der DDR] statt, die der Durchführung des Befehls Nr. 234 zur Steigerung der Arbeitsproduktivität und zur Verbesserung der materiellen Lage der Werktätigen in der Industrie und im Verkehrswesen gewidmet war.

Das Referat von Präsident Gustav Brack von der Zentralverwaltung für Arbeit und Sozialfürsorge und die anschließende Diskussion, in der die Bildung und Tätigkeit der Volkskontrollausschüsse lebhaft begrüßt wurde, ließen erkennen, daß bereits bemerkenswerte positive Ergebnisse sichtbar werden. In vielen Betrieben hat sich die Arbeitsmoral beträchtlich gehoben und die Zahl der unentschuldigt fehlenden Arbeiter vermindert, während neue Produktionsmethoden zur gesteigerten Erzeugung führen. Die zusätzliche Ernährung, die ab 1. November in etwa 2500 Betrieben eingeführt wird, bedeutet eine weitere Etappe in der Steigerung des Lebensstandards der Bevölkerung.

Um allen Punkten des Befehls einschließlich der Belieferung der Werktätigen mit Textilien und Schuhwaren Geltung zu verschaffen, wurde eine Kommission zur Überwachung der Durchführung der entsprechenden Maßnahmen gebildet.

Anschließend beschäftigte sich die Deutsche Wirtschaftskommission mit der Bekämpfung des schwarzen Marktes, der durch die Erfassung widerrechtlich transportierter Warenmengen an der Wurzel getroffen werden soll. Zu diesem Zweck beriet die Deutsche Wirtschaftskommission die Einführung eines einheitlichen Warenbegleitscheines und schärfste Vorkehrungen zur Verhinderung der Schwarzmarkttransporte, die eine geordnete Versorgung der Bevölkerung gefährden. Der Sowjetischen Militäradministration wird ein bereits fertiggestellter Entwurf zur Bestätigung vorgelegt.

(Neues Deutschland vom 4. November 1947. Mitteilung der DWK zum Befehl Nr. 234)

8. «Die Henneckegeschichte des Genossen Paul Voitel»

[...]

Die Genossen auf den anderen Schächten grübelten genauso wie wir. Wir spürten, es war «etwas da». Wir hatten einzelne Aktivisten, die jeden Tag ihre Norm erfüllten, aber sie wurden von der Masse gehemmt. Uns fehlte eine Tat, eine große, revolutionäre Tat, die alle Trägheit, alle Undiszipliniertheit wegschwemmte. Dann war der Weg zu einer höheren Arbeitsproduktivität frei, und der Hunger würde bald beseitigt sein.

Genosse Wellershaus, unser Hauptdirektor, formulierte es so: «Uns fehlen die Kommunistischen Subbotniks!»

Willi sagte: «Wir müssen die Kumpel bei ihrer Berufsehre packen! Man muß ihnen zeigen, wieviel man aus einer Schicht herausholen kann. Die alten Hauer kann man nur mit einem Beispiel anstacheln. Und die Jungen kommen dann auch.»

«Aber wer soll das Beispiel geben?» fragte ich.

«Das ist es ja! Wer wagt es?» fragte Wellershaus.

Wir ließen den Hennecke kommen und sprachen alle auf ihn ein. Adolf drehte wieder seine Mütze.

Ich dachte: ‹Er ist und bleibt ein Salonkommunist. Verlangt man von ihm eine Tat ...› Doch ich merkte, wie es in ihm arbeitete, und in meine Gedanken tropfte seine Stimme, müde, langsam und bedächtig.

«Im Revier Süd sind die Verhältnisse so, daß man was wegbringen könnte.»

Willi wurde hellwach. «Dann gehst du ins Revier Süd ...»

«An so einem Tag darf die Förderung nicht gestört sein.»

«Du kannst dir deine Arbeit selbst organisieren. Wir sprechen mit den Technikern.»

«Sie müßten die Rutsche möglichst tief auf die Sohle legen lassen, daß viel Kohle beim Hereinbrechen von selbst darauffällt.»

«Wird angewiesen.»

«Also gut, sagen wir: Mittwoch?»

«Gut. Am Mittwoch. Das ist der Dreizehnte.»

An diesem dreizehnten Oktober schnitt ich früh die letzten Astern. Es war albern, denn erstens hatte Adolf selbst einen Garten, zweitens keinen Nerv für Blumen, drittens sind Bergleute überhaupt nicht für Gefühlsduseleien.

Im Büro wurde ich mit der Meldung begrüßt, daß Hennecke pünktlich eingefahren sei und bis jetzt alles ohne Störung laufe. Ich ging zum Willi. Der stellte gerade einen Strauß Astern ins Waschbecken. Er schien verlegen. Endlich sagte er: «So ist das nun, hätte von uns einer die Schicht gefahren, wäre alles selbstverständlich gewesen. Aber Adolf ist Abc-Schütze in der Schule der Partei, da muß man ihm helfen.»

«Ich habe auch einen Strauß – aber wie ich den hingeben soll ...»

Willi antwortete: «Quatsch. Damit beauftragen wir die FDJ.»

Wie gut, daß wir eine FDJ hatten!

Je weiter der Uhrzeiger rückte, desto gespannter wurden wir. Hauptdirektor Wellershaus kam. Nun saßen wir mit zwei FDJlern und dem Betriebsfunkredakteur im Direktionszimmer und sprangen bei jedem Telefongeklingel auf. Endlich der erwartete Anruf! Aus dem Hörer drang eine aufgeregte Stimme.

Willi fragte: «Wieviel?»

Wieder das Gekreische im Hörer.

Nun schrie Willi: «Das ist doch nicht möglich. Sag es mal ganz genau! – Also tatsächlich?»

Er legte den Hörer auf, setzte sich und wischte den Schweiß von der Stirn. Dann verkündete er: «Der Adolf hat vierundzwanzig Komma vier Kubik geschafft. Moment ...» Er nahm den Bleistift und begann zu rechnen. «Das sind dreihundertsiebenundachtzig Prozent des Solls!»

Die drei Jungen jubelten und stürmten davon, noch ehe wir Alten die dreihundertsiebenundachtzig Prozent begriffen hatten.

Dann standen wir vor dem Förderturm und warteten. Eine Ortsbelegschaft nach der anderen kam, jeder einzelne ausgemergelt. Aber Adolf kam und kam nicht. Endlich fragte der Anschläger: «Wartet ihr auf Hennecke? Den habe ich schon vor zehn Minuten 'rausgelassen.»

Er stand in der Waschkaue unter der Brause, lang, dürr, jeder Knochen, jeder Muskel lag sichtbar unter der bleichen Haut.

«Adolf, warum bist du uns ausgerissen? Wir wollten doch gratulieren!»

Er guckte von unten herauf, daß ihm das Wasser nicht in die Augen lief. «Macht bloß kein Theater. Seid ihr zufrieden? Mehr konnte ich nicht tun!»

Draußen stand Willi mit dem Hauptdirektor und den FDJlern, und als wir ankamen, blieben alle Kumpel stehen. Wellershaus hielt gleich vor der Mannschaft eine Rede und sagte: «Durch solche hervorragende Taten wer-

den wir den Halbjahrplan erfüllen und können optimistisch an die Verwirklichung des Zweijahrplanes herangehen. Eine Hennecke-Bewegung
wird entstehen, denn dreihundertachtzig Prozent Normerfüllung wird
für unsere Kumpel Anlaß sein, es Hennecke gleichzutun und ihn zu überholen ...»

Die Kumpel um uns herum sahen gar nicht begeistert aus. Zwar gratulier-
ten sie, aber es fehlte der Schwung. Nur die Jungen lärmten und übergaben
unsere Astern.

Kaum wieder in meinem Büro angekommen, klingelte das Telefon. Der
Betriebsrat vom Deutschlandschacht schrie durch die Membrane: «Paul, seid
ihr verrückt geworden? Wie könnt ihr einen Normbrecher engagieren und
noch dazu feiern? Das ist gegen jede gewerkschaftliche Tradition ...»

Ich ließ ihn gar nicht ausreden und brüllte zurück: «Unsere Kumpel brauchen was zu beißen. Wenn ihr eure mit der gewerkschaftlichen Tradition satt
kriegt, dann bitte! Kümmere dich nicht um uns und unseren Schacht!»

Dann knallte ich den Hörer auf die Gabel. Aber so wütend war ich nur das
erste Mal. Den ganzen Nachmittag warfen mir alle möglichen und unmög-
lichen Stellen vor, daß ich «so was» nicht dulden, geschweige fördern dürfe.
Willi bekam das gleiche zu hören. Und am Abend saßen wir zusammen mit
dicken Köpfen und wußten nicht mehr, ob wir es richtig oder falsch gemacht
hatten ...

*(Regina Hastedt: Henneckegeschichten [1959]. In: DDR-Reportagen. Eine
Anthologie, Frankfurt/M. 1974, S. 112 ff.)*

9. Gedanken zur ersten Leipziger Nachkriegs-Messe

Messen dienen der Zusammenarbeit und engen Verbindung zwischen Her-
stellern, Verteilern und Verbrauchern. Im Gegensatz zu den Vorkriegsmessen,
die vornehmlich eine Bedarfsweckung bezweckten, hat sich die erste Leipziger Friedens-Messe vom 8. bis 12. Mai 1946 hauptsächlich auf die tatsächlichen Bedürfnisse der zu versorgenden Bevölkerung und deren Deckung
durch Produktion und Handel, also auf den Neuaufbau der deutschen Wirtschaft eingestellt.

Herrlicher Sonnenschein, ein Autogewühl wie in der besten Vorkriegszeit
und Menschen über Menschen, das ist das Bild der Messestadt. Der Messebe-
such ist über alle Erwartungen groß; die Messehäuser und Messehallen wim-
meln von Besuchern, der Andrang zu den Ausstellungsständen ist außerordentlich stark. Geduldig stehen die Besucher vor den Messehäusern an, um
Schritt für Schritt den Einlaß zu erkämpfen. Dieser gewaltige Andrang bestätigt die Notwendigkeit der Leipziger Messe besser, als viele Worte es tun
könnten. Wie kann es auch anders sein in einem Lande, in dem viele Jahre
lang nichts für den Friedensbedarf hergestellt werden durfte, in dem ein unge-

heurer Bedarf vorhanden ist und in dem einige Millionen Verbraucher nichts mehr besitzen.

In den Mienen der Aussteller und Besucher spiegelt sich unverkennbar die Wiedersehensfreude; denn die Mehrzahl der Aussteller gehört zu den Firmen, die ihre jahrzehntelange Vollbeschäftigung ihrer regelmäßigen Teilnahme an der Messe verdanken. Neben die Altaussteller sind aber auch zahlreiche neue Firmen getreten, die sich die gebotene Gelegenheit nicht entgehen lassen wollen, bekannt zu werden. Es sind viele altbekannte Erzeugnisse und eine Reihe interessanter Neuheiten zu sehen. Die meisten Aussteller zeigen Gegenstände der laufenden Produktion. Andere haben auch Modelle von Erzeugnissen dazu gestellt, die erst nach Materialbeschaffung wieder hergestellt werden können.

Kein Besucher und Aussteller ist mit Illusionen hergekommen, jeder weiß, daß er von dem diesjährigen Besuch nicht die Umsätze zu erwarten hat, die vor dem Kriege oder vor 1933 zu den selbstverständlichen Ergebnissen der Messe gehörten. Heute informieren sich die Fabrikanten, Handwerker und Kaufleute in erster Linie über die Produktionslage, sie stellen fest, ob die alten Bezugsquellen noch vorhanden sind und in absehbarer Zeit wieder fließen werden, sie sprechen über den Wiederanlauf der neuen Produktion und über zu erwartende Belieferungen. Der dabei zustande kommende Gedankenaustausch wird sich für jeden daran Beteiligten für die Zukunft als äußerst wertvoll erweisen. Bei dem gegenwärtigen Mangel an Fachzeitschriften trägt die persönliche Aussprache zur Klärung der Marktlage mehr bei, als die Korrespondenz. So wurde die diesjährige Leipziger Frühjahrsmesse für jede einzelne Branche das Ideenzentrum, das vermittelnde Bindeglied zwischen Hersteller und Handel. Der Erfolg dieser Messe bestand daher hauptsächlich darin, daß durch die Wiederaufnahme der wirtschaftlichen Beziehungen und der abgerissenen Verbindungen zwischen den verschiedenen Produktionsgebieten das Zusammenspiel aller wirtschaftlichen Kräfte wieder in Gang gesetzt wurde. So vermittelte die erste Leipziger Nachkriegs-Messe nach mehrjährigem Ausfall erstmalig den lang entbehrten Überblick über das vorhandene Leistungsvermögen von Handwerk und Industrie und eine Einsicht in die Möglichkeiten einer gewerblichen Förderung des friedlichen Neuaufbaues in Deutschland und einer Wiederbelebung des interzonalen und internationalen Güteraustausches.

Ein Jahr nach Beendigung des verbrecherischen Krieges können in Anbetracht des ungeheueren Bedarfes unmöglich alle Einkäuferwünsche befriedigt werden. In dieser verhältnismäßig kurzen Zeitspanne des Neuaufbaues ist die Produktion gerade erst wieder angelaufen. Viele Unternehmen wurden durch die Kriegsereignisse stark betroffen und können ihren Betrieb nur in kleinem Umfang weiterführen. Auch die Inanspruchnahme durch Reparatur beschädigter oder abgenutzter Maschinen nimmt einer Anzahl von Werken die Möglichkeit, sich jetzt schon mit dem Bau neuer Maschinen zu befassen. Trotzdem hat man sich bereits in den Konstruktionsbüros mit Aufgaben beschäftigt, die sich aus den veränderten Produktionsbedingungen der Nachkriegszeit für die Schaffung technischer Erzeugnisse ergeben haben. Bei der Herstellung vieler Artikel wurden als Ausweichmaterial weitgehendst Rohstoffe aus zivilen und militärischen Trümmern verwendet. Von diesen Rohstoffen können noch große Reserven erschlossen werden, wenn es sich wieder lohnt, die paar Mark zu verdienen, die das Sammeln solchen Materials einbringt. In vielen Fällen vertraten die Aussteller das Prinzip: Wer Material bringt, kann Ware bekommen, und sehr häufig konnte durch Nachweis und Mithilfe seitens der Einkäufer bei der Rohstoffbeschaffung eine Liefermöglichkeit geschaffen werden. Viele Herstellerfirmen haben ihre Lieferungen an die Stammkundschaft kontingentiert oder beliefern sie bevorzugt bei Gegenlieferung oder bei Ermöglichung von Querverbindungen für die am dringendsten benötigten Werk- und Hilfsstoffe.

Firmen, die aus zeitbedingten Gründen nicht in der Lage waren, ihre Erzeugnisse auszustellen, gaben durch gute zeichnerische Darstellungen, durch Prospekte, Produktionsproben und sonstiges Anschauungsmaterial ein überzeugendes Bild von ihrem gegenwärtigen Schaffen.

Das Warenbild war zum großen Teil das altgewohnte. Bei Gebrauchsgütern kommt es ja heute nicht so sehr auf Neuerungen an als vielmehr darauf, daß überhaupt ein brauchbarer Gegenstand angeboten wird. Das Angebot war branchenmäßig ebenso umfassend wie früher, es umfaßte alle Zweige der Gebrauchsgüterfertigung der Industrie und des Handwerkes sowie der Bauwirtschaft. Die Sortimente der einzelnen Erzeugnisse haben sich jedoch stark verringert.

[...]

Die vergangene erste Leipziger Friedensmesse hat gezeigt, daß kein Zweifel darüber besteht, daß Handwerk, Gewerbe und Industrie trotz der bestehenden Schwierigkeiten mit großer Zuversicht und bester Hoffnung an den Neuaufbau der Wirtschaft herangegangen sind und auf dem eingeschlagenen Wege erfolgreich weiter voranschreiten werden. Die Leipziger Frühjahrsmesse 1946 bildet daher einen wichtigen Markstein in der Entwicklung der deutschen Nachkriegswirtschaft!

(Technisches Handwerk, Augsburg, Nr. 5, Juli 1946)

10. Die Währungsreform

An die Bochumer Bevölkerung

Nach allen Verlautbarungen steht die Durchführung der Geldreform unmittelbar bevor. Es kommt jetzt darauf an, daß in diesen letzten Tagen der geordnete Ablauf des Wirtschaftslebens auf den lebensnotwendigen Gebieten unbedingt gewährleistet bleibt. *An die gewerbliche Wirtschaft, insbesondere an die Erzeuger, den Groß- und Einzelhandel, ergeht daher die dringliche Mah-*

nung, die lebensnotwendige Versorgung der Bevölkerung durch ordnungsmäßigen Verkauf der vorhandenen Waren unbedingt sicherzustellen. Dies wird durch vermehrten Einsatz der Ernährungskontrollausschüsse und Preisüberwachungsstellen kontrolliert. Bei groben Verstößen wird entsprechend den angekündigten Maßnahmen das Ernährungs- und Wirtschaftsamt mit scharfen Strafen einschreiten.

An die Verbraucherschaft ergeht die ebenso dringende Mahnung, nur den lebensnotwendigen Bedarf für die nächsten Tage zu decken. Jeder Versuch, durch Vorratskäufe sich unberechtigte Vorteile zu verschaffen, ist als eine Schädigung der Allgemeinheit anzusehen und wird unterbunden werden.

Wenn alle Teile der Bevölkerung Vernunft annehmen und Ruhe bewahren, werden wir auch diese letzten kritischen Tage bis zur Währungsreform erfolgreich bestehen. Zu irgendwelchen Beunruhigungen über die Vorratslage in der Lebensmittelversorgung liegt keinerlei Veranlassung vor.

Bochum, den 15. Juni 1948

Die Stadtvertretung	Deutscher Gewerkschaftsbund
SPD-Fraktion CDU-Fraktion	Industrie- und Handelskammer
KPD-Fraktion	Einzelhandelsverband/Kreishandwer-
Der Oberbürgermeister	kerschaft
Der Oberstadtdirektor	Konsumgenossenschaft Bochum

(Johannes-Volker Wagner [Hg.]: Deutschland nach dem Krieg, Bochum 1975, S. 245)

11. Die Währungsreform in der Erinnerung

«Wann wurden die Verhältnisse wieder normal?» Klaus-Jürgen Geißler, Arbeitersohn, in der HJ und Kinderlandverschickung geprägt, dann bei den Falken, 1948 in der Ausbildung zu einem technischen Beruf in der Schwerindustrie, heute sozialdemokratischer Betriebsrat, antwortet:

«Normal wurden sie, ich würde sagen, fast normal – das war für mich auch ein großes Erlebnis: ich kann mich erinnern, wir waren mit den Falken 1948 am Tag der Währungsreform, haben wir am Wochenende ein Zeltlager an der Wedau gemacht. Und am Währungsstichtag, das war der Sonntag, da mußten wir extra von Wedau nach Essen kommen, um diese 40 DM Kopfgeld, wie sie damals genannt wurden, einzutauschen. Mußte man dann persönlich erscheinen. Und wie wir an dem Abend zurückkamen, da hatten wir auch 'ne Gaststätte, wo wir schon mal, wenn wir keine offiziellen Gruppenabende hatten, uns trafen. Da gab's also plötzlich in der Gaststätte, am gleichen Tag, konnte man also Wein kaufen. Vorher gab es nur Dröppelbier; an dem Tag war sofort Wein da. (Ich) kann mich erinnern, da haben wir zusammengeschmissen und haben uns 'ne Flasche Wein gekauft, 3 Mark 50 oder was sie gekostet hat, in der Preislage ungefähr. Und am Montag: das Erstaunliche war, daß man also wieder Waren angeboten bekommen hat, die vorher überhaupt nicht auf dem Markt waren. Also innerhalb der ersten Woche konnte man Fahrräder, Kochtöpfe und Gott weiß was alles wieder kaufen, was es vorher nicht gab. Zu diesem Zeitpunkt hatte sich die Lebensmittelversorgung auch schon gebessert gehabt, so daß man also da bei Lebensmitteln nicht mehr so knapp war. Aber da waren dann plötzlich wieder Angebote an Lebensmitteln da, die vorher gar nicht da waren: Obst tauchte auf und so weiter, was also vorher irgendwo in finstere Kanäle verschwand. Aber nachdem wieder 'ne vernünftige, stabile Währung da (war), war alles plötzlich wieder kaufbar. War für uns junge Leute – damals war ich '48 siebzehn Jahre alt – völlig unbegreifbar.»

I.: «Und hat das Ihr Zutrauen zu dem neuen Staat erhöht unter den Westmächten, oder?»

G.: «Zu dem Staat? Ich hab das damals gar nicht so sehr in Verbindung mit dem Staat gesehen, sondern damals mehr so gesehen, daß diejenigen, die also Sachmittel besaßen, die also zurückhielten, weil mit dem Geld nicht viel anzufangen war, wo plötzlich wieder Geld, das 'ne stabile Basis hatte, da war, plötzlich dann ihre gehorteten – Dat war also mehr so'n Gefühl gegenüber den Kapitalisten, die sich jetzt wieder da sichtbar breit machten. Also das wurde gar nicht so sehr mit dem Staat in Verbindung gebracht.»

I.: «Also das war eher ein Gefühl der Erbitterung?»

G.: «Der Erbitterung, ja natürlich. Daß man also plötzlich, nachdem also nun die neue Währung da war, plötzlich ein Warenangebot auf dem Markt war, das ja vorher auch da (gewesen) sein mußte, denn es kann ja nicht plötzlich vom Himmel fallen. Wo also die Sachbesitzer, die Produktionsmöglichkeiten hatten, die zurückgehalten hatten. [...] Also es war unvorstellbar, wat man alles wieder kaufen konnte. Das Angebot war so groß, an Sachen, die es vorher nicht zu kaufen gab, angefangen von der Kleidung, über Fahrräder – damals interessierte ich mich so sehr für Fahrräder – weil man ein bißchen mobil sein wollte. Und Fahrrad war damals das Instrument, um wieder mobil zu sein.»

(Lutz Niethammer [Hg.]: «Hinterher merkt man, daß es richtig war, daß es schief gegangen ist», Dietz Verlag Berlin/Bonn 1983, S. 83 f.)

12. «Frau Schäfer geht einkaufen»

Frau Schäfer ist seit fünfzehn Jahren Hausfrau. Man sieht es ihren verarbeiteten Händen an, ihrem sorgenvollen Gesicht. Ihr Mann ist Arbeiter bei der Conti. Sie haben zwei Kinder: Liselotte und Heinz. Sie leben in Stube, Kammer und Küche – irgendwo in einer grauen Mietskaserne.

Wenn man fünfzehn Jahre Hausfrau ist, hat man allerlei Sorgen gehabt. Frau Schäfer hat ihre kleine Wohnung gut in Ordnung, die Kinder sind aus dem Gröbsten heraus, aber die Sorgen? – Die Sorgen reißen nicht ab.

«So schwer war es noch nie, die Familie satt zu bekommen, wie gerade jetzt nach der Währungsreform», sagt Frau Schäfer. Sie legt ihr Einkaufsnetz auf den Küchentisch. Sie hat Kartoffeln, Zwiebeln und einen großen Wirsingkohl mitgebracht. Nichts von den anderen schönen Sachen, die man in den Gemüseläden sieht: weiße feste Blumenkohlköpfe, lange grüne Gurken, dunkle saftige Kirschen, Pilze, von denen noch der würzige Geruch des Waldes ausgeht. Davon ist nichts in dem Einkaufsnetz.

Diese Dinge dürfen für Frau Schäfer nicht da sein. Schon die Zwiebeln sind zu teuer: dieser Bund mit 15 Stück kostet 85 Pfennig! Der Wirsingkohl 90 Pfennig. Wenn man es recht bedenkt, kann man auch die leck'ren neuen Kartoffeln nicht kaufen. Aber irgend etwas muß Herr Schäfer doch essen, wenn er acht Stunden im Betrieb gestanden hat. Irgend etwas muß doch da sein, wenn die Kinder aus der Schule kommen. Einmal, als die Schäfers noch ganz jung verheiratet waren, hat Herr Schäfer gesagt: «Hilde, du hast nun hinter dem Ladentisch gestanden, seitdem du aus der Schule bist. Jetzt sollst du nicht mehr mitarbeiten! Wir sind einfache Leute, und es wäre doch gelacht, wenn ich nicht ranschaffen könnte, was wir brauchen. Sorge du dafür, daß wir es zu Hause gemütlich haben.»

Herr Schäfer hat Wort gehalten. Aber jetzt überlegt sich Frau Schäfer, ob sie nicht heimlich nebenbei eine Aufwartestelle übernehmen sollte. Die Kinder müssen Schuhe haben. Für die Betten ist ein neues Inlett nötig. Frau Schäfer möchte so gern ein paar neue Teller kaufen, dies und das für den Haushalt. Man hat doch so lange nichts anschaffen können! Manchmal träumt sie von neuen Strümpfen, von einem leichten Sommerkleid. Man ist doch auch noch nicht so alt... Und es gibt jetzt so hübsche Sachen.

Aber die größte Sorge ist: wie bekommen wir die Winterkartoffeln in den Keller? Die Kohlenpreise sollen erhöht sein. Wenn das nur nicht wahr ist!

Wenn man zusammenrechnet, was Herr Schäfer an den vier Freitagen im Monat bei der Conti herausbekommt, hat die Familie 160 Mark zur Verfügung. Die Miete kostet 32 Mark. Dann kommt die Gasrechnung, dann muß das elektrische Licht bezahlt werden, dann sind noch andere regelmäßige Ausgaben. Frau Schäfer führt ein Wirtschaftsbuch. Wenn es einigermaßen gehen soll, muß sie 33 Mark in der Dekade haben. Jeden Tag ist ein Brot nötig. Herr Schäfer nimmt sechs Schnitten mit zur Arbeit. Die Kinder essen natürlich auch tüchtig, es fehlt ja an allem anderen. «Brot ist bei uns die Hauptsache, und ein Brot kostet 60 Pfennig. Das ist viel zu teuer. Und sehen Sie hier, ein Liter Magermilch 24 Pfennig! War so etwas schon einmal da?»

(Der Bund/Gewerkschaftsstimme vom 31. 7. 1948)

13. «Die Ostzone nach der Geldreform»

Die Auswirkungen der Währungsreform in der Ostzone sind nach den bisher eingegangenen Berichten von dort durchweg negativer Natur geblieben. Nachdem das erste Geschrei über die «sozialere» Form der Geldneuordnung in der Ostzone verpufft ist, zeigt sich, je länger die Zeit ins Land geht, um wieviel hoffnungsloser die Lage für die Ostzonen-Deutschen geworden ist. Der neuerliche Umtausch des «Klebegeldes» in die sogen. Ostmark hat die Auswirkungen in der aufgezeigten Richtung nur verstärkt.

Der Geldumlauf hat sich im Ganzen um höchstens 10 % verringert, da den Konzernen der SED und den Behörden der Umtausch ihres gesamten Reichsmark-Guthabens gestattet war, während bei der privaten Wirtschaft und dem sogen. «kleinen Mann» die «sozialen» Abstufungen Anwendung fanden, praktisch also die ganze Geschichte doch auf Kosten der Letzten ging.

So hat sich also an den Verhältnissen in der Ostzone kaum etwas geändert. Im Gegenteil, die ursprünglichen Hoffnungen auf eine Besserung des Lebensstandards, auf Beseitigung des Schwarzhandels und auf einen gerechten Lohn für die schwer zu leistende Arbeit sind zunichte geworden. Man bezahlt heute für eine deutsche Zigarette wieder 60 Pfg. bis 1,– Mark, für eine «Ami» 3,– Mark. Das Brot kostet wieder 20,– bis 30,– Mk., 1 Pfd. Butter 80 bis 100,– Mk., Fleisch und Wurst 50,– Mk. das Pfund. – Bezeichnend ist, daß man heute bereits in der Ostzone gegen DM eine Anzahl begehrenswerter Waren zu sogen. «Westpreisen» erhält. Offiziell wird zwar ein DM-Besitzer in der Ostzone verhaftet, inoffiziell jedoch werden ihm zahlreiche günstige Angebote gemacht.

(Der Leuchtturm 1948 Nr. 1)

Teil II

Die Bundesrepublik Deutschland
1949–1990

Achtes Kapitel

Wirtschaft und Arbeitswelt

Einleitung

Der wirtschaftliche Erfolg Westdeutschlands seit 1949 hat viele Ursachen: politische (u. a. den Marshall-Plan), die geglückte Währungsreform, die spezifischen technischen Voraussetzungen und Entwicklungspotentiale der vorhandenen Wirtschaftsstruktur und das hochqualifizierte Arbeitskräfteangebot. Angesichts der ungeheuren Zerstörungen in den Städten und traumatischer Erfahrungen existentieller Not, die ein Drittel der Bevölkerung unmittelbar und in voller Härte betrafen, entfaltete der Wirtschaftsaufschwung der fünfziger Jahre eine mentalitätsprägende und identitätsstiftende Wirkung für die Bundesbürger. Er steigerte sich während der Korea-Krise von 1953 zum Boom. Was der Weimarer Republik versagt geblieben war, erreichte die junge Bundesrepublik innerhalb weniger Jahre: die allgemeine, auf die kollektive Erfahrung wirtschaftlicher Prosperität gestützte, dauerhafte Akzeptanz des ökonomischen Systems. Sie war eine wesentliche, wenn auch nicht die einzige Voraussetzung für die Stabilität des politischen Systems.

Die Entscheidung für die marktwirtschaftliche Ordnung war bereits 1947/48 im bizonalen Wirtschaftsrat gefallen und Ludwig Erhard, ihr wortmächtigster Protagonist, wurde als langjähriger Wirtschaftsminister und späterer Bundeskanzler zur Symbolfigur des «Wirtschaftswunders».

Erhard war als Anhänger neoliberaler Wirtschaftstheorien, wie sie von Wilhelm Röpke und Alfred Müller-Armack entwickelt worden waren, ein Gegner von Staatseingriffen. Er hing dem Ideal einer ungehinderten Wettbewerbsfreiheit an und vertraute kompromißlos auf die Selbstregulierungsfähigkeit des Marktes. Nur unter diesen Bedingungen könne sich eine kapitalistische Marktwirtschaft optimal entfalten und damit den «Wohlstand für alle» (Dok. 1) dauerhaft steigern. Ein steigender Wohlstand war schon in der ersten Hälfte der fünfziger Jahre in der «Freßwelle» und der zunehmenden Motorisierung in Ansätzen zu erkennen (Dok. 2, 3).

Schließlich war es nicht zuletzt Erhards Autorität als «Vater des Wirtschaftswunders» zu danken, daß die Gewerkschaften sich an dessen Maßhalteappelle hielten und ihre Lohnforderungen auf die Höhe des jährlichen Produktivitätszuwachses begrenzten. Streiks (Dok. 4) waren eine Ausnahme. Erst in den siebziger Jahren legten die Gewerkschaften ihre Zurückhaltung ab und pochten auf höhere Lohnforderungen, mit denen eine deutlichere Hebung des Lebensstandards der Arbeiterschaft erreicht werden konnte. Infolge des konsequent ausgefochtenen Kampfes um die Verkürzung der Arbeitszeit, der im Leitsektor Metallindustrie seinen Anfang nahm, konnte Ende der sechziger Jahre die 40-Stunden-Woche durchgesetzt werden (Dok. 5).

Das sprunghafte Wirtschaftswachstum der fünfziger und frühen sechziger Jahre und seine kontinuierliche Fortsetzung, wenn auch in verlangsamtem Tempo, in den siebziger Jahren führte zu einem Anstieg des Pro-Kopf-Einkommens der Bundesbürger bis 1980 um das Dreieinhalbfache. Dennoch blieb die Einkommensverteilung zwischen den sozialen Klassen nahezu dieselbe wie 1950 bzw. 1928, so daß sich der Abstand zwischen arm und reich noch erhöhte, anstatt abzunehmen.[1] Besonders groß war die Konzentration des Anlagekapitals in den Händen weniger in der Industrie.

Erhard hatte postuliert, je freier die Marktwirtschaft organisiert sei, desto sozialer sei sie auch, denn mit der Zunahme des gesellschaftlichen Reichtums profitiere langfristig auch die wirtschaftlich schlechter gestellte Erwerbsklasse der Arbeiter. Tatsächlich wurde der Wirtschaftsaufschwung der fünfziger und sechziger Jahre ganz wesentlich mit dem Konsumverzicht der Masse der Bundesbürger erkauft.

Ein wesentlicher Pluspunkt für die expansive Wirtschaftsentwicklung dieser Jahrzehnte lag darin, daß auf Dauer ein gut ausgebildetes, mobiles Arbeitskräftepotential, namentlich aus der Gruppe der 9,6 Millionen Vertriebenen und 3,6 Millionen DDR-Flüchtlinge, zur Verfügung stand. Sie stellten 1950 28 % und 1960 31 % der beschäftigten Arbeitnehmer. Erst nach dem Mauerbau 1961 wurden ausländische Gastarbeiter angeworben (Dok. 6), deren Zahl sich von 1,1 % der Erwerbstätigen 1960 auf 10 % 1973 erhöhte, um bis 1986 auf 6 % zurückzugehen.[2]

Zwischen 1961 und 1964 erreichte die deutsche Wirtschaft Wachstum, Preisstabilität, Vollbeschäftigung und ein Gleichgewicht im Außenhandel. In der Rückschau muß diese Zeit jedoch als Episode innerhalb einer Ausnahmeperiode langandauernder Prosperität angesehen werden, die mit der ersten Wirtschaftskrise von 1966/67 abrupt beendet wurde. Erhard, dessen liberale Konzeption angesichts dieser kurzen Wachstumskrise vollständig versagte, mußte als Bundeskanzler seinen Hut nehmen. Dagegen erwies sich die vom sozialdemokratischen Wirtschaftsminister Schiller im Stabilitätsgesetz von 1967 initiierte Politik der Globalsteuerung als schlagkräftig und trug wesentlich zur Beendigung der Krise bei.

Schiller entwickelte ein differenziertes staatliches Interventionsinstrumentarium, mit dessen Hilfe flexibel auf Konjunkturschwankungen reagiert werden konnte. Länder und Gemeinden sowie Unternehmer und Gewerkschaf-

[1] Werner Abelshauser: Wirtschaftsgeschichte der Bundesrepublik Deutschland 1945–1980, Frankfurt/Main 1983, S. 138 ff.
[2] Gerold Ambrosius: Das Wirtschaftssystem. In: Wolfgang Benz (Hg.): Die Geschichte der Bundesrepublik Deutschland, Bd. 2, Frankfurt/Main 1989, S. 11–81, hier 29.

ten verständigten sich unter Leitung der Bundesregierung auf ökonomische Orientierungsdaten, die eine langfristige Konjunktursteuerung ermöglichten. Gleichzeitig verfolgte der Bund eine mittelfristige Finanzplanung inklusive mehrjähriger Investitionsprogramme (z. B. im Wohnungsbau).

Diese Umorientierung begünstigte einen erneuten Wachstumsboom, in dessen Verlauf erstmals eine sozialliberale Koalition die Regierungsgeschäfte in Bonn übernahm. Damit erwies sich erneut, welch überragende Bedeutung wirtschaftspolitische Erfolge für Wahlen und die politische Zukunft der Bundesregierungen hatten.[3] So waren auch die Wirtschaftskrisen von 1973/74 und 1981, die jeweils einen bedeutenden Anstieg der Arbeitslosigkeit auf eine bzw. zwei Millionen Erwerbsfähige brachten, ausschlaggebend für Regierungswechsel. Dennoch ist es sicherlich überspitzt, die politischen Machtverhältnisse in der Bundesrepublik allein aus diesem Blickwinkel heraus zu beurteilen.[4] Nach dem Wechsel zu einer christlich-liberalen Koalition 1982 wurde die Konjunktursteuerungspolitik ihrer Vorgänger aufgegeben. Sie kehrte zurück zu einer stärkeren Wachstumsorientierung in neoliberaler Tradition, die wirtschaftliche Umverteilung (Steuerpolitik) zu Lasten der Arbeitnehmer und von Randgruppen bewußt in Kauf nahm.

Konjunkturzyklen im Abstand von drei bis acht Jahren mit einem seit den fünfziger Jahren ständig abnehmenden Wachstum bestimmten die westdeutsche Wirtschaftsentwicklung. Allerdings wurde mit Wachstumsraten zwischen 2 und 4 Prozent in den siebziger und achtziger Jahren immerhin noch ein Zuwachs erreicht, der mit dem industriellen Wachstum vor dem Ersten Weltkrieg vergleichbar ist. Damit stieg die Bundesrepublik zu einem der reichsten Staaten der Erde auf.

Quelle dieses Reichtums war die innovative und im internationalen Wettbewerb führende Industrie, die zwischen 1960 und 1971 54 % der gesamten westdeutschen Produktionsstruktur ausmachte, während dieser Prozentsatz in den USA beispielsweise um 20 % niedriger lag. Der Dienstleistungssektor (Dok. 7) stieg stark an und nahm Mitte der achtziger Jahre erstmals mehr Arbeitnehmer auf als die Industrie, hingegen schrumpfte der Anteil der in der Landwirtschaft Tätigen (Dok. 8) von 22 % aller Erwerbspersonen 1950 auf 13,3 % ein Jahrzehnt später und 6,5 % 1975. Rationalisierungswellen in der Industrie (Dok. 9) griffen im Zuge der «dritten technologischen Revolution» schließlich auch auf den Dienstleistungssektor über und erschlossen ein völlig neues Tätigkeitsfeld: die Bildschirmarbeit (Dok. 10).

[3] Vgl. Werner Kaltefleiter: Wirtschaft und Politik in Deutschland, Köln 1968, S. 96 ff.
[4] So Abelshauser: «Die Geschichte der Bundesrepublik Deutschland ist vor allem ihre Wirtschaftsgeschichte. ... Die Bundesrepublik gleicht einer Wirtschaft auf der Suche nach ihrem politischen Daseinszweck.» Wirtschaftsgeschichte S. 8.

Erst in den siebziger Jahren schärfte sich allmählich der Blick für die Kosten dieser Wirtschaftsentwicklung, die nachhaltige Umweltschädigungen zur Folge hatte. Eine hartnäckige ökologische Protestbewegung konnte den erforderlichen Mentalitätswandel in Umweltfragen aber nur langsam herbeiführen. Gravierende Umweltbelastungen wie die Gewässerverschmutzung, das Müll-Problem (Dok. 11), das Waldsterben und der Verlust der Ozonschicht wurden lediglich in Ansätzen bekämpft. Auch in den achtziger Jahren blieb die ungebremste Ausweitung von Massenkommunikation und Massenverkehr (Dok. 12) – statistisch gesehen kam 1990 auf zwei Bundesbürger ein Auto – Kennzeichen der westdeutschen Leistungsgesellschaft.

1. Ordnung in der Marktwirtschaft

Maßstab und *Richter* über Gut und Böse der *Wirtschaftspolitik* sind nicht Dogmen oder Gruppenstandpunkte, sondern ist ausschließlich der Mensch, der *Verbraucher*, das Volk. Eine Wirtschaftspolitik ist nur dann und nur so lange für gut zu erachten, als sie den Menschen schlechthin zum Nutzen und Segen gereicht.

Wer diesen Gedanken zu Ende führt, muß mit mir zu der Feststellung gelangen, daß es in jeder Volkswirtschaft wohl Gruppeninteressen gibt, daß diese aber nicht als Elemente der Wirtschaftspolitik anzuerkennen sind, und daß sich aus dem Widerstreit der Interessen auch keine fruchtbare Synthese ableiten läßt. Eine Atomisierung der Volkswirtschaft in Gruppeninteressen ist deshalb nicht zu dulden. Wir dürfen nicht den Weg der Auflösung beschreiten, uns nicht von jener allumfassenden wirklichen Ordnung der Wirtschaftsgesellschaft entfernen, die allein die Harmonie des sozialen Lebens eines Volkes zu verbürgen geeignet ist. Dieser Gefahr zu begegnen, muß daher unser aller ernstestes Anliegen sein.

[...]

Bei früherer Gelegenheit habe ich in diesem Zusammenhang einmal auf die Rolle des Staates als des obersten Schiedsrichters verwiesen. Ich möchte hierbei das vielleicht etwas banal erscheinende Bild eines Fußballspiels gebrauchen dürfen. Da bin ich der Meinung, daß ebenso wie der Schiedsrichter nicht mitspielen darf, auch der Staat nicht mitzuspielen hat. Eines ist bei einem guten Fußballspiel als wesentliches Merkmal zu erkennen: Das Fußballspiel folgt bestimmten Regeln, und diese stehen von vornherein fest. Was ich mit einer marktwirtschaftlichen Politik anstrebe, das ist – um im genannten Beispiel zu bleiben – die Ordnung des Spiels und die für dieses Spiel geltenden Regeln aufzustellen.

[...]

Eine *freiheitliche Wirtschaftsordnung* kann auf die Dauer nur dann bestehen, wenn und solange auch *im sozialen Leben* der Nation ein *Höchstmaß an Freiheit,* an privater Initiative und Selbstvorsorge gewährleistet ist.

Wenn dagegen die Bemühungen der Sozialpolitik darauf abzielen, dem Menschen schon von der Stunde seiner Geburt an volle Sicherheit gegen alle Widrigkeiten des Lebens zu gewährleisten, d. h. ihn in einer absoluten Weise gegen die Wechselfälle des Lebens abschirmen zu wollen, dann kann man von solchen Menschen einfach nicht mehr verlangen, daß sie das Maß an Kraft, Leistung, Initiative und anderen besten menschlichen Werten entfalten, das für das Leben und die Zukunft der Nation schicksalhaft ist und darüber hinaus die Voraussetzung einer auf die Initiative der Persönlichkeit begründeten «Sozialen Marktwirtschaft» bietet. Auch muß auf die unlösbare Verbindung zwischen Wirtschafts- und Sozialpolitik aufmerksam gemacht werden: Tatsächlich sind um so weniger sozialpolitische Eingriffe und Hilfsmaßnahmen notwendig, je erfolgreicher die Wirtschaftspolitik gestaltet werden kann.

Damit soll nicht geleugnet werden, daß eine auch noch so gute Wirtschaftspolitik in modernen Industriestaaten einer *Ergänzung durch sozialpolitische Maßnahmen* bedarf. Andererseits aber gilt der Obersatz, daß jede wirksame soziale Hilfe nur auf der Grundlage eines ausreichenden und wachsenden Sozialproduktes, und das bedeutet eben einer leistungsfähigen Wirtschaft, zu ermöglichen ist. Es muß daher im ureigensten Interesse jeder organischen Sozialpolitik liegen, eine zugleich expansive wie auch stabile Wirtschaft sicherzustellen und Sorge zu tragen, daß die Prinzipien, nach denen die Wirtschaft geordnet ist, erhalten bleiben und weiter ausgebaut werden.

[...]

Ich bin in der letzten Zeit allenthalben erschrocken, wie *übermächtig der Ruf nach kollektiver Sicherheit* im sozialen Bereich erschallte. Wo aber sollen wir hinkommen und wie wollen wir den Fortschritt aufrechterhalten, wenn wir uns immer mehr in eine Form des Zusammenlebens von Menschen begeben, in der niemand mehr die Verantwortung für sich selbst zu übernehmen bereit ist und jedermann Sicherheit im Kollektiv gewinnen möchte. Ich habe diese Flucht vor der Eigenverantwortung drastisch genug gekennzeichnet, wenn ich sagte, daß, falls diese Sucht weiter um sich greift, wir in eine gesellschaftliche Ordnung schlittern, in der *jeder die Hand in der Tasche des anderen hat.* Das Prinzip heißt dann: Ich sorge für die anderen und die anderen sorgen für mich!

Die Blindheit und *intellektuelle Fahrlässigkeit,* mit der wir dem Versorgungs- und Wohlfahrtsstaat zusteuern, kann nur zu unserem Unheil ausschlagen. Dieser Drang und Hang ist mehr als alles andere geeignet, die echten menschlichen Tugenden: Verantwortungsfreudigkeit, Nächsten- und Menschenliebe, das Verlangen nach Bewährung, die Bereitschaft zur Selbstvorsorge und noch vieles Gute mehr allmählich aber sicher absterben zu lassen –

und am Ende steht vielleicht nicht die klassenlose, wohl aber die *seelenlos mechanisierte Gesellschaft.*

[...]

(Ludwig Erhard: Wohlstand für Alle, Düsseldorf 1957, S. 136–138 und S. 257–260)

2. Schlank werden

Mit Schlagsahne und Schinkenbrötchen, Schokolade und Räucheraal sind auch die Sorgen um die schlanke Linie wieder aufgetaucht. Sorgen – das ist ja eigentlich ganz etwas anderes als diese aus einem zu guten Leben sich ergebenden Stoßseufzer, die wir lieber «Gewissensbisse» nennen wollen darüber, daß wir in der Freude über die wieder erschienenen guten Dinge etwas über die Stränge geschlagen haben.

Wie dem auch sei: der Mantel ist zu eng, die Kostümjacke geht nicht mehr zu, das Kleid kracht in allen Nähten, und das Jackett – ja, auch Sie, meine Herren, sind diesmal «Betroffene» – läßt sich weder durch Knopfversetzen noch durch Nahtauslassen mehr erweitern. Unser Gesicht nähert sich dem Vollmondformat, aus einem Kinn sind mindestens zwei geworden. Über den verlängerten Rücken und die Hüften breiten wir lieber den Mantel der Nächstenliebe, und Herr Müller muß immer sein Söhnchen fragen, ob seine Schuhe staubig sind, denn der Bauch versperrt jede Aussicht nach unten.

Eins ist also sicher: Wir haben in der letzten Zeit zuviel oder besser gesagt falsch gegessen. Immer gerade das, nach dem wir nach den langen Jahren des Entbehrens so unwiderstehlich verlangten und was so hübsch Fett ansetzt. Nicht die Menge des Essens tut es, das klassische Schlankheitsrezept «F. d. H.» (auf gut deutsch: Friß die Hälfte!) hat daher nur bedingt Geltung. Um schlank zu werden und schlank zu bleiben, bedarf es nur einer natürlichen Lebensweise mit vernünftig gemischter Kost. Wir stellen also die Pflanzenkost vor die Fleischkost, bevorzugen Gemüse (ohne Mehl gekocht und möglichst roh genossen), Salat (ohne Öl und Speck, aber mit viel Kräutern), Obst und Obstsäfte. Wir meiden fettes und in Fett gebratenes Fleisch, gebackenen Fisch oder fetten Fisch, wie z. B. Aal, und sagen dem süßen Backwerk, den Torten, der Schokolade und anderen Süßigkeiten für eine Weile tapfer Valet. Quark und Milch, Kochfisch, gekochte Eier bereichern unseren Küchenzettel. Statt Bier trinken wir lieber ein Glas Moselwein und machen es uns vor allem zur Regel, nie während des Essens, sondern nur vorher oder zwischen den Mahlzeiten und nie viel zu trinken.

(Ratgeber 1950, Nr. 9, S. 257)

3. Steiler Anstieg der Motorisierung

[...]

Was jedermann mit eigenen Augen sieht, bestätigen auch die neuesten Zahlen des Kraftfahrt-Bundesamtes: Die Motorisierung in der Bundesrepublik hat seit dem Juli 1954 um weitere 10% zugenommen.

[...]

Auf 10 Einwohner kommt heute schon ein Kraftfahrzeug, während es vor 5 Jahren noch etwa 25 waren. Bei den Personenwagen ist der Anstieg gegenüber 1950 noch größer: Damals kam auf mehr als 90 Bundesbürger ein Personenauto, heute müssen sich nur noch 30 «in ein Auto teilen». Die Zahl der Krafträder einschließlich der Motorroller hat dagegen nur von 913 000 auf 2,4 Mill. zugenommen. Im Juli 1955 waren nur etwa 6% mehr Motorräder und Motorroller im Betrieb als ein Jahr vorher. Bei den eigentlichen Motorrädern ist sogar die Zahl der Neuzulassungen seit 1952 ständig gesunken und liegt heute schon unter dem Stand von 1951. Dagegen nahmen die Zulassungen von Motorrollern gewaltig zu, ebenso die Neuzulassungen von Personenkraftwagen, die heute doppelt so hoch sind wie 1950. Diese Entwicklung ist ein besonders erfreuliches Zeichen für die Steigerung des Lebensstandards des arbeitenden Menschen in der Bundesrepublik, da diese Bewegung durch die gesteigerten und befriedigten Wünsche eines großen Teils der Arbeitnehmer hervorgerufen worden ist, wie die nachfolgende Tabelle ausweist. Zurückgegangen ist seit 1950 die Zahl der neu zugelassenen Lastkraftwagen. Zwischen Juli 1954 und Juli 1955 hat sich sogar die Gesamtzahl der Lastkraftwagen vermindert!

Wie hat sich nun die soziale Gliederung der Halter von Kraftfahrzeugen entwickelt? Wir haben darüber unlängst berichtet. In der neuesten Darstellung des Kraftfahrt-Bundesamtes wird nur über die Gliederung der Halter von Krafträdern, das sind Motorfahrräder, Motorroller und andere Motorräder berichtet. Danach bevorzugen die Angestellten die Motorroller: Etwa 20% der von Angestellten und Beamten gefahrenen Krafträder sind Motorroller, während es bei den Arbeitern nur 5% sind. Auch absolut fahren die Angestellten und Beamten mehr Motorroller als die Arbeiter. Arbeiter, Angestellte und Beamte besitzen zusammen 71,8% aller Krafträder.

Aufschlußreich ist ferner die Gliederung der Neuzulassungen und Besitzumschreibungen der Personenfahrzeuge nach dem Beruf der Halter.

Zweierlei läßt sich aus dieser Zusammenstellung ablesen. Sowohl bei den Neuzulassungen als auch bei den Besitzumschreibungen nimmt der Anteil der Arbeitnehmer ständig zu. Dadurch vergrößert sich auch der Anteil der Arbeitnehmer am Bestand der Personenfahrzeuge immer mehr. Dann ergibt sich, daß die Arbeitnehmer gerade beim Personenkraftverkehr in erster Linie Gebrauchtfahrzeuge kaufen, die ja für gelegentliche Fahrten immer noch brauchbar sind. Arbeiter, Angestellte und Beamte zusammen haben nahezu

Neuzulassungen und Besitzumschreibungen
in % aller Fälle eines Jahres

	Krafträder			Personenkraftwagen		
	1952	1953	1954	1952	1953	1954
Neuzulassungen:						
Arbeiter	58,0	62,5	64,6	0,8	1,5	2,9
Angestellte und Beamte	16,9	17,4	17,5	8,9	11,2	13,5
Land- und Forstwirtschaft	9,5	7,1	6,4	6,4	6,2	6,1
Handel	4,0	3,3	2,6	33,5	33,0	31,2
Industrie	1,1	0,9	0,9	18,5	16,0	15,6
Sonstige	10,5	8,8	8,0	31,9	32,1	30,7
Besitzumschreibungen:						
Arbeiter	61,9	64,4	65,8	5,4	8,5	12,0
Angestellte und Beamte	14,5	14,1	13,5	15,0	17,6	20,3
Land- und Forstwirtschaft	8,2	7,3	7,5	6,3	5,6	6,0
Handel	4,1	3,4	3,0	32,2	29,9	26,2
Industrie	0,6	0,5	0,5	7,1	6,2	5,7
Sonstige	10,6	10,3	9,7	34,0	32,2	29,8

ein Drittel aller gebrauchten Personenwagen gekauft, dagegen nur 16,4 % der neuen. Gerade auf diesem Wege wird die Motorisierung der Arbeitnehmer immer weitere Fortschritte machen.

(Der Arbeitgeber 1955, S. 616)

4. Streik und Aussperrung

In Baden-Württemberg haben die Unternehmer der Metallindustrie der deutschen Öffentlichkeit einen Kraftakt aus der «guten alten Zeit» vorgeführt. Als Antwort auf den von ihnen provozierten Teilstreik der IG Metall haben sie 400000 Arbeitnehmer im ganzen Land ausgesperrt und damit demonstriert, daß immer noch *sie* die «Herren im Hause» sind. [Der baden-württembergische Metallarbeiterstreik von April/Mai 1963, auf den die Arbeitgeber erstmals mit großangelegten Aussperrungen reagierten, war der größte der Nachkriegsgeschichte: Insgesamt 305000 Arbeitnehmer waren von Streik und Aussperrung betroffen. Erst durch Vermittlung von Bundeskanzler Adenauer konnte ein Kompromiß erzielt werden. Es wurden zeitlich gestaffelte Lohnerhöhungen und die Verkürzung der Arbeitszeit auf 41¼ Stunden pro Woche vereinbart.] Über Nacht wurde uns vor Augen geführt, wie es in der Bundesrepublik um die Sozialpartnerschaft wirklich bestellt ist.

Bei den vorhergehenden Tarifverhandlungen hatte die IG Metall ein ungewöhnliches Maß an Geduld aufgebracht, obwohl die Verhandlungen von den Unternehmern von Anfang an nicht ernsthaft geführt worden waren. Ihre volkswirtschaftlich unsinnige und zudem nicht realisierbare Forderung nach einer unbefristeten Lohnpause beweist das ebenso wie die Tatsache, daß während der Verhandlungen nicht einmal ein konkretes Angebot vorgelegt wurde. Die Unternehmer brachen die Verhandlungen ab und beantworteten den Teilstreik der IG Metall, der sie an den Verhandlungstisch zurückzwingen sollte, mit der totalen Aussperrung.

Die Führungsgruppe der Arbeitgeber von Gesamtmetall wollte den Machtkampf. Ihr Ziel war es, die IG Metall zu schwächen, sie finanziell auszubluten. Mit dieser Aktion sollte zugleich die Bundesregierung genötigt werden, dem Wunsch der Unternehmer entsprechend einen Zwang zur Schlichtung einzuführen. Schließlich drängt sich der Verdacht auf, daß die Gruppe der Scharfmacher bei Gesamtmetall glaubte, eine günstige Gelegenheit zu haben, um, wie sie es nennen, die «Funktionsfähigkeit des Arbeitsmarktes» wiederherzustellen. Hinter dieser Formulierung verbirgt sich die Absicht, die Vollbeschäftigung abzubauen, um eine «industrielle Reservearmee» von wenigstens einigen hunderttausend Arbeitslosen zu schaffen. Oft genug haben in den vergangenen Jahren Sprecher der Unternehmer zu verstehen gegeben, daß nur auf diese Weise die Macht der Gewerkschaften «gebrochen» werden kann.

Diese Gruppe versucht nun, der Öffentlichkeit einzureden, die Aussperrung sei ein legitimes Kampfmittel der Unternehmer und sei dem Streik gleichzusetzen. Arbeitgeberpräsident Paulssen, der in seiner Mai-Botschaft wenige Tage zuvor einen neuen sozialen Stil gefordert hatte, berief sich auf die «herrschende Rechtsauffassung», nach der Streik und Aussperrung gleichberechtigte Kampfmittel «in der sozialen Auseinandersetzung» seien. Er scheute sich nicht, den Begriff der «Notwehr» zu mißbrauchen, obwohl es den Unternehmern allein um die rigorose Durchsetzung ihres Machtstandpunktes ging.

Daß es sich bei Streik und Aussperrung um grundverschiedene Maßnahmen handelt, ergibt sich bereits aus den sozialen Auswirkungen. Es ist eben nicht dasselbe, ob hunderttausend Familien über Nacht ihr Einkommen und damit ihre Existenzmöglichkeit verlieren oder ob sich bei einigen Unternehmen die enormen Gewinne vorübergehend vermindern. Zudem haben es die Unternehmer immer in der Hand, durch rechtzeitige Verhandlungen einen Streik zu vermeiden. Dagegen bleibt den Gewerkschaften – wenn sich die Unternehmer weigern zu verhandeln – gar keine andere Möglichkeit als der Streik. Nur dadurch können die Unternehmer an den Verhandlungstisch gezwungen werden. Genau das wurde in Baden-Württemberg versucht. Doch anstatt zu verhandeln, antworteten die Metall-Unternehmer mit der totalen Aussperrung.

Um der Übermacht der Produktionsmittelbesitzer nicht länger hilflos ausgeliefert zu sein, schlossen sich vor hundert Jahren Arbeiter und Angestellte zu Gewerkschaften zusammen. Ihre einzigen Waffen in diesem ungleichen Kampf waren Solidarität und Streik. Daran hat sich bis heute im Prinzip nichts geändert. Nur mit der Waffe des Streiks können die Arbeitnehmer wenigstens vorübergehend die Übermacht der Unternehmer, die immer noch über die Produktionsmittel verfügen, aufheben. Wenn diese nun ihre Verfügungsgewalt dazu mißbrauchen, um eine Aussperrung auszurufen, stehen wir wieder dort, wo wir vor hundert Jahren begonnen haben.

Aus dieser neuen Situation werden der DGB und seine Gewerkschaften entsprechende Konsequenzen ziehen müssen. Eine davon ist die Einführung einer umfassenden Mitbestimmung. Es darf nicht länger möglich sein, daß ein Dutzend Millionäre im stillen Kämmerlein beschließen kann, Hunderttausende von Familienvätern einfach auf die Straße zu setzen. Wer diese Handlungsweise befürwortet, verhöhnt die schaffenden Menschen und verletzt ihr Recht auf Arbeit. Er entwertet den Artikel 20 des Grundgesetzes, der festlegt, daß die Bundesrepublik ein demokratischer und sozialer Bundesstaat ist und leistet damit Ulbricht und dem FDGB Schützenhilfe.

Der Machtanspruch der Unternehmer aus der Metallindustrie wird an der Solidarität und der Geschlossenheit der in den DGB-Gewerkschaften organisierten Arbeitnehmer scheitern. Unsere nächste Aufgabe ist es, die Verfügungsgewalt der Unternehmer über die Produktionsmittel einzuschränken. Sie dürfen nicht länger «Herren in einem Haus» sein, das nicht sie, sondern die Arbeiter, Angestellten und Beamten erbaut haben.

(Die Quelle 1963, Nr. 5, S. 193 f.; Originaltitel: Solidarität gegen Klassenkampf von oben)

5. «Mehr Freizeit – Mehr Freiheit»

Die Einführung der 40-Stunden-Woche

Die 40-Stunden-Arbeitswoche ist ab 1. Juli 1966 für die Metallindustrie der Bundesrepublik Tatsache. Alle Versuche der Arbeitgeber, sowohl des Gesamtverbandes Metallindustrieller Arbeitgeber wie auch der Bundesvereinigung der Arbeitgeberverbände, eine weitere Hinausschiebung der seit sechs Jahren tarifvertraglich vereinbarten Arbeitszeitverkürzung zu erreichen, sind an der eindeutigen Haltung der IG Metall gescheitert.

Die Arbeitgeber hatten geltend zu machen versucht, eine tarifvertragliche Verkürzung der Arbeitszeit erhöhe in untragbarer Weise die Lohnkosten und verschlechtere die Wirtschaftslage der Metallindustrie, vor allem im Vergleich zu den Ländern, mit denen die Industrie der Bundesrepublik auf den internationalen Märkten in Wettbewerb steht. Aber selbst die von «Gesamtmetall» vorgelegte vergleichende Darstellung über die tarifvertragliche bzw. gesetzliche Wochenarbeitszeit beweist: In den wichtigsten Industrieländern des europäischen Wirtschaftsbereichs besteht bereits jetzt die 40stündige Wochenarbeitszeit.

Das gilt vor allem für Großbritannien und Frankreich, die nach der Bundesrepublik Deutschland die größten metallverarbeitenden Industrienationen Europas sind. In den USA ist die Arbeitszeit noch kürzer als in der Bundesrepublik. Nur in einigen kleineren europäischen Staaten gilt zur Zeit noch eine längere Arbeitszeit. [...]

Die industrielle Produktion der Metallverarbeitung ist in jedem der zehn Jahre seit 1956 gegenüber dem Vorjahr angestiegen. Kennzeichnenderweise stieg die Produktion im Jahr 1964, in dem die tarifvertragliche Arbeitszeit von vorher 42½ auf 41¼ Wochenarbeitsstunden gesenkt wurde, gegenüber dem Vorjahr um 7,9 %. Dieses Jahr wies auch mit den stärksten Anstieg der Arbeitsproduktivität – der Leistung pro Arbeitsstunde – um 7,4 % auf. Diese nüchternen Zahlen hat die Wirtschaftsabteilung der IG Metall sorgfältig errechnet. Von Arbeitgeberseite konnte nicht einmal der Versuch unternommen werden, diese Feststellungen zu bezweifeln.

Kürzere Arbeitszeit ist für den Arbeitnehmer ebenso wichtig wie ein höherer Lohn. Nur durch kürzere Arbeitszeit kann sich nämlich der Arbeitnehmer seine Arbeitskraft auf die Dauer erhalten. Die moderne Industriewirtschaft verlangt während der Arbeitszeit einen viel stärkeren Kräfteverschleiß des Arbeitenden als frühere Produktionsmethoden. Dem stärkeren Kräfteverschleiß muß deshalb eine größere Freizeit entsprechen.

Die Frühinvalidität hat während der letzten Jahre in erschreckendem Maße zugenommen. 1,6 Millionen Renten werden zur Zeit bereits wegen Berufs- und Erwerbsunfähigkeit der Versicherten gezahlt, ohne daß diese das 65. Lebensjahr erreicht hätten. Die Zahl der Frührentner steigt weiter an. Jährlich müssen wegen Berufs- und Erwerbsunfähigkeit vorzeitig 300 000 Arbeitnehmer in einem Durchschnittsalter von 57 Jahren aus dem Erwerbsleben ausscheiden. Diese Frühinvalidität trifft nicht nur den einzelnen als ein persönlich hartes Schicksal, sondern mindert zugleich die volkswirtschaftliche Leistungsfähigkeit und trägt damit zu stärkeren Kostenbelastungen für die Betriebe, die Rentenversicherungen und den Bundeshaushalt bei. Nicht zuletzt um der Menschen willen mußte die IG Metall darauf bestehen, daß die vor sechs Jahren schon vereinbarte Kürzung der Arbeitszeit auf 40 Wochenstunden endlich Wirklichkeit wird. Dieses Ziel hat die IG Metall gegen stärksten Widerstand im Interesse der arbeitenden Menschen erreicht.

(Metall 1969, Nr. 3)

6. «Die Türken kommen»

Wie die Bundesanstalt für Arbeitsvermittlung soeben bekanntgibt, wird in Zukunft neben der Anwerbung von Arbeitskräften in *Italien, Spanien* und *Griechenland* auch die Vermittlung von *türkischen* Arbeitskräften erfolgen. Auf Grund einer vorläufigen Absprache mit den zuständigen Stellen der türkischen Regierung sollen in Zusammenarbeit zwischen der Bundesanstalt und der türkischen Arbeitsverwaltung Arbeitskräfte in der Türkei angeworben und in die Bundesrepublik vermittelt werden. Aus gelegentlichen *Pressenotizen* der letzten Zeit war bereits zu entnehmen, daß eine solche Absicht bei den deutschen Stellen bestand; trotzdem ist die Meldung über die Verwirklichung dieser Pläne etwas überraschend. Denn einmal ist das Reservoir an Arbeitskräften in den bisherigen Anwerbeländern noch lange nicht erschöpft, zum andern sollen die der EWG angehörenden Länder bei der Anwerbung von Arbeitskräften einen gewissen Vorrang vor weiteren, bisher nicht einbezogenen Ländern haben. Hinzu kommt, daß man die Türkei zu den Ländern rechnen muß, die in die *Entwicklungshilfe* einbezogen sind, so daß die Frage nicht unberechtigt ist, ob es sinnvoll erscheint, einem solchen Lande, das bei dem weiteren Ausbau seiner Wirtschaft auf seine Arbeitskräfte angewiesen ist, eben diese Arbeitskräfte zu entziehen. Allerdings wird man hierbei wieder berücksichtigen müssen, daß diese Arbeitskräfte nicht sämtlich und zum gleichen Zeitpunkt im eigenen Lande benötigt werden. Zur praktischen Durchführung der Zusammenarbeit zwischen der Bundesanstalt und der türkischen Arbeitsverwaltung wurde eine vorläufige Regelung getroffen, die folgendes vorsieht: Mit Wirkung vom 15. Juli 1961 ist in *Istanbul* eine deutsche Verbindungsstelle eingerichtet worden, die sich mit der Vermittlung geeigneter türkischer Arbeitskräfte nach der Bundesrepublik befassen soll. Die Vermittlung wird vorerst auf die Landesarbeitsamtsbezirke *Baden-Württemberg, Nordrhein-Westfalen* und *Hamburg* beschränkt, die bereits eine größere Zahl türkischer Arbeitnehmer beschäftigen und in denen bereits entsprechende Erfahrungen über die Beschäftigung türkischer Arbeitnehmer vorliegen. Da die *Deutsche Bundesbahn* an der Gewinnung eines größeren Kontingents von Strecken- und Ladearbeitern interessiert ist, gilt diese Beschränkung nicht für Aufträge der Deutschen Bundesbahn. *Vermittlungsaufträge* für türkische Arbeitskräfte können den Arbeitsämtern ab sofort erteilt werden, vorerst jedoch nur, soweit es sich um Aufträge für männliche, nichtnamentliche Kräfte handelt. Bei ungelernten und anzulernenden männlichen Arbeitskräften, die in beliebig großer Zahl zur Verfügung stehen, können zunächst nur Aufträge auf Vermittlung von größeren Gruppen (mindestens 25 Kräfte) entgegengenommen werden. Darüber hinaus wird es vermutlich möglich sein, qualifizierte Kräfte der *Textilindustrie, Metallindustrie, des Nahrungs- und Genußmittelgewerbes,* des *Schiffsbaues,* des *Bau- und Bauausbaugewerbes,* des *Bergbaues* sowie *Steingewinner* und *-verarbeiter* zu vermitteln. Dabei muß aber beachtet werden, daß die qualifizierten türkischen Kräfte zwar über gewisse Berufskenntnisse und Berufserfahrungen verfügen, daß ihre praktische Ausbildung aber nicht so systematisch erfolgt, wie dies in der Bundesrepublik üblich ist. Für jede angeforderte türkische Arbeitskraft ist – vorbehaltlich einer endgültigen Regelung durch den Verwaltungsrat der Bundesanstalt – eine *Unkostenpauschale* in Höhe von 120 DM – entsprechend dem für die Anwerbung in Griechenland – und ein *Entfernungszuschlag* von 30 DM, insgesamt also 150 DM zu entrichten. Die in *Istanbul* eingerichtete deutsche Verbindungsstelle wird die Arbeitsämter, sobald sie einen ausführlichen Überblick über das Arbeitskräfteangebot gewonnen hat, über die Vermittlungsaussichten regelmäßig informieren. Interessierten Arbeitgebern ist zu empfehlen, sich wegen weiterer Auskünfte an das für sie zuständige Arbeitsamt zu wenden.

(Arbeitgeber 1961, S. 480 f.)

7. Angestellte in der Wahrnehmung von Arbeitern (1953/54)

«Die Angestellten müssen erst um 7.30 Uhr im Werk sein und haben keine Nachtschicht. Das ist schon sehr wesentlich. Denn an die Nachtschicht muß man sich immer von neuem gewöhnen. Auch ist man nie richtig ausgeschlafen, wenn man nur tagsüber schlafen kann. Das alles kennen die Angestellten nicht. Sie verdienen zwar nicht mehr als die Arbeiter. Aber wenn man ihre Lage vergleicht mit der des Arbeiters, verdienen sie eben doch mehr. Sie brauchen nicht bei allen Witterungsverhältnissen draußen zu sein. [...]» (Koksfahrer, 32 Jahre) «Die Angestellten haben es mit der Arbeit besser. Die haben immer ihre feste Arbeit. Wir müssen schon in andere Betriebe, wenn es hier nichts zu tun gibt. Im Winter ist es besonders unangenehm. Die aber bleiben ständig bei der gleichen Arbeit und wissen auch, was sie am nächsten Tag zu tun haben.» (Fräser, 27 Jahre) «... Wenn es zu heiß ist, macht er das Fenster auf; wenn es kalt wird, macht er die Heizung an ...» (Reparaturschlosser, 30 Jahre) «Den kleinen Angestellten geht es viel schlechter als uns. Die verdienen ja meist nicht soviel. Aber dafür haben sie eine Reihe von Vorteilen, die deren Arbeit besser sein läßt. Sie brauchen nicht sonntags zu arbeiten, sie haben keine Wechselschichten, sondern immer geregelte Tagesarbeit. Die sind nicht so schnell verbraucht wie wir.» (Kranführer, 25 Jahre)

(Heinrich Popitz, Hans Paul Bahrdt, Ernst August Jüres, Hanno Kesting: Das Gesellschaftsbild des Arbeiters. Soziologische Untersuchungen in der Hüttenindustrie, Tübingen ⁴1972, S. 113)

8. Kinderarbeit in der Landwirtschaft

Bisherige Stichproben über das Ausmaß der ländlichen Kinderarbeit in Nord- und Süddeutschland haben folgende Erkenntnisse gebracht:

Kinderarbeit auf dem Lande ist in weit größerem Umfang üblich als allgemein angenommen.

Dieser Kinderarbeit liegen verschiedene Motive zugrunde, die auch mit der jeweiligen Einstellung der Bevölkerung zur Kinderarbeit zusammenhängen.

Die Arbeitszeit der Kinder bei ihrer landwirtschaftlichen Tätigkeit ist unterschiedlich.

Ferner ist die Arbeitszeit der Kinder von der Betriebsstruktur, von Betriebsgröße, Bodengüte, Absatzmarkt, Arbeitsmarkt und Verkehrslage abhängig. Dem Landkind bleibt in den Sommermonaten nur selten Zeit zum Spielen. Seine Freizeit wird ohnehin durch lange Schulwege gekürzt. In örtlichen Badeanstalten auf dem Lande wird man Kinder über 7 Jahre vergeblich suchen. Die Eltern lassen ihre Kinder von 13 und 14 Jahren nur ungern noch zur Schule gehen, da ihre Arbeitskraft als Ersatz für fehlende Knechte und Mägde benötigt wird. Zu den eigenen Kindern der landwirtschaftlichen Betriebsinhaber gesellen sich fremde Kinder infolge schlechter wirtschaftlicher Lage ihrer Eltern oder aus irgendeinem Zwang der Verhältnisse. In einem württembergischen Dorf arbeiten von 19 Flüchtlingskindern einer Volksschulklasse 10 Mädchen und Knaben bei Bauern während der Schulzeit täglich 8½ Stunden, in den Ferien länger und sonntags 5 Stunden.
[...]

In einem mittelbäuerlichen Betrieb von ca. 15 ha, wie er z. B. in der Lüneburger Heide in einem Dorf von 300 Einwohnern, darunter 50 Heimatvertriebenen, angetroffen wurde, werden die Kinder in größerem Umfang zur Arbeit herangezogen. Ihre Belastung ist nahezu eine regelmäßige, besonders in Spitzenarbeitszeiten. Nur Bauernkinder unter zehn Jahren werden noch verhältnismäßig geschont, während dies bei Pflegekindern unter zehn Jahren, die aus einem benachbarten Pflegeheim des Dorfes zur Arbeit kommen, nicht der Fall ist. Bei einer solchen Überbeanspruchung kommen die Kinder morgens oft zu spät zur Schule, wobei man bedenke, daß die Schule im Sommer um sieben Uhr beginnt. Die Kinder haben bereits vorher körperlich mehr oder minder schwer gearbeitet und zeigen im Unterricht von Anfang an Ermüdungserscheinungen.

Noch ungünstiger liegen die Verhältnisse in kleinbäuerlichen Betrieben, wie dies wiederholt in Süddeutschland festgestellt worden ist. Die Jungens müssen vor Schulbeginn füttern und melken. Zwölfjährige tragen zentnerschwere Säcke. Gesundheitliche Schäden und Haltungsfehler sind unausbleiblich, zumal der nur in der Schule mögliche sportliche Ausgleich als nicht ausreichend bezeichnet werden muß. Die bildungsmäßigen Auswirkungen dieser übertriebenen Kinderarbeit sind negativ. Zum unpünktlichen Erscheinen in der Schule kommt die mangelhafte Erledigung der Hausaufgaben.
[...]

(*Soziale Ordnung 1965, Nr. 10*)

9. Rationalisierung

Das IFO-Institut für Wirtschaftsforschung führte 1962 im Auftrag des ‹Ratio-nalisierungskuratoriums der Deutschen Wirtschaft› eine Untersuchung in 30 Betrieben und Verwaltungen verschiedener Branchen und Größen durch.
[...]
Zunächst ist festzustellen, daß in den untersuchten Betrieben von 1951 bis 1957 im Durchschnitt jährlich 7 % *der Arbeitskräfte* freigesetzt wurden. Den-noch kam es kaum zu Entlassungen. Im allgemeinen war es möglich, die frei-gewordenen Kräfte im Betrieb umzusetzen, weil mit der Einführung techni-scher Neuerungen eine erhebliche *Produktionsausweitung* einherging. Für den Arbeitnehmer ist es natürlich nicht gleichgültig, ob er einen arbeitstech-nisch gleichwertigen oder höher bewerteten Arbeitsplatz einnimmt oder ob er auf einen geringer bewerteten Arbeitsplatz versetzt wird. Nach den Fest-stellungen des IFO-Instituts wurden von Versetzungen an *geringer bewertete* Arbeitsplätze die Arbeitskräfte dann relativ stärker betroffen, wenn eine Um-stellung auf modernste Produktionsverfahren *mit höchstem Mechanisierungs-grad* erfolgte. Das braucht aber nicht unbedingt zu einer *Minderung* des Loh-nes zu führen; denn im allgemeinen wurde in diesen Fällen der gleiche Lohn weitergezahlt, schon um die Arbeitskräfte nicht zu verlieren. An den Besser-stellungen waren die einfachen und mittleren technischen *Angestellten* relativ stärker beteiligt als die Arbeiter.

Interessant ist in dem Zusammenhang folgendes: In zehn ausgewählten Be-trieben waren vor Einführung der technischen Neuerungen 29 200 Personen und zum Umstellungszeitpunkt – bei erhöhter Produktion – 55 000 Personen beschäftigt. Wäre die Produktion *nicht erweitert* worden und hätten die Be-triebe die Rationalisierungsmaßnahmen dennoch durchgeführt, so wären nur noch 14 100 Personen erforderlich gewesen. Die zehn Betriebe hätten anderer-seits, um den gegenwärtigen Ausstoß zu erreichen, bei Anwendung der alten Produktionsmethoden 138 000 Arbeitskräfte einsetzen müssen. Die Produk-tivitätssteigerungen bei den einzelnen Arbeitsgängen betrugen zwischen 10 und 500 %; vereinzelt waren sie noch höher.

In fast allen der untersuchten Betriebe hat sich der Anteil der ungelernten *Arbeiter stark verringert.* Dagegen nahm der Anteil der *angelernten* Arbeiter in nahezu allen untersuchten Fällen zu, weil an mechanisierten Arbeitsplät-zen im allgemeinen vorwiegend angelernte Kräfte benötigt werden. Der An-teil der *Facharbeiter* im unmittelbaren Produktionsbereich hat sich ebenfalls verringert. Ausgenommen hiervon ist allerdings die *Bauwirtschaft*, in der zwar die traditionellen Berufe zurückgingen, die aber dafür einen starken *Zuwachs* an Maschinenpersonal zu verzeichnen hat. In der Wartung und In-standhaltung ist bei gleichzeitig größerem Arbeitsanfall eine starke Zunahme der Zahl der Facharbeiter festgestellt worden. Das trifft vor allem für die Fälle mit dem *höchsten Mechanisierungsgrad* zu. In diesem Bereich werden besonders *hohe Anforderungen* an das berufliche Können des Personals gestellt. *In den Büros sind die Veränderungen teilweise noch einschneidender* als in der Produktion. Auffallend ist die stark verringerte Bedeutung der *mittleren* Angestellten im Verwaltungsbereich.

[...]

Was den Wandel der Arbeitsbedingungen und Arbeitsverhältnisse angeht, so ergibt sich fast überall eine *geringere körperlich-muskuläre Beanspruchung*. Dagegen hat sich die geistig-nervliche Belastung überwiegend erhöht. Als wichtigste Ursache hierfür werden angegeben:

a) die *vervielfachte Arbeitsgeschwindigkeit* der neuen Anlagen,
b) als Folge des *kontinuierlichen Fertigungsablaufs* die erhöhte Wachsamkeit und größere Konzentration,
c) die *erhöhte Verantwortung* wegen des größeren Wertes der modernen Aggregate,
d) die *Gleichförmigkeit der Arbeit* bei elektronisch gesteuerten Anlagen mit ihrer stark nervlichen Belastung.

Es ist indessen schwierig – wenn nicht unmöglich –, die geringeren körperlichen Belastungen und die stärkeren nervlichen Beanspruchungen gegeneinander abzuwägen. Im übrigen aber haben sich die Arbeitsbedingungen infolge des technischen Fortschritts verbessert. So ist die Arbeit *sauberer* geworden, und die Belästigungen durch Hitze, Kälte, Feuchtigkeit und Staub haben nachgelassen.

(Der Arbeitgeber 1963, Nr. 1/2, S. 14 f.; Originaltitel: Soziale Auswirkungen des technischen Fortschritts)

10. Bildschirmarbeit

Eine Zwanzigjährige beschreibt ihre Arbeit bei einem süddeutschen Automobilhersteller:

Ich schaffe in der Bestellabteilung am Computer. Wir haben gleitende Arbeitszeit, eine Viertelstunde Pause morgens und nachmittags und eine Stunde mittags. Man braucht den ganzen Tag nichts anderes, als Zahlen von den Telexmeldungen auf den Computer eintippen. Die Telexmeldungen, das sind Bestellungen aus dem Inland, manche haben 120, 180, 200 Posten. Wenn es zum Beispiel ein Sonderauftrag ist, ruft man die entsprechende Maske am Computer ab, und dann tippt man Kundennummer, Menge, Bestellnummer, Farbe. Die Reihenfolge auf dem Telex ist schon die Reihenfolge, in der man eintippt. Es ist komisch, daß man etwas machen soll, von dem man gar nichts weiß, den Weg kann man gar nicht zurückverfolgen. Das geht ins Lager, und dort werden die Teile abgerufen, eingepackt und verschickt. Man weiß nicht einmal, wie das Teil aussieht, dessen Zahl man gerade eintippt. Man muß es gar nicht wissen, was es bedeutet. Wenn man einen Fehler macht und merkt es nicht oder die Kontrolle merkt es nicht, also statt 36 63 tippt, geht der Auftrag statt nach Aachen nach Hawaii. Andere, die mehr können, bekommen auch andere Aufträge, und wer sich auskennt, darf eine Woche Bildschirmarbeit machen und eine Woche Kontrolle. Wir sind da lauter Frauen und ein Mann, das ist der Chef; der regelt die Bestellungen und sitzt meist am Telefon. Von den Frauen sind manche angelernt, manche haben Abitur, manche haben Informatiklehrgänge gemacht und sonst keine Arbeit gekriegt. Viele sind Ausländer, Gastarbeiterfrauen. Als Sekretärin hätten sie keine Chance, aber für Computer muß man kein Deutsch mehr können. Während der Arbeitszeit ist nicht drin, daß man miteinander spricht. Man muß total konzentriert sein. Das Ziel ist, möglichst viele Posten in den Computer einzugeben, weil man Angst hat, daß kontrolliert wird, wann wieviel Aufträge eingegeben worden sind. In den Pausen kann man gar nicht abschalten. Man sitzt im Ruheraum und stiert und brütet vor sich hin. Es ist schwer, sich zu konzentrieren, man kann zwar Helligkeitsstufen am Computer einstellen, aber nach ein paar Jahren haben alle eine Brille. Man macht das nur wegen dem Geld, daß man sich selbst etwas leisten kann, etwas kaufen kann, die Arbeit ist egal.

(Brigitte Löhr, unter Mitarbeit von Rita Meyhöfer: Arbeits- und Lebensrealität von Angestellten. In: Lutz Niethammer u. a.: Bürgerliche Gesellschaft in Deutschland, S. 597 f., © Fischer Taschenbuch Verlag GmbH, Frankfurt am Main 1990)

11. Müll

Gegenwärtig werden noch mehr als 90 % aller Abfallstoffe, genau wie vor 100 Jahren, ohne besondere hygienische Vorsichtsmaßnahmen irgendwo im Gelände abgelagert. Viele Müllplätze liegen in Verdichtungsgebieten. Für einen großen Teil der Bevölkerung fehlt eine geregelte Sammlung und Abfuhr der Abfallstoffe. Weitgehend auf «wilden» Müllkippen landen u. a.:
    18 Millionen Tonnen (Mio t) Haus- und Straßenmüll, dieselbe Menge hochgiftigen Klärschlamms aus Industrieanlagen, 1 Mio t Autowracks und etwa 45 Mio t industrieller Festmüll.
    Das rapide Anwachsen von Hausmüll beruht im wesentlichen auf der Verwendung von immer mehr und aufwendigeren Verpackungsmitteln durch die Konsumgüterindustrie. So werden etwa Getränke heute ausschließlich in Einwegflaschen («ex und hopp») geliefert, wobei das «hopp» zwar die Umwelt schädigt, dafür aber die Kassen der Unternehmer noch lauter zum Klingeln bringt. Die naheliegende Verwendung von Pfandflaschen, die vor Jahren noch gängig war, ist nicht in ihrem Interesse, da so ein größerer Teil des Mehrwerts im Distributionssektor versickern würde. Die heute üblichen Plastikverpackungen werfen zusätzliche Probleme auf: Da sie weitgehend auf

organische Weise nicht abbaubar sind, bleibt nur die Beseitigung in Müllverbrennungsanlagen, die wiederum zur Belastung des Luftraums mit giftigen Abgasen führt.

Insbesondere die unkontrollierte Ablagerung von Giftmüll bringt schwerwiegende Schädigungen des Naturhaushalts, vor allem des Bodens und Grundwassers, mit sich. «Die chemische Zeitbombe tickt lautlos und explodiert hie und da, wenn z. B. bei Stuttgart ein etwa 1 ha großes Waldstück in der Umgebung einer Müllhalde abstirbt, in Köln die Fundamente eines Kindergarten-Neubaus durch Faulgase einer zugedeckten Mülldeponie in die Luft gesprengt werden oder wenn Giftmüll ins Grundwasser absickert, so daß umliegende Wasserwerke ihren Betrieb einstellen müssen.» In Gerolsheim (Rheinland-Pfalz) verseuchte eine cyanidhaltige Deponie die Kartoffeläcker im Umkreis von 140 Metern derart, daß sämtliche Feldfrüchte ungenießbar wurden. Arbeiter einer «Rohstoffverwertungs-GmbH» in Düsseldorf erhoben gegenüber ihrer Firma den Vorwurf, «mehr als 10 000 Kubikmeter Giftschlamm auf Schuttkippen des Ruhrgebiets vergraben zu haben». Bodenanalysen ergaben einen ungewöhnlich hohen Arsengehalt. Nun wäre an der Sache eigentlich nichts Ungewöhnliches, wenn nicht beiläufig entdeckt worden wäre, daß die zuständigen Duisburger Überwachungsbehörden bewußt keinen Finger gerührt hatten, um die Vergiftung der Müllhalde zu verhindern.

(Heidelberger Kollektiv: Profitschmutz und Umweltschutz in der Bundesrepublik. In: Kursbuch 1973, Nr. 33, S. 149 f.)

12. Der Frankfurter Hauptbahnhof

[...]

Nur noch etwa zwanzig Prozent der Gebäude des Bahnhofsviertels werden heute als Wohnraum genutzt, denn die Wohnbevölkerung ist um die Hälfte auf circa 3000 geschrumpft. Da zwei Drittel davon ausländische Bewohner sind, ist die Fluktuation erheblich. Die Zahl der Arbeitsplätze in diesem Stadtviertel beträgt fast das Zehnfache ihrer Einwohnerschaft. Während sich an den Werktagen morgens und abends mehr als 100 000 Fahrzeuge an der Basler und Münchner Straße stauen, herrscht Nacht für Nacht in der Toleranzzone Mosel- und Niddastraße die Prostitution, verbunden mit hochgradiger Kriminalität. Doch diese «Arbeitsplätze» sollen in dem Viertel nicht mehr lange erhalten bleiben, da die Stadtväter durch eine neue Sperrgebietsverordnung «von der gründerzeitlichen Baustruktur her traditionelle Wohn- und Geschäftsviertel wieder in das gesamtstädtische Leben einbinden» wollen.

Während sich östlich des Hauptbahnhofs Tag und Nacht vielfältiges Geschäftsleben abwickelt, spielt sich südlich und nördlich seines Gleisfeldes zwischen Westhafen und Güterbahnhof in den Gewerbegebieten der Arbeitsalltag des kleinen Mannes ab und in den Mietskasernen des anschließenden Gallusviertels, «Kamerun» genannt, sein Feierabend.

Zwischen diesen ärmlichen Stadtvierteln und dem Bahnhofsplatz sowie der Kaiserstraße mit ihren Gründerzeit- und Nachkriegsbauten – die hinter den Leuchtreklamen kaum mehr zu erkennen sind – liegt der Hauptbahnhof, dessen Anlage architektonisch dem Erscheinungsbild des Bahnhofsviertels entspricht.

Die deformierte Sozialstruktur dieses Stadtviertels, der hohe Anteil an Ausländern auf der einen Seite und die Unterwelt von Dealern, Kriminellen und Prostituierten auf der anderen Seite, wirken sich auch auf die Zusammensetzung der Benutzer des Hauptbahnhofs aus.

[...]

Tatsächlich war der Hauptbahnhof noch vor fünf Jahren der am stärksten frequentierte Treffpunkt für Gastarbeiter aus dem Mittelmeerraum und Vorderasien. Für sie bedeutete er «Promenade, Piazza, Plaza, Medan und Bazar: Kreuzweg der verlorenen Söhne des Südens.»

Diese Anziehungskraft hat er heute eingebüßt, da im Bahnhofsviertel allein für die türkischen Immigranten drei soziokulturelle Zentren und ein internationales Jugendhaus für die Gastarbeiterkinder eingerichtet worden sind.

Kneipen und Geschäfte, die vorwiegend auf die Wünsche und Bedürfnisse der ausländischen Kunden ausgerichtet sind, haben sich in Bahnhofsnähe angesiedelt und dazu beigetragen, daß die Ausländer, die nicht in ihre Heimat zurückgekehrt sind, sich weitgehend in der Stadt eingelebt haben. Doch ist es für einen Teil der Gastarbeiter eine liebgewordene Gewohnheit geblieben, sich am Wochenende nachmittags zu einem Schwatz im Hauptbahnhof zu treffen.

Diese Gruppen bringen der Bahnpolizei keine Probleme; immense Schwierigkeiten aber bereiten die Kunden der Dealer und Bordelle, die aus dem Bahnhofsviertel meist zum Bahnhof überwechseln. Die Drogensüchtigen suchen in den Bahnhoftoiletten, den bereitgestellten Zügen oder den Parkdecks einen ruhigen, unbeobachteten Platz, wo sie den Stoff, meist Heroin aus dem Bahnhofsviertel, zubereiten und fixen können. 352 meist jüngere Drogenabhängige wurden dabei im Jahr 1983 aufgegriffen und von der Bahnpolizei vor dem Schicksal derer – meist mehr als sechs Menschen im Jahr – bewahrt, bei denen jede Hilfe zu spät kam.

Diese Kunden aus dem Bahnhofsviertel bilden eine besonders große Gefahr für die jugendlichen Ausreißer, die der Bahnhof anzieht. 1983 wurden 52 Kinder unter vierzehn Jahren und 105 Jugendliche auf der Flucht vor Eltern und Heimen – bezeichnenderweise häufig in der Zeit der Schulzeugnisvergabe – im Hauptbahnhof aufgegriffen und damit vor der Gefahr, in das Strichmilieu zu geraten, bewahrt.

1983 wurden 447 Kriminelle im Hauptbahnhof festgenommen, die jedoch überwiegend schon länger in den Fahndungslisten ausgeschrieben waren und nur zu einem geringen Teil wegen Vergehen im Hauptbahnhof der Kriminalpolizei übergeben wurden. Dank der guten Ausbildung und Besetzung sowie der Kenntnis der «scene» bei den Bahnpolizisten spielt sich jedoch im Hauptbahnhof im großen Rahmen nicht Betrug, sondern Betrieb ab.

Seit dem räumlichen Anschluß des S- und U-Bahn-Verkehrs an beziehungsweise unter den Fernverkehr im Jahre 1978 verfügt der Frankfurter Hauptbahnhof über einen ebenerdigen sogenannten Innenbahnhof mit 25 Gleisen für täglich 1100 Zugfahrten und über einen unterirdischen Tiefbahnhof für den Nahverkehr mit 400 Zugfahrten im Minutentakt.

Dieser hohen Verkehrsfrequenz wegen mußte er in die Tiefe erweitert werden: unter der A-Ebene des Innenbahnhofs, die etwa auf Straßenniveau liegt, erstreckt sich als Verteiler- und Ladezone die B-Ebene; darunter liegen die U-Bahn-Stationen auf der C-Ebene und in circa siebzehn Metern Tiefe auf der D-Ebene die S-Bahn-Stationen. Diese tiefgehende Raumnutzung kann als optimale Lösung für ein derartiges Verkehrsaufkommen gesehen werden, da trotz der Erweiterungen die Grundfläche und der Hochbau beibehalten werden konnten.

Mit seiner Viertelmillion Reisenden pro Tag hat der Frankfurter Hauptbahnhof das größte Verkehrsaufkommen aller Reisezugbahnhöfe Europas. Wie sieht es heute in, vor und unter dem Hauptbahnhof während der «rush hour» aus? An einem Donnerstagnachmittag, kurz vor 17 Uhr, schieben sich in der Innenstadt dichtgedrängt die Menschen von den Bürgersteigen in die U-Bahn-Schächte. Auf den Fahrbahnen um den Hauptbahnhof staut sich der Pkw-Verkehr. Die B-Ebene unter dem Bahnhofsplatz nimmt die zahlreichen Angestellten aus den umliegenden Büros auf. Hier unter der niedrigen Deckenkonstruktion in der großflächigen Einkaufspassage wirkt das Hin und Her der in den Feierabend Entlassenen dicht und hastig, da sich ihre Wege häufig kreuzen. Gleichmäßig sondern sich aus der Menge jene, die zu den S-Bahn-Eingängen eilen, schubweise kommen von den U-Bahn-Rolltreppen Menschen herauf.

Auf den Rolltreppen zur Bahnsteighalle hinauf stehen Arbeitnehmer, die sich dann auf dem Querbahnsteig des Innenbahnhofs verlieren, während die abwärts führenden Rolltreppen von nur wenigen benützt werden. In der Eingangs- und Bahnsteighalle bilden sich zielgerichtet Reihen zu bestimmten Bahnsteigen hin, die sich nur an wenigen Stellen mit den langsamer gehenden, meist Kofferkulis schiebenden Reisenden kreuzen. In der hohen und übersichtlichen Halle teilt sich die Menschenmenge immer wieder in spontan gebildete Bahnen. Für den Eiligen gibt es genügend Freiraum zum Ausschreiten, für die Wartenden einen ruhigen Seitenstreifen bei den Kiosken und Imbißständen: die Eingangshalle des Empfangsgebäudes wie auch die Gleishalle wirken belebt, aber nicht beengend.

Abgesehen von den vier Stunden nach Mitternacht, in denen der Hauptbahnhof nur für die wenigen Fernreisenden geöffnet ist, sieht man hier rund um die Uhr stets Gruppen oder einzelne, Wartende, Schlendernde und Eilende.

(Eisenbahnjahr Ausstellungsgesellschaft mbH [Hg.]: Zug der Zeit – Zeit der Züge, Nürnberg 1985, S. 339 f.; Originaltitel: Großstadt-Heimat: der Frankfurter Hauptbahnhof)

Neuntes Kapitel

Soziale Gruppen und soziale Ungleichheit

Einleitung

Im Selbstverständnis der Bundesrepublik Deutschland als eines demokratischen und sozialen Rechtsstaates spielte Sozialpolitik als Instrument zur Milderung sozialer Ungleichheiten von Anfang an eine zentrale Rolle. Seit der Rentenreform von 1957 wurden erhebliche Fortschritte bei der Alterssicherung und der Sozialversicherung erzielt, die nicht nur zur Ausweitung der finanziellen Leistungen führten, sondern insgesamt auf eine Verbreiterung und Universalisierung der Ansprüche zielten. Soziale Sicherheit wurde damit zur Alltagsrealität für den überwiegenden Teil der Bevölkerung. Armut, für Millionen das Ergebnis des Zweiten Weltkrieges (Dok. 1), konnte auf Randgruppen zurückgedrängt werden.

Dennoch blieben soziale Ungleichheiten bestehen. In den fünfziger Jahren war der Abstand zwischen den Berufsgruppen der Angestellten und Arbeiter (Dok. 2) noch für jedermann präsent und prägte deren Lebenseinstellungen (vgl. Kap. 8, Dok. 7).[1] Er manifestierte sich unter anderem in der Trennung ihrer Sozialversicherungen, die 1953 erneut verankert wurde. Obwohl sich die Löhne der Arbeiter in den sechziger und siebziger Jahren weitgehend den Gehältern unterer Angestellter anglichen, blieben massive Ungleichheiten bestehen, die insbesondere die Chancen der nachfolgenden Generation für einen sozialen Aufstieg betrafen. Vier Fünftel der Kinder von ungelernten Arbeitern, zwei Drittel der Kinder von Facharbeitern und die Hälfte der Kinder von Landwirten wurden 1971 Arbeiter, aber nur 3 % der Kinder aus der oberen Mittelschicht.[2]

Nur ein Drittel der nachwachsenden Berufsgenerationen wechselte überhaupt aus dem sozialen Status des Vaters, wobei Mittelschichtangehörige, und hier die Beamtenkinder, für einen sozialen Aufstieg besonders begünstigt waren.

Trotz der Expansion des Bildungssystems in den siebziger Jahren blieb diese strukturelle Besserstellung der Mittelschichtangehörigen erhalten. Zwar konnten erheblich mehr Kinder und Jugendliche aus allen Schichten

---

[1] Vgl. Jürgen Kocka, Michael Prinz: Vom «neuen Mittelstand» zum angestellten Arbeitnehmer. Kontinuität und Wandel der deutschen Angestellten seit der Weimarer Republik. In: Werner Conze, M. Rainer Lepsius (Hg.): Sozialgeschichte der Bundesrepublik Deutschland. Beiträge zum Kontinuitätsproblem, Stuttgart 1983, S. 210–255.

[2] Vgl. Karl Ulrich Mayer: Soziale Ungleichheit und Mobilität. In: Wolfgang Zapf (Hg.): Lebensbedingungen in der Bundesrepublik. Sozialer Wandel und Wohlfahrtsentwicklung, Frankfurt/Main 1977, S. 149–208, hier 188 ff.

Realschulen, Gymnasien und Hochschulen besuchen, aber diese entstammten überwiegend Beamten- und Angestelltenfamilien. Noch 1982 besuchten lediglich 11 % der Arbeiterkinder ein Gymnasium. An der verhältnismäßig starken Prägekraft des Arbeiterstatus für Arbeiterkinder (Dok. 3) änderte auch der Zustrom der Gastarbeiter in den sechziger und frühen siebziger Jahren nichts (vgl. Kap. 8, Dok. 6). Ausländische Arbeiter wurden ausschließlich für ungelernte Tätigkeiten eingesetzt und ermöglichten ihren deutschen Kollegen damit einen begrenzten sozialen Aufstieg in besser qualifizierte oder Facharbeiter-Positionen. Zusätzlich konnten Arbeiter in niedrig qualifizierte Angestelltenpositionen des öffentlichen Dienstes überwechseln und damit eine Verbesserung ihrer Arbeitssituation erreichen. Diese Qualifizierungschance verschwand allerdings nach der Wirtschaftskrise von 1973/74 und infolge von Rationalisierungen aufgrund der Zunahme EDV-gestützter Verwaltungstätigkeiten in den achtziger Jahren. Eine wesentliche Benachteiligung von Arbeitern bestand auch in diesem Jahrzehnt darin, daß sie in weitaus höherem Maße als Angestellte von Arbeitslosigkeit bedroht waren (Dok. 3, 4).

1950 waren die Arbeiter mit gut der Hälfte aller Erwerbstätigen die weitaus größte soziale Gruppe in der Bundesrepublik, gut zwei Drittel von ihnen zählten als un- und angelernte Arbeiter auch 1961 noch zur Unterschicht. Während der Arbeiter-Anteil bis 1983 nur geringfügig auf 40 % schrumpfte, legten die Angestellten von 20 % 1950 auf 47 % zu, wobei sich der Anteil weiblicher Angestellter und Beamter schon 1970 von ursprünglich 21 % auf 47 % erhöht hatte. Die Sozialstruktur der Bundesrepublik blieb also über vierzig Jahre hindurch zur Hälfte die einer Arbeitergesellschaft – in weit stärkerem Maße als in vergleichbaren westlichen Nationen wie Frankreich oder den USA. Sie veränderte ihr Profil fortschreitend zugunsten der Dienstleistungsberufe, die Ende der siebziger Jahre eine gleichgewichtige Position erreichten.

Soziologen und Historiker haben sich in Anbetracht der fortbestehenden sozialen Ungleichheiten immer wieder die Frage gestellt, ob man die westdeutsche Gesellschaft noch als Klassengesellschaft bezeichnen könne. Furore machte Anfang der fünfziger Jahre eine Untersuchung der Sozialverhältnisse westdeutscher Familien. Ihr Autor, Helmut Schelsky, behauptete, daß der Zweite Weltkrieg in besonderem Maße den sozialen Abstieg bürgerlicher Schichten und damit die Angleichung an das Niveau kleinbürgerlichen Lebensstandards der Bevölkerungsmehrheit verursacht habe. Dieser Prozeß habe dazu geführt, daß es keine deutlich voneinander abzugrenzenden proletarischen oder bürgerlichen Klassen mehr gebe, sondern daß sich eine homogene «nivellierte Mittelstandsgesellschaft» herausgebildet habe.[3]

[3] Helmut Schelsky: Wandlungen der deutschen Familie in der Gegenwart, Stuttgart 1955. Vgl. Hans Braun: Helmut Schelskys Konzept der «nivellierten Mittelstandsgesellschaft» und die Bundesrepublik der 50er Jahre. In: Archiv für Sozialgeschichte 29, 1989, S. 199–223.

Starkes Gewicht erhielten in seiner Analyse Daten über die Haushalte von Vertriebenen, für die seine Kennzeichnung zutreffen mochte – nicht aber für die bundesrepublikanische Gesellschaft als ganze. Vertriebene hatten durch die Kriegsereignisse ihren Besitz und ihren bisherigen sozialen Status verloren und waren überproportional von der bis 1953 andauernden hohen Arbeitslosigkeit betroffen. Sie waren verarmt, ohne im Wege der staatlichen Sozialhilfe und des Lastenausgleichs angemessen entschädigt werden zu können (Dok. 5). Hier hatte also zwangsläufig eine Angleichung der äußeren Lebensverhältnisse stattgefunden, die allerdings nicht von Dauer war. In der Wirtschaftswundergesellschaft gewannen persönliche Ausbildungsqualifikationen und materielle Ressourcen schnell wieder ihre statusprägende Bedeutung.

Wenn man den Begriff «Klasse» zur Kennzeichnung sozialer Ungleichheiten verwendet, unterstellt man, daß die wirtschaftlichen Rahmenbedingungen für die Gliederung einer Gesellschaft von entscheidender Bedeutung sind, hinter die andere Faktoren wie beispielsweise geschlechtsspezifische Ungleichheiten (vgl. Kap. 10) oder Bildungsunterschiede zurücktreten.[4] Dies trifft auf die westdeutsche Gesellschaft der fünfziger und sechziger Jahre zu. Besonders augenfällig war die Trennung von anderen sozialen Gruppen durch klar definierbare Zugangsbarrieren bei den Freien Berufen der Ärzte (Dok. 6) und Anwälte, aber auch bei den Wirtschaftsmanagern (Dok. 7), obwohl sich letztere stärker zu den unteren Mittelschichten öffneten. Eine traditionelle Elite wie der Adel konnte seine distinguierte Exklusivität gegenüber anderen sozialen Gruppen in der bürgerlichen Gesellschaft dann aufrechterhalten, wenn die Familie über einen ausreichenden Besitzstand verfügte (Dok. 8). Hingegen mußte der Berufssoldat (Dok. 9) den Verlust seines vor 1945 recht hohen Ansehens hinnehmen und sich mit der Rolle eines «Bürgers in Uniform» begnügen.

Der beschleunigte soziale Wandel in der Bundesrepublik vollzog sich vor dem Hintergrund einer allgemeinen Hebung des Lebensstandards, die in Umfang und Tempo einmalig in der deutschen Geschichte war. Damit einher ging die Verkürzung der Arbeitszeit, der Wandel in der Erwerbsstruktur zugunsten der Dienstleistungsberufe und eine umfassende Verbesserung der Wohnverhältnisse. All dies hat die noch in den fünfziger Jahren deutlich sichtbaren Klassenunterschiede zurücktreten lassen. Begünstigt wurde nicht zuletzt die Arbeiterschaft, die früher besonders stark von Verarmung bedroht war. Als soziale Klasse erlebte sie in den sechziger Jahren einen «Kontinuitätsbruch»[5]: Arbeiter konnten ihren Lebensstandard beträchtlich nach oben angleichen und veränderten ihren Lebensstil.

---

[4] Vgl. M. Rainer Lepsius: Soziale Ungleichheit und Klassenstrukturen in der Bundesrepublik Deutschland. Lebenslagen, Interessenvermittlung und Wertorientierungen. In: Hans-Ulrich Wehler (Hg.): Klassen in der europäischen Sozialgeschichte, Göttingen 1979, S. 166–209.

[5] Josef Mooser: Arbeiterleben in Deutschland 1900–1970, Frankfurt/Main 1984, S. 102.

Obwohl in der Bundesrepublik unverkennbar Fortschritte zu mehr Chancengleichheit und größerer sozialer Gerechtigkeit erzielt wurden, blieben dennoch gravierende Ungleichheiten erhalten. Soziale Privilegierungen und Benachteiligungen schlugen nach wie vor um so krasser zu Buche, je höher oder tiefer sich jemand auf der Stufenleiter der gesellschaftlichen Hierarchie befand. Auch in den achtziger Jahren mußte ein Vierpersonen-Arbeitnehmerhaushalt (Dok. 10) zwar nicht mehr mit dem Pfennig, aber doch mit jeder Mark rechnen, um den einmal erreichten Lebensstandard halten zu können.

1. Armut in der Wirtschaftswunder-Gesellschaft

[...]
Wenn man versucht, der «Armut» nachzuspüren, dann entdeckt man als erstes, daß es eine umfassende Beschreibung der Armutsherde in unserer Gesellschaft bisher noch nicht gibt. Die vorliegenden Statistiken geben meist nur ungenügend oder gar keine Antwort. Zahlreiche, zum Teil ganz ausgezeichnete soziologische Einzeluntersuchungen lassen sich oft nur mit Mühe auf einen Nenner bringen. Man ist also im wesentlichen auf eigene Berechnungen, Umrechnungen und Analogieschlüsse angewiesen, wenn man einige Einblicke in jene Schichten unserer Gesellschaft geben will, deren Kennzeichen die Armut ist.

Zunächst wurde versucht festzustellen, wessen Brutto-Einkünfte in der Bundesrepublik unter 250 Mark im Monat liegen. Es handelt sich hier um zwei große Gruppen: einmal um die Menschen, die in den Arbeitsprozeß eingegliedert sind und deren sogenanntes «Leistungseinkommen» besonders niedrig ist, und zweitens um die Bezieher von Renten und Unterstützungen.

[...]
Danach dürften die Einkommen der mithelfenden Familienangehörigen, in der überwiegenden Mehrzahl Frauen, sehr häufig unter 250 Mark liegen, die der Selbständigen in der Regel darüber. Überhaupt stehen die Selbständigen, vor allem Händler also, Handwerker und Bauern, in unserer Gesellschaft wirtschaftlich verhältnismäßig am günstigsten da. Der Anteil der gut oder gar sehr gut Verdienenden ist erheblich größer als bei allen anderen Gruppen, der Anteil der schlecht Verdienenden kleiner. Man darf aufgrund von Berechnungen annehmen, daß von den 3,8 Millionen selbständig Tätigen nur wenig über 500000 unter 250 Mark im Monat verdienen. Von den 3,2 Millionen mithelfenden Familienangehörigen dürften es gut 2 Millionen sein.

Über die Einkommensschichtung der Arbeitnehmer sind wir ein wenig besser unterrichtet. Allerdings fehlte es auch hier nicht an Schwierigkeiten. Auch gehen sie von verschiedenen Einkommensgrenzen aus. Eine Berechnung des Wirtschaftswissenschaftlichen Institutes der Gewerkschaften ergibt, daß heute 42 v. H. aller Arbeitnehmer weniger als 250 Mark brutto im Monat verdienen. Das sind 6,4 Millionen Menschen. Diese 6,4 Millionen Arbeitnehmer mit geringem Einkommen lassen sich in mindestens 3,5 Millionen Frauen und Mädchen und höchstens 2,9 Millionen Männer aufgliedern. Bei den weiblichen Arbeitnehmern sind dann zwei weitere Gruppen mit einiger Deutlichkeit zu erkennen. Etwa 600000 von ihnen dürften Ehefrauen sein, mindestens 1,2 Millionen Mädchen unter 24 Jahren. In diesen Zahlen können Überschneidungen enthalten sein, die aber wohl unbedeutend sind. Übrig bleibt dann eine letzte Gruppe von 1,7 Millionen Arbeitnehmerinnen, von der wir nur wissen, daß sie sich aus ledigen Frauen über 24 Jahren, Witwen oder geschiedenen Frauen, zusammensetzt.

Bei den 2,9 Millionen Arbeitnehmern läßt sich zunächst eine Gruppe deutlich erkennen, nämlich 1 Million Lehrlinge in Industrie und Handwerk, kaufmännische Lehrlinge und Beamtenanwärter. Der Rest von 1,9 Millionen setzt sich aus 600000 Landarbeitern, etwa 80000 Forstarbeitern und im übrigen aus ungelernten und angelernten Arbeitern in verschiedenen Industrien sowie Beamten und Angestellten der untersten Tarifgruppen zusammen.

[...]

Man darf annehmen, daß heute in der Bundesrepublik insgesamt 5,5 Millionen Menschen für ihren Lebensunterhalt in erster Linie auf Renten und Unterstützungen angewiesen sind. Und zwar setzt sich diese Zahl zusammen aus 4,3 Millionen Empfängern verschiedener Renten und Unterstützungen, rund 1,1 Millionen Arbeitslosen und 150000 alten Leuten, die in Altersheimen leben. Dazu kommen dann noch die pensionierten Beamten.

Die 4,3 Millionen Empfänger verschiedener Renten und Unterstützungen lassen sich verhältnismäßig leicht in drei Gruppen aufgliedern: die Flüchtlinge, Ausgebombten und Währungsgeschädigten, die Unterhaltshilfe beziehen; dann die Kriegsopfer und endlich die Sozial- und Unfallrentner, einschließlich der Menschen, die von der öffentlichen Fürsorge unterstützt werden.

Der Unterstützungsanspruch der Flüchtlinge, Ausgebombten und Währungsgeschädigten gründet sich zunächst auf das Soforthilfegesetz vom August 1949, er gründet sich jetzt auf das Lastenausgleichsgesetz, das im August 1952 verabschiedet wurde. Die Unterhaltshilfe wird zur Zeit knapp einer Million Menschen gewährt. Gezahlt werden für die Einzelperson 85 Mark im Monat, für das Ehepaar 122,50 Mark. Treten andere Renten hinzu, verringert sich die Unterhaltshilfe entsprechend. Geringe Nebenverdienste sind zugelassen. Wer die Hälfte des erlittenen Schadens in Form der Unterhaltshilfe ausgezahlt bekommen hat, verliert seinen Unterstützungsanspruch. Er fällt dann häufig erneut der Fürsorge zur Last oder kehrt in sein beengtes Sozialrentnerdasein zurück.

Der Unterstützungsanspruch der Kriegsopfer, der Versehrten also und der Hinterbliebenen, leitet sich her aus dem Bundesversorgungsgesetz vom Dezember 1950 und dem Gesetz über die Unterhaltshilfe für Angehörige von Kriegsgefangenen vom April 1952. Hier müssen drei Personenkreise unterschieden werden: die Versehrten, die Kriegerwitwen und die Eltern von Gefallenen.

Es gibt im Bundesgebiet rund 1,5 Millionen Kriegsversehrte. Jeder von ihnen erhält, gleich welche Einkünfte er hat, je nach Schwere seiner Verletzung eine Grundrente zwischen 15 und 75 Mark. 735000 Versehrte sind schwerbeschädigt und haben Anspruch auf eine Ausgleichsrente. Nach unserer Schätzung üben jedoch Dreiviertel von ihnen wieder einen Beruf aus. Das würde bedeuten, daß nur etwa 180000 Versehrte ihren Anspruch auf eine Ausgleichsrente geltend machen. Die Höhe ihrer Gesamtrentenbezüge kann sehr verschieden sein. Ein zu 50 v. H. Versehrter mit Frau und zwei Kindern erhält einschließlich der Teuerungszulage 107 Mark, ein zu 100 v. H. Versehrter mit entsprechender Familie 210 Mark; wenn eine andere Rente hinzukommt, vielleicht sogar 255 Mark. Die Versehrtenrente sinkt, wenn ihr Bezieher einen zusätzlichen kleinen Arbeitsverdienst hat.

Auch die Kriegerwitwen, insgesamt über eine Million, erhalten alle ohne Ansehen ihrer übrigen Einkünfte eine Grundrente. Sie beträgt 40 Mark. Allerdings müssen diese Rentenbezieherinnen mindestens 40 Jahre alt sein oder Kinder haben. Nach unseren Berechnungen – exakte Zahlen liegen noch nicht vor – dürften bis zu 600000 dieser Witwen nicht beruflich tätig sein und damit auf eine Ausgleichsrente angewiesen sein. Die meisten von ihnen haben unmündige Kinder zu versorgen, den größten Teil nämlich der insgesamt über 1,3 Millionen Kriegerwaisen, die zu den ärmsten Opfern des Zweiten Weltkrieges gehören. Auch die Renten für Kriegerwitwen sind recht niedrig, sie schwanken zwischen 70 und 90 DM. Dazu kommen 31 Mark für jedes Kind. Für den Fall, daß eine Kriegerwitwe eine zweite Rente aus der Sozialversicherung bezieht – was bei rund 200000 Witwen der Fall sein dürfte –, so ist festgelegt, daß die Gesamteinkünfte 125 Mark für die Frau und 46 Mark für jedes Kind nicht übersteigen dürfen. Verdient die Frau 160 Mark im Monat, so fällt ihre Rente fort.

Schließlich erhalten eine Rente aus dem Versorgungsgesetz noch 240000 Elternpaare oder Elternteile, alles bedürftige alte Leute. Diese Rente beträgt 50 Mark für einen Elternteil, 70 Mark für ein Paar. Kommen andere Renten hinzu, dürfen die Gesamteinnahmen 85 oder 120 Mark nicht überschreiten.

Mit den bisher aufgezählten Gruppen ist von den insgesamt 4,3 Millionen Renten- und Unterstützungsempfängern für rund 2 Millionen bereits der Schwerpunkt ihrer Einkünfte bezeichnet worden. Bei den verbleibenden 2,3 Millionen liegt der Schwerpunkt bei den sogenannten Sozialversicherungen: der Invalidenversicherung für die Arbeiter, der Angestelltenversicherung und der Knappschaftsversicherung für Bergleute. Alle diese Versicherungen sind Altersversicherungen.

[...]

(Frankfurter Hefte 1953, Nr. 2, S. 101–111; Originaltitel: Der fünfte Stand. Eine Untersuchung über die Armut in Westdeutschland)

2. Die Mitbestimmung im Urteil junger Arbeiter
(1953/54)

«Unter Mitbestimmung verstehe ich, daß den Arbeitern das Recht einge-
räumt wird, sich an der Leitung des Werkes aktiv zu beteiligen [...] Es kann
natürlich nicht jeder herkommen und sagen: ‹Ich will nun mitbestimmen.› [...]
Das ist ausgeschlossen. Da wäre bald alle Ordnung dahin. Wir sind also darauf
angewiesen, uns Vertreter zu wählen [...] Sie machen ihren Einfluß geltend bis
in die höchsten Spitzen der Werksleitung [...] Es ist sicher keine leichte Aufgabe, die diese Leute übernommen haben, aber eine dankbare Aufgabe. Dafür
haben doch schließlich die Arbeiter jahrzehntelang gekämpft. Wenn die Mitbestimmung auch noch nicht vollkommen ist, [...] so ist sie doch immerhin ein
Fortschritt. Und verbessern kann man immer noch. Wir müssen Geduld
haben [...] Wir Arbeitnehmer können ja auf die Arbeitgeber gar nicht verzichten.
Sie haben zwar nur mit Hilfe der Arbeiter die Werke hochgebracht. Aber von
ihnen ging schließlich die Initiative aus. Und sollte es einmal zu einer Sozialisierung kommen, so muß man sehr darauf achten, daß man sich nicht einem
Mächtigeren ausliefert [...] Wie das dann sein wird, ist noch sehr im Dunkeln.
Aus diesem Grunde halte ich es nicht für gut, daß die Gewerkschaft zum Ak-
tionär wird. Dann bekommt sie zuviel Macht, und ihr Verhältnis zum Arbeiter wird sofort ein anderes [...] Ich bin aus der Gewerkschaft, und ich weiß,
was sie geleistet hat. Aber ich möchte nicht, daß sie eine Stellung erhält, welche ihrer Aufgabe widerspricht. Sie ist schließlich die einzige große Vertretung der Arbeitnehmer und kann deshalb nicht jemandem gegenüber sich
selbst vertreten. Hier lauern Gefahren, die die Arbeiter kaum sehen. (Folgen
der Mitbestimmung für den Arbeiter?) Die Mitbestimmung ist vor allem ein
Segen für die Arbeiter. Aber es steckt ein Nachteil drin. Wenn nämlich der
Arbeiter so an einem Werk beteiligt ist, kann man ihn auch verantwortlich
machen für das, was aus diesem Werk wird [...] (Durchsetzen?) Das Mitbestimmungsrecht wird sich sicher durchsetzen. Dafür werden schon die Gewerkschaften sorgen. Nur durch den Kampf der Gewerkschaften ist das Mitbestimmungsrecht durchgesetzt worden, und solange sie bestehen, wird auch
die Mitbestimmung erhalten bleiben. Daran sind ja nicht nur die Sozialdemokraten interessiert, sondern auch gewisse christliche Kreise. So muß man
nicht fürchten, daß eine solche Regierung wie die jetzige das einmal beschlos-
sene Gesetz wieder umstürzen wird. Gelegentlich hört man ja davon. Sollte
dies passieren, würde es einen harten Kampf geben [...] Und überdies weiß
ich nicht, was die Geldgeber dabei zu verlieren haben [...] Denken Sie nur
einmal daran, was die Arbeiter seit Kriegsende erreicht haben. Glauben Sie,
das bliebe erhalten, wenn wir nicht immer wieder darauf pochten, auf unsere
Rechte, auf unsere Forderungen?» (Werkzeugmacher, 23 Jahre).

    «Unter Mitbestimmung verstehe ich die Mitarbeit der Arbeiter an der Lei-
tung des Werkes. Die Arbeiter sind beteiligt, wo es sich um die Gelder des

Werkes handelt, nicht, glaub ich, beim Verkauf, aber bei der Unterbringung, bei Neuanschaffungen und Neueinstellungen, in allen sozialen Belangen. Das ist schon sehr gut. Aber sie hat einen Haken [...] Man hat nämlich die Mitverantwortung vor die Mitbestimmung gestellt. Das geht wesentlich auf den Betriebsrat zurück. Immer wieder hören wir jetzt, daß wir verantwortlich für das Werk sind. Das ist schäbig. Die Verantwortung kann man sich nicht abkaufen lassen. Es ist nur ein dummes Reden, um uns einzuträufeln, das Wesen der Mitbestimmung liege in der Mitverantwortung. Die da oben sind sicher nicht so dumm, daß sie nicht wissen, was sie tun. Und sie wissen ganz genau, daß sie den Arbeiter in diesem Augenblick für das Ganze haftbar machen können [...] Dann werden nicht mehr unsere Interessen vertreten, sondern wir vertreten die Interessen des Werkes. Die interessieren uns aber gar nicht in erster Linie. Denn wir müssen doch daran denken, daß die ganze Mitbestimmung eine Folge des Kampfes des Arbeiters ist um ein gleiches Recht als Mensch. Da kann man uns doch nicht als Werkshörige in einem anderen Sinne gebrauchen. Es ist natürlich nicht immer so gewollt. Aber es ergibt sich leicht, weil unsere Betriebsräte oft nicht den starken Rücken haben, um unsere Interessen stets mit Nachdruck zu vertreten. Sie fühlen sich plötzlich sehr verantwortlich für das Werk. Sicher sind sie es auch, und nicht umsonst sind sie Betriebsräte, eine etwas zweideutige Sache, aber sie sind zunächst unsere Vertreter und nicht die Abgesandten und Lautsprecher der Werksleitung [...] Auf der anderen Seite kann man aus der Mitbestimmung alles machen, wenn man es klug anfängt [...] Die (Arbeitgeber) sind sicher nicht damit einverstanden. Aber ich kann sie auch gut verstehen. Wenn einem plötzlich gesagt wird, daß er nur mehr so und soviel behalten kann, dann wird er zuerst böse, obwohl er damit sicher leben kann, da es ihm nicht mehr weggenommen wird. Nun ja, wir brauchen die Arbeitgeber, und ich weiß wirklich nicht, ob wir besser dran wären, wenn wir eine andere Form des Eigentums hätten. Gegen die Praktiken des Ostens bin ich radikal [...] In Amerika soll es eine Form der inoffiziellen Mitbestimmung geben. Da nehmen die Arbeiter teil, ohne daß deswegen Propaganda gemacht wird. Sie sind einfach da und werden gehört [...] Das halte ich für besser. Es ist dann alles schmiegsamer, wird nicht starr. Wenn es richtig gebraucht wird, ist es (das Mitbestimmungsrecht) gut. Wir sollten nicht vergessen, daß wir hier deswegen damit so gut fahren, weil die Arbeiter eher und mehr für das Werk nach 1945 getan haben als alle anderen Beteiligten. Sie waren es, die aus eigener Initiative mit dem Aufbau begannen. Ich bin damals jeden Morgen mit hungrigem Magen hierher gezogen, und was wir für richtig hielten, haben wir getan. Das hat man später auch anerkannt [...] Ja, geredet hat man so. Aber dann hat man es schnell wieder vergessen. Wir müssen aber gelegentlich daran erinnern. (Wird sich das Ganze nun durchsetzen?) Ich weiß nicht recht. Sicher nicht die Form, wie sie die Gewerkschaft vorgeschlagen hatte. Aber wenn es gelingen soll, brauchen wir eine starke einheitliche Gewerkschaft, die sich auf ihre wirtschaftlichen und sozialen Pflichten besinnt und unter allen Umständen ihre parteiliche Neutralität wahrt [...] Sonst ist es bald ganz aus.» (Facharbeiter, 26 Jahre)

(Heinrich Popitz, Hans Paul Bahrdt, Ernst August Jüres, Hanno Kesting: Das Gesellschaftsbild des Arbeiters. Soziologische Untersuchungen in der Hüttenindustrie, J. C. B. Mohr Tübingen ⁴1972, S. 141f.)

3. Das Arbeitsleben eines Bergmannes

[...]

Der Kampf um einen Platz an der Kohle wird erbarmungslos und klar zugunsten der Jungen ausgehen. Alt ist, wer die Vierzig überschritten hat. Walter Gogolin ist 45 – und «angeschlagen». Er ist, wie Tausende anderer Kumpel, im Berg krank geworden und heute nur noch beschränkt arbeitsfähig. Walter Gogolin: «Herz und Lunge sind bedient.»

Sein Schicksal ist typisch. Wie Vater und Großvater ging er mit 17 Jahren in den Bergbau und «machte Kohle» unter Tage. Dann kamen vier Jahre Ostfront, fünf Verwundungen, US-Gefangenschaft.

Doch seine Frau Margarete, eine kräftige Schlesierin, hatte ihn bald zurück. Denn der Wiederaufbau der deutschen Wirtschaft brauchte Energie – sprich Kohle und Kumpel.

Infanterist Gogolin wurde bevorzugt entlassen, weil er sich wie Zehntausende anderer gelernter «Bergchirurgen» (Goethe) wieder für die Knochenarbeit im Kohlenbergbau verpflichtete. Die Frühheimkehrer bekamen Zulagen, Care-Pakete, Schnaps, billige Wohnungen und Heizmaterial – kurzum alles, was Millionen Deutsche damals nicht hatten. Und sie bekamen so viel öffentliches Lob als Nationalhelden der Arbeit, bis sie felsenfest glaubten, Kohle und Kumpel sind für alle Zeiten unersetzlich.

Gogolin kehrte auf seinen alten Arbeitsplatz, die Gelsenkirchener Zeche «Graf Bismarck», zurück und stieg in die traditionelle Kumpelkluft: Helm, Schweißhemd, Knöchel- und Schienbeinschützer, Stiefel mit Stahlkappen und Arschleder.

Liegend, hockend und stehend brach er in staubflirrender Luft als Hauer Kohle aus dem Berg. Im Akkord. Eine Arbeit, von der Ex-Kumpel und Schriftsteller Max von der Grün sagt: «Verfluchte Sauerei. Zuchthaus ist ein Kinderspiel dagegen.»

Jahrelang war Gogolin mehr im Pütt als zu Hause. Er fuhr bei Tag und Nacht ein, zu Weihnachten und am Sonntag und machte soviel Überschichten wie möglich. Die Kinder kamen: Walter (jetzt 19), Werner (17), Karlheinz (12), Wilfried (10) und Monika (8).

Walter Gogolin brachte schließlich bis zu 750 Mark netto nach Hause. Für seine Frau war es ein Lohn der Angst: «Was glauben Sie, wie oft ich nicht geschlafen habe, wenn er unten war.»

Aber es ging langsam aufwärts. Die Kinder waren aus dem Gröbsten her-aus, und auf dem Dach von Gogolins Zechen-Ziegelhaus, dessen Rot vom Ruhrruß stumpf geworden war, stand eine Fernsehantenne.

Dann, 1960, starb Gogolins Vater, wenige Tage, nachdem er zum erstenmal seine Rente bekommen hatte. Er starb am Schrecken der Bergleute, der Sili-kose (Staublunge). Der Steinstaub unter Tage hatte seine Lunge zerfressen.

«Kurz darauf», erinnert sich Gogolin, «fiel ich selber auf die Schnauze.» Die schlechte Luft und die hohen Temperaturen in der Tiefe (bis zu 40 Grad) hatten sein Herz angegriffen, der Staub die Lunge. Die Ärzte diagnostizier-ten: Tuberkulose.

Als er nach einem halben Jahr ausgeheilt wiederkam, taugte er nur mehr für leichtere Arbeiten über Tage. Als Maschinenputzer auf «Bismarck» ver-diente Gogolin 450 Mark, 300 Mark weniger als bisher. Eine monatliche Rente von 98 Mark für die verlorene Gesundheit fing die Lohneinbuße eini-germaßen auf – aber hundert Mark fehlten fortan in Mutter Margaretes Monatskasse.

Für sie hatte die Sache jedoch auch was Gutes: «Ich war heilfroh, daß er nicht mehr runter mußte.»

Irgendwann im letzten Jahr ging Gogolin wie immer zur Arbeit und hörte ein Gerücht, das er für «Quatsch, ausgemachten Quatsch» hielt: Die Zeche «Bismarck», eine der modernsten im Revier, so hieß es, solle geschlossen wer-den.

Am 30. September 1966 «rannen vielen Kollegen die Tränen runter» (Gogo-lin): Auf «Bismarck» wurde tatsächlich die letzte Schicht gefahren. Gogolin bekam nach 27 «Bismarck»-Jahren den Blauen Brief und seither keine Arbeit mehr.

[...]

Der langsamere Ruhr-Puls zwang 127000 Kumpel von Mitte März bis Ende November 1966 zu über einer Million Feierschichten. Das bedeutete eine durchschnittliche monatliche Lohneinbuße von 300 Mark. Von Anfang bis Mitte Januar 1967 brachten 100000 Kumpel wieder fünf Millionen Mark weniger nach Hause.

Die Folge: Sie kommen mit Ratenverpflichtungen ins Gedränge, die Lohn-pfändungen sind nach Angaben von Gewerkschaftlern etwa auf das Doppelte gestiegen. Sogenannte Umschuldungsagenturen («Schlafen Sie wieder ruhig. Überlassen Sie Ihre Sorgen uns.») machen sich breit und nehmen horrende Zinsen.

Auch Walter Gogolin muß bis November noch Raten zahlen: 208 Mark monatlich für seinen Opel-Kadett, den er Ende 1965 gekauft hat. «Ich hätte das natürlich nie getan», sagt er, «wenn ich gewußt hätte, was kommt.» Er will den Wagen jedoch nicht verkaufen – die Gebrauchtwagenpreise im Ruhr-gebiet sind zur Zeit miserabel.

Gogolin konnte die Ratenschwierigkeiten nicht ahnen, denn nicht lange zuvor hatte er von der Zeche eine Urkunde «als Zeichen dankbarer Anerkennung für 25jährige treue Dienstleistung» bekommen und dachte, noch mindestens zehn Jahre anzufügen. «Das Ding», erzählt Gogolin, «würden viele jetzt am liebsten auf den Lokus hängen.»

Es ist nicht die nackte Not bei den Gogolins eingezogen, aber ihr Standard paßt schlecht in die Wohlstandskulisse. Die Zechenwohnung kann Gogolin als krankem Bergmann nicht gekündigt werden, er bekommt weiter pro Jahr seine 110 Zentner billige Deputatkohle, den Zentner zu 65 Pfennig.

Die Miete für drei kleine Zimmer und Küche erhöht sich ab Februar von 46 auf 58 Mark. Viel Geld, denn als Gogolin noch unter Tage schaffte, kriegte er über 20 Mark Wohnungszulage. Werner, der arbeitslose Kellner, kann von seinen 102 monatlichen Stempelmark wenig zum Unterhalt beitragen. Er verdiente bislang rund 400 Mark.

So ist Walter, der 19jährige Raupenfahrer, die Stütze der Familie. Seine Gelsenkirchener Baufirma hat Aufträge über den ganzen Winter. Wie früher sein Vater liefert er bei Mutter seinen Wochenlohn von 115 Mark ab. Er behält davon nur 20 Mark für Benzin und den Sonnabendschwof mit seiner Freundin. «Ohne ihn wüßte ich nicht weiter», sagt Margarete Gogolin.

Die Frau kocht große Töpfe mit Gemüse und Kartoffeln, um die «Blagen» (Kinder) sattzukriegen. Abends gibt es oft Milchsuppe und Brot dazu. Koteletts und Schnitzel sind vom Küchenplan gestrichen. Kuchen wird nicht mehr gekauft, und wenn's Wurst gibt, «muß es was zum Schmieren sein, damit man weit kommt».

Für die Kinder strickt sie pausenlos, aber an Kleidung «für Vater und mich ist nichts mehr drin.» Das kränkt sie nicht sehr, denn sie kommt aus einer Familie mit 14 Kindern.

Walter Gogolin dachte gleich nach der Entlassung daran, sich auf einen anderen Beruf umschulen zu lassen. «Aber als die am Arbeitsamt meine Papiere sahen», erzählt er resigniert, «winkten sie ab.» Er kann nur in geschlossenen Räumen arbeiten, darf nicht viel stehen. Wenn der Südwind Staub von den Halden und Gestank von den Schloten auf sein Haus zutreibt, muß er sich manchmal übergeben.

[...]

(P. Neuhauser: Der Kumpel zahlt die Zeche. In: Friedrich G. Kürbisch: Entlassung ins Nichts, Berlin 1983, S. 123 ff.)

4. Dauerarbeitslosigkeit

Nur noch etwa 35 Prozent aller registrierten Arbeitslosen erhalten Arbeitslosengeld. Für immer mehr Arbeitslose ist die Arbeitslosenversicherung erst gar nicht mehr verfügbar oder wird zum Durchgangsstadium auf dem Weg zur Arbeitslosen- und Sozialhilfe.

Wie verheerend die materielle Situation vieler Arbeitsloser ist, zeigt die

Studie in aller Deutlichkeit, wobei im Vorjahresvergleich teils erhebliche Verschlechterungen zu verzeichnen sind:

637 000 gemeldete Arbeitslose erhielten im September 1983 *keinen Pfennig an Arbeitslosengeld oder Arbeitslosenhilfe* (Sept. 1982 = 506 000). Darüber hinaus melden sich viele Arbeitslose, die durch die Bonner Gesetzesverschärfung oder die zunehmende Dauerarbeitslosigkeit ihre Ansprüche auf Arbeitslosengeld verloren haben, erst gar nicht bei den Arbeitsämtern. Unter Berücksichtigung dieser entmutigten Arbeitslosen, die in die «stille Reserve» abgewandert sind, erhalten mindestens *1,6 Millionen Menschen keine Unterstützung.* In diesem Jahr dürfte sich ihre Zahl noch weiter erhöhen.

Besonders häufig werden Jugendliche, Frauen, Ausländer, Schwerbehinderte und Arbeitslose ohne Berufsausbildung ausgesteuert:

34 Prozent der un- und angelernten Arbeiter waren im September 1983 aus der Arbeitslosenunterstützung ausgegrenzt (Vorjahr 32 Prozent).

38 Prozent der Frauen erhielten keine Arbeitslosenunterstützung (Vorjahr 35 Prozent).

38 Prozent der ausländischen Arbeitslosen gingen beim Arbeitsamt leer aus.

32 Prozent der Schwerbehinderten wurden nicht unterstützt.

36 Prozent der Arbeitslosen ohne Berufsausbildung erhielten kein Geld vom Arbeitsamt (Vorjahr 33 Prozent).

44 Prozent der arbeitslosen Hochschulabsolventen bezogen weder Arbeitslosengeld noch Arbeitslosenhilfe.

48 Prozent der registrierten Jugendlichen (unter 20 Jahren) erhielten keine Arbeitslosenunterstützung.

In diesen Zahlen zeigt sich: Wer sowieso schwer auf dem Arbeitsmarkt unterkommt, dessen Absicherung ist auch bei Arbeitslosigkeit schlecht.

Knapp *zwei Drittel der Arbeitslosengeld-Bezieher* waren zu Beginn dieses Jahres von der *Kürzung der Unterstützungssätze für Kinderlose* betroffen; sie mußten monatliche Einkommenseinbußen von 75,– DM hinnehmen.

Eine steigende Zahl von Arbeitslosen ist auf die *niedrigere Arbeitslosenhilfe* verwiesen. *23 Prozent* der gemeldeten Arbeitslosen mußten im Sept. 83 mit dieser Fürsorgeleistung auskommen. Im Sept. 82 waren noch 18 Prozent aller Arbeitslosen und im Sept. 74 sogar nur 10 Prozent auf diese Unterstützungsleistung angewiesen.

Im April 83 mußten *31,9 Prozent der Arbeitslosenhilfe-Empfänger eine Kürzung ihrer Unterstützungsleistungen* hinnehmen, weil über die Bedürftigkeitsprüfung das Einkommen ihrer Angehörigen angerechnet wurde. Im Schnitt lagen die Abzüge bei der Arbeitslosenhilfe bei *231 DM im Monat.*

Durchschnittlich zahlten die Arbeitsämter im Februar 84 nur noch *694 DM* an Arbeitslosenhilfe aus. *Drei von vier Leistungsempfängern* waren von der zum 1. 1. 84 wirksamen *Senkung der Leistungssätze* für Kinderlose betroffen.

1983 bezogen rund *230 000 Arbeitslosenhaushalte* vorübergehend oder ständig *Sozialhilfe.*

Etwa 50 000 arbeitslose Sozialhilfeempfänger wurden 1983 zur «Gemeinschaftsarbeit» zwangsverpflichtet. Zu Stundenlöhnen zwischen 1 bis 3 DM müssen sie ohne Sozialversicherungsschutz, ohne Arbeitsvertrag und ohne Rechte nach dem Personalvertretungsgesetz Arbeiten verrichten.

Nach Auffassung des DGB nimmt aber nicht nur die offene Armut unter Arbeitslosen in erschreckendem Umfange zu, sondern ebenso die verdeckte. Hinter jedem Sozialhilfeempfänger stehe noch einmal einer, der aus Scham oder Unwissenheit nicht zum Sozialamt geht.

Die wichtigsten Ursachen für die zunehmende Ausgrenzung und Verarmung von Arbeitslosen liegen
– in den erhöhten *Anwartschaftszeiten*, um überhaupt Arbeitslosengeld oder Arbeitslosenhilfe erhalten zu können. Jeder zweite Arbeitslose ohne Unterstützung erhält aus diesem Grund kein Geld. An diesen Eingangsbarrieren scheitern vor allem Berufsanfänger;
– in der *Bedürftigkeitsprüfung* der Arbeitslosenhilfe. Dies gilt besonders für Dauerarbeitslose. 43 Prozent von ihnen erhielten keine Arbeitslosenunterstützung. Betroffen sind in erster Linie die Verheirateten, deren Ehepartner noch erwerbstätig sind. 81 Prozent der verheirateten Frauen und immerhin 31 Prozent der verheirateten Männer, die im September 1983 über ein Jahr lang arbeitslos waren, erhielten keine Arbeitslosenunterstützung mehr. In der Bedürftigkeitsprüfung wird daher eine besonders familienfeindliche Regelung gesehen;
– in dem unzureichenden *Unterstützungsniveau*. Immer mehr Leistungsempfänger müssen ergänzend zur Arbeitslosenunterstützung noch Sozialhilfeleistungen in Anspruch nehmen. Die Lohnersatzleistungen sind in diesen Fällen zu niedrig und liegen unter der Sozialhilfeschwelle.

Der DGB forderte Bundestag und Bundesregierung dringend auf, die sozial- und beschäftigungspolitisch verantwortungslosen Einschränkungen wieder zurückzunehmen. Zugleich legte er ein Programm vor, wie auf solidarische Weise die materielle Sicherung der Arbeitslosen verbessert werden könnte. Als vordringliche Maßnahmen forderte er die Gewährleistung
– eines Anspruchs auf mindestens Arbeitslosenhilfe für jeden Arbeitslosen;
– einer bedarfsorientierten Mindestsicherung für alle Arbeitslosen.
Die Umverteilung von unten nach oben müsse endlich ein Ende haben.

(Soziale Sicherheit 1984, Nr. 8/9, S. 228 f.)

5. «Es gibt keine Flucht vor den Flüchtlingen»

[...]
Lange, sehr lange hat man in der weltlichen Öffentlichkeit die Vertreibung von zwölf Millionen Deutschen aus ihrer Heimat als eine fast automatische Folge der Verbrechen Hitlers hingenommen, als eine Tat, für die man also den Nationalsozialismus verantwortlich machte. Im Zeichen der Kollektivschuld

hieß das so ungefähr, die Deutschen hätten sich selbst vertrieben. Jetzt dämmert die Einsicht, daß Rache alles verschlimmert und nichts «wiedergutmacht», daß die Mitschuld an Untaten der Rache durch keinen Hinweis auf vermeintlich gerächte Untaten weggeleugnet werden kann. Jetzt begreift man, daß kollektive Rache um so grausamer und sinnloser ist, als sie immer die Falschen, immer zahllose Unschuldige neben wenigen Schuldigen trifft. Und außer diesen moralischen Erkenntnissen setzt sich die Erfahrung durch, daß Deutschland allein nicht die Kraft besitzt, sein Flüchtlingsproblem zu meistern.

Wir selbst dürfen mit dieser mangelnden Kraft keineswegs alle eigenen Unterlassungen entschuldigen. Wir können uns auch nicht dahin ausreden, daß dieses Problem überhaupt unlösbar sei, solange das Unrecht der Oder-Neiße-Grenze fortbestehe. Gewiß: Es gibt keine wirkliche «Lösung» für mehr als sieben Millionen Menschen, die in das bereits dichtbevölkerte, dazu noch zerstörte und verarmte Gebiet der drei Westzonen, in die heutige Bundesrepublik Deutschland, hineingepreßt wurden. Rechnet man die schon während des Krieges aus den luftgefährdeten Gebieten Evakuierten sowie die Flüchtlinge aus der sowjetischen Zone hinzu, so zählt die Bundesrepublik insgesamt rund zehn Millionen Entwurzelte. Jeder fünfte Deutsche ist ein Mensch ohne Heimat. Und noch immer hält der Andrang aus der Ostzone an, noch immer lebt ein Rest von Deutschen unter polnischer oder tschechischer Herrschaft, ein Rest, für den es sich jetzt nur noch um notwendige Befreiung handeln kann. Nicht allein die Geflohenen und Vertriebenen, auch alle anderen Deutschen sind außerstande, die falsche Grenze an der Oder und Neiße, den falschen Limes an der Elbe jemals anzuerkennen. Aber der Ruf nach dem Recht bringt keinem die alte Heimat zurück, solange es Mächte gibt, die selbstherrlich das Recht mit Füßen treten. So gilt es denn, bis auf weiteres in neuer Heimat einen Ersatz zu schaffen. Und das kann nicht mit papiernen Zusicherungen menschenrechtlicher Freiheit und Gleichheit verwirklicht werden, sondern allein im Geiste tatkräftiger Brüderlichkeit.

[...]

Ursprünglich glaubte man, das Schicksal der Vertriebenen sei allein deshalb hoffnungslos, weil es sich fast nur um Alte und Kranke, um Frauen und Kinder handle. Aber der Eindruck der ersten Flüchtlingstransporte trog. Man weiß heute, daß die Zusammensetzung der Vertriebenen nach Geschlecht und Alter günstiger ist als im Gesamtdurchschnitt des Bundesgebiets. Es gibt also verhältnismäßig mehr arbeitsfähige Vertriebene als Alteingesessene. Trotzdem ist die Arbeitslosigkeit unter den Flüchtlingen heute fast dreimal so hoch wie unter den «Einheimischen». Ein klarerer Beweis für die tatsächliche soziale Entrechtung der Flüchtlinge läßt sich kaum antreten. Nur 3 v. H. der Studierenden an den Hochschulen sind heute Heimatvertriebene, während es nach ihrem Anteil an der Gesamtbevölkerung 15 v. H. sein mußten. Auch diese Zahlen sprechen Bände. Man muß sich ferner klarmachen, daß ein außerordentlich hoher Prozentsatz der beschäftigten Flüchtlinge in berufsfremder Arbeit tätig ist, daß der Anteil der wirtschaftlich Selbständigen unter ihnen nur noch etwa 4 v. H. beträgt, verglichen mit etwa 25 v. H. in der alten Heimat, daß immer noch Hunderttausende in Massenquartieren leben. Der soziale Abstieg ist unvorstellbar groß, und das Soforthilfegesetz wird hieran kaum etwas ändern, da die hieraus verfügbaren Mittel in erster Linie für die Linderung der drückendsten Not unter den nicht arbeitsfähigen Vertriebenen verwandt werden. Hier handelt es sich um nicht viel mehr als um eine Umlagerung von Unterstützungen, die bisher hauptsächlich die Haushalte der Länder und Gemeinden belasteten. Immerhin haben die direkten Flüchtlingskosten seit Kriegsende rund vier Milliarden Mark ausgemacht.

Aber die wirkliche Aufgabe besteht eben darin, den Vertriebenen eine menschenwürdige Existenz zu sichern, eine Arbeit, die der früheren jeweiligen Stellung und Tätigkeit so ähnlich wie möglich ist. Diese neue und produktive Existenz kann keine Macht der Welt den Flüchtlingen an ihren jetzigen zufälligen Wohnorten, in ihren jetzigen zufälligen Wohnländern verschaffen. Und es ist auch nicht denkbar, daß die bisherige Deklassierung einfach durch eine Belebung «der» Wirtschaft aufgehoben werden könnte. Das Flüchtlingsproblem fordert gebieterisch einen umfassenden Plan auf lange Sicht mit einem sehr großen Kapitalaufwand für landwirtschaftliche Siedlung, für die Ausrüstung neuer Existenzen in Kleingewerbe, Handwerk und Handel, vor allem aber für den Wohnungsbau, und zwar jeweils an den von der Arbeitsmöglichkeit her bestimmten günstigsten Standorten. Man darf die Flüchtlinge nicht abermals zwangsweise «umsiedeln». Man muß ihnen vielmehr die Chance zum Wiederaufstieg aus dem «fünften Stand» dort bieten, wo ihr eigenes und das volkswirtschaftliche Interesse aufs harmonischste übereinstimmen. Es besteht keine Gefahr, daß solche Chancen am besten Standort von den Vertriebenen zurückgewiesen werden könnten. Sie werden bereit sein, zu wandern, sofern sie nicht nur einen unbekannten Wohnort gegen einen schon einigermaßen bekannten, sondern wirklich die begründete Aussicht auf Wohnung und Arbeit gegen allgemeine Aussichtslosigkeit einzutauschen haben. Man kann sofort erhebliche Erleichterungen schaffen durch Aufhebung von Zuzugsschikanen und von unnötigen Beschränkungen der Gewerbefreiheit. Jeder Flüchtling sollte freie Bahn haben, dorthin zu gehen, wo er Unterkommen und Arbeit findet. Freizügigkeit muß endlich zum Vorrecht der Vertriebenen werden. Aber dies ändert nichts daran, daß eine durchgreifende Besserung nur durch ein großes und sorgfältig geplantes Hilfswerk zu erzielen ist.
[...]

(*Die Zeit vom 22. 9. 1949*)

6. Berufsständische Interessen der Ärzteschaft

Nach dem 2. Weltkrieg hat sich innerhalb des ärztlichen Berufsstandes eine Strukturwandlung angebahnt, welche bisher nicht genügend Beachtung gefunden hat, welche aber geeignet erscheint, das Gesicht unseres Standes vollständig zu verändern.

Dieser Strukturwandel ist gekennzeichnet durch die Tatsache, daß der Großteil der jüngeren Ärztegeneration dem traditionellen ärztlichen Berufsideal, d. h. der freiberuflichen ärztlichen Tätigkeit, nicht nachgehen kann. Der «numerus clausus» bei der Zulassung zu den gesetzlichen Krankenkassen verhindert eine Ausdehnung des Kreises der Ärzte in eigener Praxis. Da 80 % der gesamten Bevölkerung sozialversichert ist und die Tendenz besteht, den Kreis der Sozialversicherten eher auszudehnen als einzuengen, ist eine freipraktizierende ärztliche Tätigkeit ohne Kassen heute nur noch in besonders gelagerten Fällen möglich: Die Niederlassung ohne Kassen oder nur mit Ersatzkassen bietet im allgemeinen keine ausreichende Existenzmöglichkeit. Freiberufliche ärztliche Tätigkeit ist demnach auf die Dauer, sofern hierdurch der Lebensunterhalt sichergestellt werden soll, von der Zulassung zu den RVO-Kassen* abhängig. Dem althergebrachten Ideal der ärztlichen Berufsausführung können alle Kollegen nicht nachgehen, denen eine Zulassung zur kassenärztlichen Tätigkeit nicht gewährt wird.

Nachdem die «Zulassung» zum Medizinstudium im Gegensatz zu der Zulassung zu der Kassenarzttätigkeit keiner Einschränkung unterliegt und außerdem ein erheblicher Zustrom von Ärzten aus dem Osten in die Bundesrepublik erfolgt ist, verzeichnen unsere Statistiken seit Jahren eine stark ansteigende Zahl von Ärzten, ohne daß gleichzeitig eine entsprechende Zunahme der Bevölkerung und der Sozialversicherten eingetreten wäre. Da die Zahl der Kassenärzte durch die Verhältniszahl von einem Kassenarzt auf 600 Versicherte an die Zahl der Versicherten gekoppelt ist, erfolgte vorwiegend eine Zunahme der Gruppe der Ärzte in nicht selbständiger Berufsstellung. Die ehemals zahlenmäßig eindrucksvoll beherrschende Stellung der freipraktizierenden Ärzteschaft innerhalb des gesamten Berufsstandes ist daher bereits heute nicht mehr so einwandfrei gegeben – vor allem wenn man berücksichtigt, daß die Gruppe der Nichtkassenärzte innerhalb der freipraktizierenden Ärzteschaft sich noch zumeist in einer nicht gesicherten wirtschaftlichen Position befindet und daher ihre Berufsstellung auch noch nicht unbedingt als endgültig angesehen werden kann.

Nun hat es zwar Ärzte in unselbständiger Stellung als nachgeordnete Ärzte immer schon an den Krankenhäusern gegeben. Diese Krankenhaustätigkeit war aber bisher nur auf wenige Jahre der praktischen Berufsfortbildung im Anschluß an das Studium beschränkt. Anschließend erfolgte die Niederlas-

* RVO = Reichsversicherungsordnung

sung. Diese wurde in der Regel als das eigentliche Berufsziel angesehen. Nachdem aber infolge der Verhältniszahl eine Niederlassungsstagnation im Vergleich zum Wachstum des Gesamtstandes eingesetzt hat, wurde der Charakter dieser Krankenhaustätigkeit vollständig verändert: Die Kollegen sind heute 10 bis 15 oder gar 20 Jahre und mehr an den Krankenhäusern tätig – also eine Zeitspanne, die weit über dem liegt, was für eine praktische Berufsweiterbildung oder auch Facharztausbildung benötigt wird. Die Krankenhaustätigkeit hat demnach den ehemaligen Zweck der praktischen Berufsfortbildung verloren und hat einen ganz neuen Charakter erhalten: Sie stellt heute ein Gemisch von behelfsmäßiger ärztlicher Erwerbstätigkeit und praktischer Berufsfortbildung dar. Sie ist zwar nach wie vor keine endgültige Berufsstellung – und dies wird durch die Limitierung der Arbeitsverträge von den Krankenhausträgern unmißverständlich unterstrichen –, sie macht aber durch ihre zeitmäßige Ausdehnung einen wesentlichen Teil des ärztlichen Berufslebens für die jüngere Ärztegeneration aus. Auf die wirtschaftlich-sozialen Folgen dieser Tatsache wird weiter unten eingegangen werden. Festzuhalten ist hier aber, daß die Masse der nachgeordneten Ärzte an den Krankenhäusern längst niederlassungs- und kassenzulassungsfähig ist und auf eine Kassenzulassung wartet, die zu erreichen ihr aber erst nach Erlangung eines höheren Lebensalters, welches jenseits der 40er anfängt interessant zu werden, entsprechend der Zulassungsordnung möglich wird.

Eine nicht ganz unbedeutende Zahl der nachgeordneten Ärzte an den Krankenhäusern findet heute eine endgültige ärztliche Existenz nicht mehr in der freien Praxis, sondern in einem Beamten- oder Angestelltenverhältnis: Im Gegensatz zu dem kassenärztlichen Sektor haben Industrieunternehmen und die staatlichen und kommunalen Gesundheitseinrichtungen aus den Fortschritten der medizinischen Wissenschaft und den gesteigerten Ansprüchen der Kranken dem hierdurch notwendig gewordenen vermehrten ärztlichen Arbeitsaufwand in gewissem Umfang Rechnung getragen und laufend neue ärztliche Stellen eingerichtet.

Die Tendenz der Strukturwandlung innerhalb unseres Standes ist somit sehr eindeutig. Logischerweise wird dies, sofern nicht in Kürze eine entscheidende Ausdehnung der freiberuflich tätigen Arztgruppe erfolgt, Folgerungen nach sich ziehen, und zwar Folgerungen berufspolitischer, psychologischer, wirtschaftlich-sozialer und auch sozialpolitischer Art.

Die entscheidende berufspolitische Konsequenz dieser Strukturveränderung wäre zweifellos die Spaltung unseres Standes in eine vorwiegend freiberufliche ältere Ärzteschaft und eine vorwiegend in abhängiger Stellung tätige jüngere Ärzteschaft, wobei die letztere Gruppe zahlenmäßig laufend an Bedeutung zunehmen würde. Wahrscheinlich würde aber auch aus Gründen der Weiterbildung und Ausbildung, aus Gründen der Generationsschwerpunktverlagerung und instrumentenmäßiger Ausrüstung diese letztere Gruppe auch rein ärztlich gesehen über kurz oder lang das entscheidende Gewicht bekommen. Dieser Prozeß würde zweifellos durch die allgemeine Tendenz der

Verstaatlichung und durch die Technisierung der Medizin beschleunigt werden, so daß der ärztliche Beruf als freier Beruf in gar nicht so ferner Zeit zum Sterben verurteilt sein würde.

(Der Angestellte Arzt. Mitteilungsblatt des Marburger Bundes – Verband der Angestellten Ärzte Deutschlands 1954, Nr. 10, S. 181 ff.; Originaltitel: Strukturveränderungen innerhalb der Ärzteschaft. Der soziale Abstieg der jüngeren Ärztegeneration)

7. «Zur sozialen Herkunft unserer Manager»

[...]
Dreizehn große Aktiengesellschaften beteiligten sich an der Befragung [Umfrage des Baden-Badener Studienbüros für Industriesoziologie unter Leitung von Karl W. Boetticher und Helge Pross], und 536 Angestellte in Spitzenpositionen füllten die vorgelegten Fragebogen aus – eine größere Zahl als bei allen früheren Untersuchungen auf diesem Gebiet. Von den Teilnehmern an der Fragebogenaktion gehörten 16 Prozent der Vorstandsebene an, 56 Prozent waren Generalbevollmächtigte, Direktoren oder Geschäftsführer, 28 Prozent Prokuristen. Die Befragten gehörten alle zu der Gruppe, aus der sich in diesen Konzernen die Mitglieder der Führungsspitze (Vorstand, Aufsichtsrat) rekrutieren.

Bei der Auswertung der Fragebogen zeigte sich, daß fast drei Viertel der befragten Führungskräfte während ihres gesamten Berufslebens in der Industrie tätig waren. Zehn Prozent hatten ursprünglich militärische Berufe, acht Prozent kamen aus der Forschung und fünf Prozent aus der staatlichen Verwaltung. Wer etwas werden will, muß also beizeiten in die Industrie. Blitzkarrieren kann er aber auch dann nicht erwarten. Nur 15 Prozent der befragten Manager waren im Alter unter 40 Jahren, fast 60 Prozent hatten das fünfzigste Lebensjahr bereits überschritten. Über die Hälfte der Vorstandsmitglieder befindet sich im Alter zwischen fünfzig und sechzig.

Starke Abweichungen vom gewohnten Durchschnittsbild ergeben sich, wenn man die Schulbildung der Manager mit dem Bildungsstand der gesamten Bevölkerung vergleicht.
[...]
Vorstandsmitglieder haben zu 93 Prozent eine höhere Schule besucht (Direktion zu 89, Prokuristen zu 86 Prozent).
[...]
Für eine Karriere in der Wirtschaft wird ein abgeschlossenes Studium zu einer immer wichtigeren Voraussetzung. Die höhere Schule ist nur die erste Bildungshürde, die genommen werden muß, wenn man eine Führungsposition in der Großindustrie anstrebt. Von den Befragten sind nur 14 Prozent direkt nach dem Abitur in den Beruf gegangen. Während man heute damit rechnet, daß rund 30 Prozent aller Studienanfänger scheitern und die Hoch-

schule ohne anerkannten Abschluß verlassen, haben nur 6,5 Prozent der befragten Manager diese Hürde nicht genommen. Von der Ausbildung her kann man also kaum behaupten, daß diese Führungskräfte für ihre Positionen nicht legitimiert seien.

[...]

Ist nun die verbreitete Meinung gerechtfertigt, daß es sich bei den Spitzenmanagern vorwiegend um Söhne reicher Eltern handelt? Eine erste Antwort hierauf gibt die Untersuchung über die Finanzierung des Studiums. Dabei zeigt sich, daß nur 46 Prozent der Befragten ganz auf Kosten ihrer Eltern studierten. 10 Prozent mußten dagegen ihren Lebensunterhalt und die Studienkosten voll aus eigener Arbeit bestreiten. 38 Prozent finanzierten ihr Studium aus verschiedenen Quellen (Ersparnisse, eigene Arbeit und Zuwendungen der Eltern). Ein Stipendium erhielt nicht einmal 1 Prozent der Befragten. Je jünger die befragten Manager waren, um so weniger konnten sie auf eine volle Unterstützung durch die Eltern rechnen. Bei den unter Vierzigjährigen waren es nur 30 Prozent, während über 14 Prozent ihr gesamtes Studium selbst finanzieren mußten.

Stellt man die Schul- und Hochschulausbildung der befragten Führungskräfte dem Bildungsstand der Väter und Großväter gegenüber, so zeigt sich, daß die wenigsten von ihnen aus Akademikerfamilien stammen. In drei Generationen hat sich das Verhältnis von Volks- und Mittelschülern zu Akademikern genau umgedreht. Die Feststellung, daß es sich bei den Führungskräften in der deutschen Großindustrie um eine Schicht handelt, die vom Niveau ihrer Ausbildung her ausgezeichnet ist, gilt also nur für die Befragten selber, weniger für die Generation ihrer Väter und schon gar nicht die ihrer Großväter.

Natürlich läßt sich das soziale Milieu, aus dem jemand stammt, nicht allein durch die Schulbildung des Vaters charakterisieren, mindestens ebenso wichtig sind sein Beruf und seine Einkommens- und Vermögensverhältnisse. Klassifiziert man die Gesamtbevölkerung in Oberschicht, obere und untere Mittelschicht sowie eine Unterschicht, müssen bei der Zuordnung zu einer dieser Gruppen alle drei Merkmale berücksichtigt werden.

[...]

Die Väter der Manager, die aus der Oberschicht kommen, waren vorwiegend selber leitende Angestellte und höhere Beamte. Fast alle können als «sehr wohlhabend» bezeichnet werden. In der oberen Mittelschicht dagegen waren drei Viertel der Väter ebenfalls leitende Angestellte und Beamte, aber sie hatten ein geringeres Ausbildungsniveau und waren nur «einigermaßen wohlhabend». Fast die Hälfte der befragten Manager stammt aus der unteren Mittelschicht. Jeder zweite von ihnen gab als Beruf des Vaters «Kleiner Beamter», «Angestellter» und «Volksschullehrer» an. Daneben ist in der unteren Mittelschicht mit 35 Prozent nur noch die Gruppe der kleinen Selbständigen (Händler, Handwerker) stärker vertreten. Die Hälfte der Väter lebte in bescheidenen, wenn nicht armseligen Verhältnissen, fast ebenso viele bezeichneten ihre Eltern als einigermaßen wohlhabend. Bei der kleinen Gruppe von Managern, die aus der Unterschicht stammt, waren die Väter Arbeiter, hatten Volksschulbildung und lebten in ärmlichen Verhältnissen.

Die Mehrheit der befragten Führungskräfte stammt aus der unteren und oberen Mittelschicht. Allerdings sind Söhne aus der Oberschicht in den großen Konzernen stärker vertreten, als es ihrem Anteil an der Gesamtbevölkerung entspricht, während der Aufstieg aus einer Arbeiterfamilie immer noch äußerst schwierig ist. Das ist wohl weniger eine Frage der materiellen Möglichkeiten als des Aufstiegswillens, der in Angestellten- und Beamtenfamilien unvergleichlich stärker ausgeprägt zu sein scheint. Vor allem die Bereitschaft der Eltern, ihren Kindern eine gute Schulbildung zu ermöglichen, ist in Arbeiter-Kreisen noch zu gering. Dadurch ist die Unterschicht in der Führungsspitze nur schwach vertreten, die Oberschicht zu stark. Von den heutigen Vorstandsmitgliedern stammt noch jeder Vierte aus der gesellschaftlichen Oberschicht. Das wird sich erst ändern, wenn die jüngeren Manager nachrücken.

Es läßt sich nicht leugnen, daß die Söhne von Industriellen oder anderen Familien der Oberschicht immer noch über eine bessere Startposition verfügen als ihre gleichbegabten Altersgenossen. Trotzdem läßt sich die Behauptung, daß die deutschen Großunternehmen von «geborenen» Vorstandsmitgliedern und Aufsichtsräten beherrscht werden, die ihre Positionen ebenso an ihre Nachkommen vererben wie früher die absoluten Fürsten, nach den Ergebnissen dieser Untersuchung nicht aufrechterhalten.

(Arbeitgeber 1967, Nr. 4, S. 88ff.)

8. Besuch im Fürstenhaus

Meine erste Frage war, wie ich heute weiß, ungeschickt und bürgerlich kleinkariert. Ich frage nämlich ganz naiv: «Wie viele Zimmer haben Sie hier eigentlich?» Da wird die Fürstin rot. Da wird die blonde Frau, ein bißchen schwer um die Hüften, gleichzeitig so unscheinbar und untadelig wie die englische Queen, das einzige Mal verlegen: «Ich weiß, das klingt snobistisch. Aber ich weiß es gar nicht genau. Es werden etwa 50 sein.»

Solche Fragen machen Schloßbewohner unglücklich. Eine Tochter des Castellschen Fürstenpaars erinnert sich noch heute an das peinlichste Erlebnis ihrer Dorfschulzeit, ehe sie in das kongenialere Internat Schondorf am Ammersee kam: «Da mußten wir einen Aufsatz schreiben zum Thema ‹Unsere Wohnung› und aufmalen, wie viele Zimmer man daheim hat.» Solche Begebenheiten erzeugen in einem Schloßkind das zunächst ungemütliche Gefühl, anders zu sein als die anderen. Anders als die Häusler-Kinder, die da eine Wohnküche nebst Schlafstube und Klo auf dem Flur aufmalen, während man

selber von den Eltern den historischen Schloßbauplan aus dem Familien-
archiv in die Hand gedrückt bekommt.

Und selbst wo Schloß und Besitz längst perdü sind; zurückgeblieben in der
DDR, in Ostpreußen oder im Baltikum, verspekuliert oder verloren durch
den Umstand, daß man als Nachgeborener oder Nebenlinien-Prinz keinen
Anspruch auf den Stammsitz hatte – selbst in diesen Kreisen des sogenannten
Etage-Adels tut sich 60 Jahre nach Abschaffung aller Adelsprivilegien noch
immer eine gewisse Kluft auf zwischen Nobilität und Normalbürgertum.

So erinnert sich zum Beispiel der Prinz Franz-Erasmus Hubertus von Au-
ersperg (heute als Promotion-Manager bei der Schallplattenfirma CBS tätig):
«Was hätte ich als 13jähriger darum gegeben, auch Bell-Bottom-Jeans und
spitze Schuhe aus Gummikroko zu tragen wie alle meine Klassenkameraden!
Aber in unserer Familie gab's nur Flanellhosen und Blazer.»

Und dem baltisch-adeligen Schiffsingenieur Thylo von Bremen fällt zu
einer Nachkriegs-Kindheit als Vertriebener in Niedersachsen heute noch ein,
wie er einmal seine Mutter fragte, warum er seiner Tante immer die Hand
küssen müsse, der Tante von Nachbars Heini aber nicht. Und zur Antwort
bekam: «Weil deine Tante eine Dame ist.» Und war Heinis Tante keine?
«Doch, doch. Aber nicht so eine.»

Die Fürstin zu Castell-Castell ist sich solcher feinen Schranken in unserer
klassenlosen Gesellschaft durchaus bewußt. Sie sagt – ein Argument, das ich
noch hundertmal zu hören bekommen werde –, daß einer Fürstin oder Prin-
zessin heute der unkomplizierte Umgang mit Bürgerlichen schon deshalb
schwergemacht werde, weil die meisten Leute unsicher bis verklemmt auf den
Titel, «der doch nun mal mein Name ist», reagieren.

[...]

Zum Mittagessen am großen runden Tisch des Speisezimmers – an den
Wänden ein paar Dutzend Ahnen mehr – erscheint der Fürst. Er trägt englischen Tweed und Schuhe, deren Qualität daran erkenntlich ist, daß sie mindestens zehn Jahre alt, aber dennoch tadellos sind. Überhaupt wirkt der
schnurrbärtige, rotwangige Fürst Albrecht zu Castell-Castell ganz wie der
passionierte Herrenreiter, der er bis vor wenigen Jahren war. Dann kommen
noch zwei adelige Vettern vom Land, die während ihrer Schulzeit auf Schloß
Castell wohnen, weil bei ihnen zu Hause kein Gymnasium in der Nähe ist.
Zu Tisch gebeten wurde außerdem der Künstler, der nebenan in der Weinkel-
lerei gerade an einem Fresko malt. Die zwölfjährige Stephanie, Nesthäkchen
des Fürstenpaares, betet vor: «Komm, Herr Jesu, sei unser Gast.»

Über meine seit so vielen Jahren nicht mehr gefalteten Hände hinweg ent-
decke ich beeindruckt, daß hier sogar die Papierservietten für die Extra-Gäste
das gräfliche Wappen tragen. Es gibt gratinierte Kalbsschnitzel und hinterher
Eisbombe, die der Fürst tranchiert.

Der Fürst hat überhaupt viele Ehrenämter. Neben seiner Arbeit in Wald
und Wein und Bank gehört er rund 30 Vereinen an, sitzt im örtlichen Kirchen-
vorstand und im Dekanatspräsidium der Bayerischen Landessynode. Er ist

Referent fürs Krankenhauswesen im Landkreis Kitzingen, Ehrenvorsitzender des Fränkischen Reiterverbandes, Ehrenbürger der Universität Würzburg und Ehrenritter des Johanniterordens. Er ist außerdem Aufsichtsrat der Süddeutschen Bodencreditbank und Beirat der Bayerischen Vereinsbank und Träger des Bayerischen Verdienstordens.

So ein Mann haßt «das Wort Hobby wie die Pest» und vergilt mir die Frage danach mit einem strafenden Blick. «Ich kann und will nicht zwischen beruflichen und privaten Aufgaben unterscheiden. Sowie ich auf die Straße trete, repräsentiere ich zugleich meine Familie und den gleichnamigen Ort sowie unsere Unternehmen, hinter denen wir wiederum mit unserem Namen stehen. Ich bin eine Figur, die alles im Blick haben muß.»

Das muß ein schweres Leben sein, denke ich mir. Geht er nicht ab und an in die Dorfwirtschaft auf einen Schoppen mit den Einheimischen, von denen einige mit ihm zur Schule gegangen sind? «Nein, nie.» Und, nach einer Pause: «Ich glaube, es gibt ganz wenige Leute, die mit meiner Person nicht zurechtkommen. Aber ich bin eben nicht nur eine Person, sondern zugleich eine Institution. Ich bin auch ‹der Förscht› hier und ‹das Schloß›».

«Wir da oben, ihr da unten.» Die Annäherung scheint von beiden Seiten Schwierigkeiten zu machen. «Michi», wie der Prinz zu Salm in der Familie genannt wird, erzählt, daß er sich zu Hause im 1600-Seelen-Ort Wallhausen, über dem das elterliche Schloß thront, jahrelang in keine Wirtschaft getraut hat, «weil ich nicht wußte, wie ich mich dort benehmen sollte».

Es ist nicht die Vorstellung, «etwas Besseres» zu sein, die manchem Adligen den Kontakt mit Bürgerlichen kompliziert. Es ist vielmehr die durch Erziehung eingefleischte Idee, jederzeit und überall makelloses Vorbild sein zu sollen. «Weil du privilegiert bist, mußt du mehr leisten als andere, denn man wird dich auf Grund deiner Herkunft kritischer beobachten», lautet die Devise in adeligen Kinderstuben. So war die Fürstin zu Castell «sehr glücklich über die soziale Berufswahl» ihrer beiden ältesten Töchter: Johanna ist Kinderkrankenschwester und Philippa Beschäftigungstherapeutin. Voriges Jahr lud sie eine Gruppe behinderter Kinder zu einer Woche Reittherapie auf Schloß Castell ein.

Viele vermögende Adlige in Deutschland nehmen das alte Motto «noblesse oblige» auch heute noch ernst. Adel verpflichtet in diesen Kreisen nicht nur zu Ahnenforschung und guten Manieren, sondern auch zu Wohltätigkeitsaufgaben, freiwilligem Wehrdienst und einem gewissen Mäzenatentum. Man veranstaltet Schloßkonzerte und lädt die Bevölkerung allsommerlich in den unteren Teil des Schloßparks zum großen Weinfest. (Was allerdings ganz nebenbei auch ein gutes Geschäft ist und für den eigenen Wein Reklame macht.)

(Paula Almquist: Eine Klasse für sich. Adel in Deutschland, Hamburg 1979, S. 46–51)

9. «Ordentliche Soldaten»

Da ist Hauptmann A. Er ist 30 Jahre alt. Seit 1957 Soldat, verheiratet, eine Tochter. Seine Frau arbeitet halbtags als Telefonistin in einem nahen Betrieb. Er ist Chef einer Batterie in einem Flugabwehrbataillon, stationiert vor den Toren Bremens. Er mißt einen Meter fünfundachtzig, und daß er ein ausgesprochen sportlicher Typ ist, sieht man ihm schon von weitem an. Damen der alten Potsdamer Gesellschaft hätten ihre helle Freude an dem durch und durch wohlerzogenen jungen Mann. Er würde sich nach ihren Wünschen erkundigen und ihre Fragen knapp und präzise beantworten. Und seine etwas steife Art sich auszudrücken: «Das erkläre ich am besten wie folgt ...» hätten sie ihm als Schüchternheit ausgelegt. Er vermeidet jedes Pathos, und bei den feierlichen Sätzen, die der Presseoffizier dem Besucher präsentiert, über Dienst am Vaterland, über vorgelebte Demokratie und über die Pflichten des Staatsbürgers, scheint ihm ein Schauer über den Rücken zu laufen. «Quatsch, was heißt das: ‹Demokratie vorleben?› Ich würde lieber ein paar Sportstunden mehr geben.» Hauptmann A. hat seine sehr präzisen Vorstellungen, wie eine Kompanie oder Batterie zu führen ist und wie man am besten mit den Wehrpflichtigen auskommt; er sagt nicht «mit den Leuten fertig wird».

Seine Batterie hat 101 Wehrpflichtige, sie wurden im Oktober einberufen. Das Soll an Feldwebeln und Unteroffizieren ist bei ihm erfüllt. Insofern hat Hauptmann A. es besser als die meisten anderen Kompanie- und Batteriechefs in der Bundeswehr. Sein Kommandeur betrachtet diese Batterie als den «guten Kern» des Bataillons. Sie soll auf die anderen ansteckend wirken. Und in diesem Zusammenhang ist dann schnell von dem guten «Betriebsklima» die Rede, das bei Hauptmann A. herrsche. Es sei so gut, wird einem versichert, daß sich bei ihm 24 Wehrpflichtige gefunden haben, die über ihre Wehrdienstzeit hinaus dienen wollen, um dann als Reserveunteroffiziere auszuscheiden.

Die Kaserne, in der Hauptmann A. mit seinen Männern haust, dürfte freilich für das Betriebsklima kaum förderlich sein. Der moderne Bau, eine der ersten Unterkünfte, die nach dem Krieg für die Bundeswehr errichtet worden sind, ist recht vergammelt. Die Stuben der Soldaten mit den schlechten Betten, den schmalbrüstigen Schränken, den wackligen Tischen und nicht minder zerbrechlichen Stühlen haben nicht einmal Jugendherbergsniveau. Der Putz an den Wänden bröckelt ab, und das magere Pin-up-Girl kann da auch keinen Glanz in die Hütte bringen. Hauptmann A. ist betrübt über diesen Anblick und wundert sich selbst, daß seine Leute es in dieser Trostlosigkeit 18 Monate aushalten. Die Stühle wagt er gar nicht anzupacken, «sie können jeden Augenblick zusammenfallen». Neue gibt es nicht. Beantragt ist zwar alles. «Was hilft's, kein Geld.»

Neben der Schreibstube liegt sein Zimmer. Das Flair eines Managerbüros strahlt es nicht aus. Ein schmuckloser Schreibtisch, ein Holzstuhl, allerdings mit Seitenlehnen, zwei Stühle für Besucher, ein kleiner Tisch. An den Wänden Sporturkunden und Auszeichnungen für gutes Schießen. «Andere hängen sich Rommel an die Wand, ich eben dies.»

Da hängt noch etwas, ein eingerahmtes Bild, auf dem ein paar Sätze in unbeholfener Druckschrift stehen, unverständlich für den Besucher. Über das strenge Gesicht von Hauptmann A. zieht ein verträumtes Lächeln: Ruckzuck – «Druck»; Was habt ihr getan – «Hindernisbahn»; Was habt ihr vor? – «Durchs Tor»; Wir wollen hier raus – «nach Haus». Es war dies der Schlachtruf seiner Soldaten, die damit ihre Mittagsmahlzeiten einleiteten, solange, bis der Bataillonskommandeur einschritt und diesem Lärm ein Ende bereiten ließ. Dem Hauptmann schenkten sie diesen Spruch zum Abschied, als sie im letzten Jahr nach achtzehn Monaten die Kaserne verließen. «Es waren prachtvolle Jungen, ordentliche Jungen.» Der Hauptmann gerät ins Schwärmen.

Hauptmann A. gilt bei seinen Soldaten als ein harter, aber gerechter Vorgesetzter. «Er läßt nichts durchgehen, aber er verlangt von einem auch nichts, was er nicht selber macht», erzählt mir einer seiner Wehrpflichtigen. «Er macht alles mit, drückt sich nie. Ist selber der beste Schütze der Kompanie. Er hält uns natürlich dauernd in Trab. Zieht alles wettkampfmäßig auf. Die Gruppe, die als schnellste das Geschützrohr ausgewechselt hat, kann eher Feierabend machen.»

«Man muß sich immer etwas einfallen lassen, damit der Dienst den Soldaten nie langweilig wird. Und da ist es das beste, das Ganze als sportlichen Wettkampf aufzuziehen», sagt Hauptmann A. Sei es nun auf dem Panzer oder bei der Auswahl der Richtkanoniere. Dem besten Schützen winkt eine Belohnung. In den richtigen Dosierungen loben und tadeln – so seine Devise. Er wäre wohl ein guter Lehrer geworden.

Einen großen Teil seiner Arbeitszeit verbringt Hauptmann A. hinter seinem Schreibtisch. Dort stellt er den Dienstplan auf und hört sich die Sorgen seiner Kanoniere an. Der eine müßte am Wochenende das Dach des Hauses seiner Eltern ausbessern. Er ist der einzige Sohn, der Vater ist hilfebedürftig. Aber der Kanonier ist zum Wachdienst eingeteilt. «Schaffen Sie einen Ersatz herbei, und Sie können gehen.» Der gleiche Mann muß aber Freitag vormittag noch zum Vormundschaftsgericht nach Bremen. «Fahren Sie hin, und kommen Sie dann sofort zurück. Ich setze Ihnen keinen Zeitpunkt. Ich hoffe, Sie mißbrauchen mein Vertrauen nicht.» Ja, so war es auch im Internat, wenn man vor seinem Lehrer stand – das Gefühl der absoluten Abhängigkeit, aber auch das Gefühl der Dankbarkeit und Erleichterung, wenn man ein gnädiges Ohr gefunden hat.

Hauptmann A. gehört nicht zu denen, die über einen Mangel an Möglichkeiten klagen, um mit renitenten und wehrunwilligen Soldaten fertig zu werden. Er hält's auch dann mit seinem bewährten Loben und Tadeln. Die Wehrdisziplinarordnung gibt ihm dazu Gelegenheit. Vorbildliche Pflichterfüllung und hervorragende Leistungen können nach § 2 durch Anerkennung gewürdigt werden. Die Skala der Tadelsmöglichkeiten ist groß, Hauptmann A. schnurrt sie herunter – und er wendet sie auch an.

Da gibt es die erzieherischen Maßnahmen (Mahnung), über die besonderen erzieherischen Maßnahmen (kein Nachturlaub), bis hin zu Strafen, die vom strengen Verweis bis zu Geldbußen und Arrest reichen. Die Disziplinarordnung, die Hauptmann A. auswendig zu kennen scheint, verlangt von ihm einen Haufen Schreibarbeit: Formulare sind auszufüllen, da muß der Betroffene angehört werden, sein Unteroffizier oder Feldwebel, der ihn gemeldet hat, eventuell auch noch der Vertrauensmann der Batterie. Und schließlich muß Hauptmann A. gerecht abwägen, ob eine Geldstrafe von 40 Mark das rechte ist oder die verschärfte Ausgangssperre. «Mir hing der Dienst zum Hals heraus. So habe ich mich drei Tage lang in Bremen aufgehalten. Eine Bestrafung habe ich einkalkuliert.» Kanonier W. bekam 21 Tage verschärfte Ausgangssperre. Beim Bataillonskommandeur hat er sich deswegen nicht beschwert, anders Kanonier T. Er akzeptierte die Geldbuße von 40 Mark nicht und legte Beschwerde ein; er hatte seinen Dienst vier Stunden zu spät angetreten. Jetzt wird der Kommandeur entscheiden. Dem Hauptmann wäre es nicht gerade angenehm, wenn die Strafe herabgesetzt würde: «Meiner Autorität käme das nicht zugute.»

[...]

(Die Zeit vom 14. 3. 1969)

10. Das Haushaltsbudget einer Durchschnittsfamilie (1983)

Alfred Neuhoff, Vater von zwei Kindern, bei Siemens angestellt, sieht mehr als skeptisch in seine finanzielle Zukunft. Auf den ersten Blick, so will es scheinen, sollten er und seine Frau Gisela doch kaum Grund zum Klagen haben: die große Wohnung, das neue Auto – das Gehalt ist auch nicht schlecht. 3213 Mark brutto sind es genau pro Monat, da bleiben nach allen Abzügen knapp 2300 Mark übrig. Aber da fängt das Rechnen an: den größten Brocken frißt die Miete – 600 Mark kalt, dazu 170 Mark Umlage für die Wohnung in Mörfelden vor den Toren Frankfurts. Bei Familie Neuhoff steht jetzt eine Mieterhöhung von 150 Mark an, da ist die Grenze dann allerdings erreicht: «Das schaffen wir einfach nicht mehr.» Familie Neuhoff versucht, sich per Anwalt mit dem Hausbesitzer auf eine Erhöhung von nur 100 Mark zu einigen – die Klärung steht noch aus. Wenn sie nicht zu ihren Gunsten ausfällt, muß Familie Neuhoff ernsthaft den Umzug in eine kleinere Wohnung erwägen.

[...]

Zur teuren Miete kommen für Alfred Neuhoff die Kosten für den Weg zur Arbeit. Rund 110 Mark pro Monat gehen – trotz Fahrgemeinschaft – für Benzin drauf. Siemens zahlt keinen Pfennig Fahrgeld. Private Fahrten überlegt man sich da schon genau.

Der dritte Ausgabenbrocken, der jeden Monat anfällt, sind Versicherungen: Lebens- und Unfallversicherung, Bausparvertrag. Dazu kommen Raten-zahlungen für das Auto («Ein neues Auto brauchten wir einfach wegen dem weiten Weg zur Firma, da war was Solides nötig.») und den Fernseher. Raten-käufe mögen die Eheleute Neuhoff eigentlich nicht, aber was will man machen bei größeren Anschaffungen? Weil die Finanzdecke nun so knapp geworden ist, haben sie die Zahlungen für die Bausparkasse erst mal eingestellt und bei der Lebensversicherung eine beitragsfreie Zeit beantragt.

Weitere monatlich anfallende Kosten: Die Stromrechnung muß bezahlt werden, das Telefon, der Kindergarten. Alles zusammen macht über 2000 Mark im Monat, hat Gisela Neuhoff ausgerechnet, auch dem größten Re-chenkünstler bleibt da nicht viel zum Lebensunterhalt. «Da müssen wir eben das Konto überziehen.» Die Banken verdienen gut daran.

«Zwei Lohnerhöhungen habe ich in der letzten Zeit gehabt, einmal 150 Mark, einmal 50 Mark – was ist das schon?» fragt sich Alfred Neuhoff. Klar ist: «Als wir vor drei Jahren hier einzogen, ging's uns besser.»

Man merkt es an verschiedenen Dingen, die auf den ersten Blick wie Klei-nigkeiten aussehen, aber sich zu einer beachtlichen Summe auftürmen. Ben-zin war billiger, viele Dienstleistungen, von den Kosten für die Lebenshal-tung ganz zu schweigen. «Nehmen Sie Fleisch und Wurst», erzählt Gisela Neuhoff, «ich gehe grundsätzlich nicht zum Metzger zum Einkaufen, ob-wohl es da sicher die qualitativ besseren Sachen gibt. Aber es ist zu teuer. Da weiche ich eben auf Sonderangebote aus oder auf Dosenwurst von Aldi.»

Oder sie fahren alle ein, zwei Monate in einen Supermarkt und machen Großeinkauf, «da kosten 100 Gramm Hackfleisch eben nur 69 Pfennig». Pro Monat versucht Gisela, mit rund 400 Mark auszukommen; da sind Waschmit-tel und Kosmetika wie Seife, Zahnpasta usw. noch nicht dabei, sie sind mo-natlich noch einmal mit etwa 50 Mark veranschlagt. Ohne genau hinzusehen, wird überhaupt nichts mehr gekauft.

Kleider müssen auch sein: Am meisten wird für Christina, die Vierjährige, angeschafft, denn nicht immer ist im großen Verwandtenkreis ein «passen-des» Kind da, von dem man etwas übernehmen kann. Der zweijährige Alex-ander begnügt sich weitgehend mit den Sachen, aus denen seine Schwester herausgewachsen ist – ihm macht es nichts aus. Männer haben es in Sachen Kleidung ohnehin leichter: Nicht ohne Stolz verweist Alfred Neuhoff auf seine Hose, die schon zehn Jahre treue Dienste geleistet habe – modische Zwänge sind ihm fremd, und Sparen auf dem Gebiet ist kein Problem.

Und wie ist es mit dem Urlaub? Im vergangenen Jahr haben sie Glück ge-habt: Der Arbeitgeber hat für 14 Tage ein Ferienhäuschen im Schwarzwald bezahlt. Das bedeutete eine Ersparnis von glatt 700 Mark. Die Plätze werden verteilt an Familien, die kleine Kinder haben und in denen nur ein Elternteil berufstätig ist. Ansonsten? «Ja, so alle zwei Jahre klappt es mal mit Urlaub, aber da machen wir auch immer so das Billigste, was es gibt.» Wenn kein rich-tiger Urlaub drin ist, fahren sie zu Verwandten oder zu Freunden. «Wir sind nicht anspruchsvoll. Skilaufen können wir auch bei den Eltern im Sauerland.

Klar, wir würden auch gern mal in die Alpen, aber na ja.» Mit dem Blick auf die Finanzlage des neuen Jahres bleibt diese Reise wohl vorerst ein Traum.

Eins ist Familie Neuhoff bislang erspart geblieben: die Angst um den Arbeitsplatz. Alfred arbeitet seit zehn Jahren bei Siemens, er fühlt sich sicher, trotz der auch bei Siemens erfolgten Entlassungen und trotz der seit Oktober letzten Jahres eingeführten Kurzarbeit. Dadurch wird das Gehalt knapper, mit Einbußen bis zu 150 Mark im Monat ist zu rechnen. Irgendwann wird Gisela Neuhoff sich mit dem Gedanken anfreunden müssen, wieder in ihren alten Beruf als Zahnarzthelferin zurückzukehren. Das wird, abgesehen von der familiären Umstellung, nicht leicht sein, die Stellen sind dünn gesät. Aber es geht um das Geld, das sie dazuverdienen könnte. Und das wird immer notwendiger.

[...]

(Metall 1983, Nr. 2, S. 7f.)

Zehntes Kapitel

Parteien, Verbände, Initiativen

Einleitung

Seit Gründung der Bundesrepublik Deutschland blieb die dominante Rolle der im Bundestag kontinuierlich vertretenen drei Parteien des bürgerlichen und des sozialdemokratischen Lagers ungebrochen: In den Bonner Führungsgremien von CDU/CSU, SPD und FDP[1] wurde über Regierungsbildungen und -wechsel sowie über Oppositionsstrategien entschieden. Langfristige Koalitionsbündnisse bewahrten die Kontinuität der einmal etablierten parteipolitischen Machtkonstellation. Sie fand ihren Ausdruck in den langen Amtsperioden der Bundeskanzler Adenauer (1949–1963), Schmidt (1974–1982) und Kohl (seit 1982) und war ein entscheidender Stabilitätsfaktor der westdeutschen Demokratie.

CDU/CSU und SPD bildeten als jeweils größte Kraft die machtpolitische Basis für christlichliberale und sozialliberale Koalitionen. Grundlage ihrer dauerhaften Attraktivität für eine Mehrheit der bundesdeutschen Wählerschaft war die Wandlung zu Volksparteien mit Massencharakter (Dok. 1).[2] Obschon die SPD ihre traditionelle Organisationsstruktur wieder aufbauen konnte und damit einen spürbaren Startvorteil hatte, der sich in einer doppelt so hohen Mitgliederzahl gegenüber ihrer bürgerlichen Konkurrenzpartei manifestierte (in den fünfziger Jahren 650000 gegenüber 250000 Mitgliedern der CDU), konnte sie ihn nicht in ausschlaggebende Stimmenzugewinne ummünzen. CDU und CSU erreichten erst in der Opposition der siebziger Jahre einen vergleichbar hohen Organisationsgrad (800000 Mitglieder) und trennten sich damit endgültig vom Erscheinungsbild der Honoratioren- oder Kanzlerwahlpartei.

Unverkennbar ist, daß die parteiinternen Willensbildungs- und Ausleseprozesse für Programm- und Personalentscheidungen Angehörige der Mittelschichten und der Beamtenschaft begünstigten, während untere Schichten in allen Parteien – selbst in der SPD – benachteiligt wurden. Eine Sonderrolle kam hierbei der FDP zu, die als wirtschaftsfreundliche, sonst aber konturlose bürgerliche Partei überwiegend die oberen Mittelschichten und Selbständigen als ihre Wähler ansprach. Sie eroberte sich die Funktion einer Mehrheitsbeschafferin für die konkurrierenden großen Parteien.

Kennzeichnend für die bundesdeutsche Parteienlandschaft war, daß links-

---

[1] Vgl. Richard Stöss (Hg.): Parteienhandbuch. Die Parteien der Bundesrepublik Deutschland 1945–1980, 4 Bde., Opladen 1983.

[2] Vgl. Alf Mintzel: Die Volkspartei. Typus und Wirklichkeit, Opladen 1984.

und rechtsradikale Alternativen chancenlos blieben. Kommunistische Parteien wurden von den Wählern beharrlich ignoriert (Dok. 2), was auf den antikommunistischen Basiskonsens zurückzuführen ist, der von nahezu allen Parteien mitgetragen wurde. Rechtsradikale Strömungen erschienen im Abstand von fünfzehn Jahren und in wechselnder Gestalt (SRP bis 1952, NPD 1965–69, Republikaner 1986–88) kurzfristig auf der politischen Bühne, blieben aber erfolglos.

Mit ihrer Wahlkampforganisation (Dok. 3), die als Kristallisationsfaktor für die innerparteiliche Mobilisierung eine kurzfristige Anbindung der Parteiführung an ihre Basis ermöglicht, präsentierten sich die beiden großen Parteien Mitte der achtziger Jahre als effizient operierende Großunternehmen. Sie verbreiteten allerdings nur stark gefilterte und allgemein gehaltene politische Aussagen, um das umkämpfte Potential der Wechselwähler nicht zu verschrecken. Gerade diese Tendenz zur Verselbständigung der politischen Willensbildung und Machtausübung in anonymisierten Parteiapparaten war Auslöser für die Formierung einer neuen «alternativen» Partei zu Beginn der achtziger Jahre. Das Organisationsprinzip dieser sich aus heterogenen, zumeist linken Gruppierungen langsam herausbildenden Grünen Partei, die der Konsens in ökologischen Fragen einte, war die Basisdemokratie. Angestrebt wurde die Mitsprache möglichst vieler Mitglieder der Parteibasis bei Sach- und Personalentscheidungen und damit eine neue Parteistruktur. So wurde eine kollektive Führung, die zeitlich befristete Besetzung von Ämtern (Rotationsprinzip) und die Trennung von Parteiämtern und Abgeordnetenmandaten beschlossen, um der Profilierung weniger prominenter Politiker entgegenzuwirken. Das innovative Potential dieser Partei wurde in der zweiten Hälfte der achtziger Jahre jedoch zunehmend von innerparteilichen Richtungskämpfen aufgesogen. Auch die Integration von Repräsentanten verschiedener politischer Bewegungen (Frauen-, Ökologie- und Friedensbewegung) (Dok. 4) konnte ihre Basis nicht wesentlich verbreitern.

Unter den Zwängen einer Fernsehdemokratie mit ihren Ansprüchen an die Selbstdarstellung der Repräsentanten aller Parteien in den Medien (Dok. 5) mußten Politiker sich mit unterschiedlichem persönlichen Profil in der Öffentlichkeit selbst inszenieren (Dok. 6), um konkurrenzfähig zu bleiben. Dies ging zwangsläufig zu Lasten programmatischer Aussagen.

Verbände waren als Lobbyisten wichtiger gesellschaftlicher Interessen von Anfang an Träger politischer Entscheidungsprozesse und erhielten eine besondere Legitimation durch das Recht, bei den Gesetzesberatungen gehört zu werden. Schon in der Frühphase der Bundesrepublik waren in der Bonner Ministerialbürokratie persönliche Verflechtungen mit den wichtigsten Interessenverbänden zu beobachten, die zeitweise die Furcht vor einer «Herrschaft der Verbände» (Theodor Eschenburg, 1955) nährten. Wie hoch der Einfluß der Interessengruppen tatsächlich war, blieb umstritten.

Aus der Vielzahl der Verbände herausgehoben waren die Gewerkschaften[3] (Dok. 7) und die Arbeitgeberverbände, die autonom über die jährlichen Tarifabschlüsse in den einzelnen Wirtschaftssektoren entschieden. Die jahrelange, erfolgreiche Intervention des Bundesverbandes der Industrie, des mächtigsten Einzelverbandes der Arbeitgeber, zugunsten einer abgeschwächten Fassung des Kartellgesetzes kann als Musterbeispiel zielgerichteter Beeinflussung des Parlamentes gelten (Dok. 8).

Demgegenüber blieb die wortreiche und ausdauernde Aktivität des Deutschen Bauernverbandes zum Nutzen seiner Klientel nur bedingt erfolgreich. Langfristig konnten die notwendigen Strukturanpassungen und die damit einhergehenden Rationalisierungen und Subventionskürzungen nur verzögert, nicht aber verhindert werden (Dok. 9). Das gilt auch für die ob ihrer Rhetorik allseits gefürchteten Vertriebenenverbände (Dok. 10). Zwar hatten sie eine wichtige Funktion für die Integration der Vertriebenen in den fünfziger Jahren, jedoch gelang es ihnen nicht, entscheidenden Einfluß auf die Gestaltung der Ostpolitik zu gewinnen und die Aussöhnung mit den mittel- und osteuropäischen Nachbarstaaten auf Dauer an von ihnen formulierte Bedingungen zu knüpfen.

Die in den fünfziger Jahren noch allgegenwärtigen konfessionellen Gegensätze (Dok. 11) verloren vor allem in den Städten an Bedeutung, während in ländlichen Regionen konfessionell geschlossene Gebiete fortbestanden. Unterschiede im politischen Engagement von Protestanten und Katholiken waren aber schon in den fünfziger Jahren nicht mehr festzustellen.[4] Dennoch behielten die beiden Kirchen gewichtigen Einfluß auf das Erziehungswesen (konfessionelle Kindergärten, Schulen), das Gesundheitswesen (Krankenhäuser), in sozialen Diensten (Caritas, Diakonie) und im öffentlichen Leben (Dok. 12), nicht zuletzt durch ihre Beteiligung an Rundfunk- und Fernsehanstalten.

Demgegenüber konnte die jüdische Religionsgemeinschaft nur in wenigen lokalen Zentren neue Gemeinden aufbauen. Eine mangelhafte und streckenweise vorurteilsbeladene Auseinandersetzung der christlichen Mehrheitsgesellschaft mit ihrer schuldbeladenen Vergangenheit (Dok. 13) erschwerte das Zusammenleben in den fünfziger und sechziger Jahren. Erst die kollektive Aufarbeitung im Gefolge der Fernsehserie «Holocaust» leitete Ende der siebziger Jahre die umfassende und massenwirksame Auseinandersetzung mit den Greueln der Naziherrschaft ein.

Infolge der Zuwanderung türkischer Arbeitnehmer und ihrer Familien seit den sechziger Jahren wurde die muslimische Religion mit 1,8 Millionen Angehörigen (1990) zur drittstärksten in Deutschland.

---

[3] Vgl. Hans Otto Hemmer, Kurt Thomas Schmitz (Hg.)· Geschichte der Gewerkschaften in der Bundesrepublik Deutschland. Von den Anfängen bis heute, Köln 1990.

[4] Vgl. Gerhard Schmidtchen: Protestanten und Katholiken. Soziologische Analyse konfessioneller Kultur, Bern 1979, S. 215 ff.

Als eine neue politische Kraft etablierten sich in den siebziger Jahren Bürgerinitiativen. Hauptsächlich ökologische Fragen und hier vor allem die Auseinandersetzungen um die Kernenergie führten zum Zusammenschluß direkt betroffener Bürger. Ihre selbstorganisierten Gruppen hatten weitgehend Vereinscharakter. Weil sie nur ein einziges, sehr konkretes Ziel vertraten, erreichten sie die maximale Mobilisierung Gleichgesinnter in ihrem regionalen Umfeld. Prototyp der Bürgerinitiative schlechthin war die der Gemeinde Wyhl, die mit ihrem wirkungsvollen Widerstand gegen ein Kernkraftwerk am Kaiserstuhl (Dok. 14) einen Gründerboom ähnlicher Initiativen im gesamten Bundesgebiet auslöste. Die Erfolgsbilanz bis 1990 ist eindrucksvoll und beispielsweise mit dem Scheitern der Wiederaufbereitungsanlage in Wackersdorf (Oberpfalz) verbunden. Dieses Projekt hatte noch Mitte der achtziger Jahre zu bürgerkriegsähnlichen Konfrontationen von Polizei und Demonstranten am Bauzaun der Anlage geführt.

Verstärkt seit der 68er-Studentenbewegung wurde die Demonstration in die politische Kultur der Bundesrepublik integriert. Schon in den fünfziger Jahren fanden im Verlauf der Ohne-mich-, Anti-Atomtod- und Ostermarsch-Proteste Antikriegsdemonstrationen mit Rückendeckung der Gewerkschaften und von Teilen der SPD statt. Die Gewerkschaften unterstützten auch den Protest gegen die Notstandsgesetzgebung der Großen Koalition. Er steigerte sich 1966/67 zur «außerparlamentarischen Opposition», die wesentlich von studentischen Demonstranten getragen wurde. Bereits 1968 kam es zu über 2000 von der Polizei registrierten Demonstrationen im Bundesgebiet. Seit Mitte der siebziger Jahre stieg diese Zahl kontinuierlich an und erreichte 1983 einen Höchststand von weit über 9000 Demonstrationen.[5]

Das stark angewachsene Protestpotential gegen das Wettrüsten von NATO und Warschauer Pakt verschaffte sich Anfang der achtziger Jahre in den größten Massendemonstrationen in der Geschichte der Bundesrepublik Gehör. Im Oktober 1981 kamen in der Bundeshauptstadt Bonn 300000 und im Jahr darauf erneut eine halbe Million zumeist junger Demonstranten zusammen, um gegen die Nachrüstung mit atomaren Mittelstreckenraketen auf dem Gebiet Westdeutschlands zu protestieren. Initiator war eine von Spitzenpolitikern der Grünen mitbegründete Bürgerinitiative («Krefelder Appell»), die sich Anfang der achtziger Jahre zur locker organisierten Friedensbewegung (Dok. 15) gewandelt hatte.

1. «Volkspartei und Massenpartei»

Die Christlichen Demokraten haben sich stets dazu bekannt, eine Volkspartei zu sein. Sie sind am Wohlstand des Mittelstandes, der Bauern, der Industrie,

---

[5] Ralf Rytlewski, Manfred Opp de Hipt: Die Bundesrepublik Deutschland in Zahlen 1945/49–1980, München 1987, S. 159.

der freien Berufe ebenso interessiert wie am Aufstieg der Arbeiterschaft. Für den Ausgleich haben die verantwortlichen politischen Persönlichkeiten aus den verschiedenen Ständen zu sorgen.

Gerade dieser gesunde Ausgleichswille hat der Union nicht zuletzt auch das Vertrauen jener weiten Arbeiterkreise gesichert, die sich aus Weltanschauung und sozialer Einsicht nicht dem Klassenkampfwillen und dem Materialismus verschrieben haben. Mit Genugtuung kann man feststellen, daß es vor allem auch die Arbeiterschaft war, die den Christlichen Demokraten bei der Bundestagswahl 1953 den großen Zuwachs an Stimmen brachte. Das soll das Verdienst der anderen Schichten sicherlich nicht schmälern. Aber mit dem Vertrauen der Arbeiterschaft hat es doch noch seine eigene Bewandtnis. Es ist nicht so leicht, ihr Vertrauen zu erringen und zu halten. Es geht ihr nicht nur um das Materielle, sondern nicht zuletzt auch um die Anerkennung ihrer gesellschaftlichen Bedeutung, die andere Schichten längst besitzen. Wenn die FDP immer wieder gegen den sogenannten linken Flügel oder den Gewerkschaftsflügel der CDU wettert, so tut sie im Grunde den Christlichen Demokraten einen großen Gefallen. Damit bestätigt sie nämlich der breiten Masse der Arbeitnehmerwähler, daß sie in der Union etwas bedeuten, daß sich ihr sozialer Wille auswirkt.

Aber man muß sich auch noch über ein anderes klar sein: Hinter dem demagogischen Gerede über den sogenannten linken Flügel in der CDU steckt eine ganz bestimmte Absicht. Man will die anderen Schichten in der Union vor der Arbeitnehmerschaft bange machen. Man will sie gegen die Arbeiterschaft aufbringen. Man will zur Zurücksetzung der Arbeiterschaft reizen. Denn das erscheint diesen Kreisen als der beste Weg, die Union zu schwächen. Um diese Schwächung geht es nämlich. Die Arbeitnehmerschaft ist ja nicht nur das soziale Element in der Union, sie macht die Christlichen Demokraten vor allem zur Massenpartei. Das ist notwendig, da im zwanzigsten Jahrhundert eine Partei nur wirken kann, wenn sie Massenpartei ist. Das wissen alle jene kleinen Parteien, die sich seit ihrem Bestehen stets vergeblich darum bemüht haben, zu einem ansehnlichen Wählerbestand zu kommen.

Drei Dinge müssen uns in den kommenden Wahlauseinandersetzungen vor allem bewegen: Erhaltung und Steigerung des Vertrauens der Arbeitnehmerschaft zur Union, Erhaltung und Stärkung des Vertrauens der breiten bürgerlichen Schichten und das Streben, den Heimatvertriebenen und Flüchtlingen eine politische Heimat bei uns zu sichern. Die Schaffung und Stärkung dieser Vertrauensbasis zwischen den drei tragenden Kräften vor allem im Industriegebiet muß und wird die Gewähr geben, daß die Christlichen Demokraten auch im dritten Bundestag wieder zur entscheidenden Kraft werden. Das erscheint um so wichtiger, als der Bundestag von 1957 noch vor weit größeren Aufgaben steht, als der von 1953.

[...]

(Soziale Ordnung 1957, Nr. 4, S. 49f.; Autor: Jakob Kaiser)

2. «Klein, stabil und erfolglos»
Die illegale Kommunistische Partei

Auf dem letzten Parteitag der verbotenen KPD, der im Frühjahr im Gebäude der ehemaligen SED-Parteihochschule in Klein-Machnow bei Berlin stattfand, wurde dem organisierten Kommunismus in der Bundesrepublik die Aufgabe gestellt, stärker als bisher eine Politik der «Aktionseinheit» mit den nichtkommunistischen Arbeitnehmern zu betreiben. Das bedeutet, daß die Mitglieder der KPD sich bemühen sollen, Kräfte in der Sozialdemokratie und in den Gewerkschaften für ein – und sei es sachlich noch so begrenztes – Zusammenwirken zu gewinnen, zumindest aber sie an Gesprächen zu interessieren und als Gegner zu neutralisieren. Zu diesem Zweck soll die KPD ihre Beschränkung auf konspirative Tätigkeit aufgeben und sich dem zuwenden, was die Kommunisten in gewolltem Mißverstehen unserer Verfassung «legale Arbeit» nennen.

Ein solches Programm setzt eine Parteiorganisation von einiger Stärke und Lebendigkeit voraus. Wie steht es damit? Im Dezember 1961 verkündete die KPD ihr sogenanntes Parteiaufgebot: mindestens 3000 neue Mitglieder sollten geworben, die Zahl der Betriebsgruppen und der Betriebszeitungen sollte erhöht werden, und zwar bis zum August 1962. Der Mißerfolg zeichnete sich schon ab, als die Partei die Frist bis Ende 1962 verlängerte; als ein weiteres Hinausschieben das Eingeständnis der Blamage bedeutet hätte, trat er offen zutage. Die KPD konnte in der Bundesrepublik nur etwa 650 neue Mitglieder gewinnen. Der Grund ist der Mangel an Bereitschaft, sich in ein gefährliches und offensichtlich aussichtsloses Unternehmen einzulassen. Er hat es der KPD auch unmöglich gemacht, beim Gründen arbeitsfähiger Betriebsgruppen voranzukommen. Die Parteiführung hat sogar große Mühe, ihre Mitglieder aus den etwas sichereren und daher beliebteren Wohnbezirksgruppen in die Betriebsgruppen zu leiten. Deren gibt es heute etwa 200, wobei aber der Grad des inneren Zusammenhalts und die Stärke sehr schwanken. Im Durchschnitt gehören einer Betriebsorganisation 16 Leute an; aber schon ein loser Zusammenschluß von drei Kommunisten gilt als Betriebsgruppe.

Noch auffälliger ist die Misere bei den Betriebszeitungen. Ende 1961 erschienen etwa 60 solcher Blätter, manche allerdings davon nur sporadisch oder gar nur ein einziges Mal. Das Parteiaufgebot setzte als Ziel weitere hundert Betriebszeitungen. Es erschienen denn auch 1962 neben den bisherigen 45 neue Zeitungen, mehr als die Hälfte davon aber nur einmal; einige verschwanden nach mehrmaligem Erscheinen. Bis heute haben sich 38 Zeitungen halten können, von denen aber nur ein Teil regelmäßig hergestellt wird. Die technische Aufmachung ist durchweg primitiv. Nur in Rheinland-Pfalz gelingt es den Kommunisten, einige Betriebszeitungen im Druckverfahren zu produzieren. Primitiv und monoton ist auch der Inhalt. Den Betriebsgruppen fehlt es an fähigen Köpfen. Das zwingt immer wieder die Kreis- und

Bezirksleitungen, helfend einzugreifen; darunter aber leidet wieder die Lebendigkeit.

Die KPD hat also keine Fortschritte machen können. Nicht einmal beim Metallarbeiterstreik in Südwestdeutschland vermochte sie mitzusteuern; von anderen Streiks, wie etwa dem in den Büssing-Werken, wurde sie sogar überfahren, ohne daß sie zum Handeln gekommen wäre. Ihre Organisation stagniert, hat sich allerdings in ihrem bisherigen Volumen stabilisiert. Die Führung versucht, das Selbstgefühl des Parteivolks auf andere Weise zu stärken. Der letzte Parteitag in Klein-Machnow sollte vor allem den 220 Delegierten aus der Bundesrepublik das Gefühl nehmen, sie seien hoffnungslos Versprengte. Diesem Zwecke diente auch die Anwesenheit von Vertretern siebzehn ausländischer Bruderparteien. Aber es ist zweifelhaft, ob er erreicht wurde. Die peinlichen Sicherheitsvorkehrungen, darunter die befohlene Anonymität und die Leibesvisitation aller Teilnehmer vor dem Betreten des Konferenzsaales, mußten in den westdeutschen Delegierten den Eindruck erwecken, sie seien auch hier, in ihrem eigentlichen Vaterland, noch nicht unter sich.

[...]

(Frankfurter Allgemeine Zeitung vom 26. 7. 1963)

3. Wahlkampf-Manager

Professor Coordt von Mannstein hält einen Lehrstuhl für Visuelle Kommunikation an der Gesamthochschule Essen, ist Gründer und Hauptgeschäftsführer der von Mannstein Werbeagentur GmbH, mit 85 Beschäftigten und 103 Millionen Mark Jahresumsatz (1984) im oberen Mittelfeld der bundesdeutschen Werbewirtschaft angesiedelt. Seit 1975 hat er praktisch jeden wichtigen Wahlkampf für die CDU inszeniert, seine Tochterfirma betreut die *Political Communications* der Bundeszentrale für Gesundheitliche Aufklärung, der Deutschen Krebshilfe, des Landes Niedersachsen, des Pommerschen Zentralverbandes e. V., des Presse- und Informationsamtes der Bundesregierung, der Stiftung Wald in Not (Stiftsherr: Bernhard Vogel), der *Hörzu*, der Bayer AG u. v. a. Er selbst steht «auf Abruf bereit», um hohe und höchste Amtsträger der Union und damit der Bundesrepublik in Fragen der Öffentlichkeitswirksamkeit zu beraten. Aber darüber spricht er nicht.

Sich selbst bezeichnet er als einen «von der Kommunikation Besessenen», der sich besonders gerne in Wahlkämpfen engagiert, weil er dort «die gesamte Bevölkerung als Zielgruppe» hat und nicht nur ein Marktsegment, das die Marketingabteilung eines Markenartiklers vorgibt.

«Meine Agentur macht keine Politik», betont er vor jeder sachbezogenen Äußerung. «Wir setzen jene Inhalte in kommunikative Schritte um, die uns die Parteigremien und Wahlkampfausschüsse vorsetzen. Die Personalentscheidungen der Partei sind längst gefallen, die Themen festgelegt, wenn wir an die Arbeit gehen.» Praktisch bedeutet dies: von Mannstein leistet keine Wahlversprechen, er gibt bloß Formulierungshilfen.

Die Werbeagentur residiert gemeinsam mit zwei ihrer Tochterfirmen in einem «Schlößchen» außerhalb Solingens. Der Kies auf den Wegen im Innenhof des neugotischen Fachwerkbaus knirscht, die Plexiglastüren öffnen und schließen sich gedämpft, die getönten Doppelglas-Scheiben filtern all jene Anteile des Sonnenlichts, die Stirnrunzeln und Augenkneifen verursachen. Im Empfangsraum herrscht der standardisierte Luxus eines degenerierten Understatements – «moderne Klassiker» in weißem Leder und Chrom, Mattlack und entspiegelte Bilderrahmen: Die mühsam, aber vollständig kontrollierte Neurose am Anfang eines Chabrol-Films.

Coordt von Mannstein tut erregt, als stünde er unter der Spannung kreativen Starkstroms, als warte er nur auf den letzten Musenkuß für einen künstlerisch-genialen Einfall. Dabei ist er nur nervös. Vier Wochen vor der Landtagswahl drucken die Meinungsforscher schlechte Zahlen für die niedersächsische CDU, deren Wahlkampf von Mannstein führt – der «Tschernobyl-Effekt». Ein Plakat, das Ministerpräsident Ernst Albrecht mit einem Ferkel auf dem Arm zeigt, hat der Kommunikationsdesigner deshalb sofort aus dem Verkehr ziehen lassen, obwohl er das Motiv für «ein besonders sympathisches Bild» hält. Von den Papieren, die er – scheinbar achtlos – bei sich trägt, zieht er eine Büroklammer ab, die er während des folgenden Gesprächs zu den absonderlichsten Formen und Figuren verbiegt, verbissen und schwitzend.

Graumelierte Locken, die sich über dem Hemdkragen kringeln, Schlips mit einem kleinen amerikanischen Knoten, schwarzblauer Blazer (keineswegs modisch, allenfalls flott) und zu lange Hosenbeine, die unter den Knien Falten werfen. Keine der vielen Broschüren seines Hauses, die von Mannstein nicht mindestens einmal in Großaufnahme, plus einmal in vertraulichem Dialog mit namhaften Politikern und einmal auf der Autobahn zeigen, den Hörer seines Autotelefons zwischen Schulter und Ohrmuschel geklemmt. Sein größter Trumpf ist allerdings die «Heli-Nummer». Dazu landet er mit dem Hubschrauber direkt auf der Terrasse vorm «Schlößchen».

Wer bei von Mannstein Wahlkampf macht, darf keiner anderen Partei angehören. Der Hauptgeschäftsführer ist selbstverständlich eingetragenes Mitglied der CDU. Seine Mitarbeiter in der politischen Werbung müssen mindestens parteipolitisch neutral sein oder aber das «richtige» Parteibuch besitzen. «In der heißen Arbeitsphase stellt sich von alleine heraus, daß man nicht mit dem Kopf für die eine Seite arbeiten kann, wenn das Herz für die andere schlägt», formuliert der Wahlkämpfer eine alte Legionärs-Weisheit um. «Entsprechend schnell erübrigt sich das Problem der Parteilichkeit.»

Bodo Hombach sitzt in jeder Beziehung auf der anderen Seite. «Wir machen hier keine Werbung», sagt der beleibte Geschäftsführer des SPD-Landesverbandes Nordrhein-Westfalen und wedelt ablehnend mit dem wuchtigen Zeigefinger. «Wir verstehen uns als Strategen und Planer. Werbung gehört für uns zwar zum Geschäft, ist aber längst nicht das wichtigste.» Hombach ist 33 Jahre alt, mißt 1,92 Meter, wiegt zweieinhalb Zentner. Er ist nicht nur physisch ein überschweres Kaliber; mit ihm als Gegner hat jeder einen schweren Stand.

Bodo Hombachs kleines Büro in der Mietetage eines gesichtslosen Düsseldorfer Nachkriegsbaus ist zeitgeistig eingerichtet mit schwarzem Leder, Ebenholz, Edelstahl und Halogenleuchten. Im Regal *Meyers Enzyklopädisches Lexikon,* an den weißen Wänden nur ein weißes Pinnbrett. Auch das ist leer – bis auf einen Zeitungsausriß: Bertolt Brecht im Profil. Draußen, auf dem langen Flur, herrscht Umtriebigkeit wie in den Verlagsräumen eines Stadtmagazins.

Seit dem sensationellen Sieg der SPD bei der Wahl zum nordrhein-westfälischen Landtag 1985 apostrophieren die Zeitungen Bodo Hombach als «den Macher hinter Johannes Rau». Hombach hat gegen dieses Attribut nichts einzuwenden, denn auch er ist in gewissem Sinn eitel, wenngleich ganz anders als der manikürte von Mannstein.

Rein äußerlich wirkt er wie ein Fremdkörper in seinem auf Yuppie gestylten Büro. Die braunen Breitcordhosen, an den Knien ausgebeult, die Kreppsohlen und das ausgewaschene Polohemd passen überhaupt nicht zum Bild eines ultramodernen Parteimanagers, der sich lieber auf sein handliches Karteikästchen mit Disketten für den Personal Computer verläßt als auf die umständlichen Paragraphen des Parteiprogramms. Doch sobald er sich in seinen Chefsessel plumpsen läßt, die Pranken auf die Tischplatte klatscht und zum gestellten Thema monologisiert, weiß man sofort, wer hier das Sagen hat.

Bodo Hombach war derjenige, der die Werbeagenturen vom Tisch der SPD vertrieben hat, der die Wahlkämpfe wieder mit Bordmitteln führt, mehr oder weniger. «Die Situation war lächerlich», erzählt er. «Kurz vor den Wahlen wurde regelmäßig ein Team von Werbern eingeflogen, die ihr Handwerk durchaus verstehen mögen, die vielleicht sogar zu den besten ihres Faches gehören, die aber mit der politischen Arbeit nichts zu tun, von den Aufgaben und Zielsetzungen keine Ahnung haben.» Das hat ihn richtiggehend geärgert.

«Werbeleute haben eine stereotype Vorstellung, wie ein Politiker, ein Ministerpräsident oder Bundeskanzler auszusehen habe», behauptet er weiter. «Deshalb verkaufen sie einen Kadidaten im Saarland genauso wie einen in Hamburg oder Baden-Württemberg. Von innen heraus betrachtet sind alle Wahlkämpfe, die Werber führen, das gleiche Ritual von Retuschen und Nuancierungen.»

[...]

(Michael O. R. Kröher: Frau Saubermann im Winterwahlkampf. In: Merkur 1986, Nr. 451/2, S. 794 ff.)

4. Feministische Politik im Rathaus

In Frankfurt machen wir als Trio, 3 autonome Frauen aus der Frauenbewegung, auf parlamentarischer Ebene feministische Politik – zwei als gewählte Stadtverordnete auf der Liste der GRÜNEN, eine als Fraktionsassistentin. Wir werden unterstützt von einer Gruppe autonomer Frauen, die sich wöchentlich trifft, um unsere Arbeit mitzuentwickeln und mitzutragen. Wir machen feministische Politik, wenn wir z. B. gegen die schienenfreie Innenstadt sind und das mit der geschlechtlichen Arbeitsteilung begründen, wenn wir gegen die Sperrgebietsverordnung kämpfen und unsere Kampagne unter dem Motto führen: «Frauen gegen Doppelmoral», wenn wir in unserer Haushaltsrede mit einem Zitat aus dem klassischen Kochbuch von Davidis über sparsame Haushaltsführung beginnen oder wenn wir Anträge stellen zur finanziellen Förderung von Frauenprojekten in der Stadt. Wir machen feministische Politik auch dann, wenn wir immer wieder die männlichen Sprachformen kritisieren und beispielsweise den Begriff «Milchmädchenrechnung», ein Lieblingsbegriff männlicher Parlamentarier, zurückweisen. Über diese Politik wollen wir in unserem Beitrag auch ganz konkret berichten: Feministische Politik im traditionellen Politikbereich eines Parlamentes, wie wir sie verstehen, soll Frauen in ihren vielfältigen Arbeits- und Lebensformen ins Blickfeld der Öffentlichkeit rücken, sie sollen zu einem zentralen Thema der politischen Öffentlichkeit in Frankfurt werden. Die Schwierigkeiten für unsere feministische Politik ergeben sich allerdings dann, wenn wir die Verbesserung der Lebensverhältnisse von Frauen auf ihrem Weg zu mehr Autonomie auf der Ebene von Maßnahmen, städtischen Verordnungen u. ä., konkretisieren müssen, die von einer Verwaltung umsetzbar sind. Worauf soll es eigentlich hinauslaufen, bzw. was für eine Art städtischer Welt, städtischer Gesellschaft wollen wir eigentlich? Bis vor kurzem haben wir in unseren Diskussionen dieses Problem so gelöst, daß wir von unseren feministischen Utopien gesprochen haben, wobei weitgehend offenblieb, was wir uns genau darunter vorstellen, sind doch die Lebensentwürfe und der Alltag von Frauen so verschieden wie die Erklärungen und Interpretationen, die sie dafür finden. [...]

Vor diesem Hintergrund scheint – so die zentrale Kritik «radikaler» Feministinnen häufig – feministische Politik in patriarchalen Strukturen vom Ansatz her schon zum Scheitern verurteilt. Oder – wie die Kritik auch formuliert wird – all das, was feministische Politikerinnen in diesen Strukturen alltäglich erarbeiten und evtl. auch durchsetzen, ist nicht feministisch genug, weil es an das patriarchale System angepaßt ist – sonst hätte es halt keine Mehrheit gefunden. Diese auch quantitativ begründete Kritik kann nicht so leicht widerlegt werden, denn schließlich sind die Frauen in den Parlamenten tatsächlich eine Minderheit, Beschlüsse kommen also immer nur mit der männlichen Mehrheit zustande – und welcher Mann sägt schließlich an dem Ast, auf dem er sitzt? Dennoch behaupten wir, daß wir im Stadtparlament feministische Politik machen, daß wir konkrete Ansätze feministischer Politik formulieren und realisieren und uns als Feministinnen, eingebunden in patriarchale Strukturen – von 93 Stadtverordneten in Frankfurt sind nur 22 weiblich –, behaupten und qualifizieren.

Was bezeichnen wir dabei eigentlich als Politik? Die Frage scheint in diesem Zusammenhang neu klärungsbedürftig. In vielen Diskussionen mit anderen Frauen beobachten wir zur Zeit einen Trend, mit dem Begriff «Politik» wieder das zu fassen, was uns herkömmlicherweise als solche verkauft wird: parlamentarische Arbeit, Parteipolitik und Regierung. Ist das ein Rückschritt? Die Frauenbewegung ist mal mit dem Slogan angetreten «Das Private ist politisch.» Dieser Slogan war durchaus revolutionär, ermöglichte er uns doch, unsere Existenzprobleme innerhalb der als patriarchal definierten Gesellschaft nicht als individuelles Versagen, sondern als kollektive Unterdrückung zu begreifen und zu fühlen – und damit als kollektiv und individuell veränderbare Strukturen innerhalb und außerhalb von uns selbst. Inzwischen scheint es wieder wie ehedem. Das Private bleibt privat – die Auseinandersetzungen mit Männern auf der Ebene der privaten Beziehungen in ihrer politischen Dimension sind kein Thema mehr – der quotierte Zugang zur öffentlichen Macht, das ob und wenn ja, das wie und wann sind die Fragen der Frauenbewegung.

Wir halten demgegenüber an der Auffassung fest, daß der Vielfalt an durch die neue Frauenbewegung aufgeworfenen Fragestellungen und Forderungen auch eine Vielfalt von Handlungsebenen feministischer Politik entspricht, die jeweils unterschiedliche Wege erfordern. Bei Aktionen auf der Straße haben wir beispielsweise andere Möglichkeiten und Hindernisse als beim täglichen «Privatkampf» mit dem Partner (falls vorhanden) um die Haus- und Familienarbeit oder in den Strukturen der Universität – oder in anderen institutionellen Hierarchien – bei der Durchsetzung feministischer Forderungen. Das Parlament ist für uns *eine* Handlungsebene, die wir jetzt zusätzlich ausprobieren, um den Einflußbereich feministischer Politik zu verbreitern und öffentlich zu machen.

Was bezeichnen wir nun als feministische Politik im Parlament, vielmehr woran orientieren wir uns im kommunalpolitischen Alltag, in dem Fragen aufgeworfen werden, Probleme zur Bearbeitung anstehen, die in der feministischen Diskussion so konkret bisher nicht vorgekommen sind.

Eine erste Antwort auf diese Frage ist, daß wir versuchen, alle unsere Aufgaben im Parlament mit einem feministischen Blick zu sehen, einem Blick, der ausgeht von den weiblichen Lebensverhältnissen und Erfahrungen, dem privaten und öffentlichen Leben von Frauen, einem Blick, den wir in der neuen Frauenbewegung erst haben lernen müssen. Das bedeutet, insbesondere die traditionellen männlichen Politikbereiche, z. B. die Finanzpolitik oder Verkehrspolitik, mit dem feministischen Erkenntnisinteresse aufzudröseln und genauer herauszufinden, was die jeweiligen Maßnahmen oder Entscheidungen gerade für Frauen bedeuten. Wir werden das am Beispiel der städtischen Planung einer «schienenstadt», der vorgesehenen

Herausnahme der Straßenbahn aus der Frankfurter Innenstadt noch genauer beschreiben. In diesem Zusammenhang geht es auch immer darum, sich aus der Argumentation des Sachzwanges zu lösen und die Verantwortlichen auch als Personen zu benennen. Wir lernen sie dabei kennen und uns gegen sie zu wehren, müssen uns nicht mehr *nur* unter dem Zwang eines übermächtigen, undurchschaubaren «Systems» fühlen, sondern sehen die Verantwortlichen als konkret handelnde Männer. Hier ist die kommunale Frauengruppe ein wichtiger Ort der Auseinandersetzung und Arbeit an diesen Themen, zugleich aber auch der zentrale Ort unserer emotionalen und politischen Unterstützung. In der Regel sind es Gruppenergebnisse, die wir dann öffentlich vertreten.

Feministische Politik heißt für uns auch, daß wir immer gegen die patriarchale Spaltung von Frauen angehen. Am Beispiel einer für die Stadt diskutierten Sperrgebietsverordnung, der städtischen Reglementierung von Prostitution, bedeutete das, daß wir uns nicht dem Motto der SPD «keine Prostitution in die Wohngebiete» angeschlossen haben und damit der Spaltung zwischen den «guten» Ehefrauen und den «schlechten» Prostituierten, sondern daß wir uns gegen jegliche Reglementierung der Prostitution ausgesprochen und die Verbesserung der Arbeitsbedingungen und die soziale Absicherung der in der Prostitution tätigen Frauen gefordert haben.

Die patriarchale Spaltung zwischen Frauen innerparlamentarisch anzugehen, d. h. zu einer partiellen Zusammenarbeit mit den Frauen aus den anderen Fraktionen zu kommen, ist uns bisher noch nicht gelungen. Nachdem alle Parteien die «Frauenfrage besetzt» haben, bestehen eher Konkurrenzverhältnisse zwischen uns Frauen. Zudem unterscheiden sich unsere Forderungen oder Beiträge in der Regel von denen der Frauen aus anderen Parteien in ihrer Radikalität. Als Beispiel sei hier die alte ASF*-Forderung nach kommunalen Frauenbüros angeführt. Auf den für uns nicht akzeptablen Antrag der SPD reagierten wir mit einem Ergänzungsantrag, der eine Ausweitung der Kompetenzen und der personellen Besetzung forderte. Mit den SPD-Frauen konnten wir uns dann auf einen Kompromiß einigen. Die CDU-Frauen verteidigten hingegen die als «Neuland» (von der CDU-Mehrheit) gepriesene Einrichtung einer «Ein-Frau-Gleichstellungsstelle», deren Kompetenzen sich in denen einer Ombudsfrau der Stadtverwaltung erschöpfen. Darüber hinaus gab es bisher allerdings noch keinen Versuch von den Parteifrauen aus SPD oder CDU, mit uns einen Kompromiß zu erarbeiten.

Feministische Politik bedeutet für uns, nicht stellvertretend für andere Interessen zu formulieren, sondern anderen Frauen in der Stadt Raum zu geben und sie zu ermutigen, auch im parlamentarischen Raum ihre Forderungen selbst vorzutragen und zu begründen. Konkret heißt das z. B., daß wir immer wieder für Ausschußsitzungen Rederecht für Fraueninitiativen und -projekte beantragen, das von der CDU-Mehrheit allerdings regelmäßig zurückgewiesen wird. Häufig begründen dann die wenigen weiblichen Stadtverordneten

---

* ASF = Arbeitsgemeinschaft Sozialdemokratischer Frauen.

der CDU die Ablehnung unseres Antrages, z. B. indem sie auf fehlende Repräsentativität unserer Frauengruppe verweisen, erledigen also eigentlich das Geschäft für die Männer. Feministisch Politik zu machen, heißt für uns auch, jede Gelegenheit für öffentliche Stellungnahmen zu nutzen, an Diskussionen teilzunehmen, zu denen wir als Stadtverordnete eingeladen werden, unseren Status einzusetzen, Frauen in das öffentliche Gespräch zu bringen und dabei selbst zu lernen, öffentlich zu agieren und verständlich zu argumentieren.

(Elke Kiltz, Brigitte Sellach: Das Projekt «autonome Frauen im Römer»: Feministische Politik im Frankfurter Stadtparlament. In: Beiträge zur feministischen Theorie und Praxis 1986, Nr. 18, S. 41 ff.)

5. «Unsere Presse»

Von den drei Tageszeitungen, die unter meiner Beobachtung standen, begnügt sich keine mit einem einzigen Leitartikel: In der *FAZ*, wo der Leitartikel in der Spalte fünf und sechs der Seite eins zu finden ist, steht über ihm stets noch eine Glosse; anders als der Hauptleitartikel, der namentlich gezeichnet ist, stets nur mit einem Namenskürzel versehen, das man aufgrund von Kenntnis, die in kontinuierlicher Lektüre der *FAZ* entstanden ist, entschlüsseln kann, manchmal auch durch Nachschlagen im Impressum (das, wie ich mir habe sagen lassen, ein Leser außerhalb der Publizistik so gut wie niemals studiert). Die Titel der quasi anonymen Leitglosse wie auch des namentlich gezeichneten Leitartikels werden in jener Fraktur gesetzt, die auch das wohlbekannte Logo der *Frankfurter Allgemeinen* bildet, während sonst die Auszeichnungsschrift der ersten Seite ja eine Antiqua ist. – Die *SZ* hat mit der *taz* gemein, daß sie ihren Leitartikel nicht auf der ersten Seite plaziert, sondern auf Seite vier, in den ersten beiden Spalten, wobei in beiden Fällen der eigentliche Leitartikel wiederum nicht allein steht, sondern gefolgt wird von allerdings mehreren Glossen: in der *SZ* sind sie ebenfalls mit Namenskürzeln gezeichnet, in der *taz* ist der Name stets ausgeschrieben, was in manchen Ausgaben dazu führt, daß, wenn die Texte gleich lang sind, es nicht nur einen, sondern mehrere Leitartikel zu lesen gibt. Auch pflegt die *taz* den «Gastkommentar»: In meinem Berichtszeitraum schrieb beispielsweise der ehemalige Hamburger Justizsenator Ulrich Klug über den Konflikt in der Hafenstraße.

Kann man diesen Formalien etwas Weitergehendes ablesen?

Ich denke, die *FAZ* mißt ihrem Leitartikel mehr Bedeutung zu als die *SZ* und die *taz* (darauf komme ich noch): Während man sich bei diesen erst einmal in die Welt von gestern hineinlesen darf, wird man von der *FAZ* sofort mit dem Reim konfrontiert, den sich Fromme oder Fack, Reumann oder Reißmüller darauf machen – in diese Richtung geht mein Argument, der Leitartikel entspreche als literarische Form nicht mehr dem Zivilisationsniveau, das immer stärker eine ungereimte Lektüre der Welt erheischt. Daß in der *FAZ* die Auszeichnungsschrift der Leitartikel das Logo wiederholt, unterstreicht den Gedanken, «im Leitartikel spricht die Zeitung selbst», ein Gedanke, zu dem der Leser außerhalb der Publizistik, wie ich mir habe sagen lassen, ohnedies eine eigentümliche Neigung hat: Dieser Leser pflegt sich auch bei anderen Artikeln kaum die Namen der Autoren zu merken, so er genannt ist; für ihn spricht stets Die Zeitung. – Die innige Verbindung der *FAZ* mit ihren Leitartikeln bezeugt auch der Kollege Meurer: Auf sie gründet sich das Verhältnis intensiven Hasses, das er zu dieser Zeitung unterhält; Fromme oder Reißmüller können seinen Kreislauf am Morgen mit mehr Schubkraft antreiben als der schwärzeste Kaffee.

Fahren wir fort mit einer einfachen Übersicht, zu welchen Stoffen im Berichtszeitraum von den Leitartikeln Meinungen elaboriert worden sind, den Leitartikeln im engeren Sinn.

FAZ: Wolfgang Günter Lerch erklärt die Absetzung des senilen Habib Burgiba (er schreibt «Bourguiba») in elegischem Ton zum ‹Ende einer Ära›; man kann sich fragen, ob überhaupt von einem politischen Vorgang die Rede ist, ob Lerch nicht eigentlich Klage über den Lauf der Zeit führt, die aus entschlossenen und erfolgreichen Männern hilflose Greise macht, die von der nachwachsenden Generation entschlossener Männer über den Haufen geworfen werden müssen, wenn sie nicht von selber abtreten – tatsächlich ein lyrischer Stoff: daß es zwischen Gedichten und Leitartikeln Entsprechungen gibt, war also nicht nur ein Gedankenspiel. – Dann bearbeitet Kurt Reumann ein in diesem Herbst sehr beliebtes Thema, nämlich die Widersprüche des eigenen, des Journalistenberufs: anläßlich von Barschel in der Badewanne; der *Stern* hätte nicht dahin vordringen dürfen in seiner journalistischen Neugierde – und gleich noch ein Stückchen weiter: ist nicht schon die Aufklärung gewisser Vorgänge in Barschels Staatskanzlei zu weit gegangen, insofern nämlich der Journalist als Machtkontrolleur auftrat, was eigentlich nur der Parlamentarier dürfte? Auch hier ist der Tonfall lyrisch-klagend; die Neugierde sowie die Machtgelüste der Journalisten werden auf der anthropologischen Ebene, als Allgemeinmenschliches abgehandelt, genau wie Burgibas (Bourguibas) Altersverfall.

Unterdessen hatte Klaus Dreher in der *SZ* uns einen Sachverhalt erklärt, der auch nach den Berichten über den Parteitag der schleswig-holsteinischen CDU in Timmendorfer Strand ganz klar war: daß nämlich der wiedergewählte Landesvorsitzende Gerhard Stoltenberg einerseits geschwächt sei, weil mit weniger Stimmen wiedergewählt und überhaupt; andererseits «bleibt Stoltenberg auch nach diesem Parteitag eine beachtliche Kraft in der Reserve», tja, Stoltenberg war halt, so auch die Berichte, nicht gestürzt, aber auch nicht gestärkt worden. – Dann hatte uns Hermann Rudolph einen Sachverhalt erklärt, der gleichfalls schon nach der Lektüre der einfachen Berichte klar war: nach dem Bonner Parteitag der CDU, auf dem Helmut Kohl wieder

Parteivorsitzender geworden war – wenn auch mit weniger Stimmen als beim letzten Mal – blieb «der Eindruck, den die straff organisierten acht Stunden in der Beethovenhalle hinterließen ... zwiespältig». Wie auch anders? Die Barschelgeschichte dauerte an; ein euphorischer Aufbruch zu neuen Ufern hätte den Eindruck des Wahnhaften erzeugt.

Kurzum, während die *FAZ*-Leitartikel sich am 9. und 10. November 1987 lyrisch-elegisch über die Dinge des Lebens (und weniger der Politik) auslie-ßen, nannten die *SZ*-Leitartikel am 9. und 11. November uneindeutige Sach-verhalte uneindeutig, was keine besondere Arbeitsleistung darstellt.

[...]

Mittwoch. Karl Feldmeyer erklärt uns in der *FAZ*, wie zukünftig die nukleare Abschreckung vom Krieg in Europa nicht mehr funktionieren wird und daß außerdem die Bundeswehr zur konventionellen Abwehr des Angrei-fers aus dem Osten nicht gewappnet sei – kein lyrisch-elegisch-anthropologi-scher Leitartikel, vielmehr Prophetie: Feldmeyer gibt zu verstehen, daß es außer ihm gegenwärtig niemanden gibt, der die Gefahr erkennt.

[...]

Am Freitag erklärt uns Dieter Schröder in der *SZ*, wie es zum Ausbruch eines anderen Krieges gekommen ist: in der Hamburger Hafenstraße, wo der Schwarze Block Menschen, materielle Ressourcen und seinen Willen zur Selbstbehauptung mobilisierte für die Entscheidungsschlacht gegen die Poli-zei – Dieter Schröder meint, es hätte gar nicht erst zur Hausbesetzung kom-men dürfen, es sei ungerecht, jetzt von der Polizei die Lösung des Konflikts zu erwarten – am Freitag, den 13. November 1987, hatte Dohnanyi noch nicht jenes allerletzte Ultimatum gestellt und mit seinem Rücktrittsangebot (im Falle des Scheiterns) verbunden, eine existentialistische Geste, die die konstitutionellen Existentialisten vom Schwarzen Block natürlich gewinnen mußte ...

[...]

Schauen wir uns die Leitartikel der *taz* aus dem Berichtszeitraum wenig-stens im Hinblick darauf an, wie sie sich mit denen von *SZ* und *FAZ* verglei-chen lassen.

Am Dienstag, den 10. November 1987, waren es wieder mal drei – be-schränken wir uns auf den allerersten: Klaus-Peter Klingelschmitt behauptet, die Frankfurter Polizei sei von einer Frau telefonisch gewarnt worden, daß bei den bevorstehenden Kämpfen an der Startbahn West ein Mann mit Pistole im Hinterhalt warte und Klingelschmitt kritisiert die Polizei dafür, daß sie aus dieser Nachricht nichts gemacht habe: «Die Polizisten Eichhöfer und Schwalm wurden die Opfer eines offenbar durchgeknallten Gewalttäters», klar, aber sie wurden auch Opfer einer Polizeitaktik, «bei der offensichtlich die vielbeschworene Fürsorge für die Beamten hinter dem Wunsch der Poli-zeiführung und der politischen Führung rangiert, ›vorzeigbare‹ Beweise ihrer Stärke und Entschlossenheit dingfest machen zu können [na! «zu liefern»].»

Tatsächlich – das erinnert an jene ausgleichenden, um Gerechtigkeit bemühten Leitartikel in der *SZ,* wenn Dieter Schröder es beispielsweise der Polizei ersparen möchte, den Hafenstraßenkonflikt, den die Politiker mit ihren Verhandlungsmitteln nicht haben lösen können, mittels der staatlich legitimierten Gewalt zu lösen. – Auch am Mittwoch gab es in der *taz* drei Leitartikel zu lesen, und auch sie ähnelten im Gestus am stärksten den Leitartikeln der *SZ:* So verurteilte Ralf Sotscheck auf das schärfste das IRA-Bombenattentat von Enniskillen, bei dem es elf Tote und 61 Verletzte gegeben hatte, und Vera Gaserow fordert, man stelle sich vor: in der linksradikalen *taz* mit ihren offenen oder geheimen Fäden zu den *Fightern* – Vera Gaserow fordert im Hafenstraßenkonflikt – na? – genau: «Besonnenheit»! Was die *Fighter* der *taz* gern haßerfüllt nachsagen, daß sie eigentlich ein bürgerlich-liberales Blatt sei, man findet in der Tat Indizien dafür ...

(Michael Rutschky: Unsere Presse. In: Merkur 1988, Nr. 467, S. 77 ff.)

6. Politiker
Zombies und Gute Hirten

Der Name Zombie stammt aus der Voodoo-Sprache. Zu uns kam er weniger durch populär gewordene Gelehrsamkeit, westindische Rituale betreffend, als vielmehr durch eine bestimmte Unterabteilung des Horrorfilms. Seitdem weiß man, was Zombies sind: «Untote», aus dem Grab Zurückgekehrte, zu einem marionettenhafen Leben erweckte Leichen, die wie Roboter zu allen möglichen Arbeiten eingesetzt werden können.

[...]

Der Zombie-Verdacht läßt sich gemeinhin erhärten, wenn auf die Frage, was jemand, als Person, eigentlich wolle, keine rechte Antwort zu finden ist. Um beim Beispiel zu bleiben: Was wollte Genscher? Welche Ziele, Wünsche, Phantasien hatte er? Was war seine, d. h. seine persönliche Meinung? Hatte er überhaupt eine? Hatte er etwas, das man früher einmal eine liberale Utopie nannte? Das Absurde dieser Verbindung in seinem Falle ist ein starkes Indiz für die Richtigkeit des Verdachts, daß er ein getarnter Zombie ist.

Ein Zombie, so kann man für unsere allererste Verständigung zusammenfassen, ist jemand, von dem nicht erkennbar ist, wie er wurde, was er ist, und warum und zu welchem Ende er das macht, was er macht; eine Person also, die unabhängig von ihrer Funktion als lebendiger Mensch in entsprechenden Situationen nicht vorstellbar ist. Bei aller Ähnlichkeit unterscheidet sich der Zombie vom früher skizzierten Typus des «Unschuldigen», der Schaden vom Volke wendet: ruht dieser – unsere Beispiele waren Kohl und andere – im schieren Behagen seines schieren Daseins, so ist jener gezeichnet vom Nicht-Sein, vom Tod, was ihm, allem Grauen zum Trotz, einen Hauch von Würde gibt.

[...]

Zombies können bekanntlich wegen ihrer Programmierung eine einmal eingeschlagene Richtung nicht wechseln. Die Zombies in unserer Mitte erkennt man deshalb an einer bestimmten Form des nicht mehr sprachlichen Reagierens. Diese buchstäbliche Un-Menschlichkeit eines Zombie läßt sich an seiner Sprache erkennen; manchmal, in die Enge getrieben, versteht er bloß noch formal ein Gespräch aufrechtzuerhalten, in Wahrheit aber, sofern der Formalismus durch eine Frage überfordert ist, rezipiert er nur noch mechanisch Eingespeichertes.

Da gibt es zum Beispiel den Fall des als Führer der CDU-Fraktion getarnten Zombie. Auf öffentlich gestellte Fragen sind seine Antworten Un-Antworten. Wenn ihm die negative rechtliche Einschätzung jenes gescheiterten Amnestiecoups u. a. durch einen ehemaligen Präsidenten des Bundesverfassungsgerichts vorgehalten wird, dann sagt der Zombie: «Ich kann diese Wertung nicht übernehmen. Hier ist Für und Wider abzuwägen.» Das ist nicht nur die Antwort des beruflichen Schwadroneurs (denn was ist ein ehemaliger oberster Richter anderes als ein im Abwägen Ausgewiesener?), sondern es ist eine Antwort, die inhaltlich leer ist: politisch leer, menschlich leer, psychisch leer. Die ungeheure Provokation, die in jener Einschätzung des Regierungscoups durch einen einstigen obersten Richter liegt, müßte in jeder menschlichen Szenerie, die den Namen verdiente, sofort den Widerlegungsversuch auf sich ziehen. Der Zombie empfindet diese Provokation nicht. Und eben diese Leere ist vorprogrammiert. Der getarnte Zombie weist ganz mechanisch «Wertungen» zurück, nachdem längst erwiesen ist, daß es sich nicht um Wertungen, sondern um Tatbestände handelt. Er selbst ist indes zu Wertungen gar nicht imstande. Auf die Frage: «Ist es nicht unerträglich, wenn Abgeordnete sich selbst begünstigen und zur Straffreiheit verhelfen?» lautet die Zombie-Antwort: «Ich weiß nicht, worauf Sie anspielen.» Und als weitergefragt wird: «Uns interessiert nur, was Sie davon halten, daß Betroffene über die Einstellung ihres eigenen Verfahrens entscheiden sollen», gibt der Zombie sich ganz zu erkennen: daß er nicht imstande ist, von irgend etwas etwas zu halten und daß er mit einer solchen Frage in seiner Programmierung gänzlich überfordert ist. Der also Untote rekapituliert in solchen Fällen dann nur noch: «Wissen Sie, ich müßte die Fälle kennen. Ich bin darüber nicht informiert.» Der angebliche parlamentarische Führer der größten Regierungsfraktion gibt zu, nicht informiert zu sein über den seit Wochen diskutierten Fall, in den einige seiner eigenen Abgeordneten verwickelt sind. Aber er ist ja nicht der Koalitionsführer. Es ist ein Zombie, der bloß dessen Gestalt annahm und entlarvt wurde!

[...]

Bisher sprachen wir von der reaktionären Unschuld vom Lande und vom liberalen Zombie samt ihrem Zubehör in Politik und Journalismus. Erstere haben ein notorisch gutes Gewissen, letztere haben naturgemäß gar kein Gewissen. Die guten Hirten, von denen wir nunmehr einmal reden müssen, haben ein notorisch schlechtes Gewissen. Aber aus eben dem Bewußtsein heraus, als einzige überhaupt ein Gewissen zu haben, entwickeln sie doch wieder ein dramatisch gutes: nämlich gegenüber den anderen.

Die guten Hirten kommen eher aus dem protestantischen Milieu: sorgenvoll, jederzeit «betroffen», ja dieses Wort zu einem Stilbegriff, zu einer Selbstdefinition der letzten Jahre machend und als solch Betroffene sich auch immer antreffen lassend. Sie neigen dazu zu sagen: «Ich danke dir, Gott, daß ich nicht bin wie die andern Leute.»

Wer inkarniert den Typus? Der wie sein konservativer Bruder betuliche Hans-Jochen Vogel? Erhard Eppler, der feinsinnige schwäbische Oberlehrer, der uns allen Gottes Natur aus der Botanisiertrommel erklären könnte? Günter Gaus, der im spitzen Frömmler-Ton taktlose Fragen stellt, deren Taktlosigkeit er als Objektivität und Sachlichkeit mißversteht? Dorothee Sölle, die am ärgsten verfolgte Bischöfin der Deutschen, der nur noch das Martyrium fehlt? Predigen können sie alle.

[...]

Seit Willy Brandt der Friedensnobelpreis gegeben wurde, schwebt um einige der Seinen eine Aura, die man bei genauem Zusehen als Heiligenschein identifizieren kann. Diese linke Unschuld ist aber ein politisches Phänomen geworden, das mit Aufkommen und herausragendem Erfolg der Grünen erst ideologischen Charakter annahm. Vogels angehoben betuliche Verliereraura, Epplers Gutheit, Gaus' verhaltene Besserwisserei, Albertz' Kirchentagsbesinnlichkeit wurden doch wohl noch überspielt von Rudolf Bahros schwärmerisch-eschatologischem Fundamentalismus: Der Mann, der mit so demonstrativ geöffnetem Schillerkragen aus dem Gefängnis der DDR herüberkam, hat das Bild vom guten deutschen Menschen endgültig in das des guten Hirten überführt. Er reicht sich mit Rainer Trampert und Antje Vollmer die Hände und bildet ein jugendbewegtes Tableau, vor dem der alteuropäische Mensch zurückschaudert.

[...]

Der politische Untergang der Reste an liberalem Bürgertum, der sich in diesen Tagen vor unseren Augen abspielt, ruft Schadenfreude hervor. Der Aufstieg der radikalen Frömmler in allen Bereichen zeigt aber, welch eine politische Zivilisation in ihren letzten Zügen liegt. Es könnte schlimmste Auswirkungen haben, denn der Typus des guten Hirten verbreitet die Unschuld als zivilisatorischen Diskurs, gegen den eigentlich nur eine alte, erzogene Klasse gewappnet wäre, eine Klasse, die in West- und Ostdeutschland im Aussterben begriffen ist: die liberale. Wäre dem nicht so, erlebten wir nicht den Zusammenbruch einer urbanen, metropolegebundenen Tradition an Kenntnis, Bildung, Takt, Geschmack, Selbstbewußtsein und Kultur (nicht nur Bäume sterben, auch Zeit), dann könnte man eine Mentalität, wie sie etwa von Antje Vollmer, Sprecherin der Grünen in Bonn, zuweilen verbreitet wird, mit bloßer Nachsicht traktieren. Aber am Ende der liberalen Kultur und die Vollmersche Version der Unschuld vor Augen – man lese ihr *Grünes Tagebuch* – müssen alle aufklärerischen Zweifel gegen die späten deutschen Adepten eines schon eingedeutschten Rousseau alarmiert werden.

Antje Vollmer erfaßt ganz richtig das Ekelhafte der Sprache des CDU-Kanzlers. Aber was empfindet die Sprache, die sie selbst schreibt? Kein schöner Land in dieser Zeit? Wo wir uns finden, wohl unter Linden, zur Abendzeit? Sie zitiert das Lied nicht buchstäblich, aber es ist die Stimmung, die nunmehr eine Renaissance hat in jenen grünen Kreisen, für die sie offenbar steht. Diese Kreise scheinen nicht zu merken, daß Herr Kohl – schrecklich-komische Szenenvorstellung der westdeutschen Komödie – ohne Schwierigkeit sich beim Lindenhof in Ostwestfalen einfinden könnte, grinsend sich entschuldigend: diese Gemeinsamkeit hätte man ja noch, warum nicht ein Tänzchen wagen? Die Vollmer sagt: «Nichts kommt an Lebensfreude und Kraft einem richtigen Landjugendfest gleich.» Ich weiß nicht.

[...]

(Karl-Heinz Bohrer: Die Unschuld an die Macht! In: Merkur 1984, Nr. 427, S. 587 ff. und Merkur 1985, Nr. 431, S. 74 ff.)

7. Das Selbstverständnis eines Gewerkschaftsfunktionärs

[...]

Hauptamtlicher IG-Metall-Funktionär zu sein, hieß damals und heißt wohl auch heute noch, eine Vorreiterrolle zu übernehmen in den Arbeitskämpfen der Zeit. Der öffentliche Dienst darf nicht zum Vorreiter werden. Der finanziert sich aus Steuergeldern. Aber Vorreiter sein heißt auch Vorbild sein. Und das gilt für jeden Gewerkschaftsfunktionär. Ich bin seinerzeit oft ins ‹Fettnäpfchen› getreten, wenn ich im IG-Metall-Vorstand dagegen war, daß unsere Gehälter vorab erhöht wurden. Ich habe die Ansicht vertreten: «Wir Gewerkschaftsangestellten müssen mit gutem Beispiel vorangehen. Wir nehmen, was wir für unsere Kollegen in Tarifverhandlungen herausholen. Und da haben wir nicht an der Spitze zu stehen, sondern nachzuziehen!» Das ist nicht immer verstanden worden.

Vorreiter sein kann aber auch bedeuten: Widerstand leisten gegen die Entwicklungen, die uns die Unternehmer aufzwingen wollen. Und hier denke ich an die wichtige Frage der Arbeitszeitverkürzung und das Ergebnis der Tarifverhandlungen 1987. Ich gehöre gewiß nicht zu denen, die stur an etwas hängen, was nicht realisierbar ist. Aber ich bin doch auch skeptisch, ob wir dem Flexibilisierungsgerede der Kapitalseite so weit hätten entgegenkommen müssen. Ich habe nicht nur in der Vertreterversammlung, sondern auch in der Bezirkskonferenz gesagt: «Wir haben diesen Tarifvertrag teuer erkauft, weil wir das Prinzip des Kollektivs durchlöchert haben. Wir haben seit Bestehen der Gewerkschaften für das Kollektiv gekämpft – gleiche Arbeitsverhältnisse für alle Arbeitnehmer. Das haben wir jetzt teilweise aufgegeben.» Ich habe damals weiter gesagt: «Ich kann nur hoffen, daß die Arbeitgeber fürchten, durch eine unterschiedliche Behandlung könnte der Betriebsfrieden gestört werden.» Es sieht vorläufig ja auch so aus. Die Kapitalseite hat nur in den allerwenigsten Fällen Gebrauch gemacht von der ihr tariflich zugestandenen Flexibilisierung. Aber möglich wäre es jederzeit. Und deshalb bin ich der Meinung, daß wir mit dem Tarifvertrag das Kollektivprinzip beschädigt haben.

Gewiß gibt es zum Beispiel im Stahlbereich Betriebsgruppen, deren Arbeitszeit seit eh und je flexibel war. Das ist ähnlich wie in bestimmten Sektoren des öffentlichen Dienstes, im Gaswerk oder im Krankenhaus zum Beispiel. Die Frage ist nur, ob solche Bereiche auch auf andere Arbeitnehmergruppen ausgedehnt werden müssen. Das macht den Arbeiter zum Individualisten, zerschlägt das Solidaritätsgefühl unter den Kollegen und führt schließlich auch zur Schwächung der Organisation. Meine Frage ist: Zwingt uns die technische Entwicklung dieses Zugeständnis wirklich auf, oder müssen wir uns dagegen wehren?

Das heißt aber auch, wir müssen die gewerkschaftliche Bildungsarbeit intensivieren, müssen möglichst viele Kollegen vorbereiten auf solche schwierigen gewerkschaftspolitischen Probleme.

[...]

Ich will nicht sagen, daß noch heute jeder Pfennig in Literatur angelegt werden müßte, wie das bei uns damals der Fall war. Aber daß jeder Gewerkschaftsfunktionär außer dem Handwerkszeug für die organisatorischen und gewerkschaftspolitischen Aufgaben auch ein Wissen über ökonomische, historische und politische Zusammenhänge haben muß, vielleicht auch über Kunst und Literatur, das scheint mir selbstverständlich zu sein. Ein führender Gewerkschaftsfunktionär darf nicht nur reagieren. Er muß über den Tag hinausdenken können. Er muß deshalb auch an Fortbildungsangeboten außerhalb der Gewerkschaften teilnehmen, wie ich es in Nürnberg und Leipzig im Rahmen der Volkshochschulen nicht nur in meiner Jugend mit großem Gewinn getan habe.

[...]

(Peter Alheit, Jörg Wollenberg: Otto Kraus – Ein «IG Metaller» der ersten Stunde, Verlag Atelier im Bauernhaus, Fischerhude 1987, S. 158f.)

8. Der Bundesverband der deutschen Industrie
zum Kartellgesetz

[...]

Die Arbeit unseres Ausschusses hat sich in den 8 Jahren auf zwei große Gebiete erstreckt:

1. Beratung im Hinblick auf die Dekartellierungsgesetze,
2. Mitarbeit an der Gestaltung des deutschen Kartellgesetzes.

Zu 1. Beratung im Hinblick auf die Dekartellierungsgesetze. Was die Dekartellierungsgesetze anbelangt, so dürfen wir – ich gehe hier nicht auf die Frage der Entflechtung ein – wohl sagen, daß wir im großen und ganzen gut davongekommen sind. Trotz des strengen Textes der Dekartellierungsgesetze und trotz der praktischen Unmöglichkeit, Ausnahmen im nennenswerten Umfang vom Kartellverbot zu erhalten, haben wir im großen und ganzen nicht sehr unter diesem Gesetz zu leiden gehabt, was folgende Gründe hat:

a) Die *Konjunktur* war seit 1949 mit geringen Einbrüchen allgemein günstig.

b) Die *Alliierten* waren bei der Verfolgung von Verstößen äußerst *zurückhaltend*, und die deutschen Stellen haben sich ebenfalls nur auf eine geringe Verfolgungstätigkeit beschränkt.

c) Eine Reihe von Kartellen konnte aufgrund ihrer *Befreiungsanträge* legal weiterarbeiten.

d) Im übrigen haben wir aber im BDI eine Reihe von *Ordnungssystemen* entwickelt, die vielen Branchen eine gute Hilfe geleistet haben. Ich nenne nur
aa) das Open-price-System
bb) die Antidiskriminierungsverträge
cc) die Wettbewerbskodices.

Zu 2. Die Mitarbeit am deutschen Kartellgesetz.

Das Hauptgewicht unserer Arbeit galt aber dem Kartellgesetz. Ich sagte vorhin, daß das verabschiedete Kartellgesetz zwar schlecht sei, daß es aber noch weit schlechter hätte ausfallen können. Um Ihnen zu dokumentieren, wie schlecht es hätte sein können, brauche ich nur einige Stichworte in Ihr Gedächtnis zu rufen:

1. Den Josten-Entwurf [benannt nach dem ehemaligen Ministerialdirektor im Verwaltungsrat des Vereinigten Wirtschaftsgebietes, Paul Josten, unter dessen Federführung ein Gesetzentwurf erarbeitet und schließlich am 7. 1. 1950 vorgelegt wurde, der nicht nur das Verbot von Preisabsprachen forderte, sondern jede Art von Marktmanipulation verbieten wollte, die wettbewerbseinschränkend wirkte (Preisbindungen, Weitergabe von Geschäftsbedingungen und Kalkulationen, interne Aufteilung von Märkten). Er sah ein absolutes Kartellverbot vor und war ausgesprochen verbraucherfreundlich], der als geradezu katastrophal zu bezeichnen war und den wir erfolgreich in die Aktenschränke der Ministerien zurückschleusen konnten;

2. Das Ahlener Programm und die Düsseldorfer Leitsätze der CDU, die auf strikter Verbotskonzeption basierten;

3. Der Regierungsentwurf kannte nur drei Ausnahmemöglichkeiten im *Erlaubnisverfahren* für Konjunkturkrisenkartelle, Rationalisierungskartelle und Ausfuhrkartelle. Demgegenüber verzeichnen wir aber im neuen deutschen Kartellgesetz fünf Generalausnahmen für Einzelkartellarten und sechs Ausnahmemöglichkeiten im Einzelerlaubnisverfahren, neben sonstigen zahlreichen Verbesserungen.

Nur wer die Bonner Atmosphäre und die unermeßlichen Widerstände gegen unsere Bestrebungen kennt, vermag die geleistete Arbeit und trotz aller Enttäuschungen den Erfolg zu würdigen. Was haben wir getan, um dieses Ziel zu erreichen? Ich kann hier nur Stichworte aufführen:

1. zahlreiche Gutachten, insbesondere die von Prof. Isay, Peter, Vershoven und Forsthoff,

2. viele hundert Artikel und Abhandlungen in Zeitungen und Zeitschriften, ferner zahlreiche Schriften,

3. eine Unzahl von Veranstaltungen, Diskussionen und vor allem Sitzungen und Besprechungen mit Abgeordneten,

4. Ausarbeitung von Einzelvorschlägen zum Gesetz, deren Anzahl Legion ist.

Nachdem feststand, daß das Mißbrauchsprinzip keine Aussicht hatte auf Erfolg und wir wohl oder übel mit dem Verbotsprinzip rechnen mußten, wurden immer neue Wege gesucht, um das Verbotsprinzip aufzulockern. Begriffe wie das Rabattkartell, das Strukturkrisenkartell, Typisierungs- und Normungskartell, Generalklausel und vieles andere sind Neuschöpfungen, die *wir* erstmalig in die Debatte geworfen haben.

Ein wesentlicher Markstein in unserer Arbeit am Kartellgesetz war wohl der Vorschlag zur Gründung des *Arbeitskreises Kartellgesetz* am 14. Dezember 1953. Dieser Arbeitskreis, der von Anfang an vom BWM (Bundeswirtschaftsminister) heftig befehdet wurde, hat, so glaube ich feststellen zu können, nicht nur im Jahr 1954, in dem er in monatelangen Verhandlungen mit dem BWM rang, sondern auch in den nachfolgenden Jahren wertvollste Arbeit geleistet und entscheidend zur Durchsetzung der zahlreichen Verbesserungen im endgültigen Gesetz beigetragen. Er hat Mitte 1954 eine solch große Bedeutung erlangt, daß das Problem «Kartellgesetz» zu einem Politikum erster Ordnung wurde. Es kam zum Abbruch der Verhandlungen seitens des BWM dem Arbeitskreis gegenüber. Der Einwirkung von Finanzminister *Etzel* ist es zu danken, daß die Klausur in Ems vom 10. bis 12. Mai 1954 die Verhandlungen wieder neu eröffnete.

(Guido Ziersch: Der BDI-Ausschuß für Wettbewerbsordnung und das Gesetz gegen Wettbewerbsbeschränkungen. In: Arbeitskreis Kartellgesetz im Ausschuß für Wettbewerbsordnung des BDI [Hg.]: 10 Jahre Kartellgesetz 1958– 1968, Bergisch-Gladbach 1968, S. 445 ff.)

9. Subventionsforderungen des Bauernverbandes

Herr Rehwinkel, Präsident des Deutschen Bauernverbandes, spricht eine erstaunliche Sprache. In Briefen an den Bundeskanzler, in Presseinterviews und Reden spürt man ein Selbstbewußtsein und einen robusten fordernden Ton, der hart an der Grenze der politischen Spielregeln im Verhältnis Staat/Gruppen liegt. Unbekümmert mobilisiert er seine Verbandsmacht, zunächst um

den deutschen Getreidepreis zu halten, dann um für den Fall der Getreidepreissenkung einen vollen Ausgleich für Einkommenseinbußen zu erhalten
und schließlich, um das alte Ziel des Bauernverbandes, die «Einkommens-
parität» mit der übrigen Wirtschaft, durchzudrücken.

Bei alledem wird ganz selbstverständlich mit einer bestimmten, einheitlichen Interessenlage der Landwirtschaft operiert, die überhaupt nicht für die
Gesamtheit der Bauern zutrifft. Der Führung des Bauernverbandes ist es aber
gelungen, eine ideologische und politische Klammer um die ganze Landwirtschaft zu legen, um als ein geschlossener Block auftreten und fordern zu können.

Was ist das herrschende Dogma des Bauernverbandes? In wenigen Worten
etwa: Es besteht eine allgemeine wirtschaftliche Notlage für die gesamte deutsche Landwirtschaft, sie kann nicht entscheidend durch eigene wirtschaftliche Anstrengungen behoben werden. Ausschlaggebend ist vielmehr, daß der
Staat die Einkommensentwicklung der Bauern durch Preisschutz, Subventionen, Steuer- und Sozialpolitik sichert und ständig an die Entwicklung anderer Bevölkerungsgruppen anpaßt. Alle staatlichen Hilfen müssen unter-
schiedslos allen Landwirten zukommen. Ein schlagkräftiges Dogma!

Wie ist die tatsächliche Interessengruppierung in der deutschen Landwirtschaft? Der jährliche Grüne Bericht der Bundesregierung gibt wichtige Hinweise. Zunächst: Die Einkommensunterschiede innerhalb der Landwirte
sind sehr beträchtlich. Die rund 1,5 Mill. Inhaber von landwirtschaftlichen
Betrieben sind längst nicht mehr – wie im Agrarzeitalter – eine einheitliche
soziale Schicht. Die Landwirtschaft von heute reicht, so stellt Professor
Priebe fest, von reichen Grundbesitzern und Eigentümern großer Waldungen
über wohlhabende Großbauern bis zu armen Kleinbauern in ungünstiger Ge-
birgslage und schließlich den Kleinstbetrieben, die nebenberuflich von ländlichen Arbeitnehmern bewirtschaftet werden. 143 000 Betriebe mit mehr als
20 ha gibt es. 300 000 Familienbetriebe liegen zwischen 10 und 20 ha, und
schließlich haben rund 1,1 Mill. Kleinbetriebe weniger als 10 ha.

An dem Kampf um die Erhaltung des deutschen Getreidepreisniveaus war,
so weist Professor Priebe nach, nur eine relativ kleine Gruppe der Bauern
wirtschaftlich interessiert, im wesentlichen die größeren und die großen
Ackerbaubetriebe, die etwa zwei Drittel der genannten 143 000 Betriebe über
20 ha ausmachen. Knapp 100 000 Landwirte von 1,5 Mill., und zwar durchweg produktions-, vermögens- und ertragsstarke Betriebe in günstigen
Lagen. Der restliche Teil der größeren Betriebe und das Gros der Familienbetriebe sind Grünlandbauern mit ungünstiger Einkommenssituation und
Betriebe mit tierischer Veredelungsproduktion. Die Getreidepreissenkung
berührt sie nicht, oder besser: soweit sie Käufer von Futtergetreide sind, profitieren sie davon. Erst recht entsprach das starre Festhalten des Bauernverbandes nicht wirtschaftlichen Notwendigkeiten der Masse der Kleinbetriebe.
Hier gibt es Wein-, Obst- und Gemüsebauern, die nichts mit dem Getreidepreis zu tun haben, und schließlich die große Zahl der Nebenerwerbsbetriebe,

die nach anderen Gesichtspunkten als dem Getreidepreis von Arbeitnehmern oder auch gewerblich Selbständigen bewirtschaftet werden. «Der Getreidepreis», so stellt Professor Priebe fest, «hat keinen Einfluß auf die soziale Lage dieser stärksten ländlichen Schicht.»

Am Beispiel des umkämpften europäischen Getreidepreises zeigt sich, daß eine Agrarpolitik, die auf Preisschutz und -anhebung sowie allgemeine Subventionen ausgeht, verfehlt ist, weil sie nicht genügend sozial gezielt ist. Das ist keine landwirtschaftliche Strukturpolitik, die dem kleinen lebensfähigen Betrieb wirksam hilft. Im Gegenteil, so urteilt Professor Priebe, hiervon profitieren die einkommensschwachen Betriebe mit Strukturmängeln, deren Notlage zur Begründung vorgeschoben wird, am wenigsten. Dagegen werden die produktionsstarken größeren Landwirte, die im Einkommen ohnehin besser gestellt sind, begünstigt und die schon vorhandenen starken Einkommensunterschiede noch vergrößert.

[...]

(Soziale Ordnung 1965, Nr. 2)

10. Vertriebenenverbände

[...]

Meist ist nur mit einiger Mühe zu unterscheiden, aus welcher Richtung die radikalen Töne kommen – von der CDU/CSU oder von der NPD. Das war, wieder einmal, der Fall bei dem Pfingsttreffen der Sudetendeutschen in Nürnberg. Dort verteilten Thaddens Unterwanderer 90000 Sonderexemplare des Parteiblattes «Deutsche Nachrichten» mit der Schlagzeile «Wir verzichten nicht! Kampf den Verzichtlern! Jetzt Widerstand geleistet!» Beschworen wurde von den NPD-Skribenten die «5. Kolonne der Bolschewisten, die unter uns ist». Ähnlich ereiferte sich der Bundesvorsitzende der Landsmannschaft, Franz Böhm: «In dem Schmelzofen und Säurebad der täglich manifestierten Kleingläubigkeit unserer politischen Gegenwart, der Geschichtslosigkeit, durch die man unser Volk dem Nichts überantworten will, ja auch des offensichtlichen Verrats, sind wir immer härter und härter geworden.» Andere sudetendeutsche Pfingstredner sagen jenen den Kampf an, die Deutschland «als Spucknapf» benutzen. Auch das hätte genauso in den «Deutschen Nachrichten» stehen können.

Und wie kurz erst ist noch der Abstand zwischen Walter Becher, Seebohms Nachfolger als Sprecher der Sudetendeutschen, und Linus Kather, dem Vertriebenen-Vorsitzenden von 1949 bis 1958, der heute auf Thaddens Seite steht? Kather wirbt: «Für einen national gesinnten Menschen gibt es im deutschen Raum nur eine Alternative: die NPD.» Becher, der nicht nur meint, daß die von den Vertriebenen gehüteten Rechtspositionen die «Rolle von Waffen in der westlichen Welt» spielen, der nicht nur gegen die «Meinungsmacher» zu Felde zieht, 1965 den Touristenstrom nach Jugoslawien verurteilte, die These vertrat, die Landsmannschaften müßten stets zwei Töne härter sein, damit die Bundesregierung einen Ton härter werden könne – derselbe Becher gehört nach eigener Auskunft auch nicht zu denen, die die NPD «von vornherein verdammen».

In Nürnberg war es der SPD-Kandidat Reitzner, der sich die Einmischung der Thadden-Propagandisten verbat. Walter Becher indessen schlug andere Töne an: «Manche, die glauben, uns verhöhnen zu können, werden das Gewicht der Sudetendeutschen bald zu spüren bekommen.» Und der SPD warf er vor: Wer Parolen «meilenweit links von der Mitte» ausgebe, dürfe sich nicht wundern, wenn Antiparolen «meilenweit rechts von der Mitte» auftauchten.

Bei dieser Konstellation bleibt der SPD nur übrig, die Vertriebenen und den Koalitionspartner vor dem Abgleiten nach rechts zu warnen. Willy Brandt prophezeite der CDU: «Diejenigen werden nicht recht behalten, die jetzt meinen, mit konservativen Parolen und Appellen an nationalistische Instinkte sowie dem Rückgriff auf Schlagworte von gestern und vorgestern das deutsche Volk für sich gewinnen zu können.»

Rehs schätzt, daß schon heute bis zu 15 Prozent der unteren Funktionärskader des BdV von der NPD gewonnen worden sind; der Vertreter der Oberschlesier-Landsmannschaft, Holunder, gab unlängst zu: «Es gibt außer der CDU nur noch eine Partei, die unsere Belange durchaus vertritt» – gemeint war die Partei Thaddens. Vier der neun Vorstandsmitglieder des Witikobundes, der von Becher angeführten militanten Gruppierung der Sudetendeutschen, gehörten der NPD an.

So droht nun doch, was Adenauer zu verhindern wußte und was die Vertriebenensprecher stets für längst überholt gehalten haben – die Radikalisierung im Lager der Flüchtlinge. Es genügt vollauf, sich die Ankündigung des BdV-Pressechefs Neumann in Erinnerung zu rufen: «Wir brauchen nur Feuer im Ofen zu machen», oder die Mahnung von Rehs: «Wie sollen wir die Rebellion unten aufhalten? Die Leute sind da, die Krawalle machen können.»

Es ist gar nicht nötig, der revisionistischen «Aktion Oder-Neiße» (AKON) allzuviel Gewicht beizumessen, die mit abstrusen Thesen wie diesen wirbt: «Ohne die deutschen Ostgebiete ist Deutschland ein Industriestaat und damit völlig der Weltwirtschaftslage unterworfen. Denken Sie an die Weltwirtschaftskrise des Jahres 1929! Damals hatten wir ein Millionenheer Arbeitsloser, doch blieben wir von einer Hungersnot verschont, weil wir im Besitz der ostdeutschen Agrargebiete waren.» Die AKON empfiehlt auch allen Ernstes, die zurückgewonnenen Ostgebiete wären vorzüglich für «siedlungswillige Nichtvertriebene» geeignet, für «junge Menschen» und «junge Ehepaare» eine «echte Chance für eine glückliche Zukunft», um im «freien deutschen Osten ein neues, besseres Leben zu beginnen». Dergleichen nehmen, vorläufig noch, nur wenige ernst, nicht einmal ein Adolf von Thadden.

Weitaus bedenklicher sind die Äußerungen als gemäßigt geltender Vertriebenen-Advokaten, die sich von rechten Heißspornen zu distanzieren suchten. So verlangte Wenzel Jaksch 1966: «Wer die Formel für die Preisgabe des bisherigen deutschen Rechtsstandpunktes parat hat, der möge hier und heute erklären, ob er bereit ist, einige hundert Versammlungsschlachten gegen einen neuen deutschen Nationalismus zu schlagen und für seine Überzeugung ins Gefängnis oder ins Exil zu gehen.» Das könnte auch 1969 gesagt worden sein; es ist wieder soweit. Damals geißelte Jaksch die «intellektuelle Beatle-Mode» der «Selbstverneinung», die «kleinstdeutsche Selbstgenügsamkeit, radikalen Pazifismus, blinden Neutralismus, monomane Selbstbezichtigung und nervöse Vorleistungssucht». Solche Vokabeln sind noch immer zeitgemäß für viele Vertriebene.

Die Formeln von gestern sind die Formeln von heute: westdeutsche Rumpfstaatgesinnung, Diplomatie auf Schleichwegen, Politik der Demontage des deutschen Selbstbehauptungswillens, Verzichtpolitiker als Verfassungsbrecher, Realitätenkult, der Opiumrausch der Koexistenzialisten. Heute meint auch Reinhold Rehs: Die Polen brauchten das Masurengebiet nicht, um existieren zu können, es sei nur als Reiseland für Touristen interessant. Heute vertritt er seinen «Rechtsstandpunkt» mit der These: Es sei keineswegs inhuman, wenn er die Kinder jener Polen, die «etwas zur Zeit unrechtmäßig in Besitz» hätten, nicht «an diesem Besitz teilhaben lassen will». Es fehlt nicht viel, und es heißt wie 1961: «Schlesien, daher kommen wir, Schlesien, dahin wollen wir.»

(Die Zeit vom 30. Mai 1969)

11. Katholische Kirche und konfessionelle Mischehen
«Das Hirtenlied»

Ich war ein ausgesprochen ausgeglich'nes Kind.
Nie mußten Therapeuten meine Träume deuten.
Ich lebte glücklich in den Tag und glaubte blind,
bei mir zu Hause sei es wie bei andern Leuten.

Verzeih'n Sie, daß ich hier so dreist vor Ihnen stehe,
obwohl uns eine Kluft unüberbrückbar trennt!
Sie sind konfessionell in Ordnung, wie ich sehe,
ich aber bin das Teilergebnis einer Ehe,
die der Herr Bischof nur aus Nachsicht anerkennt.

Seit seinem Hirtenbrief erscheint mir alles schal.
Ich frage mich, wie kompensiert man so was seelisch?
Ich bin ein Mischling. Mein Papa ist evangelisch –
und stellen Sie sich vor: es stört ihn nicht einmal!

Dabei gibt es kein größeres Unglück als die Ehe
mit einem Verirrten ...
schreiben die Hirten.

Jedesmal, wenn ich vor einem Spiegel stehe,
jagt mir jähe Scham die Röte ins Gesicht,
und ich frag' mich, wenn ich mich so stehen sehe:
Was ist nun an mir häretisch und was nicht?

Bin ich überwiegend, frag' ich, so geartet,
wie's allein als löblich gilt und selig macht?
Wurde mir mit Erbanlagen aufgewartet,
deren jede einst der Hölle Glut entfacht?

Ist in mir der Wurm drin oder bin ich richtig? –
Ach, ich hab' so vieles von Papa geerbt,
der verkehrt glaubt (wenn auch kirchensteuerpflichtig).
Inwieweit hat er wohl auf mich abgefärbt?

Gibt es doch nichts Zwiespältigeres als Kinder aus Ehen
mit einem Verirrten ...
behaupten die Hirten!

Aber selbst, wenn alles mit mir stimmte, bliebe
noch ein Punkt, der mich im Innersten erschreckt:
Der Herr Bischof hält nicht nur die Gattenliebe
zwischen Gläubigen und Ketzern für suspekt.

Auch gemischter Freundschaft sollen wir entsagen.
Doch wie merkt man so was auf den ersten Blick?
Soll ich jeden, der mich schumm'rig ansieht, fragen:
Ihren Ausweis bitte! Sind Sie Katholik?–

Könnte man tatsächlich jede Mischbekanntschaft
meiden, wie es Seine Eminenz verlangt,
bliebe dennoch das Problem der Mischverwandtschaft,
wie sie Mischfamilien so reich umrankt.

Kann ich zum Beispiel mit protestantischen Tanten
gesellig verkehren?
Oder muß ich – als Mischling! –
(weil sie der falschen Konfession angehören)
mir solches verwehren?

Müssen fehlgläubige Vettern, die mich zum
Tanzen ausführen,
zuvor konvertieren? –
(Das sind doch Fragen, die einen beschweren!)

Nein, wirklich – es entsteht nichts
Gutes aus Ehen mit Verirrten ...
Versichern die Hirten.

Ich war ein ausgesprochen ausgeglich'nes Kind,
denn ich verstand all diese Dinge noch nicht richtig.
Jetzt, da ich weiß, wie kraus und kompliziert sie sind,
erscheinen sie mir ungeheuer groß und wichtig ...

Und das sind sie doch auch, nicht wahr? –
Sonst würden die Hirten,
indes Sputniks und Langstreckenraketen
ihr Spiel mit uns treiben,
nicht solche Briefe schreiben! –

(Pause)

(im Abgehen): ... Es sei denn, sie irrten ...
die Hirten.

(Martin Morlock 1958 – «Kom[m]ödchen». In: Die Lage war noch nie so ernst. Eine Geschichte der Bundesrepublik in ihrer Satire, hg. von Karl Hoche, Königstein/Ts. 1984, S. 110 ff.)

12. Die evangelische Kirche

[...]
Unverkennbar hat daher seit Kriegsende die Sorge um die Gesellschaft tatsächlich einen größeren Platz innerhalb des kirchlichen Tuns und Denkens inne, als es früher der Fall war. In beiden Teilen Deutschlands schweigen die Kirchen nicht mehr zu politischen und anderen allgemeinen Problemen und Ereignissen. Flüchtlingsproblem, Frieden, Wiederbewaffnung, Atomfrage, Militärseelsorge, Erziehung, Familie, Sozialismus, Antisemitismus, Hilfe für die sogenannten Entwicklungsländer sowie immer wieder die Probleme des geteilten Deutschlands gehören zu den Themen der Synoden und vieler Konferenzen. Gerade aus diesem Engagement für die Welt wird auch die Frage des kirchlichen Selbstverständnisses immer neu gestellt: Wie weit steht die Kirche als Einheit zwischen oder über den beiden in Spannung befindlichen deutschen Bereichen, wie weit hat sie in der Hinwendung zu der jeweiligen besonderen Situation und in ihrer Antwort auf bestimmte Herausforderungen «Kirche in der Bundesrepublik» und «Kirche in der DDR» zu sein?
[...]
Die Sorge um die Gesellschaft hat auch zur Entwicklung neuer Gemeindestrukturen und neuer Formen der Verkündigung geführt. In traditionellen Ortsgemeinden gewinnen allmählich gewisse Demokratisierungsbemühungen durch Einsetzung von Laien in geistliche Mitarbeit und Verantwortung Raum. Losgelöst vom alten Parochialprinzip haben sich Kirchentag, Evangelische Akademien, Sozialpfarrämter, Studentengemeinden und ähnliche Gemeindebildungen entwickelt. Neben die karitative Tätigkeit von innerer und

äußerer Mission, bei denen als wesentliches Ziel die Gewinnung der Betroffenen für diese kirchlichen «Räume» schon im Namen mitschwingt, sind innerdeutsche und ökumenische Hilfswerke getreten, bei denen die Hilfe für «die Welt» als solche stärker in den Vordergrund tritt.

Die Öffentlichkeitswirkung der Synodalbeschlüsse und vieler praktischer Arbeitsansätze ist bedeutend und scheint in keinem Verhältnis zu der Tatsache zu stehen, daß die kirchenaktiven Protestanten nur etwa fünf Prozent der evangelischen Bevölkerung in der Bundesrepublik ausmachen dürften. Es gibt keine überzeugenden Zeichen dafür, daß dieser Prozentsatz seit 1945 – abgesehen von einer kurzen «Besinnungswelle» in den unmittelbaren Nachkriegsjahren – im Steigen begriffen wäre. Im Gegenteil, die Kirchenentfremdung – nicht Kirchenfeindschaft – scheint, gefördert durch die starken Flüchtlings- und sonstigen Wanderungsbewegungen und ungeachtet des kirchenfreundlichen politischen Klimas, eher weiter um sich zu greifen. Der «Erfolg» der stärkeren Wendung zur Welt ist im Hinblick auf die persönliche glaubensmäßige Aktivierung einzelner offensichtlich bescheiden. Der weltweite Prozeß der Säkularisation, den man als Grund hierfür nennen mag, hat eine besondere deutsche Note. Die Bevölkerung der Bundesrepublik – zu 96 Prozent einer der beiden großen Kirchen zugehörig (51 Prozent Protestanten, 45 Prozent Katholiken) – hat nach 1945 im wirtschaftlichen Aufbau zwar ihre praktische Aufgabe gefunden, fast allgemein ist sie jedoch in ihren grundsätzlichen Überzeugungen und gesellschaftlichen Zielen durch die Erfahrungen seit 1914 zutiefst labil geworden. Die dadurch ausgelöste Passivität vieler Menschen, ihre Scheu vor neuen persönlichen Verpflichtungen und Risiken spielen zweifellos auch bei der Ablehnung intensiver kirchlicher Bindung mit. Das große öffentliche Echo kirchlicher Aktivität dürfte andererseits gerade in dem Mangel an breit fundierten, weit ausstrahlenden «säkularen» demokratischen Organisationen und Institutionen begründet sein, der mit dem Rückzug der einzelnen in die Privatheit verknüpft ist.
[...]

(Bilanz der Bundesrepublik. Magnum Sonderheft, Köln 1961, S. 78ff.; Originaltitel: Kirche in der Welt. Zur Situation des Protestantismus)

13. Jüdisches Selbstverständnis

[...]

Die jüdische Gemeinschaft in der Bundesrepublik besteht aus 50,7 v. H. in Deutschland geborenen Juden und 49,3 v. H. Ostjuden. Es leben heute in der Bundesrepublik maximal 25000 Juden, das heißt Mitglieder jüdischer Gemeinden. Zahllose Städte, in denen Juden 1933 lebten (Bochum 1152, Hamm i. W. 400), weisen heute keinen einzigen Juden mehr auf. Andere Städte, wie Aachen, haben von ihren ursprünglich 1352 noch 160, Düsseldorf von 5000 noch 900, Essen von 5045 nur noch 260. West-Berlin hat 5700, Ost-Berlin etwas über 1000; aber 1933 lebten in Groß-Berlin fast 173 000 Juden.

Was die Rückkehrer nach Deutschland anbelangt, so dürften sie die von Maor angegebene Zahl 1429 bis jetzt nicht wesentlich überstiegen haben. Auswanderung und Tod sind seit vielen Jahren weit größer als Rückwanderung oder Übertritt zum Judentum (insbesondere nach dem Sechstage-Krieg im Juni 1967). Nehmen wir als Beispiel das Jahr 1961, wo eine Zunahme von 323 einer Abnahme von 1858 (nach den Angaben der Zentralwohlfahrtsstelle der Juden) gegenüberstand.

Schließlich dürfen wir nicht übersehen, daß in einzelnen Orten zwar Juden wohnen, aber diese nicht fähig sind, jüdische Gemeinden zu organisieren (Bad Homburg 11, Emde 18, Fulda 23, Goslar 14, Hildesheim 16, Lüneburg 20, Seesen 9). So fühlen sich viele Juden in Deutschland isoliert und vereinsamt. Während vor 1933 auf 100 Deutsche 1 Jude kam, hat sich diese Relation jetzt auf 2000 zu 1 geändert.

[...]

Ob Katcher mit dem erfolgreichen Filmproduzenten Max Brauner sprach oder mit dem Textilkaufmann Emil Januszek, der in Deutschland reich geworden ist, oder mit dem Journalisten Ernst Landau in München, Max Abusch dem «Manager der Jüdischen Gemeinde der Stadt», sie alle leiden unter derselben Krankheit und stimmen mit Itzbak überein, der Katcher erklärte: «Lassen Sie mich Ihnen etwas sagen. Jede Nacht bete ich zu Gott und bitte um Vergebung, weil ich hier in Deutschland bin. Ich kann es mir nicht selbst vergeben.»

Dieses Schuldgefühl der Juden in Deutschland ist nicht nur ein unlösbarer Widerspruch, sondern – es muß ausgesprochen werden – ein trauriges Symbol einer doppelten Moral, die ich nicht zu akzeptieren in der Lage bin. Die Juden, die ohne Schuldgefühl, ohne Krankheitssymptome, vielleicht einige aus Geltungsbedürfnis in Deutschland leben, sind sicherlich in der Minderheit: Aber ihre Entscheidung, nachdem sie wieder «in der Bundesrepublik leben», das Schicksal des ganzen Landes zu teilen, zu Mitbürgern zu werden, wenn es auch kein deutsches Judentum mehr gibt, ist gesünder und realistischer als jene seelenkrebskranke Gemeinschaft, die es sich zwar nicht vergeben kann, in Deutschland zu «sein», aber wirtschaftlich reüssiert und alle Vorteile wahrnimmt, die das neue Deutschland ihnen zu bieten bereit ist.

Hendrik van Dams Auffassung, die extremste der anderen Richtung, die keine Nach-Auschwitz-Periode im Grunde genommen anerkennt, lautet: «Der Jude in Deutschland unterscheidet sich grundsätzlich nicht von einem Juden anderswo: Sein Leben hier ist, was er aus demselben macht. Jeder Mensch, der sagt, er sei ein Jude, ist ein Jude.»

[...]

Van Dam, Paul Arnsberg, Hans Rosenthal (RIAS) und der unermüdliche Berliner Heinz Galinski sind Realisten; denn wo sollten die überalterten Juden bleiben, die in der Bundesrepublik von Entschädigungszahlungen leben können, während dreißig neuerbaute Synagogen verschwenderisch alle religiösen Nöte stillen, wo Antisemitismus verfassungsmäßig strafverfolgt wird und zwischen den kläglichen Resten einer jüdischen Gemeinschaft und der Regierung so gute Beziehungen bestehen, die wahrlich nicht durch die Zahlen der in der Bundesrepublik lebenden Juden gerechtfertigt sind. Seit 1945 lebt unter anderem Maon Gid, ein jiddisch schreibender Journalist, in München, der noch immer eine jiddische Wochenzeitung (2000 Auflage) herausgibt. «Er haßt Deutschland, aber er lebt dort» (Katcher). Da gibt es Wilhelm Unger. «Ich bin ein Deutscher und ein Jude.» Er ist skeptisch, nicht zu optimistisch und leidet darunter, daß er weder das eine noch das andere ist. Da lebt ein Joachim Bloch aus Israel, der nach der Bundesrepublik kam, um den letzten Juden nach Israel zu bringen. Er lebt und «wirkt» mit seinen Vorurteilen nun schon zwölf Jahre, hat ein deutsches Mädchen geheiratet und möchte «jeden Tag nach Israel zurückkehren», aber Hans Rosenthal, den Christen verbargen und retteten, leidet nicht unter der Schizophrenie seiner jüdischen Brüder und Schwestern. «Wir sind gleich anderen Menschen. Ich hasse nicht die Deutschen. Ich habe nur die Nazis gehaßt.» Nach Rosenthal ist Deutschland «nicht antisemitisch», obwohl es unbestreitbar Antisemiten gibt. Am optimistischsten ist Paul Arnsberg in Frankfurt a. M., Buchhändler, Journalist, Polemiker, aus Israel heimgekehrt, der schlußfolgert: «Frankfurt ist eine Stadt, welche immer eine jüdische Gemeinde haben wird.» Er hat sich scheinbar gegen die Hitlerjahre immunisiert. «Wir Juden führen ein normales Leben. Wir haben ein Recht, hier zu sein.»

Soweit die «Politischen» in Frage kommen, die zurückkehrten, so haben sie es leichter. Einige von ihnen, obwohl immer areligiös, sind, wie zum Beispiel Hilde Walter, aus Gründen der Solidarität der Jüdischen Gemeinde beigetreten. Die Getauften, die Hitler daran erinnert hatten, daß sie in Wirklichkeit Juden sind, blieben oder wurden es wieder; aber diese wenigen sind keine Synagogenbesucher und nehmen nicht am «jüdischen Leben» teil. Übrig bleibt die Gefolgschaft des «Chairman» (H. G. van Dam vom Zentralrat) auf der einen Seite und auf der anderen jene Kranken, die in Deutschland leben und sich deswegen in Selbsthaß verzehren. Es ergibt sich daraus, daß dieser Gesundungsprozeß kein horizontaler sein kann, keine neue deutsch-jüdische Symbiose. Dazu ist die jüdische Gemeinschaft in Deutschland zu winzig, zu zerrissen und zu krank. Nach Auschwitz ist eine solche Gemeinschaft schwer vorstellbar. Der Normalisierungsprozeß muß notgedrungen ein vertikaler sein, das heißt eine Zusammenarbeit und ein Zusammenwirken mit den politischen und kulturellen Kräften und Menschen in Deutschland, die mit uns für Menschenrechte, religiöse Freiheit, Frieden und Fortschritt eintreten. Deutschland und Israel haben eine echte Partnerschaft geschlossen. Aber die Juden in Deutschland sind keine potentielle, höchstens eine symbolische Kraft.

[...]

(Rheinischer Merkur vom 31. 1. 1969)

14. Bürgerinitiative

Wyhl ist ein Dorf (ca. 3000 Einwohner) nördlich vom Kaiserstuhl am Rhein, auf dessen Gemarkung ein Atomkraftwerk gebaut werden soll, mit 4 × 1300 Megawatt das bisher größte der Welt.

Am 9. und 10. Juli 1973 fand in der Wyhler Festhalle der öffentliche Erörterungstermin in Sachen KKW statt. D. h., die Genehmigungsbehörde (verschiedene Landesministerien) ruft ein letztes Mal zu allen strittigen Fragen die Einsprecher auf, hört ihre Einwände an, erteilt der Gegenseite das Wort zur Widerlegung und bildet sich dann ein Urteil. Das Ganze hat also Tribunalcharakter, die Leute aus den Ministerien spielen Richter und fällen objektiv, «im Namen des Volkes», den Entscheid. Das Publikum, etwa 1000 Leute aus der Region, die sich z. T. extra zwei Tage freigenommen hatten, erlebte ein lehrreiches Schauspiel. Dabei kam es weniger auf die Handlung an als auf die Rollen, die sich im Lauf des Termins immer deutlicher herausschälten. Das Publikum machte sich zu diesem Stück selbst einen Schluß und ließ am zweiten Tag den Termin platzen.

Bei dieser letzten großen Veranstaltung, an der alle Beteiligten anwesend waren, haben viele zum ersten Mal in aller Ausführlichkeit gesehen, wer welche Interessen vertritt.

1. Auf der Bühne, oben, saßen an einem langen Tisch die *Regierungsbeamten*. In der Mitte, die Regler für alle Mikrofone in Händen, der Abgesandte des Landeswirtschaftsministeriums, Grawe. Er triefte vor Objektivität und Sachlichkeit immer so lange, bis es kritisch wurde. Dann schlug er einem aufgeregten Bauern herablassend vor, er solle doch seine Notizen schriftlich einreichen. Oder er ließ durchblicken, daß er das Gerede der Umweltschützer nur der Form halber erträgt. Oder er schaltete einfach die Saalmikrofone aus. Einen Befangenheitsantrag gegen sein Ministerium lehnte er entrüstet ab. Obwohl jedermann weiß, daß sein Chef, Wirtschaftsminister Eberle, und Ministerpräsident Filbinger im Aufsichtsrat des Badenwerks sitzen – also im höchsten Gremium des Antragstellers. Obwohl die Regierung längst erklärt hatte, Wyhl müsse gebaut werden, um ein Ende zu machen mit der Störung durch Umweltschützer. Obwohl also das Urteil in diesem Schauprozeß längst feststand, weil Richter und Antragsteller identisch sind.

2. Unter der Bühne saßen nebeneinander aufgereiht die *Gutachter* für meteorologische, hydrologische, radiologische Fragen usw., Beamte und Professoren, eine ebenfalls neutrale, wertfreie und kompetente Instanz. Komisch nur, daß sie alle hinter dem Schwall wissenschaftlicher Terminologie unisono den gleichen Refrain sangen: Das KKW ist nicht schädlich, im Gegenteil, es wird in jeder Hinsicht segensreich sein. Das Publikum lachte dann, denn ihm war aus unzähligen Veranstaltungen vorher durchaus bekannt, daß diese Gutachter für Bezahlung das Gewünschte abliefern, lügen, und dazu noch schlampig arbeiten. Als das KKW Fessenheim geplant worden war, hatten sie

den Franzosen erklärt, der Wind verwehe den Kühlturmdampf nach Osten, ins Badische. Als es dann um Breisach ging, war diese Wissenschaft umgekehrter Ansicht, da ging der Wind plötzlich nach Westen...

3. Vorne links im Saal saßen die Vertreter der *Betreiber,* KERNKRAFTWERK SÜD GmbH (Badenwerkstochter) und der *Hersteller,* KRAFTWERKSUNION (AEG und Siemens), in Bussen angekarrte Technokraten aus Karlsruhe, Stuttgart und anderswoher, die dann und wann belästigt ans Saalmikrofon traten, um den harthörigen Bauern mal wieder die Zweifel auszureden. Einzelne waren dem Publikum schon namentlich bekannt. Man wußte, daß sie ausschließlich Profitinteressen vertreten, aber von der «Versorgung» der Bevölkerung reden. Man wußte, daß man jedem Staubsaugervertreter mehr trauen kann als denen. Und daß sie das ungebildete Volk verachten. Denn diese Herren traten schon 1972 in Breisach auf. Damals hatte die Regierung das Projekt allerdings kurz vor den Landtagswahlen fallenlassen, denn die Winzer drohten mit Wahlenthaltung. Und in der Gegend von Wyhl hatten sich die Herren Braun, Stäbler und Co. bei Badenwerks-Propaganda-Veranstaltungen einen Namen gemacht, seit die Regierung am 14. Mai 1973 Wyhl als neuen KKW-Standort bestimmt hatte.

Diese ganze aufgeblasene Blase wurde noch ergänzt durch eine Hundertschaft *Bereitschaftspolizei* im Keller und «Kripo-Spitzel», die überall mithören wollten, was gesprochen wurde, selbst wenn man sie wegschickte.

Die Einheitlichkeit dieser KKW-Front machte das Publikum so aggressiv, daß jeder aus dem uneinheitlichen Haufen der Kernkraftwerks-Gegner beklatscht wurde, weil er wenigstens «zu uns» gehört.

Vorne rechts im Saal saßen die Einsprecher, Umweltschützer, Bürgermeister, Bürgerinitiativen. Sie hatten in kurzer Zeit 95000 Unterschriften für Einsprüche gesammelt und lange wissenschaftliche und juristische Einsprüche verfaßt.

Die Sprecher der *Umweltschutzgruppen* (Studenten, Professoren, Lehrer, Ärzte) waren dem Publikum ebenfalls bekannt, als Gegenspieler der Technokraten.

[...]

Die Sprecher der *Bürgerinitiativen* aus den verschiedenen Dörfern vertraten am deutlichsten die Meinung des Publikums. Alarmiert durch die Warnungen der Umweltschützer und die Welle von Umweltskandalen, über die in den Medien wenigstens berichtet wird, vertraten sie zunächst ökonomische Interessen. Sie fürchten mit gutem Grund für die Landwirtschaft: die Mais- und Getreidefelder, Obst- und Tabakplantagen, Fischerei; fürs Grundwasser, die Wälder. Die stärkste geschlossene Gruppe sind die Winzer. Jahrelang durch Subventionen, Rebumlegung, Einführung moderner Methoden und sehr viel Familienarbeit hochgezüchtet, soll jetzt der Kaiserstuhlweinbau den Interessen der Großindustrie geopfert werden. Das sieht kein Mensch ein. Deshalb ist die Vertrauenskrise auch so einschneidend. Früher hat die Regierung Subventionen geschickt und jetzt die Atomindustrie. «Wir können unseren Acker nicht auf den Buckel nehmen und damit wegziehen», sagt ein Tabakpflanzer. Und für die

Nebenerwerbslandwirte, die in Freiburg bei der Rhodia oder in Malterdingen bei Klöckner arbeiten, gilt das auch: Ihr Grund, ihr Haus, ihr Stück Weinberg war bisher in jeder Krise eine Sicherheit, ein nützliches Rückzugsgebiet.

Die Sprecher der Bürgerinitiativen sind sehr gut informiert, besser als wir es damals waren, besser als viele (sonst kritische) Großstädter, die die ganze Bewegung mit Maschinenstürmerei verwechseln. Viele Dorfbewohner, auch solche, die wenig lesen, haben seit Jahren Informationsveranstaltungen besucht, Bücher gelesen, Flugblätter verfaßt und zu Tausenden einzeln in die Briefkästen gesteckt (in einem Umkreis von 50 km!), demonstriert und Leserbriefe verschickt.

Das *Publikum* hat sich in den zwei Tagen Erörterungstermin nicht aufs Zuhören beschränkt. Es revoltierte mit Sprechchören, Zwischenrufen, Pfiffen, wenn die offiziellen Lügen zu unverschämt wurden. Nach arroganten, autoritären Wendungen des Vorsitzenden Grawe brach minutenlang Tumult los. Zum ersten Mal riefen die Leute den lapidaren Sprechchor: «Das KKW wird nicht gebaut!» Und als die Bürgerinitiativen am Nachmittag des 10. Juli zum Auszug aufriefen, blieben praktisch nur Regierung, Industrie, Polizei und Presse im Saal – eine sehr sinnfällige Allianz.

[…]

(Walter Mossmann: «Die Bevölkerung ist hellwach!» In: Kursbuch 1975, Nr. 39, S. 129 ff.)

15. Eine Stadtteil-Friedensinitiative 1982/83

Freitag, 5. 3. 1982 20.00 Uhr
- Ostermarsch für den Bielefelder Osten vorbereiten
- eventuell eigenen Marsch vom Ostmarkt (?) zur Bleichstraße
- Unterschriften sammeln unter: «Bürger aus Bielefeld-Ost rufen auf zum Ostermarsch», um damit ein Flugblatt zu machen.
- Nach dem Ostermarsch weiter arbeiten, irgend etwas in der Friedenswoche veranstalten.

Freitag, 19. 3. 1982 19.30 Uhr
- Wir machen Marsch vom Ostmarkt, auch wenn «nur» wenige teilnehmen.
- Willi meldet ihn an:
- Polizeipräsidium Zimmer 328 […]
- pro 50 Teilnehmer ein Ordner
- Megaphon ab 70 Leute, Ordnungsamt […]
- Transparente malen
- Mobilisierung: Flugblatt, Stand Ostmarkt, Friedenszeitung und Flugblatt einlegen, Presseerklärung, plakatieren
- Demo-Weg: Ostmarkt – Oldentruper Straße – Am Rußkamp – Kleine Howe – Spindelstraße – Oststraße – Huberstraße – Am Stadtholz
- Ordnerbinden

Dienstag, 30. 3. 1982 20.30 Uhr
- Flugblatt drucken, Umweltzentrum, 3000 Stück
- Friedenszeitung und Flugblatt aufgeteilt
- Infotisch am Ostmarkt 9 bis 13 Uhr
  am Freitag, 2. 4. (Jan, Helga, Christiane Gr., Roland),
  Mittwoch, 7. 4. (Christiane M., Helga, Christiane Gr., Roland, ...)
- Megaphon für Marsch anmelden (Jan)
- Frühstück Ostern wird gemacht, 9.30 Uhr Ostmarkt, ca. 12 Uhr Bleich-
  straße
- Musik: Chilenen, Anlage (Karin)
- Aufkleber für Plakate (Jan)
- Ankündigung in der Neuen Westfälischen [...]
- Transparente: 1. Friedensinitiative Bielefeld Ost, Ostermarsch: LEBEN
  STATT ATOMRAKETEN, 2. Käthe Kollwitz: «Nie wieder Krieg»,
  3. Genf (?), nächstes Mal malen
- Sandwiche (Zentrum)

Dienstag, 6. 4. 1982 20.30 Uhr
- Transparente (Christianes malen zwei Stück am Donnerstag)
- Luftballons (Jan holt zwei am Freitag bei Ordnertreff ab)
- Anlage und Kassette (Karin)
- Gruppe: Chilenen kommen nicht, Jan kümmert sich um Erichs Blues-
  gruppe
- Redner: Jan
- Frühstück: Tische, Tischdecke, Stühle (Zentrum) 20 Stück, Essen (dann
  kaufen), Kaffee/Tee

Freitag, 9. 4. 1982
- Jan redet nicht, da er zum Johannisberg muß. Neuer Redner: Conny R.
- Kein Frühstück wegen Wetter
- Treffzeit: 10.00 Uhr
alles klar zum Ostermarsch

Samstag, 10. 4. 1982 OSTERMARSCH
ca. 180 Leute zum Ostmarkt! Gute Rede, mieses Wetter, guter Zug durchs
Wohngebiet. Alle in sehr guter Stimmung.

Freitag, 16. 4. 1982

- Kosten: Flugblatt 3000 Stück	150,— DM,
Lautsprechergebühr (Fritz)	20,— DM,
Luftballons (Jan)	20,— DM,
Transparent-Bettücher (Christianes)	20,— DM,
Anzeigen NW	28,25 DM

[...]

11. 11. 1983
1. Kurzer Bericht über die letzte Sitzung
2. Bericht über das Plenum (der) Bielefelder Friedensinitiative (31. 10.!)
3. Bericht über das Blockadeplenum
Telephonate
4. Stand der Vorbereitung zur Mahnwache
5. Aktionen am 19. 11. und 21. 11.
1. Verlesen des Protokolls
2. Bericht von Sabine: Auswertung der Aktionswoche, Vorbereitung der Aktionen ... Drei Stunden lang: Auswertung der Aktionswoche. Unterschiedliche Positionen in der Einschätzung: Daß Brand geredet hat, gut.

Gegen neue Aktionsformen: hätten sich nicht bewährt, sondern die alten. Viele wiesen auf Notwendigkeit der Einigkeit der Friedensbewegung hin und begrüßten die Beteiligung der SPD. Andere wiesen auf die Gefahr hin, daß die SPD die Friedensbewegung auf den nur parlamentarischen Weg führen könnte («Zurückzerren»).

Kundgebung am 21.: Vorschlag: Kundgebung in der Arbeitszeit. Mehrheitlich abgelehnt worden.

... Plenum ging noch weiter, aber Sabine hatte nach drei Stunden genug.
3. «Blockadeplenum»: Es soll sowohl in Bonn als auch in Bielefeld was laufen.

Mahnwachen sind geplant:
14., 15., 17.: Mahnwachen vor Parteibüros SPD / CDU
19. und 20. vor den Privatwohnungen
18.: Blockade des Jahnplatzes
25. 11.: «Nationaler Aktionstag» noch nicht richtig geplant.
Vorstellung: Blockade von Militärfahrzeugen
12. 12. Widerstandstag (Nato-Doppelbeschluß)
WiWi-Fachschaft [Studentenvertretung der Fakultät für Wirtschaftswissenschaften der Universität Bielefeld] plant: Blockade des Gütersloher Flugplatzes [Militärflughafen der Royal Air Force]
Nächsten Dienstag wieder «Blockadeplenum» 19.30 Uhr
Flugblatt zur Belagerung des Bundestages wird vorgelesen. Inhalt: Informationen zur Blockade in Bonn
Gespräch über die Rolle des «Blockadeplenums»
Legt es sich auf eine Aktionsform fest? Uli: Ist organisatorisch nicht mit der Friedensinitiative verbunden. Andere meinen: die Abgrenzung ist nicht so scharf.

Einschätzung: Es wird nicht mehr inhaltlich diskutiert, z. B.: Was tun wir gegen Resignation? Was tun wir nach der Stationierung?
4a) Bericht über ein Telephonat mit der Frau des Herrn Vogelsang (SPD). Er bietet an: Donnerstag, 17. 11. 18.00 Uhr Altentagesstätte Hillegossen: Diskussion mit Bürgern. Wer SPD-Leute kennt: informieren!
b) Verlesen von Entwürfen für Transparente und «offenen Brief»

Diskussion: schärfer formulieren, Vorwürfe machen, nicht glauben, daß diese Politiker nicht wissen, was sie tun. Weckt vielleicht Illusionen. Interessenlage beachten!

Gegenposition: Gut, weil die CDU sich sonst mit diesen Fragen nicht befaßt, Politiker müssen gezwungen werden, sich mit der Problematik zu befassen.

Gegen: CDU will mehr, Kreise, die hinter der CDU stehen, wollen zwar nicht die Zerstörung der BRD, aber sie nehmen sie billigend in Kauf oder rechnen nicht mit Eskalation.

Vorschläge: Aufklärung, welche Politik die CDU in der Friedensfrage macht. Gegenposition: Fragen an Meyer zu Bentrup [CDU-Bundestagsabgeordneter des Wahlkreises Bielefeld] ermöglichen. Darstellung unserer Positionen

Alternative: «Dies ist das CDU-Büro! ...»

Planung: Aktion beginnt um 16.00 Uhr

Treffen zum Malen der Transparente: Mittwoch 15.00 Uhr

Elisabeth bringt Bettuch mit. Jeder bringt Pappen und Stifte mit.

ALLES UMSONST: GERADE STELLT JEMAND FEST, DASS DAS CDU-BÜRO AN EINER ABSOLUT TOTEN ECKE LIEGT!

Beschluß: Aktion wird abgeblasen, statt dessen Treffen am Mittwoch, Vorbereitung einer Aktion am Samstag.

! Vorbereitung der Bonner Blockade

Dienstag, 19.30 Uhr, Falkendom.

[...]

(Protokollbuch der Stadtteil-Friedensinitiative Bielefeld-Ost, Manuskript 1982–1992, Privatbesitz Bielefeld)

Elftes Kapitel

Familie, Frauen

Einleitung

Auf die unmittelbaren physischen und sozialen Gefährdungen durch den Zweiten Weltkrieg und die Notzeit der frühen Nachkriegsjahre reagierte die bundesdeutsche Bevölkerung in den fünfziger Jahren mit einer Aufwertung der Familie. Viele Väter, Ehemänner und Verlobte kehrten erst geraume Zeit nach Kriegsende aus der Gefangenschaft zurück (Dok. 1). 3,8 Millionen Männer waren als Wehrmachtsangehörige umgekommen. Die Folge war ein hoher Frauenüberschuß in den Jahrgängen der Zwanzig- bis Fünfzigjährigen, der dazu führte, daß heiratswillige junge Frauen ihren Wunsch nach einer Ehe oft nicht verwirklichen konnten (Dok. 2). Dennoch wurden seit 1947 jährlich durchschnittlich eine halbe Million Ehen geschlossen, eine Zahl, die bis 1968 konstant auf dieser Höhe blieb. Die Geburtenziffer stieg stark an. Allein in den fünfziger Jahren gab es mit durchschnittlich 840 000 Geburten pro Jahr einen Bevölkerungszuwachs von 2,2 Millionen.

Christlich-konservative Politiker (Dok. 3), zu nennen ist hier der langjährige erste Familienminister der Bundesrepublik, Franz-Josef Würmeling (seit 1953), propagierten ein traditionelles, um die Person des männlichen Haushaltsvorstandes zentriertes Familienideal, das der Frau lediglich die Rolle der Hausfrau und Mutter zuerkannte. Alternative Verhaltensweisen und Lebensentwürfe wurden nicht hingenommen. Wer gegen den festgefügten Moralkodex verstieß, hatte mit Sanktionen im Privatleben und am Arbeitsplatz zu rechnen (Dok. 4).

Doch der Anschein einer bloßen Restitution traditioneller Leitbilder trog. Schon in den fünfziger Jahren gingen unter der Oberfläche einer festgefügten geschlechtsspezifischen Arbeitsteilung in der Familie soziale Veränderungen vonstatten, die eine Neudefinition der Frauenrolle vorbereiteten. Eingeleitet wurden sie 1948/49 durch das zähe Ringen um die rechtliche Gleichstellung der Frauen auf allen gesellschaftlichen Gebieten (und nicht nur im Staatsrecht wie in der Weimarer Verfassung), die gegen den anfänglichen Widerstand von CDU und FDP in Artikel 3, Absatz 2 des Grundgesetzes verankert werden konnte. Im Juli 1958 trat dann das Gleichberechtigungsgesetz in Kraft, das alle Bestimmungen des Bürgerlichen Gesetzbuches, die die Frau rechtlich benachteiligt hatten, durch zeitgemäßere Regelungen ersetzte: so das alleinige Entscheidungsrecht des Ehemannes über alle wichtigen Fragen von Ehe und Erziehung, seine Befugnis, das gemeinsame eheliche Vermögen allein zu verwalten oder das Kündigungsrecht des Mannes für den Arbeitsplatz der

Ehefrau. In allen diesen Fragen setzte sich jetzt der Grundsatz der Partnerschaftlichkeit durch, womit die Ehefrau gleiche Mitspracherechte erhielt. Allerdings blieb ihre familienrechtliche Stellung als Hausfrau zunächst unangetastet und damit die traditionelle Funktionseinteilung innerhalb der Familie erhalten. Die Berufstätigkeit der Frau wurde immer noch lediglich als Ergänzung des vom Manne bestrittenen Familieneinkommens akzeptiert; sie war nur insoweit zulässig, als ihre Haushalts- und Familienverpflichtungen nicht beeinträchtigt wurden. Es dauerte noch weitere zwanzig Jahre, bis sich hier freiere Bestimmungen durchsetzten: 1976 wurde ein neues Ehe- und Familienrecht verabschiedet, das die geschlechtsspezifische familiäre Arbeitsteilung aufhob und eine gleichberechtigte Verantwortlichkeit festschrieb. Ein Jahr später räumte das reformierte Scheidungsrecht den Frauen größere Chancen ein, die Auflösung der Ehe von sich aus zu betreiben, indem das Verursacher- durch das Zerrüttungsprinzip abgelöst wurde.

Wie sehr die ablehnende Haltung zur Frauenberufstätigkeit bereits in den fünfziger Jahren an den Realitäten vorbeiging, zeigt Dok. 5. Die Entscheidung für den Beruf war von unterschiedlichen, nicht zuletzt ökonomischen Faktoren abhängig und setzte sich über prinzipielle Erwägungen hinweg. Die subjektiven Einstellungen der Ehemänner (Dok. 6) und auch der Ehefrauen (Dok. 7) hielten jedoch noch über einen langen Zeitraum an der Vorstellung eines behüteten Hausmütterchen-Daseins fest. Bereits 1950 waren 44% aller erwerbsfähigen Frauen berufstätig, das entsprach einer Zahl von 9,5 Millionen Beschäftigten; diese Quote nahm bis 1980 nur leicht zu (plus 8,5%).[1] Im gleichen Zeitraum stieg jedoch der Anteil verheirateter berufstätiger Frauen von 26,4 auf 48,3% an (1961: 36,5%). Hierin kam eine geänderte Bewertung der Frauenarbeit zum Tragen: Sie war überwiegend nicht mehr nur eine befristete Perspektive für die Lebensphasen vor und nach der Kindererziehung, sondern wurde zunehmend als langfristige Stütze des Familieneinkommens angesehen. Überdies stiegen in diesem Zeitraum die Arbeitseinkommen weiblicher Erwerbstätiger vergleichsweise stark an, da Frauen zunehmend in Angestellten- und Beamtenpositionen aufrückten (1980 zweieinhalbmal mehr als 1950).

Benachteiligungen von Frauen im Berufsleben blieben dennoch allgegenwärtig. Am deutlichsten spürbar waren sie für Arbeiterinnen. Während 1980 56,3% aller Arbeiter nach der höchsten Lohnkategorie eines Facharbeiters bezahlt wurden, waren es nur 5,4% der Frauen. Sie wurden in sogenannte Leichtlohngruppen eingestuft, die 1955 eingeführt worden waren, nachdem das Bundesverfassungsgericht gesonderte Frauenlöhne verboten hatte. Diese

---

[1] Ute Frevert: Frauen-Geschichte. Zwischen Bürgerlicher Verbesserung und Neuer Weiblichkeit, Frankfurt/Main 1986, S. 265 ff. Vgl. Eike Ballerstedt, Wolfgang Glatzer: Soziologischer Almanach. Handbuch gesellschaftlicher Daten und Indikatoren, 3. neubearbeitete Auflage, Frankfurt/Main 1979, S. 338.

Entlohnung widersprach der Arbeitsrealität oft in eklatanter Weise (Dok. 8) und war bevorzugtes Ziel öffentlicher Kritik.[2] Frauen blieben durchweg Führungspositionen in Betrieb und Verwaltung, als Werkmeisterin oder Abteilungsleiterin versagt. In den wenigen Ausnahmefällen verdankten sie ihren Aufstieg der weitaus besseren Qualifikation oder besonderen biographischen Umständen (Dok. 9).

Daß es keine geradlinige Entwicklung in Richtung einer verbesserten sozialen Stellung der Frauen im Beruf gibt, zeigte sich in den achtziger Jahren. Nicht nur tat sich die Schere zwischen männlichen und weiblichen Arbeitseinkommen erneut weiter auf, anstatt sich zu schließen, auch die Ausweitung der Teilzeitarbeit in diesem Jahrzehnt war durchaus januskö̈pfig. Zunächst wurde sie allgemein begrüßt, denn sie schien einen Ausweg aus dem Dilemma der Doppelbelastung verheirateter Frauen in Beruf und Haushalt/Familie aufzuzeigen, wenn man auf den Zuerwerb nicht verzichten konnte oder wollte (vgl. Kap. 9, Dok. 10). Defizite in der Kindererziehung (Dok. 10) sollten dadurch vermieden werden, daß Mütter ihre Kinder vormittags in Kindergärten und Schulen betreuen ließen, nachmittags aber ihre Erziehungsfunktion voll wahrnahmen. 1982 waren schätzungsweise 3 Millionen Arbeitnehmer in Teilzeitarbeitsverhältnissen beschäftigt – 93 % davon waren Frauen.[3] Sie verteilten sich zu 50 % auf drei Tätigkeitsfelder: Reinigungs-, Büroarbeiten und Verkäuferinnen. Bereits zu diesem Zeitpunkt waren 11 % der Beschäftigten nicht sozialversicherungspflichtig und 20 % gingen einer sogenannten geringfügigen Beschäftigung nach, deren Anteil sich durch das Beschäftigungsförderungsgesetz von 1985 noch weiter erhöhte. Teilzeitarbeit vergrößerte das Potential leicht verfügbarer, gering qualifizierter und niedrig bezahlter weiblicher Arbeitskräfte, ohne ihre Konkurrenzfähigkeit gegenüber berufstätigen Männern in qualifizierten Führungspositionen zu stärken.

In den siebziger und achtziger Jahren gewann die Artikulation frauenspezifischer Interessen durch eine neue Frauenbewegung, die sich dezidiert von traditionellen bürgerlichen Frauenorganisationen mit ihrer spärlichen Repräsentanz in Parteien und Parlamenten absetzte, an gesellschaftspolitischer Bedeutung. Auslöser war auch hier die 68er-Studentenbewegung, die die Gründung politisch engagierter Frauengruppen stimulierte. Auftrieb und Breitenwirkung erhielten sie durch den Protest gegen den § 218 in den siebziger Jahren. In diesem Kontext wurden 1976 die ersten Frauenhäuser eingerichtet, die eine zuvor nicht wahrgenommene Lücke im bundesdeutschen Sozialstaat ausfüllten (Dok. 11); bereits 1984 gab es 32 Frauenhäuser allein in Nordrhein-Westfalen.

---

[2] Vgl. Christoph Kleßmann: Zwei Staaten – eine Nation. Deutsche Geschichte 1955–1970, Göttingen 1988, S. 487–490.

[3] Ingrid Kurz-Scherf: Teilzeitarbeit – ein reines Frauenproblem? In: Annette Kuhn, Detlef Appenzeller (Hgg.): Mehrheit ohne Macht. Frauen in der Bundesrepublik Deutschland, Düsseldorf 1985, S. 66–100, hier 70ff.

Vermittelt über die Grüne Partei gelang zahlreichen Repräsentantinnen der Frauenbewegung in den achtziger Jahren der Sprung in die Parlamente der Republik (vgl. Kap. 10, Dok. 4). Diese Partei förderte weibliche Mandatsträger überproportional: Zeitweise wurde die grüne Bundestagsfraktion von einem ausschließlich weiblich besetzten Sprechergremium geführt. 1987 zog die SPD mit verbindlichen Quotierungen für den eigenen Parteiapparat nach. An der nach wie vor bestehenden Unterrepräsentation von Frauen in der Politik änderte sich damit jedoch nur wenig. Eigenständige Frauenministerien, wie sie seit 1990 in Nordrhein-Westfalen und Niedersachsen bestehen, erhielten den Auftrag, vermittelt über dezentrale Gleichstellungsstellen, in der öffentlichen Verwaltung eine häufigere Besetzung von qualifizierten Posten mit Frauen zu erreichen.

1. Der Suchdienst
Das Beispiel Wolfgang Sondratzki

Im September 1955 kehrte er aus der Sowjetunion zurück. Er war 1943 in Stalingrad gefangengenommen worden und hatte während der folgenden zwölf Jahre trotz vieler Bemühungen keine Verbindung mit seinen Angehörigen herstellen können. So galt er bis zu seiner Ankunft in Friedland als vermißt. Er war einer jener hundert Ausnahmen, die in der Berichterstattung der Tagespresse zu Kronzeugen für die Vermutung wurden, es befänden sich noch viele Kriegsgefangene in sogenannten «Schweigelagern». In der Tat, Sondratzki hatte ja nie geschrieben, jedoch nicht, weil er nicht hätte schreiben dürfen, sondern weil er die Anschrift seiner Familie nicht kannte. Seine Familie stammte nämlich aus einer schlesischen Ortschaft, die sie verlassen hatte, als die Rote Armee herangerückt war. Mit einem Treck war sie nach Westen geflüchtet. So zerriß das Band zwischen ihr und Wolfgang, der zu diesem Zeitpunkt längst hinter Stacheldraht lebte, aber, da noch Krieg war, seine Familie nicht davon verständigen konnte. So erfuhr die Familie nicht seine Lagernummer und der Gefangene nicht, wo seine Familie nach der Flucht wohnte. Sie konnten nicht miteinander korrespondieren. Nach dem Krieg wandte sich Sondratzki sofort an den Suchdienst für vermißte Deutsche in Ostberlin, auf dessen Existenz er im Lager aufmerksam gemacht worden war. Aber Ostberlin konnte ihm den jetzigen Aufenthalt seiner Familie nicht mitteilen. Sondratzki, der nicht wissen konnte, wie es im Nachkriegsdeutschland aussah, daß die Flüchtlinge erst einmal registriert und die Unterlagen ausgetauscht werden mußten, ehe man Auskunft geben könnte, Sondratzki also hatte seinen Antrag nicht wiederholt, sondern sich damit abgefunden, daß seine Familie ums Leben gekommen sei.

Das alles erzählt er jetzt, als er in Friedland gefragt wird, wohin er entlassen werden möchte. Er sagt, er wisse es nicht, denn er hätte keine Angehörigen mehr. Die Suchdienstleute schicken aber doch ein Fernschreiben an die Zentrale Namenskartei nach München und bitten um die Personalien aller Sondratzkis, die dort vielleicht verzeichnet seien. Vielleicht, so denken sie, befinden sich wenigstens Verwandte des Heimkehrers darunter, damit man ihn nicht in ein Heim schicken müsse. Binnen kurzem liegt die Antwort aus München vor. Auf dem Fernschreiben stehen die Namen von sieben Personen mit ihren Geburtsdaten: Lisa Sondratzki, geborene Füllmann, das ist die Ehefrau des Heimkehrers. Hermann Sondratzki und Joachim Sondratzki, das sind seine Kinder. Karl und Hermine Sondratzki, das sind seine Eltern. Konrad Sondratzki, sein Bruder, und Gertrud, dessen Frau.

Sie wohnen alle im Hessischen. Aber der Heimkehrer glaubt es nicht. Er glaubt nicht, daß sie leben. Da rufen die Suchdienstleute in der Nacht noch den Bürgermeister des Ortes an, in dem die Sondratzkis wohnen, und bitten ihn, einen von ihnen an den Apparat zu holen. Sie kommen alle, die Ehefrau, die Kinder, die Eltern, der Bruder und seine Frau. Der Heimkehrer kann nur zwei Worte sagen, dann ist er ohnmächtig.

(Kurt W. Böhme: Gesucht wird … Die dramatische Geschichte des Suchdienstes, München 1965, S. 94 f.)

2. Alleinstehende Frauen

Es ist schon viel über das Problem der überzähligen Frauen (welch liebloses Wort!) gesagt und geschrieben worden, über «Ehe zu dritt» und andere Folgeerscheinungen dieser Not; und doch wird oft wieder gedankenlos an ihr vorbeigelebt, sie wird übergangen, totgeschwiegen. Wir wollen heute einmal versuchen, von einer etwas anderen Seite her, einen Lichtschein in dies Dunkel zu tragen:

Da hört man immer wieder, daß die «natürliche Bestimmung der Frau» (womit das Weibsein und die Mutterschaft meist als rein körperlich-sexuelle Erlebnisse gemeint sind) durch den Männermangel nicht zu ihrem Recht käme. Dem halte ich entgegen: die primäre Eigenschaft und Aufgabe der Frau ist die Mütterlichkeit! Ich kenne Frauen, die vielleicht mehr von jener sorgenden, selbstlosen Güte ausstrahlen, ohne je ein Kind empfangen zu haben, als andere, die eine Mutterschaft erleben durften. Zudem gibt es eine ganze Anzahl Mädchen und Frauen, denen man von einer «natürlichen Bestimmung» nichts mehr anmerkt: Vergnügungen, Äußerlichkeiten, Genüsse jeglicher Art sind ihr Lebenselement! – Die Mütterlichkeit in sich zu wecken und zur dienenden Kraft werden zu lassen, wäre also die «natürliche Bestimmung der Frau»! Ob sie diese nun als Pflegerin, Fürsorgerin, Heimleiterin, Kindergärtnerin, in einem sonstigen Beruf oder als Ehefrau und Mutter wirken läßt, ist nicht entscheidend. Wohl mag die letztere die schönste Aufgabe sein – aber sie ist auch die schwerste! Und wie viele unglückliche oder zumindest gleichgültige Ehen gibt es doch! Ein solches Leben ist schlimmer als eines ohne Lebensgefährten.

[...]
Der Begriff «Ehe zu dritt» konnte nur zustande kommen, weil wiederum die Sache nur vom Körperlichen her beurteilt wurde. Ist Ehe nicht viel mehr – eine geistig-seelische Vereinigung, Lebensgemeinschaft zweier Menschen? Wie soll denn eine Harmonie schwingen zwischen zwei Frauen und einem Mann? Die Frauen werden sich immer Rivalinnen sein und dabei sich selbst und ihn seelisch langsam zugrunde richten. Eine Frau, die in eine bereits bestehende Ehe einbricht, darf wohl als egoistisch bezeichnet werden – sie will vom Mann beglückt werden. Weiß sie denn genau, ob ihn ihr Dasein auf die Dauer ebenso glücklich macht? Weiß sie, was sie vielleicht zerstört und sich aufs Gewissen lädt? Erst ein solches Verhältnis beschwört die Tragik des Männermangels herauf, – die eigentlich gar keine zu sein braucht, keine so bittre, verzweifelte, ausweglose. Nur gehört dazu – ein großes, gläubiges Herz und ein tapfer-freudiges Verzichtenkönnen.

[...]
Aus dem bisher Gesagten dürfte sich nun folgendes herauskristallisiert haben: man bemitleidet euch wohl, ihr sogenannten überzähligen Mädchen, – doch will man euch nur mit gefährlichen Auswegen helfen, mit Schlagwörtern, die euch gewaltsam von dem Weg abbringen sollen, der euch durch die Verhältnisse vom Schicksal vorgezeichnet ist. Ein solches Abirren wird euch nur in tiefe seelische Not und Ausweglosigkeit stürzen und sich rächen, weil es unnatürlich ist. Besinnt euch auf euch selbst – sucht Freude und Kraft aus guten Büchern und aus allem Schönen, das uns trotz allem auf dieser Erde verblieben ist, kämpft euch durch zur Überwindung. Fürchtet euch nicht vor der Einsamkeit – im Grunde ist jeder Mensch einsam, auch in der glücklichsten Ehe. Ich weiß es selbst. Denn die Ehe ist nicht dazu da, die Einsamkeit aufzuheben. So wünsche ich euch, daß euch meine Worte vielleicht etwas zu sagen vermochten – und wünsche euch ein Leben, das getragen wird von dem Bewußtsein: dienendes Glied eines Lebenskreises zu sein, angefüllt von der strahlenden Kraft eurer Mütterlichkeit – ob als Mädchen oder Frau.

(Ratgeber 1950, Nr. 10, S. 289f.)

3. «Haltet fest an der Familie»

Die wichtigste Zelle des Staates ist die Familie. Sie ist die schützende Hülle, in der der junge Mensch aufwachsen und seine Gaben entwickeln soll. Im Geschwisterkreis, im Verhältnis von Eltern und Kindern muß sich der Geist der Zusammenarbeit, der Toleranz und auch der Achtung gegenüber der Erfahrung der Älteren entwickeln. Solche Eigenschaften sind für das gesamte Staatswesen unerläßlich. Wo die Familien auseinanderbrechen, da wird der

Staat in Gefahr sein, und keine noch so geniale Politik wird den Bestand des Volkes sichern können. Wo aber in der jungen Generation der Wille zur Familie lebendig ist, und wo sich dieser Wille, die Aufgaben der Familie zu erfüllen, täglich bewährt, da wächst aus solchen Familien ein junges und lebensfähiges Volk. Darum mein Wunsch an die Jugend: Haltet fest an Euren Familien! Bereitet Euch vor auf die Gründung eigener Familien, werdet Väter und Mütter, die die Zukunft unseres Volkes in behutsamen, aber auch festen Händen tragen.

Der äußere Bestand der Familie hängt ab von dem gesicherten beruflichen Lebensweg des Vaters und manchmal auch der Mutter. Es ist eine der wichtigsten Aufgaben der älteren Generation und auch des Staates, günstige Voraussetzungen für diesen beruflichen Lebensweg zu schaffen, Ausbildungsmöglichkeiten vorzusehen, Arbeitslosigkeit zu verhindern, gerechte Löhne zu sichern. Dafür ist in den vergangenen Jahren viel getan worden und es wird in den kommenden Jahren nicht weniger zu tun sein, um die Berufsnot der Jugend zu beseitigen. Der Bundesjugendplan ist das sichtbarste Zeichen für die Bemühungen des Staates auf diesem Gebiete. Aber es gibt auch hier ganz klare Wünsche, die nur von der Jugend selbst erfüllt werden können: die ganze Fülle jugendlicher Aktivität und jugendlicher Lebenserwartung muß einmünden in die Freude am Beruf, in den Willen zur Leistung, in den Willen zur zuverlässigen qualifizierten Arbeit. Nicht das rasche, das bequeme, das möglichst gute Geldverdienen sollte das erste Ziel der Jugend sein, sondern der Wunsch, Qualitätsarbeiter zu werden, gleichgültig, ob man in die Fabrik geht oder ob man am Schreibtisch sitzt. Ein solcher Qualitätsarbeiter, vielseitig und solide ausgebildet, ist einigermaßen krisenfest. Er ist gleichzeitig das wichtigste Kapital für die Volkswirtschaft und damit für das Aufblühen unseres ganzen Volkes und Staates.

In den Gruppen der Jugendverbände sehe ich Mittelpunkte des Erlebnisses und der Erfahrung der Jungen und Mädchen, der kameradschaftlichen Erziehung und Selbsterziehung und der Entwicklung des eigenen Lebensbildes. «Freiheit und Bindung» soll für die Verbände nicht nur eine Parole, sondern die Grundlage ihres Aufbaues von unten nach oben sein. Jugendgruppen sind Übungsfelder der Demokratie. Sorgen Sie deshalb täglich dafür, daß in den Jugendgruppen, in den Jugendverbänden und zwischen den Jugendverbänden stets der Geist herrsche, den die Jugend in den Parlamenten und in den Verwaltungen verwirklicht sehen möchte. Seien Sie Hüter der freien Entscheidung jedes jungen Menschen, stellen Sie den gemeinsamen Dienst immer wieder über die machtpolitischen Auseinandersetzungen und stellen Sie Aufgaben, die zur Verantwortung im öffentlichen Raum hinführen.

(Bundesinnenminister Gerhard Schröder: Was erwartet der Staat von seiner Jugend? Rede bei der Hauptversammlung des Deutschen Bundesjugendringes am 19. 11. 1953 in Hamburg. In: Ders.: Freie Jugend im freien Staat, Bonn 1958, S. 10f.)

4. Antrag einer evangelischen Kirchengemeinde
auf Entlassung einer schwangeren Kindergärtnerin (1955)

Namens und kraft Auftrages des Presbyteriums der Evang. Kirchengemeinde
... beantragen wir gemäß § 9 Abs. 2 des Mutterschutzgesetzes:
die Zustimmung zur Kündigung der Kindergärtnerin Frau XY, ... zum
30. 6. 1955 zu erteilen.

Begründung:
Frau XY, geb. am 19. 1. 1933, ist seit dem 15. 4. 1952 in dem Evang. Kindergarten in ... als Kindergärtnerin beschäftigt.

Am 12. 3. 1955 teilte sie dem Bezirkspfarrer und derzeitigen praeses presbyterii, Herrn Pfarrer G., mit, daß sie schwanger sei. Am 19. 3. heiratete sie. Ihr Ehemann ist Student der philosophischen Fakultät und bereitet sich auf das höhere Schulamt vor. Frau XY, damals noch Frl. Z., erklärte Herrn Pfarrer G. am 12. 3., den Zeitpunkt der Niederkunft könne sie noch nicht genau angeben.

Etwa am 14. April legte sie eine Bescheinigung des Arztes Dr. med. P. S. vor, worin dieser erklärt, daß Frau XY voraussichtlich am 15. 6. 1955 niederkomme.

Mit Rücksicht auf § 3 des Mutterschutzgesetzes wird Frau XY seit dem 1. 5. 1955 nicht mehr beschäftigt. Die Kirchengemeinde mußte notgedrungen eine andere Kindergärtnerin einstellen.

[...]

Der christlich evangelische Kindergarten stellt eine religiöse Erziehungsgemeinschaft dar. Er hat nicht nur die Aufgabe, die Mütter durch die Betreuung ihrer Kinder außerhalb des Elternhauses zu entlasten, sondern vor allem, den Kindern in einer ihrem Alter angemessenen Form und Weise das Wort Gottes nahe zu bringen.

Bei Einstellung einer Kindergärtnerin ist selbstverständliche Voraussetzung, daß die Kindergärtnerin einen vorbildlichen Lebenswandel, insbesondere auch in geschlechtlicher Beziehung, führt. Gegen diese Pflicht hat Frau XY vor ihrer Verheiratung verstoßen.

Da die Niederkunft bereits Mitte Juni zu erwarten ist, die Eheschließung aber erst am 19. 3. 1955, also nur etwa 3 Monate vor der zu erwartenden Niederkunft stattgefunden hat, besteht kein Zweifel, daß Frau XY lange Zeit vor ihrer Verheiratung Geschlechtsverkehr gehabt hat.

Auch hat sie nach Überzeugung des Presbyteriums nicht rechtzeitig von ihrer Schwangerschaft Kenntnis gegeben. Frau XY hat sich im Dezember 1954 öffentlich verlobt. Schon damals ist sie zweifellos schwanger gewesen. Zumindestens muß sie mit der Möglichkeit ihrer Schwangerschaft gerechnet haben.

Sie ist aber erst, wie oben schon bemerkt, am 12. 3., also gegen Ende des 6. Schwangerschaftsmonats, zu dem zuständigen Pfarrer gegangen, um von ihrem Zustand Mitteilung zu machen.

Sie hat dabei als Grund angegeben, daß sie, ebenso wie zwei angeblich von ihr zu Rate gezogene Ärzte, Zweifel an dem Bestehen der Schwangerschaft gehabt hätte.

Es mag sein, daß sie Zweifel hatte. Diese können aber nicht so ernst gewesen sein, daß sie ihre mutmaßliche Schwangerschaft hätte verschweigen dürfen.

Die Treue, die sie der Kirchengemeinde schuldet, hätte es ihr zur Pflicht machen müssen, ihren Zustand so rechtzeitig wie möglich zu offenbaren, schon deswegen, damit die Kirchengemeinde ggfl. sich rechtzeitig nach einer anderen Kraft umsehen konnte. (Es ist ein glücklicher Umstand, daß die Kirchengemeinde in der Kürze der Zeit eine andere Kindergärtnerin gefunden hat.)

Damit hat sie das Vertrauen der Kirchengemeinde erschüttert.

Die richtige Würdigung des Falles erfordert aber vor allem, daß die Auswirkung ihres Verhaltens auf die ihr anvertrauten Kinder und die Gemeindemitglieder im allgemeinen, insbesondere die Eltern der Kinder, berücksichtigt wird.

Es besteht die Gefahr, daß die sittliche Widerstandskraft der Kinder in der Zukunft, sobald sie die Umstände erfahren und verstehen, geschwächt wird. Die Gefahr darf nicht unterschätzt werden. (Es ist leider eine Tatsache, daß ein erstaunlich großer Teil der jungen Paare heiratet, weil die Frau schwanger ist.)

Darüber hinaus ist das Verhalten der Kindergärtnerin nicht geeignet, das Vertrauen der Gemeindeglieder der Kirche zu stärken. Dieses Vertrauen wenigstens zu erhalten, ist eine selbstverständliche Pflicht der verantwortlichen Organe der Kirchengemeinde.

Frau XY kann auch nicht, wie sie es bereits getan hat und vielleicht nach Anhörung tun wird, darauf hinweisen, daß an der evangelischen Schule in ... eine Lehrerin, die ebenfalls vor der Eheschließung schwanger war, weiterhin Dienst an der Schule ausüben durfte. Dazu ist zu sagen: Diese Lehrerin hat von sich aus um Versetzung an eine andere Schule gebeten. Der Schulleiter hielt ebenfalls eine Versetzung für geboten. Die Schulbehörde hat aber geglaubt, dem Versetzungsgesuch nicht stattgeben zu können.

Dieser Fall hat in der Gemeinde Aufsehen erregt, ein Grund mehr, warum die Kirchengemeinde im vorliegenden Falle sich gezwungen sieht, von der Kündigung Gebrauch zu machen.

Es braucht nicht besonders betont zu werden, daß das Presbyterium es sehr bedauert, diese Maßnahmen um der Zucht und Ordnung willen ergreifen zu müssen.

Wir bitten, die Zustimmung zur Kündigung dahin zu erteilen, daß wir berechtigt sind, Frau XY unter Einhaltung der Kündigungsfrist von 6 Wochen zum 30. 6. 1955 zu kündigen.

Da die Kirchengemeinde gezwungen war, mit der neuen Kindergärtnerin einen neuen Dienstvertrag zu schließen, kann ihr nicht zugemutet werden, über den 30. 6. 1955 hinaus das Gehalt an Frau XY weiter zu zahlen. Sonst würde die Kirchengemeinde gezwungen sein, das Gehalt an *zwei Kindergärtnerinnen* zu zahlen, von denen sie praktisch aber nur *eine* beschäftigen kann. Das würde aber über den Sinn und Zweck des Gesetzes hinausgehen.

Darüber hinaus hat die Frage, wie oben ausgeführt, nicht nur eine materielle, sondern noch mehr eine ideelle Bedeutung.

Bei der Eigenart des evangelischen Kindergartens als einer christlichen Erziehungsgemeinschaft kann die ideelle und materielle Frage nicht voneinander getrennt werden, d. h. daß durch die Kündigung des Dienstverhältnisses zu dem nächst zulässigen Termin aus Verantwortung vor den Kindern und Eltern zum Ausdruck gebracht werden muß, daß das Verhalten der Kindergärtnerin nicht gebilligt wird.

Daher hält das Presbyterium auf Grund eines einstimmig gefaßten Beschlusses – bei aller Würdigung und Anerkennung der schwierigen Lage der Frau XY – es für seine Pflicht, die Kündigung zu dem nächst zulässigen Termin auszusprechen. Bei Abwägung der Belange der Kirchengemeinde einerseits und der der Frau XY andererseits gebührt den Belangen der Kirchengemeinde der Vorrang.

[...]

(Klaus-Jörg Rühl [Hg.]: Frauen in der Nachkriegszeit, S. 256ff., © 1988 Deutscher Taschenbuch Verlag München)

5. Berufstätige Frauen in den fünfziger Jahren

«Erstens mal war es ja eine Lebensnotwendigkeit als unverheiratete Frau, daß man einen Beruf hatte, um sich zu ernähren, ... um seinen Lebensunterhalt zu verdienen, ja, das war es ja doch in erster Linie.» (Wegner)

Eine neue Herausforderung für viele junge Frauen im Nachkriegsduisburg. Glücklicherweise hatte ihnen der Krieg zum ersten Mal die Chance des Einstiegs in einen Büroberuf geboten, und so waren sie zunächst ganz gut gerüstet. Dennoch hatte kaum eine von ihnen damit gerechnet, daß der erlernte Beruf zur einzigen Grundlage ihrer zukünftigen Existenzsicherung werden würde. Alle gingen wie selbstverständlich davon aus, irgendwann eine Familie zu gründen und so in gewisser Weise in die Fußstapfen ihrer Mütter zu treten. «Ich will da gar keinen Hehl draus machen», erklärt Frau Händler, und Frau Mittler bestätigt: «Ja, ich wollte gerne heiraten.» Daß viele Frauen ihrer Generation nicht verheiratet sind, sei «vielleicht auch durch den Krieg gekommen».

«Wir waren ja nun in den Jahrgängen, wo sehr viele Männer, die vielleicht für uns als Partner in Frage gekommen wären, gefallen sind.» (Wegner)

Der erwartete Ehemann blieb aus. Rein statistisch gesehen standen 1949 allein im Bereich des Siedlungsverbandes Ruhrkohlenbezirk 100 Männern 117

Frauen gegenüber. In den erwerbstätigen Altersgruppen, so z. B. den 20- bis 30jährigen, betrug das Verhältnis sogar 100 zu 165. Aber wenn auch der Wunsch zu heiraten ganz fest in der Vorstellung junger Frauen von einem normalen Leben verankert war, hieß das nicht einfach – wie häufig behauptet wurde –, koste es, was es wolle, den Status einer Ehefrau erwerben zu wollen und sich irgendeinem beliebigen Mann der sichtbar fragwürdigen Rolle eines Ernährers anzuvertrauen. Durch ihre Berufserfahrung sahen sie die Männer mit kritischeren Augen und hatten ihre Ansprüche an das Zusammenleben in einer Ehe verändert. Wie Frau Wegner mutmaßt, hatte sie selbst inzwischen auch eher etwas von «einem handfesten Mann» an sich als etwas von einer «zartbesaiteten» Frau.

«Das hat auch vielleicht mit dazu geführt, daß man nicht geheiratet hat, daß man vielleicht schon sehr früh zu selbständig (war) und vielleicht manchmal zu nüchtern auch die Männer analysiert hat.»

Frau Wegners Schwester: «Ja, ja, das haben wir. Das kommt entscheidend dazu.»

Frau Wegner: «Und dann war man eben auch schon Mitte zwanzig, als der Krieg zu Ende war, und daß man dann gedacht hat, dann sollst du lieber alleine durchkommen. Wobei ich sagen muß, im Gegensatz zu meiner Schwester, die immer gesagt hat, ich will berufstätig sein und nicht heiraten, habe ich das nicht gesagt.»

Frau Wegners Schwester: «Ich habe das immer gesagt, von früh an. Also das war für mich so der Inbegriff der Selbstverwirklichung, ich will es mal mit neuen Worten dann sagen. Habe ich immer gedacht, so berufstätig sein und selbständig sein, nicht.»

Frau Wegner: «Nein, das habe ich nicht gedacht, aber ich habe auch immer gesagt, ich würde aber auch jetzt mein Leben irgendwie meistern und nur dann heiraten, genauso als wenn kein Krieg gewesen wäre, und man hätte wirklich den Partner gefunden, von dem man sich gesagt hätte, der paßt nun so zu einem, daß man vielleicht auch die Berufstätigkeit dafür aufgibt und alles.»

Frau Wegner wäre trotz allem, aber eben nur unter Umständen bereit gewesen, den Beruf, der ihr immer «Freude» gemacht hat, zu opfern. Sie kannte die Einstellung der Männer auch aus dem politischen Raum. Bis Mitte der fünfziger Jahre hatte sie sich «ziemlich stark» in der Jungen Union engagiert.

«Da haben wir heiß darüber diskutiert, heiß diskutiert, ob Frauen, wenn sie verheiratet sind, noch im Beruf bleiben dürften, sollten, könnten. Heiß diskutiert!»

Obwohl die Frauen in diesem politischen Kreis zu 90 % berufstätig waren, hielten die Männer an ihrem traditionellen Leitbild einer berufslosen Ehefrau fest. Erwerbstätige Ehefrauen, das konnten sie

«nicht gut haben. Also, da waren die Männer auch durchaus noch der Auffassung, daß die Frauen dann an den heimischen Herd gehörten.»

Dieser Ansicht war auch die einzige Kriegerwitwe aus der Gruppe der berufstätigen Frauen. Frau Seibold, die während des Krieges geheiratet hatte, wäre gerne an den «heimischen Herd» zurückgekehrt. Sie meint:
«Eigentlich ist ja die Grundidee so, daß der Mann der Brötchenverdiener ist, und die Mutter den Haushalt und die Kinder versorgt.»

Da ihr Mann aber vermißt blieb, ihr selbst nur eine «minimale Rente» zustand, und sie außerdem entschlossen war, nicht wieder zu heiraten, hatte sie sich damit abgefunden, weiterhin berufstätig zu sein. «Ich mußte ja Geld verdienen, ist doch klar.» Außerdem fiel es ihr als der jüngsten von elf Geschwistern zu, sich um ihre ausgebombte Mutter und eine Schwester, die zu der Zeit kein Einkommen hatte, zu kümmern.

«Das war eigentlich ganz selbstverständlich, daß ich einen Beruf ergreifen mußte, daß ich arbeiten gehen mußte, ist ja ganz klar. Man wollte ja irgendwie den Haushalt wieder aufbauen. Mir waren doch meine Sachen alle auch durch den Krieg verlorengegangen.»

Frau Seibold schlüpfte in eine Rolle, die normalerweise ihr Mann übernommen hätte und wurde die «anerkannte Ernährerin» ihrer unversorgten Restfamilie. Sie ist davon überzeugt, daß ihr Ehemann nicht geduldet hätte, daß sie arbeiten gehen mußte.

«So wie ich meinen Mann gekannt habe, hätte der das wahrscheinlich auch gar nicht gerne gesehen. Denn ich weiß, in der Seibold-Familie, da ist keine von den Frauen berufstätig.»

[...]

Für die jungen Duisburgerinnen und für die aus dem Krieg heimgekehrten Männer, mit denen sie in der Zeit zwischen 1947 und 1950 die Ehe schlossen, stand es jedenfalls in der Regel «gar nicht zur Debatte», ob die Frauen weiterarbeiteten oder nicht.

«Erstmal war arbeiten, denn wir wollten uns ja einrichten, und das war ja mit *einem* Geld unmöglich. Wir hatten ja nichts, weder in punkto Garderobe noch in Aussteuer, wie man das so schön sagte ... Wir waren ja froh, daß wir gerade unser Leben hatten. Wir hatten keine Wohnung, nichts!» (Saul)

Am Anfang wohnte das junge Paar noch bei der Mutter von Frau Saul. Da deren Rentenansprüche erst nach Jahren anerkannt wurden, weil sie ihren vermißten Mann nicht für tot erklären lassen wollte, gab die Tochter in den nächsten Jahren ihr «ganzes Geld» an sie ab, so daß die Eheleute nur von dem Einkommen des Ehemannes lebten. Die Wohnungseinrichtung mußte man sich so «nach und nach zusammenstoppeln», und um sich einzukleiden, brachte Frau Saul sich selbst das Nähen bei.

Für Frau Urban sah die Lage ganz ähnlich aus. Berufstätig zu sein
«das hat sich nachher ganz automatisch dadurch ergeben, daß man ja praktisch durch Bombenangriffe alles verloren hatte und praktisch nichts hatte und nichts Großartiges sparen konnte. Und ich habe eigentlich immer ganz kühn und realistisch darüber nachgedacht und gedacht: dein einziges Kapital

ist dein Beruf, also mach was daraus ... So fingen wir dann mit wenig Geld und viel Selbstvertrauen an.» [...]

(Margot Schmidt: Im Vorzimmer. Arbeitsverhältnisse von Sekretärinnen und Sachbearbeiterinnen bei Thyssen nach dem Krieg. In: Lutz Niethammer [Hg.]: «Hinterher merkt man, daß es richtig war, daß es schiefgegangen ist.» Nachkriegserfahrungen im Ruhrgebiet, Dietz Verlag Berlin/Bonn 1983, S. 191–232, hier S. 194–197)

6. «Kochtopf-Ehe»

Deutsche Väter sehen es nicht gern, wenn ihre Frauen arbeiten. Das ist das erstaunliche Ergebnis einer repräsentativen Erhebung des Deutschen Vereins, Frankfurt, zur «Lage der Mütter in Westdeutschland». Erstaunlich, weil in der Bundesrepublik von den 6,7 Millionen Müttern mit Kindern unter 14 Jahren 2,3 Millionen, also mehr als ein Drittel, erwerbstätig sind. Jede vierte Frau in der Bundesrepublik, die einem Beruf nachgeht, ist demnach eine Mutter mit schulpflichtigen oder kleineren Kindern. Die Mütter neigen also stärker zur Berufstätigkeit, als die Väter es wünschen, und setzen ihren Willen auch in die Tat um. Die Idealvorstellungen der deutschen Väter hinken hinter den realen Gegebenheiten weit hinterher. Das Wunschbild, das sie von der idealen Ehefrau und Mutter in ihrem Innersten hegen, ist dringend reformbedürftig. Nach der Befragung des Deutschen Vereins von 1000 Ehemännern verlangten 30 Prozent von ihrer Ehefrau in erster Linie gute Haushalts- und Kochkenntnisse. Der Trend zur Kochtopf-Ehe ist also unverkennbar. Die übrigen betonen den sparsamen, haushälterischen und praktischen Sinn der Frau, loben die Arbeitsfreudigkeit und den Fleiß. Ein großer Teil der befragten Männer hebt die häuslich-familiär veranlagte Frau hervor und wendet sich sogar – man höre und staune – gegen Mütter, die gern ins Kino oder zum Friseur gehen oder gar Zigaretten rauchen. Nur 1 Prozent wünscht eine Frau, die einen Beruf ausübt. Die Männer, deren Frauen berufstätig sind, erkennen allerdings die dreifache Belastung der Frau durch Beruf, Haushalt und Kindererziehung an. Sie sind aber in den meisten Fällen nicht bereit, die Mutter im Haushalt und bei der Kindererziehung zu entlasten. Ihre Lösung des Problems lautet: Ein Mann müßte so viel verdienen, daß die Frau nicht zu arbeiten braucht. Das Reich der Frau ist der Haushalt, alles andere ist Sache des Mannes. Dies alles in einer Zeit, in der die Wirtschaft auf jede, auch auf jede weibliche Arbeitskraft angewiesen ist, in der die verschiedensten Überlegungen angestellt werden, wie man der Mutter neben ihren Familienpflichten eine Berufsarbeit ermöglichen kann. Es scheint angebracht, in diese Überlegungen auch die Meinungsbildung der konservativen Männer mit einzubeziehen.

(Der Arbeitgeber 1964, Nr. 18, S. 452)

7. Ehefrau

Marlene O.

32 Jahre; in der DDR aufgewachsen und als Ingenieurin ausgebildet; im Westen zur Miß Universum gewählt; in erster Ehe mit einem Hollywood-Schauspieler, jetzt mit einem Lehrer verheiratet; Hausfrau; 1 Kind.

(Hat Ihre Mutter Sie aufgeklärt oder wurde das in der Schule gemacht?)

Ach, meine Mutter hat mich nicht aufgeklärt, und wie das nun kam, wie ich nun wußte, daß der Klapperstorch nicht die Kinder bringt, das weiß ich eigentlich gar nicht. Ich glaube, wir ham nur mal ab und zu bei meiner Tante im Arztbuch nachgeguckt und so. Aber ich war, sagn wir mal, sehr spätreif, mit 24 war ich noch nicht besonders, eh, hatte ich nicht besonders viel erlebt: Händchenhalten und mit zu Schulfesten gehn, und ich ging auch so weit wie en Kuß, aber weiterhinaus ging ich eben nicht. Da hatte meine Mutter mir allerdings gesagt, was ich vielleicht meiner Tochter auch sagn sollte, sie sagte: «Hinterher wirst du nicht mehr so geliebt.» Und da dacht ich immer, wenn ich auf jemand irgendwie Wert legte oder so: «Um Gottes Willen, der liebt mich nicht, desto mehr ich erlaube!» Und das ist ja auch so, ein Junge mit 20 will ja noch nicht heiratn und will ja auch keine Frau fürs Lebn, sondern die wolln was erlebn, und deswegen is es auch ganz gut, wenn ne Mutter einem Mädchen etwas sagt.

(Glauben Sie, daß eine Frau unberührt in die Ehe gehen sollte?) Also ich bin davon sehr angetan. Die Männer sagn heutzutage: Nein, die legn da dadrauf keinen Wert mehr. Aber ich, ehrlich gesagt, ich würde mir einen Mann wünschn, der dadrauf Wert legt. Denn ich glaube doch, daß die Frau der draufzahlende Teil ist, in der Beziehung. Und ne Frau, die tiefer empfindet, trägt da ihr ganzes Lebn lang eine Narbe davon, wenn sie schon durch diese Schule gegangn is. Die Frau liebt doch mehr mit n Herzn und sieht doch immer in, eh, in dem Geschlechtlichen auch doch was mehr mit dem Herzn Zusammenhängendes. Ich meine, der Mann schüttelt sich und geht daraus hervor, und ein Mädchen wird ebn gezeichnet. Und deswegen, rein aus egoistischen Gründn schon, ne.

[...]

(Was hat Ihnen denn an Ihrem jetzigen Mann besonders gefallen, auf den ersten Blick?)

Ja, natürlich erstmal sein Aussehn, was man ja zu allererst sieht. Und dann auch, daß ich, daß er das mir hundertprozentig gebn konnte, was ich drübn (in Amerika) vermißt hatte. Denn wir kamen sofort in ein Gespräch, das nicht enden wollte, und wo ich nur dauernd dachte: «Gott, der muß doch schon denkn, hört die bald auf oder ...»

Der lebte hier in S., der war Studienrat. Und da kam ich nun in eine typische Junggesellenwohnung, also alles drunter und drüber. Ich halte nichts von Fraun, die so, die sich so in Männerwohnungen mit Aufräumen brüstn wolln oder so, dann die frauliche Seite herauskehrn, weil, dann denk ich immer: «Jetzt denkt er, ich mache das, um ihm zu gefalln.» Aber da war wirklich alles so! Und er saß so hilflos dazwischen, daß ich mir wirklich dachte: «Hier werd ich gebraucht und, und hier muß ich sein.» Und, und deswegn. Und der is auch heute noch so, son richtiger Mann, so furchtbar hilflos. Obwohl er mir bei allem dazwischn redet.

(Gefällt Ihnen Ihr jetziger Tagesablauf?)

Sehr gut. Denn wie gesagt, er hat viel Freizeit. Wenn der Mann den ganzen Tag weg wär, dann is er eigentlich, wenn man das ganze Lebn betrachtet, mehr mit andern Leutn zusammen als mit einem selbst. Und wenn man den ganzn Tag allein ist, von früh bis abends bis fünf und das n ganzes Lebn, dann muß ich sagn: «Dann is man viel alleine, eigentlich.»

(Wenn Sie sich jetzt überlegen, was mal aus Ihrer Tochter werden soll, was wäre für ein Mädchen, das eine Weile später lebt, die ideale Lebensform?)

Die ideale Lebensform, also ich möchte ihr solche Jugend, wie ich sie hatte – aber nicht heute, wie die da so rumziehn, mit, mit Demonstrationen und solchn Sachn! Also, und ne Ehe ebn auch, jemand, der ihr auch ein Kamerad is, daß sie auch eine Erfüllung im Lebn findet. Und ich würde auf keinen Fall sagn, so wie manche Mütter unbedingt: «Das muß jetzt n ganz reicher sein.» Oder beim erstn Mal fragn: «Was hat der nun alles.» Das nich. Denn heutzutage, desto wohlhabender ein Mann is, oder die ganzn, diese Playboys heutzutage. Ein Mann muß ja heutzutage ein Playboy werdn, wenn er sichs leisten kann. Man sieht die Zeitungen, wo das jetzt hinaus läuft, wenn einer derart reich is, die ham doch gar nichts mehr, gar keine Ideale, die ham doch gar nichts mehr zum Vorwärtsblickn und zum Wünschn, und deswegen müssn die ja verkommen. Und da die Männer ja nun, meiner Meinung nach, etwas lockerer will ich nicht sagn, aber vielleicht nicht so beständig wie ne Frau veranlagt sind, eh, find ich es Gift für einen Mann, wenn der nun an dem Punkt angekommen is, daß ihm im Leben überhaupt gar nichts mehr was bedeutet.

(Wie stehen Sie denn zur Gleichberechtigung der Frau?)

Ach, Gleichberechtigung, auf politischem Gebiet natürlich und auf allen anderen Gebieten, auf allen Gebietn, die so mit dem sozialn Lebn oder mit dem äußeren Lebn zusammenhängn. Aber zu Hause und, und vor allem, sagn wir mal, im intimeren Bereich, find ich, daß die Frau untergeordnet ist, eh, find ich an sich etwas Schönes. Ich möchte mich nicht wien Mann fühln und da nun, eh, ich, ich bin n Mensch, der sich gern an jemand anlehnt oder, oder fragt: «Wo gehn wir heute hin?» Oder: «Wie denkst Du das?» Und nich von alleine jetzt bestimmen und auf sich alleine gestellt sein.

(Würde es Sie interessieren, wenn die Kinder ein bißchen größer sind, Ihrem eigenen Beruf nachzugehen?)

Das ja, das ja. Das würde mich interessieren. Obwohl ich glaube, daß mein Mann nicht so sehr damit einverstandn wäre. Denn mein Mann ist ein Mann, der sehr, sehr darauf bedacht ist, daß die Frau nicht gleichberechtigt ist. Und

ich glaub nicht, daß er mich da täglich unter andern Kollegn sehn möchte. Er möchte immer dabei sein, auch wenn ich in die Stadt gehe, oder wenn ich irgendwo hingehe, er möchte dabei sein, er möchte mich unter Kontrolle habn. (Ja, und wehren Sie sich dagegen, oder ...?)
Ich wehre mich dagegn, aber ich find es eigentlich schöner als eh, als eh, weil ich ja auch ein Typ bin, der, der sich zu Hause einigeln will und lieber vom Hinterland etwas unternimmt, als vorne, irgendwo in der erstn Reihe zu stehn. Ich möchte schon einen Mann habn, der sagt: «Bleib bitte zu Hause ...»
[...]

(Emanzipationen – Auszüge aus vier Lebensläufen, protokolliert von Erika Runge. In: Kursbuch 1969, Nr. 17, S. 69ff.)

8. Frauenarbeit – Männerarbeit

P 378/W 341 ist eine der größten Hallen im Zweigwerk in Wilmersdorf. Hier arbeiten etwa 140 Leute, die überwältigende Mehrzahl davon sind Frauen. Früh um halb sieben Uhr habe ich schon die meisten aus der Abteilung in dem Menschenstrom zwischen dem U-Bahnhof und der Betriebspforte gesehen, die Frauen laufend, aus Angst, zu spät zu kommen, die Männer ruhiger und als letzte die Pforte passierend. Die älteren Frauen tragen immer noch diese bläulich-grünen Mäntel, die man aus der Nachkriegszeit kennt; die Haare halblang und von einer uralten Dauerwelle gekräuselt, auf flachen Schuhen hasten sie dem Eingang zu, der so schmal ist, daß man nur als einzelner hindurchkommt. Die Halle wird durch fünf Reihen Maschinen aufgeteilt, davon sind zwei Reihen an laufenden Bändern aufgestellt. Der Zwischenraum zwischen den Maschinen ist gerade so groß, daß man die etwa 40 cm breiten Materialkisten hindurchschieben kann. Vom Eingang gesehen links stehen die Arbeitsplätze der Abteilung Autoantenne. Dort werden die Antennenstäbe geschnitten, gebördelt, geprüft und verpackt. In der Mitte der Halle sind die beiden Bänder gruppiert, an denen hauptsächlich Autozündschalter gefahren werden. Vorne, am Eingang der Halle, durch einen Quergang von der Werk- und Prüfabteilung getrennt, stehen die Tische und Telefone der Meister, Einrichter, Reparateure, Sekretärinnen.
[...]
Die Frauen sitzen mit breiten Beinen vor der Maschine wie vor einem gewalttätigen künstlichen Pferd und setzen mit lautlosen Bewegungen und nach dem Rhythmus, den ihnen die Maschine vorgibt, die Schalter zusammen. Man sieht nur ihre im Tempo der vorbeifahrenden Einzelteile sich drehenden Köpfe und Augen, von der Maschine zum Band, vom Band zur Maschine, die Ellbogen und Hände wie an unsichtbaren Fäden von der Maschine gezogen. Der ganze Körper ist eingezwängt in das Dutzend Grundfunktionen, das die Maschine der menschlichen Tätigkeit übrigläßt: hinlangen, greifen, bringen,

loslassen, fügen, trennen, drücken, drehen, Kurbel drehen, anvisieren, Blick verschieben, lesen; das bis zu 5000mal am Tag.

Ab und zu hört man die Stimmen der Frauen, die sich nur durch Zuruf verständigen, die Sätze zu telegrammartigen Botschaften verkürzt. Zusammenhängende Gespräche werden teils durch den Maschinenlärm, teils durch das Eingreifen des Meisters verhindert. Die jugoslawischen Mädchen hört man manchmal mit ihren Liedern gegen den Lärm ansingen, aber das tun sie nur, solange sie noch neu sind. Gelegentlich allerdings kommt es zu einem kollektiven Ausbruch, es ist ein lauter juchzender Schrei, der die ganze Halle durchläuft, irgendwo fängt er an, und eine Frau nach der anderen stimmt darin ein, die Halle wirkt dann für einen Augenblick wie ein Klassenzimmer voller Schulmädchen, die sich eben ihres Lehrers entledigt haben, dann folgt ein allgemeines Gelächter und der Maschinenlärm gewinnt wieder die Oberhand.

Ich bin als Werkstatthelfer eingestellt, mit einem Lohn von 3,75 DM pro Stunde.

[...]

Gleich in dem ersten Gespräch mit dem Meister wurde ich mit zwei Grundsätzen des Meisterfaches «Menschenführung» bekannt: den ersten erkannte ich in dem Versuch des Meisters, in mir ein Eigeninteresse an meiner Arbeit zu wecken. Das tat er, indem er immer wieder versicherte, es sei zu meinem Besten, wenn ich die Kisten abends an die Kette lege, damit sie von den anderen Werkstatthelfern nicht weggeholt würden, und meiner Initiative, meiner Entscheidung müsse er es überlassen, wann ich den Staub von seinem Schreibtisch wische. Ein anderes Prinzip erkannte ich in dem Versuch, mich als Mann in die Partei der Männer zu ziehen: «Stellen Sie die Kisten gerade, die Frauen sind doch zu blöd dazu»; oder: «Die Frauen haben schon wieder die Müllkisten verstopft, bringen Sie das in Ordnung.» Oder, als ich den Frauen beim Fegen helfen wollte: «Lassen Sie die nur machen.»

Die Frauen waren gleichzeitig mißtrauisch und amüsiert, wenn ich ihnen half. Sie sind nicht gewöhnt, daß Männer fegen, ihre Coca-Flaschen sammeln, ihnen Material in die Maschinen füllen, überhaupt, daß sich ein Mann von ihnen zu einer Arbeit veranlassen läßt. Zuerst mußten sie immer lachen, wenn ich, nach leeren Flaschen suchend, durch die Reihen ging. Sie gaben mir ihre Flaschen immer mit einer spöttischen Bemerkung und in der Erwartung, daß ich es bald satt haben würde. Einige sagten mir: «Das ist doch keine Arbeit für einen Mann.» In späteren Gesprächen stellte sich heraus, daß sie meine Arbeit und dadurch auch mich nicht recht ernst nehmen konnten. Der Kern ihres Mißtrauens ist aber die immer wiederholte Erfahrung, daß Werkstatthelfer nie länger als ein paar Monate Werkstatthelfer bleiben und dann irgendeine andere und besser bezahlte Arbeit als sie selbst bekommen: als Reparateur oder Prüfer. Überhaupt werden die Frauen immer wieder darauf gestoßen, daß die Männer im Betrieb die angenehmere und besser bezahlte Arbeit machen, so daß die Frauen eher bereit waren, an meinem Geschlecht als an diesem Prinzip zu zweifeln.

[…]

Schon bei einem ersten Blick durch die Halle erkennt man die Frauen nicht nur an dem Unterschied, der zwischen Rock und Hose, zwischen langem und kurzem Haar besteht. Die Frauen sind von den Männern nämlich noch durch einen Gang getrennt: diesseits des Ganges, an den Maschinen, wo die eigentliche produktive Arbeit gemacht wird, sitzen die Frauen, jenseits des Ganges, dort, wo man aufpaßt, telefoniert, vielleicht mit wichtiger Miene ein mißratenes Teil betrachtet, sitzen in immer frischen und hellen Kitteln die Männer: Meister, Einrichter, Reparateure. Selbst noch die zwei, drei Männer, die zwischen den Frauen an den Maschinen sitzen, sind den Frauen gegenüber im Vorteil: sie arbeiten nicht im Akkord, sondern im Zeitlohn. Auf eine entsprechende Frage an einen der Männer, ob er Akkord arbeite, erhielt ich die Antwort: «So eine Schinderei würde ich gar nicht aushalten.»

[…]

An die Stelle der alten Arbeitsteilung zwischen Frauen- und Männerarbeit ist eine neue, noch ungerechtere getreten. Frauenarbeit bedeutet heute nichts weiter, als die schwerere, dreckigere, schlechter bezahlte Arbeit zu machen, Männerarbeit ist die verantwortungsvollere, leichtere, besser bezahlte Arbeit. In gewisser Hinsicht hat sich das Verhältnis von Frauenarbeit und Männerarbeit einfach umgekehrt. Während die Frauen Kisten bis zu 30 Kilo in die Halter heben, nach hundertstel Sekunden arbeiten, sieht man die Meister und Einrichter mit tadellosen Bügelfalten an den Tischen stehen, mit gepflegter Hand den Telefonhörer abheben oder mit federnden Schritten durch die Reihen der schuftenden Frauen gehen, immer ein Lächeln, eine kokette Bemerkung auf den Lippen: «Noch so braun von den Ferien, Fräulein P.» – «Mit Ihren zarten Fingern, die fettigen Schrauben …» Ein ganz merkwürdiger Umgangston hat sich herausgebildet. Wenn der Meister die Frauen zu irgend etwas auffordert, tut er das immer mit einem anzüglichen Zierwort, so als handele es sich um einen persönlichen Gefallen für ihn. Im übrigen achtet der Meister darauf, so selten wie möglich direkt mit den Frauen zu sprechen. Alle heiklen Fragen, wie z. B. die Frage nach den Überstunden, läßt er durch die Springerinnen klären. Die Springerin steht zwischen den Akkordarbeiterinnen und dem Meister. Sie wird von den Frauen danach beurteilt, wie weit sie sich auf ihre Seite und gegen den Meister und die Geschäftsleitung stellt. Wenn die Springerin immer nur vermittelt, gehört sie nicht zu den Frauen, und es geschieht ihr ganz recht, wenn sie einen Nervenzusammenbruch hat. Das kommt davon, wenn man es zu vielen Leuten recht machen will. Überhaupt beurteilen sich die Frauen gegenseitig danach, wie weit sie die sexuellen Angebote der Meister und Einrichter abwehren und sich darüber lustig machen. «Wir wissen schon», erklärte mir eine Frau dazu, «daß wir hier danach taxiert werden, was für ein Fahrgestell eine hat. Darüber unterhält sich dann der Meister mit seinen Einrichtern. Da wir aber nicht als Schönheitsköniginnen hier sind (wenn wir welche wären, brauchten wir ja nicht hier an der Maschine zu sitzen), sondern als Akkordarbeiterinnen, sollte die Männer auch nichts weiter interessieren als die Schnelligkeit unserer Hände, nicht aber unser Fahrgestell. Die Männer kommen sich hier doch wie Götter vor, sie sind aber keine Götter, sondern ziemliche Waschlappen und Faulenzer, und von uns haben sie nichts zu erwarten. Denn wir arbeiten für sie, die aber nicht für uns, verstehen Sie, was ich meine. Wenn hier so ein Einrichter herkommt und groß tut, uns was vormachen will, wie man die Maschine einrichtet, weil er studiert hat, und es dann längst nicht so gut kann wie wir, wo wir seit zehn Jahren hier sitzen und die Maschine kennen, besser als unsere Familie, da lache ich nur und sehe mir meinen Einrichter mal gründlich von oben bis unten an, in seinem kackbraunen Kittel, solange bis er rot wird. Ja, ich weiß schon, wie man sie in Verlegenheit bringt.»

[...]

(Peter Schneider: Die Frauen bei Bosch. In: Kursbuch 1970, Nr. 21, S. 91 ff.)

9. «Chefin wider Willen»

Wenn sie noch einmal von vorn anfangen könnte – dann wollte sie vor allem nicht mehr allein durchs Unternehmer- und Familienleben stapfen müssen: Rosemarie Ewers, 55jährige Chefin von «Europas größter Spezialtortenbodenfabrik». Die Leiterin des Unternehmens ist Witwe. Ihr Ehemann starb vor 12 Jahren durch einen Autounfall. Seit diesem radikalen Einschnitt in ihre Biographie steht sie an der Spitze, Vorgesetzte von immerhin 180 Mitarbeiterinnen und Mitarbeitern in einem Umfeld, in dem es sonst an Betrieben dieser Größe mangelt. Die Firma mit Dreischichtbetrieb steht im Salzkottener Ortsteil Thüle – umgeben von Wiesen und Feldern. Nicht Torten, sondern Bauern geben hier den Ton an.

Gefragt hat die Unternehmerin wider Willen eigentlich niemand, ob sie in diese gewaltige Aufgabe eigentlich hineinwollte. «Wenn ich wählen könnte, würde ich nie wieder in die Lebensmittelbranche hineingehen. Denn das ist ein sehr schwieriges Feld mit schnellem Wandel.» In das einst in bescheidenem Rahmen gegründete Familienunternehmen kam Rosemarie Ewers 1957 – nach Ausbildung an einer privaten Handelsschule in Paderborn und anschließender Tätigkeit in zwei Familienbetrieben. Noch keine Großbäckerei im heutigen Stil, brauchte die Firma bloß eine Teilzeitmitarbeiterin für das Kaufmännische. Rosemarie Ewers übernahm deshalb gleich zwei Stellen – die zweite im Betrieb eines Bruders des Firmenchefs – und pendelte zwischen beiden hin und her.

«Ich war immer Mädchen für alles», erzählte sie. Wenn Not an der Frau gewesen sei, habe sie eben in der Verpackung, beim Verladen, in der Backstube und beim Brotausfahren geholfen. Lange Jahre. An ihrer Arbeit änderte sich auch nichts, als sie den Firmenchef heiratete.

Die gebürtige Schlesierin hat die Fäden der Firma fest in der Hand, auch wenn sie heute nicht mehr alle Beschäftigten persönlich kennt. Die Leitung des Betriebs brachte neue Verpflichtungen, insbesondere die Aufgabe des Anwerbens neuer Kunden. Da steht jetzt der Osten im Blick: Ostdeutschland, wo bald eine eigene Produktionsstätte aufgemacht werden soll, aber auch Ungarn, Rußland und Polen. Geschäftsbeziehungen bestehen zu 27 Ländern bis hin nach Japan, obwohl «Tortenböden ein typisch deutsches Produkt sind», wie Rosemarie Ewers weiß.

Bei alldem müssen auch die Abläufe im Betrieb, notwendige Neuerungen und Organisationsverbesserungen im Blick bleiben. Ein mühsames Geschäft. Aber eines, das sie mit Verve angeht.

Momentan ist die Unternehmerin dabei, ein neues Feld abzustecken, mit dem sie als «Markstein» in das Arbeitsrecht eingehen könnte: Sie will das Nachtarbeitsverbot für Frauen kippen und dafür notfalls bis zum Europäischen Gerichtshof gehen. Wenn Männer in vier Stunden durch Nachtzuschläge das verdienen können, was Frauen in acht Stunden Tagschicht gezahlt bekommen, dann findet sie diesen Unterschied «einfach ungerecht». Aus Gesprächen im Betrieb weiß sie außerdem, daß etliche gegen nächtliche Arbeit nichts einzuwenden hätten – auch, weil das mit ihren familiären Aufgaben gut in Einklang zu bringen wäre.

Die 55jährige ist eine von drei Unternehmerinnen unter 100 Männern gleicher Position in ihrer Branche. Sie gehört jedoch dem Unternehmerinnen-Verband an, zu dessen regelmäßigen Treffen sie fährt. «Das sind keine Kaffeekränzchen», unterstreicht sie. «Da wird richtig hart diskutiert, viel härter als bei vergleichbaren Treffen von Männern.»

Für Hobbys bleibt bei den zahlreichen Verpflichtungen, immer wieder ausgeweitet in Reisen zu Messen überall auf der Welt, kaum Zeit. Nicht für das Fotografieren, das sie früher mal mit Leidenschaft betrieb und an das heute nur noch Kartons voller Fotos erinnern. Kaum für Fahrten mit einem vor zehn Jahren aus einer Müttergemeinschaft entstandenen Klub, der gemeinsame Mehrtagestouren unternimmt. Auf jeden Fall aber, «wenn es eben geht», für den wöchentlichen Chorgesang im Thüler Kirchenchor.

Ach ja, den Kindern gegenüber hat sie schon das Gefühl, sie in all den Jahren etwas vernachlässigt zu haben, seufzt Rosemarie Ewers. Aber sie hat letztlich auch keine Wahl gehabt. Jetzt ist die Tochter 18 Jahre alt, der Sohn 22. Und der bereitet sich langsam darauf vor, in Mutters Fußstapfen zu treten: Er ist momentan im Auftrag des Hauses in Italien – «da ißt man Tortenböden wie hierzulande ein Butterbrot».

(Neue Westfälische Zeitung vom 11. 1. 1992)

10. Kindesgefährdungen

[...]
Was geschieht für Kinder und Eltern? Im Grunde genommen nichts, als
daß Pläne geschmiedet werden und «sollte» gesagt wird.
Es sollte zum Beispiel etwas für die Kinder im Straßenverkehr getan werden. Denn vierzig Prozent aller «chirurgisch behandelten verunglückten Per-
sonen» sind Kinder. Laut Statistischem Bundesamt starben 1965 genau 1612
Kinder bei Verkehrsunfällen, 52 859 wurden verletzt, davon 19 137 schwer.
Seit Jahren weiß man, daß die Zeit des Schulanfangs auch die des «Verkehrs-
scheitelpunktes» (7.45 Uhr) ist. Jeden Morgen sind also gleichzeitig rund
acht Millionen Schulkinder und dreizehn Millionen Kraftfahrer auf der
Straße. Das Ergebnis der letzten zehn Jahre: 10 000 tote, 300 000 verletzte
Kinder. Doch 85 Prozent der Mütter wollen nicht, daß die Kinder später in
die Schule gehen. Dann, sagen sie, wird es ja mit dem Mittagessen so spät.
[...]
Auch immer wieder: «Kindesmißhandlung – das hat nichts mit Baracken-
milieu zu tun. Viel schlimmer ist die seelische Mißhandlung: daß wir von den
Kindern verlangen, sie sollten sich an den Lebensrhythmus der Großen an-
passen. Daß wir ihnen zuwenig Bewegung und zuviel Großstadt geben. Und
dann die Scheidungen, die ewigen Stänkereien der Mütter um die Besuchsre-
gelung. Das sind Martyrien für Kinder: Ein Termin nach dem anderen, dann
wird das Jugendamt eingeschaltet, die Kinder werden mit Lügen vollgestopft
und zum Spionieren gedrillt – das ganze Leben ist Kampfstellung.»
    Daraus ergibt sich die Forderung: Es sollte endlich das «wohlverstandene
Interesse des Kindes» im Scheidungsrecht besser bedacht und vor allem nicht
nur auf Grund richterlicher Privatmeinung, sondern allgemeiner kinderpsy-
chologisch interpretierter Zahlen gewahrt werden.
    In diesem Sinn sollte auch etwas für die sogenannten Tageswaisen getan
werden: Fast 10 000 Klein- und 200 000 Schulkinder unter vierzehn Jahren
müssen den Tag ganz ohne Erwachsene durchstehen. Insgesamt mußten 1962
über 4,6 Millionen Kinder unter Vierzehn ohne ständige Obhut der Eltern
durchkommen, darunter 1,2 Millionen Kleinkinder. Es sollte also mehr Kindergärten und -krippen geben. Unsern insgesamt 2,5 Millionen Kleinkindern
stehen nur 13 663 Kindergärten und etwa 450 Kinderkrippen zur Verfügung.
Viel zuwenig.
    Bei den Heimen wiederum stimmt das Prinzip der Unterbringung nicht
mehr. Seit Jahren warnen Kinderschutzbund, Ärzte und Psychologen vor der
Massenpflege. «Sie bewirkt Schäden», schreibt Professor Hellbrügge, «die
sich in der Entwicklung des Kindes desto schwerer ausprägen, je früher und
je länger das Kind die Zuwendung einer mütterlichen Person entbehren muß.
Heimkinder zeigen gegenüber Familienkindern einen durchschnittlichen
Entwicklungsrückstand von wenigstens 20 Prozent auf.» Das bezieht sich auf

statistische, manuelle und soziale Entwicklung, auf Gedächtnis, Intelligenz und Sprachentwicklung.

«Wir sind gegen Heime und Heimerziehung», sagt der Kinderschutzbund. «Wenn das schon notwendig ist, sollten Kinder in Pflegestellen oder SOS-Dörfern aufwachsen. Wir haben bei dieser Frage alle Fachleute hinter uns stehen, haben Eingaben bei Bund und Ländern gemacht. Aber bei den Behörden ist ja kein Interesse, und mit solchen Vorschlägen haben wir natürlich alle gegen uns, die mit viel Aufwand schöne Heime hinstellen und was vorzuzeigen haben. Das kann man festlich einweihen, und nach dem Nutzen für das Kind fragt danach keiner mehr. Die ganze Entwicklung läuft gegen uns.» Läuft also gegen unsere Kinder.

Denn daheim haben sie's auch nicht paradiesisch. Wir halten den Weltrekord von 38 Prozent Todesfällen «nach Unfall bei Kindern und Jugendlichen». 6000 Kinder vergiften sich bei uns zu Hause. Siebzig von ihnen überleben die Nachlässigkeit ihrer Eltern nicht.

[...]

(Die Zeit vom 7. 4. 1967)

11. Das selbstverwaltete Frauenhaus

[...]

Als wir das Frauenhaus eröffneten, hatten wir – wie alle anderen Gruppen auch – die Vorstellung, daß ein Ausbruch aus den Gewaltverhältnissen für Frauen nur möglich ist, wenn sie sich auf ihre eigene Kraft und Stärke verlassen. «Selbsthilfe» war das Stichwort und daraus folgte als Konzept die Selbstverwaltung des Hauses. Gleichzeitig hatten wir keine Vorstellung davon, wie so etwas konkret aussehen könnte. Es war damit klar, daß die Konkretisierung des Selbsthilfekonzeptes in der Praxis entwickelt werden mußte. Dies konnte unserer Meinung nach nur durch die ständige Reflektion der täglichen Erfahrungen, und zwar gemeinsam mit den Bewohnerinnen des Frauenhauses geschehen. Wir taten in dieser Situation, wie alle anderen auch, das, was am nächsten liegt. Wir orientierten uns an dem, was wir kannten.

Dies hieß konkret: Die Frauen wohnten im Haus und wir (die Mitarbeiterinnen) hatten Dienst im Haus. Dienst haben hieß rund um die Uhr präsent sein: «Weil ja immer eine da sein muß, die sich auskennt.» Nur Kochen, Waschen und Putzen war Sache der Bewohnerinnen. Die Mitarbeiterinnen gingen ans Telefon, erklärten alles für die «Neuen» vom Bettzeug bis zur Hausversammlung, gingen notfalls mit auf die Ämter, versuchten Konflikte zu regeln. Diese ganze Arbeit machten wir mit der Hoffnung, sie sei «vorübergehend». Wir leisteten sie mit dem Blick auf den Tag X, an dem die Bewohnerinnen die Selbstverwaltung des Hauses übernehmen und die Selbsthilfe ohne Mitarbeiterinnen funktionieren würde. Damit dies auch klappt, versuchten wir die Frauen mit einzubeziehen («Mach doch mit») und zu ermuntern («Mach du doch mal, was meinst du dazu»). Aber der berühmte Tag X, an dem die Frauen sagen würden, vielen Dank bis hierher, jetzt können wir alleine weiter, kam nie.

Dafür geschah etwas ganz anderes. Von den anfänglich 50 Mitarbeiterinnen waren wir bald nur noch 20. Die Dienste im Haus hatten wenig mit «politischer Arbeit» zu tun, so wie das vorherige öffentliche Spektakel um die Forderungen nach einem Frauenhaus.

Mit diesen individuellen Entscheidungen wurde es praktisch unmöglich, die Arbeit im Frauenhaus in der bisherigen Form weiterzuführen. Es mußte etwas anderes geschehen.

Es gab zwei Erklärungsmöglichkeiten dafür, daß sich unsere Hoffnungen nicht erfüllten.

– Die Frauen sind unfähig bzw. unwillig gegenüber den Selbstverwaltungs- und Selbsthilfekonzepten in der von uns vertretenen Form. Da die Dienste im Haus offensichtlich angenommen und gebraucht wurden, folgte daraus die praktische Konsequenz, Bezahlung für die Dienste zu fordern. Es müßte professionelle Arbeit an die Stelle der Dienste treten.

– Wir haben in unserer bisherigen Herangehensweise Fehler gemacht. Diese sind benennbar, und wir müssen einen neuen Weg erproben, um das Selbsthilfekonzept zu realisieren. Gelebte Vorbilder gibt es nicht, also gibt es nur die Suche nach dem richtigen Weg.

Nach langen Debatten um den Sinn und Unsinn von der Einstellung bezahlter, professioneller Sozialarbeit entschieden wir uns für den zweiten Weg – im Gegensatz zu den anderen Frauenhäusern in der Bundesrepublik.

[...]

Es wurde uns nach vielen Überlegungen klar, daß wir mit der Einstellung von Mitarbeiterinnen den Prozeß in Richtung Selbstverwaltung behindern würden. Die Vorstellung «vorübergehend ... bis» hätten wir als illusionär aufgeben müssen. Also entschieden wir uns für die Suche nach einem neuen Weg und beschlossen nach vielen Diskussionen, daß die Mitarbeiterinnen sich aus den organisatorischen und internen Fragen des Hauses herauszuhalten hätten. Ab sofort wurden die Dienste der Mitarbeiterinnen abgeschafft und ihre Teilnahme an den Hausversammlungen reduziert.

Die Veränderungen waren erfolgreich: Nach einigen Wochen hatten die Frauen alle Arbeit, die wir bis dahin im Haus geleistet hatten, neu organisiert.

Zentrales Standbein dieser Organisation war der neu eingerichtete Tagesdienst. Tagesdienst heißt, daß jeweils eine Frau einen halben Tag die Verantwortliche im Haus ist. Sie muß sich um alles kümmern, was in dieser Zeit anfällt. Sie nimmt die Post in Empfang, bestellt Handwerker, läßt Besucher rein oder auch nicht, nimmt Telefonanrufe entgegen, nimmt neue Frauen auf und sie regelt alles, was zu regeln ist.

Das zweite wichtige Standbein ist die wöchentliche Hausversammlung.

Zum einen werden hier alle anfallenden praktischen Arbeiten und Aufgaben besprochen und verteilt. Zum anderen ist die Hausversammlung zu einem Forum geworden, wo Konflikte zwischen den Frauen besprochen werden. Jede Frau kann ihre Beschwerden, Fragen und Probleme einbringen und sie mit allen, die im Haus leben, besprechen. Sie kann diese Sachen auch nur hier besprechen, weil es keine Mitarbeiterinnen gibt, die als relativ Unbeteiligte durch private Bemühungen zwischen den Beteiligten zu vermitteln versuchen. Weitere feste Verantwortlichkeiten werden unter den Frauen aufgeteilt und ab und zu gewechselt. Z. B. gehören dazu: über die Mietverträge Buch führen, Stromgeld einsammeln, die Putzgeldkasse, die Schlüsselkasse, das Telefongeld, die Hauswäsche etc.

Diese Organisationsform entspricht mehr den Vorstellungen von Autonomie und Selbstverwaltung als die bisherige Arbeit im Frauenhaus. Mit der nur scheinbar rein organisatorischen Veränderung im Frauenhaus verbindet sich eine weitreichendere Perspektive von Frauenhausarbeit.

[...]

Mit der Realisierung unseres Konzepts hat sich ein feministisches Politikverständnis konkretisiert, das die Kraft, Phantasie und produktive Fähigkeiten von Frauen, die Beziehungen unter Frauen und das Leben mit Frauen wichtiger nimmt als Forderungen an den Staat und das Eintreiben von Geldern.

Mit unserer Ablehnung von Regeln, von neuen Gesetzen, von neuen Auflagen behaupten wir einen relativen Freiraum, in dem wir selbst entscheiden können, wie wir unser Leben im Frauenhaus gestalten. Wir lehnen einen Sonderstatus für die Frauenhäuser ab und benutzen die ganz normalen Finanzierungsmöglichkeiten, indem wir die Zimmer an die Frauen vermieten. Auf die Finanzierung durch die Sozialhilfe hat jede Frau ohne Einkommen ein Recht, unabhängig davon, ob sie mißhandelt wurde oder nicht. Wir wollen keinen Sonderstatus. Mißhandlung ist ein allgemeines und kein Sonderproblem.

[...]

(Cornelia Giebeler, Angelika Hohmann, Cornelia Schuhmann: Über die Unverträglichkeit von Staatsknete, Sozialarbeit und Feminismus. Die autonomen Frauenhäuser Bielefelds – zehn Jahre Suche. Eine Selbstdarstellung. In: Beiträge zur feministischen Theorie und Praxis 1987, Nr. 19, S. 83 ff.)

Zwölftes Kapitel

Jugend, Bildung

Einleitung

Jugendliche aller Schichten erhielten in der am westlichen Lebensstandard orientierten bundesdeutschen Gesellschaft mehr selbstbestimmte Entfaltungschancen als jemals zuvor. Dies, obwohl die Schule (Dok. 1) und das berufsbildende Ausbildungssystem mit ihrer Orientierung an traditionellen Wertvorstellungen nur wenige Freiräume boten. Vor allem anglo-amerikanische Einflüsse in Mode und Musik (Dok. 2) erschlossen neue Wege der Gruppenbildung und Identitätsfindung. Gerade Jugendliche reagieren sensibel auf soziale Unterschiede, die für sie Anknüpfungs- und Reibungspunkte im Prozeß der Persönlichkeitswerdung sind. So können die westdeutschen Jugendkulturen der vergangenen vierzig Jahre auch als besonders lebendige Äußerungsformen klassenspezifischer Sozialisation angesehen werden.

Halbstarke (Dok. 3) provozierten Ende der fünfziger Jahre die großstädtische Öffentlichkeit mit Krawallen (Massenschlägereien): Zwischen 1956 und 1958 wurden 96 größere Krawalle in ganz Deutschland gezählt, davon 41 in Groß-Berlin und 16 im Rhein-Ruhr-Gebiet.[1] Hinter diesem eher ziellosen Jugendprotest stand keine politische Oppositionshaltung, sondern das traditionsreiche Aufbegehren großstädtischer Cliquen gegen die Erwachsenenwelt und ihre Ordnungsregeln. Getragen wurde er ausschließlich von Jugendlichen aus dem Arbeitermilieu, die in ihren Aktionen spezifische Leitbilder ihrer Alltagswelt hervorkehrten, vor allem die Erprobung ihrer Männlichkeit, welche sich in der direkten Konfrontation mit anderen bestätigte.[2] Das eigene Moped und ein auf lässige Coolness kalkuliertes Äußere zielten darauf ab, gleichaltrige Mädchen («Bräute») zu beeindrucken. Festgelegte Geschlechterrollen und einstudierte gruppenspezifische Umgangsformen erleichterten den Kontakt.

Deutlich getrennt von den Halbstarken etablierte sich in den fünfziger Jahren eine parallele «Teenager»-Kultur als Mittelschichtphänomen. Der zunehmende Wohlstand erlaubte es, den Jugendlichen ein Taschengeld zu geben, mit dem sie ein eigenes Konsumverhalten (Mode-Accessoires, Schallplatten) entwickelten. Gesellige Zusammenkünfte fanden als «Party» in der genügend

---

[1] Detlev Peukert: Die «Halbstarken». Protestverhalten von Arbeiterjugendlichen zwischen Wilhelminischem Kaiserreich und Ära Adenauer. In: Zeitschrift für Pädagogik 30, 1984, S. 533–548, hier 542f.
[2] Vgl. Dieter Baacke: Jugend und Jugendkulturen. Darstellung und Deutung, Weinheim 1987.

großen elterlichen Wohnung statt, bei der ein gemeinsamer Stil als Erkennungs- und Selbstbestätigungsmerkmal gepflegt wurde (Dok. 11). Dieser Modestil ersetzte die weitgehend festgelegten Verhaltensformen in den organisierten Jugendgruppen und in der Familie. Ihre Jugendkultur eröffnete den Teenagern einen Freiraum für individuelle Kontakte in einem größeren Freundeskreis, nicht zuletzt in erotischer Absicht. Diese wurde schon in den fünfziger Jahren weit weniger stark sanktioniert als vor 1945. Allerdings blieb die offizielle Sexualmoral strikt prohibitiv (Dok. 4).

Zwar hatten sich alle führenden Jugendverbände der Weimarer Republik reorganisiert: politische (sozialdemokratische und gewerkschaftliche) und konfessionell gebundene, sogar bündische Organisationen, die sich im Deutschen Bundesjugendring zusammenschlossen und die Traditionen institutionalisierter Jugendarbeit mit klarem erzieherischem Auftrag wiederaufleben ließen. Ihre Attraktivität ging jedoch spürbar zurück: Bei den konfessionellen Verbänden sank die Mitgliederzahl von 12 % aller Jugendlichen 1953 auf 7 % 1967 ab, bei den politischen sogar von 4 % auf 2 %. Lediglich die Sportverbände konnten von 15 % auf 23 % zulegen. Diese Zahlen bestätigen Schelskys Diktum von der «skeptischen Generation» (1957), die insgesamt mißtrauischer gegenüber Ideologien geworden sei und sich als besonders angepaßte und strebsame primär an materiellen Werten orientiere.

Entscheidend für finanzielle und soziokulturelle Freiräume der Jugendlichen war ihr Ausbildungsgang. Lehrlinge verfügten über geringere Spielräume zur Freizeitgestaltung als Gymnasiasten und Studenten. Letztere konnten sich in den fünfziger und sechziger Jahren noch in hohem Maße als privilegiert gegenüber ihren Altersgenossen empfinden. Die Zahl der Studenten hatte sich im Vergleich zur Weimarer Republik lediglich verdoppelt (1960); das Studium wurde von den Eltern oder durch Gelegenheitsarbeiten selbst finanziert (Dok. 5); die Zukunftsaussichten waren blendend. Wie groß der soziale Abstand zu Gleichaltrigen aus der Arbeiterklasse war, zeigte die Renaissance der durch ihre national-konservative Vergangenheit schwer belasteten Studentenverbindungen, die Ende der fünfziger Jahre schätzungsweise ein Viertel der Studenten organisieren konnten und weiterhin ihren verstaubt-reaktionären Umgangsstil pflegten (Dok. 6).

Das Bildungssystem war zu dieser Zeit hoffnungslos überlastet. Erst die publikumswirksame Warnung vor einer «Bildungskatastrophe» (Georg Picht, 1964) konnte eine umfassende Diskussion über die Zukunft der schulischen und akademischen Ausbildung anregen. Sie führte in den siebziger Jahren schließlich zur deutlichen Ausweitung des Bildungsangebots. Zahlreiche Universitätsneugründungen und die Erleichterung der sozialen Zugangsbedingungen durch die elternunabhängige Studienförderung (BaföG) verbesserten insbesondere die Chancen für Mittelschichtangehörige: Von 1963 bis 1976 stieg die Zahl der Gymnasiasten (Dok. 7) von 860000 auf annähernd 2 Millionen an, die der Studierenden von 290000 auf 705000. Infolgedessen brachten die sechziger und die siebziger Jahre eine breite Ausdifferenzierung der Jugendkulturen aus den Mittelschichten. «Gammler» legten eine demonstrative Verweigerungshaltung an den Tag und entwickelten sich zu halb politisierten (Anti-Vietnamkriegs-Protest), halb sich in selbstgeschaffenen Freiräumen abkapselnden «Hippies». Gleichzeitig entstand an den Universitäten eine selbstbewußte politische Protestbewegung, deren studentische Akteure indirekt von der Bildungsdiskussion profitierten und diese, basierend auf der Forderung, die Ordinarienuniversität abzuschaffen, innerhalb weniger Jahre zur gesellschaftlichen Totalkritik ummünzten. Zwar blieb die Zahl der Protestler auf eine Minderheit der Studierenden beschränkt, aber sie artikulierte sich in unerhörter Weise. Mit neuen Protestformen (Sitzblockaden) stellte sie gesellschaftliche Umgangsformen und Institutionen radikal in Frage. In einem durch die Boulevardpresse aufgeheizten innenpolitischen Klima während der Studentendemonstrationen gegen die Notstandsgesetze wurde am 2. Juni 1967 der unbeteiligte Student Benno Ohnesorg von dem Berliner Polizisten Kurras erschossen. Im April 1968 verübte ein völlig unbekannter Gewalttäter einen Mordanschlag auf den Wortführer des Sozialistischen Studentenbundes, Rudi Dutschke. Die unmittelbar folgenden Ausschreitungen in den Zentren der Studentenbewegung (Osterunruhen) leiteten bereits ihren Zerfall ein.

Ihre Wirkung auf die bundesdeutsche Gesellschaft war dennoch gewaltig. Nicht nur der zaghafte Protest anderer gesellschaftlicher Gruppen erhielt ungeahnten Auftrieb (Dok. 8), auch die in den siebziger und achtziger Jahren dominierenden politischen Protestbewegungen profitierten in vielerlei Hinsicht von den «68ern» (Dok. 9).

«Alternative» Jugendliche begründeten seit Mitte der siebziger Jahre eine neue Form der Jugendkultur mit dem Protest als Element des Lebensstils. Deutlich sichtbar war die Kontinuität zu den Achtundsechzigern in der Wohngemeinschaft, deren politischer Anspruch an emanzipatorische und innovative Formen des Zusammenlebens sich in der Alltagsrealität von Geschirrspülen und Treppenreinigen abnutzte (Dok. 10).[3] Die Kluft zu den politisch angepaßten Trendsettern der Modeindustrie, den «Poppern» (Dok. 11), und zu den in herkömmlichen Jugendorganisationen und Kirchengruppen institutionell eingebundenen Jugendlichen erschien häufig größer, als sie in der Realität war. Überlappungen und der Durchgang durch mehrere Jugendkulturen im Verlauf einer Biographie waren ohne weiteres möglich, da die nachlassenden Bindungen an das Elternhaus die Entscheidungsfreiheiten des einzelnen erhöhten.

Auch die als radikale Gesellschaftskritik verstandene Punk-Musik

---

[3] Vgl. Christel Bookhausen, Eike Hemme, Jan Raspe, Eberhard Schultz: Kindererziehung in der Kommune. In: Kursbuch 1969 Nr. 17, S. 147–178, hier 150 f. sowie Norbert Klugmann: Selten allein. Szenen einer WG. In: Kursbuch 1978, Nr. 54, S. 163–173.

(Dok. 12) wandelte sich im Laufe der achtziger Jahre zur anerkannten Kunstform. Die Teilhabe von Jugendlichen aus der Arbeiterklasse an den Jugendkulturen der Mittelschichten blieb marginal. Unter dem Eindruck hoher Jugendarbeitslosigkeit (1975: 100 000, 1982/83: 200 000, 1987/88: 480 000 Jugendliche)[4] relativierten sich die Zukunftsperspektiven der Auszubildenden (Dok. 13). Auch die jungen Akademiker befanden sich in einem verstärkten Konkurrenzkampf um lukrative Positionen, wobei junge Lehrer in den achtziger Jahren vollständig aus dem Arbeitsmarkt herausfielen. Gemeinsam war den Jugendlichen aller Schichten das gewandelte Verhältnis zur Sexualität (Dok. 14), das den spürbar offeneren Umgang mit der Jugendlichkeit im Vergleich zur Nachkriegszeit offenkundig machte.

1. Klassenball

Gemeinsamkeit wurde ziemlich stark gepflegt. Gemeinschaft war in den fünfziger Jahren eine oft zitierte Vokabel. Sie war uns ja vertraut. Und so pflegten wir sie weiter: als Klassengemeinschaft, Gemeinschaftskunde, Gemeinschaftsgeist, Schulgemeinschaft usw.

Um diese Gemeinschaft zu pflegen, gab es jedes Jahr bestimmte Veranstaltungen. Dazu gehörte – nicht anders als vorher und heute – der Betriebsausflug. Wir sahen uns Klöster an, besichtigten Kirchen, wurden durch Museen geführt. Wir wanderten auch ein bißchen und aßen mindestens zweimal. Für die Schülerinnen war die gemeinsame Tanzstunde wichtig. Selbstverständlich wurden wir Lehrer zu jedem Ball eingeladen. Und es hat Spaß gemacht zu sehen, wie die braven kleinen Mädchen, die man nun schon das vierte Jahr unterrichtete, plötzlich hübsch aufgeputzt im Ballkleid daherkamen, wie sie sich – natürlich mit graduellen Unterschieden – so flott auf der Tanzfläche bewegten, sich scheinbar brav leiten ließen und zugleich ihre Eroberungen in der Jungenwelt vorführten. Danach gab es jedes Jahr einen Klassenball und zum Schluß, quasi als Krönung und als das gesellschaftliche Ereignis: den Abiturientenball.

Unangefochten war, daß es diese Bälle geben müsse, wer nicht hinging, war eben Außenseiter, so einfach war das. Man trug lange Ballkleider und mietete teure Säle. So genoß man das gesellschaftliche Ereignis. Auch wir Lehrer genossen es. Ich habe nicht nur ein Ballkleid im Schrank, das ich zum Abiball bekam, wenn ich wieder eine Klasse «zur Reife» geführt hatte.

Tanz im Ballsaal,
in der Aula feierliche Reden,
Chor und Orchester.

---

[4] Ulrich Chaussy: Jugend. In: Wolfgang Benz (Hg.): Die Geschichte der Bundesrepublik Deutschland, Bd. 3, Frankfurt/Main 1989, S. 229 ff.

Hatte sich etwas geändert? Meine eigene Abschlußfeier im Jahre '39 sah nicht anders aus als die meiner Schülerinnen im Jahre '59. Auch die Vorbereitung zur Prüfung und die Prüfung selbst sind vergleichbar.

(Gudrun Danzmann: Erinnerungen einer Lehrerin an ihre Schule. In: Götz Eisenberg, Hans-Jürgen Linke [Hgg.]: Fuffziger Jahre, © Focus Verlag-Gesellschaft mbH Gießen 1980, S. 210f.)

2. «Nachruf auf Elvis»

Damals, 1957, ich war elf, schoß aus dem Radio Elvis Presley mit «Tutti Frutti», und die ersten Takte verbannten meine bisherigen Lieblingslieder «Ave Maria», «Was hat der Hans mit der Grete getan», «Der lachende Vagabund» und sogar «Marina» schlagartig aus meinem Frischlingsherzen. Worum es ging, verstand ich nicht, aber dieser Schluckaufgesang und die elektrisierende Musik rockten mich durch, und ich rannte in die Küche, schnappte Töpfe und Kochlöffel, trommelte die letzte Minute von «Tutti Frutti» mit, und damit war die für mich damals gerade aktuelle Berufsentscheidung zwischen Seefahrer und Trommler gefallen. Elvis Presley hatte mich angezündet, und ich dachte: Jetzt ist Erdbeben.

Bis dahin konnte ich nur zu den deutschen Triefsongs etwas verbogen ins Träumen geraten, aber jetzt wußte ich, wo's langging. Nachdem ich dann auch noch diesen Film gesehen habe, in dem Elvis als ziemlich schmales Kerlchen in einem Klub auf die Bühne springt und den bulligen Klubbesitzer ansingt: «If you' re looking for trouble, look straight into my face» («Wenn du Ärger willst, schau mir direkt ins Gesicht»), verband ich mit dem deutschen Lied- und Schlagergut mehr und mehr Alpträume. Das hat sich bis heute nicht geändert.

Was mit Elvis' Hüften los war, verstand ich damals auch noch nicht so gut, aber die Mädchen, die mit verdrehten Augen von ihm sprachen, stiegen sehr in meiner Achtung, weil sie einen genauso guten Musikgeschmack hatten wie ich. Erst eine Weile später kriegte ich mit, was an Rock'n' Rollern außer Musik noch wichtig ist. Elvis hatte es drauf: Mit eingebauten Kugellagern in den Gelenken und dem verträumt-trotzig-verletzbaren Erosblick hat er sogar den aufrechten Westfälinnen in meiner kleinen Heimatstadt Gronau in die Unterkleider geguckt.

Er hat uns gegen unsere Eltern, denen ja sonst alles gehörte, etwas Eigenes gegeben. Bis jetzt hatten wir immer nur zu hören bekommen: «Dafür bist du noch zu jung.» Mit Elvis in den Ohren konnten wir zurückbrüllen: «Dafür seid ihr schon zu alt.»

Wo kam dieses Dynamit her? Wo gab's noch mehr davon? So kriegte ich durch Elvis auch Bill Haley mit, den es schon vorher gab, und bald hatte ich eine Sammlung von Platten mit «Amigeheul» und «Negermusik», und meine

Oma fiel in Ohnmacht. Ich weiß auch noch, wie schwierig es war, den Schlacker-Schlotter-Gummibein-Tanz mit Schleuderdame zu lernen. Ich gestehe, daß ich bis heute Elvis' Bravour nicht ganz erreiche. Gospel-Country-Blues-Elvis. An ihm habe ich mich hochgezogen. Seine schnellen Nummern waren wie schwarzer Pfeffer, und ich konnte nicht genug davon kriegen. Die langsamen Nummern ergriffen mich oft genauso, jedoch nicht alle, manche fand ich zu schnulzig. Was bei den Schwarzen der Gospel-Song war, eindringlich, herzattackierend, aber irgendwie bescheiden, geriet bei Elvis manchmal etwas zu bombastiko und so unecht wie ein Neger im Dirndl, übertrieben wie ein violettbrokates Bischofsgewand.

Ein paar Sachen an ihm sind mir fremd geblieben, vielleicht weil Amerika so weit weg war. Nachdem Elvis dann auch als «guter Amerikaner» sehr brav und sauber in die Herzen der Erwachsenen in seinem Land eingekehrt war, nachdem er in Deutschland vorbildlich seinen Militärdienst abgeleistet hatte und seine Filme bonbonfarben und schlechter wurden als die von James Dean, hörte er auf, die absolute Sensation für mich zu sein. Nicht ganz: Er kriegte seinen guten Platz in der Reihe der Musiker, die ich toll fand, und Rock-Musik an sich wurde für mich zur Sensation. Elvis hat die Startbahn mitgeplant, auf der viele Musiker, und später ich auch, mit ihrem eigenen Jet abhoben.

(In: Götz Eisenberg, Hans-Jürgen Linke [Hgg.]: Fuffziger Jahre, © Focus Verlag-Gesellschaft mbH Gießen 1980, S. 235f.; Autor: Udo Lindenberg)

3. Halbstarke

Norbert zieht mit der Rückseite des Kammes den Bapp gerade. Angetan mit einer rot glänzenden Windjacke, auf deren Rücken «Elvis», mit silbernen Nieten kalligraphiert, prangt, verläßt er die Wohnung und schiebt seine Kreidler aus dem Vorkeller. Es dämmert und an der Ecke zur Wöllstädter Straße sind die Umrisse von sechs «Halbstarken» und zwei Mopeds zu erkennen. Norbert wird schweigend empfangen; nach etwa einer Minute sagt einer, als koste es ihn Überwindung: «Ei, du Halbstarker» und ein zweiter: «Hast Du nen Docht?» Norbert zieht ein schmales Päckchen aus der Jackentasche. «Nur ne Beamtenzigarette!» «Die kannste selbst rauchen», sagt der andere und hat plötzlich selbst eine Schachtel in der Hand. «Siehst du die Kreuze aus Birkenholz? Da ruhen die Raucher von Overstolz», meldet sich einer zu Wort, dem für seine Verse ein mattes Lachen dankt. Die Gruppe ist unmerklich auf über zehn Personen angewachsen. Norbert tritt an Erwin heran. «Wetten, ich versäg dich mit der Kreidler», sagt er mit einer Betonung, als sage er «Schönes Wetter heute». Erwin lacht auf: «Keine Kunst, die Avanti ist noch nicht frisiert. Wart bis Montag.» Damit ist dieses Thema abgehandelt. Zwei Mädchen, eine Röhrenhose und ein Petticoat, weichen der Gruppe aus, indem sie auf die andere Straßenseite wechseln. «Hat euch die Mama aber fein gemacht!» «Warum so stolz, Goldzahn?» «Ist das alles echt?» Einer setzt sich, sein Moped, bis es anspringt, schiebend, in Trab und springt, als es losknattert, akrobatisch in den Sattel. Er umkreist die beiden Mädchen eine Minute lang, so daß sie nicht weitergehen können, und kommt dann zurück, da ihm offensichtlich nichts weiteres einfällt. Dennoch wird er mit Anerkennung empfangen, zwei oder drei intonieren «Tutti Frutti», begleitet von rhythmischem Klatschen, dann heulen alle Motoren auf; ohne daß ein Wort gefallen ist, sitzen alle auf den Maschinen, die zu Fuß gekommen sind, hintenauf, und man fährt mehrere Male um den Häuserblock. Nach fünf Minuten stehen sie wieder an der gleichen Stelle, jetzt fast 30 Jugendliche. Die Stimmung steigt proportional zum Anwachsen der Gruppe. Es muß etwas geschehen, und deshalb werden Vorschläge gemacht: In der «Rosita» eine Schlägerei anfangen, weil Fuzzi dort Lokalverbot bekommen hat, die Jungens von der Vereinsstraße verprügeln, die man aus irgendeinem Grund, den keiner mehr weiß, nicht leiden kann. «Haut se, haut se/immer auf die Schnauze!» Der alte Schlachtruf! Der Ruf verselbständigt sich, da der Zug in eine ganz andere Richtung als zur Vereinsstraße geht. Man geht zu Fuß, da die Mopeds für die mittlerweile 70 Mann starke Gruppe nicht ausreichen. Norbert fällt ein, was er vorhin in der Zeitung gelesen hat, und er ruft in eine momentane Stille hinein: «Russen raus – Rock'n roll!» Nach einer kurzen Pause des Erstaunens ist der Ruf akzeptiert: erst im Rock'n-roll-Rhythmus skandiert und dann melodisch in Anlehnung an bekannte Rock-Refrains variiert.

(Rainer Dorner: Halbstarke in Frankfurt. In: Götz Eisenberg, Hans-Jürgen Linke [Hgg.]: Fuffziger Jahre, © Focus Verlag-Gesellschaft mbH Gießen 1980, S. 228f.)

4. «Sexualerziehung der 15- bis 18jährigen Schuljugend»

[...]

Die staatliche Autorität ist weithin geschwunden. Die Nachkriegsschule mit den des öfteren gemaßregelten oder gelegentlich auch entlassenen Lehrern hat nur einen blassen Abglanz ihrer einstigen Autorität. In diese durch die verworrenen Nachkriegsverhältnisse erhöhten Gefahren nun fallen die entwicklungsbedingten und unabhängig von den besonderen Zeitumständen naturgegebenen Spannungen unserer 15–18jährigen Schuljugend. Die Verfrühung der Pubertät, wie sie schon seit Jahrzehnten durch die Verstädterung eingetreten war, ist inzwischen noch weiter fortgeschritten. Die Klassen bestehen infolge des großen Flüchtlingszustromes zu einem Teile aus zusammengewürfelten Schülern mit weit größeren Altersunterschieden als früher. Waren schon seit jeher die jüngeren Schüler durch die älteren, meist die Sitzlinge, die sich mit Vorliebe als Aufklärer in der Klasse betätigen, gefährdet, so ist das heute weit mehr der Fall. Wir können ohne Übertreibung sagen, in bezug auf das Geschlechtliche sind unsere Fünfzehnjährigen bis auf ganz vereinzelte Ausnahmen heute Wissende.

Schon in ruhigen Zeiten steht dem im Erwachen gesteigerten Trieb eine unzureichende seelische Widerstandskraft gegenüber. Die traurigen Nachkriegsjahre, in denen Zucht und Ordnung, Anstand und Lauterkeit erschreckend niedrig im Kurs standen, tragen mit Schuld daran, daß so viele Jugendliche nach den ersten großen Erschütterungen bei der Entdeckung des geheimnisvollsten, mit Schuldgefühl verbundenen Körpererlebnisses immer seltener in Augenblicken ruhiger Besinnung die Sehnsucht verspüren, aus ihrem dunklen Gefängnis schuldverstrickter Leibesgebundenheit herauszukommen an das helle Licht, um die von ihnen zerstörte Welt mit gläubigem Vertrauen wiederaufzubauen. So viele fühlen sich in ihrer dumpfen und ungehemmten Triebergebenheit mit jederzeit erreichbarer Lustbefriedigung ziemlich wohl und unterdrücken etwa aufkommende Minderwertigkeitskomplexe. Was vor wenigen Jahrzehnten mehr für die Arbeiterjugend galt, bei der infolge der härteren Lebensbedingungen die Entwicklungsjahre derber und unsentimentaler als bei der Jugend des Bürgertums verliefen, das gilt heute, bedingt durch den verrohenden Einfluß des Krieges, weitgehend auch für die übrige Jugend: Der das bessere Ich im Menschen ansprechende Eros als seelische Komponente der Reifezeit schwingt heute weit weniger mit, als das vordem der Fall war. [...]

Wie kann nun geholfen werden? Es ist und bleibt ja die große Schwierigkeit, in diesem Alter an den Jugendlichen wirklich heranzukommen. Die Voraussetzung dafür, daß die Jungen sich dem Lehrer gegenüber aufschließen, ist eine unbedingte, auf natürlicher Autorität, Liebe und Anhänglichkeit begründete Disziplin.

Nach meinen Erfahrungen ist der Biologieunterricht für die Sexualerziehung ganz besonders geeignet. [...]

Die Jungen sind ja schon von der Straße aufgeklärt, sie stellen sich, wenn der Lehrer keine innere Fühlung mit ihnen gewinnt, nur so einfältig, als beträten sie Neuland. Die Frage lautet überhaupt nicht: Aufklären oder nicht? Es handelt sich vielmehr darum, dem jungen Menschen im gesamten Biologieunterricht Stück für Stück zu zeigen, daß Gott ihm mit seinem Leib ein Wunderwerk anvertraut hat, welches schändlich zu entweihen ebenso in unserer Macht steht wie die beglückende Erfüllung der lebensweiten Aufgabe, es zu adeln und als Tempel des Geistes ehrfürchtig und zuversichtlich zu hüten.

Neben dem Biologieunterricht ist besonders der Deutsch- und Religionsunterricht zu sexualpädagogischer Erziehung unserer Jugend geeignet. Namentlich unserer reiferen Jugend werden die ethischen Fächer in dieser Beziehung viel geben können, streben doch gegen Ende der Reifezeit allmählich Sexualität und Erotik zu versöhnender Harmonie zusammen. Von der

Ordnung der ganzen Seele aus wird hier das Geschlechtsleben geschaut, seine Regelung vom Körper allein aus dagegen als unmöglich erkannt. Im Deutschunterricht der Oberstufe bietet Goethes Faust wohl mehr als jede andere Dichtung Gelegenheit, nicht nur die apollinischen Licht- und dionysischen Schattenseiten unserer schöpfergewollt dem Geschlechtlichen verhafteten Menschheit an der sich nicht zu wahrer Liebe durchzuringen vermögenden tragischen Gestalt des Dr. Faust herauszuarbeiten, sondern auch in die persönliche Sphäre der Schüler vorzustoßen.

[...]

Beim Klassenbesuch eines Zoos wird der Sexualpädagoge die Affenkäfige besonders beachten. Bekanntlich lenken die offen zur Schau getragenen und nach menschlichen Begriffen häßlichen Genitalien der Affen stets die besondere Aufmerksamkeit der Besucher auf sich. Die einzelnen Schüler wissen sich weniger beobachtet als in der Schulstube und geben sich daher natürlicher. Ihr Verhalten beim Anblick der Affen ist bis zu einem gewissen Grade ein Kriterium für ihre sittliche Reife. Ein zynisches Lächeln, Augenzwinkern, Anstoßen und dgl., wie man es nicht selten selbst bei Erwachsenen antreffen kann, zeigt uns sogleich, wes Geistes Kind der Beschauer ist.

Ähnlich liegen die Dinge beim Besuch eines Kunstmuseums mit der Klasse. Das führt uns zu dem Problem der menschlichen Nacktheit. Es muß jeden Jugendlichen die Beobachtung nachdenklich stimmen, daß im Leben die menschliche Nacktheit streng gemieden, in der Kunst dagegen verherrlicht wird. Nur der ganz reife Mensch ist eben fähig, den nackten lebendigen Menschenleib in Reinheit zu schauen. Auch die Betrachtung einer Aktskulptur oder eines Aktbildes als reines Kunstwerk ohne sinnliche Nebengedanken setzt eine zuchtvolle Seele voraus. In seinem Kapitel «Das Beilager der Blumen» faßt Carl Linné so treffend die im Vorangehenden kurz skizzierten Gegensätze in die Worte zusammen: «Die Genitalien der Pflanzen betrachten wir mit Vergnügen, die der Tiere mit Abscheu und unsere eigenen mit wundersamen Gedanken.» Der reifere Schüler muß als Ergebnis der Sexualerziehung in der Lage sein, in dem menschlichen Leib mehr als nur etwas Körperhaftes zu sehen, er muß durch den Leib hindurch die Seele ahnen. Und dieses Vermögen führt ihn aus der niederen Sinnenlust hinaus in ein verklärendes Licht.

[...]

(Auszug aus einem Vortrag von Oberstudiendirektor Kurt Hahn, Hattingen-Ruhr, anläßlich des Lehrgangs für Sexualerziehung der Jugend auf der Jugendburg Bilstein/Sauerland am 14. 9. 1950. In: Die Höhere Schule 1951 Nr. 6; Hahn war von 1920 bis 1933 Leiter des Internats in Salem.)

5. «Der soziale Status des Studenten»

Den größten Teil der Gesamtstudentenschaft stellen nach wie vor die Universitäten mit 84047 Studierenden. Sie weisen auch mit 24,1 v. H. die höchste Zahl von Studentinnen auf, die sich nach 1949 laufend vergrößert hat. Es folgen die Technischen Hochschulen mit 27867 Studierenden bei einem nach wie vor sehr geringen Prozentsatz von Studentinnen (4,5 v. H.). An sonstigen Hochschulen, Philosophisch-Theologischen, Tierärztlichen, Landwirtschaftlichen, Musik- und Kunst-Hochschulen studieren 7814 mit einem verhältnismäßig hohen Anteil von Studentinnen (17,7 v. H.), der vor allem auf die Kunst- und Musik-Hochschulen zurückzuführen ist.

[...]

Nach dem Zweiten Weltkrieg zeigte sich die gleiche Erscheinung wie nach dem Ersten. Die Erwartung, daß sich die Zahl der Studenten mit dem Abgang der Kriegsgeneration von den Hochschulen wieder senken würde, hat sich nicht erfüllt. Seit 1950 ist vielmehr ein ständiges Steigen der Studentenzahlen zu verzeichnen. Nicht zuletzt dürfte dies allerdings auch auf die Zugänge aus Ost- und Mitteldeutschland zurückzuführen sein. Mit 18953 Studierenden erreichen sie fast 16 v. H. der Gesamtstudentenschaft, das entspricht ungefähr dem Anteil der Vertriebenen an der Gesamtbevölkerung mit fast 17 v. H.

[...]

Interessante Aufschlüsse gibt die Erhebung [durchgeführt vom Verband Deutscher Studentenwerke] über die Veränderung in der Zusammensetzung der Studierenden nach dem Beruf ihrer Väter. Danach ist der Anteil der Studenten, deren Väter ein abgeschlossenes Hochschulstudium haben, langsam aber stetig angestiegen. Insbesondere gilt dies von den Studentinnen. Teilweise wird dies auf die besonders hohe Zahl von Studierenden um die dreißiger Jahre zurückgeführt. Die damalige Studentengeneration bemüht sich danach jetzt, ihren Kindern ebenfalls ein Hochschulstudium zu ermöglichen. Auffallend ist der steigende Anteil von Kindern von Angestellten. Sie haben es von einem Anteil von 12,4 v. H. im Wintersemester 1928/29 auf 25 v. H. im Wintersemester 1955/56 gebracht. Sie haben damit nicht unwesentlich zum Anwachsen der Studentenzahlen überhaupt beigetragen.

Zwei divergierende Tendenzen zeigen sich bei den Kindern von Beamten. Während sich bei den Kindern von Beamten mit Hochschulbildung eine steigende Tendenz abzeichnet, ging die Zahl der studierenden Kinder von Beamten ohne Hochschulbildung zurück, ohne Rücksicht auf die Höhe der eingenommenen Stellungen. Dies scheint ein Beweis dafür zu sein, daß das Einkommen allein nicht über die berufliche Ausbildung der Kinder entscheidet. Insgesamt stellen die Kinder der Beamten und Angestellten noch immer fast 60 v. H. aller Studenten, womit sich ihr Anteil seit 1928 kaum verändert hat, obwohl die Studentenzahl seither ständig gestiegen ist. Aus dieser Tatsache läßt sich auch teilweise die schlechte wirtschaftliche Lage der Studenten erklären. Denn gerade die Beamten und Angestellten hatten an der wirtschaftlichen Konjunktur der letzten Jahre nicht den gebührenden Anteil. Andererseits erhellt diese Tatsache klar, daß sich ein Besuch der Hochschule keineswegs immer nach der Höhe des Einkommens der Eltern richtet. Eine gewisse «Berufsvererbung» läßt sich nur bei den freien akademischen Berufen feststellen, eine Erscheinung, die für Studenten wie Studentinnen in gleichem Maße gilt.

[...]

In letzter Zeit wurden sogar Forderungen nach einem «Studienhonorar» laut. Zwar ist diese Forderung bisher nur von einer kleinen politischen Studentengruppe erhoben worden. Es steht zu hoffen, daß diese Forderung nicht eines Tages – ähnlich wie in Frankreich – von der Studentenvertretung gestellt wird, um ihr schwindendes Ansehen innerhalb der Studentenschaft zu retten. Es sollte bei aller Berechtigung der Forderung nach öffentlicher Unterstützung der Studenten nicht übersehen werden, daß es primär die Aufgabe des Elternhauses ist, die Ausbildung der Kinder zu finanzieren und daß erst subsidiär der Staat um Hilfe angegangen werden sollte. Eine Studienlenkung durch den Staat wäre die letzte Folge der totalen Staatsfinanzierung.

Nach der Erhebung steht auch das Elternhaus bei der Aufbringung der Studienkosten mit 32,8 v. H. an erster Stelle, weitere 33,5 v. H. der Studenten erhielten einen Teil der Studienkosten von den Eltern, 11 v. H. aller Studenten waren ausschließlich auf den eigenen Verdienst angewiesen. Vergleiche mit früheren Erhebungen zeigen, daß viele Studenten eine Nebenbeschäftigung ausüben, ohne es für die Finanzierung des Studiums nötig zu haben. Nur 8,8 v. H. der Studenten studiert ausschließlich aus öffentlichen Mitteln.

[...]

(Bulletin des Presse- und Informationsamtes der Bundesregierung, Bonn 1957, Nr. 179, S. 1653 ff.)

6. «Couleurstudenten 1961»

Man schrieb das Jahr 1949: Die Frontgeneration bevölkerte noch immer die Hörsäle deutscher Universitäten. Zwar hatte sie bereits die abgeschabten und umgefärbten Wehrmachtsröcke abgelegt, mit denen sie zum forcierten Brotstudium angetreten war, aber die noch zaghaften Neuanfänge deutschen Korporationswesens stießen weiterhin auf massiven Widerstand. «Was wollt ihr mit den Schlägern, Knaben?» sprachen die Männer. «Wir kennen nur Maschinengewehre.»

Man schrieb das Jahr 1954: Die Auseinandersetzung zwischen den nicht korporierten, den «freien» Studenten und den Farbenträgern war noch in vollem Gange. In den ASTA-Wahlen wogte es hin und her, Rektoren bezogen

Stellung zum Prinzip des Farbentragens auf akademischem Boden, die Öffentlichkeit wurde gegen die wiedererwachende «Reaktion» mobilisiert, aber ringsum vollzog sich schier unaufhaltsam der Neuaufbau der Corps, Burschenschaften, Landsmannschaften, Sängerschaften: Die Alten Herren waren am Werk.

Man schrieb das Jahr 1958: Im Fenstersaal eines als historischer Paukboden bekannten Gartenlokals wurde blutig gefochten. Die Schläger klirrten aneinander, *«Herr Unparteiischer, bitte um Abfuhr!»*, der Bader stand bereit, die klaffende Wunde zu vernähen, das Publikum hatte Gartenstühle an die Fenster herangeschoben und sah von draußen zu: Feiertäglich aufgeputzte Bürger auf Sonntagsausflug, Halbwüchsige (einige davon Gummi kauend), hübsche Studentenbräute mit kesser Pariser Frisur.

Man schreibt das Jahr 1961: Wen erregt das wiedererblühte Korporationswesen eigentlich noch? 49 000 Studenten trugen im Sommersemester 1960 die Farben ihres Bundes auf dem Kopf und quer über die Brust.

Warum strömen die Studenten wieder zu den Farben? Hat sich in der Welt für sie nichts geändert? Ist der Zusammenschluß unter den Farben ihrer Vorväter, beim «Salamander», auf dem Paukboden, später in der Altherrenschaft, ihnen genauso wichtig wie der Jugend vor dem Zeitalter der Autos, Waschmaschinen, Atombomben, vor der Zeit der Teilung Deutschlands, der Ost-West-Spaltung des Globus, des erwachenden afrikanischen Nationalismus, der wüsten Revolution und Anti-Revolution Fidel Castros, des kommunistischen Ameisenstaates in China, des Weltraumfluges? Fliehen sie aus der Wirklichkeit in die Vergangenheit? Oder sammeln sie sich – und wenn ja, wozu? Suchen sie Romantik oder halten sie sich aneinander fest – in einer Welt, in der die Begriffe rasend schnell auseinanderbröckeln, um neuen Platz zu machen?

[...]

Auf meiner Reise durch deutsche Universitätsstädte begegnete ich Korporationsstudenten und ihren Gegnern, Alten Herren und Füchsen, sozialistischen Studentenführern und uninteressierten «freien» Studenten. Ich habe natürlich nicht alles gesehen, aber einiges. Und im Mittelpunkt meiner Beobachtungen steht dies:

Die «Kampfjahre» der erneuerten Verbindungen sind vorbei. Man hat sie akzeptiert, als Bestandteil des deutschen Universitätslebens, man hat sich an sie gewöhnt (auch wenn man sie nicht mag), sie sind aus dem akademischen Leben der Bundesrepublik nicht mehr wegzudenken, sie sind auch (wie selbst ausgesprochene Gegner sagen) «klüger» in ihrem Auftreten geworden und passen sich – mit Unterschieden in der Ausdauer und im Erfolg – der modernen Wirklichkeit an. Sie sind da und sie bleiben.

(Die Zeit vom 26. 5. 1961)

7. Abiturienten

Es ist große Pause. Ich lerne die Klassen kennen. Im Schulhof erfahre ich schon nach wenigen Minuten, daß von Prüfungsangst nicht die Rede sein kann. Jeder überbietet den anderen, wenn es darum geht, zu betonen, wie unwichtig das Abitur sei. «Im Schriftlichen konnte ich es nur noch komisch finden, daß alles so einfach ist; unverständlich, daß man uns vorher so viel Angst gemacht hatte.»

Man gibt sich lässig und gelassen. In Jeans und Pullis stehen sie um mich herum. Lernen? «Wo anfangen, wo aufhören? Zehn Tage vor dem Mündlichen schauen wir noch ein bißchen in die Bücher.»

Fast ein Drittel der Klasse ist nicht zum Unterricht erschienen. Seit der Oberstufe besteht keine Präsenzpflicht mehr. Die Schüler dürfen ihre Entschuldigungen selbst schreiben. Auch die Noten für Betragen und Mitarbeit stehen nicht mehr im Zeugnis. «Wenn wir fehlen, ist es ein Symptom dafür, daß wir unzufrieden sind, die Schule nicht als Hauptsache ansehen. Jeder, der das nicht tut, hat keinen Weitblick.» Und als ob Langeweile ein Gefühl sei, das man für alle Zukunft aus Beruf und Privatleben verbannen könne, erklärt jemand: «Ehe man sich langweilt, geht man besser gar nicht erst hin.»

Nach dem schriftlichen Abitur, zur regulären Schulzeit, fuhren vier Schüler für einige Tage zum Skilaufen – ohne sich zu entschuldigen, weder vorher noch nachher. Die Lehrer sind machtlos. Und die Eltern? «Sie sagen, das sei unsere Verantwortung. Wir müßten selbst wissen, ob wir lernen wollen oder nicht.» Da sie entschlossen scheinen, ihre Erfahrungen selbst zu machen, auch gegen vielleicht bessere Einsicht, erklären sie: «Würden die Eltern etwas dagegen sagen, würde es auch nichts nützen.» Respektspersonen, so heißt es, gibt's nicht mehr. Pflicht? «Wem gegenüber sollten wir verpflichtet sein?»

Es ist Deutschstunde. Die fünf Jungen sitzen in den hintersten Bänken. Hier liegt ein roter Sturzhelm, dort ein Päckchen Zigaretten. Im Blickfeld des Lehrers erinnert ein großer Zettel mit dicken schwarzen Lettern: Wir wissen, daß wir Abitur machen!

Der Unterricht von Frau Direktor kommt an: «Sie hat es fertiggebracht, uns beizubringen, halbwegs ordentliche Text- und Gedichtinterpretationen zu schreiben, so daß wir alle anständige Abituraufsätze liefern konnten.» An dieser Stelle wird deutlich, wie wenig sich die Klasse zutraut. Wo Gelerntes abgefragt wird, fühlen sie sich sicher. Die eigene Kreativität scheint gleich Null; man ist dankbar für jede Gebrauchsanweisung. Herausforderungen an die Phantasie werden nicht angenommen: «Alle freien Themen öffnen im Grunde doch nur einem unglücklichen Herumrühren in allgemeinen Dingen Tor und Tür.»

Frau Direktor schreibt neun Buchthemen an die Tafel. Die Klasse soll auswählen, mit welchem Autor sie sich in den letzten Tagen ihrer Schulzeit beschäftigen will: Fontane, Hölderlin, Hofmannsthal, Hesse, Johnson,

Handke, Frisch, Brecht, Weiss. Der Trend, einen letzten Rest überholter Hippiekultur mitzubekommen, wird deutlich: Man entscheidet sich bezeichnenderweise für die unstete Sehnsuchts- und Wanderatmosphäre von Hesses Steppenwolf. Mangelnde Vorbilder gewinnen Kontur: «Mich fasziniert dieser Mensch mit seinen inneren Kämpfen und daß er fähig ist, sich umzuwandeln.» Das Buch kostet aber sechzehn Mark, ist also zu teuer. Man muß sich für einen anderen Dichter entschließen. Es ist Bertolt Brecht mit seinem Stück «Die heilige Johanna der Schlachthöfe».

Es klingelt zur Pause. Ein Mädchen packt seine Sachen und geht: «Nach drei Stunden reicht mir's.»

Deutschstunde in der Parallelklasse, in Wolfgangs Klasse. Eine Schülerin setzt sich von der ersten in die letzte Reihe, um ungestörter stricken zu können. Das Thema ist Faust II, Walpurgisnacht. – «Da lese ich lieber Asterix unter der Bank.» – Eva meldet sich: «Goethe betrachtet Faust positiv und entschuldigt ihn. Ich kann das nicht. Es ist doch ziemlich einfach, im nachhinein alles einzusehen und zu bereuen.» Die Lehrerin: «Ihr seid alle so hart mit dem Faust, das schmerzt mich.»

[...]

Ziemlich verärgert reagieren die Abiturienten auf meine Frage nach ihren politischen Einstellungen: «Wir diskutieren nicht viel und wenn, dann nur mit unseren Freunden.» – «Manchmal streiten wir uns, aber das ist dann so unqualifiziert, daß wir bald wieder aufhören.» – «Was soll man schon tun, wenn man doch nichts tun kann?» Und Studentendemonstrationen? «Sie haben nur Negativ-Reaktionen ausgelöst und man gibt mit politischen Aktionen ein denkbar schlechtes Bild als gesellschaftliche Gruppe ab. Bewirkt haben die Studenten höchstens, daß die Hochschulen noch schlechter sind als vorher.» Macht man sich über diesen beklagenswerten Zustand Gedanken? Etwa innerhalb einer kritischen Schülerzeitung? Sie stammt sogar aus dieser Klasse. Drei der Jungen haben sie produziert, allerdings ist erst eine Ausgabe erschienen. Aber ihr Titel läßt alles andere vermuten als politisches Engagement: «Julchen» heißt sie, wie das Mädchen, in das sich Michael in den Ferien verliebte ...

(Arbeitgeber 1974, S. 418 ff.)

8. Lehrlingsprotest

Für die Essener Lehrherren und Meister stimmt die Welt nicht mehr. Ein «Aufstand der Lehrlinge» – so schreckte die Handwerkszeitung ihre Leser auf – drohe das ehrbare Handwerk mittels einer «anonymen Rufmordkampagne» in Mißkredit zu bringen. Von «radikalen und aufgehetzten Minderheiten» war die Rede, von «bundesweiter Diffamierung» und «intellektuellen Drahtziehern». Was war geschehen?

An einigen Essener Berufsschulen hatten Lehrlinge über ihre Ausbildung und über die Mißachtung der Jugendarbeitsschutzbestimmungen geklagt. Bezeichnenderweise kamen die jungen Leute mit ihren Sorgen zu den Religionslehrern – zwei katholischen und drei evangelischen –, die wegen ihrer fortschrittlichen Haltung schulbekannt waren. Diese diskutierten mit den protestierenden Lehrlingen und starteten mit ihnen eine Fragebogenaktion. «Wir sind eine Arbeitsgemeinschaft gewerblicher Lehrlinge» – so hieß es da – «wir interessieren uns dafür, wie Lehrlinge ausgebildet werden, und möchten herausfinden, was man verbessern kann.»

Doch schon beim Verteilen der 4000 Fragebogen in den Essener Berufsschulen erfuhren die Lehrlinge zum erstenmal, daß man nicht ungestraft ehrwürdige Ordnungen und Traditionen kritisiert oder gar in Frage stellt. Regierungspräsident und Kultusministerium wurden bemüht. Fazit: Die Fragebogen durften auf den Schulhöfen nicht verteilt werden; vor den Schultoren erreichten sie schließlich ihre Adressaten.

400 Fragebogen kamen nach einiger Zeit zurück. Auf einem Diskussionsabend für Lehrlinge, Berufsschullehrer und Eltern gab die Arbeitsgemeinschaft das Umfrageergebnis bekannt: 77 Prozent der 400 Lehrlinge gaben an, zu berufsfremden Arbeiten herangezogen zu werden; 46 Prozent beklagten, unbezahlte Überstunden machen zu müssen; 16 Prozent schrieben, sie seien Druck von seiten des Lehrherrn ausgesetzt.

Zuvor schon hatten die Lehrlinge auf einer Pressekonferenz über besonders krasse Fälle aus ihrem Berufsleben berichtet: «Ich hab' einmal Ärger mit der Polizei gehabt», berichtete ein Kfz-Lehrling, «da wollte mein Meister wissen, wer mit dabei war. Das hab' ich ihm nicht gesagt. Da hat er mir mehrere Male mit der Faust ins Gesicht geschlagen. Und als ein anderer Lehrling deswegen gepfiffen hat, hat der Betriebsleiter wie wild auf den losgeprügelt.» Eine Laborantin erzählte: «Eigentlich habe ich um fünf Uhr Feierabend. Aber ich bleibe oft bis halb acht. Als ich neulich aber noch länger bleiben sollte, habe ich mich geweigert. Da hat der Chef die Haustür abgeschlossen, und wir mußten doch arbeiten. Erst um 22 Uhr hat er uns rausgelassen.»

[...]

Die Religionslehrer blieben nicht ungeschoren. Einer wurde wegen seiner Teilnahme an der Aktion an eine andere Schule versetzt, ein anderer wartet noch auf den Brief, der ihm gleiches mitteilen soll. Die anderen drei wurden ebenfalls abgeschoben. Wie nicht anders zu erwarten, formierten sich rasch die alten Fronten. Die anderen Essener Religionslehrer distanzierten sich schleunigst von ihren Kollegen: «Der Auftrag des Religionslehrers erleidet so eine unangemessene Verschiebung.» Die Berufsschuldirektoren wollten mit der Sache lieber nichts zu tun haben; Meister und Innungen igelten sich ein.

[...]

Auch im Essener Gewerbeaufsichtsamt betrachtet man die Lehrlingsaktion

– soweit sie den Jugendarbeitsschutz betrifft – überwiegend wohlwollend. Mit ihren 30 Beamten für die Kontrolle von 26 000 Betrieben kämpft diese Behörde ohnehin einen schier hoffnungslosen Kampf. Hier weiß man auch um jene Autoritätsstrukturen, die für die Arbeitswelt des zwanzigsten Jahrhunderts unverändert gelten und die Lehrlinge und Eltern den Kampf gegen Meisterwillkür oft gar nicht erst aufnehmen lassen.

Die Fronten in dem Streit Lehrlinge–Meister sind nicht zuletzt deshalb so verhärtet, weil es nicht nur um Arbeitsmoral, Pädagogik und Kontrolle der Ausbildung geht, sondern um handfeste Interessen – um Geld. Für viele Betriebe sind die Lehrlinge ganz schlicht – billige Arbeitskräfte. Ein Beispiel der Essener Arbeitsgemeinschaft: Ein Lehrling in einem Büromaschinengeschäft wurde bereits im ersten Lehrjahr regelmäßig zum Reinigen von Schreibmaschinen und Rechenmaschinen auf Kundendienst geschickt. Täglich reinigte er entweder zwei Rechenmaschinen – Gebühr jeweils 90 Mark – oder sechs Schreibmaschinen – Gebühr jeweils neun Mark. Bei einer Lehrlingsvergütung von 150 Mark brachte er seinem Chef weit über 2000 Mark Gewinn monatlich.
[...]

(Die Zeit vom 18. 7. 1969; Originaltitel: Kleben, stempeln, putzen. Essener Lehrlinge protestieren gegen ihre Lehrherren.)

9. «Kinder des Liberalismus –
Unsere APO, menschlich betrachtet»

Äußerlichkeiten, Visuelles, Details zunächst. Ich kam, ich sah, ich hörte: Es fiel mir ihre Anmut, ihre Wohlausgestattetheit, ihre provozierende Sorglosigkeit auf. Ästhetisch gesehen sind sie ein reines Vergnügen; sie haben Stil. Noch nie war eine Jugend in Deutschland auf eine so entschlossene und zugleich überzeugende Weise jung. Dies ist eine erstaunlich schöne Generation jener Deutschen, die doch in der Welt als die Häßlichen etikettiert werden. Die Mädchen in ihren verwegenen Pullovern, die Jungens mit ihren imponierenden Backenbärten, sie erinnern an die apartesten Modelle aus der Werbebranche; kein Designer für Pepsi-Cola könnte sie attraktiver erfinden. Etwas Paris, etwas Greenwich-Village, etwas Swinging London: heiter, verpopt, mit einem spontanen Sinn für die Effekte des Skurrilen und Grotesken, sind sie zunächst einmal die neuen deutschen Vertreter jener weltweiten Jugendkultur, die, von Amerika inspiriert, in allen westlichen Metropolen Fuß gefaßt hat. Ein uralter Regenschirm, rhythmisch auf- und zugeklappt nach den Redefiguren des Professors – ich kann mich der grotesken Ästhetik solcher Provokation nicht ganz entziehen. Dies ist eine, bei allem Geist der Revolte, merkwürdig fröhliche Generation.

Eine luxuriöse Generation hat man sie genannt; das Wort ist mir zu vieldeutig, zu schillernd, um das Phänomen zu fassen, aber sicher ist, daß ihr Lebensgefühl, diese skurrile Mischung aus Heiterkeit und Aggressivität, nicht ohne unsere Wohlstandsgesellschaft denkbar ist. Obwohl sie gegen die Konsumform der Gesellschaft im Überfluß protestierten, bleiben sie doch zunächst einmal deren Geschöpfe und Kreationen. Maskottchen des Spätkapitalismus, könnte man in ihrer eigenen Sloganform sagen. Sicher ist, daß unsere florierende Ökonomie sie mitproduziert hat. Es sind Revolutionäre der Prosperität.

Das zweite, das ins Auge fällt, ist ihre soziale Herkunft. In Gesprächen stellt sich bald heraus, daß ihre beredtsten Vertreter fast durchweg Kinder aus wohlhabenden Bürgerhäusern sind. Man weiß das: Es sind Söhne von Kaufleuten, Anwälten, Ärzten, Industriellen. Arbeiterjugend ist, entsprechend der Klassenstruktur unserer Universitäten, nicht vertreten. Kinder aus Bauernhäusern, aus dem Handwerk, der breiten Schicht der Unterprivilegierten fehlen. Von daher bekommt ihr revolutionärer Anspruch, die Arbeiter aus den Zwängen des Kapitalismus befreien zu wollen, den Zug ins Romantische und kraus Verstiegene.

Massenpsychologisch gesehen sind diese Studenten unendlich allein und isoliert; sie haben keine nennenswerte soziale Gruppe hinter sich, sieht man von den Sympathien aus Intellektuellenkreisen ab. Freischwebende Intelligenz.

Sie sprechen mit ihrem von Marcuse, Adorno, Habermas rasch übernommenen Soziologenjargon eine Sprache, die in ihrer starren, formelhaften Verkürzung an die Gebetsmühlen eines neuen Parteichinesisch erinnert. Es ist alles etwas zu rasch erstarrt und «umfunktioniert».

Schließlich fällt die Geste kindlich-großartiger Selbstsicherheit auf, die mitunter blitzschnell Züge des Terrorismus annehmen kann, wie immer bei Kindern. Ein leidenschaftlicher Aktionswille paart sich mit einem Machtanspruch, der Heiterkeit auslösen müßte, wäre das Establishment selber nicht so verdutzt und ratlos.

Zivilcourage muß man ihnen attestieren. Keine Institution ist ihnen zu mächtig – prominente Schriftsteller, kapitale Verleger, etablierte Staatsmänner, von der Justiz und Polizei ganz zu schweigen: je stabiler die Macht, um so stolzer der Stil der Provokation. «Sie wissen, meine Herren Verleger», sagte da einer zu unseren Buch-Kapitalisten, «daß wir Sie zu gegebener Zeit enteignen werden. Im Augenblick aber bitten wir um Ihre Solidarität. Gehen Sie morgen früh ...» Sind das infantile Omnipotenzphantasien, die solche Worte beflügeln? Ein Hauch von pubertärer Großmannssucht geht sicher durch ihre Reihen. Ihr Verhältnis zur Masse und zur Macht ist emotional, unkritisch, aber wäre es nur pubertär, so würde es kaum Krisen dieses Umfangs auslösen.

[...]

(Die Zeit vom 18. 10. 1968)

10. Eine studentische Wohngemeinschaft 1980

Aufruf!!!!
So langsam stinkt mir diese ewige, unaufhörliche MANN-FRAU- etc.
Diskussion. Wir sind hier 5 Leute in der WG (3 Männer, 2 Frauen) und haben
im Prinzip dieselben Grundeinstellungen bzw. Weltanschauungen.
WIR SOLLTEN DESHALB (verdammt nochmal) MEHR FÜREINAN-
DER ALS GEGENEINANDER LEBEN!!!!
KAPIERT DAS ENDLICH!!!!!
(Auf ein produktives Miteinander!)
Reinhard (mir aus dem Herzen!)
Sigmar Gerhard Gabi
außer Konkurrenz: Solidarität! Jochen Conny
Ach ja, das stimmt alles und ich find ja auch. Aber ich pack es nicht, solang
ich noch (immer seltener, stimmt) das Gefühl hab, so oder so behandelt zu
werden, weil ich Frau bin, und drum muß ich drüber reden, und drum muß
ich mich wehren («überreagieren»). Vielleicht können wir ja auch «fürein-
ander» unsere Mann-Frau-Rollen-Probleme bearbeiten (?!), also, mir wär
das schon Bedürfnis, ehrlich. Hm.
Ausführung folgt auf dem Klo.
Gabi.
[...]
«Ich halte negative Kritik ohne direkte Hilfestellung für sadistischen und
arroganten Unfug.» Ruth Cohn
Ich auch (obwohl mir klar ist, daß ich's oft genug selbst mache)
Reinhard
P. S.: Was ich vorhin sagen wollte und nicht konnte/durfte/wollte, war –
ungefähr –: Da, wo ich «trotzdem» akzeptiert, d. h. auch gerngehabt werde,
fällt's mir leichter, mich zu ändern. Außerdem: Zu viele Ansprüche, die ich
an andere stelle, verhindern, welche an mich selbst zu stellen. Bei uns hab ich
das Gefühl, daß wir im Moment bloß so lange miteinander und füreinander
leben, solange jeder gut funktioniert. – Wenn nicht, jubeln wir uns alles Mögliche unter die Weste. (Oft klingt's nicht, als wollten wir uns gegenseitig helfen, sondern als wollten wir uns wehtun)
So wird sich keiner von uns ändern!!!
21. 5. 80 Reinhard, verdammt traurig
Bei dem, was du hier schreibst, fühle ich mich angesprochen und möchte
mich deshalb auch dazu äußern: Die Sache mit der negativen Kritik steckt
wohl in uns allen; wir können eigentlich nur immer wieder versuchen, daß
wir sie nicht allzu oft gebrauchen (das ist allerdings leicht gesagt, geb' ich zu).
Was die Sache mit den Ansprüchen betrifft: Junge, da machst du dir ganz
schön was vor. Alles was du diesbezüglich am heutigen Abend gesagt und
hier niedergeschrieben hast, steht im krassen Gegensatz zu deinem tatsäch-

lichen Verhalten. Du stellst hohe Ansprüche an dich (du willst dich ändern, du versuchst immer auf andere Leute in der WG einzugehen) und gleichzeitig stellst du auch an uns hohe Ansprüche (du willst akzeptiert werden, gerngehabt werden, daß wir füreinander leben und uns gegenseitig helfen). Ich halte daher deine Anmerkung «zu viele Ansprüche an andere, verhindern Ansprüche an mich» für absoluten Quatsch. Ich finde die Sache mit den Ansprüchen (an mich und andere) eigentlich recht gut, wobei ich natürlich irgendwie auf dem Boden bleiben sollte (es gibt Ansprüche, die wohl keiner von uns erfüllen kann). DEINE ANSPRÜCHE ABER SIND REALISIERBAR UND EBENSO DIE VON GABI!! Ich hab' das Gefühl, daß du in deinem momentanen Knatsch mit der Gabi das Zusammenleben in der WG einfach zu schwarz siehst.

[...]

Sigmar   verdammt müde und doch optimistisch

P. S.: Ich finde es nicht gut, solche Dinge ins Klobuch zu schreiben!

[...]

FÜR GABI UND UTE

Verdammt nochmal, jetzt reicht's!

Könnt ihr faulen Säcke (Gabi + Ute!) nicht endlich mal eure Räder gescheit hinstellen. Ich weiß nicht, wie oft wir schon drüber geredet haben und wie oft ich schon eure Scheißräder anders hingestellt hab, damit sie nicht den ganzen Gang versperren.

Ist es denn so schwer, sein Rad nicht auf den Ständer zu stellen, so daß es schräg im Gang hängt, sondern es an die Wand zu lehnen, und ist es denn so schwer, das 2. Rad ein bißchen versetzt anzulehnen, statt es einfach irgendwie davorzuknallen? Heut war der Kistner richtig sauer, weil sich jetzt schon die Mülleute beschwert haben, sie seien nicht dazu verpflichtet, die Tonnen über die Räder zu heben! Und ich, der sowieso sein Rad immer hochschleppt, laß mich dann für euch verschlampten stinkfaulen Schlappsäcke noch anmotzen!

Wenn ihr schon zu faul seid, eure Räder hochzutragen bzw. richtig hinzustellen, dann stellt sie doch wieder beim Kupsch in den Hof! Jedenfalls werde ich eure Räder nicht mehr anders hinstellen, sondern beim nächsten Mal einfach auf die Straße.

Wenn sie dann geklaut werden, isses mir wurscht!!!

Reinhard

Sehr richtig!

Kann ich Dir beipflichten. Ich hab's nicht notwendig mich zu rechtfertigen. So hab ich, um den Hausfrieden zu sichern, 2× hintereinander die Treppe geputzt. Von wegen faule Schlappsäcke! Kuck doch mal in den Gang

Au weia, Kein Kommentar, das spricht für sich! Ich hab' auch schon 2× hintereinander die Treppe geputzt, obwohl der Hausfrieden nicht gefährdet war, ich hab' auch schon mindestens 239× gespült! Ich hab' absolut keinen Bock mehr, mir durch solche Scheißaufrechnereien den Tag vermiesen zu lassen; ich hab' in letzter Zeit keinem mehr was vorgerechnet und bin nicht mehr dazu bereit, mir irgend etwas vorrechnen zu lassen. [...]

Außerdem sollten bestimmte Sachen angesprochen werden und gehören daher nicht ins Klobuch!!!

(Klobuch der Bamberger Wohngemeinschaft UK24 1980/81, Privatbesitz Frankfurt/Main)

11. Popper – eine Jugendmode

Samstagabend, halb acht. Popper-Party in Hamburg-Pöseldorf. Draußen parken schnittige Mofas. Drinnen ist man unter sich: gepflegte Herrschaften zwischen zwölf und siebzehn Jahren, eine formierte Gesellschaft distinguierter Nachwuchs-Snobs. Lauter Kopien von Mode- und Werbe-Fotos, eine so glatt wie die andere. Die Popper – ihr Name ist ein Gegenbegriff zu Rokker – trinken Sekt und rauchen Filterzigaretten. Dunhill oder Astor etwa, keinesfalls selbstgedrehte.

Pascal, 15, ist mit der U-Bahn aus Hamburg-Norderstedt angereist, einer «Prolo»-Gegend, wie er beschämt gesteht. Wer in Norderstedt haust, der ist unter Poppern eigentlich erledigt, der kriegt normalerweise keinen Fuß in die Türen, hinter denen die wichtigen Parties stattfinden. Aber Pascal hat früher einmal eine standesgemäße Adresse gehabt, da drücken seine Freunde jetzt ein Auge zu. Er weiß halt, was sich gehört: Kleidung, Benehmen und Sprache lassen nichts «Proletenhaftes» erkennen. Seine gesellschaftlichen Auftritte inszeniert er sorgfältig: «Auf Feten muß man sich vorbereiten. Ich habe mich schon heute morgen mit ein paar Freunden getroffen. Wir haben uns die Haare gewaschen und gefönt und uns den Nacken ausrasiert.»

Keiner lacht. Die Popper nicken. Mit einem Auge, das andere ist vom schweren Vorhang der Tolle verdeckt, begutachten sie mich von Kopf bis Fuß: Prolo-Probe. Wie sehen meine Haare aus? Struppig? Verfilzt? Trage ich etwa ausgefranste Jeans mit Schlag, eine selbstgestrickte, schlampige Jacke oder gar eine Atomkraft-nein-danke-Plakette am Polyester-Rolli? «Leute mit so was kommen hier nämlich gar nicht erst rein!» erfahre ich. Ohne V-Pullover und Schal (am besten aus Kaschmir), ohne Designer-Jeans (oben weit, unten eng – von Fiorucci und Smith), ohne blankpolierte College-Slipper oder Cowboystiefel, ohne schnurgerade gezogenen Seitenscheitel und frisch shamponierte Haare, wehend wie ein Seidenvorhang, wird der Passierschein zum Popper-Paradies verweigert.

Die jungen Herrschaften auf der Pöseldorfer Party können das Popper-Evangelium runterbeten, alle kennen sie seine Glaubens-Artikel, alle halten sie ein. Andernfalls droht Mißachtung und Bann.

«Wenn ich hier mit einem Typen im Parka ankäme, und wenn der obendrein noch lange fettige Haare hätte – da wäre ich doch sofort out», sagt

Marc, 15. Er bekennt, schon ein bißchen leiser: «Im tieferen Sinne ist das beschissen. Aber man will ja dazugehören.»

Da sind sich alle einig. «Durch unsere Kleidung sind wir dabei, kommen an, finden leichter Kontakt mit unseren Leuten. Da weiß man sofort, wen man ansprechen kann und wen nicht!» sagt Pascal. Er zelebriert seine Goldrand-Zigarette mit abgespreiztem kleinen Finger: «Andere interessieren uns gar nicht.» Gleichaltrige, die im HSV-Schal oder dem karierten «Palästinenser-Feudel» (Putzlumpen) einhergehen, seien doch «echt Asche», die könnten nun wirklich nicht erwarten, daß man sie akzeptiere.

Das wußte ich schon. Wie gnadenlos Popper mit Mitschülern umspringen, denen der Popper-Knigge noch ein Buch mit sieben Siegeln ist, hatte mir kichernd der Gymnasiast Tim, 13, erzählt: «Wenn ein Typ vom Land mit ollen Klamotten zu uns in die Schule kommt, wird der erstmal total fertiggemacht. Alle sagen: ‹Oh, guck mal, Salamander-Schuhe. 17,50 Mark, was? Willste mit deiner Hose zelten gehen? Und der schicke Fiorucci-Parka, ha-ha-ha!› Der wird dann ganz rot.» Britta, 13, hatte hinzugefügt: «Und eines Tages hatte der dann auch College-Schuhe und einen V-Pullover an.» Wie es sich gehört. Robert, 14, sagt: «Man will zeigen, daß die Eltern Geld haben. Weil man dann nicht den Scheiß von C & A kaufen muß. Den lehnen wir ab.»

Wenn ein paar Popper zusammenstehen, zeigen sie ihre neuen Kleider vor und prahlen damit, was sie gekostet haben. Wer nicht in ganz bestimmten «in»-Boutiquen kauft, der wird nicht für voll genommen. Pascal kühl: «Die anderen sind praktisch alle Prolos. Wir wollen zeigen, daß wir was Besseres sind.»

[...]

(Zeit-Magazin vom 14. 3. 1980)

12. Punk-Musik

Das «Esso» gehört sicherlich zu den häßlichsten Konzerträumen Berlins. Ein kahler, etwa 20 Meter langer Raum wird auf der einen Seite von der Bühne, auf der anderen von einem Tresen begrenzt, über dessen ganze Breite Bier- und Coladosen, Stückpreis 2,50, aufgereiht sind. Der Laden gehört einer Gruppe linker Türken, die hier Tanz- und Liederabende veranstalten, auf türkisch heißt er «Merhaba». Zwei pfiffige Typen um die 23, die selbst in verschiedenen Punk-Gruppen spielen, mieten ihn einmal die Woche für Punk- oder New-Wave-Konzerte. Sie träumen davon, «mal richtig groß einzusteigen».

Heute nacht haben sie gute Chancen. Das Fernsehen ist da und will von der langen Nacht einen 15minütigen Zusammenschnitt bringen. Keine Frage, daß die zehn Nachwuchsgruppen für die Aussicht, ins TV zu kommen, umsonst spielen. Jede Gruppe hat eine halbe Stunde – wenn sie durchhält.

Die Musiker unterscheiden sich nicht vom Publikum: kaum einer über 25, die meisten unter 20. Ihre Formationen heißen «Ichs», «Gelb», «System», «Rubber Beasts and the Baby Bouncers», «Soilent green», «Tanks of Danzig», «Tobender Luftkampf», «P 2/E», «Automatic Artists», «Neue Deutsche Übelkeit». Ihre Namen sind bestenfalls einer kleinen Gemeinde von Eingeweihten bekannt. Viele von ihnen haben erst zwei oder drei gemeinsame Proben hinter sich.

Vor der Bühne wird es langsam eng. Die Szene trägt Sonntags-Kluft: abgetragene Lederkutten, mit Nieten beschlagen, auf den Rücken sind die Namen bekannterer Gruppen wie «DAF», «Abwärts», «Einstürzende Neubauten» gesprüht, oder auch einfach Sprüche, meistens in der eckigen Runenschrift, die die Punks wie manch anderes Accessoir sich aus der Kult-Kiste der Nazis geliehen haben. Die Sicherheitsnadeln sind aus der Mode gekommen. Dafür stehen Ketten hoch im Kurs, als Gürtel, um Knöchel und Handgelenke oder, ganz pikant, mit Zahlenschloß um den Hals. Die Hosen sind entweder aus Leder oder kaputt, möglichst eng, viele Mädchen tragen Strumpfhosen. Die Haare, soweit nicht abrasiert, sind bunt: violett, orange, giftgrün, lila, gestreift. «Crazy colors» ist der Markenname der auswaschbaren Knall-Töner. Wer den Rasierapparat auf dem Kopf oder den wilden Haarverschnitt scheut, hat sich mit Bier, Zuckerwasser oder Nivea senkrecht abstehende Strähnen toupiert. Mit schlichten langen Haaren oder gar Bart fällt man heute abend jedenfalls auf. Abgefahren sind auch Plastik-Sachen, z. B. ein Minirock aus einer blauen Abfalltüte, Klamotten aus den 50er Jahren, Glitter, Buttons, Orden. Viele Gesichter sind geschminkt: halb blau, halb grün, grauschwarz, ganz weiß, ein Besetzer-Zeichen auf der Backe oder zwei unendlich schwarze Augenhöhlen. Einer der Stars des Abends ist ein Mädchen, das auf seinen Schultern eine weiße Ratte herumträgt, die unablässig und nervös schnüffelnd von einem Ohr zum andern hastet und dabei träge mit dem nackten rosa Schwanz schlägt. Wenn das Mädchen die Zunge herausstreckt, stellt sich die Ratte mit den Vorderpfoten darauf und schleckt sie ab.

Die Typen machen größtenteils auf harten Mann. Herbe Blicke, cool, «Ich steh auf meiner Häßlichkeit!" oder «Nur der Ekel ist ehrlich!» scheinen manche auszudrücken. Die Gesichter mancher 13jähriger sehen beklemmend erwachsen aus.

Die erste Gruppe hat plötzlich zu spielen angefangen. «Fick, fick, fick, fick, fick fick fick mit Emma Peel!» schreit ein pickelgesichtiger Oberschüler ins Mikrofon, vielleicht zwanzigmal hintereinander. Er hat einen zerschlissenen Wintermantel an, darunter eine Strumpfhose. Seine Füße stecken in zusammengebundenen Plastiktüten, und hinter seinen Absteh-Ohren wachsen zwei Antennen hervor. Das Schlagzeuggehämmere im Stakkato und die elektrische Gitarre schieben eine auf- und abschwellende ohrenbetäubende Tonwelle vor sich her, aus der einzelne Akkorde oder Läufe nicht mehr herauszuhören sind. Aber die Musik fetzt nicht richtig, es kommt kein Rhythmus zustande. Der Sänger guckt starr ins Publikum, die Hände in den Manteltaschen vergraben. Schon beim zweiten Lied fliegen die ersten leeren Bierbüchsen auf die Bühne. Die Kids im Saal haben kein Erbarmen mit den Kids on stage. Nach dem vierten Lied müssen sich die «Ichs» geschlagen geben. Unter dem Hagel der Büchsen ziehen sie sich zurück. Aus der Traum. Hinter der Bühne lachen sie wieder: War wohl nix, naja.

Erst die dritte Gruppe bringt Stimmung. Das heißt, es gelingt ihr, das Publikum in Bewegung zu bringen und die Büchsen auf ein Minimum zu reduzieren. Im Saal wird es heiß, die Leute stehen dicht an dicht. Trotzdem schaffen es einige zu tanzen – Pogo, d. h. stampfen, schütteln, mit den Armen um sich schlagen, taumeln. Die Tänzer werden von ihren Nebenleuten hin- und hergestoßen, lachend, brutal.

(Benny Härlin: Von Haus zu Haus. Berliner Bewegungsstudien. In: Kursbuch 1981, Nr. 65, S. 11 ff.)

13. Jugendarbeitslosigkeit

[...]

Bruno ist mit 22 der älteste und nach seiner lakonischen Erzählung lief's bei ihm so: «Lehrzeit halt, drei Jahre, Gesellenbrief, arbeitslos, das ist alles.» Achselzucken.

Genauer gesagt war Bruno 1975 mit der Hauptschule fertig, machte eine Lehre als Automechaniker, bekam wegen Arbeitsmangel nach erfolgreichem Ende der Lehre gleich seine Kündigung und war darüber erst mal sprachlos und dann zwei Monate lang arbeitslos. Umgeschaut hat er sich schon in dieser Zeit, «aber es ging nichts». Dann ging er voll Hoffnung zum Arbeitsamt, und das hatte ja auch gleich eine Stelle für ihn, die er vertrauensvoll annahm: Er fing in einer Autofirma an. Freilich nicht als qualifizierter Kfz-Mechaniker, sondern als Schichtarbeiter im Gruppenakkord. Da stellte er am Fließband neue Vierzylinder-Motoren ein.

Nach einem Jahr kam er zur Bundeswehr, danach stellte er wieder ein halbes Jahr lang brav seine Motoren ein, dann warfen sie ihn raus. «Rationalisierung oder sowas, es war ganz sicher nicht mein Verschulden.» Die große Arbeitsamt-Tournee begann.

[...]

Bruno lebt derzeit von 800 Mark Arbeitslosenhilfe, über 200 Mark gibt er zu Hause, wo er wohnt, ab. Seine Hoffnung: Eine Umschulung auf Masseur «oder sowas im Gesundheitsbereich».

Rolf ist der Jüngste mit seinen 18 Jahren. Kleiner als Bruno, genauso kräftig gebaut, an den Armen total tätowiert. («Ja, da lief mal vor Jahren in der Siedlung so ein Tätowierer rum, und da haben sich sehr viele halt tätowieren lassen...») Rolf fing 1980 eine Lehre als Stahl- und Betonbauer an. Nach elf Monaten, im April 1981 hatte er einen Motorradunfall, unverschuldet. Handknöchel, rechtes Schulterblatt und Rückgrat wurden schwer verletzt, Rolf lag wochenlang im Krankenhaus und war danach monatelang krankgeschrieben.

Die Ärzte verpaßten ihm eine Bandscheibenschiene und eröffneten ihm, er dürfe nie mehr etwas Schweres heben, seine Lehre nicht weitermachen. Er ging zum Arbeitsamt, «aber die hat das gleich gelangweilt, die Fragerei nach einer neuen Lehre, es sei in dem Jahr eh zu spät, und mein Zeugnis sei viel zu schlecht». Die Beamten wollten ihn als Hilfsarbeiter vermitteln, aber das ging auch nicht, weil Hilfsarbeiter meist Schweres heben müssen. Ein Sachbearbeiter des Arbeitsamtes hatte die Erleuchtung: Er bot dem damals 17jährigen, der eigentlich einen Beruf erlernen wollte, Arbeit bei einem Bauern an: Unkraut pflücken, für 7,50 Mark brutto die Stunde.

Rolf, der übrigens noch während seiner Krankheitszeit aus der Lehre gekündigt wurde, suchte enttäuscht selbst Arbeit. Er wurde Portier in einer Disco, und dieser Job machte ihm wenigstens sieben Monate lang Spaß, dann wechselte der Besitzer, und Rolf saß wieder auf der Straße. Arbeitslosengeld hatte er schon vorher nicht bekommen, weil er ja nur elf und nicht mindestens zwölf Monate gearbeitet hatte. Nach dem Portiers-Job ging er wieder aufs Arbeitsamt, die sagten, er bekomme nichts, und schickten ihn weiter zum Sozialamt.

[...]

Die Väter der Jugendlichen im Freizeitheim in Waldhausen sind zu 85,4 Prozent Arbeiter, die dortigen Jugendlichen kommen zu 22,2 Prozent aus «unvollständigen Familien», errechneten die städtischen Soziologen, und sie haben zu 50,9 Prozent nur Hauptschulabschluß, zu 3,5 Prozent Realschulabschluß, 1,8 Prozent sind Sonderschüler, aufs Gymnasium geht keiner, 27,5 Prozent sind Auszubildende, 7,6 Prozent Arbeiter, 0,5 Prozent Angestellte, und die Arbeitslosen machen zusammen mit denen, die im Wartestand des Berufsgrundbildungsjahres doch noch auf Arbeit hoffen, schon 8,2 Prozent aus.

[...]

Das einzige, was die vier besitzen und wo sie oft drinsitzen, ist ein steinalter Mercedes 280, für 3000 Mark gemeinsam gekauft. Gefahren wird damit nur im Viertel, Benzin ist teuer, «und wo sollen wir denn schon hin» (Bruno). Arbeitslose, die einen dicken Mercedes fahren – schon wird es ihnen wieder angekreidet. «Schaut halt blöd aus, so ein Wagen», sagt Rolf, «aber wir fahren doch kaum und teilen das Benzin.» Ohnehin klappern die Ventile verdächtig, bald 300000 Kilometer hat der Wagen runter.

Eigentlich haben sie ihn auch mehr wegen der schon eingebauten Musikanlage gekauft, und überhaupt ist das Auto nur eine Art rollendes Freizeitheim: Sonntags, wenn das Heim zu hat, sitzen sie den ganzen Tag im Auto, wenn das Wetter zum Fußballspielen zu schlecht ist. In Kneipen gehen sie ja nicht. Bruno: «Das wichtigste ist immer, du gibst überhaupt kein Geld aus.»

Kein Geld ausgeben: Das sitzt ihnen wie ein ungeschriebenes Gesetz im Nacken. Im Sommer, wenn es schön ist, liegen sie öfter mal im Gras und sonnen sich: «Was sollen wir denn sonst tun, immer nur jammern?» Sonnen kostet kein Geld, aber wenn sie etwas braun werden, werden Nachbarn wieder rot vor Wut über das «faule Pack».

Dabei, meint Bruno, hätten die doch jedes Jahr ihren schönen Urlaub, «wir haben nie Urlaub. Das schaut vielleicht so schön aus, wenn wir nichts tun, aber es ist beschissen. Du hast nie einen Erfolg, du kommst nie abends heim und weißt, du hast etwas geschafft, du weißt gar nicht, warum du auf der Welt bist. Ein Tag gleicht dem anderen. Da gibt's auch kein Wochenende mehr. Ich freu' mich nie, wenn es Freitagabend wird, andere können sich da richtig drauf freuen. Man lebt so vor sich hin.»

[. . .]

Bescheidene Träume, große Resignationen. Raus aus dem erdrückend eintönigen Viertel, dessen künstliche Grünstreifen die Beton-Tristesse eher unterstreichen, kommen sie nie, kostet alles Geld. Wenn das Freizeitheim mal was fürs Wochenende organisiert, für zehn Mark, ja dann. Und Mädchen? Fehlanzeige. «Die wollen mit uns nichts zu tun haben.» Der Heinz, der war vor zwei Jahren mal furchtbar verliebt, erzählt er etwas verschämt, hat sich sogar verlobt. Aber als er arbeitslos wurde und sie das etwas später erfuhr, «da hat sie mich geschmissen».

Alles ist aufs Minimum reduziert, das Geld, die Gefühle, die Lebensfreude. Jugendliche im menschlichen Winterschlaf, nur nichts tun, nichts sagen, nicht bewegen. Es bringt nichts, höchstens Ärger oder kostet Geld, und Chancen hat man ja ohnehin keine. Die Seele dämmert vor sich hin.

(Metall vom 16. 11. 1982)

14. Jugendliche und ihre Sexualität (1990)

Eines der erstaunlichsten Ergebnisse der Studie im Vergleich zu 1970 [Volkmar Sigusch, Gunter Schmidt: Jugendsexualität, Stuttgart 1973] lautet: Die Jungen haben sich in mancher Hinsicht viel stärker verändert als die Mädchen, zum Beispiel im Ausdruck ihrer Gefühle und im Verständnis für den Partner. Und sie fürchten bei den ersten sexuellen Begegnungen heute weniger die Impotenz als die Inkompetenz: «Ich habe Angst, daß sie schon zu erfahren ist», «Mir fehlt noch das Selbstvertrauen», «Ich war zu verkrampft, und sie hatte keine Erfahrung» oder auch «Den Frauen kommt es auf das Drumherum an», «Die wollen Zärtlichkeit vorher und Interesse hinterher». Mit anderen Worten: Jungen wollen gute Liebhaber sein. Es kommt ihnen weniger darauf an, mit einem Mädchen geschlafen zu haben, als ihre Bedürfnisse, auch die nach Zärtlichkeit, zu befriedigen. Kein Wunder, die Mädchen sind bewußter und selbstbewußter geworden: «Er wollte halt immer mit mir schlafen», sagt eine und erklärt, was ihr bei ihrem Freund nicht gefiel: «Wenn wir uns gestreichelt haben, dann ging's immer auf die Intimstellen. Ich hätt's lieber am ganzen Körper gehabt.» Viele Jungen fühlen sich diesem neuen Anspruch, den nicht nur die Mädchen, sondern den sie selbst stellen, nicht gewachsen. «Sexuelle Kompetenz» ist ein wichtiger Teil ihrer Männlichkeit und ihres Selbstbewußtseins geworden. Ihre Sexualität steht nicht mehr im Zeichen fast gewaltsam ausbrechender Lüste. Die Pubertätserfahrung des bürgerlichen Jugendlichen, der in Hermann Hesses *Demian* vom Trieb-Erleben wie vom Blitz «getroffen» wurde, gibt es am Ende des zweiten Jahrtausends nicht mehr. Die ersten sexuellen Versuche sind weder der Himmel noch die Hölle. Sie haben einiges von ihrer Dringlichkeit, aber auch ihrer Faszination verloren. Eine Art Ordentlichkeit ist eingekehrt, meint Gunter Schmidt.

Eine andere Angst, die vor Trennung und Verlust, zeigt deutlich ein für diese Jugend – Jungen wie Mädchen – charakteristisches Bedürfnis nach Sicherheit und Geborgenheit. Da es sich um Großstadtjugendliche handelt, liegt ein Grund nahe: Fast ein Drittel von ihnen hat noch im Kleinkindalter das Auseinanderbrechen der Familie erlebt. Das frühe traumatische Trennungserlebnis hat seine Spuren hinterlassen. Die Jungen und Mädchen von 1970 waren noch nahezu unberührt von solchen Ängsten.

Neu ist bei den Jugendlichen der neunziger Jahre eine auffällige Verbindung der Sexualität mit Liebe und Treue, bei den Jungen sind die Veränderungen gegenüber 1970 – alten Klischeevorstellungen zum Trotz – eher noch stärker. Sex ist nur noch selten ein unerwartet hereinbrechendes Abenteuer, sondern wird meist zum ersten Mal in einer festen Beziehung ausprobiert. Da ist man geschützt, da lassen sich alle Sexualängste, alle Ängste vor überschäumenden Leidenschaften und Lüsten, vor Versagen und Niederlagen am besten in Schach halten. Schließlich sei die klassische Form der festen Beziehung, die Ehe, so der Hamburger Sexualwissenschaftler, «immer auch eine kollektive Abwehr von Sexualängsten gewesen».

Die Sorgen der Eltern und Großeltern von 1970 erweisen sich als überflüssig. Die Jugend ist nicht in sexuelle Zügellosigkeit abgeglitten. Schmidt stellt fast mit Bedauern einen deutlichen Verlust an Vergnügen und Freude fest. Farbloser und grauer sind die ersten sexuellen Erfahrungen geworden. In den siebziger Jahren brachen sie noch Tabus, heute nicht mehr.

Sie haben in der älteren Generation kaum Gegner, sind mit ihrem Liebes- und vor allem Treueanspruch nicht mehr die Aufmüpfigen, Ungezogenen, denen erst gute Sitten beigebracht werden müssen. Wie Sebastian und Kirsten haben sie überwiegend ein gutes, ja freundschaftliches Verhältnis zu den Eltern. Oft werden diese sogar als bessere Freunde empfunden als die Gleichaltrigen. Väter und Mütter geben heute früh Verantwortung an ihre Kinder ab. Wenn sie sie dennoch kontrollieren, dann nicht, um sich bei den ersten sexuellen Gehversuchen einzumischen, sondern um ihre Leistung in Schule oder Ausbildung zu überwachen. Kirsten und Sebastian können unbesorgt Tür an Tür und Wand an Wand, sozusagen in Hörkontakt mit den Eltern, ihre Nächte verbringen. Daß dabei einiges an Leidenschaft auf der Strecke bleiben muß, ist offensichtlich. Wo bleibt die Spannung, wenn das «Abenteuer» im trauten Heim in intimster Nähe von Mamas und Papas Doppelbett stattfindet? Da entsteht unterschwellig eine beträchtliche Beunruhigung. Aber sie wird nicht wie in den siebziger Jahren hervorgerufen vom trotzigen, risikoreichen Ausbruch aus dem Schoß der Familie, sondern umgekehrt von ihrem geradezu inzestuösen Sog, sich alles – bis hin zum intimsten ersten «Erwachsenen-Erleben» ihrer «Kinder» – einzuverleiben.

Wo liegen die Gründe für die allgemeine Tendenz der Jugendlichen zur Domestizierung der Sexualität? «Es wäre zu einfach, diese komplexen Veränderungen auf die Angst vor Aids zurückzuführen», meint Schmidt. In der Tat, wenn man sich die Antworten der Jugendlichen zu ihren Ängsten genauer ansieht, dann wird zwar häufig Aids genannt, jedoch scheinen andere Befürchtungen stärker zu sein: Immer noch schwebt über allem die Angst vor einer unerwünschten Schwangerschaft, sowohl bei Jungen wie bei Mädchen; hinzu kommt die Angst zu versagen und die Angst vor Inkompetenz und die Unsicherheit angesichts zu starker Gefühle. Das wird nicht so vordergründig ausgedrückt, ist aber deutlich spürbar, wenn man alle Fakten berücksichtigt.

Nur etwa zehn Prozent der jungen Leute haben wegen des Aids-Risikos schon einmal verzichtet, weil sie kein Kondom dabeihatten oder weil sie Zweifel an der Vergangenheit eines Partners hatten. Etwa drei Prozent haben sich einem HIV-Test unterzogen. Der Grund war jedoch in der Regel nicht eine sexuelle Erfahrung, sondern eher eine Routineuntersuchung im Krankenhaus, eine Blutspende oder eine Auslandsreise. Schmidt: «Bis vor kurzem ist kein einziger Fall bekannt geworden, in dem sich ein Jugendlicher – ausgenommen natürlich die besonders gefährdeten Gruppen – auf heterosexuellem Weg angesteckt hätte.» Vorsichtiger und bewußter sind wohl die meisten der 16- bis 17jährigen geworden. Tiefgreifende Verhaltensänderungen haben sich eher im allgemeinen gesellschaftlichen Kontext, nicht jedoch allein aufgrund der Angst vor Aids vollzogen. [...]

(Süddeutsche Zeitung – Magazin vom 22. 11. 1991)

Dreizehntes Kapitel

Wohnen und Freizeit

Einleitung

In den fünfziger Jahren übte der Staat mit den Instrumenten der Wohnraumbewirtschaftung, die seit 1953 allerdings nur noch locker gehandhabt wurde, und des Sozialen Wohnungsbaus wesentliche Kontroll- und Ordnungsfunktionen auf dem Wohnungsmarkt aus, um der allgemeinen Wohnungsnot (Dok. 1) entschlossen begegnen zu können. Notunterkünfte in Baracken, Bunkern und Abrißhäusern sowie Untermietverhältnisse (Dok. 2) prägten das Alltagsleben von Millionen. 1950 lebten 62 % aller Haushalte zusammen mit einem anderen Haushalt in einer Wohnung, weitere 5 Prozent mußten längerfristig in Notwohnungen Quartier nehmen.[1] Angesichts der katastrophalen Unterbringungssituation, insbesondere der Bombengeschädigten und Flüchtlinge, wurde der Staatsinterventionismus im Wohnungswesen von allen Parteien und gesellschaftlichen Gruppen getragen.[2]

In den fünfziger Jahren wurden 5,6 Millionen Neubauwohnungen und in den sechziger Jahren weitere 4,3 Millionen errichtet, womit sich der gesamte Wohnungsbestand verdoppelte. Dennoch entspannte sich die Lage auf dem Wohnungsmarkt nur langsam und war erst Ende der siebziger Jahre relativ ausgeglichen. Noch in den fünfziger und frühen sechziger Jahren war eine Wohnung nur über komplizierte Berechtigungssysteme innerhalb des Sozialen Wohnungsbaus oder durch hohe Schwarzmarktprämien zu erlangen.

Bereits zu Beginn der sechziger Jahre wurde die Wohnraumbewirtschaftung abgeschafft und der staatlich geförderte Mietwohnungsbau erheblich reduziert. Um öffentliche Gelder einzusparen, stellte man die Finanzierung auf Darlehen des freien Kapitalmarktes um, programmierte damit aber die horrenden Mietsteigerungen der kommenden Jahre. Zudem setzten konservative Sozialpolitiker durch, daß die öffentliche Förderung vermehrt Einfamilienhäuser («Eigenheime») berücksichtigte.

Architektonische Fortschritte waren bei den Qualitätsstandards (Bad, Balkon, Doppelfenster) und der Erhöhung des Raumumfangs zu beobachten,

---

[1] Wolfgang Glatzer: Ziele, Standards und soziale Indikatoren für die Wohnungsversorgung. In: Wolfgang Zapf (Hg.): Lebensbedingungen in der Bundesrepublik, Frankfurt/Main 1977, S. 575–675, hier 614.
[2] Vgl. Günther Schulz: Wohnungspolitik und Wirtschaftsordnung: Die Auseinandersetzungen um die Integration der Wohnungspolitik in die Marktwirtschaft (1945–1960). In: Dietmar Petzina (Hg.): Ordnungspolitische Weichenstellungen nach dem Zweiten Weltkrieg, Berlin 1991, S. 123–143.

während die äußere Gestaltung, gerade im Sozialen Wohnungsbau, vernachlässigt wurde. Zwar wurden die Grundrisse flexibler (Dok. 3), aber die Bedürfnisse von Kindern kamen generell zu kurz. Zu Beginn der siebziger Jahre begann eine kurze Phase hochgeschossiger Mietwohnungsbauten. Durch zunehmende Verdichtung und Verflechtung der Baukörper sollten die noch bestehenden Versorgungsengpässe effektiv beseitigt werden. Der Wirtschaftsboom dieser Jahre suggerierte einen langfristigen, komfortablen Einkommenszuwachs der Mieter. Er trat jedoch nicht ein, so daß die teure Neubaufinanzierung zunehmend unsozial wirkte: Seit Mitte der siebziger Jahre wurde die Miethöhe in Neubauwohnungen zu einer unverhältnismäßigen Belastung der Einkommen von Durchschnittsverdienern (Dok. 4). Benachteiligt blieben sozial Schwächere, unter ihnen Alte und Pflegebedürftige mit ihren speziellen Wohnbedürfnissen, die erst in den siebziger Jahren eine verstärkte Aufmerksamkeit fanden (Dok. 5).

Das Prinzip des Sozialen Wohnungsbaus: Angebotsausweitung mittels der staatlichen Neubauförderung und Auswahl der Mieter nach sozialen Gesichtspunkten durch die lokalen Wohnungsämter funktionierte in den achtziger Jahren nur noch begrenzt. Die Fertigstellungszahlen gingen auf ein Viertel der Leistungen in den fünfziger Jahren zurück, so daß der Soziale Wohnungsbau zunehmend seine Entlastungsfunktion für den Wohnungsmarkt verlor.

Gleichzeitig stieg die Zahl der privaten Ein- und Zweifamilienhäuser auf zwei Drittel der jährlichen Neubaukapazität an (seit 1979). Engpässe bei der Wohnungsversorgung unterer und mittlerer Einkommensgruppen in der ersten Hälfte der achtziger Jahre (Dok. 6) und wiederum seit 1987 ließen die Furcht vor sozialen Spannungen begründet erscheinen.[3]

In dieser Situation machten Hausbesetzer (Dok. 7) Gebrauch von einer erweiterten Interpretation der Selbsthilfe und nahmen leerstehende Häuser in Besitz, wobei ein Teil der Gebäude für eine dauerhafte Wohnnutzung instand gesetzt wurde. Gewaltsame Räumungen durch die Polizei beendeten i. d. R. diese provozierenden Experimente.

Ungelöst blieb auch das Problem der Obdachlosigkeit. Sozial benachteiligte Bevölkerungsgruppen, die in besonderer Weise auf staatliche Integrationshilfen angewiesen waren, wurden von Anfang an aus der staatlichen Wohnungspolitik ausgegrenzt und in den Bereich der Ordnungsverwaltung verwiesen. Für die Obdachlosen hatte das erhebliche Nachteile zur Folge. Ihre Wohnsituation blieb über erheblich längere Zeiträume provisorisch als die anderer Wohnungssuchender (Zuwanderer, Kinderreiche, junge Familien, Alte) (Dok. 4). Viele verloren mit der eigenen Wohnung jeden Rückhalt und drifteten in das Milieu der dauerhaft Obdachlosen ab (Dok. 8).

Neue Formen des Zusammenlebens, außerhalb der familiären Bindungen,

---

[3] Vgl. Helmut W. Jenkis: Die Talfahrt des Wohnungsbaues. In: ORDO 1982, S. 253–305.

bot seit den sechziger Jahren die Wohngemeinschaft (vgl. Kap. 12, Dok. 10), die sich zur anerkannten Alternative gegenüber dem Single-Dasein entwikkelte. Erwachsene, zumeist jüngeren Alters und oft aus dem studentischen Umfeld, teilten sich Altbauwohnungen und führten den Haushalt gemeinschaftlich. Obwohl die Bindungskraft «alternativer» Ideen Mitte der achtziger Jahre spürbar nachließ, konnte sich die Wohngemeinschaft anstandslos behaupten. Anfang der neunziger Jahre gab es ca. 200000 Wohngemeinschaften mit drei oder vier Mitwohnern, davon 250000 Studierende (16 bis 18 % aller Studierenden im Jahre 1988).

Freizeit als Massenphänomen steht in der industriellen Gesellschaft in einem direkten Wechselverhältnis zur Verkürzung der Arbeitszeit. 1956 wurde die 48-Stunden-Woche durch eine fünftägige Arbeitswoche mit neun Stunden Arbeitszeit ersetzt. 1967 gelang der Einstieg in die 40-Stunden-Woche (vgl. Kap. 8, Dok. 5), und weitere zwanzig Jahre später wurde die wöchentliche Arbeitszeit in den Leitsektoren Metallindustrie und öffentlicher Dienst auf 38,5 Stunden begrenzt. Parallel dazu setzten die Gewerkschaften den bezahlten Jahresurlaub allgemein durch, der schrittweise von drei auf fünf Wochen erweitert wurde. Neue Formen des Urlaubs, wie das aus Westeuropa übernommene Camping (Dok. 9), verbreiterten das Angebotsspektrum auch für den kleinen Mann, der zunehmend mit dem eigenen Pkw verreiste (Dok. 10). Zu Beginn der sechziger Jahre machte bereits die Hälfte aller Bundesbürger einmal im Jahr einen Reiseurlaub.

Dominierend für die private Freizeitgestaltung der Bundesbürger blieben jedoch das Lesen (Dok. 11) und das Fernsehen (Dok. 12), das seit Ende der sechziger Jahre den Durchbruch zum wichtigsten Massen-Unterhaltungsmedium schaffte. Beim Sport veränderte sich in den siebziger Jahren die Einstellung zur persönlichen Leistungsbereitschaft. Im Gefolge der als Breitensport konzipierten Trimm-Dich-Bewegung öffnete sich der Freizeitbereich kraft- und zeitraubenden Gesundheitstrainings und neuen, kostenintensiven Sportarten (Dok. 13 und 14). Die Zahl der im Deutschen Sportbund (1950 als Dachorganisation des Breitensports gegründet) organisierten Vereinsmitglieder vervierfachte sich von 1961 bis 1987 und erreichte mit annähernd 14 Millionen 28 % der Gesamtbevölkerung. Auch wenn die Zahl der Freizeitsportler mit 45 % der Bundesbürger weit darüber lag, die hauptsächlich Schwimmen, Fußball, Tennis und Ausdauerlaufen betrieben, blieb die Mehrzahl sportuninteressiert.[4]

Eine eher passive Freizeitgestaltung konnte sich anstandslos behaupten: Mußestunden, die Pflege sozialer Kontakte durch private Besuche und in Kneipen (Dok. 15), vor allem aber ein kontinuierlich steigender Anteil des Fernsehens in der Privatsphäre des eigenen Wohnzimmers. Neue Formen einer stark kommerzialisierten Unterhaltungsindustrie boten seit den siebziger

---

[4] Horst W. Opaschowski: Sport in der Freizeit. Mehr Lust als Leistung, Hamburg 1987, S. 6, 16, 23.

Jahren die Spielhallen, die mit elektronischen Unterhaltungsgeräten überwiegend junge Erwachsene ansprechen. Ihre Bedeutung für den Freizeithaushalt wurde jedoch stark überschätzt.[5] Computerspiele (Dok. 16) dienen überwiegend dazu, Pausen im Tagesablauf auszufüllen, wobei sie die übrigen Freizeitaktivitäten in Vereinen oder mit Gleichaltrigen nicht beeinträchtigen.

1. Die Wohnungssituation in Düsseldorf 1954

Wie ich in der letzten Zeit feststellen konnte, gingen bei der Verwaltung und in der Öffentlichkeit die Meinungen über den Wohnraumbedarf in Düsseldorf und die Anzahl der noch nicht untergebrachten dringend Wohnungsuchenden weit auseinander. Die allgemeine Tendenz der Ansichten ging aber bis auf wenige Ausnahmen dahin, daß durch den sozialen Wohnungsbau im bisherigen Umfange schon eine wesentliche Lockerung eingetreten sei und das Bild auf dem Wohnungsmarkt fortlaufend günstiger werde. Diese Ansicht, die für einige Teile des Bundesgebiets und besonders für die ländlichen Gegenden sowie die Mittel- und Kleinstädte gelten mag, trifft auf die Großstädte in Nordrhein-Westfalen und insbesondere auf Düsseldorf leider nicht zu. Hier hat der Wohnungsbau mit den tatsächlichen Verhältnissen nicht Schritt halten können. Der natürliche Wohnraumbedarf Düsseldorfs belief sich in einer Zeit, in der sich Angebot und Nachfrage wenigstens noch einigermaßen die Waage hielten, bei rund 535000 Einwohnern auf etwa 540000 Räume, die praktisch vor dem Kriege auch zur Verfügung standen. Davon ausgehend beläuft sich der heutige Bedarf auf mindestens 620000 Räume. Die Aufgaben, die Düsseldorf nach Beendigung des Krieges erwuchsen, waren folgende:

1. den zerstörten Wohnraum wieder aufzubauen;
2. für den Bevölkerungszuwachs zusätzlichen Wohnraum zu schaffen.

Diesen Aufgaben konnte bisher nicht in ausreichendem Maße genügt werden, denn auch der Zerstörungsgrad ist, wie schon der Augenschein in vielen Straßen und Stadtteilen zeigt, noch erheblich. Da durch den bisher noch ungedeckten Nachholbedarf eine Zuwachsrate gar nicht berücksichtigt werden konnte, kann ich mit gutem Gewissen die Behauptung aufstellen, daß sich die Wohnraumsituation Düsseldorfs gegenüber den Jahren 1945 und 1946 bis heute fortlaufend verschärft hat. Schon durch den weiterhin stärker werdenden Publikumsandrang und die Zunahme der berechtigten Eingaben ist erkennbar, daß sich in den letzten Monaten die Situation wieder verschlechtert haben muß. Weiterhin haben hier die wöchentlich stattfindenden Vergaben von mit öffentlichen Mitteln geförderten Neubauwohnungen gezeigt, in wie großem Maße die im Stadtgebiet neu erstellten Wohnungen von Neuzu-

---

[5] Wolfgang H. Swoboda: Bildschirmspiele und Automatenspielstätten im Freizeitalltag junger Erwachsener, Köln 1990, S. 6ff. und 379ff.

gewanderten aus dem Kreise der inneren und äußeren Umsiedlung sowie von den Sowjetzonenflüchtlingen in Anspruch genommen werden.

[...]

Am 1. 11. 1954, der als Stichtag genommen wurde, lagen insgesamt

20 522 Dringlichkeitsfälle

vor, von denen bereits 16 194 Fälle eingestuft waren. Diese 20 522 D-Fälle verkörpern die Wohnungsnot von

58 433 Personen;

sie haben einen Wohnraumbedarf von

49 096 Räumen

angemeldet.

So eindringlich die Zahlen, die die mit Stichtag vom 1. 11. 54 durchgeführten Erhebungen ergeben haben, auch sind, stellen sie bei weitem noch keinen Abschluß dar. Täglich gehen neue Anträge auf Einstufung in die Dringlichkeitsliste ein, die nur zu einem geringen Teil von Personen gestellt werden, die bisher nicht mit einer Einstufung rechnen konnten, weil sie noch nicht so vordringlich waren. Es sind im Gegenteil meist ebenso akute Fälle wie die bisherigen, die durch neuauftretende Einsturzgefahr, durch Ansiedlung wichtiger Firmen und Gewerbezweige, durch notwendig gewordene Umlegungsmaßnahmen und durch die Vollstreckung von Räumungsurteilen entstehen.

[...]

Weiter nehmen die Eigenbedarfsklagen, die mit dem Heranwachsen der Kinder des Vermieters oder mit dem Familienzuwachs schlechthin begründet werden, zu. In allen diesen Fällen muß das Wohnungsamt, auch wenn der Eigenbedarf nur ein kopfzahlmäßiger ist, nach den gesetzlichen Bestimmungen und der Rechtsprechung der Verwaltungsgerichte die zur Erlangung eines Räumungsurteils notwendige Bescheinigung nach § 4a MSchG ausstellen. Durch die Auswirkungen dieser Verordnungen und Maßnahmen erhöht sich die Zahl der zur Vollstreckung anstehenden Räumungsurteile und damit die Zahl neuer D-Fälle solcher Art ständig.

Weiterhin begehren die Fälle, die unter den Begriff «Junge Familien» fallen, in steigendem Umfange die Einstufung als D-Fall. Daß diese Einstufungs- und Unterbringungswünsche fast immer berechtigt sind, ergeben die Überprüfungen der Familienfürsorgerinnen. Hier wird festgestellt, daß in fast allen Fällen die Eltern sowohl des Bräutigams oder jungen Ehemannes wie auch der Braut bzw. der jungen Ehefrau so beengt oder gerade ausreichend untergebracht sind, daß die Aufnahme einer jungen aufbauenden Familie nicht zugemutet werden kann, sondern daß durch einen solchen im einen oder anderen Falle improvisierten Zustand nur Unzuträglichkeiten und später doch neue Wohnungsnot geschaffen werden. Daß der soziale Wohnungsbau in der bisherigen Art mit diesem Problem nicht fertig wird, liegt auf der Hand und wurde eingangs bei der Berührung des Bevölkerungszuwachsproblems (innere und äußere Umsiedlung) schon erwähnt. Der soziale Wohnungsbau jüngster Art baut aber auch aus einem weiteren Grunde an dem tatsächlichen Bedarf geradezu vorbei. Oben wurde festgestellt, daß allein 10 920 Zwei- und Dreizimmerwohnungen bis zu 60,– DM Miete zur Dekkung des dringendsten Nachholbedarfs erforderlich sind. Im heutigen sozialen Wohnungsbau wird aber nicht nur der praktisch nicht mehr unterschrittene Höchstsatz von 1,10 DM pro qm zur Seltenheit, sondern 1,43 DM pro qm und mehr werden allmählich zum normalen Mietpreis. Die Monatsmieten für Zwei- und Dreizimmerwohnungen mit den erforderlichen Nebengelassen betragen daher heute 80,– bis 100,– DM [Zum Vergleich: Der durchschnittliche Brutto-Monatsverdienst eines Industriearbeiters betrug 1954 328,– DM, der eines Angestellten 1957 479,– DM. Rytlewski, Opp de Hipt: S. 119f.]

[...]

Abschließend sei noch auf die besondere Lage des Wohnungsamtes in dieser heutigen Situation hingewiesen. Während auf der einen Seite Bestrebungen im Gange sind (die im Bundesdurchschnitt zweifellos berechtigt sind, hier durch die Tatsachen aber ad absurdum geführt werden), die Wohnraumbewirtschaftung und auch die Verteilung der mit öffentlichen Mitteln erstellten Wohnungen durch die öffentliche Hand einzuschränken und aufzuheben, steigt auf der anderen Seite der Druck der dringend Wohnbedürftigen, die nach den gültigen gesetzlichen Bestimmungen und der bisherigen Übung eine Wohnung fordern. Das Wohnraumbewirtschaftungsgesetz vom 31. 3. 1953 und das dazu erlassene neue Landeswohnungsgesetz vom 9. 6. 1954 ordnen und regeln zwar in allen dem Wohnungsamt unterbreiteten Streitfällen die Verhältnisse in einer besseren Form, als dies früher möglich war. Auch kann durch das Instrument dieser Gesetze erreicht werden, daß, solange noch ein Wohnungsamt existiert, die Belegungsfrequenz Raumzahl = Kopfzahl bis auf die gesetzlich zugelassenen Ausnahmen eingehalten wird, aber Wohnraum schaffen können diese Gesetze nicht. Das in der Bevölkerung so oft diskutierte Freiwerden von Altbauwohnungen und das weitgehende Auswahlrecht der Vermieter bringen niemals neuen Wohnraum, sondern es ergeben sich erfahrungsgemäß, wenn auch der eine oder andere D-Fall untergebracht werden kann, im großen und ganzen nur Verschiebungen. Man kann sagen, daß der freiwerdende Altwohnraum durch die normalen Bevölkerungsbewegungen, durch Umzüge im Stadtgebiet und durch den Ausgleich von Geburten und Sterbefällen absorbiert wird. Dadurch kann eine Wohnungsbehörde zweifellos nicht mehr die Aufgaben haben, die sie in der Zeit von 1945 bis etwa 1951 hatte. Während das Wohnungsamt heute einmal ungerechtfertigte Ausweitungswünsche im Altwohnraumbestand durch sein Vorhandensein sowie durch eine umfangreiche büromäßige Kleinarbeit und wohnungsrechtliche Entscheidungstätigkeit verhindert, liegt eine neue große Aufgabe darin, ständig und fortlaufend den echten Wohnungsbedarf nach Art und Leistungsfähigkeit zu ermitteln und damit einer Wohnungsbauplanung die für einen organischen Aufbau notwendigen Grundlagen in die Hand zu geben. Die Verteilung der mit öffentlichen Mitteln erstellten Wohnungen geht damit Hand in Hand.

[...]

(Wohnungsnot und Wohnraumbedarf in Düsseldorf. Denkschrift des Beigeordneten der Stadt Düsseldorf, Tamms. In: Protokolle der Bundesratsausschüsse für Wiederaufbau und Wohnungswesen, Bau- und Bodenrecht. Anlage zur Sitzung am 12. 1. 1955)

2. Untermieter

Seitdem es berufstätige Frauen gibt, ist zu der Armee der «möblierten Herren» die zahlenmäßig wohl nicht weniger starke der «möblierten Damen» gestoßen. Diese Kategorie der «möblierten Wesen», ob sie nun männlichen oder weiblichen Geschlechts sind, umfaßt alle diejenigen Zeitgenossen, die mangels einer eigenen Wohnung, wie man so schön sagt, in «Untermiete» wohnen, also in der Gestaltung ihres Lebens stark von dem Wohl- oder Nichtwohlwollen derjenigen glücklich zu preisenden Mitmenschen abhängen, die über eine eigene Wohnung verfügen.

Wenn man die Chancen der «möblierten Herren» und die der «möblierten Damen» gegeneinander abwägt, so neigt sich die Waagschale immer noch sehr zugunsten der ersteren. Aus den verschiedensten, teils praktischen, teils gefühlsmäßigen, teils unerfindlichen Gründen nimmt die Mehrzahl der Vermieter, und es handelt sich dabei um Vermieter*innen*, lieber einen Herrn als eine Dame in ihre Wohnung auf. Der Herr, so argumentieren sie, ist eigentlich nur zum Schlafen anwesend und sonst meistens unsichtbar, er gibt seine Wäsche fort, benutzt weder unseren Herd noch unser Bügeleisen, und dann – ja, es ist eben netter, einen Herrn im Hause zu haben als eine Dame (siehe die «unerfindlichen» Gründe). Eine Dame will waschen und plätten, womöglich täglich kochen, und schließlich räumt man lieber einem Herrn auf als einer Dame!

Man könnte nun eine ganze Menge Gründe gegen die Herren und für die Damen als Untermieter anführen, daß z. B. besagte Herren gern Löcher in die Bettwäsche und die Tischdecken brennen oder die Handtücher mit ihren Rasierklingen aufschlitzen, was Frauen wohl selten tun. Oder daß die Gefahr, sich als Vermieter über mitgebrachte «Schwestern» oder «Kusinen» ärgern zu müssen, bei ihnen wohl größer ist als bei den Damen «Vetternbesuche», oder daß die Männer im allgemeinen ihre Zimmer weniger aufgeräumt hinterlassen als Frauen – wie gesagt, man könnte das tun. Aber man will erstens den Herren der Schöpfung nicht zu nahe treten, zweitens soll man jedem Menschen seinen Standpunkt und seine Vorurteile belassen, also auch den Zimmervermietern, und drittens kommt es auf solche Dinge hier gar nicht an, sondern auf etwas ganz anderes und viel Wichtigeres: Nämlich zu versuchen, daß zwischen Vermieter und Untermieter ein gutes, erquickliches Verhältnis zustande kommt und nicht jene Mischung aus Mißtrauen und Ablehnung, das so oft diese Beziehungen trübt.

(Ratgeber 1958, Nr. 11, S. 892f.)

3. Grundrisse

Im Asemwald also, weit draußen und dennoch nur 6 Kilometer vom Stadtzentrum der baden-württembergischen Hauptstadt entfernt, entstehen zur Zeit drei Häuserblöcke von (auch nach Le Corbusier) gewaltigen Ausmaßen, die «Hannibal»-Überbleibsel. Sie bilden keine «Wohnstadt», wie die einen behaupten, eher einen ausgesetzten «Stadtteil», wie andere das lieber genannt wüßten; eigentlich handelt es sich nur um 1143 Eigentumswohnungen von 41 bis 155 Quadratmetern Größe, die von einigen zusätzlichen Einrichtungen ergänzt werden: Kindergarten, Spiel-, Bolz- und Sportplätze, Supermarkt, und dann gibt es noch ein Dachschwimmbad und ein Dachterrassenrestaurant. Ungefähr 3600 Menschen werden hier wohnen.

[...]

In den 21 Grundrißvariationen indes, die den Wohnungskäufern nun vorgelegt werden, manifestiert sich eine andere Ideologie, nämlich daß Kinder vorwiegend Störfaktoren sind, die tunlichst in unauffällige und kleine Ecken abgeschoben werden. Es handelt sich um ein in Deutschland von jeher beliebtes Grundübel. Im Projekt Asemwald wirkt das etwas ärgerlich, weil es wie irgendwo sonst vermieden werden kann: durch erzieherisch wirkende, vielleicht suggestive Vorschläge.

Man kann ja, zum Beispiel, verstehen, daß bei 89 Quadratmetern Wohnfläche, überdachter Balkon eingeschlossen, zwei Kinderzimmer nicht eben groß sein können.

In einer Vierzimmerwohnung von 112,96 Quadratmetern könnte das anders sein, jedoch: Jedes der beiden ist zwar nur für ein Kind vorgesehen, aber jedes mißt nur zehn Quadratmeter. Wenn nun so eine Wohnung größeren Familien mit drei oder vier Kindern angeboten wird, werden in die beiden – mitunter nur um ganze 38 Quadratzentimeter größeren – Kinderzimmer einfach je zwei Betten eingezeichnet.

Den eklatantesten Fall stellt da eine Sechszimmerwohnung dar, in der bei einer Wohnfläche von fast 155 Quadratmetern vier Kindern nur zwei Zimmerchen von 10,38 und 11,41 Quadratmetern zugemutet werden. Grundrißvorschläge mit drei oder, nicht auszudenken, vier Kinderzimmern existieren gar nicht.

[...]

Dabei sind die Chancen tatsächlich «familiengerecht» aufgeteilter Wohnungen außerordentlich groß. Der Kunde der «Neuen Heimat Baden-Württemberg» im Asemwald nämlich wird gleich mit einer bemerkenswerten Einrichtung bekannt gemacht: mit der «Abteilung Sonderwünsche». Nirgendwo sonst wird Wohnungskäufern geradezu empfohlen, den Grundriß als veränderbar zu betrachten. Das bedeutet, daß eine Familie mit drei oder vier Kindern die Architekten des Asemwald-Projektes damit beauftragen kann, ihnen eine bestimmte Wohnung so einzuteilen, daß besonders die Kinder zu ihrem eigentlich sehr normalen Recht kommen.

«Die Konstruktion der Gebäude», so schreibt der Bauherr, «ist so angelegt, daß innerhalb einer Fläche von 88 Quadratmetern nur die Außenwände als tragende Wände ausgebildet sind.» Dank einer großen Deckenspannweite kann die Wohnfläche variabel genutzt werden, im einen Extremfall sogar als nur ein Zimmer; allein Schächte, Anschlüsse für Bad, WC und Küche sind unverrückbar.

Somit, sagt der Bauherr, verkaufen wir nicht Wohnungen von der Stange, sondern Wohnung nach Maß: Wände können weggelassen, entfernt, versetzt werden. Wer sich gleich darum kümmert, genießt ohne viel Zusatzkosten einen großen Vorteil, wer später verändert, muß selbstverständlich Schutt und höhere Ausgaben in Kauf nehmen.

Jedoch spielten bei den bisherigen Käufern oder Interessenten, wie zu hören ist, Wünsche für Kinderzimmer fast keine Rolle; sie wurden akzeptiert, wie der Bauherr sie 21mal vorgeschlagen hatte – die Neue Heimat hat gewiß ihre Erfahrungen mit Wohnungs-Normalverbrauchern. Wohnungen, die nur kleine Wohnzimmer, jedoch große Kinderzimmer oder auch nur für jedes Kind ein Zimmer enthielten, sind offenbar schwer verkäuflich. Oder: je größer die Wohnung ist, desto größer muß das Wohnzimmer sein, dieses Einkommensverhältnisse spiegelnde Repräsentationsobjekt, dieses Zeugnis gehobenen Lebensstils, dieses Partywohnzimmer, das ja nur in der Theorie so etwas wie ein Familienzimmer, ein «Raum für alle» ist und meist nur abends und sonntags wirklich benutzt wird.

Doch gesetzt den Fall, es gäbe wirklich reichlich Platz: Wo bekäme schon die Hausfrau ein Zimmer als Haushaltsraum? Wo Kinder ihr Spielzimmer? Wo die ganze Familie einen Vielzweck- oder Hobbyraum? Der Platz wird so verteilt wie in der 155-Quadratmeter-Wohnung: fürs Schlafzimmer, für einen begehbaren Kleiderschrank, für Vaters selten oder nie benutztes Arbeitszimmer, auch Studio genannt. Und darum ist der mustergültige Versuch variabler Wohnungen im Asemwald auch nur beinahe rühmenswert.

(Die Zeit vom 10. 10. 1969)

4. Märkisches Viertel Berlin

Man spricht von «denen» und bemüht den Behördenausdruck «Großfamilie», wenn man Leute meint, denen es schwerfällt, die Miete zu zahlen. Man sagt «Nichts gegen Kinder, wenn sie erzogen sind.» Bei «Toilettengeschäften» im Treppenhaus höre der Spaß aber auf.

Manchen Familien behagt hier die Mischung nicht. Wenn Frau S. ihren Besuch oben im vierten Stock empfängt, spricht sie als erstes vom Dreck auf den unteren Treppen, von der Macht der Gewohnheit bei jemandem, der aus der Laube kommt und im Winter die Schuhe im Hausflur stehenläßt.

Nachbarliche Denunziationen gipfeln in dem Wort «asozial». Sogar dem Berliner Bausenator Schwedler unterlief diese Bezeichnung, als er kürzlich auf einem Bürgerforum zur Sozialstruktur der neuen Trabantenstädte Stellung nahm und den Bürgern eine Reinigung des Wohnklimas versprach. In «gute Mieter» und «unzumutbare Mieter» wurden denn auch auf einer Bezirksverordnetenversammlung in Reinickendorf – dem für das Märkische Viertel zuständigen Bezirk – die Bewohner der neuen Vorstadt eingeteilt. Man sprach von einer skandalösen Einweisungspolitik des Senats und von der Gefahr, daß «gute Mieter» das Märkische Viertel verlassen, weil der Leumund dieses Wohnviertels sich ständig verschlechtere. Tatsächlich ist der Anteil an sogenannten «Problemfamilien» dreimal so hoch wie etwa in einem klassischen Arbeiterbezirk. Jede fünfte Familie gehört hier zur Fürsorge-Klientel. In gewissen Zentren, wie in dem mit 989 Wohnungen größten Haus Europas («Langer Jammer») des französischen Architekten Gagès, sogar jede zweite bis dritte Familie. Da hier viele «Abrißmieter» aus Berliner Sanierungsgebieten Ersatzwohnungen bekommen haben, beklagt man jetzt die unglückliche Häufung von ehemaligen Slumbewohnern. Das angestrebte Verhältnis von 15 sozial gesunden «Trägerfamilien» auf eine sozial schwache Familie ist von der Wirklichkeit weit entfernt.

Dagegen kann man beobachten, wie frühere Bewohner von Obdachlosensiedlungen – die hier als soziale Gruppe mit gleicher Vorgeschichte wieder zusammenkommen – sich erkennen und gegenseitig diskriminieren: «Was wollt ihr denn hier!» Die wünschenswerte Anonymität der Herkunft und damit die Möglichkeit, «unerkannt» in die Gesellschaft zu integrieren, werden so erschwert.

[...]

Diese Mieter müssen im Märkischen Viertel das Drei- bis Fünffache ihrer früheren Mietkosten aufbringen. Bei Familien, denen man den finanziellen Sprung aus dem Obdach in eine Hochhaussiedlung zutrauen wollte, hat sich die Miete mehr als verzwölffacht: Im Obdach zahlten sie monatlich für zwei Räume 27,20 Mark, hier für eine ihrer Kinderzahl entsprechende «familiengerechte» Wohnung etwa 350 Mark. Inzwischen ist die Obdachlosen-Siedlung wieder Auffang- und Ausgangsstation exmittierter Familien geworden.

Herr V., Vertreter der Gesellschaft für Sozialen Wohnungsbau, machte dem zuständigen Sozialamt den Vorwurf, es habe den Mietern bei finanziellen Schwierigkeiten zu großzügig geholfen, was eine zunehmende Unselbständigkeit mit sich bringe. In zwei Abschnitten des Märkischen Viertels betragen die Mietschulden zur Zeit 337000 Mark. 127000 Mark Mietgelder bekommt die Wohnungsbaugesellschaft außerdem von bereits Exmittierten. Jetzt, wie einem Sitzungsprotokoll zu entnehmen ist, will die Gesellschaft mit gezielten Aktionen Kündigungsgründe bei «unzuverlässigen Familien» forcieren: Im Hochhaus «Leo» – vom Architekten Ludwig Leo erbaut – müssen sich die Bewohner für Testbesuche bereithalten, bei denen der «Zustand» der Wohnungen überprüft werden soll. Mit dem Vorwand, in den Kellern der Mieter nach Diebesgut zu fahnden, soll auch die Polizei bei der Suche nach Kündigungsmotiven mithelfen.

Jenes Sitzungsprotokoll enthält viele decouvrierende Zitate des Herrn V.: «Durch eine Razzia soll der ganze Laden («Leo»-Keller) auseinandergenommen werden. [...] Was dabei zuviel weggeht, wird ersetzt.» Auf die Frage eines Sozialarbeiters, wohin denn die exmittierten Mieter kämen, antwortete V., die Gesellschaft bestünde aus Kaufleuten und nicht aus Sozialarbeitern. In die aufgekündigten Wohnungen sollten nur noch «gute Mieter» ziehen.

Hier die Guten, dort die Schlechten; Maßnahmen zum Kastensystem mit Gettofolgen. «Wem ist geholfen, wenn ein ganzes Viertel verwahrlost?» [...] «Das Märkische Viertel ist ein Versuch aus Beton, der keine Kommunikation zuläßt», so Vertreter V.

Die Wohnungen des Märkischen Viertels wurden von allen Mietern als ein bisher nie gehabter Komfort begriffen. Und die Mietrückstände rühren auch nicht aus eigenem Verschulden her. Da sind die Antragsformulare für einen Mietzuschuß. Sie überfordern manche Bewohner. Die Frau, deren Mann Bauarbeiter auf häufig wechselnden Baustellen ist, braucht mehrere Tage, bis sie alle Arbeitsunterlagen zusammen hat. Auf den Behörden muß sie lange warten. Da Kindertagesstätten schon lange vor ihrer Errichtung ausgebucht sind, startet die Frau mit ihren Kindern eine Tagesreise in die Innenstadt. Fehlt ihr ein Formular, war ihr Ausflug umsonst. Den Eindruck, durch staatliche Mietbeihilfen Almosenempfänger zu sein, verstärken solche Hürdenläufe zu den behördlichen Mäzenen.

(Die Zeit vom 21. 11. 1969)

5. «Wer einmal aus dem Blechnapf aß»
Altenheime in der Bundesrepublik

[...]
Die kritische Stellungnahme in diesem Artikel gilt besonders dem Altenheim, der Baulichkeit, deren Insassen ständiger Hilfe durch Heimarzt und Pflegerinnen nicht bedürfen. Sie sind von den chronischen Pflegefällen klar zu unterscheiden. Dem Pflegeheim gebührt erhöhte Aufmerksamkeit. Für sehr alte und derart gebrechliche Menschen, die kaum oder gar nicht ihr Bett verlassen, aber in die überlasteten Krankenhäuser nicht aufgenommen werden können, ist das Pflegeheim steigende Notwendigkeit. Innerhalb einer

Familie sind die Pflegefälle auch nicht am rechten Platz, weil dort meist die ständige sachkundige Pflege fehlt. Deshalb die Erwägung: Mehr Pflegeheime, dafür aber weniger Altenheime für bejahrte Menschen, die sich noch selbst helfen können.

Festzustellen ist allerdings, daß noch ein Andrang nach Plätzen in Altenheimen besteht. Ob dies Verlangen berechtigt und vernünftig sei, ist eine sozialkaritative Frage, die beantwortet werden muß.

Es gibt noch viele Menschen, die da glauben, Altenheime seien besonders billige Asyle. Wie steht es damit und was wird den alten Leuten im Heim geboten? Zunächst suchen und finden im Altenheim Leute Zuflucht, die von den städtischen Behörden untergebracht werden müssen, weil sie ganz mittellos sind oder so geringe Renten haben, daß sie den heutigen Tagessatz für Mehrbettzimmer von 10 Mark nicht erschwingen können. Die fehlende Differenz und ein Taschengeld von täglich 1 Mark zahlt das Sozialamt. Das bedeutet, ohne Beschönigung, ein Armenhausdasein.

Wer als Selbstzahler im Altenheim wohnt, hat die Wahl, ein Mehrbett- oder Einzelzimmer zu beziehen. Für letzteres wird heute ein Tagessatz von durchschnittlich 14 Mark gefordert. Heizungszuschläge kommen hinzu. So sind wenigstens die Sätze, die der Schreiber dieses Berichtes in einem großen Altenheim selbst kennenlernte, und die dürfen als Norm für andere Heime gelten. Für Ehepaare gibt es bei fast doppeltem Tagessatz ein größeres Zimmer, doch nicht zwei Zimmer. Wo ausnahmsweise zwei Zimmer geboten wurden, stieg der Tagessatz auf 32 Mark pro Tag. Das heißt mit Heizung rund 1000 Mark im Monat. Geleistet wird das Essen, ausreichend, aber eintönig. Morgens aber nur zwei Brötchen mit Malzkaffee. Ferner die Wäsche. Pro Woche kann einmal gebadet werden. Doch alte Menschen können die hohen Wannen ohne Hilfe, die nicht geleistet wird, kaum benutzen. Die Zimmerreinigung beschränkt sich auf wöchentlich eine Stunde. Was weiter an Reinigung notwendig ist und das Bettmachen, ist Sache der Heiminsassen. «Wir haben kein Personal», ist die Entschuldigung der Heimleitung.

Einige Eigentümlichkeiten in verschiedenen Heimen seien noch erwähnt. Da erhalten die Leutchen aus den Mehrbettzimmern zu Tisch nur einen tiefen Teller, aus dem sie Suppe wie Fleisch und Kartoffeln zu essen haben; denn so wären sie es nicht anders gewohnt. In einem kombinierten Alten- und Pflegeheim mit weiblichen Insassen legt man in einem Dreibettzimmer zwei leiblich rüstige Frauen mit einer bettlägerigen Frau zusammen, damit die gesunden die letztere mitversorgen sollen. Für Besuche von Verwandten und Freunden sind nur knappe Stunden vorgesehen. Wenn man bedenkt, daß der Heiminsasse als Selbstzahler im Einzelzimmer, auch bei bescheidenen Ansprüchen an Kleidung und Kulturbedürfnissen, monatlich etwa 600 Mark aufbringen muß, wird er sich fragen müssen, weshalb er ins Altenheim gezogen ist. Das viele Gerede über die Umsorgung im Altenheim trägt sehr dazu bei, das Heim begehrenswert erscheinen zu lassen. Kommt dann die Enttäuschung, hat der bejahrte Mensch meist nicht mehr die geistige Energie, wieder ins

Leben der Freiheit und Persönlichkeitswertung zurückzufinden. Zumal
wenn er sein Mobiliar größtenteils veräußert hat. In manchen Altenheimen
sind eigene Möbel auch nicht erwünscht. Einem noch rüstigen Menschen,
der eine geeignete Behausung hat, sollte im eigenen Interesse die Aufnahme
in ein Altenheim verwehrt sein.

(Soziale Ordnung 1965, Nr. 5, S. 92)

6. Wohnungsmangel

[...]
    Beispielsweise sind Wohnungssuchende registriert in:

Berlin	56 000
Bochum	7 000
Hamburg	40 000
Hannover	11 000
Köln	16 000
Lübeck	4 000
München	16 000
Stuttgart	15 000

Zu diesen Zahlen, die nur Beispiele darstellen und auch für jede andere nicht
genannte Stadt das gleiche Bild aufweisen, noch einige Ergänzungen. Von den
16 000 Wohnungssuchenden in Köln haben 9700 entweder keine oder eine zu
kleine Wohnung oder müssen die Wohnung wegen Kündigung räumen; von
den Wohnungssuchenden in Hamburg sind 11 000, in München 8000 Woh-
nungsnotfälle, d. h. aufgrund der besonderen sozialen Situation haben diese
Personen ein vordringliches Recht auf den Bezug einer Sozialwohnung. Insgesamt hat eine Umfrage bei 30 Großstädten in der Bundesrepublik 250 000
Wohnungssuchende ergeben.
    Dieser akuten Nachfrage an Sozialwohnungen stehen an Neubaumaßnah-
men für Mietwohnungen im sozialen Wohnungsbau für 1980 gegenüber:

Berlin	530 Wohnungen
Hamburg	4300 Wohnungen
München	900 Wohnungen
Stuttgart	480 Wohnungen

Bochum, Hannover, Köln, Lübeck und Nürnberg haben keine Angaben über
den Bau von Sozialwohnungen im Jahre 1980 machen können. Es kann jedoch als sicher angesehen werden, daß keine dieser Städte im Jahre 1980 mehr
als 1000 Mietwohnungen im sozialen Wohnungsbau errichten wird. Die bestehenden Probleme bei der Beschaffung von Wohnraum für die Inhaber
eines § 5-Scheines werden sich mit diesem Wohnungsneubauprogramm für

Sozialwohnungen nicht beheben lassen – angesichts der vom Statistischen Bundesamt herausgegebenen Prognosen wird die Zahl der Haushalte mit Anrecht auf eine Sozialwohnung von 1980 bis 1985 um mindestens 2 % zunehmen, es besteht zu befürchten, daß der Markt von Sozialwohnungen kollabiert, da die bisher in Angriff genommenen Maßnahmen bei weitem nicht ausreichen, um den bestehenden Bedarf abzudecken. Schon jetzt dauert es bis zu 4 Jahren, um dem Inhaber eines § 5-Scheines eine Sozialwohnung zuzuweisen. Diese Zeiträume werden bei gleicher Bautätigkeit noch größer werden.

Gegenüber dieser bedrohlichen Entwicklung wird von einigen Statistischen Landesämtern eingewandt, daß Wohnungen leerstehen, so in Nordrhein-Westfalen 200 000, in Baden-Württemberg 160 000. Diese Zahlen sind jedoch wenig verläßlich. Die letzte Wohnungszählung wurde 1968 durchgeführt, aber deren Ergebnisse nicht fortgeschrieben. Die Zahlenangaben über leerstehende Wohnungen sind damit Vermutungen und Schätzungen: Seit 1968 wurden weder Wohnungen erfaßt, die durch Abbruch, Zusammenlegung von Wohnungen oder durch Umwandlung in Gewerberäume verlorengegangen sind. In den Ballungszentren, in denen der dringende Bedarf an Wohnungen besteht, ist es zudem auch noch nicht gelungen nachzuweisen, daß Wohnungen leerstehen, die zur Vermietung anstehen.
[...]

(Soziale Sicherheit 1980, Nr. 6)

7. Hausbesetzer

Nach allem, was ich gehört habe, war unsere Besetzung noch eine der geplanteren. Diese Planung bestand im wesentlichen darin, das Haus «auszucheken»: vom Besitzer über den Stand der Planung bis hin zu Einstiegsmöglichkeiten.

Wir trafen uns in wechselnder Zusammensetzung dreimal zwecks Kennenlernen und Vorbereitung. Einige sprangen wieder ab, andere brachten Freunde mit. Jeder von uns dachte sich wohl mindestens einmal, daß das ganze doch nur ein netter Traum bleiben würde. Wer nun wirklich einziehen oder wer sich lieber auf den Status des «Unterstützers» zurückziehen würde, war zum Zeitpunkt der Besetzung ebenso unklar wie unsere Vorstellung davon, was mit dem Haus auf Dauer passieren sollte.

Aber dann sind wir eines Morgens um halb sieben einfach reingegangen. Organisiert war das allernötigste Werkzeug, Taschenlampen, Öfen samt Rohren, Flugblätter, ein großes Frühstück, Transparente und zwei Schlösser zum Auswechseln.

Wenn ein neues Schloß in der Tür ist und die Transparente aus den Fenstern flattern, gilt das Haus als besetzt. Das ist wichtig. Denn die Polizei hat

Anweisung, Neubesetzungen möglichst zu verhindern, von besetzten Häusern dagegen die Finger zu lassen.

Es ist kalt und dunkel. Wir sind aufgeregt: Werden die Bullen uns gleich wieder rausschmeißen? Mit Taschenlampen leuchten wir in leere Zimmer, Gerümpel liegt herum. Wir fangen an, die am besten erhaltene Wohnung aufzuräumen. Um 11 Uhr soll eine Pressekonferenz abgehalten werden.

Die Leute auf der Straße gehen zur Arbeit. Wir feiern die Besetzung mit Mohrenköpfen und Sekt, die wir ihnen zu den Flugblättern anbieten. «Schon wieder eens?» Es ist bereits das fünfzigste besetzte Haus. «Na, uff eene Art habta ja recht, wa. Prost denn!» Auf regelrechte Ablehnung stoßen wir selten. «Bloß keene Steine, Jungs, denn find ick det ooch in Ordnung.» – «Ich hab ja schon fast drauf gewartet», sagt ein Mann aus der Nachbarschaft, «is'n schönet Häuschen, wa.» Die Flugblätter sind innerhalb von zwei Stunden weg, der Sekt noch schneller. Wir laden Öfen und Baumaterialien ab. Auf der Pressekonferenz ist von der schamlosen Spekulation, von Wohnungsnot und Verantwortungslosigkeit die Rede. Die Journalisten müssen das schon bald auswendig können mit den 80000 Wohnungssuchenden und 10000 leerstehenden Wohnungen. Sie suchen nach etwas Besonderem. Wie wär's denn mit dem einen Transparent – «Hausbesetzen ist geil!» steht drauf. Was soll'n det?

Irgendwann kommen dann auch die Bullen, genauer gesagt, zwei KOB's, Kontaktbereichsbeamte. Ob das Haus besetzt ist? Dumme Frage, sieht man doch. Naja, und reinkommen dürfen sie wohl sowieso nicht? Genau. Alles klar. Auf dem Revier werden wir jetzt in die entsprechende Liste eingetragen. Ein paar Tage lang müssen zwei Zivile in ihrem VW-Golf so tun, als stünden sie rein zufällig vor unserem Haus, um sich ein Bild von den Besetzern zu machen.

Der Briefträger bringt uns mittlerweile jeden Morgen die *TAZ*, der Kohlenhändler hat uns in die Liste seiner Kunden aufgenommen. Eines Tages kommt der Chef von der chemischen Reinigung gegenüber mit einem großen Plastiksack. Die erste Wäsche sei umsonst, erklärt er, und: «Sauber muß man immer sein.» Mit einem alten Sofa und zwei selbstgebackenen Torten bewaffnet erscheinen eines Nachmittags fünf Omas von dem Altersheim nebenan: «Auf gute Nachbarschaft!» Sie sind ganz überwältigt von ihrem eigenen Mut, wir auch. Irgendwann steht auf der Mauer, die uns vom benachbarten Super-Markt trennt, eine Kiste mit leicht angeschlagenem Gemüse. Mittlerweile spielen wir manchmal gegen die Bolle-Auswahl Fußball.

Auch der Herr von der «Neuen Heimat», die mit unserem Haus ohnehin nichts Rechtes anzufangen weiß, taucht eines Tages auf. Er ist ganz happy, daß er mal reinkommen darf: «Meistens reden die erst gar nicht mit mir», sagt er traurig. Ansonsten weiß er nicht viel zu sagen: «Das ist ja alles hohe Politik jetzt, da müssen wir abwarten, was rauskommt.»

Mittlerweile ist es Sommer geworden. Im Garten sprießt das Gras (nein, nicht der Rasen). Jeder hat sein eigenes Zimmer, und wir haben auch schon

die ersten WG-Diskussionen und Auszüge hinter uns. Den Transvestiten, die an unserem Zaun die Freier locken, haben wir ein kleines Häuschen gebaut, sogar mit Abfalleimer für die Tempotaschentücher. Einer von ihnen legte uns zum Dank dafür auf der Jubiläumsfeier zur halbjährigen Besetzung einen Striptease auf die Bühne, mit dem er sonst ausgehungerte Türken in einem Nachtlokal zwei Straßen weiter aufgeilt. Die radikale Fraktion, die den «Transis» eine Wohnung im Parterre anbieten wollte, konnte sich nicht durchsetzen. Statt dessen ist dort kürzlich eine Baby-Gruppe eingezogen.
[…]
Das Haus nebenan wird wohl demnächst geräumt werden. Die «Neue Heimat» will auf das Vorderhaus drei Stockwerke im sozialen Wohnungsbau draufsetzen. Sie hatte den «sehr geehrten Nutzern» mehrere Briefe geschrieben, in denen sie sie zur «freiwilligen Herausgabe des Vorderhauses» aufforderte. Falls sie Wohnungen bräuchten, sei die «Neue Heimat» gern bereit, sie anderweitig unterzubringen. Sie könnten sich auch zunächst in den Seitenflügel und das Hinterhaus zurückziehen und, falls daran Interesse bestehe, an dem Baugerüst des Vorderhauses ihre Transparente anbringen lassen. Die Besetzer schrieben zurück, mit Klopapier seien sie ausreichend versorgt, sie dächten nicht daran zu weichen. Die «Neue Heimat» will auch den Seitenflügel und das Hinterhaus, in das sie die Besetzer verwiesen haben, modernisieren. Aber erst in einem halben bis dreiviertel Jahr. «Bis dahin können die gern bleiben», erklärt mir der Sanierungsbeauftragte.
Die zwanzig Besetzer, die den Block mit etwa 80 Zimmern bewohnen, sind buntgemischt. Neben Studenten und Schülern arbeitslose Jugendliche, Punks, ein Maharishi-Anhänger und ein Bankkaufmann. Die Fluktuation im Haus ist groß. Nur noch drei von den ursprünglichen Besetzern leben dort. Im Vorderhaus wohnte ursprünglich eine Gruppe von Obdachlosen, «Berbern», wie sie sich selbst nennen, die mit Unterstützung einer Beratungsstelle und entsprechender Öffentlichkeit dort eingezogen waren. Ihr Widerstand gegen Verhandlungen mit der «Neuen Heimat» war nicht so groß. Sie hingen stärker an dem Dach überm Kopf; ihre Buden hatten sie sich zum Teil piekfein hergerichtet. Die Mehrheit im Haus lehnt jedoch Verhandlungen oder freiwilligen Abzug aus dem Vorderhaus kategorisch ab. Eine Chance, das Haus zu halten, wenn die Bullen kommen, sehen sie nicht. Man wird's erleben.
[…]

(Benny Härlin: Von Haus zu Haus – Berliner Bewegungsstudien. In: Kursbuch 1981, Nr. 65, S. 5 ff.)

8. Eine Obdachlosenunterkunft

Wenn du ins *Pik As* willst, mußt du dich vor 18 Uhr dort anstellen (Neustädterstraße). Zunächst wird anhand deiner Papiere und der Kartei geprüft, ob du ein Neuzugang bist. Wenn du neu bist, kannst du drei Nächte bleiben. Pro Nacht zahlst du eine Mark (Hamburg billigstes Hotel). Hast du kein Geld, wirst du auch so aufgenommen, zumindest für die erste Nacht. Das *Pik As* kann niemanden abweisen, auch wenn es überfüllt ist. Du bekommst zu essen, Kaffee und Stullen, wirst notärztlich versorgt, wenn du Wunden hast, und es gibt einen psychiatrischen Dienst. Nach drei Tagen mußt du ins Sozialamt in der ABC-Straße am Gänsemarkt. Dort bekommt man einen persönlichen Eindruck von dir. Je nach den Problemen, die du hast: keine Arbeit, Alkohol, Familie verlassen, Drogen, labil usw., wirst du von hier an eine der Einrichtungen überwiesen, die für dein Problem zuständig sind. Hier kannst du dann erstmal vorübergehend bleiben. Hier wirst du mehr oder weniger therapiert, daß du wieder in die Gesellschaft integriert werden kannst. Das heißt, du wirst in die Lage versetzt, durch Arbeit so viel zu verdienen, daß du dir deine Miete und dein Essen selbst zahlen kannst. Bis dahin trägt der Staat Hamburg deine Unterhaltskosten (1980 54,50/Tag) (Rechenhilfe: 54,40 DM mal 30 Tage = 1635 DM/Monat).

Wenn in den staatlichen Männerwohnheimen oder denen der Freien Träger, wo du spezieller auf deine Probleme hin behandelt wirst, kein Platz ist oder deine Schwierigkeiten so groß sind, daß sie nicht behandelbar sind, wenn zum Beispiel keines oder alle Kriterien zusammen auf dich zutreffen, wenn du zum Beispiel schon über 65 bist und deine Rente für Miete nicht ausreicht und dann noch Depressionen oder Alkohol, wenn du also ganz am Ende bist und auch keine Aussicht auf Erfolg durch Therapie besteht (je nach dem Eindruck, den du auf dem Sozialamt machst), bekommst du einen Überweisungsschein und kannst weiter im *Pik As* bleiben. Du hast auch ein Anrecht auf den normalen Sozialhilfesatz (um die 300 DM). Es ist Vorschrift im *Pik As*, daß du dich einmal in der Woche einer körperlichen Reinigung unterziehst. Wenn du deine 300 Mark Sozialhilfe versäufst, darfst du keine Bambule machen, sonst schmeißen sie dich raus.

«Ein Monat *Pik As* genügt und du schaffst es nicht mehr ...»
Was eigentlich?

Wer sie sind, heute:

Entlassene aus Gefängnissen, Entlassene nach langjährigem Krankenhausaufenthalt oder Entlassene aus psychiatrischen Anstalten, Menschen, die in der Zwischenzeit ihre Wohnung verloren haben.

Junge Erwachsene aus Erziehungsheimen, in die Obdachlosigkeit geschickt, ohne daß die öffentliche Erziehung die gesellschaftliche Eingliederung geleistet hätte.

Leute, die ihre Wohnung verloren haben, weil sie wegen Krankheit, Arbeitslosigkeit oder anderer Umstände Schulden haben und die Miete nicht zahlen konnten.

Arbeiter, die bislang von ihrem Arbeitgeber Wohnung erhalten haben, Seeleute, Schausteller, Landarbeiter, Montagearbeiter, Kellner, Köche und Kneipenbeschäftigte. Der Verlust des Arbeitsplatzes bedeutet gleichzeitig den Verlust der Wohnung.

Vereinsamte, Erwerbsgeminderte, Rentner, jene, die nur gelegentlich arbeiten können oder wollen, die ihre wirtschaftliche Existenz nicht alleine und nicht auf Dauer sichern können.

DDR-Flüchtlinge und Umsiedler aus ehemaligen deutschen Gebieten, die sich in der Wirklichkeit der BRD nicht zurechtfinden.

Leute, die durch Alkohol, Drogen oder andere Umstände an den wirtschaftlichen und psychischen Rand getrieben sind.

Junge Erwachsene und Jugendliche, die mit ihrer Familie nicht mehr klarkommen.

Oft genug kommen mehrere dieser Voraussetzungen zusammen.

[...]

Das Problem entwickelt sich zu einer Spirale, deren Ausgangspunkt Arbeit und Wohnung sind. Wer keine Wohnung hat, findet schwer Arbeit, wer nicht arbeitet, kann schwer eine Wohnung bezahlen. Wer einmal mit dem Sozialhilfesystem auf diesen Gebieten in Berührung kommt, findet sich leicht der Eigendynamik dieses Systems ausgeliefert.

Im Zusammenhang damit steht das Bewußtsein und ideologische Bild in der bürgerlichen Öffentlichkeit und der Presse. Obdachlos, Sozialhilfeempfänger, Alkoholiker und Pennbruder wird man immer noch durch eigenes Verschulden. Wer nicht arbeitet, soll auch nicht essen. Begünstigt wird dies auch dadurch, daß das Schicksal der Penner meist nur als individuelles betrachtet wird, dort, wo das Elend in Masse auftritt, wird es aus dem Gesichtsfeld und dem Bewußtsein an den Stadtrand verbannt.

Die Landesarbeitsgemeinschaft für Nichtseßhaftenhilfe hat im Februar 1981 in Hamburg 2554 alleinstehende, obdachlose Männer erfaßt. Unter Zurechnung von weiteren 5 % Frauen und einer Dunkelziffer kommt man auf die runde Zahl von 3000.

Demgegenüber stehen 1650 Bettenplätze staatlicher Institutionen und Freier Träger. Fast jeder zweite schläft in Bahnhöfen, Abrißhäusern, noch nicht bezogenen Neubauten, Hauseingängen oder ganz im Freien.

(Künstlerhaus Bethanien [Hg.]: Wohnsitz: Nirgendwo. Vom Leben und Überleben auf der Straße, Berlin 1982, S. 450ff.)

9. Der Deutsche Camping-Club

Der Briefträger bringt Berge neuer Beitrittserklärungen, Rundschreiben werden abgezogen und verschickt, Triptyks und Carnets ausgefertigt, Vormerkungen für die im Handumdrehen schon wieder vergriffenen Autoplaketten, Wimpel und Campingführer aufgenommen, Mitglieder- und Zeitungskarteien vervollständigt und tausend Anfragen beantwortet. Immer mehr Sportgeschäfte bewerben sich als autorisierte Beratungsstellen. Auf den Regalen türmen sich die Zeltplatzverzeichnisse aus ganz Europa, Richtlinien zum Ausbau von Campingplätzen und Muster einer Zeltplatzordnung. Zwei Dutzend Ordner können die Korrespondenz der ersten vier Monate dieses Jahres kaum aufnehmen. Längst reichen die beiden großen Räume und das siebenköpfige Personal nicht mehr. Das also ist die Geschäftsstelle des Deutschen Camping-Clubs in München, Ainmillerstraße 25. Unter seiner grünschwarzweißen Flagge mit dem Zelt im großen «C» sammelt sich die deutsche Camping-Bewegung. Eine enge Zusammenarbeit mit den Automobilclubs ist selbstverständlich. Der Aufbau der Organisation in den Ortsclubs macht täglich Fortschritte.

Den ganzen Betrieb leitet mit sicherer Hand Dr. Eckart, Vorsitzender des Clubs und einer der ältesten und erfahrensten Pioniere der deutschen Zeltwanderbewegung (wie er das als Mann der Wirtschaft so nebenbei macht, bleibt sein Geheimnis). Und das kam so: Man schrieb 1947, als zwei ihm unbekannte amerikanische Offiziere und ein englischer Zivilist sich bei ihm meldeten. Was denn mit dem deutschen Camping los sei? Hier müsse doch wohl schleunigst etwas geschehen, und niemand anders als Eckart sei dazu berufen. Das wurde – nach einigen Umwegen – der neue Start. Ein Jahr später schon wurde der Club gegründet und kurz darauf, als andere deutsche Sportarten noch in ungewollter Abgeschiedenheit lebten, wurde er bereits in den Internationalen Campingverband Paris aufgenommen, der heute 27 nationale Clubs umfaßt.

Der deutsche Club war kaum geboren, als die ganze Welt mit einer «Tagesleistung» von durchschnittlich fünfzig Briefen an ihn schrieb. Erste Frage: «Wo kann man in Deutschland zelten?» Man konnte das leider nicht, jedenfalls nicht auf solchen Plätzen, wie sie die ausländischen Campingfreunde gewohnt waren. Eckart begann gegen das übliche Beharrungsvermögen und Unverständnis, begann zugleich mit System, aber ohne Mittel Zeltplätze zu schaffen. 2200 westdeutsche Gemeinden wurden angeschrieben. Ein Fragebogen lag bei. «Erkundungsblatt für Zeltplätze» hieß er, und es gab nichts, wonach nicht gefragt wurde. 500 Gemeinden antworteten, wobei der Schwarzwald besonders freundlich und aufgeschlossen reagierte. Anfang 1953 gab der Club den Camping-Führer mit Angaben über bereits 200 anerkannte Plätze heraus. Inzwischen sind es schon an die hundert mehr geworden. Am Rande sei vermerkt, daß Frankreich deren rund dreitausend hat, darunter sehr viele vorzügliche Privatplätze. Ebenfalls am Rande muß gesagt werden, daß entgegen einer weitverbreiteten Ansicht nicht Amerika die Heimat der Camping-Bewegung ist, sondern England. Deutschland, durch eine Zeit, in der man dem individuellen Wandern nicht sonderlich geneigt war, und durch den Krieg aus der Entwicklung geworfen, findet jetzt wieder Anschluß. Aber die Einzelindividuen mit dem Drang zur Absonderung ballen sich nun wieder zwangsläufig zu neuen Massen auf den Zeltplätzen zusammen. Immerhin sind es Massen von Gleichgesonnenen, was eine gewisse Rolle spielt.

Mitte vorigen Jahres entstand der Campingplatz in Lindau. Er ist zur Zeit der Stolz der deutschen Campingfreunde. Bis zum September zählte man dort eine durchschnittliche «Belegung» von tausend Personen am Tag. Die Stadt München hofft, es mit ihrem Platz an der Isar, der zu Pfingsten eröffnet werden soll, an Komfort dem Lindauer gleichtun zu können. 90 000 Mark sind dafür veranschlagt. Eine Kommission hat das Gelände am Bodensee son-diert. Ein Büfett, eine Milchbar, modernste sanitäre Einrichtungen, Dusch-anlagen, Gasautomaten für Kochzwecke sind neben der Platzbewachung das mindeste, was man auch in München bieten möchte. An der Ostsee finden sich Zeltstände mit Mietzelten. Auch sonst tut sich allerlei in der deutschen Camping-Bewegung. Sportgeschäfte stellen auf Ruinengrundstücken der Großstädte ganze Ausrüstungen zur Schau. Ein Wanderprediger der Cam-ping-Bewegung zieht durch Stadt und Land, und wo immer er seinen Film über einen Sommer mit Auto und Zelt vorführt, hat er ausverkaufte Häuser. Viele Gemeinden geben schon eigene Zeltbroschüren heraus. Ein dicker Füh-rer «München–Neapel» enthält die auf der Route gelegenen schönsten Zelt-plätze. Kurzum: wir stehen auch in Deutschland an der Wende zu einer neuen Ära des Fremdenverkehrs, die in anderen Ländern schon längst begon-nen hat.

Die deutsche Industrie hat das Ziel klar erkannt. Sie erwartet in den näch-sten Jahren eine stürmische Aufwärtsentwicklung, die die deutsche Cam-ping-Bewegung zumindest auf den Stand anderer europäischer Länder brin-gen wird. Neben alten Firmen, die mit einem guten Schuß Idealismus eine jahrzehntelange Pionierarbeit auf diesem Gebiet geleistet haben und sich in den Frühzeiten oft erst einmal als lächerlich bezeichnen lassen mußten, treten neue auf den Plan. Das Ergebnis wird ein verschärfter Wettbewerb sein. Der Anblick einer der großen internationalen Zeltplätze zeigt dem Neuling, daß hier ein neuer Konsumbedarf im Entstehen ist. Zelte aller Aufmachungen und Farben, in manchmal abenteuerlichen Kombinationen, formen das Bild eines friedlichen Heerlagers des zwanzigsten Jahrhunderts. Vom kleinsten Einmannzelt bis zum dreiflügeligen Zelt für sechsköpfige Familien ein-schließlich Autogarage, batteriebetriebenem Kühlschrank und mehrflammi-gem Propangasherd, vom einfachen Zeltbahnzelt über die pyramiden- oder trapezförmige Zeltbehausung bis zur Lappenkote und dem Indianerwigwam reicht der Radius.

[...]

(Frankfurter Allgemeine Zeitung vom 1. 2. 1953)

10. «Die heißesten Wochenenden» –
Die Sommer-Reisewelle

Millionen sind jetzt wieder ins große Gedränge geraten. Auf den Bahnhöfen
quetschen sie sich in die Züge. In den Flughäfen warten sie auf den ermun-
ternden Aufruf, in die Chartermaschinen zu steigen. Vor allem aber auf den
Autobahnen und vor den Grenzstationen schwitzen und fluchen sie in den
rollenden Blechschachteln, in ihren Autos. Die Sommerurlaubs-Reisewelle
überschlägt sich zur Verkehrsbrandung. Die Völkerwanderung auf Zeit und
auf Rädern erfaßt, malträtiert und verschlingt ihre Opfer.

[...]

Jedes Jahr steigert sich die Reise- und Fortbewegungslust noch, wird der
Aufbruch in die Ferien gefährlicher und schwieriger. Die Zahl der Ankünfte
ausländischer Touristen stieg in der ganzen Welt von 141 Millionen (1968) auf
153 Millionen (1969). Hauptgründe sind wachsender Wohlstand, mehr Freizeit, billigere Reisen und größere Motorisierung.

Auch in der Bundesrepublik sind die Menschen in den vergangenen Jahren
immer reisefreudiger geworden. 1969 waren es 25 Millionen, die sich auf den
Weg zur Erholung machten. In diesem Jahr wird die Zahl wahrscheinlich
noch größer sein. Vierzehn von den 25 Millionen zog es ins Ausland. In
Großstädten, so zum Beispiel in Hamburg, bleibt allerdings erfahrungsgemäß ein Drittel aller schulpflichtigen Kinder zu Hause. Von der gesamten Bevölkerung der Bundesrepublik über vierzehn Jahre verreisen nach Schätzungen rund vierzig Prozent. Drei Viertel aller Reisen sind wohl wieder, wie
1969, für Juni, Juli und August geplant worden. Wer nicht durch die Schul-
und Betriebsferien zur Wahl dieser Reisemonate vergewaltigt wird, den leitet
bei seinen Plänen eben die Sehnsucht nach Sonnenwetter.

Das Flugzeug benutzen schon sechs Prozent aller Urlauber für die Reise.
Ein Viertel strebt dem Ferienort mit der Bahn zu. Jedoch mehr als die Hälfte
aller Erholungssuchenden fährt im eigenen Wagen. Viele Millionen Familien
werden in neun Millionen Autos unterwegs sein. Da müssen die Anfahrtswege hoffnungslos verstopfen. Denn sie alle fahren ja ziemlich gleichzeitig
los. Und was sind dabei an Entlastung die hunderttausend Autos, die auf den
Reisezügen der Bundesbahn befördert werden?

[...]

(Die Zeit vom 17. 7. 1970)

11. Zum Leseverhalten von Arbeitern

[...]

Tatsächlich neigen immer noch viele zu der Ansicht, daß der Arbeiter, wenn er untätig zu sein hat, Bier trinkt. Andererseits werden neuerdings mit Behagen von bestimmter Seite laufend Statistiken ausgewertet, wonach es überwiegend Arbeiter sind, die sich ein Automobil kaufen, an der Riviera ihren Urlaub verbringen oder in Sesseln aus Teak vor dem Fernsehschirm sitzen. Derartige Feststellungen sind hinterhältig und lassen auf eine beachtliche Portion Hochmut und Snobismus schließen; sie zielen darauf ab, den Arbeiter als Banausen abzustempeln.

Bildungsfeindliches oder ein der Bildung gegenüber gleichgültiges Verhalten ist jedoch, zumindest seit Freizeit kein Privileg mehr bedeutet, durchaus kein spezifisches Verhalten der Arbeiterschaft. Banausen sind überall, unter Akademikern wie unter Arbeitern, im mittelständischen Kleinbürgertum, in der Beamtenschaft und wohl nicht zuletzt in den Kreisen der Neureichen. Wer sich dazu entschlösse, die Leute an den Kassenschaltern der Opernhäuser und Museen nach Stand und Beruf zu fragen, wird mit größter Wahrscheinlichkeit eine Überraschung erleben und seine Meinung über die bildungsfeindliche Arbeiterschaft revidieren müssen.

Überrascht waren unlängst auch die Teilnehmer an einer Tagung des Kulturkreises im Bundesvorstand der Deutschen Industrie, als ihnen die Leiterin der Werkbibliothek in den Farbwerken Höchst, Hilde Schmidt, ihre Gedanken über «Gegenwartsliteratur in der Werkbücherei» vortrug. Frau Schmidt hielt ein leidenschaftliches Plädoyer für die Lesefreudigkeit und den Literaturverstand des bundesdeutschen Arbeiters. Sie antwortete damit auf Untersuchungen, die zuvor im Börsenblatt des Deutschen Buchhandels und im Feuilleton der Frankfurter Allgemeinen Zeitung veröffentlicht worden waren. Im Börsenblatt war man zu dem Schluß gekommen, daß der gegenwärtige Anteil der Arbeiter an der Gesamtleserzahl der öffentlichen Büchereien katastrophal niedrig sei. Man berief sich auf Erhebungen in Hannover (9,9 Prozent) und Heidelberg (11,5 Prozent). Zu ähnlichen Ergebnissen kam Wolfgang Schwerbrock in der FAZ: Gestützt auf Berichte von Taschenbuchproduzenten, Buchgemeinschaften und öffentlichen Büchereien, schätzte er den Anteil der Arbeiter an der Gesamtleserzahl auf «kaum zehn Prozent».

Dazu die Werkbibliothekarin aus Höchst: «Von der gegebenen Voraussetzung ausgehend, daß die soziologische Struktur der Belegschaft unseres Werkes und ihrer Familienangehörigen mit der einer städtischen Bevölkerung in Beziehung gesetzt werden kann, muß ich dem entgegenhalten, daß 45 Prozent unserer Leser Arbeiter sind.» Im Börsenblatt war die kategorische Frage gestellt worden: «Liest der Arbeiter noch?» Frau Schmidt, die erfahrene Praktikerin, antwortete darauf ebenso kategorisch: «Er liest noch!»

Aus dieser Kontroverse können folgende Schlüsse gezogen werden: Das

Lesebedürfnis des Arbeiters ist vorhanden (zumindest in Höchst, aber wieso nur in Höchst?); der Arbeiter befriedigt dieses Bedürfnis vornehmlich in seiner Werkbücherei, weniger in öffentlichen Bibliotheken; Buchhandlungen scheint er zu meiden. Der Verdacht liegt nahe, daß er Bücher zwar lesen, nicht aber käuflich erwerben möchte – das würde allerdings dem allgemeinen Trend widersprechen, wonach es in allen Kreisen immer schicklicher wird, wenigstens eine Handvoll Bücher zu besitzen. Eher ist zu vermuten, daß der Arbeiter, der sich inzwischen zwar weit unbefangener und selbstbewußter zu bewegen versteht als vor dreißig oder vierzig Jahren, nach wie vor noch eine tiefsitzende Scheu vor dem Gang in eine Buchhandlung hat.

Seltsamerweise wird von seiten der Buchhändler auch nichts unternommen, ihm diesen Gang zu erleichtern. Das Gegenteil ist der Fall: Man bemüht sich – vielleicht unbewußt –, dem Buchgeschäft den Charakter eines Bezirks zu belassen, der Ehrfurcht, Sachkunde und vollendete Manieren gebietet. Nur wenige fortschrittliche Sortimenter haben mit dieser Tradition gebrochen. Sie offerieren ihre Ware, vornehmlich Taschenbücher, nach Art der Selbstbedienungsläden und erschließen sich erfahrungsgemäß schon allein dadurch eine neue, zahlungskräftige Kundschaft, vorwiegend Jugendliche und von diesen wiederum erwiesenermaßen gerade die jugendlichen Arbeiter.

[...]

In diesem Zusammenhang konnte die Leiterin der Werkbibliothek in Höchst dem BdI-Kulturkreis aufschlußreiche Statistiken vorlegen. Den Rekord (die größtmögliche Ausleihzahl für ein Büchereibuch beträgt bei einer allgemein eingehaltenen Leihfrist von 14 Tagen 26mal im Jahr) hält in den Farbwerken Höchst zwar unangefochten der Kriminalroman, der durchschnittlich 26mal im Jahre ausgeliehen wird. Ihm folgen mit 15 bis 20 Ausleihen pro Jahr die gängigen Unterhaltungsromane, die nicht zuletzt auch vom Filmruhm profitieren. In dieselbe Kategorie fällt aber auch ein so anspruchsvoller Autor wie Friedrich Dürrenmatt.

Das Interesse an der Gegenwartsliteratur ist außerordentlich groß. Renommierte zeitgenössische Dichter wie Böll und Grass, Bergengruen, Andres und Zuckmayer sind stets gefragt. Aber auch Bücher von Alfred Andersch, Max Frisch, Martin Walser und Siegfried Lenz bringen es immerhin auf 10 bis 15 Ausleihungen pro Jahr. Dasselbe gilt für den Nachwuchserzähler Uwe Johnson, der erst in den letzten Monaten einer breiteren Öffentlichkeit bekanntgemacht wurde, dessen «Mutmaßungen über Jakob» jedoch in Höchst bereits im vergangenen Jahr 15mal ausgeliehen wurden. Selbst Ingeborg Bachmann, die bei den Literaturstudenten in Frankfurt nicht reüssieren konnte, hat in der Werkbücherei des benachbarten Höchst eine kleine, aber zuverlässige Gemeinde. «Es gibt kein Buch der jüngsten deutschen Literatur», so beteuert die Bibliothekarin Hilde Schmidt, «das nicht ausgeliehen würde.»

Alle, die sich in der letzten Zeit mit der Frage: Liest der Arbeiter, und was liest er? beschäftigt haben, stimmen darin überein, daß der Lesehunger insbesondere der Jugendlichen ständig wächst. Schwerbrock notiert ein zunehmendes Interesse der Jugend am Sachbuch. In den Farbwerken Höchst sind darüber hinaus die Lehrlinge – vor allem die kaufmännischen – die besten Kunden für die Gruppen Lyrik, Drama und Hörspiel. Ein Buch von Günter Eich etwa wird dort bis zu zehnmal im Jahr aus dem Regal genommen. [...]

(Soziale Ordnung 1961, Nr. 12)

12. «Nett und schonungslos nichtig» Familien-Fernsehserien

Sie lieben Dr. Kimble, den Mann auf der Flucht, sie lieben Fußball. Sie liebten Lou van Burg, und sie lieben noch immer Caterina Valente. Aber vor allem lieben sie es, sich selber auf dem Bildschirm – und von nun an möglichst auch in Farbe – wiederzufinden.

Die Fernsehserien über deutsches Familienleben werden von den Zuschauern seit Jahren mit hohen Pluswerten bedacht, werden als nette Unterhaltung, als Entspannung nach gehetztem Alltag empfunden, und als solche waren sie ja auch geplant. Wo immer der Zuschauer sich sonst verschreckt, verständnislos oder empört vom Gerät abwendet, im trauten Kreis der «Leitmüllers», dort soll er sich wiederfinden. Und er fand sich – zwar nicht geleitet, sondern bestätigt. Ermutigt, gerührt oder schadenfroh kann er anhand solcher Aufbaustücke sein eigenes Befinden trostvoll in das allmenschliche Schicksal einordnen.

Die Klein-, die Groß-, die Mittelfamilie, die Arztfamilie – alle kamen sie zu Wort und Tat. Und was wurde aus der Familie, der Keimzelle allen gesellschaftlichen Daseins, gemacht? Sie wurde veralbert («Firma Hesselbach»), zur Idylle gemacht («Der Forellenhof»), zum Schauplatz anständig-vernünftiger Menschen («Alle meine Tiere»), zur Kameradschaftsposse vor dem Hintergrund existentieller Bedrohung («Die Unverbesserlichen»).

Bevorzugt behandelt wurde das Milieu des Mittelmaßes, variiert nach Herzens- und nach Geistesbildung.

Das ist, allen voran, die Familie Hesselbach – mit zweiundvierzig Folgen zwar nicht kontinuierlich die beliebteste, jedoch die langlebigste Bildschirm-Familie.

Herr Hesselbach ist ein Mann von Jahren und Verantwortung, einer, der es geschafft hat, der neben einem gemütlichen (Eigen-)Heim ein kleines Unternehmen besitzt, dazu drei wohlgeraten-zukunftsträchtig angepaßte Kinder und eine bieder-brave Haus- und Ehefrau von bescheidener Intelligenz. Seine Anzüge sitzen korrekt, seine Manieren sind es. Er wird geachtet, weiß die Dinge jovial und gestenreich ins rechte Lot zu bringen durch den rechten Spruch zur rechten Zeit. Noch ist er der Herr im Haus, wenn auch Schusseligkeit die Auflösung einstiger Patriarchenstellung deutlich erkennen läßt. Er schmunzelt gern und ist auch gern erstaunt über die Vielfalt dieser Welt. Anders seine Frau. Sollte man Vater Hesselbach sympathisch finden, so ist Mutter Hesselbach ein Hochgenuß für rachsüchtige Männergaumen. Schon etwas unansehnlich, wurschtelt sie, spärlich dauerwellengekraust, stets im Fettnapf täglichen Fehlverhaltens. Penetrant nährt sie am Boden der Blödheit ihre egoistischen Umtriebe. Niemand nimmt sie ernst, nicht in ihrer Rolle als reinliche Hausfrau und nicht in der als Mutter; da erfährt sie eine eher sarkastisch-ironische Würdigung.

Die Kinder machen sich gut; forsch und unverzagt sehen sie ihrer Fortsetzungsverpflichtung in die Augen. Generationskonflikte entbrennen an der Zigarettenfrage, am Taschengeld oder an der Frisur. Das tägliche Leben spielt sich in schonungsloser Nichtigkeit ab.

Randfiguren sind die allseits bekannten Stereotypen der buckligen Verwandtschaft, der eifersüchtigen, zänkischen Nachbarinnen oder sonstiger, oft dümmlicher Ehefrauen, der neugierig verklatschten Putzfrau, der altjüngferlichen Betriebsangestellten. Schwerwiegende und folgenreiche Ereignisse im Hause Hesselbach muten phantastisch an und können nur wegen literarischer Anspruchslosigkeit nicht als deutsche Varianten absurden Theaters eingestuft werden.

Da heißt ein Sechzig-Minuten-Werk «Das Dreckrändche am Milchdippche» (Das Dreckrändchen an der Milchschale). Dank Frau Saubermanns ungebrochen drohender Stellung im deutschen Heim erfuhr der Vorwurf «Schlampe» eine ungeahnt existenzgefährdende Wirkung. Auch sonst schienen bei Hesselbachs die Tücken dieser Welt in der nicht immer ganz ordentlichen oder ganz sauberen Wäsche zu lauern.

[...]

Infratest ermittelte Pluswerte zwischen fünf und neun – nur Höfer und Grzimek konnten da auf die Dauer mithalten. Weshalb sind Familienserien so beliebt?

Die Fernsehfamilien als Abbild der Realität zu bezeichnen, fällt schwer, obwohl die Konstruktion der Personen, Ereignisse und Handlungen auf dem Moment des Wiedererkennens beim Zuschauer aufbaut. Nur allzu oft glaubt man zu sehen, wie er sich auf die Schenkel klopft und ruft: «Ha, genau wie bei uns!», wie er bei den Idyllestücken über solche deutschen Edelfamilien ergriffen eine Träne wischt. Das Abbild auf der Mattscheibe zeigt sich im häuslichen Geränk um Pseudoprobleme, das Wunschbild in gemütvoller Harmonie. Beide aber drehen sich im Kreise einer in sich geschlossenen Welt, die vollkommen heil ist. Es passiert nichts darin – drei Affen haben sich auf dem Bildschirm breitgemacht.

Ganz anders als in den bisher genannten Serien steht es um die Familie Scholz in den «Unverbesserlichen». Sie ist, im Gegensatz zu den Mittelständlern, erfolglos, ein Prototyp des Kleinbürgers, ständig durch die Umwelt bedroht. Der wie auch immer gearteten Übermacht tritt sie zwar tapfer entgegen – um letztlich in aufatmender Resignation festzustellen, daß die Situation nicht bewältigt, jedoch für den Augenblick überstanden sei. Zu lernen ist: Gefahren lauern überall.

Des Zuschauers vielleicht ängstliche Frage «Wie kann man solchen Gefahren, wenn überhaupt, entrinnen?» wird mit viel Gespür für latente Erwartungen abgehandelt.

Ein Beispiel: Da hat Frau Scholz, die um eines Nebenverdienstes willen näht, berechtigterweise gedacht, ihr und ihrer Familie solle es nun mal ein bißchen besser gehen. Sie hat sich eine neue Nähmaschine – die alte gab sie in Zahlung – auf Abzahlung gekauft (erster Fehler).

Doch sie wartet nicht erst die Früchte nunmehr vollmechanisierter Arbeit ab (zweiter Fehler), sie kauft sogleich – wenn auch nicht leichtsinnig, sondern zur Förderung familiären Lebens – eine neue Couch und einen bislang vermißten Fernsehapparat, auch auf Abzahlung.

Beflügelt von einem erst scheinbaren, dann doch noch geglückten Lottogewinn kauft Herr Scholz, den Rest der Familie – drei Kinder plus Schwägerin – in Unkenntnis lassend, ein Auto (dritter Fehler), erreicht Heim und Ofen jedoch unfallgezeichnet und mit der Gewißheit eines Totalschadens.

Trotz Lottogeld und vieler Mühe schlagen die Schulden und Beschuldigungen Wellen; der Bedrohung von innen und außen kann nur dank doch noch solidarischer Familienregungen entronnen werden. Der *Status quo ante* ist wieder erreicht, das Lehrstück zu Ende.

Den Handelnden und dem Zuschauer ist vor allem eines klargeworden: Man bewege sich nicht außerhalb gegebener Grenzen. Und eines ist nicht klargeworden: Warum das so sein soll oder so ist.

Es wird auf der Undurchschaubarkeit der Lage insistiert, auf der Allmächtigkeit des Oben gegenüber dem «kleinen Mann», auf der Unberechenbarkeit des Geschehens. Aber soweit dies auch ausgesprochen wird – es führt bei den Handelnden nicht zum Wunsch, es zu ändern, nicht einmal es zu erkennen. Nicht Aktion wird mobilisiert, sondern Resignation als Allheilmittel verabreicht und auch willig geschluckt.

Diese Fernsehfamilie gibt wieder, was in der Öffentlichkeit ausgebreitet zu finden ist: die Allergie gegen eine rational vorurteilslose Bestandsaufnahme von Geschehnissen.

Fragt man die Produzenten solcher Familienwerke, was sie von diesen Traktaten halten, läßt sich die Antwort reduzieren auf ein Wort: nichts. Man weiß vom Mangel an Realität, von der Scheinproblematik, dem täuschenden Unsinn. Doch dem Publikum gefällt's – nicht zuletzt wegen der «Harmonisierungs-Tendenzen», so sagte man mir beim Hessischen Rundfunk in Frankfurt. Der Zuschauer, vom Wunsch nach Harmonie beseelt, wolle keine Problemstücke. Erstaunlich bleibt dennoch der Zynismus der Autoren solcher Stücke.

[…]

(Die Zeit vom 25. 8. 1967)

13. «Die Lust am Laufen»

[...]

Mehr und mehr Menschen kommen heute auf das Laufen, weil sie «fit» sein wollen. Was steckt denn hinter diesem Fitsein? Der sportliche Typ jedenfalls ist gefragt, ist in Mode. Noch vor zwanzig Jahren hieß es in Schulklassen von einem schlechten Schüler ironisch: Dafür ist er aber in Turnen gut, was heißen sollte: Dumme sind in Sport gut. Wenn ein Dummer in sportlicher Hinsicht eine Flasche war, sagte man folgerichtig: Noch nicht einmal in Sport ist er gut (dafür aber in Religion). Das hat sich geändert. Zumindest in den Köpfen gilt der Körper wieder etwas.

In der Praxis, glaubt man einer Umfrage, verhält man sich noch häufig wider bessere Einsicht: neunzig Prozent der Bürger halten das Sporttreiben für gesund, aber nur zwölf Prozent der über vierzig Jahre alten Befragten handeln danach. Viele Menschen höheren Alters halten es mit der (angeblich buddhistischen) Lebensregel, nach der ein Älterer niemals mehr laufen solle, wenn er statt dessen gehen könne, niemals gehen, wenn er stehen, niemals stehen, wenn er sitzen und niemals sitzen, wenn er liegen könne. Auch Jüngere verhalten sich so; selbst dann, wenn sie die Maxime für einen schrecklichen Unsinn halten. Warum gehen, wenn man auch Auto fahren, warum sich bewegen, wenn man fernsehen kann.

Acht von zehn Schulkindern, heißt es, haben denn auch Haltungsschäden. Erschreckend viele sind überernährte Pummel. Dr. Ernst van Aaken, einer derjenigen, die das «neue Laufen» propagieren, sagte: «Ob Altern ein natürlicher biologischer Vorgang ist, möchte man bezweifeln, wenn heute Achtzigjährige 100 Kilometer in fünfzehn bis neunzehn Stunden zurücklegen, während nur zehn Prozent der Bundeswehrjahrgänge in der Lage sind, 5000 Meter für das Sportabzeichen in 23 Minuten zu laufen.»

Die Jogger, die Trimmtraber in Deutschland und in fast allen Industrienationen der Welt, unterlaufen jene Lebensregeln und auch die ihr oft noch zugrundeliegenden Anschauungen. Sie glauben, daß nicht die Läufer «pervers» sind, sondern die allgemeine Lebensweise und die bewegungsfaule Gesellschaft, in der sie leben. «Pervers» ist in ihren Augen der simple Fußgänger, der niemals läuft, etwa, weil er sich nicht lächerlich machen will. Folgerichtig lacht dieser, wenn er einen Läufer sieht, und läßt ihn womöglich Spießruten laufen mit sinnigen Bemerkungen wie «eins-zwei, eins-zwei», oder «Tempo, Tempo». Reine Entlastungsfunktion, denkt sich der überlegene Läufer – und ärgert sich trotzdem. Hunde, die über den Weg laufen, zeigen oft noch weniger Verständnis. Ach, Vorkämpfer haben es schwer.

Doch auch die gemütvoll-taktlosen Bemerkungen nehmen allmählich ab. Irgendwie muß ja doch was dran sein, sagt sich der eher beleibte Spötter, je mehr Jogger ihm begegnen. Und außerdem: je mehr die Laufbewegung wächst, desto normaler wirkt das Laufen – und desto ansteckender. Man kann das schon eine Bewegung nennen, was sich da in der Bundesrepublik abspielt: einen Hit, der andere sogenannte Lebensbewältigungstechniken, wie Meditation oder gruppendynamische Therapien, in den Schatten zu stellen scheint. Es gibt Leute, vermutlich übertreibende, die sprechen von sechs Millionen, die in unserem Lande laufen und laufen in Wald und Feld, um den Block herum und auf der Stelle im Wohnzimmer. Auf der Welt soll es hundert Millionen Jogger geben, und zwei Millionen sind es bei uns bestimmt.

Sie zockeln allein, trotten zu zweien oder traben in Gruppen, die sich bei den mittlerweile 1250 vom Deutschen Sportbund eingerichteten Lauf-Treffs zusammengefunden haben. Entsprechende und rechtzeitige Begleitliteratur gibt es schon in Stapeln. Darin steht, wie man es macht und was man davon hat. Zum Lauf-Boom gehört auch manches Harmlos-Absonderliche. So wurden in einer Großstadt eine Miß Trimm und ein Mister Fit gewählt. Es gibt sehr feine Laufanzüge in motivierend leuchtenden Farben und sogar Après-Trimm-Schuhe. Die Wirtschaft hilft tüchtig mit, den Weg über Stock und Stein zu ebnen. Hatte zum Beispiel ein Fachgeschäft den Joggern vor drei Jahren gerade erst vier Schuhmodelle anzubieten, so sind es inzwischen zweiunddreißig verschiedene Schuhe, die dort im Laden zur Wahl stehen – «allein für das Laufen in der freien Natur», wie der Verkäufer betont. Das Geschäft heftet sich den Joggern an die Fersen. Immerhin in noch recht bescheidenem Maße, verglichen mit dem, was da in den Vereinigten Staaten läuft. Dort ist das Jogging geradezu fieberhaft geworden, und so ist aus der Laufkundschaft auch mehr herauszuholen.

Sicher haben in der Bundesrepublik Aktionen des Deutschen Sportbundes sowie Bücher, Zeitschriften und das Vorbild Amerika viel zu dem raschen Wachsen der Laufbewegung beigetragen. Man hat festgestellt, daß, angeregt allein von der lustbetonten Animation des Sportbundes, zehn Millionen Menschen «mal wieder» gelaufen oder radgefahren sind.

Doch dies allein erklärt wenig. Was steckt dahinter? Die Werbung für das Laufen muß auf ein breites – vorhandenes – Bedürfnis gestoßen sein. Und dieses Bedürfnis heißt im letzten vermutlich: Ich brauche etwas gegen meine Angst und meine Sorgen.
[...]

(Frankfurter Allgemeine Zeitung vom 30. 6. 1979; Originaltitel: Die Lust am Laufen und die Lebensangst)

14. Hobbies nur für Männer

[...]
Trotzdem ist von Männern als den Träumern nie die Rede, nur von Autos, Hi-Fi-Anlagen, Computern, Fußball, Bodybuilding und Surfen. Eine Ausnahme von dieser Regel bildet das Heimwerker-Magazin *Selbst ist der Mann*

aus erklärlichen Gründen. Der Haus- und Wohnungskult, der dort gepflegt
wird, setzt nicht nur die entsprechenden Räumlichkeiten – zumindest einen
Hobbykeller, Platz für Werkbank und Maschinchen – voraus, sondern vor
allem soziale Beziehungen, Frau, Familie, Kinder, Verwandte, Freunde und
dergleichen in hinreichender Zahl. Wie soll sonst ein Grillwagen in Funktion
treten? Ein Gartenpavillon? Ein Hoch- und Spielbett? Der Heimwerker
braucht ein Heim als Hintergrund, vor dem seine Obsession weniger deutlich
zu erkennen ist als die der anderen. Das befremdlich Selbstzweckhafte seines
rastlosen Bau- und Basteltriebs wird man dennoch nicht übersehen. Warum
muß ein Abstell- und Ankleideraum durch den Einbau von Schiebetüren
einer «Verjüngungskur» unterzogen werden? Wer glaubt, daß man Kindern ein
«Paradies zum Klönen, Klettern und Kuscheln» – bauen kann? Vielleicht ist
das der spezifische Irrtum des Heimwerkers, daß er davon überzeugt ist,
Paradiese würden immer gebaut, und auch er hätte die Möglichkeit dazu. Nach
allem, was man weiß, ist aber das Paradies ein Waldstück mit freilaufenden
Tieren und Menschen, die ebenso unschuldig sind wie sie. Daß man dorthin
unter Verwendung eines «Winkelschleifers» gelangt, «mit 700 Watt um die
Ecke», «mit zehntausend Umdrehungen pro Minute frißt sich die Scheibe ins
Stahlrohr», «Winkelschleifer trennen, schleifen, polieren und entrosten ein-
fach alles und jeden» und so weiter – davon hat man noch wenig gehört ...
[...]
Die Versöhnung von herkömmlichen Männlichkeitsvorstellungen mit den
Geboten des Freizeitlebens und des Konsums deutet sich in einem Begriff wie
«Fanatic Fun Culture» an, den ich im *Surf-Magazin* gefunden habe. Wer sich
wenigstens fanatisch um Spaß in einer der zahlreichen neuen Sportarten bemüht, braucht sich nicht davor zu fürchten, in Passivität zu versinken und
Schaden an seiner Männlichkeit zu nehmen. Wer allerdings als desinteressier-
ter Nichtsportler mehrere Magazine für die verschiedenen neuen Sportarten
durchgeht, wird jedoch skeptisch, was den Erfolg dieses Bemühens betrifft.
Der monotone, geradezu zwanghafte Eindruck, den die Aktivitäten erwek-
ken, rührt wohl kaum von der überall wiederkehrenden Reklame für diäteti-
sche Nährmittel, vornehmlich für Spezialgetränke, die den Aktivisten noch
weiter aufbauen sollen. Es ist, als ob man dem Drehen einer Endlosschraube
zusieht: Gearbeitet wird nicht bloß an der Erhöhung des Risikos, denn da
gibt es Grenzen, sondern vor allem an seiner Diversifikation mit immer
neuen Kombinationen von Männern mit Apparaten und Regeln.
Zum Beispiel das Wellenreiten. Wer dabei noch an die Beach-Boys denkt,
die hedonistische Mixtur von Wasser, Ferien, Jugend und Flirt, täuscht sich
sehr. Surfen wird gelehrt und gelernt; es gibt eine Bretterkunde und jede
Menge weiteres Fachwissen über Schutzkleidung und die über die Erde verstreuten Surfregionen mit ihren Vor- und Nachteilen. In der Brandung von
Hawaii bewährt sich der Profisurfer wie der Bergsteiger am Mount Everest.
Der Welt bester Surfer ist ein gewisser Robby Naish, von dem das *Surf-
Magazin* nach Art des «Playmate of the Month» eine ausklappbare Bildtafel

liefert. Am bezeichnendsten für die endlose Diversifikation von Risiko und Apparat ist die Surffotografie, teils vom Hubschrauber, teils vom Surfbrett aus, auf dem der Fotograf seinen Surfstar bei seinen für beide gefährlichen Manövern begleitet: «Ein simpler Sprung juckt keinen mehr. Wer seine Fotos gedruckt sehen will, muß Akrobatik zeigen.» Warum ist das Surfen so fotogen? Überdeutlich zeigen die besten Bilder das phallische Bravado des jungen Mannes unter dem Gebot: «Und fürchte dich nicht!» Beim Hockey oder Tontaubenschießen, von anderen Hobbies wie Modellbau oder Briefmarkensammeln schon gar abgesehen, kommen solche Bilder nicht zustande.

[...]

Harmlos, zumindest als Lesevergnügen, ist das Testen. In verschiedenen Formen macht es den eigentlichen Hauptinhalt aller Männermagazine aus. Man testet alles mit einer Versessenheit, die jedem Gedanken an einen praktischen Nutzen Hohn spricht. Es kommt den Männern wohl darauf an, in die Rolle des allzeit überlegenen Experten zu schlüpfen und sich in der Illusion der Kontrollierbarkeit aller Dinge zu wiegen. Wie viele Leute können Nutzen aus der Test-Tour von *Auto-Bild* ziehen, das acht Vertragswerkstätten der Firma Ford in acht Städten mit einem präparierten Auto geprüft hat? *Auto-MotorSport* widmet zwar das umfangreichste Kapitel dem Thema «Test und Technik», was aber keineswegs heißt, daß in den anderen Kapiteln nicht auch fleißig getestet wird: Zum Beispiel die Gebrauchtwagenpreise im Mai 1990, die Gebrauchtwagenbewertung; die Pannenstatistik des ADAC wird nach dem Alter und der Nationalität der hilfesuchenden Autos ausgewertet. Natürlich werden auch einzelne Autos, Messeneuheiten getestet und im «Dauertest» das Auto als potentieller Lebenskamerad. Ein VW ist danach «im Grunde seines Herzens gut».

[...]

(Katharina Rutschky: Unsere Presse. So sind Jungs – Magazine nur für ihn. In: Merkur 1990, Nr. 497, S. 600 ff.)

15. Die Kneipe

[...]

Wir haben uns hier bislang auf den Kern der Subkultur konzentriert, obgleich es sich bei ihr um ein im wesentlichen historisches Phänomen handelt; aber sie ist Ausgangspunkt weiterer typologischer Ausdifferenzierung. So, wie sie war, ist sie im Schwinden begriffen, sei es durch Auflösung, sei es durch Transformationen, die wir nun noch kurz streifen wollen. Die 68er und ihr Umfeld sind heute berufstätig. Zu einem Teil mögen sie noch habituell in Kneipen gehen, zu einem größeren aber haben sie sich zurückgezogen auf eigene Häuser, Familie, Freundin und Kinder. Sie tauchen nur gelegentlich, etwa bei persönlichen Krisen, noch in Kneipen auf. Die Szenenkneipe dieser Subkultur gibt es daher im reinen Typus kaum noch. Meistens vollzieht sich eine Wandlung zur Quartierskneipe, vorsichtig durch ein Aufhellen von Wänden und Beleuchtung die ausgrenzende Intimität der Kneipe reduzierend. Und es findet eine vorsichtige Vermischung von Publika statt, was an der zunehmenden quartierlichen Verankerung dieser Generation liegen mag. Es sind aber natürlich nicht nur die Fünfunddreißig- bis Fünfzigjährigen, die dort verkehren, sondern auch Jüngere, die sich den intellektualisierenden Mittelschicht-Habitus zu eigen gemacht haben.

Ein anderer Teil dieser Generation hat die alten Kneipen verlassen und verkehrt in teuren Eßlokalen oder Bistro-Kneipen. Diese sind nicht mit Trödel zur Erzeugung einer Stimmung hergerichtet, sondern durchweg teuer ausgestattet. Hier ist das Publikum eine Mischung aus alter Szene und junger Scene, «dynamisch» und modisch. Daß der Schoppen Wein 6,00, 8,00 oder 10,00 DM kostet, scheint niemanden besonders zu irritieren.

Von diesen Lokalen zu unterscheiden sind weitere zwei Typen von Scene-Kneipen mit ihren Publika. Das sind zum einen die Kneipen der neuen sozialen Bewegungen und der No-future-Generation, die wir im einzelnen hier nicht auffächern wollen. Die Kneipen und ihr Publikum wirken oft ähnlich chaotisch und desorganisiert, wie dies Ende der sechziger Jahre der Fall war; aber der Diskurs ist weniger homogen; weder existiert ein einheitlicher intellektueller Duktus noch ein Gefühl von Gemeinsamkeit zwischen den isolierten Scenes. Die Scene ist in verschiedene Gruppen auseinandergefallen.

Die zweite Variante in dieser zugegebenermaßen grobmaschigen Charakterisierung sind die teuren und modischen Kneipen einer entintellektualisierten Scene, die mit den 68ern und ihren Derivaten nun wirklich nichts mehr am Hut hat. Sie haben mit sorgfältig geplanter, industriell gefertigter Antiquität im Interieur begonnen. Dann hat es einen neonlichtkalten Badezimmerstil (new wave) gegeben, vor allem in Berlin, ansatzweise aber auch in der «Provinz». Heutzutage existieren verschiedene Stile nebeneinander, und auch dieser Lokaltyp, der mit einer Kneipe, wie wir sie in diesem Buch beschreiben, nichts mehr zu tun hat, sondern eher zum Angebotstypus der Freizeitindustrie zu zahlen ist, zerfließt wiederum an seinen Rändern, wo er zur Disco übergeht. Der Grund für die stilistische Differenzierung dieser Gaststätten liegt im Verhaltensmodus ihrer Gäste. Während die Angehörigen der Subkultur zwischen Kneipen zirkulieren, aber fast immer zwischen denselben, entspricht es der zur Mode transformierten Subkultur, sich modisch zu verhalten. D. h., man besucht ein Lokal, solange es «in» ist, verläßt es dann nach einer Zeit gruppenweise und wechselt ins nächste. Das forciert eine Ausstattungskonkurrenz unter den Wirten, die demselben Muster des trendsettings folgt, wie wir es aus Werbung, Produktgestaltung, Fernsehserien, Videomoden oder Zusatzveranstaltungen in Fußballstadien kennen und wie sie ihre Gäste, wenn wir sie einen Augenblick als gestylte Produkte betrachten dürfen, ebenfalls betreiben. Dieser Gaststättentyp gehört im allgemeinen zu der

Art der «lauten» Lokale, mit Krach und lauter Bandmusik und stark redu-
zierter Kommunikationsmöglichkeit.

Angesichts dieser Differenzierungen fällt es schwer, zu einem einheitlichen
Fazit zu kommen. Zu verschieden sind Szene und Scene, zu nahe liegen
modische Adaption und subkulturelle Innovation beieinander. Gleichwohl
dürfte die typologische Differenz der verschiedenen Lokale durchaus deutlich geworden sein. Natürlich unterliegen alle diese Mittelschichtpublika jenen sozialen Zwängen, die die Schicht als Ganze betreffen: den Zwängen zur
Selbstdarstellung, zum «impression management» oder zum «Marketing des
Selbst». Aber es ist schon noch ein Unterschied, ob solche Zwänge überhaupt
wahrgenommen und reflexiv gewendet werden, wie dies zumindest in Ansätzen bei den 68ern der Fall war (und z. T. noch ist), oder ob sie im heiter-
modischen Gehabe oder in der isolationistischen Verbissenheit der jeweils
verschiedenen Scenes unterschiedlich überspielt bzw. gar nicht erst gesehen
werden.

Natürlich leben die alten Szenenkneipen nicht von der Reflexion ihrer
Kunden, sondern von ihrem Geld. Aber gerade diese Kneipen können das
nur, solange ein solch reflexiv-diskursiver Anspruch – wie verquer auch
immer zur eigenen Wirklichkeit – seine Träger in den einzigen Treffpunkt
treibt, den sie haben: die Kneipe.

Wenn sich die altersmäßigen Rekrutierungspotentiale für die Szenenkneipen erschöpft haben, weil es keinen Zuzug gibt und weil die Invasion in die
bevorzugten Szenengebiete gebremst ist, entweder durch vollständige Substi-
tution der Population oder, wie im Falle unseres Beobachtungsfeldes, weil
– vor allem durch die Lehrerarbeitslosigkeit – keine neue Kaufkraft für große
Wohnungen oder Häuser mehr vorhanden ist, stagniert zunächst einige Zeit
das Gewerbe der Szenenkneipe und geht dann zurück.

[...]

(Franz Dröge, Thomas Krämer-Badoni: Die Kneipe – Zur Soziologie einer
Kulturform, S. 278ff., © Suhrkamp Verlag Frankfurt am Main)

16. Computerspiel (1988)

Carstens Lieblingsspiel heißt «Guerilla War». Da muß er Panzer und Hubschrauber überwinden, um sein Land von den Kubanern zu befreien. Anfangs fährt man mit einem Schiff. Die gegnerischen Männchen machen noch
nicht so viele Probleme, d. h. es wird noch nicht so viel geschossen. Später
kommen rechts und links Männchen aus dem Gebüsch. Sie werfen Handgra-
naten und fallen dem Befreier in den Rücken, dann kommen die Hubschrauber mit ihren Raketen. Das Spiel wird zunehmend rasanter. Carsten erklärt:

«Oh, bei diesem Spiel is’ das durchgehend, zwischendurch kommt dann
immer ’ne Anzeige, wo man sich gerade befindet. Bilder. Das wird ja in Levels

aufgeteilt, oder so in Stufen, und eine Stufe hat ungefähr so Abläufe, ja wat soll man sagen, ich glaub' sechs Bilder hintereinanderfolgend. Und insgesamt Levels gibt's da, glaub' ich sechs Stück, ja. Die werden dann aber von Stufe zu Stufe immer wieder schwerer.»

Da kann man z. B. mit der gesteuerten Spielfigur in einen Panzer einsteigen oder verschiedene Waffen aufsammeln. Carsten muß unheimlich aufpassen und schnell reagieren. Aber es gibt auch einige Tricks; die muß man sich merken, sonst kann man das Spiel nicht schaffen. Je besser man sich merkt, wann bestimmte Gegenstände auftauchen und wo gewisse Schwierigkeitsstufen beginnen, desto einfacher wird das Spiel, und um so länger kann man spielen. Wenn beispielsweise der Panzer in Flammen steht, steigt Carsten lieber aus, damit er bei der Explosion nicht mit in die Luft geht. Einige Männchen auf einem Steg, die man normalerweise zu befreien versuchen könnte, läßt Carsten lieber unbeachtet, denn sie sterben meist. Das gibt dann zwar 500 Punkte Abzug, aber die Gegner sind darauf trainiert, bei dieser Gelegenheit zuzuschlagen und Carstens Figur auszuschalten. Nun ist es wieder passiert. Die vier vom Programm vorgesehenen elektronischen Männchen sind verloren, – aber Carsten hat gewonnen. Am Ende des Spiels erscheint die Bestenliste. Carsten konnte sich schon oft eintragen, bisher aber noch nie ganz oben. Jetzt hat er es zum ersten Mal geschafft, den Hubschrauber zu überwinden. Die Initialen werden eingetragen, heute auf Platz 1. Das passiert selten, es hat recht lange gedauert und ziemlich viel Geld gekostet.

Erst nach etwa zehn Spielen hatte Carsten das Programm halbwegs im Griff. Er kennt noch nicht alle Spielstufen, aber für eine Mark kann er nun relativ lange «Guerilla War» spielen –, manchmal nur 20 Minuten, manchmal auch eine Stunde, das kommt darauf an, wie Carsten «drauf ist». Ab und zu spielt er auch an einem anderen Gerät, damit ihm sein Lieblingsspiel nicht langweilig wird. Eine Anleitung für dieses Spiel braucht Carsten nicht, denn es funktioniert nach demselben Schema, wie alle Spiele, die er sich aussucht; alle haben mit Waffen zu tun. Er sei eben ein *«Fanatiker in Sachen Waffen»*, lautet Carstens lakonischer, aber nicht ganz ernstgemeinter Kommentar.

Auf Fragen nach der Motivation und den Gründen für sein Automatenspiel antwortet Carsten zunächst mit dem Hinweis auf die Faszination der Computerspiele und ihrer Zeichnungen: Das mache ihm eben Spaß, das seien *«irgendwie so kleine Zeichentrickfilme»* und es sei *«irre, da so rumzuspielen»*, er fände das *«astrein»*, und er empfände das Spiel auch *«teilweise als Realität»*. Eher beiläufig und unabhängig von der Erläuterung seiner aktuellen Medien- und Spielinteressen hatte Carsten zuvor darüber berichtet, daß er im Fernsehen schon als Kind vor allem Zeichentrickfilme und James-Bond-Filme angeschaut hat:

«Ja, na, was hab' ich denn da immer geguckt? Ja, klar, hier so, wie heißt das jetzt noch, ‹Tom und Jerry› oder so was, also Zeichentrickfilme, die habe ich mir immer sehr gern angeguckt, gucke ich auch heute noch gerne, weil ich eben auch gern male und so, die seh' ich gerne. Die habe ich sehr oft geschaut,

und, eh, ja und James-Bond-Filme habe ich immer sehr gern geguckt, aber die kamen ja immer sehr selten. Aber dann durfte ich auch mal länger aufbleiben, weil die mich immer gefoppt haben, die hab' ich immer sehr gern gesehen.»
Dieser Hinweis wirft wiederum ein Schlaglicht auf den Hintergrund des Bildschirmspiels in früheren Medienerfahrungen. Carsten hat es seit langem gelernt, sich mit den Helden von Comics und Thrillern zu identifizieren, und das Bildschirmspiel bietet ihm nun eine neue und in der Erlebnisqualität gesteigerte Möglichkeit des Eintauchens in eine vertraute fiktionale Welt. Auffällig ist in der Tat, wie stark Carsten sich während des Spiels und in seinen spielbegleitenden Erläuterungen mit der Rolle der elektronischen Spielfigur identifiziert, deren Aktionen er nun – im Unterschied zu der auf rezeptive Wahrnehmung eingegrenzten Film- und Fernsehnutzung – zumindest in den vom Programm vorgegebenen Grenzen durch die Steuerungsvorrichtungen des Automaten aktiv beeinflussen kann. Sein Eintauchen in das Spiel beschreibt Carsten u. a. so:
«... wenn ich jetzt da rumlaufe und schieß' da rum, und da kommt einer aus'm Gebüsch gesprungen und gibt mir also 'ne Kugel mit, dann empfind' ich den Schmerz praktisch mit. Also bei so 'ner Kugel nicht, aber wenn da jetzt wer z. B. mit so 'nem Flammenwerfer ankommt, und ich verbrenn' da und schrei' noch mal so auf als Männchen, da krieg' so 'n richtiges Zucken innerlich, nee wat'n Mist, jetzt hat' er dich aber richtig gequält die Sau, ne. Ja, dat ist, dat ist so. Da zuckt man richtig mit, also ich zuck' da immer richtig mit. Ich bin da voll dabei, ne.»
Den gängigen Verdacht, er könne dabei selbst aggressiv werden, weist Carsten ungefragt und unmittelbar im Anschluß an diese Schilderung zurück:
«Ich meine, ich werd' da nicht irgendwie aggressiv, ich meine doch, wenn dann irgendwie gerade so 'ne ganz wichtige Sache, so 'ne ganz läpperliche oder wichtige Sache war, dann werd' ich schon mal sauer. Aber so irgendwie, dat ich da regelmäßig vor den Kasten haue oder wat oder reg' mich da großartig auf, dat mach' ich nicht. Ich sag' zwar, Scheiße, war nix, war wieder Mist, hab'n sie mich wieder drangekriegt, aber mehr sag' ich dann auch nicht, ne.»
Viel eher könne er sich bei solchen Spielen abreagieren und von alltäglichem Ärger ablenken, bestätigt er auf entsprechende Nachfragen:
«Abreagieren ja, kann man, wenn man irgendwie Ärger hat auf ..., also ich kann dat, wenn ich irgendwie Ärger hab' auf jemanden, dann stellt man sich einfach vor, derjenige den man umnietet, dat ist der, ganz einfach. Ja, so mach' ich dat immer. F: Ganz schön brutal! A: Ja, ich meine ja, aber ist ja nur'n Telespiel, ne. Ich meine, für mich ist dat dann in der Sache eben Realität, so, Junge, jetzt kriegst Du erst mal Deinen Senf weg hier, ja. F: Und auch so 'n bißchen Ablenkung? A: Ablenkung, doch ja, wenn man jetzt z. B. irgendwie Ärger gehabt hat oder wat, dann muß man sich ja irgendwie, irgendwie mit wat anderem beschäftigen, nicht irgendwie so doll daran denken. Jetzt z. B., man hat irgendwie Probleme, so wie ich auf'e Arbeit, ne, ich mein', jetzt im Moment ja nicht mehr, gehabt hab', und dann setzt man sich da rein, und wenn man

nur dran denkt, davon wird es auch nicht besser, ne, also muß man sich irgendwie 'n bißchen ablenken. Oder man hat irgendwie so Probleme, was weiß ich, privat oder mit zu Hause oder so. Dann setzt man sich rein und spielt 'n bißchen, was weiß ich, dann lenkt man sich ab. Dann denkt man mal, dann guckt man dadrauf, konzentriert sich dadrauf, ja, wat heißt konzentriert, aber macht da eben mit, und dann lenkt man sich eben dadurch ab. Dann denkt man nicht mehr an soviel Kram.«

(Wolfgang H. Swoboda: Bildschirmspiele und Automatenspielstätten im Freizeitalltag junger Erwachsener, Köln 1990, S. 243 ff.)

Teil III

Die Deutsche Demokratische Republik
1949–1990

Vierzehntes Kapitel

Wirtschaftsplan, Wirtschaftsentwicklung, Versorgungsprobleme

Einleitung

Karl Marx entwarf im 19. Jahrhundert die Utopie einer neuen Gesellschaft, in der die Anarchie des kapitalistischen Marktes, die vom Profitstreben der Produktionsmittelbesitzer und vom Verkauf der Arbeitskraft der Lohnabhängigen bestimmte Ausbeutergesellschaft durch eine an den *wirklichen* Bedürfnissen der Menschen orientierte, vernünftige Organisation des Wirtschaftslebens ersetzt werden sollte. Diese Idee lag – wie deformiert auch immer – der zentralen Planwirtschaft der DDR zugrunde. Aus dieser Utopie und aus der großen Illusion, die wirklichen Bedürfnisse feststellen und die Wirtschaft rational organisieren zu können, bezog die kommunistische Politik ihr Zukunftspathos, und am Festhalten an dieser Utopie ist sie schließlich nach vierzigjähriger Experimentierphase zugrunde gegangen.

Plan und Planwirtschaft bedeuteten daher für eine sozialistische Gesellschaft marxistisch-leninistischen Typs viel mehr als bloße Ökonomie. Sie waren Herzstück und Motor der gesamtgesellschaftlichen Entwicklung. Der Plan regulierte nicht nur die Grundsätze der Wirtschaft, er legte auch das soziale und kulturelle Leben in einem Umfang fest, für den es keine Vergleiche mit anderen Formen von Planwirtschaft gibt.

Der Wirtschaftsplan bildet mithin auch die Basis jeder sozialgeschichtlichen Betrachtung der DDR. Die politischen und sozialen Strukturdefekte waren eng mit den Konstruktionsfehlern der zentralen Planung verbunden. So ist die Geschichte der Planwirtschaft auch eine Geschichte ihrer vergeblichen Reformversuche. Vergeblich, weil jede Änderung der Organisation das politische Monopol der führenden Partei berührte. Eine einschneidende Veränderung der zentralen Planung war nur möglich, wenn der ausschließliche Kontroll- und Führungsanspruch der SED begrenzt wurde. Dazu war eine leninistische Kaderpartei jedoch weder aus ideologischen noch aus machtpolitischen Gründen bereit. Insofern ist die ökonomische Schwäche der DDR zugleich auch ihre politische gewesen.

Was heute nach dem völligen Zusammenbruch des kommunistischen Herrschaftssystems in Osteuropa offenkundig ist, war für die Zeitgenossen noch keineswegs vorauszusehen. Die Hoffnung auf Verbesserung der planwirtschaftlichen Methoden und auf das Lernen aus Erfahrungen bestimmte die Geschichte von Wirtschaft und Gesellschaft in der DDR. Der permanente Kampf um die Erfüllung des Plans war stets begleitet vom Kampf gegen seine Mängel.

Nach den Wiederaufbauplänen der vierziger Jahre, für die es auch in den Westzonen durchaus Entsprechungen gab, bildete der 1950 konzipierte, ganz am sowjetischen Modell orientierte erste Fünfjahrplan das Instrument, mit dem nicht nur die Entwicklung einer eigenständigen DDR ökonomisch untermauert, sondern auch die gesellschaftliche Transformation forciert werden sollte.[1] Die von der zentralen Plankommission beim Ministerrat der DDR ausgearbeiteten generellen Daten wurden bis hinunter zur betrieblichen Ebene in Einzelpläne ausdifferenziert (vgl. Kap. 16, Dok. 5). Der erste Fünfjahrplan war insgesamt relativ erfolgreich, wenngleich die Rahmendaten wenig über die konkrete Versorgungslage und ihre Mängel aussagen (Dok. 1, 3). Engpässe blieben nicht nur in der Konsumgüterversorgung, sondern vor allem in der Rohstoff- und Energiebasis. Die Appelle an «strengste Sparsamkeit» und Versuche zur Wiederverwertung von Altmaterial (Dok. 2) resultierten daher vor allem aus dieser Mangelsituation, kaum aus einem frühentwikkelten Bewußtsein für die Schonung von Ressourcen und Umwelt. Da der Preis als Indikator für tatsächliche Kosten fehlte, gehörte vielmehr eine groteske Verschwendung von Energie bei gleichzeitigen Einsparungsbemühungen zum Bild dieser Planwirtschaft.

Entsprechend dem stalinistischen Dogma wurde die Basis für eine eigene Schwerindustrie im ersten Fünfjahrplan gelegt. Das an der Oder auf dem platten Lande errichtete Eisenhüttenkombinat-Ost als Kern der neuen sozialistischen Stadt der Zukunft, die bis 1961 Stalins Namen trug, war herausragendes Symbol dieses Aufbaupathos' (Dok. 4). Ende der fünfziger Jahre verlagerte sich der Schwerpunkt stärker auf den Ausbau der chemischen Industrie. Unter der sinnigen Parole «Chemie gibt Brot, Wohlstand und Schönheit» forcierte die Partei die Produktion von Kunststoffen, um die Versorgungslücken schneller schließen zu können und den Export zu beflügeln. Die Energiegrundlage bildete immer mehr die Braunkohle (Dok. 5), die mit riesigen Baggern abgebaut und vor allem seit der erheblichen Steigerung der Förderung in den siebziger Jahren zu einer enormen Landschaftszerstörung führte.

Während die Großindustrie schon 1946/47 verstaatlicht worden war, blieb die Landwirtschaft zunächst überwiegend in ihrer privaten Eigentumsform erhalten, auch wenn der politische Kampf gegen die Großbauern bereits nach der Zweiten Parteikonferenz der SED vom Juni 1952, die den «Aufbau des Sozialismus» verkündete[2], begann (Dok. 6). Lange Zeit prägte jedoch die unzureichende technische Ausstattung vor allem der kleineren und mittleren Bauern noch die Situation der Landwirtschaft (Dok. 7). Die von der Zweiten Parteikonferenz als politische Perspektive proklamierte Kollektivierung wurde

---

[1] Zur Geschichte der Planwirtschaft vgl. Jörg Roesler: Die Herausbildung der sozialistischen Planwirtschaft, Berlin (O) 1978.
[2] Zur II. Parteikonferenz als Einschnitt der DDR-Geschichte vgl. Dietrich Staritz: Die Gründung der DDR, München 1984, S. 9ff. und 178ff.

erst Ende der fünfziger Jahre im großen Stil und mit forciertem Tempo realisiert. Was offiziell «sozialistischer Frühling» hieß, war eine mit massivem Druck durchgeführte Kampagne, um die letzten noch widerstrebenden privaten Bauern in landwirtschaftliche Produktionsgenossenschaften (LPG) zu zwingen. Die langfristigen Ergebnisse waren jedoch keineswegs nur negativer Art. So hatten die LPG-Bauern anders als ihre Kollegen im Westen geregelte Arbeitszeiten, Urlaubsmöglichkeiten und eine Reihe von sozialen Sicherheiten (vgl. Kap. 15, Dok. 6). Kurzfristig wirkte die Aktion jedoch verheerend, weil die 1958/59 relativ niedrig gebliebene Zahl der Flüchtlinge wieder rasant nach oben schnellte und die Umstellungsprobleme zu akuten Versorgungsengpässen führten. Indirekt ist somit die Kollektivierung einer der Gründe des Mauerbaus von 1961 geworden.

Mit der Kollektivierung war die Volkswirtschaft der DDR zu über 85 % in sozialistische, d. h. in staatliche oder genossenschaftliche Wirtschaftsformen überführt. Zwei wesentliche Sektoren blieben jedoch noch teilweise privat. Das Handwerk, soweit es die Dienstleistungen betraf, war bis zum Ende der DDR noch zu mehr als der Hälfte (1981: 59%) in privater Hand. Um die unzähligen Ärgernisse des Alltags (vgl. Kap. 20, Dok. 4) nicht noch weiter zu vergrößern, hat die Partei dieses «kapitalistische Relikt» nicht ernsthaft anzutasten gewagt, auch wenn die «Produktionsgenossenschaft des Handwerks» (PGH) als höhere Form galt, für die immer wieder geworben wurde.

Eine ideologische Herausforderung waren dagegen die kleinindustriellen Betriebe, die 1946/47 nicht enteignet und seit 1958 in die Mischform einer Kommanditgesellschaft mit staatlicher Beteiligung überführt worden waren. Diese halbstaatlichen Betriebe, in denen die privaten Kleinunternehmer immer noch, wenn auch stark eingeschränkt, das Sagen hatten, wurden 1972 ziemlich abrupt verstaatlicht (Dok. 8). Damit wurden die flexiblen kleinen Betriebe mit wichtigen Versorgungsfunktionen für die Bevölkerung vollends in die schwerfällige zentrale Planbürokratie integriert. Das Dauerproblem der DDR-Wirtschaft, die unzureichende Versorgung mit bestimmten Konsumgütern, verschärfte sich auf diese Weise, und die Qualität ließ zu wünschen übrig.

Um angesichts eines fehlenden Wettbewerbs auf dem Markt eine möglichst hohe Planerfüllung zu erreichen, versuchte die SED immer neue Formen der Stimulierung der Arbeitsproduktivität. Die eher groben Methoden der Wettbewerbsbewegung der frühen Nachkriegszeit, die mit dem Namen des «Kumpels Hennecke» verbunden sind (vgl. Kap. 7, Dok. 8), wurden durch differenziertere Formen des «sozialistischen Wettbewerbs» ersetzt und darüber hinaus zu Elementen eines neuen sozialistischen Lebensentwurfs stilisiert (Dok. 9). Die Konstruktionsfehler des Systems ließen sich dadurch jedoch nicht lösen. Eine grundlegende Reform des Planungssystems in Gestalt des 1963 eingeführten Neuen ökonomischen Systems der Planung und Leitung (NÖSPL), auf das viele große Hoffnungen setzten, wurde 1971 wieder rückgängig gemacht.[3] Diese Reform brachte zwar durchaus Erfolge, führte zu einer stärkeren Verfachlichung und Selbständigkeit des Leitungspersonals – der Typus von Gerhard Kast kann als Symbolfigur dafür gelten (Dok. 10) –, aber die relative Lockerung der Kontrolle über die Wirtschaft rief in den Augen der Partei (und wohl auch des «großen Bruders» in der Sowjetunion) politisch unkalkulierbare Risiken hervor. Für die siebziger Jahre ist daher ein neuer Schub von Rezentralisierung feststellbar. Die Kombinate als Zusammenschlüsse von mehreren volkseigenen Betrieben bestimmten die letzte Phase der DDR-Wirtschaft, deren Realität trotz aller scheinbaren Verbesserung «vergleichsweise trostlos» (Dok. 11) blieb.

Daß die Misere dennoch für den «kleinen Mann» bis zum Ende der DDR nie wirklich dramatische Formen annahm, lag vor allem daran, daß der permanente schleichende Verfall durch die Intensivierung der deutsch-deutschen Beziehungen (massive direkte und indirekte Wirtschaftshilfe besonders durch Deviseneinnahmen) aufgefangen werden konnte.[4] Die DDR-Bürger meckerten und murrten, aber sie richteten sich notgedrungen im Alltag des Mangels ein (Dok. 12, 13). Die DM wurde zur zweiten Währung und schuf eine neue Form der Zweiklassengesellschaft; sie untergrub und stabilisierte zugleich das seit den achtziger Jahren immer mehr dem Kollaps entgegengehende System der zentralen Verwaltung der Produktion und des Mangels.

1. Die Lebensmittelversorgung in der Sowjetzone

[…]
Heute, im vorletzten Jahr des Fünfjahrplans, läßt sich der Umfang des bisher Erreichten noch nicht übersehen. Produktionsstatistiken gehören im östlichen Bereich zu den meistgehüteten Staatsgeheimnissen. Soweit sich das jedoch aus der Perspektive des mitteldeutschen Normalverbrauchers beurteilen läßt, ist das gesteckte Ziel noch weit entfernt. Nach dem 1951 erlassenen Gesetz über den Fünfjahrplan sollte die Lebensmittelrationierung in der Zone spätestens 1953 vollständig aufgehoben und alle Nahrungsmittel und Industriewaren zu einheitlichen Preisen frei gehandelt werden (§ 16 Abs. 3). Nach wie vor sind jedoch Fleisch, Fett, Zucker, Eier und Milch rationiert. Die Bezieher der Lebensmittelgrundkarte, das ist der weitaus größte Teil der Bevölkerung, die Rentner, Hausfrauen und die Mehrzahl der kaufmännischen Büro- und Verwaltungsangestellten, erhalten monatlich 1350 g Fleisch,

[3] Vgl. zur Entstehung der Wirtschaftsreform von 1963 Jörg Roesler: Wende in der Wirtschaftsstrategie. In: Brüche, Krisen, Wendepunkte. Neubefragung der DDR-Geschichte, hg. v. Jochen Cerny, Leipzig 1990, S. 171–184.
[4] Zur Entwicklung und Bedeutung des innerdeutschen Handels für die DDR Horst Lambrecht in: Hans Adolf Jacobsen u. a. (Hgg.): Drei Jahrzehnte Außenpolitik der DDR, München 1980, S. 453–472.

900 g Fett und 1200 g Zucker. Eier werden, soweit der Vorrat reicht, im Verhältnis 50 g Fleisch = 1 Ei auf Fleischmarken abgegeben. Milch wird auf Sonderkarten nur an Kranke und Schwerarbeiter zugeteilt und an Kinder, die bis zum Alter von fünf Jahren monatlich Anspruch auf 15 l Vollmilch, von fünf bis neun Jahren auf 7,5 l Vollmilch und von neun bis fünfzehn Jahren auf 7,5 l Magermilch haben. Soweit die Zuteilungen nicht ausreichen, hat die Bevölkerung die Möglichkeit, die rationierten Waren in den HO-Läden – allerdings zu weit überhöhten Preisen – frei zu kaufen [HO = Staatliche Handels-Organisation]. Alle übrigen Lebensmittel werden frei gehandelt. Jedoch haben die Preise der ursprünglich bewirtschafteten Waren, deren Freigabe Anfang 1951 angesetzt wurde, erheblich angezogen, so daß sich die Lebenshaltung der Bevölkerung zunehmend verteuerte. So liegen die monatlichen Aufwendungen eines vierköpfigen Arbeiterhaushalts für Lebensmittel in der Sowjetzone mit rund 245,15 DM (Ost) immer noch zu fast 40 vH über dem entsprechenden Stand in der Bundesrepublik. Die freien Lebensmittelendpreise der HO orientieren sich dabei am Bedarf und nach der vermuteten Kapitalkraft der Käuferschaft. Durch mehrere, von der SED-Propaganda groß herausgestellte Preisnachlässe sind sie zwar seit 1948 vom ursprünglich 13fachen der Normalpreise so weit herabgesetzt worden, daß sie gegenwärtig nur noch das 2- bis 5fache der Normalpreise ausmachen. Da sich diese «Normalpreise» inzwischen aber auch beträchtlich erhöht haben, wurden die Verbrauchsausgaben der Bevölkerung längst nicht in dem von der SED behaupteten Ausmaß ermäßigt. Dagegen sind die Verbrauchssteuern und «Haushaltsaufschläge», die von der Sowjetzonen-Verwaltung vereinnahmt werden (das sind die weit über die üblichen Handelsspannen hinausgehenden Differenzbeträge zwischen den für alle Handelsträger gestoppten Einkaufspreisen und den Endpreisen), seit 1948 ständig gestiegen, so daß diese indirekte Verbrauchsbesteuerung von 1948 bis heute etwa das Vier- bis Fünffache des gleichzeitigen Lohnsteueraufkommens der Sowjetzone erreicht hat. Der staatliche Gewinnanteil am HO-Umsatz beträgt gegenwärtig immer noch rund 35 vH (HO-Akzise). Der Anteil je Kopf der Bevölkerung am Aufkommen der HO-Akzise ist von 92 DM (Ost) 1949 bis 1953 allein um 328,2 vH auf 302 DM (Ost) gestiegen. [...]

Soweit die Realitäten der Planung und Planerfüllung, wie sie sich in der Perspektive des Verbrauchers präsentieren. Über dem steht eine gewaltige Staatsbürokratie von wenigstens drei Fachministerien (für Land- und Forstwirtschaft, für Handel und Versorgung und für Lebensmittelindustrie) und zahllosen über- und beigeordneten Kommissionen und Kontrollstellen, die sich damit befassen, die wachsende Diskrepanz zwischen unzureichender Substanz und nie befriedigtem Bedarf in irgendeiner Form zu überbrücken. [...]

(SBZ-Archiv 5/1954, S. 258f.)

2. Altstoffsammlung

«Es ist seltsam – alles was mit dem Sammeln von Altstoffen zusammenhängt, wird von vielen Menschen noch häufig geringschätzig betrachtet ...

Da begegnet man nicht selten der Meinung: ‹Haben wir denn das überhaupt noch nötig? Wo doch unsere Rohstoffproduktion ständig steigt, wir die Grundstoffindustrie stetig erweitern?› Diese Menschen tun so, als ob wir Rohstoffe im Überfluß hätten ...

Vielleicht ist auch die unangenehme Erinnerung an die Parolen der faschistischen Kriegswirtschaft die Ursache, da ‹alle Räder für den Sieg rollen› sollten, der ‹Kampf dem Verderb› den Menschen ins Hirn gehämmert wurde. Damals ließen die Rüstungskonzerne alle Rohstoffe zusammenraffen, um ihre Kriegsmaschine in Gang zu halten, heute wird unsere volkseigene Industrie jedoch daraus viele gute und schöne Waren oder Verpackungsmaterialien für die verschiedensten Zwecke herstellen. Und da sollten wir auf diese Rohstoffquellen verzichten? ...

Im ‹Kapital› unterstrich Karl Marx die wirtschaftliche Bedeutung der Abfallstoffe. Er schrieb u. a.: ‹Es ist die ihr entsprechende Massenhaftigkeit dieser Abfälle, die sie selbst wieder zu Handelsgegenständen und damit zu neuen Elementen der Produktion macht. Nur als Abfälle gemeinsamer Produktion und daher der Produktion auf großer Stufenleiter erhalten sie diese Wichtigkeit für den Produktionsprozeß.›

Verhilft in den kapitalistischen Ländern die Sammlung solcher Abfallstoffe den Kapitalisten zu höherem Profit, so dient sie unter den grundsätzlich anderen gesellschaftlichen Bedingungen in unserer Republik dazu, die gesellschaftliche Produktion zu verbilligen, den Gewinn der volkseigenen Betriebe, den materiellen Reichtum der Bevölkerung zu erhöhen. Und dies müßte Grund genug für jeden Werktätigen sein, streng darauf zu achten, daß kein Stück Alttextilien oder Altpapier, kein Knochen oder Glas dem Verderb überantwortet wird ...

Die erste Aufgabe ist, daß in allen Betrieben und Verwaltungen Altstoffbeauftragte eingesetzt werden, die dort die Erfassung organisieren und am Erlös materiell interessiert werden. Die zweite Aufgabe wäre, den Abfall in den Haushalten in stärkerem Maße als bisher zu sammeln. Dazu muß das Netz der Annahmestellen und das Netz der Sammler wesentlich erweitert werden und vor allem auch der Bevölkerung bekanntgemacht werden. Jeder Bürgermeister hat unverzüglich Annahmestellen in seiner Gemeinde zu schaffen und Sammler einzusetzen. Dies wurde schon im Ministerratsbeschluß vom 11. Juni 1953 gefordert, ist jedoch noch nicht überall verwirklicht worden.

Nicht wenige Werktätige und Hausfrauen in unserer Republik haben die wirtschaftliche Bedeutung der Altstoffsammlung schon erkannt und kommen den Bemühungen des Altstoffhandels entgegen ...

Die Gewerkschaften könnten Wettbewerbe zur Sammlung von nichtmetallischen Altstoffen durchführen, und das Ministerium für Volksbildung sollte die Schulwettbewerbe noch stärker unterstützen …

Wenden die Wirtschafts- und Staatsfunktionäre in Zukunft der Altstoffsammlung mehr Aufmerksamkeit zu, werden die organisatorischen Voraussetzungen geschaffen, um die Erfassung zu aktivieren, so kann man sicher sein, daß auch unter der werktätigen Bevölkerung unserer Republik sich eine breite Bewegung zur Sammlung von Altstoffen entwickeln wird. Dann wird eine reiche Materialquelle für unsere Volkswirtschaft stärker zu fließen beginnen.»

(Neues Deutschland vom 24. 3. 1955. Originaltitel: Eine wichtige Rohstoffquelle)

3. «Die Bockwürste und der Lebensstandard»

Wer in diesem Jahr seinen Urlaub in Saalburg an der Bleilochtalsperre verbrachte, konnte dort recht anschaulich sehen, wie viele unserer Werktätigen ihren Urlaub verbringen. An dem großen Wiesenhang jenseits des Städtchens war ein ständiges Kommen und Gehen von Menschen, die dort für einige Tage ihr eigenes Zelt aufschlugen. Auf dem Stausee waren überall schmucke Faltboote und dazwischen stattliche Segler zu sehen. Wir machten uns an einem Sonntagvormittag das Vergnügen, die Boote zu zählen, die nicht der DSU-Ausleihstation gehörten. Von 20 Paddelbooten waren 12 Faltboote, die den Wassersportlern selbst gehörten. Aber das war nicht allein in Saalburg so. Aus Suderode berichtete uns ein Urlauber, daß er unter zehn Menschen, die in kurzer Zeit auf der Kurpromenade vorübergingen, acht zählte, die gute Fotoapparate besaßen. Unwillkürlich drängt sich da die nüchterne Feststellung auf, wie hoch ist bei uns doch schon der Lebensstandard.

Man mag dagegenhalten: In Westdeutschland ist ähnliches festzustellen. Wir möchten darauf mit einer amtlichen statistischen Mitteilung der Bonner Behörden antworten, wonach 90 Prozent aller solcher Wertgüter in Westdeutschland auf Abzahlung gekauft sind. Bei uns aber sitzen werktätige Menschen in den Booten, haben Arbeiter solche guten Apparate, *die bezahlt sind.* Das ist der Unterschied.

Diese wenigen Beispiele aus einer Reihe von vielen beweisen, daß unsere Werktätigen einen Lebensstandard erreichten, wie es ihn in Deutschland noch nie gab, daß die entscheidende Forderung unserer Partei auf dem III. Parteitag also erfüllt wurde.

Mancher möchte dieser Feststellung widersprechen, weil er geneigt ist, den Lebensstandard allein nach Essen und Trinken zu messen. Aber wir brauchen auch hier den Vergleich nicht zu scheuen, wie einige Beispiele beweisen: Allein in Halle werden monatlich 650000 Bockwürste verbraucht. Nur im Theater-Café in Halle werden an einem Wochenende 500 bis 600 kg Konditoreiware, darunter 50 Torten und 700 bis 800 Windbeutel, verkauft. Der Butterverbrauch erreichte bei uns im Jahre 1954 je Kopf 10,2 kg, während er in Westdeutschland mit 6,8 kg noch um 2 kg unter der Menge liegt, die vor dem Krieg in ganz Deutschland verbraucht wurde.

Aber der Lebensstandard läßt sich nicht allein an der Zahl der Bockwürste messen, von denen wir sehr viel essen, und nicht allein an Frühkartoffeln, von denen wir in diesem Jahre wenig haben. Der Lebensstandard ist von vielen entscheidenden Dingen abhängig.

[...]

Wer ehrlich prüft und sich nicht durch die kleinen Widrigkeiten des Alltags den Blick fürs Große trüben läßt, der wird aufrichtig zugeben, daß er einen solchen Lebensstandard erstmalig unter der Macht der Arbeiter und Bauern kennenlernte. Wir könnten ja noch viel weiter sein, wenn es nicht eine Reihe von Dingen gegeben hätte, die uns in unserer Entwicklung hemmten. Da ist vor allem die Spaltung unseres Vaterlandes, die sich auf allen Gebieten des gesellschaftlichen und wirtschaftlichen Lebens nachteilig auswirkt. Da ist bei uns in den Betrieben und Verwaltungen der Bürokratismus, der oft genug noch dem Neuen, Vorwärtsstrebenden hindernd im Wege steht. Da sind vor allem noch Menschen, die noch nicht begriffen haben, daß sie die Herren der Betriebe sind, daß sie für sich arbeiten, und die durch alte Anschauungen an der richtigen Arbeit gehindert werden. All das bremst uns, kann uns aber nicht aufhalten.

[...]

(Freiheit vom 25. 8. 1955. In: SBZ-Archiv 6/1955, S. 272)

4. Stalinstadt
Eine westliche Reportage

So unbehaglich der Name für den westlichen Besucher klingt, so eindrucksvoll ist das Erlebnis von Stalinstadt. Wie viele Leute in Westdeutschland wohl überhaupt wissen, daß es eine Stadt dieses Namens gibt?

Und doch ist Stalinstadt schon seit Jahren lebende, lärmende, rauchende, dabei aber doch ganz freundlich ansprechende Wirklichkeit. Es rühmt sich, die «*erste sozialistische Stadt Deutschlands*» zu sein und ist es tatsächlich in dem Sinne, daß es hier praktisch überhaupt kein Privateigentum an Grund und Boden und auch keine privaten Geschäfte oder Betriebe gibt. Alles gehört dem Staat und wird von ihm betreut, d. h. alles außer dem *genossenschaftlichen Sektor* (insbesondere Konsum-, Produktions- und Wohnungsbaugenossenschaften), den es auch sonst überall gibt.

[...]

Die Stadt verdankt ihren Ursprung der Zerreißung der deutschen Volkswirtschaft im Jahre 1945, bei der die damals geschaffene sowjetische Besatzungszone zwar rund 50 vH der Gesamtkapazität des Textil- und Werkzeugmaschinenbaues, aber nur etwa 1,7 vH (200 000 t) der Roheisenproduktion zugeteilt bekam. Von Anfang an stand daher das Staatsgebilde, das, zu Recht oder Unrecht, anerkannt oder nicht anerkannt, aus der sowjetischen Besatzungszone entstand, vor einem außerordentlich schwierigen wirtschaftlichen Problem, denn ein Industriestaat mit einer so schmalen *metallurgischen Grundlage* ist kaum lebensfähig.

So beschlossen die Machthaber der jungen Republik am 1. Juli 1950, im Zuge ihres *ersten Fünfjahrplanes* auf einem weitgestreckten Gelände westlich der Stadt Fürstenberg am Oder-Spree-Kanal ein großes neues *Hüttenkombinat* zu errichten, um damit eine schnelle Steigerung der metallurgischen Produktion zu erzielen.

Die *Standortwahl* kann in mehrfacher Hinsicht als recht kurios bezeichnet werden. Denn erstens einmal entstehen Hüttenwerke in der Regel dort, wo die beiden wichtigsten Rohstoffe dieses Industriezweiges, nämlich Eisenerz und Kohle – oder doch wenigstens eins von beiden – im Boden vorkommt. Im näheren und weiteren Umkreis von Stalinstadt schlummert aber weder ein Stückchen Erz noch ein Klumpen Kohle unter der sandigen Oberfläche, die noch zu dem gehört, was der Geograph die Märkische Heide, der Volksmund aber «unsere Streusandbüchse» nennt.

Tatsächlich muß fast alles Eisenerz, das in Stalinstadt verhüttet wird, *aus der Sowjetunion importiert werden.*

[...]

Nicht weniger sehenswert als das Hüttenkombinat ist die Stadt selbst, die mir von dem ersten Stellvertreter des Oberbürgermeisters, *Fritz Walter,* gezeigt wird. Der mittelgroße, drahtige Mann, von elfjähriger Zuchthaushaft unter den Nazis ausgemergelt, aber nichtsdestoweniger noch quicklebendig, war schon Mitglied der Kommission, die das Werk 1950 vorbereitete. Er strahlt vor Stolz über seine Heimatstadt, und man kann es ihm nicht verdenken. Es ist eine wirklich mustergültig geplante und gebaute Siedlung mit heute rund 24 000 Einwohnern, deren hygienische Anlagen, Schulen und andere Gemeinschaftseinrichtungen vorbildlich zu nennen sind.

Die Stadt besteht aus mehreren «Wohnkomplexen» für je etwa 4000 bis 6000 Einwohner, die in verschiedenen Bauperioden entstanden sind und in ihrer architektonischen Gestaltung gewisse Unterschiedlichkeiten aufweisen, sich aber doch mit den Grünanlagen und den öffentlichen Gebäuden zu einem harmonischen Ganzen zusammenschließen.

Stalinstadt ist nicht nur die jüngste Stadt der Republik, sondern es ist auch eine Stadt der Jugend. Genau ein Drittel der Bevölkerung sind Kinder bis zu 15 Jahren. Verhältnismäßig sehr gering ist dagegen die Anzahl Jugendlicher im Alter von 15 bis 20 Jahren. Für die munteren Horden von Kindern, denen man auf Schritt und Tritt begegnet, und die, wie übrigens überall im Land, sehr frisch, wohlgenährt und auch nett gekleidet sind, stehen sechs Kindergärten, vier Schulhorte, vier allgemeinbildende polytechnische Oberschulen

mit zehn Klassen, eine erweiterte Oberschule sowie eine Reihe von technischen Betriebsschulen und Fachschulen zur Verfügung. Eine eingehende Besichtigung einer der Oberschulen zeigt, daß sie sich in ihrer ganzen Anlage, in der Innenausstattung sowie in den zu einem modernen Schulbetrieb gehörenden Einrichtungen mit dem Besten vergleichen kann, was der Verfasser dieses Berichts in Westeuropa oder in Amerika gesehen hat.
[...]

(Die Zeit vom 30. 6. 1961)

5. «Braunkohle: Energiebasis der DDR»

«Das Rauchen im Bett sowie das Kochen im Zimmer usw. usw. ist strengstens verboten.» – Der warnende Anschlag, als Brandschutzordnung gekennzeichnet, ist an leicht sichtbarer Stelle in meinem schlichten, aber doch sauberen und hellen Hotelzimmer angebracht. Ich weiß schon, mit der Brandschutzordnung ist drüben nicht zu spaßen, denn die Berufsfeuerwehr (es gibt daneben auch eine freiwillige) gilt als integraler *Bestandteil der Polizei.*

Daß man es in dem erst vor kurzem fertiggestellten Hotel mittlerer Klasse, in dem wir abgestiegen sind, mit der Vermeidung von Feuergefahr besonders ernst nimmt, hat seine guten Gründe. Wir befinden uns nämlich am Rande eines der größten, z. Z. allerdings noch im Entstehen begriffenen chemischen Werkes Europas, des *Braunkohlenkombinats «Schwarze Pumpe».* – Es ist bisher noch *auf keiner Landkarte* verzeichnet, auch nicht auf den amtlichen, die drüben vom VEB Landkartenverlag Berlin herausgegeben werden.

Die gewaltige Baustelle befindet sich ungefähr halbwegs zwischen den Ortschaften *Spremberg* und *Hoyerswerda* im Bezirk Cottbus, etwas näher der erstgenannten Stadt. Die Herkunft des Namens ist umstritten und von Legenden umrankt. Fest steht nur, daß es hier inmitten einer einsamen, von Kiefernwäldern umsäumten Landschaft einen alten Gasthof «Zur schwarzen Pumpe» gab (das Gebäude steht noch, sieht aber verlassen aus). Nach ihm ist das werdende Kombinat benannt.

Zum Verständnis der kostspieligen Neuschöpfung, die hier auf dem derzeit größten Bauplatz des Landes (er übertrifft in seinen Ausmaßen den Müggelsee vor den Toren Berlins) vorgenommen wird, muß einiges über die *Energieversorgung der Ostzone* gesagt werden. Da es drüben praktisch kein Erdöl und nur geringfügige Mengen Steinkohle gibt, mußte nach 1945 die ganze chemische und metallurgische Grundstoffindustrie, sowie die Energieversorgung des Landes, auf dem Rohstoff *Braunkohle* aufgebaut werden. Von diesem Rohstoff, aber auch im wesentlichen nur von ihm, haben die Leute drüben den Löwenanteil bei der Teilung Deutschlands abbekommen.

Während die früheren Hauptabbaugebiete der Braunkohle in den Revieren

Borna-Meuselwitz und Halle-Merseburg Anzeichen der Erschöpfung zeigen, weist die Förderung in der Niederlausitz, d. h. des Gebiets, zu dem die «Schwarze Pumpe» gehört, ständig steigende Tendenz auf. Hier, in der früher fast industriefreien märkischen Kiefernheide am Rande des Spreewaldes, lagern die *größten Braunkohlenvorkommen Europas,* deren Vorräte auf etwa 30 Milliarden Tonnen geschätzt werden. Die Braunkohle in diesem Gebiet ist von vorzüglicher Qualität und eignet sich besonders gut für die Verwandlung in hochwertigen Koks.

Aus diesem Grunde beschloß die Zonenregierung im Jahre 1955, im Umkreis des Gasthofes «Schwarze Pumpe» auf einer mehrere Quadratkilometer weiten Sandfläche (unter der selbst keine Braunkohle liegt!) die größte Braunkohlen-Veredelungsanlage der Welt zu schaffen. In der ersten Phase des Aufbaus, die schon weitgehend abgeschlossen ist, werden aus der Rohbraunkohle *hauptsächlich Briketts* hergestellt. Später soll die Kohle in erster Linie in sogenannte Edelenergieträger verwandelt werden. Das sind einmal *Hochtemperaturkoks* für die Hüttenwerke und Chemiebetriebe, zum anderen aber *Gas,* wovon das Kombinat nach seiner Fertigstellung 1965 mehr produzieren wird als sämtliche jetzt vorhandenen 180 Gaswerke des Landes; schließlich auch *flüssige Kohlewertstoffe* wie Öle, Phenol, Teer und Treibstoffe.
[...]

(Die Zeit vom 7. 7. 1961)

6. «Krieg im Dorfe»

Wenn man mit dem Auto von Halle nach Eisenach fährt, kommt man, kurz vor dem historischen Langensalza, durch Merxleben.

Das war früher einmal ein Dorf wie tausend andere. Auch heute ist es nicht anders, nicht größer, nicht schöner als vor Jahren, und an die Transparente und Spruchbänder hat man sich in der Sowjetzone schon gewöhnt:

«Die Partei hilft den werktätigen Bauern», «Vorfristige Erfüllung des Getreidesolls – ein Schlag gen die Kriegstreiber!» «Seid wachsam gegen Saboteure und Agenten des Monopolkapitals!» schreit es vom Gemeindehaus, von der Schule. Auf Lastautos und Traktoren sind Parolen mit Kreide oder Ölfarbe geschmiert: «Das erste Korn dem Staate!» «Dank der großen Sowjetunion!» oder einfach nur «Sozialismus!»

Das, wie gesagt, findet man heute überall. Und doch, wenn man sich nur eine halbe Stunde in Merxleben aufhält, weiß man schon: hier herrscht eine ganz besondere Atmosphäre.

Die Volkspolizei ist hier zahlreicher als anderswo. Mit wachsamen Augen verfolgt sie jeden Ortsfremden. Und sollte es jemand gar einfallen, einen Photoapparat zu zücken, dann legt sich schon eine Hand auf seine Schulter: «Mitkommen!»

Und wehe, wenn man dann außer seinem sowjetzonalen Personalausweis nichts weiter vorweisen kann. Denn um in Merxleben zu photographieren, braucht man einen Presseausweis, einen Ausweis einer sowjetzonalen Zeitung oder Bildzentrale und einen speziellen Ausweis des Innenministeriums, der Inhaber sei berechtigt, dies und jenes genau bestimmte Objekt in Merxleben am soundsovielten im Bilde festzuhalten. Und wer alle diese Papiere vorweisen kann, auch dem kann es noch so ergehen wie unlängst einem Bildberichterstatter, der wegen Sabotageverdacht festgenommen wurde. «Wer sagt uns denn, daß Ihre Dokumente auch echt sind!?» begründete der Polizeikommissar. Erst ein Blitzgespräch mit Berlin, auf dem der Reporter bestand, schenkte ihm seine Freiheit wieder.

Das also ist Merxleben. Aus einem deutschen Bauerndorf ist eine von Mißtrauen erfüllte, wie im Belagerungszustand befindliche Festung geworden. Und warum? Weil hier die erste sowjetzonale Produktionsgenossenschaft, der erste Kolchos auf deutschem Boden errichtet wurde.

«Deutschland schaut auf Merxleben!» «Jubel und Begeisterung in Merxleben!» schreibt die SED-Presse.

Und nun die Wirklichkeit. Wenn heute ein Besucher fragt: «Wie steht's denn mit eurer Produktionsgenossenschaft?» dann fliegt die Haustür vor seiner Nase zu. Überall. Oder höchstens kommt, mit einer vagen Handbewegung: «Fragen Sie doch die da!» Die Bewegung gilt den auf der Dorfstraße parkenden Autos, die SED-Delegationen, Instrukteure, Agitatoren, Propagandisten in nicht abreißender Folge nach Merxleben bringen.

In Merxleben weiß jeder, daß hier eine lächerliche und abgeschmackte Komödie arrangiert wurde. Aber das verrät man keinem Fremden, höchstens ganz alten Bekannten, und auch denen nur unter vier Augen:

Neun SED-Neubauern und 15 Landarbeiter bzw. Funktionäre der staatlich gelenkten BHG (Bäuerliche Handelsgenossenschaft) haben unter dem SED-Meisterbauern Großmann und unter Anleitung des SED-Parteisekretärs von Merxleben, Schulz, ihren Boden und ihr Pachtland in einen Topf geworfen. 34 Frauen und Mädchen haben sie als Anhang mitgebracht; mehr sind es bis jetzt nicht: auf den Agitationsversammlungen erlebte diese Parteiclique eine deutliche, eine vernichtende Abfuhr seitens der eingesessenen Bauernschaft. So sieht es aus.

[...]

Krieg im Dorf! Nicht nur gegen die paar Besitzer von über 20 ha Land, die seit der letzten SED-Parteikonferenz als «Großbauern» gelten, die laut Kolchosenstatut nicht in die Genossenschaft aufgenommen werden können, sondern in die Knie gezwungen werden sollen, auch gegen diejenigen unter den sogenannten werktätigen Bauern, die sich nicht «überzeugen» lassen wollen. Und das sind alle, mit Ausnahme der 24 Kolchosenmitglieder. Völlig isoliert stehen diese Leute da. Isoliert, aber, da die Macht hinter ihnen steht, gefährlich. Wie sehr, das zeigt das Beispiel eines anderen Dorfes, von Steutz, Kreis Zerbst, in dem der Genosse Meisterbauer Horn im Begriff ist, den nächsten Kolchos zu errichten. «Durch meine Parteiarbeit», berichtete Horn vor dem Zentralkomitee der SED, «ist ein Klassenkampf bei uns immer schärfer gegen mich geworden!» Der Klassenkampf «gegen mich»: das klingt dumm, scheint jeder Logik zu entbehren und ist trotzdem wahr. Denn es besagt: es gibt keine Gegensätze im Dorf, es gibt nur einen gemeinsamen Feind: mich selbst, mich, den Meisterbauern Emil Horn, Erster Parteisekretär im Dorf, Mitglied der SED-Landesleitung. Diesen Horn haben seine Mitbauern im Ernst und im Scherz oft gewarnt. «Zieh dich von der politischen Arbeit zurück, dann wirst du mehr Freunde haben!» «Such dir den höchsten Baum aus, an dem du hängen willst!» Aber Horn erklärte, er verzichte gern auf die Freundschaft der «reaktionären Großbauern»; auf der Landesleitung der Partei hole er sich immer neue Kraft.

So isoliert ist der Mann, daß er als Bauer sich nach Halle in die Bureaustuben der Parteileitung flüchten muß, um Kraft zu schöpfen. Und welche Art Kraft? Einem Bauern seines Dorfes, der ihn warnte: «Es ist fünf Minuten vor zwölf und es kommt bald anders!» antwortete Genosse Horn: «Wenn es fünf Minuten nach zwölf ist, dann werden dein Hof und du nicht mehr sein!» So sagte er wörtlich und wiederholte es an der Quelle seiner Kraft, vor dem Zentralkomitee der SED.

Gewalt gegen den Urinstinkt des Bauern, die Triebfeder seines Fleißes: das Hängen an seinem Grund und Boden. In der Sowjetunion wurde dieser Kampf in den Jahren 1929 bis 1935 blutig, mit der Ausrottung oder Deportation von 5,6 Millionen Bauernfamilien zugunsten des Kolchos entschieden. Und in der Sowjetzone, in Mitteldeutschland? Die Aspekte sind düster.

(Die Weltwoche vom 31. 10. 1952)

7. «Der Weihnachtswunschzettel unserer werktätigen Bauern für das nächste Jahr»

Wir haben in den letzten Tagen die Rede Bruno Leuschners zum Volkswirtschaftsplan 1954 gelesen. Große Aufgaben stehen vor der Industrie und vor der Landwirtschaft. Wir werktätigen Bauern sind bereit, die uns gestellten Aufgaben nicht nur zu erfüllen, sondern überzuerfüllen.
[...]
Ähnliche Produktionsverpflichtungen übernahmen in der letzten Zeit zahlreiche Werktätige in den Industriebetrieben, um die Produktion an Massenbedarfsartikeln weitestgehend zu erhöhen und vor allem ihre Qualität zu steigern, wie es die letzte Verordnung des Ministerrats vorsieht.
[...]
Wir brauchen viel mehr und in noch besserer Qualität: Milcheimer und Milchkannen, Milchsiebe, Milchmeßgefäße, Seihtücher, Kopftücher aller Art, Schlachtmesser, Küchenmesser und Haushaltsbestecke, Fahrräder (Damen

und Herren), Steingut- und Emaillegeschirr, Wannen und große Schüsseln, Steinguttöpfe (alle Größen), Bottiche aus Holz, Wassereimer, Kuh- und Pferdeketten (Jungvieh), Kartoffelforken, Dunggabeln, Schippen, Handwerkszeug (Kneifzangen, Hammer und alle Arten Kleinwerkzeuge), Kartoffeldämpfer, Kartoffelkörbe, Spaten, Harken und Rechen, Kartoffelquetschen, Pferdesielen, Peitschen, Seilerwaren, Treibriemen, Schafscheren, Koppeldraht, Nägel, Düngermulden, Sensen (kurz und lang), Heustricke, -seile, Dachpappe, Dachpappennägel, Futtertröge für Schweine, Hufbeschlagsmaterial, Ackergeräte für Gebirge, Dreschkabel, Waschkessel, Eggenzinken, Pflugschare, Pflugschrauben, Krautschläger, Futterreißer und an Bekleidung und Textilien: Gummistiefel (für Männer und Frauen), Arbeitsanzüge, Arbeitskittel und -schürzen, Arbeitsschuhe und -stiefel, Unterwäsche, Gummischürzen, Wickelschürzen, Inlett, Bettwäsche, gummierte und wattierte Schutzbekleidung, gefütterte Handschuhe, warme Kinderwäsche, Mäntel für Kleinkinder, Kinderschuhe und -stiefel (kl. Größen).

(Bauern-Echo vom 24. 12. 1953. In: SBZ-Archiv 5/1954, S. 31)

8. Wie der SED-Staat einen Privatbetrieb herunterwirtschaftete

Der alte Mann erzählt seine Geschichte wie einen Krimi. Im Wohnzimmer eines Ostberliner Stadtrandhäuschens läßt er Ereignisse wiedererstehen, die fünfzehn Jahre eisern verdrängt waren. Jetzt, nach dem Zusammenbruch der SED-Herrschaft in der DDR, ist die Stunde gekommen, da er zu fordern wagt: «Ich will Gerechtigkeit – moralische und materielle.»

Werner Zeukes Lebensgeschichte ist eine Geschichte von Aufstieg und Verfall der sozialistischen Planwirtschaft. Am Anfang hatte er nichts als Hunger und zwei geschickte Hände. Lächelnd erinnert sich der 74jährige im feinen blauen Zwirn an seine Sternstunde, die Stunde Null im zerbombten Berlin: «Der Sohn eines Herrn mit Brieftasche wünschte sich zur ersten Nachkriegsweihnacht eine elektrische Eisenbahn. Ich sollte sie bauen.» Der junge Kriegsheimkehrer und gelernte Maschinenschlosser hätte auch Lampen, Schuhputzmaschinen oder beheizte Nachttöpfe konstruiert. Der Zufall bescherte ihm aber den Auftrag, eine Modellbahn zu zaubern. Sie geriet vortrefflich. Und so war auch sein Weihnachtsfest gesichert.

Von da an ging's bergauf: Er verwandelte in Modelleisenbahnen, was er kriegen konnte: Holz, Aluminium, Motorenteile aus ausgedienten Jagdflugzeugen. Jede Schiene, jede Weiche: Handarbeit. Dann trat Helmut Wegwerth, Zeukes Kompagnon, auf den Plan. Er hatte 5000 Reichsmark in der Tasche – ein kleines Vermögen. Die Zeuke und Wegwerth KG wurde gegründet.

Als 1949 die DDR gegründet wurde, erwirtschafteten bereits achtzig bis hundert Beschäftigte einen Jahresumsatz von zwei Millionen Mark. Zwei

Stunden brauchte man, um mit dem Wagen alle vierzehn Werkstätten, anfangs in Kellern und ausgedienten Kneipen untergebracht, zu besuchen. «Wir führten als erste der Branche den Werkstoff Plast ein. Unser Chefkonstrukteur, ein sechzehnjähriger Modellbahn-Besessener, entwarf die Formen für den Spritzguß.» Innovationen begleiteten den Aufstieg der Firma – auch die Motoren waren Eigenentwicklungen.

Bis dahin unterscheidet sich Werner Zeukes Geschichte kaum von anderen Erfolgsstories der Nachkriegszeit. Aber die Geschichte spielt eben in der jungen DDR, und da waren die Bedingungen schlecht für einen, der das Zeug zu einem ostdeutschen Max Grundig gehabt hätte. Zwar sicherte die neugegründete staatliche Handelsorganisation (HO) den Absatz und stufte die private Firma damit als «gesellschaftlich wichtig» ein. Gleichzeitig begann jedoch von Staats wegen der Klassenkampf gegen die Privatunternehmer – «Kesseltreiben», wie Werner Zeuke das heute nennt.

Die Steuern stiegen ständig. Bei Materiallieferungen mußten die Privaten sich ganz hinten anstellen. «1956 war die Schmerzgrenze erreicht. Wir standen vor der Existenzfrage.» Viele gaben auf, verließen über Nacht alles, was sie hatten, und entflohen dem Arm des Sozialismus gen Westen. «Wir aber glaubten an unsere Firma. Unsere Kunden brauchten uns doch. Und wir fühlten uns auch nicht als Kapitalisten, kamen eher aus sozialdemokratischem Umfeld», begründet Werner Zeuke seine Hoffnung, im DDR-System irgendwie zu überleben.

«Eines Tages im Jahr 1956», erzählt er, «lasen wir im *Neuen Deutschland* einen Artikel: Ab sofort sollten Betriebe mit staatlicher Beteiligung gegründet werden. Interessenten könnten sich bei der Deutschen Investitionsbank erkundigen.» Am nächsten Morgen um acht Uhr standen Werner Zeuke und Helmut Wegwerth vor den erstaunten Bankangestellten. Die wußten von nichts. Die Wirtschaftslenker der SED hatten sie noch gar nicht eingeweiht.

Doch schließlich stieg der Staat tatsächlich mit fünfzig Prozent bei Zeuke und Wegwerth ein. In den folgenden Monaten wurden auf diese Weise alle Privat-Industriebetriebe der DDR in halbstaatliche umgewandelt. Ihre Besitzer wurden, mehr oder weniger begeistert, Komplementäre.

Die Firma schien gerettet. Zeuke erweiterte den Maschinenpark, stellte mehr Arbeitskräfte ein und baute später sogar ein karges, sechsstöckiges Produktionsgebäude. Man konnte auf einen anderen, erfolgversprechenden Typ von Modellbahnen umsteigen. Eine Sondergenehmigung gestattete es den beiden Komplementären, den Export nach England, Schweden, in die Bundesrepublik, nach Griechenland und Finnland selbst aufzubauen. «Ein schöner Nebeneffekt – man kam viel herum.«

Der Valuta-Gewinn floß fast vollständig in die DDR-Staatskasse. Ein kleiner Betrag ging als «Export-Bonus» auf ein Sperrkonto, das Zeuke und Wegwerth geduldig wachsen sahen. «Als eine schöne Summe zusammengekommen war, mit der wir gern investieren wollten, wurde unser Konto kurzerhand aufgelöst. Unser Geld fiel dem Staat zu.» «Schubladengesetze» nannte man die Methoden, mit denen der Staat seine Willkür zu rechtfertigen versuchte. Bei Bedarf wurden flugs neue Verordnungen aus den Schreibtischen zutage gefördert, die die Komplementäre auf unterschiedlichste Weise schikanierten. Zuletzten mußten private Unternehmer in halbstaatlichen Betrieben 95 Prozent Einkommensteuer zahlen. Werner Zeuke bezog ein Gehalt von 2000 Mark und aus dem Gewinn monatlich ungefähr noch einmal soviel. Sein Haus mußte er 1964 mit staatlichem Kredit bauen, sonst hätte er keine Baugenehmigung bekommen.

Zum zehnten Jahrestag der halbstaatlichen Betriebe 1966 gab Walter Ulbricht im Staatsratsgebäude einen Empfang, zu dem auch Zeuke und Wegwerth geladen waren. Ein Plauener Spitzen-Fabrikant wagte, Ulbricht zu fragen: «Was wird mit uns in zehn Jahren sein?» Ulbricht gab die denkwürdige Antwort: «Nun, wir werden Sie fragen: Wie haben Sie den Plan erfüllt?» Die Weiterexistenz der Firma schien gesichert.

Und wieder siegte der Unternehmergeist Zeukes über Angst und Skepsis. Obwohl er sich beobachtet fühlte und aus seinem Telephon mehr als einmal Wanzen entfernen mußte, wirtschaftete er kräftig drauflos. «Märklins Produkte waren für uns Gradmesser der Qualitätsarbeit, obwohl wir sie nie ganz erreichten.» Verträge mit dem bundesdeutschen Versandhaus Quelle ließen weiter Devisen ins Land fließen, Zeuke jedoch bekam die West-Mark gar nicht zu Gesicht. Aber man reiste, lernte, genoß das Ansehen unter den Fachleuten, trieb Marktforschung, erweiterte das Sortiment.

Ende der sechziger Jahre jedoch wurde der Druck auf die halbstaatlichen Betriebe bis zum Exzeß gesteigert. Werner Zeuke betrachtete die «rotgardistische Attacke gegen das Kapital», wie es in den Zeitungen hieß, als erste Zeichen Honeckerscher Wirtschaftspolitik – noch ehe der damalige Kronprinz formell die Macht übernommen hatte. Sie machte das Leben der Firma immer schwieriger. Zunächst wurden Zeuke und Wegwerth einem Wirtschaftsrat Berlin unterstellt, der über jedes Gramm Material verfügte. Doch keinem war klar, wie man die Modellbahner einordnen sollte. Sie brauchten Holz, Kupferdraht, Kunststoff und wurden durch alle Bereiche geschoben. Dann kam jemand auf die schöne Idee, die Firma der Vereinigung Volkseigener Betriebe (VVB) Spielwaren zuzuordnen. Die aber hatten ihren Sitz im äußersten Süden des Landes, in Sonneberg. Dort mußten Zeuke und Wegwerth nun jede Woche antreten: zu Sitzungen und Lehrgängen. Dort auch mußten sie sich den Kauf eines Wagens und die Einstellung eines Fahrers genehmigen lassen, mittels derer sie die sechsstündigen Fahrten zu bewältigen gedachten. Jeder Schritt der Komplementäre war reglementiert. «Das entwickelte sich so allmählich, daß wir gar nicht merkten, wie sich die Schlinge um unseren Hals immer fester zog.»

Das Leben in ständiger Aufregung und mit den vielen Ungerechtigkeiten brachte Werner Zeuke 1967 einen Herzinfarkt. «Eines Tages kam aus Sonneberg die Weisung, Helmut Wegwerth habe aus der Firma auszuscheiden. Gründe wurden nicht genannt.» Der alte Mann bricht in Tränen aus: «Wir konnten uns nicht mehr wehren.» Wegwerth trat zurück und starb bald darauf mit noch nicht sechzig Jahren. Mit ihm verschwand der kaufmännische Kopf der Firma, der über alle Handelsfäden verfügt und die gesamte Buchführung gelenkt hatte.

Ehe sich der Staat Zeukes Betrieb ganz unter den Nagel reißen konnte, mußte er ihn noch sturmreif schießen. Per Dekret wurden VEB-typische Strukturen eingeführt. Wo vorher zwei Direktoren mit einigen Mitarbeitern geschaltet hatten, walteten nun sieben Direktoren mit ganzen Stäben. Werner Zeuke wußte: Das Ende seiner Firma war gekommen. Mit dem Mut der Verzweiflung rief er im Februar auf dem LDPD-Parteitag in Weimar seine Parteifreunde und alle 5800 Komplementäre in der DDR auf, ihre Firmenanteile gleich ihm dem Staat zu verkaufen.

«Ich habe mich mißbrauchen lassen», sagt er trocken. Was er nicht sagt: Er hat den Vaterländischen Verdienstorden dafür bekommen. Die erwarteten Tumulte im Saal blieben aus. Es hagelte Zustimmungserklärungen aus allen Ecken, daß die Protokollanten Mühe hatten, mit dem Stenogramm nachzukommen.

Bis heute existiert kein Kaufvertrag zwischen Werner Zeuke und dem Staat. Kein Notar war je in die Übergabe des Betriebes einbezogen. Die Verhandlungen darüber fanden schließlich auch ohne Werner Zeuke statt. Telefonisch beorderte man ihn von der Leipziger Messe weg zum Berliner Verhandlungstisch. Binnen einer Stunde sollte er am Ort sein. Wohl wissend, daß das nicht möglich war, arbeitete eine Kommission ein Papier aus, das dem abgehetzten Mann drei Stunden später über den Tisch zugeschoben wurde: «Unterschreiben Sie, aber schnell bitte.»

[...]

(Die Zeit vom 23. 2. 1990. Originaltitel: Der Fall Zeuke)

9. «Auf sozialistische Art leben»
Eine Flüchtlingsgeschichte

Man ist da immer mehr reingerutscht. 1950, als ich anfing als Betriebsassistent im Braunkohlenbetrieb, sah die Sache noch harmlos aus. Nach einem Jahr wurde ich als Betriebsingenieur eingesetzt, hatte 150 Mann unter mir und war mit Begeisterung bei der Arbeit. Dann fing das 1958 mit den sozialistischen Brigaden an. Und jetzt hatten sie mich zum Betriebsleiter gemacht, damit war ich Wirtschaftsfunktionär und gezwungen zur politischen Aktivität.

Produktionsbesprechungen, Beratungen mit der BGL, das alles war das geringste Problem meines neuen Postens. Aber ich war nicht nur wirtschaftlich, ich war auch politisch verantwortlich für die sozialistischen Brigaden, die Kampfgruppe des Betriebs, die Schwerpunktarbeit.

Da ist einmal die ökonomische Perspektivplanung bis 65, die sozialistische Reproduktion des Betriebs durch Automation, Mechanisierung und Rationalisierung, die volkstümliche Parole dafür lautet: schneller, besser und billiger produzieren.

Das zweite ist der ideologische Schwerpunkt, d. h. Stärkung der bestehenden gesellschaftlichen Ordnung. Die Hauptpunkte: Stärkung der SED und ihrer gesellschaftlichen Organisationen, Stärkung der militärischen Kraft, Stärkung unseres Staates zur Verteidigung der Heimat. Ein wichtiger Schwerpunkt der Perspektivplanung ist die Werbung für NVA (Nationale Volksarmee) und VP (Volkspolizei). Stationierte NVA-Einheiten schließen Patenschaftsverträge mit VEB-Kombinaten ab, um in ständiger Verbindung für den Nachschub an Wehrwilligen zu sein.

Unser Betrieb hatte auch so einen Patenschaftsvertrag, und unsere Lehrlinge wurden unentwegt zur Kaderabteilung vorgeladen, da standen dann die Werber bereit: der BPO-Sekreätr (BPO = Betriebsparteiorganisation), der FDJ-Sekretär, der Kaderleiter und einige Offiziere unseres «Paten», der NVA. Kein Wunder, wenn die Jungens einem solchen Aufgebot nicht standhielten in der Diskussion! Erst wenn sie für die NVA unterschrieben hatten, ließ man sie in Ruhe.

Ich war in die SED eingetreten, als ich Betriebsingenieur im Werk wurde. Das war mehr oder weniger Bedingung. Meine Frau und ich sind noch kirchlich getraut worden. Das ist «kaderpolitisch nicht tragbar», genausowenig wie westliche Kriegsgefangenschaft oder Verwandtschaft im Westen.

Ich wurde als Betriebsingenieur vor die Aufgabe gestellt, aus meinen 150 Mann sozialistische Brigaden zu bilden. Bisher gab es nur die Arbeitsbrigaden, die untereinander im Wettbewerb standen. Seit 1958 sind die sozialistische Brigaden in der Produktion eingeführt worden, um den perfekten sozialistischen Menschen zu erziehen, um damit zugleich die gesamte Familie zur sozialistischen Familie umzuformen.

Das Ganze wird so aufgezogen: die Funktionäre der SED, des FDGB und die Betriebsleitung arbeiten zusammen und suchen sich SED-Angehörige aus, sogenannte «starke Genossen», die den Stamm der Brigade bilden. Ihnen werden die «zu erziehenden Genossen» anvertraut. Man lädt die Werksangehörigen mit ihren Familienmitgliedern ein – der Arbeiter bringt seine Frau mit, die Arbeiterin ihren Mann –, und dann wird ihnen die Verpflichtung zur Bildung der sozialistischen Brigaden aufoktroyiert.

In einer Feierstunde im Werk haben wir den Brigadevertrag festgelegt und gleich unterzeichnet, danach mußten wir uns verpflichten, drei Forderungen zu erfüllen:

1. Auf sozialistische Art zu arbeiten
2. auf sozialistische Art zu lernen
3. auf sozialistische Art zu leben.

Auf sozialistische Art leben heißt:

I. in kultureller Hinsicht.

Ich verpflichte mich:

a) Mit meiner Brigade die fortschrittlichen Filme zu besuchen, meinen Ehepartner mitzubringen und im Anschluß an den Film die Auswertung vorzunehmen.

b) Jeden Monat einmal ins Theater zu gehen (wieder wie oben!).

c) Im Haus der DSF (Deutsch-Sowjetische Freundschaft) Vorträge über die Sowjetunion und den Sozialismus zu besuchen; Vorschläge unterbreitet die Parteileitung.

d) Zum gemeinsamen Besuch des Naturkundemuseums. Thema: «Die Entstehung der Erde», «Stammt der Mensch vom Affen ab?»

e) Keinen Alkohol zu trinken.

II. Für die Familie.

Ich verpflichte mich:

a) Bei Verehelichung die sozialistische Eheschließung im Betrieb vorzunehmen.

b) Meine Kinder auf sozialistische Art zu erziehen, sie der Pionierorganisation einzureihen und bei Schulentlassungen an der sozialistischen Jugendweihe teilnehmen zu lassen.

c) Meinen Kindern die sozialistische Namensgebung zukommen zu lassen.

d) Meine Ehefrau von der Notwendigkeit der Mitarbeit in der sozialistischen Produktion zu überzeugen.

III. Organisationstätigkeit.

Ich verpflichte mich:

a) Durch Besuch der Parteischulung und der Gewerkschaftsbildungsabende Kenntnisse über die Lehren des Marxismus und Leninismus zu erwerben und sie den Kollegen weiterzuvermitteln.

b) Eine Funktion in der Partei und der Gewerkschaft auszuüben.

c) In der Hausgemeinschaft Ausspracheabende zu organisieren und über die Diskussionen Bericht zu erstatten.

IV. Tätigkeit in der Brigade.

Ich verpflichte mich:

a) Durch offene Kritik die Fehler und Schwächen eines anderen Brigademitglieds aufzuzeigen und es zu sozialistischem Denken und Handeln zu erziehen. Eine gegenseitige Kontrolle und dazu alle zwei Wochen eine Auswertung im Kollektiv vorzunehmen.

b) Meinen Kollegen stets als sozialistischer Mensch mit sozialistischem Bewußtsein Vorbild zu sein und offen für den Sieg des Sozialismus zu kämpfen.

Wenn in einer gemeinsamen Veranstaltung die Diskussion über «sozialistisches Leben» auf die schiefe Bahn geriet – und das geschah alle Nase lang, denn wer kann das alles wirklich durchführen, was verlangt wird, noch dazu mit seiner gesamten Familie –, dann wurde vom Diskussionsleiter der Schwerpunkt von «sozialistisch leben» auf «sozialistisch arbeiten» gelegt, und da kann keiner Ausflüchte finden.

Zum sozialistischen Arbeiten gehören auch die Aufbaustunden. Bei uns im Werk haben wir im letzten Sommer im sozialistischen Aufbau eine Kegelbahn gebaut, alles mit freiwilligen Aufbaustunden. Dazwischen mußten wir noch in der Ernte einspringen, bei Wassereinbrüchen, ich war keinen Sonntag mehr zu Hause. Für diese Aufbaustunden gab es dann die Aufbaunadeln, in Bronze, Silber und Gold, je nach Leistung.

Einige Leute aus unserem Werk hatten in diesem Jahr schon 300 bis 400 freiwillige Aufbaustunden geleistet. Wenn das wirklich freiwillig und aus Idealismus geschähe! Aber das ist die Verlogenheit des Regimes: alles geschieht unter Zwang und man braucht dazu auf den Plakaten das strahlende Lachen des Werktätigen. Wenn wir in den Brigaden nicht dauernd antrieben, passierte nichts. Und der Antreiber mußte ich sein! Das machte mich krank! Und zu Hause klagte die Frau: Von dir seh' ich überhaupt nichts mehr –, und im Betrieb blieb die Arbeit auch oft genug liegen wegen dieser andauernden gesellschaftlichen Tätigkeiten.

Meine Frau weigerte sich einfach, an den gemeinsamen Theaterbesuchen teilzunehmen. – Laß mich in Ruhe, sagte sie, mit euern fortschrittlichen Filmen, ich möchte einen richtigen Liebesfilm sehen, um das graue Leben mal für eine Stunde zu vergessen. – Ich versuchte, ihr klarzumachen, daß sie meiner Stellung schadete, aber sie war nicht dazu zu bringen. Unsere Ehe litt darunter. Nicht daß ich anders dachte als meine Frau, mir selbst hingen diese ganzen organisierten Vergnügungen zum Halse heraus, aber was sollte ich denn machen?

Dann war da die Kampfgruppe des Werkes! Ich hatte als Parteigenosse dabeizusein, aber es konnten sich auch Parteilose dazu melden. Diese Kampfgruppen waren nach dem 17. Juni gegründet worden, um ein Werk im Notfall vor westlicher Aggression schützen zu können. Das Ganze ist nichts anderes als eine getarnte militärische Ausbildung. Jeden Monat einmal Übungen meist an den Sonnabenden, mit Karabinern und anderen Handwaffen, und dann die großen Übungen einmal im Jahre, so wie die Herbstmanöver beim Militär.

Früher konnte man sich da immer mal drücken, aber seit der Vereidigung ist jede Anweisung ein Befehl.
[...]

(Erika von Hornstein: Flüchtlingsgeschichten. 43 Berichte aus den frühen Jahren der DDR, S. 165ff., © Eichborn Verlag 1985)

10. «Der Sieg über die roten Zahlen –
Notizen über Gerhard Kast»

Im Köpenicker Funkwerk sitzt die dritte Schicht schon längst hinterm Fließband. Gerhard Kast sortiert noch im Zimmer des Parteisekretärs Tageserlebnisse, überdenkt morgige Anforderungen. Wieder ist ein Tag vorbei. Ob er auch «gelaufen» ist? Da gab es in Gruppenversammlungen heiße Diskussionen um einen neuen Gerätetyp, wurden Für und Wider technologischer Lösungen erwogen, müssen komplizierte Produktionsbedingungen mit besserem Arbeiten und Leben in Einklang gebracht werden ... Ein Tag für andere, der wieder für die schriftlichen Arbeiten keine Zeit ließ. 4000 Funkwerker halten ihn in Bewegung.

«Schreibtischarbeiter» – das wollte der jetzige Mittvierziger eigentlich nie werden. Und er ist es bis heute nicht. Viel lieber diskutiert er an der «Basis». Da war Gerhard Kast jahrzehntelang zu Hause, hat Menschen in Bewegung gesetzt, indem er ihren Gedanken bestimmte Richtungen gab.

Angefangen hatte alles 1951 im Funkwerk. Knapp 17jährig, baute der gelernte Schreibmaschinen-Mechaniker mit an den ersten Großsendern unserer Republik. Einzelfertigung. Viel Arbeit, wenig Gewinn. Aber die Sender waren politisch und ökonomisch wichtig. Einsatz und Zuverlässigkeit des jungen Kast fielen auf. Willst du nicht Meister machen? Meister, hm, verdient man da auch ...? Nun ja, es gibt bessere Jobs, aber die Genossen, unser Werk ... Also gut, ich mache Meister! Für lange Diskussionen war keine Zeit, das Werk brauchte fähige Leute.

Meister Kast sah, was viele ebenso in schlechte Stimmung brachte: Sie arbeiteten und schufteten, aber der Betrieb kam nicht aus den roten Zahlen. Tun wir denn weniger als andere? Bestimmt nicht. Also schauten sie sich um, erforschten Ursachen für Unproduktivität und schlechten Produktionsrhythmus. Einheitliche Produktionslinien fehlten. Die Funkwerker kamen zu der Erkenntnis: Unser Betrieb darf nicht länger auf Kosten anderer leben. Eine Losung war gefunden, die 1966 den Anstoß gab für große Wettbewerbsinitiativen in allen Bereichen der Volkswirtschaft. Und Gerhard Kast machte nach seinem Diskussionsbeitrag während des VII. Parteitages der SED republikweit die Runde als «Meister Kast». Das Betriebsergebnis des Funkwerkes verbesserte sich von Jahr zu Jahr. Die Warenproduktion wuchs in den siebziger Jahren um mehr als das Doppelte – nicht zuletzt dank der Initiative des Gerhard Kast.

Inzwischen absolvierte er ein Hochschulstudium, qualifizierte sich für seine verantwortungsvolle Parteifunktion. Anspruch und Leistung müssen bei ihm immer übereinstimmen. Sonst läuft nichts.

Eine Maxime, die auch im Privaten gilt, sobald alle Kasts in dem nur fünf Minuten vom Werk entfernten gemütlichen Heim zusammen sind. Wenn dann der Opa mit dem Enkel ... Auch hier sind die Stunden für andere da. «Es hat sich gelohnt damals, den Mund aufzumachen. Und es lohnt sich immer, wenn wir heute etwas besser machen wollen als gestern», sagt Gerhard Kast, der Meister und Parteisekretär.

(Geschichte des FDGB, Berlin [O] 1982, S. 561)

11. «Vergleichsweise trostlos»
Zur wirtschaftlichen Lage in der DDR

[...]

Man muß es widerwillig zugeben: Da waren vor fünfundzwanzig Jahren ein Land und ein Volk, denen ging es so dreckig wie nie zuvor. Doch man überließ sie sich selbst und sagte: Tut doch was, um euch zu helfen! Und die taten was! Schon nach einer Handvoll Jahren sprach man vom «Wunder». Und das «Wunder» wuchs und blieb. Jeder weiß: Das ist die Bundesrepublik. Eines der führenden Wirtschaftsländer der Welt. Mit international imponierenden Zahlen, was Produktion und Export betrifft, was sich über Volkseinkommen und Lohnsteigerungen sagen läßt, was über Kaufkraftzuwachs und Freizeitgewinn zu Buche schlägt. Was jeden einzelnen voranbringt und von der Generation vorher zum Guten abhebt. Was die Erklärung möglich macht: Hier hat ein «System» seine Funktionsfähigkeit bewiesen, oder einfacher: Hier ist ein Laden, der läuft. Wie das wohl kommt? Weil jeder will, daß es ihm gut und besser geht. Weil alle arbeiten, wie es nur möglich ist und fleißig sind, wie es die Sache fordert. Weil Intelligenz, Pflichtbewußtsein und strebsames Bemühen die Menschen auszeichnen. Weil sie technisches knowhow die Menge haben, Erfindungsgeist und gute Tradition. Da ist was dran. Nur offenbar nicht alles. Das Wesentliche nämlich nicht.

Nichts nämlich von dem ist anders in der DDR. Aber alles ist anders, was das Ergebnis angeht. Man muß es gesehen, gerochen, gefühlt, geschmeckt haben. Vor nicht langer Zeit, damit die Erinnerung nicht in Nichtglaubenkönnen – oder Nichtglaubenwollen – untergeht. Denn es ist nicht vorstellbar. Es ist auch durch Zeitungsreportagen oder Fernsehfeatures nicht vorstellbar zu machen. Aus vielerlei Gründen. Aus mangelhaftem Willen zur Objektivität. Aus Voreingenommenheit oder fehlender Kenntnis. Vor allem aber, weil das Phänomen dieses Staates mit unseren Kategorien nicht zu fassen ist.

Was nützt die statistische Tatsache, daß die DDR im östlichen Wirtschaftsblock Tabellenführer ist, wenn man in einer ehemals reichen Landgemeinde dieser DDR nicht ein Gespräch führen kann ohne den Satz: «Wenn man doch wenigstens einen Sack Zement bekommen könnte!» Was nützen billige Mieten, wenn sie nur mit staatlichen Subventionen zu halten sind und zugleich, mangels Kostendeckung für die Vermieter, den DDR-Witz hervorbringen, es gäbe überall «Warenhäuser». Hier waren Häuser und da waren Häuser und dort waren Häuser. Tatsache ist, daß an den weitaus meisten Altbauten in der DDR zum letzten Mal in den 30er Jahren etwas getan worden ist. Was nützen preiswerte Grundnahrungsmittel, wenn alles, was über das biologische Existenzminimum hinausgeht, entweder überhaupt nichts oder nur zu praktisch unbezahlbaren Preisen zu haben ist. Einkommen – in der DDR das Niveau unserer frühen fünfziger Jahre. Und zwar durch alle Schichten gleich. Bis auf die paar Privilegierten der Neuen Klasse. Das ist sozialistische Wirtschaftspolitik: Es geht allen gleich, nämlich allen gleich schlechter. Natürlich gibt es Tariflöhne, aber das sind nicht, wie bei uns, Mindest-, sondern Höchstlöhne. Deren Höhe läßt sich ermessen, wenn man festhält: Ein Maurer bringt um 100 Mark in der Woche nach Hause, der stellvertretende Leiter einer Filialbank 700 im Monat, eine Wirtschaftsprüferin in gleicher Zeit 1300, von Rentnern ganz zu schweigen. Alles das hat den DDR-Alltag mit einer abgenutzten Schäbigkeit durchsetzt, die für den DDR-Bürger nur dadurch zu ertragen ist, daß er sie in ihrem ganzen Ausmaß nicht wahrnimmt, enthält man ihm doch alle Vergleichsmaßstäbe bewußt vor.

[...]

Daß die Verhältnisse überhaupt noch so sind, verdankt die DDR dem verhaßten Kapitalismus. Das Faszinierende am Wirtschaftsleben dieses Staates ist, daß das, was an sich nicht funktionieren kann, in bescheidenem Maße durch das funktioniert, was nicht sein darf. Die DDR-Wirtschaft hat die «doppelte» Buchführung erfunden. Da ist die systemkonforme Buchführung für Staat und Partei, den neusten planwirtschaftlichen Erkenntnissen folgend. Und da ist die ängstlich gehütete Buchführung der betriebserhaltenden Geschäfte. Das sind die «Geschäfte» mit den geheimen Überschüssen, die hinter und neben den Planzielen auftauchen und den Betrieb überhaupt in Gang halten. Diese Überschüsse wandern von Firma zu Firma durch einen Wirtschaftskreislauf «kapitalistischen» Charakters. Hier regiert der Markt, Angebot und Nachfrage regulieren den Preis und der Preis ist hoch. Fliegt ein solches Geschäft auf, hat der Staat wieder einmal ein paar Schuldige an der Misere des Sozialismus: Verschwörer gegen die DDR. Dabei sollte man diesen Leuten den Vaterländischen Verdienstorden umhängen. Denn: Diese Wirtschaftspraktiker sind es, dieser graue «Kapitalismus» ist es, wodurch die Karre dennoch läuft. Auf solche Weise werden die großen und kleinen Wirtschaftsfunktionäre zu Teilzeit-Unternehmern. Nur: Risiko und Aufwand stehen in keinem Verhältnis zum Ertrag.

Immer wieder hat das kommunistische System für eine gewisse Zeit Anleihen beim Kapitalismus gemacht. Alles Versuche, den entscheidenden, fehlenden Teil in den DDR-Wirtschaftsmotor einzubauen: den Unternehmer. Und in der Tat: Jedesmal kam Fahrt auf, proportional dem unternehmerischen Salz, das man in die Suppe gestreut hatte. Und jedesmal kam bald auch ein Hauch von Freiheit auf. Und jedesmal bekam die DDR-Führung sehr bald Angst: Diese Entwicklung war nicht »systemimmanent», das war ein Sprengsatz für den Sozialismus. Die Versuche wurden abgeblockt und eingefroren. Der sozialistische Alltag war gerettet.

[...]

Was es mit dem Staat DDR auf sich hat, mögen die Politiker und die Staatsrechtler miteinander ausmachen. Was es mit dem Wirtschaftsgebilde DDR auf sich hat, müssen die Menschen «drüben» mit sich ausmachen. Es ist damit nicht viel Staat zu machen. Darin liegt Tragik. Denn die Menschen in der

DDR haben keine Möglichkeit, ihren jämmerlichen Zustand zu «verändern». Sie sind ausgeliefert. Wir müssen dem zusehen. Eine unerträgliche Situation, die ertragen werden muß. Eine Situation, die wir *erkennen*, aber nicht *aner-kennen* können.

(Der Arbeitgeber 1971, S. 403 ff.)

12. Meinungen der Werktätigen zur Versorgung

[...]

Große Zustimmung und Unterstützung findet unser Weg der sozialen Sicherheit und der zielstrebigen Verwirklichung des sozialpolitischen Programms. Viele Diskussionen in den Kollektiven machten deutlich, daß unser 30jähriger erfolgreicher Weg als Werk mehrerer Generationen und als Ergebnis des Fleißes und der Schöpferkraft der Werktätigen nur unter Führung unserer Partei und im engen Bündnis mit der Sowjetunion gesehen wird.

[...]

Mitarbeiter der Bezirksleitung, die als Propagandisten im Parteilehrjahr tätig sind, wurden in diesen Tagen mit solchen Fragen und Meinungen konfrontiert:

– Warum berichten wir in unserer Presse über Streiks der Arbeiter in allen möglichen kapitalistischen Ländern, äußern uns aber mit keinem Wort zum Hafenarbeiterstreik in Rostock, wo sich angeblich Hafenarbeiter weigerten, ein Schiff nach Vietnam mit Fleisch zu beliefern?

– Stimmt es, daß nach den Wahlen Lebensmittelkarten für Fleisch eingeführt werden?

– Stimmt es, daß es im Parteiapparat Läden gibt, wo man alles zu kaufen bekommt und wo die Preise niedriger als draußen sind? (Nach unserer Kenntnis ist dies ein Argument, welches jetzt verstärkt vom Gegner wieder in die Bevölkerung hineingetragen wird, da es zur gleichen Zeit unseren Mitarbeitern gegenüber z. B. in einer Mitgliederversammlung einer Schulparteiorganisation, in einer Frauenversammlung sowie bei einem Gespräch mit parteilosen Bürgern im Bus geäußert wurde. Gleichzeitig informiert schriftlich die Kreisleitung Borna darüber, daß dieses Argument im Kraftwerk Thierbach diskutiert wird und von Genossen so interpretiert wird, daß dadurch die Parteiführung sich von der Masse entfernt und bestimmte Versorgungsprobleme nicht kennen würde.)

Es zeigt sich auch, daß die Diskussionen zur Bettwäsche und zum Verkauf von Weckern noch nicht zurückgegangen sind. In diesem Zusammenhang werden neue Gerüchte verbreitet, daß z. B. Bettwäsche nur auf Schwangerenausweis verkauft würde.

Auf der Grundlage der von den Kreisleitungen übermittelten Informatio-

nen zur Stimmung unter der Bevölkerung sind solche Argumente und Meinungen weiterhin in der Diskussion:
– Das Angebot entspricht zur Zeit in keiner Weise den Vorstellungen von der ständig besseren Befriedigung der materiellen und geistigen Bedürfnisse. Viele hochwertige Artikel und Waren werden exportiert, und dadurch entstehen große Versorgungslücken.
In der DDR gibt es eine schleichende Preiserhöhung, vor allem bei Schuhen und Textilien.
Es werden immer mehr Artikel, besonders Haushaltchemikalien, unter dem Ladentisch verkauft. [...]
Die Kreisleitung Böhlen schätzt ein, daß sich bei solchen Diskussionen teilweise auch Kommunisten in die Defensive drängen lassen und keine parteimäßige Position beziehen. In Auswertung der 10. Tagung soll sich verstärkt in den Parteikollektiven mit solchen Genossen auseinandergesetzt werden.
– Innerhalb der Sortimente hat sich bei Konsumgütern der Versorgungsgrad in den unteren Preisgruppen verschlechtert.
Worin liegt die Ursache der Reduzierung der Importe von PKW aus der Sowjetunion?
Wo liegen die Ursachen für bestimmte Versorgungsschwierigkeiten bei Bettwäsche, Autos, Gemüse?
Was unsere Republik an Erstklassigem produziert, wird entweder exportiert oder in den Exquisitläden verkauft, das kann sich der kleine Mann doch nicht leisten.
Unter der Bevölkerung gibt es keine gute Diskussion zur Versorgung, oft hört man, wie soll das erst nächstes Jahr werden, da sind keine Wahlen und kein 30. Jahrestag.
Im Zusammenhang mit Ersatzteilen, besonders für den Trabant, werden zu viele Beratungen bis ins ZK durchgeführt, die aber keine Veränderungen nach sich ziehen.
[...]
Die Kreisleitung Torgau informiert wörtlich in ihrem Bericht dazu: «Zu diesen und anderen Fragen der Kommunalpolitik wird durch die Abgeordneten, Wahlhelfer und Genossen auch in den nächsten Tagen geduldig Antwort gegeben und die insgesamt positive Bilanz der DDR und des Kreises erläutert.»
Die Kreisleitung Borna schätzt ein, daß zu Versorgungsfragen die Gerüchtemacherei weiterhin ausgeprägt ist und daß zeitweilige Lücken in bestimmten Warensortimenten zum Anlaß für Spekulationen, gehässige Bemerkungen gegenüber dem Verkaufspersonal und Stimmungmacherei genommen werden. In diesem Zusammenhang berichtet die Kreisleitung über das offensive Auftreten vieler Genossen in Ferro Lippendorf und in der Konsumgenossenschaft Borna, wo einer Reihe von Werktätigen eindeutig nachgewiesen wurde, daß sie unter der Belegschaft zur Versorgung mit Waren des täglichen

Bedarfs Unwahrheiten verbreiten, um Stimmung zu machen. Dort traten die Genossen noch immer kursierenden Gerüchten mit aller Entschiedenheit entgegen. Die BPO[Betriebsparteiorganisation]-Leitung der «Bella»-Schuhfabrik Groitzsch sowie die GO [Gründungsorganisation] IC Böhlen schätzen jedoch ein, daß sie bei den Diskussionen zu Versorgungsfragen nicht vorankommen, weil dabei oft die Genossen unsachlich werden und ihr eigenes Unverständnis ausdrücken, daß solche Dinge wie Bettwäsche, Pralinen, Frottiertücher, Unterwäsche usw. in Exquisitläden zu erhöhten Preisen angeboten würden.

Ein weiteres Problem wird durch die Parteileitung Ferro Lippendorf dargestellt, was auch in den GO BKK Borna und BKK Regis in ähnlicher Form in den Diskussionen eine Rolle spielt: In der gesamten Belegschaft gibt es zur Zeit viele Diskussionen über Tausch- und Spekulationsgeschäfte aller Art, die in unserer Presse veröffentlicht werden, einschließlich Garagenverkauf für 7000 – 8000 Mark bzw. den Autogaunermarkt in Leipzig. Man findet hierfür von vielen ehrlichen und aufgeschlossenen Arbeitern einfach kein Verständnis, daß seitens der Parteiführung im Kreis bzw. Bezirk sowie von den Staatsorganen gegen diese Auswüchse nichts unternommen wird.
[...]

(Parteiinformation vom 15. 5. 1979; PDS-Archiv Leipzig IV D–2/5/328)

13. Geld und Tausch

In der DDR regiert Geld die Welt nicht. Man hat ausreichend, um durchschnittlich zu leben, Wohnung und Grundnahrungsmittel zu bezahlen. Für Geld läßt sich wenig kaufen. Auf ein Auto wartet man zehn bis zwölf Jahre, eine Nacht und einen Tag steht man vor dem Laden Schlange, um einen Farbfernseher zu erwerben, Grund und Boden sind nicht käuflich, Häuser und Segelboote sind rar.

Da Geld nicht viel wert ist, muß «der Rubel rollen». Man lebt für den Tag, die Stunde, ißt und trinkt viel. Über Geld-Besitz spricht man nicht, man stapelt tief. Wenig Geld zu besitzen ist keine Schande, ein hohes Konto ist suspekt. Nach landläufiger Meinung «verschimmelt» das Geld auf dem Konto. Die obligatorischen 3½ Prozent Zinsen fallen nicht ins Gewicht. Geld auf dem Konto gehört dem Staat. Ehe der Kollege/Freund/Bekannte sein Geld dem Staat gibt, sollte er es dem Kollegen/Freund/Bekannten, der es benötigt, borgen. Da Banken und Sparkassen an Privatpersonen nichts verleihen (Ausnahmen: Baukredit für Kinderreiche, Ehekredit für Paare unter 25), ist nach ungeschriebenem Gesetz jeder, der mehr Geld hat, als er zum täglichen Leben braucht, verpflichtet, davon abzugeben. Die Sitte der Proletarier, das wenige mit seinesgleichen zu teilen, ist tief verwurzelt.

Verwurzelt ist ebenso ein Sicherheitsbedürfnis. Obwohl Lohn oder Gehalt regelmäßig einkommen, an Arbeitsplätzen kein Mangel ist, man bei Krankheit oder Unfall automatisch versorgt wird, ist man mißtrauisch. Die soziale Sicherheit könnte – zwar weiß keiner, auf welche Weise – ins Wanken geraten. Schließlich sind Kurswechsel in Politik, Wirtschaft und Kultur an der Tagesordnung. So spart man heimlich, sagt selbst Freunden nicht, wieviel man auf der «hohen Kante» hat. Nicht nur gesetzte Leute handeln so. Junge Männer, die den Eindruck erwecken, ihr Geld einzig für Vergnügen auszugeben, haben nicht selten Tausende Mark beiseite gelegt. Deshalb wachsen die Spareinlagen. Auch deshalb, weil ein Kleinwagen 9000 Mark kostet, ein Mittelklassewagen 22000, ein Farbfernseher 4000, eine Waschmaschine 2100 und weil in «Exquisit»-Geschäften zu Überpreisen qualitätsvollere Waren erhältlich sind.

Geld wäre kein Problem, gäbe es nur die Mark der DDR. Jedoch kursiert die D-Mark (West). Sie ist bei staatlichen Umtauschstellen in das staatliche Spielgeld «Forum-Scheck» einzutauschen. Mit «Forum-Schecks» zahlt der DDR-Bürger in «Intershop»-Läden und erhält Jeans, Kaffee, Schnaps, Süßigkeiten, Kosmetika, Autozubehör der westlichen Hersteller. Das Westgeld, im Volksmund «buntes Geld» oder «blaue Fliesen» genannt, öffnet dem Besitzer viele Türen, beschafft rare Ersatzteile, läßt Handwerker pünktlich erscheinen. Auf dem «Schwarzen Markt» wird es «eins zu fünf» gehandelt. Dennoch ist nicht jede Ware dafür zu bekommen (es gibt sie einfach nicht). Das «bunte Geld» läßt sich nicht anlegen und vermehren, so kann es die Umgangsformen nicht gänzlich verwandeln. Auch hier gilt: «Der Rubel muß rollen», und somit regiert Geld die DDR-Welt in keinem Fall.

Die Ware ist das wahre Zahlungsmittel des Landes. Wer etwas zu geben hat, hat Aussicht, etwas zu kriegen. Nach dem Zweiten Weltkrieg schossen Tauschzentralen aus dem Untergrund, die seriösen Schwestern des «Schwarzen Marktes». Man tauschte Wecker gegen Schuhe, Schuhe gegen Töpfe, Töpfe gegen Wecker. Die DDR hat sich diesem Nachkriegszustand genähert. Mehr noch, sie macht den Warentausch zur hauptsächlichen wirtschaftlichen Verkehrsform. Das gilt für die Kompensationsgeschäfte des Staates im internationalen Stil wie für den Alltag. Seitenweise Tauschangebote in den Zeitungen, im Gebrauchtwarenhandel ist der Tausch institutionalisiert. Da Mangel an fast allem herrscht, ist fast alles Tauschobjekt. Ein Normalfall verläuft so: Ein Mann braucht eine Etagenheizung, der Heizungsinstallateur braucht einen «Trabant» (Auto) für seine Frau. Der Mann hat eine Tiefkühltruhe zu bieten. Er sucht den Tauschpartner «Tiefkühltruhe gegen Auto» (bei Wertausgleich), tauscht dann «Auto gegen Etagenheizung» (bei Wertausgleich). Wer nur mit Geld zahlt, hat wenig Aussicht; Ware plus Geld hat Chancen. Dieser einfache Tausch kann von jedermann bewältigt werden. Die wirkliche Kunst ist, mit dem Warentausch zu spielen, Versorgungsketten aufzubauen, die neben den offiziellen verlaufen und funktionieren. Ein Gaststättenleiter von der Insel Rügen, ein Spezialist auf diesem Gebiet, der bis ins Erzgebirge fährt, um Rollgurte fürs Auto zu «besorgen», sagte kürzlich: «Wenn es mal keine

Engpässe mehr gibt, hänge ich mich auf.» Das Spiel mit dem Mangel hat viele Formen. Um den Alexanderplatz geht täglich eine Siebzigjährige von Geschäft zu Geschäft. Sie fragt die Verkäufer, was sie an Mangelware zu bieten hätten, was sie an Mangelwaren brauchten. Am Nachmittag bringt sie Spargel, Rindslende, Honig, Pilze, Tomatenketchup, sowjetischen Champagner an den jeweiligen Bestimmungsort im Tausch gegen andere Kostbarkeiten (bei Wertausgleich). Für die «arme Rentnerin» fällt natürlich etwas ab. Wichtiger jedoch, die Frau ist in dieser Gegend eine geachtete Person. Gibt es im Autogeschäft Ersatzteile, stellen sich ganze Familien an, um größere Mengen für späteren Tausch einzukaufen. Werden einmal im Jahr Bestellungen für Gasetagenheizungen oder Baustoffe entgegengenommen, stellen sich zwei Tage und zwei Nächte Leute an, die das Material überhaupt nicht benötigen, sie können es günstig vertauschen. Gleiches gilt für Farbfernsehgeräte, Auslandsreisen, Karten für Beat-Konzerte, Termine zur Wagenpflege, für alles, was der Mensch gebrauchen könnte. Nicht nur Industrieprodukte, jede Art Dienstleistung ist zur Ware geworden: Zahnarzttermin und Saunaplatz, der reservierte Tisch im Restaurant und die Auto-Inspektion. Jobs, die Dienstleistungen vermitteln, sind stark gefragt. Nicht selten hilft der Bewerber durch Bestechung nach, um die Stelle zu bekommen. Es gibt diplomierte Universitätsabsolventen, die Tätigkeiten dieser Art der wissenschaftlichen Karriere vorziehen.

Menschen, die etwas «besorgen» können, sind angesehen. Meist haben sie einen ehrenhaften Beruf, den sie gewissenhaft ausüben. Bei ihren «Geschäften» bewegen sie sich innerhalb der Legalität. Organisationstalent, Energie, eine gehörige Portion Unverfrorenheit, begleitet von kumpelhafter Biederkeit, zeichnen sie aus. Ihr augenzwinkerndes Motto: «Privat geht vor Katastrophe», oder: «Es geht alles seinen sozialistischen Gang». Das Streben des DDR-Bürgers ist es, solche Talente in sich zu entwickeln. Wer nichts dergleichen bieten kann, verhält sich devot-bewundernd, hofft auf das Mitglied dieser Tüchtigen.

(Irene Böhme: Die da drüben. Sieben Kapitel DDR, Berlin [W] 1986, S. 72ff.)

Fünfzehntes Kapitel

Soziale Schichten und Gruppen, Arbeitswelt, soziale Konflikte

Einleitung

Nach dem von der Partei definierten Selbstverständnis war die DDR ein Arbeiter- und Bauernstaat. Arbeiter und Bauern als die beiden führenden Klassen standen im Bündnis mit der Intelligenz, die auf Grund ihrer schwer zu verortenden Stellung im Produktionsprozeß keine Klasse war, sondern als Schicht galt, deren Repräsentanten von Fall zu Fall auch anderen Klassen zugeordnet werden konnten. Daß die DDR auch nach der sozialistischen Revolution, d. h. nach der Entmachtung des Bürgertums und der Umgestaltung der Produktionsverhältnisse in Industrie und Landwirtschaft dennoch eine Klassengesellschaft blieb, wenngleich eine «nichtantagonistische», wurde in der Ära Honecker wieder bekräftigt. Zuvor hatte Ulbricht in seinen letzten Jahren als Generalsekretär versucht, sein harmonistisches Gesellschaftsideal einer «sozialistischen Menschengemeinschaft» zu proklamieren, in der Klassengegensätze keine wesentliche Rolle mehr spielten und die als relativ eigenständige und dauerhafte Phase in der ideologisch verankerten Abfolge gesellschaftlicher Formationen verstanden werden sollte. Diese parteioffiziellen Versuche der Definition innergesellschaftlicher Schichtungs- und Differenzierungslinien haben stets viel Künstliches an sich gehabt und sind bestenfalls als grobe Ordnungsschemata zur Bestimmung des Profils unterschiedlicher sozialer Schichten und Gruppen brauchbar.[1]

Die Behauptung, daß die Arbeiterschaft die wichtigste Klasse bilde, war stets verbunden mit dem Hinweis auf die Rolle der sie führenden Avantgarde, der SED. Die tatsächliche Lage und das Verhalten der Arbeiterklasse sind jedoch aus sozialhistorischer Perspektive von diesem Repräsentations- und Führungsanspruch sorgfältig zu trennen. Nicht zuletzt das klägliche Ende der DDR hat die groteske Kluft zwischen Arbeitern und ihrem politischen Vortrupp drastisch deutlich gemacht (Dok. 5). Auch in den Anfängen der DDR wurde immer wieder erkennbar, daß dieser oktroyierte Repräsentationsanspruch einer leninistischen Kaderpartei auf Ablehnung stieß. Die Durchsetzung von Betriebskollektivverträgen und die damit verbundene Funktionalisierung der Gewerkschaften zu Trägern der Planerfüllung (Dok. 1), die extrem harten Arbeitsbedingungen der für die sowjetische

---

[1] Eine umfassende Problematisierung der Kategorien und Daten zu Sozialstrukturen bieten Dieter Voigt u. a.: Sozialstruktur der DDR. Eine Einführung, Darmstadt 1987.

Atomwirtschaft arbeitenden Kumpel der Wismut-AG (Dok. 2), die Beibehaltung der Normerhöhung im Vorfeld des 17. Juni 1953 (Dok. 3), aber auch die kurzzeitige Entstalinisierung 1956 und der Mauerbau 1961 riefen offene und verdeckte Formen des Protests unter Teilen der Arbeiterschaft hervor.[2]

Von der marxistischen Vorstellung der Arbeit als Selbstverwirklichung und Lebensinhalt blieb die Realisierung in der Regel weit entfernt (Dok. 4), auch wenn die arbeitsrechtlichen, sozialpolitischen und bildungspolitischen Regelungen dem Arbeiter Sicherheiten und Aufstiegsmöglichkeiten boten, von denen er früher nur hatte träumen können und die ihm in den fünfziger Jahren auch in der Bundesrepublik nicht ohne weiteres offenstanden. Die von Erich Honecker 1971 zur unantastbaren politischen Leitlinie erhobene «Einheit von Wirtschafts- und Sozialpolitik» garantierte zwar soziale Sicherheit, ruinierte aber langfristig die ohnehin rückständige Industrie der DDR endgültig, verschlechterte die Arbeitsmoral und diskreditierte den Glauben an den Sozialismus. Nach der Revolution von 1989 machte sich diese Enttäuschung eruptiv und mit starkem Ressentiment gegen DDR-Intellektuelle Luft (Dok. 5).

Die Bauern, offiziell die zweite tragende Klasse der DDR-Gesellschaft, waren vor allem bis zur Kollektivierung und zum Mauerbau ein politisches und soziales Problem. Die Bodenreform hatte eine große Zahl von Kleinwirtschaften geschaffen, die auf Dauer nicht lebensfähig waren. Für diese bot der Eintritt in die seit 1952 propagierten LPGs unter Umständen Vorteile, doch zogen viele die Flucht nach Westen vor. Nach dem Abschluß der Kollektivierung im Frühjahr 1960, vor allem nach dem Mauerbau, gab es nur noch das Arrangement. Zweifellos hat dies jedoch in den folgenden Jahrzehnten relativ gut funktioniert. Die neuen kollektiven Formen der Agrarwirtschaft sicherten der Bevölkerung zusammen mit den verbliebenen Resten privater Aktivität im Obst- und Gemüseanbau eine halbwegs zufriedenstellende Versorgung mit Lebensmitteln – freilich auch nicht mehr – und bescherte der Landbevölkerung ein beträchtliches Maß an sozialer Absicherung. Insofern hat sich das Urteil über die anfangs auf erbitterten Widerstand gestoßenen LPGs langfristig deutlich verändert (Dok. 6), bis 1990 mit der Teilprivatisierung erneut ein tiefgreifender Umbruch auf dem Lande einsetzte.

In anderer Form waren auch die Angehörigen des Mittelstandes und der Intelligenz politischem Druck ausgesetzt, wenn sie sich nicht den Zielen der SED anpaßten. Um die Gewinnung der Mittelschichten hatten sich von den Blockparteien in erster Linie die Liberaldemokraten und die Nationaldemokraten zu bemühen. Der Druck auf Einzelhändler und Handwerker wuchs, sich den kollektiven Formen der staatlichen Handelsorganisation (HO) und den Produktionsgenossenschaften des Handwerks (PGH) anzuschließen. In-

---

[2] Zu den wenig bekannten Protesten nach dem Mauerbau vgl. Stefan Wolle: Das MfS und die Arbeiterproteste im Herbst 1956 in der DDR, in: Aus Politik und Zeitgeschichte B 5, 1991, S. 42–51.

sofern waren entgegen offiziellen Beteuerungen (Dok. 7) die Tendenzen zur Abschaffung des Mittelstandes unübersehbar. Gleichwohl blieb mit dem überwiegend privaten, nichtproduzierenden Handwerk ein wichtiger Teilbereich des Mittelstandes erhalten (vgl. Kap. 14).

Der Umgang mit der Intelligenz stellte ein besonders schwieriges Problem dar. Aus pragmatischen Gründen des wirtschaftlichen Aufbaus wurden zumindest die technische und die medizinische Intelligenz wegen ihrer kurzfristig nicht ersetzbaren fachlichen Qualifikation besonders in der Anfangsphase der DDR umworben und sorgsam behandelt. Dies galt jedoch nicht für alle Angehörigen der Intelligenz. So waren Lehrer, Hochschullehrer in gesellschaftswissenschaftlichen Fächern und Künstler einem besonders starken Zwang zur ideologischen Loyalität gegenüber Partei und Staat ausgesetzt, während Techniker, Ingenieure und Ärzte stärker hofiert oder politisch in Ruhe gelassen wurden. Die «Notlage der Intellektuellen», wie sie im Westen immer wieder scharf kritisiert wurde (Dok. 8), bildete insofern die andere Seite der Medaille.

Ärzte als traditionell stark bildungsbürgerlich geprägte soziale Gruppe, die sich wegen ihrer langen und schwierigen Ausbildung nicht analog zu «Neulehrern» und «Volksrichtern» durch Schnellverfahren ersetzen ließen, konnten dagegen länger als andere eine herausgehobene und oft relativ privilegierte gesellschaftliche Stellung pflegen (Dok. 9, 10). Um die besonders einschneidende Ärzteflucht zu stoppen, konzedierte das Politbüro 1960 widerwillig sogar erneut das Recht auf Vererbung der privaten Praxis und die Wiedereinführung der aus bürgerlicher Tradition stammenden Titel «Medizinalrat» und «Obermedizinalrat».[3]

Eine besondere soziale Gruppe ganz anderer Art bildeten die Pfarrer. Auch sie waren zunächst stark durch bildungsbürgerliche Herkunft geprägt, bis seit den sechziger Jahren eine stärkere Tendenz der «Proletarisierung» in der sozialen Rekrutierung einsetzte. Anders als bei den Ärzten hätte die Partei gerne auf die Pfarrer als Relikt der Vergangenheit verzichtet (Dok. 12). Irgendwelche Förderung und Privilegien konnten diese daher auch nicht erwarten. Die soziale Lage der Pfarrhäuser war materiell sehr beengt (Dok. 11). Andererseits machte diese relative Egalität gegenüber dem «Normalverbraucher» einen Teil der Glaubwürdigkeit und der Wirksamkeit der Pfarrhäuser aus, die sie nicht nur für Christen, sondern vor allem in der Spätphase der DDR auch auf der Kirche fernstehende Dissidenten und Jugendliche hatte. Zwar ist die Geschichte der protestantischen Kirche und ihrer Pfarrer ebensowenig eine Geschichte der Opposition und des Widerstandes wie im «Dritten Reich». Dennoch ist in diesem Ausschnitt der Sozialgeschichte der DDR sowohl ein signifikanter Faktor der Tradierung bürgerlicher Wert- und Verhaltensweisen in einem «Arbeiter- und Bauernstaat» zu sehen als auch ein Sam-

---

[3] Beschluß des Politbüros vom 16. 12. 1960, in: Dokumente der SED, Band 8, Berlin 1962, S. 303 ff.

melbecken ideologischer Dissidenz im Sinne dessen, was Václav Havel als «Leben in Wahrheit» bestimmt hat. Ohne die beträchtliche materielle Unterstützung aus dem Westen wäre diese gesellschaftlich bedeutsame Rolle der Pfarrer jedoch kaum möglich gewesen. Das galt ebenso für die katholischen Priester (Dok. 13).

Der Abbau der Konfrontation seit Ende der sechziger Jahre und die größere Nähe der Kirchen zum Staat führten, wie wir heute wissen, zwar auch zu einer problematischen Verflechtung mit der Partei und der Stasi.[4] Andererseits wäre ohne diese relativ autonome Position der Kirche und der Pfarrer die Entstehung der Gruppen, die die Revolution 1989 in Gang brachten, schwer denkbar gewesen (vgl. Kap. 16).

Was diese in sich hochdifferenzierte DDR-Gesellschaft im Innersten zusammenhielt, läßt sich schwer auf den Punkt bringen. Daß in der Arbeitswelt alles seinen «sozialistischen Gang» gehe, war eine für jedermann bestimmende Alltagserfahrung. Mit unterschiedlichen Formen der Abhängigkeit war jedermann konfrontiert. Angesichts der individuellen Machtlosigkeit und der relativen Perspektivlosigkeit gab es viele Arten der Reaktion auf die ständigen Herausforderungen des Kollektivs. Der ironische Slogan «privat geht vor Katastrophe» brachte diese Stimmung, die sich immer mehr ausbreitete, je mehr die außenpolitische «Normalisierung» voranschritt, auf einen Nenner. Den Kampf um höhere Produktivität mußte die Partei verlieren, weil sich die Bevölkerung mit einem «permanenten Bummelstreik» (Dok. 14) verweigerte. Um so bitterer sollte der rauhe Wind kapitalistischer Konkurrenz und Rationalisierung nach der Vereinigung von 1990 werden.

1. Die Arbeiter und der Kollektivvertrag

In der Fabrik für graphische Maschinen «Optima» in Leipzig wurde der Betriebskollektivvertrag [nach dem Gesetzbuch der Arbeit die «Vereinbarung zwischen dem Betriebsleiter und der Betriebsgewerkschaftsleitung zur allseitigen Erfüllung der Betriebspläne»] zweimal von der Belegschaft abgelehnt. In der ersten Versammlung stimmten von etwa 100 Anwesenden 30 dafür, 39 dagegen, 13 enthielten sich der Stimme. Etwa acht Tage später stimmten von etwa 200 Anwesenden 42 dafür, 80 dagegen, die übrigen enthielten sich der Stimme.

Wie ist es möglich, muß man fragen, daß in Betrieben der Deutschen Demokratischen Republik Arbeiter ihren eigenen Interessen mit voller Faust ins Gesicht schlagen? Das ist dort möglich, muß man antworten, wo die Arbeiter ihre eigenen Interessen nicht erkennen. Daher muß man vor allem ausein-

---

[4] Dazu jetzt die umfängliche Dokumentation von Gerhard Besier und Stephan Wolf (Hgg.): ‹Pfarrer, Christen und Katholiken›. Das Ministerium für Staatssicherheit der ehemaligen DDR und die Kirchen, Neukirchen 1991.

andersetzen, warum es eine Ungeheuerlichkeit ist, wenn Arbeiter den Betriebskollektivvertrag ablehnen. Zugleich muß man untersuchen, welche Umstände einen Teil unserer Arbeiterklasse verhindern, ihre eigenen Interessen zu erkennen. Denn kein Arbeiter, kein denkender Mensch überhaupt handelt gegen seine Interessen, wenn er sie sieht.

Auf die Nachricht von der zweimaligen Ablehnung des Betriebskollektivvertrages in der Fabrik «Optima» fuhren zwei Angehörige dieser Zeitung nach Leipzig. Um sich zu informieren, besuchten sie zunächst die Kreisleitung der SED. Ob der Betriebskollektivvertrag bei «Optima» schon abgeschlossen worden sei, fragten wir ... Nein, ist nicht abgeschlossen. «Vielleicht wollen Sie hinfahren?»

Eben, sagten wir. Dazu seien wir in Leipzig. Im Betrieb gingen wir zunächst zum Werkleiter, Kollegen Brumme. Als wir die Tür öffneten, stand er vergrimmt und versonnen in der Mitte des Zimmers, ein hagerer Fünfziger in abgetragenem Monteurkittel. Irgend etwas mußte ihn schon vor unserem Eintritt aufgescheucht haben. «Immer nur haben, haben, haben!» rief er gequält, als wir das Wort Betriebskollektivvertrag erwähnten. «Glauben Sie, daß ein Arbeiter einmal mit etwas anderem käme? Ich kann mir auch nichts aus den Rippen schneiden!»

«Wohin gehen Sie denn?» fragte Kollege Zschau. «Wir gehen in den Betrieb», erwiderten wir an der Tür.

«Sie werden sich nicht orientieren», meinte Kollege Brumme. Beide standen nun nebeneinander, und in ihren Augen erwachte eine ungute Ahnung.

Wir gingen in die zunächst gelegene Werkhalle. Jeder Betrieb hat sein Gesicht. Dieser Betrieb hatte kein fortschrittliches Gesicht. Verschlossene Menschen, abgegriffene Losungen, die Atmosphäre lasch und doch gespannt.

Es war zu sehen, daß die Belegschaft keine Vorstellung vom Wesen und den Vorteilen des Betriebskollektivvertrages hatte, keine Perspektive besaß und folgerichtig, wie in einem kapitalistischen Betrieb, in der Werkleitung den Gegner sah.

«Sagt, das ist ein Gesetz oder eine Anordnung», rief ein junger Dreher empört, «klebt's ans schwarze Brett meinetwegen, und wir werden es durchführen. Der Arbeiter ist ja gewohnt zu gehorchen. Aber sagt nicht, das ist ein Vertrag, den ihr mit uns geschlossen habt. Mit uns wurde kein Vertrag geschlossen!» Wir fragten, ob der Vertrag nicht in den Abteilungen erarbeitet worden sei? Einer sah den anderen an. «Bei uns nicht, bei euch?» «Bei uns auch nicht.» Wir fragten, auf welchem Wege die Belegschaft vom Vertragsentwurf Kenntnis erhalten hätte. Ein Arbeiter erwiderte: «In der Versammlung hat man ihn uns vorgelesen, aber das ging so schnell, daß man nicht richtig klug werden konnte.» Ein zweiter sagte: «Hinten hat man außerdem nichts verstanden, bei uns im Saal hören immer nur die ersten zehn Reihen.»

Ziehen wir die Schlußfolgerungen:

Stellen wir zunächst fest, daß der Fall «Optima» kein Einzelfall ist.

Es gibt bei uns Dutzende und Hunderte von Betrieben, in denen die

Annahme des Betriebskollektivvertrages zu einem Fest wurde, weil die Belegschaft in wochenlanger schonungsloser Diskussion die neue erforderliche Höhe des Bewußtseins erreicht hatte. Aber es gibt auch viele Betriebe, in denen das nicht der Fall ist. Vor allem muß festgestellt werden, daß es Dutzende und Hunderte von Betrieben gibt, in denen aus der Annahme des Betriebskollektivvertrages keineswegs auf ein verändertes Bewußtsein der Belegschaft geschlossen werden darf.

Unter solchen Umständen kann die Schuld am Zurückbleiben eines Teils der Arbeiterschaft nicht beim einzelnen Kollegen Zschau oder Brumme liegen.

Mit weit größerem Recht wird man sie in der unzulänglichen Arbeit der Gewerkschaften suchen. Welche Rolle kommt den Gewerkschaften in den volkseigenen Betrieben zu? Diese Frage ist offenkundig Tausenden von Gewerkschaftsfunktionären unklar. Es gibt zahllose Betriebe, in denen die Gewerkschaftsfunktionäre als der verlängerte Arm der Werkleitung auftreten. Der Jammer kann einen packen, wenn man sieht, wie diese Funktionäre wie verschüchterte Waisenknaben durch den Betrieb schleichen, bemüht, nirgendwo anzustoßen, und daher von der Belegschaft – mit vollem Recht! – nicht ernstgenommen werden.

(Neues Deutschland vom 14. 10. 1951)

2. «Wismutarbeiter gegen Volkspolizei»

[…]

Zu einem spontanen Akt des Widerstandes gegen die Ausbeutung der Arbeiter und die Willkür der Volkspolizei kam es am 13. August 1951 in Saalfeld.

An diesem Tage hatten sich mehrere Arbeiter der Wismut-AG, die jetzt auch bei Saalfeld Schürfarbeiten nach Uranerzen betreibt, nach Empfang ihrer Löhnung im HO-Café am Markt zusammengefunden. Unter der Einwirkung des genossenen Alkohols begannen einige der Arbeiter zu lärmen, was die Volkspolizei zum Einschreiten veranlaßte. Während der nun folgenden mündlichen Auseinandersetzung wurden die Arbeiter von den Volkspolizisten als «Wismut-Schweine» bezeichnet. Es kam zu Tätlichkeiten zwischen den Volkspolizisten und den Bergarbeitern. Drei Arbeiter wurden daraufhin von der Volkspolizei festgenommen und ins Polizeigefängnis des Kreispolizeiamtes Saalfeld im ehemaligen Hotel «Roter Hirsch» eingeliefert.

Die Tatsache dieser Verhaftung verbreitete sich wie ein Lauffeuer in der Stadt und erregte, insbesondere unter den nach der Schicht in die Stadt zurückkehrenden Kumpel, Protest und Empörung. Eine Gruppe der insgesamt etwa 2000 von der Wismut-AG beschäftigten Arbeiter in Saalfeld fand sich zusammen, um den Versuch zu unternehmen, die verhafteten Kameraden zu befreien. In zwei Lastkraftwagen fuhren die Bergarbeiter, während ein weiterer, mit Steinen beladener Lkw folgte. So trafen die erbitterten Bergarbeiter vor dem Kreispolizeiamt ein und forderten die sofortige Freilassung ihrer verhafteten Kameraden. Auch die Bevölkerung und weitere Hunderte von Bergleuten hatten sich inzwischen auf dem Markt der Stadt Saalfeld eingefunden. Als die Forderung der Bergleute von der Volkspolizei nicht beantwortet wurde, griffen die Bergleute das Kreispolizeiamt an, indem sie mit Pflastersteinen die Fenster des Gebäudes zertrümmerten. Beim Eindringen der Bergleute in das Kreispolizeiamt zog sich die Volkspolizei in den Keller zurück, in dem sich auch die Gefängniszellen befinden.

Die Bergleute begannen nun sämtliche Akten und Schreibmaschinen des Kreispolizeiamtes durch die Fenster auf die Straße zu werfen. Dieses Vorgehen wurde von den etwa 4000 Personen auf dem Marktplatz mit Jubel und Beifall begrüßt. Da die Volkspolizei den Zutritt zu den Gefängniszellen mit Waffengewalt verhinderte, stürmten die Kumpels das Gerichtsgefängnis, wo ein Teil der Häftlinge befreit werden konnte. Ein Volkspolizist, der den Bergleuten den Weg zum zweiten Stockwerk des Gerichtsgefängnisses verwehren wollte, indem er auf die Kumpel schoß, wurde überwältigt. Er erlag bald darauf seinen Verletzungen. Die von der Volkspolizei telefonisch aus Erfurt und Berlin angeforderte Verstärkung traf gegen Abend in Saalfeld ein. Mit der Versicherung, die verhafteten Bergleute aus der Haft zu entlassen, wurde die Bevölkerung aufgefordert, Ruhe zu bewahren und die Straßen zu räumen. Eine starke Polizeisperre sicherte das Kreispolizeiamt. Gegen 21 Uhr war die Ruhe wiederhergestellt. Die verhafteten Bergleute wurden tatsächlich entlassen, jedoch erfolgten in den nächsten Tagen erneut Verhaftungen von Bergleuten, die als «Rädelsführer» bei dem Befreiungsversuch mitgewirkt haben sollten.

Die SED-Funktionäre in Saalfeld wurden beauftragt, unverzüglich Versammlungen einzuberufen und mit den Bergarbeitern der Wismut-AG zu diskutieren. Dabei soll argumentiert werden, daß die «wahre Ursache der Zwischenfälle» in einer «planmäßigen Sabotage des Westens» zu suchen wäre. Größte Wachsamkeit sei weiterhin erforderlich, da die Feinde der Arbeiterklasse stets darum bemüht seien, die Bevölkerung aufzuhetzen.

(PZ 1951, Nr. 20, S. 11)

3. «Elfenbeinturm und rote Fahne»
Erich Loest zum 17. Juni 1953

Wir dürfen es uns mit den Provokateuren vom 17. Juni nicht zu leicht machen. Auf der einen Seite stand ihre wohlgerüstete Organisation, und ihre Arbeit gipfelte in Brand, Terror und Mord. Auf der anderen Seite standen die Demonstrationen von Arbeitern, die sich gegen Mißstände auf manchen Gebieten, vor allem in der Normenfrage, zur Wehr setzten. Es wäre den Provokateuren nicht gelungen, Teile der Arbeiterschaft vor ihren Karren zu spannen, wenn nicht von Regierung und Partei, wenn nicht von allen führenden und leitenden Organen innerhalb der Deutschen Demokratischen Republik Fehler von zum Teil ernstem Ausmaß begangen worden wären. Die Zeit, diese Fehler zu untersuchen, ist jetzt gekommen, um so mehr, als diese Fehler nicht etwa mit dem 17. Juni automatisch abgestorben sind, sondern hartnäckig trachten, weiterhin am Leben zu bleiben. Dies trifft auch auf die Fehler der Presse zu. Es ist vermutlich nicht mit mathematischer Sicherheit festzustellen, welche Ministerien, welche Parteiorganisationen, welche Behörden und Institutionen am meisten beigetragen haben, Staat und Partei von den Massen zu entfernen, und es dürfte auch müßig sein, dies zu tun; fest steht: Schuld tragen sie alle, und ein gerüttelt Maß an Schuld kommt auf das Konto unserer Presse.

[...]

Unsere Presse glaubte in den zurückliegenden Jahren, sie würde sich in ihrer Berichterstattung und Kommentierung auf die fortgeschrittensten Kräfte konzentrieren, und sie hoffte, dadurch die anderen mitzureißen. Sie machte aber schon in der Präzisierung des Fortgeschrittensten entscheidende Fehler. Sie hielt in der Regel den für am fortschrittlichsten, der allen Maßnahmen der Partei und der Regierung den lautesten Beifall zollte. Ob er auch von dem überzeugt war, was er sagte, interessierte die Zeitungsleute kaum oder gar nicht. Die Hauptsache für sie war: sie hatten wieder eine «Stimme». Wozu haben wir nicht alles Stimmen gelesen! Die Fahrpreiserhöhung wurde vom Berufsschüler X als ein Beitrag zur Verbesserung des Lebensstandards begrüßt, und einige Wochen später begeisterte sich die Hausfrau Y für die Herabsetzung der Fahrpreise – sie sah darin einen Beitrag zur Verbesserung des Lebensstandards. Jahrelang ging das so, die kritiklosen Ja-Sager hatten das Wort. Aber sind kritiklose Ja-Sager die fortschrittlichsten Menschen? Natürlich sind sie es nicht. Es ist der am wertvollsten für unseren Staat, der sich Gedanken macht, der verbessern will, den Maßnahmen, die er für schädlich hält, mit Schmerz erfüllen. Aber die ehrliche Meinung dieses Mannes war kaum zu lesen. Kritik in der Presse war nicht gefragt.

[...]

Ein weiteres Grundübel unserer Zeitungen war das fast völlige Verschweigen von Mißständen. Beispielsweise war es – vor allem in jüngster Zeit – hin und wieder vorgekommen, daß Partei- oder Gewerkschaftsfunktionäre von den Arbeitern, zu denen sie sprechen wollten, nicht angehört worden waren. Darüber las man nichts in den Zeitungen. Vor allem aber las man nichts über die Gründe, die die Arbeiter zu ihrer ablehnenden Haltung bewogen hatten. Hier wäre es notwendig gewesen, klärend einzugreifen, die Gründe zu untersuchen und beizutragen, sie zu beseitigen. Wir lasen täglich, welche Brigaden ihre Normen erhöht, wir lasen nichts, welche Brigaden die Erhöhung abgelehnt hatten, und vor allem lasen wir nichts über die Motive. Wir lasen nichts über kurze Proteststreiks in einigen Betrieben, mit denen sich die Arbeiter gegenüber Funktionären zur Wehr setzten, die sie in der Normenfrage übers Ohr hauen wollten. Hätte hier die Presse rechtzeitig eingegriffen, wäre es den Provokateuren nicht gelungen, am 17. Juni diese Arbeiter zur Arbeitsniederlegung und zur Demonstration zu bewegen.

Das Negative wurde verschwiegen, das Positive aufgebauscht. Die Proportionen wurden verschoben, und getäuscht wurden nicht etwa unsere Feinde, sondern täuschen ließen sich nur die fortschrittlichen Kräfte innerhalb unserer Republik, täuschen ließen sich nicht zuletzt die Genossen der SED. Kaum eine Zeitung gab es, die nicht auf dem verderblichen Kurs der Selbsttäuschung mitfuhr, und an der Spitze steuerten zweifellos die Bezirkszeitungen der Sozialistischen Einheitspartei. Diese Redakteure machten sich selbst etwas vor, sie hatten sich kilometerweit von den Realitäten entfernt. Sie boten ein gleich lächerliches wie tief beklagenswertes Bild: sie saßen im Elfenbeinturm und schwangen die rote Fahne.

[...]

(Börsenblatt für den deutschen Buchhandel, Leipzig, Nr. 27 vom 4. Juli 1953)

4. Arbeiterwerktag

(12. 1. 1959) Montag mittag zur Arbeit. Thema: «Die Unzeitigkeit der Existenz.» Der Arbeiter lebt bei stumpfsinniger oder langweiliger Arbeit nur eschatologisch: vom Arbeitsbeginn aufs Frühstück hin, vom Frühstück auf Mittag hin, und schließlich rechnet er die Zeit vom Feierabend an rückwärts. (Die Frage) «Wartest du auf den Tag, an dem du wieder zu Haus bist?» muß ich mit «Nein» beantworten. «Sicher freue ich mich, wenn ich wieder einmal zu Hause bin, aber richtig heimisch bin ich auch schon hier. Wenn ich so das Werk hier sehe, dann kann ich direkt von innen heraus sagen: ‹Das ist auch mein Werk, hier bin ich zu Hause›. Von daher bin ich auch ganz da, wenn ich hier bin.»

Etwas anders steht es mit dem Träumen vom Frühling, wenn ich wieder das Motorrad aus dem Stall holen kann.

(15. 1.) Christian darf nicht zum Kranführerlehrgang. Der Betrieb hat ihn nicht delegiert. Vorwand: er müsse schon 6 Wochen praktisch auf dem Kran gearbeitet haben. Damit ist sein schönster Traum zerschlagen. Immer, wenn es mit der Arbeit nicht klappte, wenn unser Lohn zu niedrig war, kurz, wenn ihn alles ankotzte, sagte er «Na, laß man, wenn ich erst meinen Kranführer gemacht habe ...» Unser Parteisekretär hatte ihm diesen Lehrgang fest versprochen. Nun fühlte er sich von Gott und der Welt betrogen: «Ich wußte ja: bei mir geht alles schief.» Wir haben ihm etwas Courage eingetrimmt. Er soll am Montag mal vorstoßen, ob nicht andere Qualifizierungsmöglichkeiten für ihn bestehen.

(16. 1.) «Der Sinn des Lebens» ist die Stelle, an der wir mit Christoph und

Hans plötzlich landen. «Ist die Arbeit wirklich Inhalt des Lebens?» So wäre es sozialistisch gesehen.

[...]

«Der Bauarbeiter arbeitet, um zu saufen. Wenn er alles versoffen hat, muß er wieder arbeiten. Nach einer gewissen Zeit des Herumtreibens sehnt er sich wieder nach seinem geordneten Tagesablauf, sprich Arbeit. Er ist nirgends zu Hause. Das gilt jedenfalls für den Bau-Arbeiter. Die Arbeit hat ihren Sinn im Geld, das Geld wird versoffen. Die Freizeit ist also nur insofern sinnvoll, als sie vergeht, ebenso wie die Arbeit ihren Sinn im Feierabend hat. Ein Kreislauf ohne Ende.» Hans erzählt: «Ein Kumpel von mir war über Weihnachten zu Hause: ‹Es war richtig langweilig. Den ganzen Tag zu Hause sitzen. Radio hören, aus dem Fenster gucken. Ick war froh, als ich wieder meine Arbeit hatte. Da hat doch alles seine Ordnung.›»

[...]

(Christian Stappenbeck: Arbeiterwerktag und Kirche. Lausitzer Tagebuchaufzeichnungen eines theologischen Bauhilfsarbeiters 1958/59. In: Berliner Journal für Soziologie 1991, Nr. 1, S. 123)

5. «Hier ist nischt mehr zu retten» – DDR-Arbeiter über Pfarrer, Sozialismus und Wiedervereinigung

[...]

Die Faulenzer sind Legion. Wie ein Gebirge türmt sich über den Arbeitern die Schicht der Parasiten: Partei- und Staatsfunktionäre, Sicherheits- und Ordnungskräfte, Planer, Kontrolleure, Verwaltungskräfte, Agitatoren. Millionen sind das. Sie alle sitzen im Warmen und Trocknen. Ihre Phrasen schneiden sie aus der Haut der Arbeiter. Die werden nicht gefragt und kommen nicht zu Wort, bis heute nicht. «Wir sollen malochen, sonst nischt. Schnauze halten und malochen. Und das alles fürn paar Alu-Chips» – gemeint ist die Währung der DDR.

Ein Arbeiter zu sein, das ist das härteste Los in der Arbeiter-und Bauern-Republik. Knochenarbeit in Dreck, Staub und Lärm, oft in drei Schichten, 43¾ Stunden pro Woche, die «Subbotniks» (Sonderschichten) nicht gerechnet. Manche Maschinen stammen noch aus der Kaiserzeit. Nach westdeutschen Maßstäben würde jede dritte DDR-Fabrik von der Gewerkschaft geschlossen werden. Die Werkhallen sind heruntergekommen, die sanitären Einrichtungen unter aller Sau. Aufenthaltsräume fehlen. Dafür gibt es reichlich Sicherheitsbestimmungen, nur hält sich niemand daran, sonst sänke die Produktion auf Null.

«Wer Arbeit kennt und sich nicht drückt, der ist verrückt» – die uralte Proletarier-Weisheit ist noch immer Tagesordnung in der DDR. Jeder glaubt an sie. Deshalb gab es niemals Schwierigkeiten, Leute für die nichtsnutzigen

Schreibtischjobs zu finden, auch nicht für die «Sicherheitskräfte» oder Drückebergerposten beim «Demokratischen Frauenbund», der «Vereinigung der gegenseitigen Bauernhilfe» und wie die «Massenorganisationen» sonst noch heißen.

Daß Erich Honecker ein gelernter Dachdecker war, der Ministerpräsident Willi Stoph ein Maurer, sein Devisenschieber Alexander Schalck-Golodkowski früher Feinmechaniker, daß die hochherrschaftlichen Lebensformen der PSF [Partei- und Staatsführung] mithin von ehemaligen Arbeitern praktiziert wurden, hat die Idee des Sozialismus unter den meisten DDR-Arbeitern für immer erledigt.

[...]

Auf die Volkswut der Proletarier haben die neuen Bürgerbewegungen so viel Einfluß wie der Mond auf den Wanderer, der sich im Wald verirrt hat. Nirgendwo sitzt ein echter Arbeiter in irgendeinem Führungszirkel. Von den 43 Gründungsmitgliedern der SDP [Sozialdemokratische Partei] tun fast die Hälfte als Pfarrer und Vikare Dienst. Die Besetzungsliste von Frau Bohleys «Neuem Forum» liest sich wie ein «Who is Who» der schönen Künste.

«Wenn ick det schon höre, von Beruf Dramaturg, Lyriker, Malerin, denn weeß ick doch: Die können nich' arbeiten, und die wolln och nich' arbeiten», schimpft Mirko, 23, Reichsbahner. «Die wolln, det wir ihnen den Sozialismus mit menschlichem Gesicht uffbauen. Noch mal zehn Jahre lang. Ohne mich, det sag' ich dir.»

(Der Spiegel 1989, Nr. 51)

6. Die LPG als Lebensgemeinschaft

[...]

Nun regiert wieder der Alltag. Das kirchliche Leben ist wie immer von der Arbeit in der LPG abhängig, was ja wohl auf dem Dorfe als normal anzusehen ist. Wie sich da das Blättchen wenden kann! Schimpften vor Jahren noch die Leute wie die Rohrspatzen auf die Arbeit in der Genossenschaft, weil man überhaupt nicht zum Luftholen käme, weil man eingeteilt würde, ohne viel gefragt zu werden, so schimpft man nun im zweiten Jahr, weil man keine Arbeit bekommt. Und ich finde das furchtbar dämlich. Die LPG bietet die großartige Chance zu einem Leben mit Freizeit, mit Zeit für Haus, Kinder, Garten, Handarbeiten, Bücher, je nachdem, auch noch zu ganz anderen Dingen. Aber diese Leute sind ja böse, weil man ihnen einen Grund zum Klagen genommen hat. Man konnte sich so herrlich darin baden ... «Ich arme Frau, muß von früh bis spät schuften, habe kein bißchen Zeit für mich» –, das war so süß, das war so eine Entschuldigung für jedes ungemachte Bett und jeden leeren Platz in der Kirche. Jetzt arbeiten Maschinen, nicht nur auf den Kornfeldern, nein, auch auf dem Kartoffel- und Rübenacker. Jetzt hat man Zeit zum Bettenmachen – und *das* eben empfindet man als Qual. Nun muß man sich eine andere Ausrede ausdenken oder gar – gar nicht auszudenken ist der Fall – die Wahrheit sagen, warum man zum Mittag immer nur Stube und Küche kocht. Nun ist nicht etwa das Einkommen der LPG-Mitglieder gesunken, obgleich die Frauen grundsätzlich nur halbtags mitarbeiten. Aber man könnte ja noch mehr [...] und dann zankt man sich um die Plätze auf der Sortiermaschine. Ich kann da nicht sagen, was geht's mich an – es sind doch meine Gemeindeglieder, und sie tragen ihren Streit vor mich, in die Frauenhilfe und in die Kirche. Ergreift man nicht die gewünschte Partei, dann sind sie erst recht wütend. Bei manchen Leuten scheint mir, sie sind von Natur aus wütend auf andere Menschen.

Weißt Du noch, was ich Dir über unsere LPG in Langewisch erzählt habe, wie jetzt durchgegriffen wird, wie es Geldabzug für liederlich gepflegte Rüben gibt, wie man Langfingern auf die Pfoten haut, wie die dauernde Privatwünschelei abgewürgt wurde [...] wie unsere LPG jetzt wieder ein Steuer bekam, dessen Lenken spürbar wurde? Wie gut, daß es so gekommen ist.

Die LPG ist jedenfalls unsere Lebensgemeinschaft und nach meinem ehrlichen Urteil eine gute Weise, auf dem Lande zu leben, miteinander zu leben. Die Urgemeinde, von der die Apostelgeschichte berichtet, ist für uns eine Illusion, aber eine LPG ist besser als die Schinderei einzelner Leute.
[...]

(Brief eines mecklenburgischen Landpfarrers vom 18. 7. 1970. In: Hilde Baumgardt [Hg.]: Briefe aus einem anderen Land, Hamburg 1971, S. 250f.)

7. «Mittelstand, wo ist dein Platz?»

Obwohl Lügen im allgemeinen kurze Beine haben, gelingt es immer wieder, bestimmte Schichten von Menschen irrezuführen. Der Zweite Weltkrieg hat unser Volk in mancher Hinsicht sehend gemacht, er hat – wenn auch für viele zu spät – dazu beigetragen, vor den Augen unseres Volkes Stück um Stück die nur auf Lug und Trug aufgebaute Politik Hitlers zu entlarven. Um so bedauerlicher und gefährlicher ist es, wenn heute im Westen unseres gemeinsamen Vaterlandes ein Teil der Lügen wieder aufgewärmt und serviert wird. Eine der größten Lügen, die dem deutschen Mittelstand seit der Existenz einer deutschen Industriearbeiterschaft, seit dem Vorhandensein einer wissenschaftlichen Lehre der internationalen Arbeiterbewegung immer wieder eingeflüstert wird ist die, daß der Sozialismus die Existenz des Mittelstandes, vor allem der Handwerker und der privaten Einzelhändler, bedrohe. Diese Lüge spielt auch in der Beeinflussung des Mittelstandes in der Bundesrepublik eine nicht zu unterschätzende Rolle.

Immerhin, die Angehörigen des Mittelstandes haben nicht vergessen, daß im «tausendjährigen Reich» allein von 1933 bis 1939 über 750000 Handwerksbetriebe unter den Hammer gekommen waren, sie haben auch nicht vergessen, daß im gleichen Zeitraum 160 000 Einzelhandelsgeschäfte ruiniert wurden und unzählige Geistesschaffende und Angestellte aus dem Mittelstand, die den Faschisten nicht «zuverlässig» erschienen oder die sich bewußt gegen die Kriegsvorbereitungen stellten, aus ihren Stellungen geworfen wurden. Der deutsche Faschismus wandte sich mit seiner Spitze vor allem gegen die Arbeiterschaft, deren beste Vertreter in Hitlers Zuchthäusern und Konzentrationslagern ermordet wurden. Er verschonte aber auch nicht – wie aus den Zahlen ersichtlich ist – den deutschen Mittelstand.

Ernüchtert und enttäuscht lasen die damals zum Teil sogar zu Anhängern der NSDAP zählenden Angehörigen des Mittelstandes im Jahre 1943 in der SS-Zeitung «Schwarzes Korps» ihr mit folgenden zynischen Worten geschriebenes Todesurteil:

«Der Mittelstand ist tot und wird nie wiederauferstehen.»

Nicht minder enttäuscht lesen die Handwerker Westdeutschlands heute einen Satz folgenden Inhalts, der 1955 vom niedersächsischen Wirtschaftsminister geprägt wurde:

«Ich sehe gewisse Landverluste des Handwerks nicht als besonders bedenklich an. Sie sind für mich ganz natürliche Zeichen der Fortentwicklung.»

Indes wird niemand zu behaupten wagen, daß es sich im nazistischen Deutschland oder auch in der Bundesrepublik um sozialistische Staaten handele. Die Lüge von der Vernichtung der Existenz des Mittelstandes im Sozialismus wurde im «Dritten Reich» und wird heute in der Bundesrepublik gerade von den Leuten verbreitet, die seit eh und je die Totengräber auch des deutschen Mittelstandes waren und es heute im westlichen Teil Deutschlands noch sind. Die wirklichen Feinde des deutschen Mittelstandes waren, sind und bleiben die deutschen Monopolherren, die mit ihrer wirtschaftlichen Allgewalt den kleinen Handwerker und Kaufmann in rücksichtslosem Konkurrenzkampf an die Wand drücken. Das wissen die Zehntausende von Handwerkern und Einzelhändlern in Westdeutschland, die als Opfer des Erhardschen «Wirtschaftswunders» in die Armee der «Arbeitnehmer» eingereiht werden. Daran sollten aber auch jene denken, für die zur Zeit noch einige Brosamen vom reichgedeckten Tisch der Monopolherren abfallen. Auch die Angehörigen des Mittelstandes haben bisher noch immer ihren Anteil an einer vorübergehenden Konjunktur im Kapitalismus teuer bezahlen müssen.

Diese Wahrheit allen Angehörigen des städtischen Mittelstandes zu vermitteln hat sich gerade die National-Demokratische Partei Deutschlands seit dem Tage ihrer Gründung als Aufgabe gestellt. In freundschaftlicher Zusammenarbeit mit allen demokratischen Kräften der Deutschen Demokratischen Republik hat unsere National Demokratische Partei Deutschlands in den zurückliegenden Jahren an der Lösung dieser nicht immer einfachen, aber historisch notwendigen und deshalb dankbaren Aufgabe gearbeitet.

Der Mittelstand in unserer Republik ist anders geworden. Er nimmt heute regen Anteil an der Leitung unseres, seines Staates. Doch darüber unterhalten wir uns das nächste Mal.

(Nationalzeitung vom 9. 11. 1957)

8. «Die Notlage der Intellektuellen»

In einer schweren geistigen und seelischen Notlage befinden sich die *Intellektuellen,* vor allem die oppositionell gesinnten Professoren, Dozenten und Studenten, die in der SED zwangsorganisiert sind, sowie die Wissenschaftler der alten bürgerlichen Generation, die versuchen, ein hohes Niveau der wissenschaftlichen Forschung zu halten. Eine kleine Gruppe von bekannten bürgerlichen Wissenschaftern, die auf Grund des Namens und der Stellung ein offenes Wort wagen und manche Erleichterungen durchsetzen könnten, hat sich allerdings durch das *staatliche Ködersystem,* das mit Einzelverträgen, Nationalpreisen, Sonderprämien, Würdentiteln und all den anderen Vergünstigungen des Privilegienstaates operiert, korrumpieren lassen und unterstützt wider besseres Wissen den Kurs der Parteiführung. Trostlos ist die Situation der Geisteswissenschaftler, die auf der Grundlage des Marxismus stehen, aber die Entwicklung in der DDR von Anfang an ganz anders gesehen und gewünscht haben. Ihnen bleibt nur die Hoffnung auf eine bessere Zukunft, in der vielleicht einmal die Kräfte eines «menschlichen Sozialismus», die sich während der Tauwetterphase im Ostblock geregt hatten, zum Zuge kommen würden. Ein großer Teil des qualifizierten *wissenschaftlichen Nachwuchses ist nach dem Westen abgewandert.* Bei einzelnen Fachrichtungen, zum Beispiel Germanistik und Geschichte der Medizin und der Naturwissenschaften, steht oft nur noch ein einziger Professor mit hohem Wissen und Können als ragender Baum in der Öde der Ideologie und des Dilettantismus. Dutzende von jungen Leuten, die noch nicht promoviert haben, wurden mit Lehraufträgen betraut oder sogar zur Beurteilung der Leistungen von Doktoranden bei der Prüfung zugezogen. Einzelne Spitäler, Sanatorien und Kliniken sind ohne Chefarzt und ausgebildetes medizinisches Personal. Die *Massenflucht der Ärzte* nach dem Westen rief bei der Bevölkerung vielfach Unwillen, ja Empörung hervor und wurde oft als würdelose Desertion ausgelegt.

Die wohl bedrückendste Erscheinung ist die bei einem Teil der akademischen Jugend vorherrschende *doppelte Moral,* der Zynismus und die tägliche Schauspielerei. Man nimmt die Stipendien und die anderen Vergünstigungen des Staates ohne das mindeste Gefühl der Anerkennung in Anspruch, lernt die Formeln des Marxismus-Leninismus auswendig, um sich die Voraussetzung für die fachliche Ausbildung zu schaffen, betrachtet die Diskussionen über Ideologie und das Mitmarschieren bei volksdemokratischen Anlässen als weitere unumgängliche Spesen und spekuliert im übrigen darauf, nach Abschluß der Ausbildung im Westen einen Posten zu bekommen und die

Annehmlichkeiten des freien Lebens genießen zu können. Dabei sind die Vertreter dieser Haltung keineswegs ohne weiteres von der Güte der westlichen Lebensformen überzeugt, sondern stehen allen Erscheinungen mit kalter Skepsis gegenüber. Viele der marxistisch geschulten Jugendlichen hatten zur Zeit des 20. *Parteitages* in Moskau geglaubt, daß am östlichen Horizont die Sonne des «menschlichen Marxismus» aufgehe, daß das Eis der totalitären Ideologie auftaue und daß auf die stalinistische Periode mit ihrer Verlogenheit die Epoche des «reinen Sozialismus» folgen werde. Die *Enttäuschung,* die bald folgte, rief eine tiefe Erschütterung und in manchen Fällen sogar den vollständigen Zusammenbruch der Wertordnung hervor.

(Neue Zürcher Zeitung vom 8. 3. 1959)

9. «Impressionen vom Berliner Ärzteball 1962»

Zum zweiten Mal wurde am Wochenende dem Berliner Wappentier die Schlange des Äskulap beigefügt, denn alles, was in Berlin einen medizinischen Titel zu tragen weiß, versammelte sich im Berliner Rathaus zum Ärzteball, der 1961 zum ersten Mal veranstaltet wurde und nun eine feste Tradition zu werden verspricht.

Wie gut sich Schlange und Bär vertragen, verriet das aller steifen Würde entkleidete Rathaus. Luftballons und pastellfarbene Tüllbahnen, die sich über die repräsentative Treppe zu den drei Tanzsälen und der «Kosmonauten-Bar» spannten, gaben schon beim Betreten des ehrwürdigen Hauses unserer Stadtväter die richtige Stimmung. Auf halber Treppe wurde dann die frohe Laune für die Damen durch ein Fläschchen wohlduftenden Parfüms und ein Dederon-Tüchlein mit den Symbolen der Berliner Theater, für die Herren durch eine sehr kleine, dafür mit echtem Cognac auf das trefflichste gefüllte «Phiole» auf den ersten Höhepunkt getrieben. Außerdem gab es für jeden Ballteilnehmer einen pappernen Doktor Eisenbarth als lustige Erinnerung an Geschichte gewordene mittelalterliche Gewaltkuren (oder Warnung vor allzu reichlichem Alkoholgenuß?).

Im größten Saal gab sich die Prominenz ein Stelldichein. Max Sefrin, der Minister für Gesundheitswesen, fehlte ebensowenig wie Staatssekretär Dr. Girnus, Oberbürgermeister/Stellvertreter Waldemar Schmidt und der Senior der deutschen Ärzteschaft, Professor Dr. Dr. Brugsch. Professor Brugsch gab dann auch den Startschuß für alle Fröhlichkeit. «Uns vereint hier das ärztliche Ethos, die Sorge um den Menschen. Wir haben sehr viel Arbeit und freuen uns deshalb, uns heute abend einmal unbeschwert freuen zu dürfen.»

Freude schenkten als erste die Tanzpaare Busch und Schmidt-Hutten, Meister der DDR und Berlins, mit ihrer ausgefeilten, schwungvollen, rhythmisch beseelten Kunst. Nach ihnen beherrschten fast eine Stunde lang die

Mannequins des VEB Fortschritt Berlin-Friedrichshain das Geschehen. Die Modelle waren fast durchweg bestechend schön. Vorherrschend wurden Ensembles, Kleider mit Jäckchen oder auch mit Mänteln in den Modefarben Oliv, Rosé, Lila, Beige und Weiß gezeigt. Zu den am meisten verwandten Materialien gehörten Plauener Spitze, Honan-Seide, Samt und Dederon, das zum Teil bedruckt oder bestickt war. Zu den schönsten Modeschöpfungen gehörte die «graue Rose», ein jugendliches Tanzkleid aus Dederon mit grauem Druck auf weißem Grund und einer weißen Dederon-Stola. Die Modellkleider des VEB Fortschritt sind «einmalig» im wahrsten Sinne des Wortes, denn sie werden nur in einem Exemplar angefertigt. Erhältlich sind sie im Industrieladen des VEB Fortschritt (Grünberger Straße, Berlin-Friedrichshain).

Kein Wunder, daß nach dieser Vorführung das vom Ballett des Friedrichstadt-Palastes getanzte «Dornröschen» die Ballgäste nicht aus dem Schlaf riß, sondern zu eigenem fröhlichen Wettstreit auf den vier Tanzflächen mit den vier Kapellen herausforderte. Mit vollen Akkorden setzte das Ballgeschehen ein, ohne bis zum frühen Morgen (das Ende war auf fünf Uhr festgesetzt) merklich abzuebben.

Was trug man zum Ärzteball? Man kann nur antworten: Alles. Bei den Herren herrschte der dunkle Anzug und die Fliege vor, aber auch Smoking und Frack waren vertreten. Bei den Damen gab es nur wenige lange Kleider, vorherrschend waren dekolletierte Ballkleidchen in allen Farben (wobei Weiß bevorzugt wurde) und aus allen Materialien (es dominierten Seide und Spitzen).

Was aß und trank man zum Ärzteball? Es gab Sekt in mehreren Sorten, edle Weine und – für die im eigenen Wagen gekommenen Mediziner (?!) – Erfrischungsgetränke. Das kalte Büfett bot unter anderem gebackene Froschschenkel, «orientalischen Ballzauber», einen «süßen Geruch à la Boutique», oder auch «Beef à la Roast», «Das blaue Wunder» und «Ganz scharfes Beiwerk im Zephir». Unter diesen poetischen Namen verbargen sich lukullische Kompositionen aus Wild, Geflügel, Fisch, Eiern, Zitrone und Butter. Die Gastronomie des Hotels Coburger Hof hatte jedenfalls keine Mühe gescheut, um alle Feinschmecker zufriedenstellen zu können.

Mit doppelter Freude sind die Männer im weißen Kittel nun wieder an die Arbeit gegangen. Auf ihren Schultern lastet schwere Verantwortung, sie hüten das Leben, sie dienen dem Menschen. In der Nacht vom Sonnabend zum Sonntag waren sie einige Stunden ganz unbeschwert, und der «Berliner Ärzteball 1962» war für sie alle Lohn und Ansporn zugleich.

(Der Morgen vom 9. 1. 1962)

10. «Verständnis einer Zeitungsfrau für ihren Arzt»

Sie kennen mich, Herr Doktor, ich bin die Zeitungsfrau aus Ihrer Straße. Nachmittags, wenn mein Dienst vorbei war, kam ich mit Staubtuch und Besen in Ihre Wohnung und wartete auf. Sie spielten, wenn ich die Zimmer putzte, manchmal ein bißchen Tennis, oder Sie verschafften sich eine andere Bewegung. Ich verstand das, obwohl ich wenig medizinisch bin. Denn wenn der Mensch lange angestrengt mit dem Kopf gearbeitet hat, muß er auch für den körperlichen Rest was tun. Er wird sonst blöd und verkalkt.

Für mich bestand solche Gefahr nicht. Ich rannte den ganzen Tag von Haus zu Haus, Stunde um Stunde, immer bewegt. Wenn ich dann bei Ihnen die Fenster putzte, wars direkt eine Ruhestellung. So hatte auch ich meinen Ausgleich.

Ihre Wohnung war schön, Herr Doktor. Sie hatte fünf Zimmer. Ein Schlafzimmer, ein Wohnzimmer, ein Arbeitszimmer, ein Speisezimmer und ein Zimmer für Ihren Sohn. Alles gediegen und kostbar, teuer, teuer. Aber warum auch nicht? Sie heilten Kranke und machten die Menschen wieder glücklich. Das können nicht viele. Warum sollten Sie da nicht genügend Geld und eine Wohnung haben, in der Sie selbst glücklich leben und vergnügte Abende feiern konnten?

Ich für meine vierköpfige Familie habe zwei Zimmer. Das reicht uns zur Zeit. Der Sohn ist im Internat, und meine Arbeit ist heute noch so, daß ich abends gleich hundemüde ins Bett gehe. Es ist mir klar, daß die schönere Wohnung der haben soll, der sie nötig hat.

Auch Ihre Frau war schön, Herr Doktor. Sie hatte viel Mühe. Tagsüber war sie meist mit dem Wagen unterwegs. Sie kaufte ein, was gebraucht wurde, und ich brauchte das nicht zu Fuß zu erledigen. Sie war nett. Sie hatte viel beim Frisör und bei der Schneiderin zu tun. Ihre Frau, Herr Doktor, wollte Ihnen ein angenehmer Anblick sein, wenn Sie nach Hause kamen. Sie sollten Ihre Freude an ihr haben, denn freudig geht alles besser. Das ist leicht zu verstehen.

Ich hatte soviel Mühe nicht. Wenn ich nach Hause kam, ging mein Mann gewöhnlich zur Nachtschicht. Es war nicht nötig, daß ich immer auf der neuesten Modelinie aufgemacht war. Wozu?

Viel mit mir abgeben konnte sich Ihre Frau nicht. Nicht nur, daß sie wie gesagt zu tun hatte – es waren auch geistige Unterschiede dazwischen. Ich rede wenig gesetzt, und es kommt auch häufig nicht so raus, wie ich es mir vorstelle. Ich habe mich noch nicht genügend gebildet, aber so viel war mir verständlich, daß der schuldige Teil bei mir lag. Manchmal freilich, wenn Frau Rechtsanwalt zum Tee kam, wurde ich gefragt, ob ich keine Aufwartung wüßte, die seien knapp. Das war für mich leicht zu verstehen, denn die meisten Frauen gehen ja arbeiten.

Ich erinnere mich, Herr Doktor, daß Sie jedes Jahr eine schöne Urlaubsreise machten, häufig ins Ausland. An den gewöhnlichen Wochenenden fuhren Sie in die weitere Umgebung, da kannten Sie mit der Zeit unsere ganze Republik, und nichts war Ihnen mehr neu. Neues aber regt den Menschen an, nicht wahr? Ich war immer dafür, daß Sie ins Ausland fahren. Ich hingegen kannte noch nicht den Thüringer Wald. Deshalb war es mir leicht, zu verstehen, daß Sie nach Rumänien fuhren und ich nach Frauenwald.

Vor einiger Zeit – vielleicht sind zwei Jahre dahingegangen – hatten Sie Ärger wegen Ihres Sohnes. Er und mein Klaus hatten halbwegs die gleichen Zeugnisse, aber erst nachdem Sie böse wurden, entschied man, daß Ihr Sohn zur Oberschule geht und nicht meiner. Ich war gleich dafür, ich verstand das ganz leicht. Sehen Sie: Mein Sohn erlernt jetzt einen Beruf, er verdient Geld, und somit ist er uns eine Hilfe. Später dann wird er auf Ingenieur studieren, und so erreicht jeder sein Ziel auf vernünftige Weise. Es gab nichts, was daran für mich nicht zu verstehen war.

Ich erinnere mich eines Tages aus den letzten Wochen. Sie waren in unserer Stadt ein angesehener Mann, und die Leute achteten Sie. Und da kamen Sie eines Nachmittags – ich saugte, erinnere ich mich, gerade den Teppich – ganz aufgebracht nach Hause. Sie stampften böse durchs Zimmer und schimpften auf ein paar Leute, die Sie bei der Arbeit gestört hatten. Man hatte Sie gefragt, was Sie dazu meinen, daß im Westen mit Atombomben gerüstet wird, und es war verständlich für mich, daß Sie darüber aufgebracht waren, Sie sind Arzt, Herr Doktor. Wozu war es nötig, einen Menschen, der dem Leben dient, zu befragen, was er vom Tode hält? So habe ich Sie immer verstanden, Herr Doktor, auch wenn ich manchmal etwas Zeit dazu brauchte.

Jetzt habe ich leider keine Zeit mehr. Sie sind seit ein paar Tagen in Essen. Ihr Kollege ist sehr überlastet, und ich brauche die Zeit, um meine kranke Tochter zu pflegen. Was aber soll ich ihr sagen, wenn sie, von Schmerzen gepeinigt, fragt, weshalb der Doktor nicht kommt? Vielleicht, daß wir ihn herzlos behandelt haben und er jetzt deshalb woanders Menschen für die Armee untersucht?

Haben Sie bitte auch mal Verständnis, wenigstens für diese Frage.

(Der Eulenspiegel, verbotene Nr. 45, Nov. 1960, Sonderheft Gesundheit)

11. Zur wirtschaftlichen Lage der Pfarrhäuser

Zum festen Bestand der Sorge und Hilfe seit über 6 Jahren gehören für Zentralbüro Ost die Häuser und Familien der Pfarrer und kirchlichen Mitarbeiter. Der Kreis umfaßt schätzungsweise 25000 Menschen, zum Teil mit großen Familien. Die Erhaltung ihrer Arbeitsfähigkeit ist die Voraussetzung für ein lebendiges geistliches Wachstum der Gemeinden, denen sie dienen. Es sind große Mittel und unzählbare Hilfen daran gewandt worden, diese materiellen Voraussetzungen zu erfüllen. Indem Zentralbüro Ost allen Freunden

und Helfern dafür von Herzen dankbar ist, daß es dazu in reichem Maße ausgerüstet wurde, glaubt es doch um der auferlegten Verantwortung willen, den
nach wie vor bestehenden Ernst der Situation in Hunderten und Tausenden
von Häusern treuester und aufopfernd arbeitender kirchlicher Mitarbeiter
deutlich aussprechen und seine Freunde an den unverändert bestehenden Sorgen teilnehmen lassen zu müssen.

I.

Auf Grund eingehender Untersuchungen, die der Generalsuperintendent von
Ostberlin durchführen ließ, kann ein Bild von der Lage der Pfarrhäuser gewonnen werden. Es soll vorausgeschickt werden, daß ein solches Bild symptomatisch für die Lage in den Häusern aller kirchlichen Mitarbeiter ist, mit
dem Unterschied, daß die Gehälter der Pfarrer im Durchschnitt beträchtlich
höher liegen als die der übrigen kirchlichen Mitarbeiter, daß also die Verhältnisse in den Pfarrhäusern noch die günstigsten sind.

Auf Grund eingehender Rücksprachen in einer großen Zahl von Pfarrhäusern ist ein Mittel des Lebensstandards errechnet worden. Es wurde ein
Durchschnittshaushalt einer Pfarrfamilie mit drei Kindern im Alter von 10, 8
und 4 Jahren zu Grunde gelegt, d. h. nicht einmal ein kinderreicher Haushalt, in dem keine Kinder im Studium oder in der Ausbildung, gar in Westberlin oder Westdeutschland sind. Nach Abzug der Steuern, der Krankenkasse
und des Wohnungsgeldes verbleiben dem Pfarrer
rund 483,– DM.
Bei vorsichtiger Berechnung der Lebenshaltungskosten ergibt sich für:

	DM Ost	%
Verpflegung (für 5 Personen) (laut detaillierter Angaben)	238,–	48
Haushaltskosten (Wäsche, Schuhreparaturen, Gas, Strom, Heizung usw.)	180,–	36
Körperpflege	15,–	3
kulturelle Aufwendungen (Zeitungen, Bücher usw.)	25,–	5
Kollekten, Sammlungen, Geschenke usw.	10,–	2
Taschengeld für Pfarrer	10,–	2
Fahrgelder	20,–	4
	498,–	100

Diese Berechnung ergibt bereits einen monatlichen Fehlbetrag von 15,– DM,
der durch Verkauf von Wertgegenständen oder durch Geldgeschenke gedeckt

werden muß. In der Berechnung der Haushaltskosten ist kein Betrag vorgesehen für die Neubeschaffung von Bekleidung für die Kinder oder die Eheleute, erst recht nicht für die Anschaffung von Möbelstücken, was bei allen Flüchtlingsfamilien sich als unumgänglich notwendig erweist. Auslagen für Medikamente in Krankheitsfällen, für einen Ferienaufenthalt oder die Ausrichtung einer Familienfeier (z. B. Konfirmation) sind in keiner Weise berücksichtigt und können ebenfalls nur durch Geschenke ermöglicht werden.

Aus der Aufstellung ersieht man:

1) Die völlige *Ungesichertheit* der wirtschaftlichen Lage gegenüber allen unvorhergesehenen und zusätzlichen Belastungen. Es besteht infolgedessen die Gefahr der Verproletarisierung des Pfarrerstandes auch hinsichtlich des geistigen Niveaus der Pfarrer, der Pfarrfrauen und der Kinder.

2) Die *Ernährung* für den Großstadtpfarrer, aber auch für die heranwachsenden Kinder, kann nur durch finanziell schwer erschwingbare Zusatzverpflegung zu HO-Preisen gesichert werden. Zur Zeit fehlen außer Fett und Milch auch Gemüse und Obst.

3) Die *Bekleidung* hinsichtlich Schuhwerk und Textilien kann mit den normalen Gehaltsbezügen nicht gedeckt werden, ganz zu schweigen von Neuanschaffungen von Bettwäsche und Mobiliar bei Ausgebombten und Flüchtlingsfamilien. Die täglichen Auslagen für Schuhsohlen, Nähgarn, Seife, Haushaltsgeräte und ähnliches betragen in Ostberlin ca. das Dreifache gegenüber Westberlin.

4) Völlig *ungedeckt* sind *Sonderauslagen* in Krankheitsfällen, Erholungsurlaub, Studium der Kinder, Entbindungen.

Der weithin erschreckend schlechte Gesundheitszustand der *Pfarrfrauen* ist zu einem wesentlichen Teil darauf zurückzuführen, daß auf ihnen neben ihrer Arbeit im Haus als Frau und Mutter eine starke Mitarbeit im Amt gefordert wird, daß ihr nur selten mehr als eine stundenweise Kraft zur Verfügung steht – eine Haushaltshilfe im Pfarrhaus ist so gut wie nicht mehr vorhanden – und daß sie durch Jahre hindurch trotz der niedrigsten eigenen Verpflegungskarte ganz selbstverständlich ernährungsmäßig auf vieles zu Gunsten von Mann und Kindern verzichtete. Die seelische und körperliche Tragkraft der Pfarrfrau ist damit weithin an eine Grenze gelangt, die nicht mehr unterschritten werden darf.

II.

Die Verhältnisse in den *Pfarrhäusern der DDR* sind gegenüber denen im Ostsektor Berlins grundsätzlich die gleichen, wenn auch im einzelnen verschiedenartig gelagert. Der Pfarrer auf dem Lande hat – absolut gesehen – ein geringeres Gehalt zur Verfügung. Es gehört jedoch zu seinem Pfarrhaus meist ein Garten, der die Gesamternährung der Familie auf eine günstigere Grundlage stellt als in der Großstadt, insbesondere dann, wenn noch die Möglichkeit zur Haltung von Hühnern oder Ziegen gegeben ist. Die Gesamtbelastungen, unter denen jedoch die Pfarrfamilien in den Kleinstädten und Dörfern

zu leiden haben, stehen denen der Großstadtpfarrer nicht nach, übertreffen
sie sogar bisweilen.

(Bericht des Zentralbüros Ost des Hilfswerks vom Februar 1952; Ev. Zentral-
archiv, Berlin, Bestand 2/590)

12. «Pfaffen und ähnliche Leute fehl am Platz»

Ich stamme aus keiner kirchlichen Familie. Weil mein Vater gestorben war
und meine Mutter verdienen mußte, wuchs ich in einer Heimschule auf, in
der vor allem OdF (Opfer des Faschismus)-Kinder waren. Wie die sich aufgeführt haben! Überhaupt die Kinder aus den fortschrittlichen Kreisen! Da hat
sich unter den Schülern eine Zweiteilung ergeben, und in unserer Klasse – wir
waren sechzehn – gingen genau acht Kinder in die Junge Gemeinde und die
anderen acht in die FDJ-Gruppe.

Die Junge Gemeinde wurde damals noch nicht von Pfarrern, sondern von
Lehrern geleitet, die dann einer nach dem anderen rausgeworfen wurden. In
den Schulen konnte sich die Junge Gemeinde nur noch bis 1953/54 halten.

Wir acht sind zusammengeblieben, haben fest zueinander gehalten und gemeinsam unser Studium begonnen. Wir wohnten auch zusammen im Studentenheim und gehörten nun zur Studentengemeinde. Wir fühlten uns gebor-
gen darin. Für unsere Zusammenkünfte hatten wir ein Heim, dort konnte
man nicht wohnen, aber es war doch unser gemeinsames Zuhause.

In den Bibelstunden waren wir manchmal 300, in der Zeit der Zwischen-
prüfungen natürlich weniger. Jede Woche war Bibelstunde, aber nicht alle,
die da hingingen, gehörten zur Studentengemeinde.

Außerdem gab es noch die kleinen Kreise. Wenn man wollte, konnte man
jeden Tag innerhalb dieser Gemeinschaft unterwegs sein. Das war ein großes
Glück für uns. Und diese schönen Freizeiten, die Vorträge! Dazu konnten
wir uns Professoren einladen, meist Theologen. Als ich 1954 mit meinem Studium als Lehrling anfing, wurde die Theologische Fakultät gerade besonders
höflich vom Staat behandelt, zweifellos aus propagandistischen Gründen.
Kurze Zeit später begannen die Schwierigkeiten und Schikanen, Pastoren und
Vikare wanderten ins Gefängnis.

Die christlichen Studentenschaften bilden in der Zone wahrscheinlich das
einzige Zentrum, in dem aus christlicher Lebensauffassung heraus dem fort-
schreitenden Bolschewisierungsprozeß entgegengewirkt wird. Hier finden
sich die Widerstandskämpfer zusammen. Sie sind für den Staat schwer faßbar,
denn sie sind umsichtig und bedacht, dazu sind die meisten schon von den
Elternhäusern erzogen – zur inneren Emigration.

Grade während der Zeit meines Examens begann eine Verfolgungswelle.
Die Verhaftungen setzten nach einem Universitätsball ein, das ging instituts-
weise reihum, jeder rechnete ständig damit, von der Staatssicherheitspolizei

geholt zu werden. Wir haben alle Post, alle internen Aufrufe und religiösen Schriften verbrannt. Ein Kommilitone saß acht Monate und ein anderer fünf, aber sie konnten ihnen nichts nachweisen und haben sie wieder entlassen.

Die Funktionäre setzten unseren Studentenpfarrer unter Druck, daß er gegen diese beiden Kommilitonen aussagte. Der Studentenpfarrer wurde dann selbst verhaftet und kam nach einem Jahr als gebrochener Mann aus dem Gefängnis zurück. Er hat dann die Studentengemeinde aufgegeben und ist in den Dienst der kirchlichen Hochschule getreten. Ein Vikar übernahm sein Amt.

Damals ist ja auch ein Leipziger Studentenpfarrer verhaftet worden. Ich habe im Rundfunk seine Aussagen gehört, das war einfach unglaubwürdig! Niemals hätte er unter normalen Umständen diese Aussagen gemacht.

Es wäre für alle leichter, ein Stückchen Persönlichkeit zu retten, wenn nicht immer die Angst vor dem Gefängnis wäre. Ich selbst habe mich in den letzten zwei Jahren im Schuldienst nur dadurch halten können, daß ich in Konferenzen und auch sonst meinen Mund hielt, daß ich still war, wo ich hätte sprechen *müssen.* Da nimmt der Mensch charakterlich Schaden.

Meinen inneren Halt fand ich in der evangelischen Studentengemeinde. Viele, die auch gegen diesen Staat sind, aber keine konfessionelle Bindung haben, die fühlen sich wirklich einsam.

Als ich in den Schuldienst an einer großen dörflichen Zentralschule eingewiesen wurde, ging ich dort gleich zur Gemeinde und habe einen wunderbaren Anschluß gefunden. Es war eine Gemeinde, die einen Fundus hatte, die schon in der Nazizeit verfolgt worden war und von daher gewachsen ist. Prachtvolle Menschen waren darunter, viele ältere, aber auch jüngere.

Von seiten der Schulbehörde wurde mir das natürlich zur Last gelegt. Gleich in den ersten Wochen meiner Lehrtätigkeit mußte ich so eine – ja, wie soll ich das bezeichnen – eine Art Parteigerichtsverhandlung über mich ergehen lassen. Vier Mann von der Partei und der Gewerkschaft wollten mich überzeugen, daß ich aus der Kirche austreten müßte. Wenn ich als Lehrerin die Gottesdienste besuchte, so sei das eine offizielle Sache! Einer sagte, wir können nicht dulden, daß eine Person, die unsere Jugend erzieht, sonntags in die Kirche läuft. In der neuen sozialistischen Zeit sind die Pfaffen und ähnliche Leute fehl am Platz.

Als ich nach dieser Unterredung aus dem Konferenzzimmer rauskam, zitterten mir die Knie. Es hatte grad zur Pause geläutet, und die Kinder rasten schreiend auf dem Flur an mir vorbei. Mir wurde schwarz vor Augen, ich mußte mich gegen die Wand lehnen, ich war nah an einer Ohnmacht.

Als ich in den Schuldienst eintrat, dachte ich, es wäre noch die gleiche Situation wie zu unserer Zeit. Einmal mit den Eltern: zu meiner Schulzeit konnte sich der Lehrer noch frei und ungestraft über alles mit den Eltern aussprechen; heute kann er sich auf die Eltern nicht mehr verlassen. Dann die Kinder: zu meiner Zeit gab es das nicht, daß ein Lehrer sich bei den Schülern auf «fortschrittliche Art» Achtung verschaffte. Wir verstanden, daß der Leh-

rer nach außen hin fortschrittlich tun mußte, aber erwarteten, daß er uns gegenüber ehrlich war, innerlich ehrlich; dafür hat der junge Mensch untrügliche Instinkte.
[...]

(Erika von Hornstein: Flüchtlingsgeschichten. 43 Berichte aus den frühen Jahren der DDR, S. 314ff., © Eichborn Verlag 1985)

13. «Ein katholischer Pfarrer in der DDR»

Hätte man ihn vor einigen Jahren kennengelernt, er hätte sich kaum von Tausenden seiner Mitbrüder in der Bundesrepublik unterschieden. Heute trifft auch auf ihn zu, was vielen Beobachtern im anderen Deutschland auffällt: Wir haben uns auseinandergelebt. Der katholische Pfarrer sieht es selbst. Er möchte nicht mehr als Seelsorger in den Westen überwechseln. Was ihm geistliche Kollegen, die zu Besuch kommen, von ihren pastoralen Problemen erzählen, macht ihm angst. «Ich könnte wohl nur noch Krankenhausseelsorger bei euch sein», meint er. Zehn Jahre Isolierung durch den Mauerbau und das Leben in einem Staat mit dem Atheismus als Staatsreligion wirken sich aus.

Dabei gibt es durchaus ähnliche Schwierigkeiten. Der wachsende Wohlstand scheint die religiösen Kräfte zu schwächen, hier wie dort. Ein Krimi im (West-)Fernsehen hält die Gläubigen von der abendlichen Glaubensstunde ab. «Ja, als die Leute noch nicht so viele Fernsehapparate hatten ...»

Doch der Pfarrer in der DDR hat Sorgen eigener Art. Da sind zum Beispiel die Wahlen wie die kommenden am 14. November zur Volkskammer. Die DDR-Bürger dürfen eine von der Nationalen Front – sprich der SED – aufgestellte Einheitswahlliste bestätigen. «Viele unserer Gläubigen fühlen sich durch diese Farce entwürdigt», sagt der Pfarrer. Er rät ihnen dennoch, ins Wahllokal zu gehen. Geht ein Arbeiter nicht zur Wahl, riskiert er Prämienverlust, kann er die Beförderung zum Schichtführer abschreiben, muß er damit rechnen, sich einem demütigenden Verhör durch einen Gewerkschaftsfunktionär vor den versammelten Arbeitskollegen unterziehen zu müssen. Bleibt der Diplomingenieur dem Wahllokal fern, riskiert er seine Stellung. Für die Beschäftigten im öffentlichen Dienst ist der Gang zur Urne ohnehin unausweichbare Pflicht.
[...]

Wie viele Gläubige seine Gemeinde hat, weiß der Pfarrer nicht. Er kann nur schätzen. Informationen aus dem Einwohnermeldeamt bekommt er nicht, eine staatlich eingezogene Kirchensteuer gibt es nicht. Jede Pfarrei muß selbst ihre Gläubigen zur Kasse bitten. Man schätzt das Gehalt des Kirchenmitglieds und schickt ihm eine Zahlungsaufforderung zu.

Etwa die Hälfte seiner Pfarrmitglieder liefert nach den Schätzungen des Pfarrers die geforderte Summe ab. Bei anderen nutzt eine Mahnung. Gut ein

Drittel zahlt nie, besucht aber auch nicht die Messe, was etwa jeder vierte oder fünfte in der Gemeinde tut. Der Pfarrer ist überzeugt, daß die meisten Gehaltsschätzungen zu niedrig liegen. Protest gibt es jedoch nur, wenn das Einkommen zu hoch angesetzt wurde. Viele Katholiken, die umziehen, melden sich in ihrer alten Pfarrei nicht ab, wodurch sie für die Kirche verschwunden sind.

Die Kirche in der DDR kann sich aus eigener Kraft finanziell nicht über Wasser halten. Was der Staat beisteuert, ist minimal. Die Kirche im Westen muß das Loch stopfen. Das gilt vor allem für die sozialen Einrichtungen wie Krankenhäuser, Kinderheime, Altersheime. Die 39 katholischen Krankenhäuser in der DDR werden auch von Parteigenossen sehr geschätzt, obwohl die Häuser zum Teil schlechter ausgerüstet sind als die staatlichen. Dafür ist die Pflege der Patienten persönlicher und umsichtiger.

[...]

Der Pfarrer verdient 550 Mark brutto im Monat. Davon muß er einer Haushälterin mindestens 230 Mark bezahlen. Durch den Zwang der Verhältnisse ist bei vielen Geistlichen in der DDR die «Kirche der Armut» längst Wirklichkeit. Es gibt Pfarrer, die sich aus den Ergebnissen der Kollekten nicht einmal das ihnen zustehende Gehalt in voller Höhe ausbezahlen können. Zusätzlich müssen sie dann noch Kerzen und Altarschmuck aus eigener Tasche tragen. Unser Pfarrer hat Glück. Er hat Verwandte im Westen, die ihm regelmäßig etwas zustecken, Zigaretten, Kaffee, Lebensmittel oder auch Dinge des täglichen Bedarfs, die in der Bundesrepublik überall zu erhalten sind, in der DDR aber nicht, höchstens für westliche Devisen im Intershop. Was ist Seelsorge in der DDR? Vor allem das Bemühen, die Katholiken aus ihrer Isolierung, ihrer Diaspora-Situation zu holen und Gemeinschaft zu stiften, antwortet der Pfarrer. Er macht dies durch Gottesdienste, Sakramentenspendung, gemeinsames Gebet, Glaubensgespräche, Elterntreffen, Frauenkreise, Religionsunterricht am Nachmittag nach der Schule (der Staat verlangt wenigstens zwei Stunden «Erholungspause» nach Schulschluß, wodurch die Kinder oft zweimal am Tag einen weiten Fußweg zurücklegen müssen).

[...]

Der Pfarrer bemüht sich, zugezogene Familien miteinander bekannt zu machen. Man trifft sich in einer größeren Wohnung. Oft ist es jedoch nicht leicht, eine geeignete Wohnung zu finden. Die Familien sind vorsichtig. Es kommt auf die Nachbarn an.

Der Pfarrer wäre froh, wenn er einen Vervielfältigungsapparat aus dem Westen bekommen könnte; doch das ist praktisch ein unerfüllbarer Wunsch. Er könnte so die Zugezogenen schriftlich ansprechen, Einladungen verschicken, die Gottesdienstordnung in der Kirche zum Mitnehmen auslegen. Hundert Einladungen auf der Schreibmaschine bei je fünf Durchschlägen zu tippen, nimmt ihm zu viel Zeit weg.

Die Gläubigen sehen in ihrem Pfarrer einen Menschen, dem sie voll vertrauen, bei dem sie sich ohne Angst offen aussprechen können. Er freut sich auf die Glaubensabende, an denen man zusammensitzt und Mensch sein kann, ohne ein zweites Gesicht aufsetzen zu müssen. Die Gläubigen haben oft noch ein völlig ungebrochenes Verhältnis zur «Mutter Kirche»; sie schenkt ihnen in einer ihrem Glauben feindlich gegenüberstehenden Umwelt Geborgenheit.

Der Pfarrer ist froh darüber, daß die nachkonziliare Entwicklung in der DDR weniger stürmisch verläuft als im Westen. Nicht daß er gegen Reformen wäre. Er möchte die Gläubigen nur langsamer und behutsamer an sie heranführen. Jedes zu krasse Durchsetzenwollen von Reformen sieht er als Lieblosigkeit gegenüber all denen an, die sich schwertun mit dem Neuen. Der Pfarrer ist auch gegen Eigenmächtigkeiten der einzelnen Geistlichen. Die Stärke der Kirche gegenüber dem Staat liegt für ihn in der Einheit mit seinem Bischof. Wer aus der Reihe tanzt, gefährdet diese Einheit und gibt dem Regime die Möglichkeit, den Hebel der Spaltung anzusetzen. [...]

Zieht sich die Kirche in der DDR nicht in ein Seelsorge-Getto zurück? Müßte sie nicht um der den DDR-Bürgern vorenthaltenen Menschenrechte willen auch die Konfrontation mit dem Regime riskieren? Der Pfarrer schüttelt den Kopf. «Hätte Papst Pius XII. durch einen Aufruf zum Widerstand gegen die Nazis nicht die deutschen Katholiken in eine fürchterliche Gewissensnot gebracht? Sollte das DDR-Regime eines Tages verschwinden, werden sich Hunderte von Hochhuths (Rolf Hochhuth thematisierte in seinem spektakulären Drama ‹Der Stellvertreter› 1963 die Rolle Pius' XII.) finden, die dem Episkopat in der DDR den Vorwurf der Passivität und Resignation machen.» Was würde passieren, wenn von allen Kanzeln in der DDR ein Hirtenbrief verlesen würde, der das Regime scharf angreift? «Jeder Katholik würde im Betrieb, in der Schule, im Büro, in der Universität mit diesem Hirtenbrief konfrontiert und öffentlich gefragt, ob er sich hinter diese Kritik stellt. Über die Bürokratie würde schnell jede Tätigkeit der Kirche gelähmt. Der mühsam erkämpfte Freiheitsraum für die Seelsorge wäre verloren.»

(Frankfurter Allgemeine Zeitung vom 2. 11. 1971)

14. «Der permanente Bummelstreik»

Am Eingang des Restaurants ein Schild: «Bitte warten Sie, Sie werden plaziert». Vor dem Schild die Gäste, sie ordnen sich diszipliniert zur Schlange. Hinter dem Schild ein gähnend leeres Lokal. Niemand kommt, die Gäste einzuweisen. Kein Gast wagt, sich an einen Tisch zu setzen, er würde nicht bedient. Seit Jahren ist das Sitte in der DDR. Als kürzlich die Schilder entfernt wurden, blieben die Gäste weiterhin verunsichert am Eingang stehen, wartend auf ein Zeichen des Personals. Ein eingeschliffener Reflex. Der Bürger weiß, er kann von einem anderen Werktätigen keine Dienstleistung erzwingen. Er selbst wäre auch nicht dazu bereit. Es gilt das ungeschriebene Gesetz, nicht der Kunde, sondern der Arbeitende ist König. In der Präambel des «Gesetzbuches der Arbeit» steht: «Aus der Last der unfreien Arbeit für schmarotzende Ausbeuter wurde die freie Arbeit der Werktätigen für sich selbst und die Gesellschaft.» Das wird wörtlich genommen. An erster Stelle die freie Arbeit für mich selbst, an zweiter die für die Gesellschaft. Obwohl vielen der Text dieses Gesetzes nicht geläufig ist, handeln alle nach dieser Auslegung.

Der Kellner läßt die Tische unbesetzt, stellt grundlos auf einige das Schild «Reserviert», bedient langsam und mürrisch. Am nächsten Tag versorgt er die Gäste flott, bedient zuvorkommend und freundlich. Im ersten Fall hat er keine Lust auf Gäste. Es ist ihm wichtiger, mit den Küchenmädchen zu plaudern, mit seinen Kollegen die neuesten Fußballergebnisse durchzugehen oder die Zeitung zu lesen. Im zweiten Fall hat der Kellner Lust auf Gäste. Es macht ihm Spaß vorzuführen, wie gut er sein Handwerk beherrscht. Sein persönliches Wohlbefinden ist ihm wichtiger als Trinkgeld.

Das Kellner-Beispiel ist exemplarisch. Es gilt für das ganze Land. Am Gemüse-Konsum hängt das Schild «Wegen Warenannahme geschlossen» – die Verkäuferinnen sind unterwegs, um Salamanderstiefel zu ergattern. An der Kasse des Supermarkts wächst die Schlange – die Verkäuferin bespricht mit einer Freundin ihr Liebesleid. Auf dem Wohnungsamt sind zur offiziellen Besuchszeit alle Bürotüren zugesperrt, hinter einer erschallt Gelächter, man feiert den Geburtstag eines Kollegen. Allerorts gilt die Devise: Privat geht vor Katastrophe. Beschwert sich ein Kunde, hat das kaum Folgen für die Kritisierten. Dem aufgebrachten Bürger wird versichert, man habe «seine Kritik im Kollektiv ausgewertet». Im Normalfall beschränkt sich die Auswertung auf einen Satz: «Übertreib's nicht, Wilhelm.» Kein Vorgesetzter wird sich wegen solcher Bagatellen mit seinen Mitarbeitern anlegen. Wagt er es, muß er damit rechnen, daß der Ermahnte sofort kündigt. Beschwert sich ein Kunde, hat das meist Folgen für ihn. Er läßt sich besser an diesem Ort nie wieder blicken, denn er hat versucht, seinesgleichen «in die Pfanne zu hauen». Das ist eine hohe Form der Beleidigung und wird mit Verachtung geahndet. In einem Fahrradladen in Halle verkaufte eine Verkäuferin jahrelang grundsätzlich nichts aus dem Lagerraum. Sie hatte keine Lust, nach hinten zu gehen, womöglich noch auf die Leiter zu steigen. Lagen die Artikel nicht griffbereit im Verkaufsraum, gab es sie nicht. Die Kunden verwunderte das kaum, sie sind daran gewöhnt, die einfachsten Dinge nicht zu bekommen. Nach zwei Jahren fielen der HO-Zentrale der überhöhte Lagerbestand und der niedrige Umsatz auf. Die Verkäuferin wurde – ein seltener Fall in der DDR – fristlos entlassen.

Das Gefühl des DDR-Bürgers für Zeit ist von besonderer Art. Das russische «wsjo budjet», es wird schon werden, ist zur Mentalität geworden. Das amerikanische «time is money» kommt niemand in den Sinn. Langjährige Erfahrung lehrt, daß es in der zentral geleiteten Wirtschaft vollkommen sinnlos ist, sich bei der Arbeit «zu überschlagen». Arbeitet man schnell, ist das Material schnell verbraucht, es stoppt die Zulieferung, es entstehen Wartezeiten. Schafft man sein Pensum vorfristig, muß man dennoch die Arbeitszeit absitzen. Die herausgearbeitete Sekunde schlägt auf dem persönlichen Konto nicht zu Buche. Deshalb hat sich eingebürgert, Arbeit erst einmal zu horten, dann läßt sich besser mit ihr umgehen. Variante eins: Die überdimensional angehäufte Arbeit wird termingerecht erledigt, das beweist, wie tüchtig man ist, es winkt die Prämie. Variante zwei: Die überdimensional angehäufte Arbeit wird durch Überstunden oder Sonderschichten geschafft, das bringt Zuschläge und Prämien. Variante drei: Die überdimensional angehäufte Arbeit wird überhaupt nicht geschafft, man fordert Aushilfskräfte oder zusätzliche Planstellen, also weitere Arbeitskräfte an. Alle drei Arten, mit Arbeit umzugehen, bringen dem Werktätigen Vorteile. Alles schnell zu erledigen und dann herumzusitzen, Wartezeiten zu einem Zeitpunkt zu haben, zu dem man sie nicht für Persönliches nutzen kann, widerspricht dem «sozialistischen Gang». Lehrlinge, wenn sie in die Praxis kommen, lernen als erstes: «Hier geht alles seinen sozialistischen Gang.» Eben «wsjo budjet», es wird schon alles werden – Rußland ist groß und der Zar ist weit. [...]

(Irene Böhme: Die da drüben. Sieben Kapitel DDR, Berlin [W] 1986, S. 28ff.)

Sechzehntes Kapitel

Parteien, Verbände, oppositionelle Gruppen

Einleitung

Die DDR wurde von einer Partei regiert, deren Führungsanspruch totalitär war. Die gesellschaftliche Realität jedoch entsprach selbst im Stalinismus der fünfziger Jahre niemals diesem Modell der uniformen, monolithisch geschlossenen Gesellschaft. Pluralismus gab es dennoch nicht. Die «bürgerlichen Parteien» und alle Massenorganisationen – ausgenommen die Kirchen – hatten den uneingeschränkten Führungsanspruch der SED anzuerkennen und taten das auch.[1]

Dennoch ging es nicht überall wie bei der SED zu. Deren Parteidisziplin war rigide (Dok. 1). Sie war das Element, das die Diktatur insgesamt und vor allem ihre «führende Partei» selbst im Innersten zusammenhielt. Überzeugung und Idealismus bildeten ebenso wie Karrieredenken, soziale Aufstiegsmöglichkeiten und Opportunismus die Motive, um sich dieser Partei mit ihren anfangs 1,3 (April 1956) und schließlich 2,3 (1989) Millionen Mitgliedern anzuschließen (Dok. 2). Sie beanspruchte, alles zu lenken und anzuleiten, mußte aber immer wieder hartnäckig gegen die Abweichungen in diesem nur scheinbar lückenlosen Lenkungs- und Kontrollsystem kämpfen. Das dürre Parteichinesisch offizieller Dokumente kann nicht über alltägliche Konflikte hinwegtäuschen. CDU und Liberaldemokraten (LDP) als größte bürgerliche Parteien konnten bis Anfang der fünfziger Jahre mit sowjetischer Nachhilfe von der SED soweit gleichgeschaltet werden (Dok. 3), daß sie als «Blockflöten» im Bündnis funktionierten. Erst in den letzten Jahren der DDR verstärkte sich wieder die Tendenz, einen größeren Spielraum und ein eigenständigeres Profil zu gewinnen.

Das galt zum Teil auch für die übrigen Massenorganisationen. Das größte Gewicht hatte der Freie Deutsche Gewerkschaftsbund (FDGB), dem laut Lenin die Funktion eines Transmissionsriemens zugedacht war. Zwar konnte und wollte er die Unterordnung unter die SED niemals in Frage stellen, als Großorganisation mit weitreichenden sozialen Kompetenzen (Sozialversiche-

---

[1] Einen schnellen und zuverlässigen Einblick in die Struktur und Entwicklung der Parteien und Massenorganisationen bietet das DDR-Handbuch, wissenschaftliche Leitung: Hartmut Zimmermann, 2 Bände, 3. überarbeitete und erweiterte Auflage Köln 1985.

Speziell zu den Kirchen ist vor allem auf H. Dähn zu verweisen: Konfrontation oder Kooperation? Das Verhältnis von Staat und Kirche in der SBZ/DDR 1945–1980, Opladen 1982.

rung, Betriebsferienhäuser, Reisen etc.) entwickelte er jedoch durchaus ein begrenztes Eigengewicht. Gelegentlich kam es sogar zu Interessenkonflikten zwischen Gewerkschaft und Partei (Dok. 4, 5). 1988/89 häuften sich Stimmen der Kritik, und die Funktionäre konnten der Basis immer weniger mit platten apologetischen Formeln gegenübertreten (Dok. 6).

Eine besonders große Bedeutung für die Gewinnung der jungen Generation kam der FDJ zu (vgl. Kapitel 18). An Schulen und Hochschulen, aber auch im Freizeitbereich ging ohne sie kaum etwas. Gerade diese massenhafte Ausdehnung führte jedoch auch zu Erosionsprozessen, so daß mit strammer Linientreue allein der Unruhe unter der Jugend und den wachsenden Wünschen nach weniger Gängelung kaum beizukommen war. Vergleichsweise vielgestaltig verlief die Entwicklung des Kulturbundes (Dok. 7). Ursprünglich mit dem Zusatz «zur demokratischen Erneuerung Deutschlands» im Namen und anfangs auch in den Westzonen vertreten, entwickelte er sich immer stärker zum Propagandainstrument der SED, probte aber regelmäßig auch vorsichtige Formen der Abweichung, nicht zuletzt in der von ihm herausgegebenen Wochenzeitung «Sonntag». Die Ambivalenz der Institution gilt auch für ihren Präsidenten Johannes R. Becher, der sich gelegentlich für mehr kulturelle Freiheit einsetzte, zugleich aber eine politisch äußerst schillernde Figur war (Dok. 8).

Daneben sorgte ein dichtes Netz von Gesellschaften und Bünden (Demokratischer Frauenbund Deutschlands, Gesellschaft der Deutsch-Sowjetischen Freundschaft, Gesellschaft für Sport und Technik, Deutscher Turn- und Sportbund u. a.) für eine möglichst flächendeckende Erfassung der Bevölkerung im «gesellschaftlichen Engagement». Die Mitgliedschaft in diesen Organisationen diente der Bevölkerung jedoch auch dazu, um formell Engagement unter Beweis zu stellen und sich so weitergehenden Ansprüchen zu entziehen.

Abweichler und Gegner gab es überall, am ausgeprägtesten in den Kirchen. Diese stellten daher als einzige von der SED unabhängige Großorganisation am ehesten ein Element von echtem und von der Partei und der Stasi daher auch konsequent mit den verschiedensten Methoden (Dok. 10) bekämpftem Pluralismus dar. Besonders «gefährlich» als Konkurrenz zur FDJ erschienen die «Jungen Gemeinden» (Dok. 9), die in der Regel alles andere als politisch profiliert und oft theologisch eher konservativ-pietistisch geprägt waren, aber gerade deshalb auch kaum Kompromisse eingehen wollten. Die Kirchen verkörperten aber auch ein Stück der Traditionen, mit denen die SED brechen wollte. Auf dem Dorf hatte der Pfarrer oftmals eine noch starke gesellschaftliche Stellung, und protestantische Gegenstücke zum Dauergefecht zwischen Don Camillo und seinem kommunistischen Bürgermeister Peppone gab es in Ansätzen auch in der DDR.

Mit dem auf staatlicher und kirchlicher Seite einsetzenden Wandlungsprozeß im gegenseitigen Verhältnis, der seinen programmatischen Ausdruck in der Formel «Kirche im Sozialismus» fand (Dok. 11), erlangte die Kirche zwar generell wieder einen größeren Spielraum, sie blieb aber bevorzugtes Objekt der Überwachung. Der Grund dafür ist vor allem in der oft unfreiwilligen, vielfach aber von einzelnen Pfarrern auch bewußt geförderten Öffnung der Kirchen für nonkonforme Gruppen besonders von Jugendlichen zu sehen (Dok. 12).

Die Kirche setzte sich für Friedensgruppen ein, denen der Staat nicht einmal das Abzeichen «Schwerter zu Pflugscharen» zugestehen wollte (Dok. 13). Sie wurde auch zum Fürsprecher derjenigen, die keinen Wehrdienst bei der Nationalen Volksarmee (NVA) ableisten wollten und als Ersatz bei den «Bausoldaten» dienen konnten, hier jedoch häufig übel schikaniert wurden (Dok. 14). Diese in den achtziger Jahren immer enger werdende Verflechtung zwischen oppositionellen Gruppen und der Institution Kirche, ohne deren Schutz diese Gruppen kaum so intensiv hätten agieren können, ließ für die Stasi die Grenzen zwischen den verschiedenen Teilen der «negativen Kräfte in personellen Zusammenschlüssen» (Dok. 16) immer mehr verschwinden. Die Stasi hat sowohl die Kirchen als auch die Gruppen mit Erfolg zu infiltrieren versucht, ohne damit jedoch die friedliche Revolution verhindern zu können. Daß diese am 9. Oktober 1989 in Leipzig ihren Ausgangspunkt in der Nikolai-Kirche nahm (Dok. 16), unterstreicht die große gesellschaftliche Bedeutung der einzigen relativ autonomen Großorganisation im Gesellschaftssystem der DDR.

1. Aus dem Tagebuch eines Parteischülers

7. November 1949

Genosse Hassbach saß mit zwei mir unbekannten Genossen in seinem Büro, als ich eintrat. Ich setzte mich, und nach einer kleinen Pause begann Genosse Hassbach: «Ich habe Dich rufen lassen, Genosse D., weil wir etwas Besonderes mit Dir vorhaben. Da die Partei Dich als guten und ergebenen Genossen kennt, wollen wir Dich auf eine Schule schicken!» Genosse Hassbach räusperte sich bedeutungsvoll und sah mich durchdringend an. «Es handelt sich nicht um eine gewöhnliche Parteischule, sondern um eine Schule, die die Aufgabe hat, Zirkellehrer für das Werk Stalins: Geschichte der KPdSU (B) auszubilden. An einer solchen Schule teilzunehmen, ist eine große Ehre für einen Genossen. Die Partei setzt in einen Genossen, der diese Schule mit Erfolg absolviert hat, besonderes Vertrauen, da er nachher das politische Bewußtsein sehr vieler Genossen formt. Die Schule dauert sechs Wochen. Die Genossen in den Betrieben werden von den Parteileitungen für diesen Lehrgang ausgewählt. Von unserem Betrieb wollen wir Dich hinschicken. Was meinst Du dazu?» Nun schauten mich alle drei erwartungsvoll an. Nein sagen kann ich auf keinen Fall, überlegte ich rasch. Zudem bin ich ja wirklich neugierig, wie es auf solch einer Schule aussehen mag. Allerdings, wenn ich dort durchfalle oder mich irgendwie verdächtig mache, na, dann danke schön! Aber schließlich ist es für eine gute Sache, und überhaupt, es wird schon klappen. Mein Gehalt wird weitergezahlt, und die Verpflegung ist für solche Genossen gewiß auch nicht übel. Also willigte ich ein und versicherte den drei Genossen, daß ich bemüht sein würde, das Vertrauen der Partei zu rechtfertigen. [...]

10. November 1949

Unser Lehrgang wurde in zwei Seminare aufgeteilt, und zwar nach dem Gesichtspunkt: die Genossen mit dem größeren Parteibewußtsein und der längeren Parteierfahrung in das erste Seminar, die anderen in das zweite Seminar. Nachdem wir dann in unserem Seminarzimmer Platz genommen hatten – ich wurde in das erste Seminar einbezogen –, erklärte uns Genosse Blöcher, daß sich diejenigen Genossen, die sich durch intensives Schweigen bei dem kommenden Studium auszeichnen, als Parteifeinde Interesse daran hätten, ihre wahre Meinung zu verbergen. Einige von uns guckten sich betroffen an. Wie soll man sich nun benehmen? fragten sie sich sicherlich. Reden wir zu viel, so werden wir allzu Eifrigen sehr wahrscheinlich irgendwelche Angriffspunkte bieten und man wird uns der schlimmsten Verfehlungen beschuldigen können, verhalten wir uns still, so ist das auch verdächtig. Es ist nicht leicht, zu diesem «dialektischen» Schulungssystem die richtige Einstellung zu finden. Dann begannen wir mit der parteilichen Kritik und Selbstkritik eines jeden Genossen. Der ganze Tag verging damit, daß wir 20 Teilnehmer unseres Seminars uns selbst kritisierten und kritisieren ließen. Indessen ging nebenan beim zweiten Seminar dasselbe vor sich unter Aufsicht eines anderen Seminarleiters. Diese Kritik vollzog sich ziemlich schonungslos. Jeder Genosse gab einen Überblick über sein bisheriges Leben und Wirken, indem er seine Fehler gebührend behandelte. Danach wurden von den übrigen Genossen Fragen an ihn gestellt, durch die er veranlaßt werden sollte, weitere Verfehlungen seiner Vergangenheit zu beichten. Hatte ein Genosse nun nicht allzuviel zu gestehen, so wies ihn Genosse Blöcher zurecht, er hätte noch nicht das nötige Parteibewußtsein, um die erforderliche Selbstkritik zu entfalten. Mich widerte das alles etwas an. Schließlich sind wir doch nicht im Kloster, sondern auf einem Lehrgang zum Studium der Geschichte der KPdSU (B). Aber vielleicht ist das alles dennoch notwendig, ohne daß ich es schon verstehe? Dieser erste Tag war wirklich nervenaufreibend. In der Tat fühle ich, wie mich diese zermürbende Kritik und Selbstkritik langsam weich macht.

11. November 1949

Endlich begann der eigentliche Unterricht. Am Vormittag fand ein Vortrag über das erste Kapitel der Geschichte der KPdSU (B) statt, und am Nachmittag folgte ein Seminar über dieses Kapitel, das am nächsten Tage fortgesetzt werden soll. In der Reihenfolge der einzelnen Kapitel wird weiter vorgegangen. Die Genossen Goßweiler und Blöcher erklärten uns, daß in Anbetracht der Bedeutung unseres Lehrganges eine ganze Reihe der prominentesten Parteigenossen die politischen Vorlesungen halten werden. Wir atmeten etwas erleichtert auf. Also betrachtet man uns doch nicht als verkappte Agenten, wenn selbst Mitglieder des Politbüros zu uns kommen werden. Genosse Blöcher gab bekannt, daß nach erfolgreichem Abschluß dieses Lehrganges die Genossen in verschiedene Kategorien eingestuft werden. Von dieser Einstufung hängt es ab, welche Zirkel sie später leiten dürfen. «Die Kategorie I», erklärte Blöcher, «ist allerdings in unserem Lehrgang nicht zu erwerben, da dafür praktisch fast nur Genossen vom ZK der Partei in Frage kommen. Dagegen sei es möglich, die Kategorien II, III und IV zu erlangen. Wer Zirkelleiter der Kategorie II ist, darf Zirkel aller Schichten der Partei bis zu der höheren Intelligenz leiten, mit Ausnahme natürlich der Mitglieder des Parteivorstandes. Mit dem Zeugnis der Kategorie III ist man berechtigt, Zirkel in Betrieben von vornehmlich gewöhnlichen Arbeitern und Wohngruppenzirkel zu leiten, aber nicht solche, an denen intellektuelle Genossen teilnehmen. Zirkelleiter der Kategorie IV sind lediglich berechtigt, die Zirkel in den Wohngruppen zu führen, auf keinen Fall aber in den Betrieben oder gar bei der Parteiintelligenz.» Blöcher betonte, die Berechtigung, den Zirkel der Kategorie II zu leiten, sei eine ganz außergewöhnliche Gunst und Ehre, deshalb hoffe er, daß auch in unserem Lehrgang einige Genossen in diese Kategorie eingestuft werden können. Genossen, die auch die vierte Kategorie nicht erreichen, dürfen keinen Zirkel leiten und werden entsprechend ihrem Versagen in Zukunft von der Partei beurteilt werden. Die Partei will uns bewußt nur auf die Parteiarbeit konzentrieren. Die Familie und alle sonstigen privaten Dinge der Genossen sind im Grunde der Partei nur hinderlich. Das gilt besonders für uns, die wir die Erzieher vieler Genossen werden sollen. «Die Partei kommt immer und in jeder Phase eures Lebens an erster Stelle!» schärfte uns Blöcher ein, «alles andere, auch die Frau, Kinder oder die Mutter, muß bei jedem Genossen zurückstehen, wenn es um das Wohl und die Arbeit der Partei geht!» Ich verstehe nicht ganz diese Gegenüberstellung oder besser gesagt dieses Vorziehen der Parteipflichten vor den Pflichten der Familie. Müssen sich denn die Interessen und Pflichten der Partei und der Familie überschneiden? Bin ich nicht vielmehr zur Partei gestoßen in der Erkenntnis, in ihren Reihen am besten für das Wohl und die Befreiung aller Menschen kämpfen zu können? Habe ich nicht stets meine Parteiarbeit mit der Sorge um meine Familie identifiziert? Und nun kommt die Partei und zieht einen Trennungsstrich? Hat die Partei, die für eine gerechte Sache kämpft, von den persönlichen Interessen der Genossen, zu denen in erster Linie das Interesse an der eigenen Familie zählt, etwas zu fürchten? Wir sind doch keine Maschinen! [...]

(SBZ-Archiv 1952, S. 83f.)

2. «Die Welt der Funktionäre»

Es war im Thüringischen. Ich hatte den Mann gerade erst kennengelernt, aber er erzählte frisch von der Leber weg. «Sie müßten sich mal in den Zug nach Gera setzen, wenn die Parteisekretäre dort Sitzung haben. Die klucken zusammen in den Abteilen und reden in einer Sprache, die der normale Mensch gar nicht mehr versteht. Die leben ja alle in einer Welt für sich ...» Nach zehn Tagen in der DDR wußte ich, was der Mann gemeint hatte. Die Partei lebt in der Tat in einer Welt für sich, sie denkt ihre eigenen Gedanken, sie spricht eine eigene Sprache.

«Die Partei» indes – das heißt nicht die ganze Partei. Im Januar 1963 hatte die SED 1 652 085 eingeschriebene Mitglieder und Kandidaten. Das können gar nicht alles «Träger der Idee» sein, Aktive, Überzeugte. In ihrem neuen Statut definiert sich die SED zwar als «der bewußte und organisierte Vortrupp der deutschen Arbeiterklasse». Doch 1,6 Millionen sind kein Vortrupp mehr, sondern ein Heerhaufen. Da schließt sich zwangsläufig vieles an: Mitläufer, die ihre Ruhe haben wollen, «Karrieristen» und kleinbürgerliche «Opportunisten». Kein Wunder, daß die SED dauernd die «weitere ideologisch-politische Festigung der Parteireihen» beschwört. Manch ein SED-Mitglied entpuppt sich denn auch im Gespräch als biederer Bürger, bloß daß er eben das Parteiabzeichen im Knopfloch trägt, und die meisten gehören wohl zur «Bevölkerung», nicht zur «Führung». Die eigentliche Herrschaftsschicht der Funktionäre ist dünn. Nur diese Minderheit jedoch lebt in der separaten Welt.

Die Welt der «Kader» ist kein Schlaraffenland. Die Disziplin ist strikt, der Parteiauftrag eine Angelegenheit, die nicht nach jedermanns Geschmack ist. Es gehört schon ein guter Schuß Idealismus dazu, sich ohne Widerrede auf jeden Posten schicken zu lassen, den einem die Führung zudenkt, zu einer landwirtschaftlichen Produktionsgenossenschaft in der Lausitz oder ins graue Industriegebiet bei Bitterfeld – wie die Partei es befiehlt. Und Idealismus, ich kann es nicht leugnen, habe ich auf unserer Reise viel getroffen, bei jungen Funktionären, die von ihrer Hoffnung auf die Zukunft leben, denen kein Parteiauftrag die Laune verderben kann; bei Wirtschaftsdirektoren, die mit begeisterter Gläubigkeit, allen Widrigkeiten zum Trotz, nur für eines leben: den Plan; bei Schauspielern auch, bei jungen Schriftstellern und Beamten.

Westlich der Elbe ist es unüblich einzuräumen, daß Freiwilligkeit, daß enthusiastischer Schwung drüben häufig die entscheidende Triebfeder sind. Dennoch, warum es verschweigen? Es war schließlich die verblüffendste Erfahrung unserer DDR-Fahrt, eine Erkenntnis, die mir jedenfalls am meisten zu schaffen gemacht hat: daß drüben soviel Lauterkeit am Werke ist, soviel Hingabe, soviel unbezweifelbar moralisches Wollen. Alles wäre viel einfacher zu verstehen, wenn die Funktionäre Messer zwischen den Zähnen trügen. Östlich der Elbe hinwiederum ist es unüblich, etwas anderes einzuräumen:

Welche Erinnerungen das heraufbeschwört. Dennoch, warum es verschweigen? Seit 1945 hat mich nichts mehr so sehr an die versunkene
braune Epoche denken lassen. Der Idealismus der Jungstammführer, ihr
guter Wille inmitten aller Unbill, der Wille zu Anstand und Sauberkeit im
Dienste einer Sache, die Anstand und Sauberkeit nicht lange zuließ – sie leben fort in der DDR. Schlimm nur, daß der Verdacht nicht abzuschütteln
ist, es lebe zugleich der Mißbrauch des Idealismus fort – wie stets, wenn
eine «Sache» über alles gestellt wird. Welche Einengung des Denkens –
meist sogar freiwillig! Welche Verkürzung der Perspektiven, welche Arroganz
des Urteils!

Einmal saßen wir im Zimmer eines hohen Funktionärs. Es war eingerichtet
wie alle Büros führender Leute, beherrschendes Möbel war nach russischem
Vorbild der Mammutschreibtisch mit dem quer daran gestellten Konferenz-
tisch, weder die Ulbricht-Zeichnung fehlte noch das Grotewohl-Photo. An
einer Stelle des Gesprächs sagte ich:

«Sie glauben also ...»

«Wir glauben nicht, wir wissen!» wurde ich prompt zurechtgewiesen.

Die Quelle solchen Wissens ist eine sogenannte Wissenschaft: der Marxismus (hier ist die Vokabel «sogenannt» wirklich am Platze). Um zu erklären,
daß diese Wissenschaft in der Praxis nirgends so gut funktioniert wie der Kapitalismus, der ohne den Anspruch auf wissenschaftliche Unfehlbarkeit auftritt, hat man gleich noch eine Hilfswissenschaft hinzuerfunden und perfek-
tioniert: die Dialektik.

Ich weiß, daß dies nicht die Lehrbuchdefinition ist, aber nach meiner Erfahrung ist Dialektik die Kunst, sich an schwierigen Fragen vorbeizudrük-
ken. Man tut das keineswegs bewußt, sondern ganz automatisch, man hat es
so gelernt. Hauptsache, daß am Ende nicht die Wirklichkeit triumphiert, sondern das vorgegebene Denkschema. [...]

Ist eine Frage kitzlig, so heißt die Formel: «Die Frage ist falsch gestellt.»

*(Marion Gräfin Dönhoff u. a. [Hg.]: Reise in ein fernes Land, Hamburg 1964,
S. 109ff.)*

3. Alltag eines Politikers der Liberal-Demokratischen Partei

[...]

Donnerstag, den 15. Dezember 1949

Gestern eine fast siebenstündige turbulente Arbeitstagung des Landesverban-
des, bei der es zeitweilig zu Tumulten um Dr. von Stoltzenberg kam. Um
10 Uhr hatten sich im Landestheater in der Zimmerstraße («Alter Fritz») die
Funktionäre der Kreisverbände Teltow, Zauch-Belzig, Luckenwalde, Ost-
havelland, Brandenburg, Rathenow, Westhavelland und Potsdam versammelt.

Ähnliche Arbeitstagungen, bei denen unsere Funktionäre über die jüngste Entwicklung in der Ostzone unterrichtet werden und Gelegenheit haben sollen sich auszusprechen, hatten bereits in den vergangenen Wochen in Prenzlau, Eberswalde, Kottbus und Fürstenwalde stattgefunden. Sie gingen relativ ruhig vonstatten.

Diesmal waren unsere Parteifreunde offensichtlich mit der Absicht angereist, «denen da oben» einmal gründlich die Meinung zu sagen. Im Saal herrschte eine überaus gereizte Stimmung, die sich bereits im ersten Diskussionsbeitrag nach dem einführenden Vortrag Koerbers Luft machte. Gegenstand scharfer Kritik war vor allem unser Parteiorgan «Der Morgen». Die Zeitung, so meinte der erste Diskussionsredner, mache auf ihn den Eindruck, «als sei sie in letzter Zeit sehr stark ins kommunistische Lager übergegangen». Im «Morgen» lese man nur noch ein «ewiges Gehetze». Auch der Rundfunk solle endlich seine Hetze einstellen und Tatsachen bringen. Koerber und Frau Orthmann wiesen diese Vorwürfe zurück. Das provozierte neue Attacken gegen die gesamte Pressepolitik der Zone. Auf die etwas unvorsichtige Frage Koerbers, ob die Kritiker damit zum Ausdruck bringen wollten, daß z. B. die «Tägliche Rundschau» ein schlechtes Blatt sei, rief der Kreisvorsitzende von Zauch-Belzig unter schallendem Gelächter in den Saal: «Was? Die ‹Tägliche Rundschau›? Die nehme ich nur für spezielle Zwecke!»

Nach heftigen Wortwechseln zwischen von Koerber und einigen Parteifreunden debattierte man über unsere noch immer im Planungsstadium befindliche Landeszeitung, bis Herr von Stoltzenberg, der inzwischen eingetroffen war, das Wort ergriff. Seine Rede war nicht sonderlich geschickt. Er warb um Verständnis für die Entwicklung in der Ostzone, wandte sich gegen «überscharfe Kritik» an den politischen Verhältnissen bei uns und gegen falsche Vergleiche. Wer das Heute mit der Nazizeit vergleiche, mache sich schuldig an den Opfern, meinte der Staatssekretär, der selbst 1944/45 in einem Konzentrationslager gesessen hat. Er verteidigte auch den «Morgen» und behauptete, daß selbst die «Times» Nachrichten verbreite, die «nachweisbar falsch» seien, und daß manche unserer Parteikritiker ihre Nachrichten dem RIAS, dem «Telegraf» und anderen westlichen Quellen entnähmen und damit ihr «eigenes Nest» beschmutzten.

Die Parteifreunde wurden immer unruhiger. Als Stoltzenberg sein von Zwischenrufen häufig unterbrochenes Referat beendet hatte, gab es nur spärlichen Beifall, dann eine hitzige Aussprache. Koerber hatte noch durch einen ersten Diskussionsbeitrag die Versammlung zu beruhigen versucht. Aber der dann folgende ältere Parteifreund, Gatte unserer Landtagsabgeordneten Steinmann, breitete eine ganze Skala von Beschwerden über die kommunistische Politik aus, schilderte seine eigene Verhaftung und verlangte, daß die Regierungsmitglieder bei der Verteidigung der Verfassung mit gutem Beispiel vorangingen. Der nächste Diskussionsredner verwickelte Stoltzenberg in einen gereizten Wortwechsel über die Wahlfälschungen im vergangenen Mai.

Die ausweichenden Antworten Stoltzenbergs wurden scharf kritisiert, dieser kämpfte mit einem Asthma-Anfall und verließ schließlich zornrot vorzeitig die Versammlung.

Nachdem Stoltzenberg gegangen war, meldete auch ich mich zu Wort, kritisierte die Form der Auseinandersetzung und versuchte – vergeblich – die Parteifreunde zu einer ruhigeren Betrachtung der Dinge zu bewegen. Die nachfolgenden Sprecher zogen weiter vom Leder, nannten die HO «die Fortsetzung des Monopolkapitalismus, einen Staatsmonopolkapitalismus, wie wir es uns schlimmer gar nicht denken können». Sie bezweifelten das Wahlgeheimnis bei den kommenden Wahlen im Herbst 1950, wiesen auf das ausgedehnte Spitzelsystem in der Ostzone hin und sagten von Koerber ins Gesicht, daß er das Vertrauen der Mitglieder «nicht so einwandfrei» habe. Dann bekam auch ich mein Fett weg: Parteifreund Weirich erklärte, er bedaure sehr, «daß Herr Schollwer, unser junger Freund, heute Gelegenheit genommen habe, Kritik an der Versammlung in dieser Form zu üben». Erschöpft und mißgestimmt verließen alle am späten Nachmittag die Tagungsstätte. [...]

Freitag, den 16. Dezember 1949

Gestern mittag beschloß der Jugendbeirat bei der Parteileitung, Anfang März kommenden Jahres auf der Parteischule Behrensdorf einen Jugendlehrgang durchzuführen. Insgesamt 30 junge Parteifreunde aus allen Landesverbänden sollen teilnehmen. Am Schluß der Sitzung kam Eckardt auf die Verhaftung jugendlicher Parteimitglieder in Mecklenburg zu sprechen und regte an, Kastner und Hamann zu bitten, bei der Sowjetischen Kontrollkommission vorstellig zu werden, um Gründe für die Verhaftungen in Erfahrung zu bringen.

Heute wieder in Berlin, zur Sitzung des Ausschusses für Hochschul- und Studentenfragen. Auch dieser Ausschuß befaßte sich mit den Verhaftungen in Mecklenburg und bat die Parteileitung, sich für die Freilassung der Inhaftierten einzusetzen. [...]

Montag, den 19. Dezember 1949

Um 12 Uhr mittags begann heute bei der Sowjetischen Kontrollkommission das dritte Gespräch mit den Russen. Es dauerte diesmal 3¼ Stunden! Nun besteht kein Zweifel mehr: diese Leute sind von der NKWD. Heute waren es zwei andere Offiziere, die mich in die Mangel nahmen. Nach einigen Präliminarien kamen sie zum eigentlichen Thema. Sie verlangen von mir, mit ihnen bei der Aufspürung von «Schumacher- und Schwennicke-Agenten» zusammenzuarbeiten. Ich wäre für diese Aufgabe der geeignete Mann. Ich lehnte dieses Ansinnen entschieden ab. Schließlich kamen sie mit dem Vorschlag heraus, ich solle meinen guten Willen dadurch unter Beweis stellen, daß ich ihnen zur nächsten Unterredung schriftliche Charakteristiken meiner Freunde und Bekannten mitbringe. Ich lehnte auch diesen Wunsch ab mit der Begründung, daß ich Landessekretär der LDP und nicht Spitzel sei. Die Herren zeigten sich verstimmt und wiederholten ihre Wünsche noch einige Male, stets mit dem gleichen Erfolg bzw. Mißerfolg. Dann ließen sie mich gehen. [...]

(Wolfgang Schollwer: Potsdamer Tagebuch 1948–1950, © Oldenbourg Verlag München 1988, S. 154ff.)

4. Gewerkschaftliche Interessenvertretung

[...]
    Die sich in Zukunft in immer stärkerem Maße vollziehende Strukturveränderung in der Volkswirtschaft, in den Zweigen und Betrieben, die Umprofilierung auf volkswirtschaftlich effektive Produktion, der Übergang zur erzeugnisspezialisierten Fertigung usw. sind mit einer Kette von Folgerungen in den Arbeits- und Lebensbedingungen verbunden, die in alle Bereiche der Volkswirtschaft ausstrahlt, die territoriale Koordinationsaufgaben stellt und die in nichtmaterielle Bereiche wie das Bildungssystem usw. hineinreicht. Die wissenschaftlich-technische Revolution führt nicht nur zur Erhöhung des Anteils geistiger Arbeit infolge vorwiegend regelnder, steuernder und kontrollierender Tätigkeit, zur Umgestaltung der Arbeitsplätze, zur Anwendung neuer Technologien, zum Übergang zum Mehrschichtsystem, zur Notwendigkeit besserer Arbeiterversorgung usw. Sie führt in gleichem Maße zu neuartigen zwischenmenschlichen Beziehungen, neuartigen Bildungsaufgaben, zur Änderung der Arbeitsklassifizierung usw. Indirekte Wirkungen entstehen, indem zum Beispiel höhere Qualifikation und Verantwortung höheren Lohn, dieser wieder eine strukturell veränderte Konsumtion an Waren und Dienstleistungen auslöst. Solange diese Verflechtungen nur administrativ und oft erst auf Grund ihrer Fehlorganisation nachträglich gesteuert werden, unterliegt die dialektische Einheit von wissenschaftlich-technischem Fortschritt und Hebung der Arbeits- und Lebensbedingungen ständigen Störeinflüssen.
    Wichtig ist, daß die Verflechtungen nur durch differenzierte Einflußnahme auf allen verschiedenen Leitungsebenen, auch der Gewerkschaften, gesteuert werden können. Dabei haben die jeweils übergeordneten Leitungen vor allem jene Prozesse zu steuern, die erst auf ihrer Leitungsebene sachkundig entschieden werden können. So muß sich beispielsweise ein Bezirksvorstand des FDGB besonders den territorialen Fragen der Arbeiterversorgung widmen und die Analyse und Entscheidungsfindung der unmittelbaren Versorgung am Arbeitsplatz, in der Werkküche usw. nur anleitend beeinflussen. Die Entscheidung über territoriale Zusammenlegung von Versorgungseinrichtungen ist dagegen eine Frage, die man nicht dem Zufall kooperativen Denkens auf der Betriebsebene überlassen kann, sondern nach optimalen Kriterien auf übergeordneter Ebene entscheiden muß.
    Drittens müssen die Gewerkschaften die mit der wissenschaftlich-techni-

schen Revolution und komplexen sozialistischen Rationalisierung zunehmende Beschleunigung im Wandel gesellschaftlicher und anderer sozialer Strukturen und Erfordernisse berücksichtigen. Sie müssen diese objektive Entwicklung durch eine wissenschaftliche Leitungstätigkeit unterstützen.

Man wird zum Beispiel in Zukunft die zur Entscheidungsfindung benötigten Erkenntnisse, besonders infolge der inneren Verflechtung sozialer Faktoren, nicht mehr nur aus den oft zufallsbedingten, subjektiv beeinflußten Feststellungen verschiedenartigster Kommissionen ziehen können, sondern sie zentral und mit Hilfe der datenmäßigen Verarbeitung gewinnen und sie in entsprechende Leitungsmethoden umsetzen müssen, beispielsweise in Fragen der Konsumtionsmodellierung.

Entsprechend den genannten Grundsätzen müssen auf allen Leitungsebenen der Spezifik des jeweiligen Bereichs angepaßte Entscheidungen zur Verbesserung der Arbeits- und Lebensbedingungen getroffen werden. Die Gewerkschaften müssen dazu einen direkten *eigenständigen Beitrag* leisten und dürfen sich nicht bloß auf Beratungen, Zustimmung und Kontrolle der Entscheidungen der staatlichen Leiter beschränken. Es sei nochmals an die Feststellung Walter Ulbrichts auf dem 11. Plenum des Zentralkomitees der SED verwiesen, daß sich die Gewerkschaften bei der Lösung der sozialpolitischen Probleme, die mit der wissenschaftlich-technischen Revolution verbunden sind, nicht durch Staatsorgane reglementieren lassen dürfen und daß sie kein Anhängsel der Parteileitung sind. Die Gewerkschaften haben, obwohl sie die gleichen Ziele wie der Arbeiter-und-Bauern-Staat verfolgen, eine eigenständige Funktion zu erfüllen. Sie nehmen in der sozialistischen Demokratie ihren festen und selbständigen Platz ein.

Der eigene Beitrag muß bereits bei der Klärung wissenschaftlicher Grundsatzfragen beginnen, zum Beispiel bezüglich der Arbeits- und Lebensbedingungen, ihres funktionalen Zusammenhangs mit dem gesellschaftlichen Reproduktionsprozeß und der Entwicklung des sozialistischen Menschen, der Herausarbeitung von Kriterien optimaler Arbeits- und Lebensbedingungen, der leistungsabhängigen Gestaltung der Arbeits- und Lebensbedingungen usw.

[...]

(Ökonomisches System und Interessenvertretung Bd. 2, Berlin [O] 1968, S. 9ff.)

5. Die Gewerkschaft im Betrieb

Das Gelenkwellenwerk in Stadtilm ist VEB – volkseigener Betrieb. In der Stadt und beim Freien Deutschen Gewerkschaftsbund (FDGB) im Bezirk Erfurt ist man stolz auf diesen Betrieb. Das VEB Gelenkwellenwerk gilt als Schrittmacher. In zehn Jahren steigerten die Arbeiter die Produktion um rund 350 Prozent. Der 7. Parteitag der SED zeichnete das Werk mit dem Ehrenbanner des Zentralkomitees aus.

Wir haben uns diesen Betrieb für unsere Untersuchung vor allem deswegen ausgesucht, weil die Rechte der Betriebsgewerkschaftsleitung (BGL), die im Gesetzbuch der Arbeit festgelegt sind, hier von den Gewerkschaftskollegen voll ausgeschöpft werden. Ob die Gewerkschaftsarbeit in anderen DDR-Betrieben ebenso gut funktioniert, können wir nicht beurteilen. Der Bericht über die Aktivitäten in diesem Betrieb soll aufzeigen, was nach dem Gesetz möglich ist.

Im Gelenkwellenwerk schaffen 1600 Arbeiter und Angestellte. Der gewerkschaftliche Organisationsgrad ist selbst für die DDR außergewöhnlich hoch, nämlich 98,4 Prozent. Auf unsere Frage, ob es denn Pflicht sei, in die Gewerkschaft einzutreten, sagte uns ein Arbeiter: «Mit Gewalt wird niemand hineingezwungen. Wer nicht drin ist, hat eben Nachteile. Er kann sich an der Gewerkschaftswahl nicht beteiligen. Auch die verbilligten Ferienplätze in Gewerkschaftsheimen stehen natürlich nur den Organisierten zur Verfügung. Und wenn wir als Kollektiv jemanden zur Hochschule delegieren wollen, entscheidet natürlich die Betriebsgewerkschaftsleitung mit.»

Die Gewerkschaftsmitglieder zahlen nicht nur regelmäßig ihren Beitrag – laut Satzung des FDGB sind sie verpflichtet, «sich aktiv für die von den Gewerkschaften gestellten Ziele und Aufgaben einzusetzen und für die allseitige Verwirklichung ihrer Beschlüsse zu kämpfen».

Praktisch sieht das dann so aus: Mehr als 500 Gewerkschafter arbeiten in den 72 von ihnen gebildeten Leitungen und Kommissionen mit. Sie organisieren zum Beispiel die ständige Verbesserung der Arbeits- und Lebensbedingungen (Arbeit im betriebseigenen Klubhaus, Schaffung werkseigener Kindergärten, Sicherung ausreichender ärztlicher Versorgung), sie kümmern sich um den jährlich in großem Stil durchgeführten Wettbewerb oder sie arbeiten in kulturellen Zirkeln. Es gibt in fast allen Betrieben Arbeitskreise malender Arbeiter, schreibender Arbeiter, es gibt Theatergruppen und Musikzirkel.

Im Gelenkwellenwerk hat man es genau ausgerechnet: Jedes dritte Gewerkschaftsmitglied hat eine Funktion, ist auf irgendeinem Gebiet aktiv. Es wird durch die verschiedensten Formen des innerbetrieblichen Wettbewerbs dazu angehalten, nicht nachzulassen in seiner Aktivität. Daß das nicht immer einfach ist, geben viele Kollegen zu. Da aber jede Extraleistung, jede zusätzliche Anstrengung mit Prämien, Auszeichnungen, kostenlosen Ferienplätzen, goldenen Nadeln oder Urkunden belohnt wird, kann es sich kaum einer leisten zurückzubleiben. Das Motto der gemeinsamen Anstrengung heißt: Plane mit – arbeite mit – regiere mit.

In der DDR wird die Wirtschaft staatlich gelenkt. Die Pläne für die verschiedenen Industriezweige werden direkt vom Parteitag zum Gesetz erhoben. Für das Gelenkwellenwerk in Stadtilm wirken sich die Richtlinien der staatlichen Pläne unmittelbar so aus: Die BGL schließt mit der staatlichen

Leitung des Betriebes einen Betriebskollektivvertrag ab. Er enthält detaillierte Angaben über die Weiterentwicklung des Gesamtbetriebes, aufgeschlüsselt für jede Abteilung. Eines der Hauptziele einer Betriebsgewerkschaftsleitung ist es, sich für die Realisierung des Plans einzusetzen. Aber bevor so ein Plan von der Vertrauensleutevollversammlung, dem höchsten Gremium der Gewerkschaften im Betrieb, verabschiedet wird, muß noch eine ganze Menge passieren. Jedes Belegschaftsmitglied muß mit dem Plan vertraut gemacht werden, jede Gewerkschaftsgruppe im Betrieb, jedes Arbeitskollektiv muß genauestens überprüfen, ob die Ziele, die die staatliche Leitung ausgearbeitet hat, auch eingehalten werden können. Der BGL-Vorsitzende des Gelenkwellenwerks erklärte uns dazu:

«Angenommen, wir haben bisher für die Herstellung einer Gelenkwelle 22 Minuten gebraucht. Wenn der Plan eingehalten werden soll, dürfen wir in Zukunft nur noch acht Minuten brauchen. Jetzt überlegen wir uns gemeinsam, ob und wie das zu schaffen ist. Eins kommt für uns als Gewerkschafter nicht in Frage: Steigerung der Produktivität auf Kosten der Knochen unserer Arbeiter.»

Wenn aber die Steigerung der Produktivität nicht auf die Knochen gehen soll, müssen neue Maschinen her. Bessere Maschinen müssen entwickelt werden. Gemeinsam müssen sich alle überlegen: Wie kann rationeller gearbeitet werden ohne zusätzliche Überstunden und ohne neue Arbeitskräfte?

Bei der letzten Plandiskussion haben die Arbeiter über 400 Vorschläge eingereicht. Der staatliche Leiter hat die Pflicht, jeden einzelnen Vorschlag genau zu überprüfen. Der einzelne Arbeiter oder das Kollektiv haben das verbriefte Recht darauf zu erfahren, was aus ihren Ideen geworden ist. Die Ablehnung eines Vorschlags muß fachlich begründet werden.

Die Arbeiter wissen nämlich, was zu einem brauchbaren Vorschlag gehört: genaue Angaben über technische Verbesserungen, Errechnung der Zeit-, Material- und Kosteneinsparung. Auch die Auswirkungen auf den Kollegen, der an diesem neu zu gestaltenden Platz dann arbeiten soll. Entsteht durch eine technische Verbesserung mehr Lärm oder Staub, wird die Arbeitsplatzversorgung schlechter oder fehlen in dem Vorschlag Angaben über die Arbeitsplatzversorgung, muß der Vorschlag abgelehnt werden. «Die Henneke-Zeiten sind bei uns vorbei», sagte ein Mitglied der BGL. (Der Hauer Adolf Henneke hatte 1948 in einer Schicht die Norm um 387 Prozent überboten und wurde zum Heros des sozialistischen Aufbaus gemacht.)

Kein Plan kann übrigens ohne die Zustimmung der Gewerkschaft verabschiedet werden. Wenn die Vertrauensleutevollversammlung mehrheitlich der Auffassung ist, der Plan sei nicht zu schaffen, muß die gesamte Plandiskussion von neuem beginnen.

Der Vorsitzende der BGL des Gelenkwellenwerks ist jetzt 45. Um sich für die Interessen seiner Kollegen in allen Produktionsbereichen einsetzen zu können, muß er sich auskennen, praktisch und theoretisch, damit er auch bei kontroversen Diskussionen mit der staatlichen Betriebsleitung nicht baden

geht. «Praktisch», sagte er, «darf es kein Gebiet innerhalb der Produktion und Organisation des Betriebes geben, in dem ich mich nicht auskenne.»
Der berufliche Werdegang von Gerhard L. zeigt für die DDR typische Möglichkeiten auf, sich ständig weiterzuqualifizieren. Und das natürlich nicht mit dem Ziel, den Betrieb so schnell wie möglich zu verlassen, sondern mit der Perspektive, mit neuen Ideen und mehr Wissen zu den Kollegen zurückzukommen.
Die Stationen von Gerhard L. waren: 8 Klassen Volksschule, 3jährige Lehre, 10 Jahre Kupferschmiede, 4 Jahre Vertrauensmann, Vorsitzender der Abteilungsgewerkschaftsleitung, BGL-Mitglied, BGL-Vorsitzender. Während seiner Arbeit im Gelenkwellenwerk: Fernstudium Psychologie, Abendstudium Betriebswirtschaft, Abendstudium Industriemeister, Studium der Gesellschaftswissenschaften an der Gewerkschaftsschule. Jedes Studium wurde abgeschlossen. «Ich wäre heute in der Lage», sagt Gerhard L., «jeden Posten im Betrieb zu übernehmen. Ich stehe als Facharbeiter meinen Mann, aber auch als Betriebsleiter.»
[...]
(Metall 1972, Heft 13, S. 13)

6. Unruhe an der gewerkschaftlichen Basis
im Frühjahr 1989

Im Zusammenhang mit dem Wettbewerb gab es erneut kritische Bemerkungen zur Kontinuität der Produktion, zur Arbeitsorganisation, der Bereitstellung von Material, der Verbesserung des Transports, der Ersatzteilbereitstellung sowie der Schaffung des notwendigen Bauvorlaufes. Es zeigt sich, daß die Kritik der Mitglieder zur Produktionsorganisation stärker geworden ist.
Immer unduldsamer reagieren die Mitglieder auf die teilweise schleppende Behandlung von Vorhaben für bessere Arbeitsbedingungen, von Neuerervorschlägen, der sozialistischen Gemeinschaftsarbeit, Versäumnissen bei der rechtzeitigen Qualifizierung sowie der schnellen und realen Information über betriebliche Fragen. Die Mitglieder fordern von den staatlichen und gewerkschaftlichen Leitungen, sich stärker dafür einzusetzen, daß Verbesserungen erreicht und damit die Verpflichtungen im sozialistischen Wettbewerb allseitig erfüllt werden können. Zugleich setzen sie sich kritisch mit den Fragen der Auslastung der Arbeitszeit, besonders der Nutzung von Reserven durch eine bessere Arbeitsorganisation und Materialbereitstellung, des Abbaus von beeinflußbaren Warte- und Stillstandszeiten sowie der Überwindung von unentschuldigtem Fehlen bei einigen Mitgliedern auseinander.
In den Wahlversammlungen wurde jedoch auch über Unzulänglichkeiten diskutiert, die seit langem anstehen und bisher nicht gelöst sind. Das betrifft

den Abbau von Arbeitserschwernissen, die Einhaltung des Gesundheits- und Arbeitsschutzes, den innerbetrieblichen Transport, notwendige Instandsetzungsarbeiten an Dächern und Fenstern sowie die Verbesserung der Arbeiterversorgung, insbesondere der Pausen- und Nachtschichtversorgung.

In Gewerkschaftsgruppen gab es Forderungen zur besseren Leistungsbewertung und nach mehr Lohn.

Viele kritische Fragen gibt es zum Feriendienst. Dabei geht es um eine bessere Verteilung, die Ausstattung der Heime, die Bereitstellung von Ferienreisen im Juli und August und für kinderreiche Familien. Diese Probleme wurden auch im Zusammenhang damit diskutiert, daß das Reisen in das sozialistische Ausland immer komplizierter wird.

(*«Informationen über Inhalt und Verlauf der Wahlversammlungen in den gewerkschaftlichen Grundorganisationen – Gewerkschaftsgruppen – Beschluß des Sekretariats des Bundesvorstandes des FDGB vom 8. März 1989». In: Wolfgang Eckelmann u. a. [Hgg.]: FDGB-intern, Innenansichten einer Massenorganisation der SED, Berlin 1990, S. 223 ff.)*

7. Die Rolle des «Kulturbundes»

«Es ist uns noch nicht gelungen, alle christlichen Künstler und bürgerlichen Intellektuellen heimisch zu machen.» Mit diesen Worten umriß der 1. Bundessekretär des sowjetzonalen «Deutschen Kulturbundes», Schulmeister, auf der Präsidialtagung im Februar d. J. eine Tatsache, die offiziell festzustellen ihm, dem Kulturbund und der SED nicht leichtgefallen, die jedoch allen Sehenden längst augenfällig ist.

Man beachte bei dem oben zitierten Satz besonders die sinnige Wortwahl: «heimisch» machen! Um es also mit anderen Worten zu sagen: Die SED hat Sorgen mit der Intelligenz, mit den Intellektuellen, die entweder in passivem Widerstand gegen die Maßnahmen der «Sozialisierung» auf allen Gebieten verharren oder aber die Zone verlassen. 1960 sind fast 6000 Wissenschaftler, Lehrer, Ingenieure, Techniker und Ärzte nach dem Westen geflüchtet. Und seit der vollen Auswirkung des harten Kurses der stur und mechanisch durchgeführten Sozialisierung, seit 1958 also, bis Ende 1960 ergibt sich eine Zahl von 16000 geflüchteten Angehörigen der Intelligenz! Das ist ein Aderlaß, den sich die «DDR» mit ihren knapp 17 Millionen Einwohnern nicht leisten kann. Das einzusehen – und auch einzugestehen! – dauert bei totalitären Regimen immer geraume Zeit. Und diese Zeit, so scheint es, ist wieder einmal um. [...]

Eine wichtige Rolle bei dieser Aufgabe, die Intelligenz bei der Stange zu halten, fällt dem «Kulturbund» zu. Hier sind nun seine Entwicklung und seine letzte Präsidialtagung zu untersuchen, um festzustellen, ob prinzipielle Änderungen in der kulturpolitischen Linie der «DDR» zu erwarten sind.

Als im Juli 1945 auf Initiative J. R. Bechers und mit Genehmigung des sowjetischen Stadtkommandanten von Berlin der «Kulturbund zur demokratischen Erneuerung Deutschlands» gegründet wurde, war ein großer Teil der geistigen Elite Deutschlands, soweit sie schon nach Deutschland zurückgekehrt war, anwesend und mit gutem Willen bei der Sache: unter anderen Ricarda Huch und Gustaf Gründgens, Eduard Spranger und Paul Wegener, Dr. Friedensburg und Renée Sintenis, Rudolf Pechel und Theodor Plivier; Gerhart Hauptmann schickte aus dem polnisch besetzten Agnetendorf einen Gruß und wurde zum Ehrenpräsidenten gewählt.

In dem Manifest des «Kulturbundes» wurden die großen Aufgaben dargelegt: Ausrottung der faschistischen Ideologie, Entwicklung einer neuen, freiheitlichen und weltoffenen Kultur und Schaffung neuer moralischer Wertmaßstäbe: «Wir erstreben eine neue, freiheitliche, demokratische Weltanschauung. Wir fordern die Erziehung unseres deutschen Volkes im Geiste der Wahrheit.» In dem Nachkriegs-Berlin entwickelte sich ein nach den äußeren Umständen gemessen reiches und optimistisches Kulturleben, an das man heute im gespaltenen Berlin nur mit Wehmut denken kann.

Aber bald und immer mehr mußten die Gutgläubigen und Gutwilligen erkennen, daß die Ziele des «Kulturbundes» durch die marxistisch-kommunistische Ideologie unterwandert werden sollten. Die Zusammenarbeit mit den bürgerlichen Intellektuellen war nur ein «taktisches Manöver», das in die der für den Nachkriegsfall von den in die Sowjetunion emigrierten deutschen Kommunisten ausgearbeiteten Pläne paßte, die dann von der der Roten Armee auf dem Fuße folgenden «Gruppe Ulbricht» auf allen Gebieten in die Tat umgesetzt wurden.

Bereits im Jahre 1947 war das Präsidium des «Kulturbundes» in der Mehrheit von SED-Mitgliedern besetzt, und die ersten Worte von den «westlichen Imperialisten und Kriegshetzern, von den Formalisten und Kosmopoliten» fielen, so daß der «Kulturbund» im November 1947 von den Kommandanten der Westsektoren verboten wurde.

In den folgenden Jahren bis 1953 hatte der «Kulturbund» die Aufgabe, die sowjetzonale und auch westdeutsche Intelligenz mit dem Schlagwort vom «realen Humanismus», der dann später zum «sozialen Humanismus» wurde, zu ködern und unter dem kulturellen Deckmantel um Verständnis für die politischen und ideologischen Ziele der Sowjetunion und der «DDR» zu werben. Daß diese Aufgabe nicht immer im Sinne Ulbrichts gelöst worden ist, hat dem «Kulturbund» manche Rüge eingebracht. Vor allem wurde das Ziel, die Künstler von der Richtigkeit der kommunistischen Kunstauffassung des «sozialistischen Realismus» zu überzeugen und den «Formalismus» zu bekämpfen, nicht voll erreicht.

Im Jahre 1953, als sich die Zeichen einer bedrohlichen Unruhe in der «DDR» mehrten, war die SED plötzlich bestrebt, begangene Fehler bei Intelligenz und Arbeiterschaft wiedergutzumachen. Auf einer «Tagung der Intelligenz» im Mai 1953 bemühte sich Ulbricht um die «Herstellung eines gegenseitigen Vertrauensverhältnisses zwischen der demokratischen Staatsmacht und der Intelligenz als eine Lebensnotwendigkeit für beide», wobei er betonte, daß die Anerkennung des Marxismus-Leninismus nicht als Bedingung für die Zusammenarbeit gestellt werde! Ulbricht zog dann über starrköpfige Funktionäre her, die die Anordnungen des «neuen Kurses» nur mangelhaft durchführten, und er versprach eine bessere Behandlung der Intelligenz – genau wie heute im Jahre 1961.

Auf einer Präsidialtagung des «Kulturbundes» im Juli 1953 wurden dann unter dem Eindruck der Juni-Ereignisse weitgehende Forderungen der Intelligenz laut. Das Präsidium trat u. a. dafür ein, «daß in allen wissenschaftlichen und künstlerischen Diskussionen die Freiheit der Meinungen gewährleistet wird. Jede wissenschaftliche Ansicht oder künstlerische Auffassung muß in echter Gleichberechtigung die Möglichkeit zur geistigen Auseinandersetzung erhalten. Außerdem muß die administrative Einmischung staatlicher Stellen in die schöpferischen Fragen der Kunst und Literatur aufhören. Presse und Rundfunk sollen künftig für die wirklichkeitsgetreue Information der Bevölkerung in einer lebendigen und verständlichen Sprache sorgen, keine Schönfärberei dulden und Mängel in einer offenen demokratischen Weise besprechen». Der damalige Bundessekretär, Kneschke, befürwortete außerdem großzügigere und unkontrollierte Kontakte zur westlichen Intelligenz und Kultur.

Nun, die Folgen sind bekannt: Nach einer kurzen Dauer des «neuen Kurses» begann der «Aufbau des Sozialismus», und Ulbricht sprach wieder eine deutliche, unfreundliche Sprache: Kneschke wurde von seinem Posten abberufen, die Harich-Gruppe verhaftet; die Kulturkonferenz 1957 zog den endgültigen Schlußstrich unter das kulturpolitische «Tauwetter», was nicht zuletzt der «Kulturbund zur demokratischen Erneuerung Deutschlands» zu spüren bekam.

Auf dem 5. Bundeskongreß im Februar 1958 wurde dieser neue, «harte Kurs» manifestiert: Johannes R. Becher trat den Vorsitz an den schärferen Parteigänger Max Burghart ab; der Name wurde geändert in «Deutscher Kulturbund», weil der alte nicht mehr «zeitentsprechend», die demokratische Erneuerung in der «DDR» längst vollzogen sei und der Aufbau des Sozialismus beginne.

[...]

(W. Mohro in: Deutsche Fragen 1961 Nr. 4, S. 71 f.)

8. Brief von John Becher
an seinen Vater Johannes R. Becher

Lieber Vater!   London, Januar 1951.

Wie Du siehst, ich bin zurück in England. Ich bedauere nicht Dich besucht
zu haben, ich bedauere auch nicht nach England heimgekehrt zu sein. Es war
erfreulich, Dich, Vater, wiederzusehen – nach 12jähriger Trennung. Die wenigen Augenblicke mit Dir zusammen, der Anblick des Zustandes, in dem Du
lebst, war für mich ein weit stärkerer Lehrmeister als alle meine Jahre in England!

[...]
Dein freudiger Blick, als wir uns endlich wiedersahen, wird mir in ewiger
Erinnerung bleiben. Trotz der langen Trennung fühlte ich, daß die Liebe
nicht gemindert war. Du hattest sofort Pläne für mich – für die Zukunft. War
es möglich, daß Du den Verhältnissen um Dich so blind gegenüberstandest?
– Denn als ich daranging, den ersten Schritt zu Deinen Plänen zu verwirklichen, da fühlte ich bereits, daß Unmögliches von mir verlangt werde. Ich
mußte Erlaubnis haben von der Partei, vom Innenministerium, in der Deutschen Demokratischen Republik bleiben zu dürfen. Du warst überzeugt von
Deiner Macht –, schließlich bist Du ja eine Persönlichkeit. – Und so ging ich
zur Partei mit der Bitte, mir den Aufenthalt zu gewähren, den Aufenthalt in
meiner Heimat bei meinem Vater.

[...]
Ist Dir in dieser Situation die Realität der Verhältnisse, unter denen Du
lebst, nicht zum Bewußtsein gekommen? Erkennst Du nicht, daß Deine
Macht nur eine Illusion ist? – Daß das Deutschland, von dessen Aufbau Du
jahrelang geträumt hast, in den Händen von solchen Personen zum Selbst-
zweck mißbraucht wird? – Und alles das geschieht mit Deinem Namen, ein
Name, den jeder Deutsche kennt und dem viele vertrauen.

Muß ich Dir sagen, daß man Dich verwendet, wie ein Werkzeug? Daß man
nur Deinen Namen und Deine Unterschrift als Aushängeschild dem deutschen Volke hinhält? – Daß deine Liebe, das deutsche Volk, mit Deiner Hilfe
vernichtet wird? –

Schau mit offenen Augen! – Und Du mußt wahrnehmen, daß die ganze
Propaganda, die Plakate und Aufrufe für Frieden umkreist werden von Uniformen –, und daß die deutsche Jugend in Deiner Demokratischen Republik
vorbereitet und trainiert wird für ein noch größeres und vollkommeneres
Blutbad. Wenn Du in Deinem Auto durch die Straßen fährst, versuch die
Menschen zu erfassen – so wie sie sind –, hungrig und in Angst vor dem
Morgen. Sie wünschen nur eins: In friedlicher Sicherheit zu leben! – Blick auf
die wieder marschierende Jugend in Uniform und Militärstiefeln; hast Du das
nicht schon einmal gesehen?

Wir hatten wenig zu sagen, als wir uns verabschiedeten. Ich fühlte, Du ahntest, was in mir vorging, nämlich daß ich mich bereits entschieden hatte, niemals an dem Traum von Deinem Deutschland teilzunehmen, der sich zusehends in einen Alpdruck verwandelt.

Als mein Vater besitzt Du meine Liebe. Wenn ich Deine Arbeiten lese, so glaube ich zu begreifen, was Du pflanzen und pflegen wolltest, aber wenn ich sehe, was aus Deinem Werk emporschießt, – eine Finsternis, die aufs neue Europa bedroht, dann bin ich froh, daß sich unsere Wege getrennt haben.

Dein Sohn John T. Becher, London.

Januar 1951.

(Kurt Zentner [Hg.]: Aufstieg aus dem Nichts. Deutschland von 1945 bis 1953, Köln 1954, S. 182)

9. Informationsbericht von 1953
Die Tätigkeit der Jungen Gemeinde in Sachsen

Die Junge Gemeinde tritt in Sachsen an drei Punkten hervor: das ist in den religiösen Schwerpunktgebieten Ostsachsens (Bautzen, Kamenz, Hoyerswerda) und Westsachsens (Erzgebirgskreise Annaberg, Aue und die Kreise Zwickau und Glauchau). In Leipzig besteht die stärkste Organisation der Jungen Gemeinde. Dies ist eine Auswirkung des Bestehens großer kirchlicher Jugendvereine aus der Zeit vor 1933. Die damaligen Funktionäre sind auch heute wieder tätig.

In diesen Gebieten kann von einer organisierten Arbeit gesprochen werden. Die Junge Gemeinde umfaßt in Sachsen 25000 Mitglieder insgesamt. Der Leiter ist der Jugendpfarrer Oehlmann aus Gauernitz im Kreise Dresden. Der Verbindungsmann zum Westen ist Dr. theol. phil. Funke in Oelsnitz im Vogtland. Er bezeichnet sich selbst als den Leiter der christlichen Jugendbewegung für das gesamte Reichsgebiet und fährt in kürzeren Zeitabständen nach dem Westen, um sich dort Informationen zu holen.

In welcher Form arbeitet die Junge Gemeinde?

Die Hauptarbeit wird durch die Bibelstunden geleistet, die überall regelmäßig durchgeführt werden. Träger der Jungen Gemeinde sind die Kirche und CDU, ganz besonders die Kirche. Im Kreis Leipzig sind bei der Jungen Gemeinde Bestrebungen vorhanden, der FDJ als gesonderter Verband beizutreten. Dies würde bedeuten, daß 7000 Jugendliche innerhalb der FDJ einen Keil darstellen, der seine eigenen Aufgaben durchführt, aber alle Arbeitspläne der FDJ mit erhält und bei den FDJ-Wahlen stimmberechtigt ist und Kandidaten stellt.

Im Kreis Plauen, besonders in den Städten Plauen, Reichenbach, Netzschkau und Elsterberg liegt die Leitung der Jungen Gemeinde in den Händen der Sekte «Zeugen Jehovas». Deren Funktionäre gehen von Haus zu Haus und werben die Jugendlichen für die «Junge Gemeinde» und zugleich für die

Sekte. Es wurden Jugendchöre und sogar Klampfenchöre gebildet, die sonntags werbend von Hof zu Hof ziehen.

In Elsterberg arbeitet die Junge Gemeinde nach festen Monatsplänen, die als besonderes Zugmittel neben den üblichen Bibelstunden Wanderungen mit Verpflegungsausgabe sowie christliche Laienspiele vorsehen. Die Beteiligung hieran beträgt in Reichenbach z. B. im Durchschnitt 200 Jugendliche.

In Reichenbach wird sogar ein politischer Zirkel durchgeführt, dessen Leiter der Stadtverordnetenvorsteher der CDU ist. Über die Bedeutung dieses politischen Zirkels gibt ein Mitteilungsblatt der Stadtverordneten der CDU Auskunft. Es heißt darin: «Die jungen CDU-Mitglieder sind anzuweisen, in die FDJ zu gehen. Sie sollen dort im Sinne der CDU arbeiten, d. h. nicht offen gegen die Beschlüsse der FDJ eintreten, aber niemals vergessen, daß sie CDU-Angehörige und Mitglieder der Jungen Gemeinde sind.»

Im Kreis Hoyerswerda ist den Zeugen Jehovas ebenfalls ein starker Einfluß in die Junge Gemeinde gelungen. Vor einigen Wochen wurden unter der Mithilfe von Mitgliedern des kirchlichen Jugendverbandes durch diese Sekte Eintrittskarten für die Arche Noah verkauft. An bestimmten Plätzen der Stadt trafen sich dann die Gläubigen, um den Untergang der Welt und die Ankunft der Arche Noah abzuwarten. Die Arche Noah kam natürlich nicht, aber es wurden Werbereden für Sekte und Junge Gemeinde gehalten. D. h. also: illegale Werbetätigkeit unter dem Deckmantel religiösen Glaubenswahnes.

Besonders stark ist die Tätigkeit der Jungen Gemeinde an der Thomas-Schule, der Karl-Marx-Schule, der Humboldschule und der Richard-Wagner-Schule in Leipzig. Von etwa insgesamt 1500 Schülern sind 10 % Mitglieder der Jungen Gemeinde. Nur 6 % der Schüler gehören der FDJ an. An diesen Schulen wurden seinerzeit auch die Resolutionen zur Begrüßung der Regierung der Deutschen Demokratischen Republik abgelehnt. Auch an der Handelsschule Leipzig arbeitet sehr aktiv die Junge Gemeinde. Mit Unterstützung der Lehrerin Johanna Seidel wurde erreicht, daß vor Beginn des Unterrichts gebetet wird.

Auch in Görlitz hat die Tätigkeit der Jungen Gemeinde in den Schulen um sich gegriffen, z. B. wurde auf Beschluß der Schülerschaft in der Oberschule ein Kruzifix aufgehangen.

Im Kreise Zwickau ist Werdau ein Schwerpunktgebiet. Hier führt die Junge Gemeinde regelmäßig in der Kirche Großveranstaltungen mit Laienspielen durch, die eine in die Hunderte gehende Besucherzahl aufweisen.

Im Kreis Annaberg und Freiberg ist der Einfluß der Jungen Gemeinde schon so stark, daß selbst FDJ-Angehörige die Bibelstunden besuchen. Auch aus Glauchau und Crottendorf, Jöhstadt, Walthersdorf und Bärenstein im Kreis Aue werden solche Beispiele gemeldet. In Freiberg sind sogar Polizeiangehörige, unter ihnen SED-Genossen Walter Kosseck und Ilse Hallan, der Jungen Gemeinde beigetreten und werben bei der Polizei für diesen Verband. [...]

(PDS-Archiv Leipzig, IV A – 5/01/227)

10. Bericht eines desertierten Leutnants
des Staatssicherheitsdienstes

[...]
Mitte 1958 wurde im Amtssitz des evangelischen Bischofs Noth in Dresden vom Staatssicherheitsdienst ein Abhörgerät eingebaut. Den Einbau leitete der Chef der Bezirksverwaltung, während der technische Ablauf in den Händen des Major Winkel, des Leiters der Abteilung O, Technik, lag. Auch Oberleutnant Löffler, der damals das Referat Kirchen in der Bezirksveraltung leitete, kümmerte sich um den Einbau.

Die Angelegenheit ging folgendermaßen vor sich: Oberleutnant Löffler beantragte den Einbau des Abhörgerätes mit der Begründung, «in der evangelischen Kirche gibt es nicht genügend Informationen, wir brauchen deshalb andere Quellen, um Auskunft über die Tätigkeit der Kirche zu erhalten». Man nahm Verbindung auf zu einem im Landeskirchenamt tätigen Heizer, der sich früher einmal selbst für Spitzeldienste angeboten hatte. Dieser Heizer verschaffte den Mitarbeitern der Bezirksverwaltung Zutritt zu den Räumen des Landeskirchenamtes, und zwar in den Nachtstunden. Außerdem lieferte er den Inhalt der Papierkörbe, den er verbrennen sollte, bei Leutnant Jänicke, dem Sonderbeauftragten für die evangelische Kirche, ab. Der Heizer erhielt für seine Tätigkeit Geldbeträge in Höhe von 100,– bis 150,– DM. Er gab der Bezirksverwaltung Gelegenheit, sich Nachschlüssel für alle Räume des Landeskirchenamtes anfertigen zu lassen. So war es möglich, das kleine Abhörgerät direkt an den Telefonanschluß des Bischofs anzuschließen und mit einer Leitung zum Büro von Leutnant Jänicke zu verbinden. Dort wurden Telefongespräche auf Band aufgenommen und dann ausgewertet. Das Ministerium hat sich fast ein Jahr lang auf dem Wege über die Bezirksverwaltung Dresden dieser Quellen bedienen können, bis eine westliche Veröffentlichung der Sache ein Ende machte.
[...]
(Karl Wilhelm Fricke: Politik und Justiz in der DDR, Köln 1979, S. 183 f.)

11. «Kirche im Sozialismus»
Aus dem Bericht der Konferenz der Evangelischen Kirchenleitung
von 1977

[...]
Was «Kirche im Sozialismus» ist, bewährt sich zuallererst daran, ob der einzelne Bürger in der sozialistischen Gesellschaft der DDR mit seiner Familie als bewußter Christ leben und das Vertrauen haben kann, daß ihm und allen Christen dies auch in Zukunft möglich sein wird.

Es ist oft und eindrücklich gesagt worden, zuletzt von dem Vorsitzenden des Staatsrates, Generalsekretär Erich Honecker, bei der 1. Tagung der neu gewählten Volkskammer: «Unsere sozialistische Gesellschaft bietet jedem Bürger, unabhängig von Alter und Geschlecht, Weltanschauung und religiösem Bekenntnis, Sicherheit und Geborgenheit, eine klare Perspektive und die Möglichkeit, seine Fähigkeiten und Talente, seine Persönlichkeit voll zu entfalten. Daran halten wir fest.»

Dieser Satz scheint uns unmißverständlich auszudrücken, daß die volle Entfaltung der Persönlichkeit auch der christlichen Bürger jetzt und in Zukunft gewährleistet sein soll.

Offenbar sind solche klaren Worten bisher noch nicht in dem Maße Allgemeingut geworden, daß man ihre Wirkung überall spürt. In den programmatischen Erklärungen zur kommunistischen Erziehung wird für eine andere Grundanschauung als die des Marxismus-Leninismus keinerlei Raum gelassen (vgl. den Abschnitt «Entwicklung der Volksbildung und kommunistischen Erziehung der Jugend» im Parteiprogramm der SED). Das Problem liegt genau dort, wo es die Bundessynode in Züssow 1976 angezeigt hat: «Die Spannung zwischen der Zusicherung von Glaubens- und Gewissensfreiheit einerseits und dem Erziehungsziel der kommunistischen Persönlichkeit andererseits bedarf einer grundsätzlichen Klärung, die für die Kinder und Jugendlichen unserer Gemeinden wirksam werden muß.»

Im Sinne eines «guten, vertrauensvollen Miteinanders», von dem immer wieder gesprochen wird, ist es nicht günstig, wenn der Christ fragen muß: Ist der christliche Glaube beim Aufbau des Kommunismus doch vielleicht nur ein Überrest, der beseitigt werden müßte?

Wir haben es schon mehrfach gesagt: Fälle ausgesprochener Diskriminierung sind, wenn sie mit Namen und Hausnummer zur Sprache gebracht werden können, geprüft und im allgemeinen abgestellt worden. Aber sie kommen eben, besonders im Bereich der Volksbildung, immer wieder einmal vor. Woher kommt das? Diejenigen, die solche Diskriminierungen verursachen, haben wahrscheinlich selten persönliche Erfahrungen mit der Kirche gehabt. Könnte es daran liegen, daß sich die Generallinie nicht bis in die Ausbildung und in die Schulungen hinein durchsetzt? Was wird mit Büchern wie «Was ist Kommunismus?», die in Massenauflagen erscheinen, bezweckt? Wird der Lehrer, der hört, daß die «bürgerliche Moral» «die ewige Sittlichkeit außerhalb von Gesellschaft und Klassenkampf heuchelt» und daß dies «mit unserer Moralauffassung unvereinbar ist», nicht gerade darauf gestoßen, dies Verdikt auf die christliche Sittlichkeit zu beziehen? In welchem Verhältnis steht das dort entworfene Bild von Religion und Sittlichkeit zu der Behauptung, daß die ideologischen Gegensätze zwischen marxistischer Ideologie und christlichem Bekenntnis keinen antagonistischen Charakter mehr hätten? Liegt die jetzt häufiger zu bemerkende Tatsache, daß christliche Kinder von ihren Mitschülern bedrängt werden, außerhalb der pädagogischen Einflußmöglichkeiten der Lehrer? Daß in die Weltanschauung der Partei ein erhebliches Stück

Religionskritik integriert ist, ist klar. Aber es beschwert uns, daß diese nicht so sehr in der Form positiver Darstellung der eigenen Überzeugung und mit dem Respekt vor der des anderen übermittelt wird. Vielfach werden Eltern von der Position der Macht her, die die Lehrer zweifellos in großem Maße haben, im Interesse der Zukunft ihrer Kinder davor gewarnt, diese an der christlichen Unterweisung teilnehmen zu lassen. Das zwingt dazu, an die Zivilcourage zu appellieren. Aber ist das gut im Sinne des Staates und eines zu fördernden Vertrauens? Mit Brecht zu sprechen, sollte unser Land keine «Helden nötig» haben. Schwer verständlich für viele Christen ist es auch, daß aus dem in der Verfassung verankerten Führungsanspruch der SED die Folgerung häufig gezogen wird, daß auch kleinste Einheiten nur durch Mitglieder der Partei geleitet werden sollen. Sollte der Führungsanspruch wirklich im Sinne von Ausschließlichkeit zu verstehen sein? Bewährte Fachleute, die sich zum christlichen Glauben bekennen, werden auf wichtigen Posten belassen. Aber engagierte junge Christen haben wenig Aussicht, dorthin zu gelangen, und wenn sie noch so tüchtige Fachleute und gute Kollegen wären.

Wir treten nach wie vor dafür ein, daß Mitglieder der Baueinheiten zum Studium zugelassen werden. Daß die Regierung der DDR die Möglichkeit der Waffendienstverweigerung gegeben hat, ist ein Zeichen für Stärke. Durch einschränkende Maßnahmen wird dieses Zeichen verdunkelt. So ist das Unbehagen verständlich, das sich immer wieder einmal Luft macht. Gelegentliche Explosionen zeigen, daß man an der «Basis» hochempfindlich und geneigt ist, den Leitungen der Kirche und ihren Bemühungen um eine größere Gemeinsamkeit zu mißtrauen. Daß die Massenmedien der DDR noch am Wahltage über die Wahlbeteiligung leitender Geistlicher berichtet haben, war ein Mißgriff, der das Verhältnis zwischen Staat und Kirche, unter den Kirchen und zwischen Leitungen und Gemeinden nicht wenig belastet hat. Wem kann an solcher Entwicklung liegen? Nicht zurückgekommen sind die Kommentare der DDR-Presse vom 31. 8. 1976 zur Selbstverbrennung von Oskar Brüsewitz, die, wie man zu der Tat selbst auch stehen mag, Respekt vor der Würde des christlichen Mitbürgers vermissen lassen.

[...]

(Frankfurter Allgemeine Zeitung vom 25. 5. 1977)

12. Stasi-Richtlinien zur Bekämpfung «feindlicher Gruppen» (1976)

[...]

«– systematische Diskreditierung des öffentlichen Rufes, des Ansehens und des Prestiges auf der Grundlage miteinander verbundener wahrer, überprüfbarer und diskreditierender sowie unwahrer, glaubhafter, nicht widerlegbarer und damit ebenfalls diskreditierender Angaben;

– systematische Organisierung beruflicher und gesellschaftlicher Mißerfolge zur Untergrabung des Selbstvertrauens einzelner Personen; [...]

– Erzeugen von Mißtrauen und gegenseitigen Verdächtigungen innerhalb von Gruppen, Gruppierungen und Organisationen;

– Erzeugen beziehungsweise Ausnutzen und Verstärken von Rivalitäten innerhalb von Gruppen, Gruppierungen und Organisationen durch zielgerichtete Ausnutzung persönlicher Schwächen einzelner Mitglieder;

– Beschäftigung von Gruppen, Gruppierungen und Organisationen mit ihren internen Problemen mit dem Ziel der Einschränkung ihrer feindlich-negativen Handlungen;

– örtliches und zeitliches Unterbinden beziehungsweise Einschränken der gegenseitigen Beziehungen der Mitglieder einer Gruppe, Gruppierungen oder Organisation auf der Grundlage geltender gesetzlicher Bestimmungen, zum Beispiel durch Arbeitsplatzbindungen, Zuweisung örtlich entfernt liegender Arbeitsplätze und so weiter;

– die Verwendung anonymer oder pseudonymer Briefe, Telegramme, Telefonanrufe und so weiter; kompromittierender Fotos, zum Beispiel von stattgefundenen oder vorgetäuschten Begegnungen;

– die gezielte Verbreitung von Gerüchten über bestimmte Personen einer Gruppe, Gruppierung oder Organisation; [...]

– die Vorladung von Personen zu staatlichen Dienststellen oder gesellschaftlichen Organisationen mit glaubhafter oder unglaubhafter Begründung.»

(Richtlinie 1/76, GVS MfS 008-100/76. Zit. in: Frankfurter Allgemeine Zeitung vom 3. 9. 1990)

13. «Schwerter zu Pflugscharen»

Längere Zeit waren Sie Pfarrfrau in einer kleinen Landgemeinde im Kreis Prenzlau. Was hat die Menschen damals bewegt?

Auf dem Dorf war das politische Interesse nicht groß. Die Leute waren sehr mit sich beschäftigt, mit ihren Äckern und Tieren. Zur Zeit der Aktion «Schwerter zu Pflugscharen» lebten wir noch in Gramzow. Ich hatte dieses Zeichen an meiner Postjacke, ich habe dreieinhalb Jahre Post ausgefahren, jeden Tag siebzehn Kilometer mit dem Fahrrad über Land von Montag bis Sonnabend. Das war die einzige Möglichkeit, halbtags zu arbeiten, da ich ja vier Kinder habe. Für die Leute da war ich eigentlich ein großes Fragezeichen. Viele haben mich gefragt, warum ich das Schild an der Jacke habe. Die Junge Gemeinde war natürlich aufgeklärt, aber für die Älteren war ich – sagen wir, ein Denkanstoß.

Schließlich haben uns zwei Männer vom Rat des Kreises aufgesucht, aber keine Frage, daß das Staatssicherheitsdienstleute waren. Sie haben es als große Provokation empfunden, daß ich dieses Zeichen an meiner Postjacke trug. Ich würde damit deutlich Widerspruch demonstrieren, ich sei den Leuten ein Dorn im Auge. Zuerst habe ich versucht, mich zu wehren und zu diskutieren, aber das ist mir nicht geglückt. Ich habe gesagt: «Später lachen Sie darüber, daß Sie gegen ein Zeichen vorgegangen sind, das vor dem UNO-Gebäude in New York steht.» Ja, die politische Zeit sei eben so, wir seien in einer Art Krise und könnten uns das nicht leisten, und ich möchte das doch bitte entfernen. Als ich das nicht wollte, haben sie mir angeboten, eine Hausdurchsuchung durchzuführen. Auf die war ich deshalb nicht scharf, weil ich genau weiß, daß bei Hausdurchsuchungen garantiert etwas gefunden wird, wenn was gefunden werden soll. Das zweite Angebot war ein Verhör über Nacht. Da hat mich mein Mann unter dem Tisch an das Schienbein gestoßen und gesagt, daß er das Zeichen jetzt entfernt und den Herren bringt. Ich war etwas enttäuscht, habe aber dann gesehen, daß er es rausgeschnitten und den Rand drangelassen hatte. Die Leute haben mich in den Tagen danach erst recht angesprochen: «Wo haben Sie denn Ihr Zeichen?» Und ich habe ihnen alles schön breit erzählt.

(Manfred Richter, Elisabeth Zylla [Hgg.]: Mit Pflugscharen gegen Schwerter. Erfahrungen in der evangelischen Kirche in der DDR 1949–1990, © Edition Temmen, Bremen 1991, S. 202f.)

14. Ausbildungstag bei den Bausoldaten

Ab 5.45 Uhr wird zurückgeschossen! hatte an einem ersten September ein schnauzbärtiges Männlein in deutscher Uniform verkündet, nach nicht ganz sechs Jahren waren fünfzig Millionen infolge dieses Befehls verreckt, sagt Lehmann zu Korvettenkapitän Lawrenz.

Die Zeit: Wir haben es auf die Stunde genau fünfzig Jahre nach diesem Befehl. Seit einhundertfünf Minuten sind die Bausoldaten wach, hellwach, von der Alarmsirene geweckt.

Zwei Tage vorher waren alle Urlaube abgesagt worden, Inhabit durfte nicht zur Hochzeit seiner Cousine, Stabenow nicht zu der seines Bruders fahren. Alle Ausgänge gestrichen.

Als Rudolph deshalb zum Kompaniechef ging, sagte der nur auf die geliebte WARUM-Frage: Ich habe ein paar Informationen, die Sie nicht haben. Aber Sie sind doch klug. Sie, gerade Sie, müßten doch eigentlich wissen, warum.

Rudolph ist einer der Initiatoren des Offenen Briefes.

Und jetzt sitzen sie, am Weltfriedenstag im Wald, einem Übungsgelände und haben seit exakt 5.45 Uhr Ausbildung. In voller Ausrüstung müssen sie zehn Kilometer marschieren, unter Anleitung des bewaffneten Kapitänleutnants Lawrenz, der von Zeit zu Zeit GAS brüllt, sie eigentlich in Windeseile die Gas-, Verzeihung, – Schutzmaske aufsetzen müssen, was natürlich dauert, sie immer wieder wiederholen müssen. F. ist aufgebracht wie noch nie, immer wieder ruft er: Glückwunsch zum Weltfriedenstag!

Lawrenz läßt halten und erklärt: Heute ist Ausbildungstag. Ihr Militaristen, schreit Lehmann.

Bausoldat Lehmann: GAS, brüllt Lawrenz. Lehmann tut nicht dergleichen. Gas! Gas! Bis Lehmann langsam die Gasmaske aus der *Schutzmaskentragetasche grün* holt und sie umständlich aufsetzt. Nun muß er, während die anderen «so» marschieren «dürfen», die Gasmaske aufbehalten; als Stabenow Lawrenz «Schikane!» zuschreit, kriegt auch er seinen GAS-Befehl.

Nicht genug. Inzwischen ist es gegen zehn Uhr, eine Spätsommersonne bäckt die Bausoldaten in ihren Uniformen, da befiehlt Lawrenz doch tatsächlich: Gas! Schutzanzug anziehen! Das heißt, über die Uniform soll jetzt noch das Gummipräservativ zur Unschädlichmachung eines chemischen Angriffs gezogen werden. Nach drei Stunden Marsch reden die Freunde kaum noch miteinander, der Widerstandswille ist nur noch spurenweise vorhanden. Und sie ziehen IHN an. Und sie laufen, im Laufschritt, marsch, der Schweiß findet keinen Ausweg, die Gasmaske beschlägt, wieder dieses Keuchen, der Schall tritt nicht aus dem Kopf, vier Zentimeter Durchmesser haben die Gläser der Maske, nach zehn Minuten wieder ausziehen, zusammenlegen, weitermarschieren, Schutzanzug an! Gas!, noch ein Befehl. Ihr Schweine, tönt es.

Fliegerangriff von rechts! Der nächste Befehl. Jetzt weigern sich einige. Dreßel, der so und so keine Gasmaske mehr aufsetzt, sagt: Das ist Gefechtsausbildung, das dürfen Sie mit Bausoldaten nicht machen.

Das ist normale Ausbildung. Diskutieren Sie nicht. Fliegerangriff von rechts. Hinwerfen! Die Masse wirft sich, ein paar bleiben stehen. Das hat ein Nachspiel, brüllt Lawrenz. Das ist mir egal, brüllt Dreßel. Ich bringe Sie in den Arrest, brüllt Lawrenz. Das ist mir egal, brüllt Dreßel, ich spiele keinen Krieg. Verrückt: Lawrenz wendet sich ab, läßt weitermarschieren. Nach zehn Minuten wieder: Schutzanzug anziehen. Gas. Ausrollen, anziehen.

Der Reiz in der Gurgel, der Kloß im Hals.

Allein die körperliche Erschöpfung reicht F. Nun gleich wieder die Gedanken: Raus hier! Bloß weg hier! Umfallen lassen. Den Schweinen mit allen Mitteln begegnen.

Doch er erinnert sich seines Schwurs. Und beißt sich die Lippen wund, seit fünf Stunden hat er nichts getrunken, und bekommt die zwei «Faustan», die er für den Notfall bei sich hat, nicht den Schlund hinunter. Alles ist Haß. If I had a gun, I wouldn't hesitate, singt er. Ruhe. Ruhe im Glied!

Mittagessen. Eineinhalb Stunden Ruhe, sie werden wirklich nicht belästigt. Eine Pfeife rauchen, reden, liegen; das Böse ist so schnell vergessen. Ein herrlicher Tag.

Weltfriedenstag. Mitten im Übungsgebiet. [...]

(Holger Richter: Güllenbuch. Ein Buch über Bausoldaten, S. 85 f., © Fromm Verlag Leipzig 1990)

15. Stasi-Bericht über «oppositionelle und andere
negative Kräfte in personellen Zusammenschlüssen»
(vom 1. Juni 1989)

Eine der Hauptstoßrichtungen im subversiven Vorgehen des Gegners gegen
den Sozialismus bilden Versuche der Schaffung und Legalisierung einer sogenannten inneren Opposition und der Inspirierung/Organisierung politischer
Untergrundtätigkeit in den sozialistischen Staaten als «innere Druckpotentiale»
zur Aufweichung, Zersetzung, politischen Destabilisierung und letztlich Beseitigung des Sozialismus.

In Durchsetzung des von imperialistischen Kreisen der USA beschlosse-
nen antisozialistischen «Programmes für Demokratie» wirken führende politische Kräfte der NATO-Staaten darauf hin, unter der Flagge einer «Demokratisierung, Liberalisierung und eines Eintretens für politischen Pluralismus
westlicher Prägung in kommunistischen Ländern» in diesen Staaten Opposi-
tionsparteien und -bewegungen zu entwickeln und zu fördern und dabei auch
eine Legalisierung bereits bestehender sogenannter unabhängiger Gruppen
aktiv zu unterstützen. Dieses Vorgehen widerspiegelt sich sowohl in der
Staatspolitik der imperialistischen Hauptmächte als auch in den vielfältigen
subversiven Aktivitäten feindlicher Zentren und Organisationen sowie weiteren, gegen die sozialistischen Staaten wirkenden sozialismusfeindlichen
Kräften. (Diese Aktivitäten sind zunehmend darauf ausgerichtet, unter
Mißbrauch des KSZE-Prozesses und unter Berufung auf bestimmte Entwicklungen in einigen sozialistischen Staaten, in der DDR feindliche, oppositionelle Kräfte und personelle Zusammenschlüsse politisch, materiell
und moralisch zu unterstützen sowie gegen die sozialistische Staats- und
Gesellschaftsordnung gerichteten Handlungen zu inspirieren und zu aktivieren.)

Es ist einzuschätzen, daß die politischen, ideologischen und subversiven
gegnerischen Einwirkungen sowie die von der aktuellen Lageentwicklung in
einigen sozialistischen Ländern ausgehenden Einflüsse unter Teilen der Bevölkerung der DDR gewisse Wirkungen erzielen. Sie zeigen sich insbesondere im Vorhandensein (überschaubarer und unter staatlicher und gesellschaftlicher Kontrolle stehender) personeller Zusammenschlüsse, entsprechender Gruppierungen und Gruppen, die in Übereinstimmung bzw. im Zusammenwirken mit reaktionären kirchlichen Personen und gemeinsam mit
äußeren Feinden im Sinne dieser gegnerischen Strategie wirksam zu werden
versuchen.

Seit Beginn der 80er Jahre anhaltende Sammlungs- und Formierungsbestre-
bungen solcher Personen, die sich die Aufweichung, Zersetzung und politische Destabilisierung bis hin zur Veränderung der gesellschaftlichen Verhältnisse in der DDR zum Ziel setzen, führten zur Bildung entsprechender
Gruppierungen und Gruppen. Diese sind fast ausschließlich in Strukturen

der evangelischen Kirchen in der DDR eingebunden bzw. können für ihre Aktivitäten die materiellen und technischen Möglichkeiten dieser Kirchen umfassend nutzen. In der DDR akkreditierte Korrespondenten und Mitarbeiter diplomatischer Vertretungen (darunter als Diplomaten abgedeckte Geheimdienstmitarbeiter) aus nichtsozialistischen Staaten, insbesondere aus der BRD, den USA und aus Großbritannien, nehmen in diesem Prozeß einen maßgeblichen Stellenwert ein. Sie inspirieren feindliche, oppositionelle Kräfte und personelle Zusammenschlüsse zu antisozialistischen Aktivitäten, gewähren ihnen fortlaufend Unterstützung und popularisieren diesbezügliche Handlungen mit dem Ziel, solche Personen und Zusammenschlüsse unter den Schutz der internationalen Öffentlichkeit zu stellen. (Besonders aktiv treten in diesem Sinne in Erscheinung die Korrespondenten BÖRNER, HEBER und HAUPTMANN – ARD, BRÜSSAU, SCHMITZ – ZDF, SCHWARZ – «Der Spiegel» und RÖDER – epd sowie SCHWELZ – AP und NESIRKY – Reuters.)

Gegenwärtig bestehen in der DDR ca. 160 derartige Zusammenschlüsse. Unter diesen befindet sich eine größere Anzahl, von der kontinuierlich bzw. anlaßbezogen feindlich-negative bzw. anderweitige, gegen die sozialistische Staats- und Gesellschaftsordnung gerichtete Handlungen ausgehen. Sie gliedern sich in knapp 150 sogen. kirchliche Basisgruppen, die sich selbst, ausgehend von dem demagogisch vorgegebenen «Ziel» und «Inhalt» ihrer Tätigkeit bzw. ihrer personellen Zusammensetzung, bezeichnen als «Friedenskreise» (35), «Ökologiegruppen» (39), gemischte «Friedens- und Umweltgruppen» (23), «Frauengruppen» (7), «Ärztekreise» (3), «Menschenrechtsgruppen» (10) bzw. «2/3-Welt-Gruppen» (39) und sogen. Regionalgruppen von Wehrdienstverweigerern. [...]

Darüber hinaus existieren über 10 personelle Zusammenschlüsse mit spezifisch koordinierenden Funktionen und Aufgabenstellungen wie der «Fortsetzungsausschuß – Konkret für den Frieden», der «Arbeitskreis Solidarische Kirche» (in 12 Regionalgruppen), die «Kirche von Unten» (in 4 Regionalgruppen), das «Grün-Ökologische Netzwerk Arche», die «Initiative Frieden und Menschenrechte» und der «Freundeskreis Wehrdiensttotalverweigerer». [...]

Über die Hälfte aller derartigen Zusammenschlüsse wurde vor dem Jahre 1985 gebildet. Im Ergebnis staatlicher und gesellschaftlicher Anstrengungen ist es bisher nicht gelungen, ihre Gesamtzahl zu verringern. Aufgelösten personellen Zusammenschlüssen steht eine gleichgroße Anzahl neugebildeter gegenüber – so bildeten sich allein im Jahre 1988 7 Regionalgruppen des «Arbeitskreises Solidarische Kirche» sowie je 8 «Friedenskreise» bzw. «Ökologiegruppen» neu heraus.

Das Gesamtpotential dieser Zusammenschlüsse, dazu gehören auch peripher angegliederte Kräfte, die in der Regel ohne eigenständige Beiträge lediglich Teilnehmer von Aktivitäten/Veranstaltungen darstellen, beträgt insgesamt ca. 2500 Personen. (In diese Zahl nicht einbezogen sind Sympathisanten oder politisch Irregeleitete, die im Ergebnis gezielter Einwirkungen vorgenannter Kräfte – u. a. Erzeugung von sogen. Solidarisierungseffekten – häufig in deren öffentlichkeitswirksamen Aktivitäten einbezogen werden und damit das Potential und die Wirksamkeit solcher Zusammenschlüsse beträchtlich vergrößern.) Etwa 600 Personen sind den Führungsgremien zuzuordnen, während den sogen. harten Kern eine relativ kleine Zahl fanatischer, von sogen. Sendungsbewußtsein, persönlichem Geltungsdrang und politischer Profilierungssucht getriebener, vielfach unbelehrbarer Feinde des Sozialismus bildet. Dieser Kategorie zuzuordnen sind ca. 60 Personen, u. a. die Pfarrer EPPELMANN, TSCHICHE und WONNEBERGER sowie Gerd und Ulrike POPPE, Bärbel BOHLEY und Werner FISCHER; die Personen RÜDDENKLAU, SCHULT, Dr. KLEIN und LIETZ. Sie sind die maßgeblichen Inspiratoren/Organisatoren politischer Untergrundtätigkeit und bestimmen mit ihren Verbindungen im Inland, in das westliche Ausland und zu antisozialistischen Kräften in anderen sozialistischen Staaten die konkreten Inhalte der Feindtätigkeit personeller Zusammenschlüsse und deren überregionalen Aktionsradius.

Die Zusammensetzung vorgenannter personeller Zusammenschlüsse weist ein breites Spektrum auf, das von religiös stark gebundenen bis zu auf atheistischen Positionen stehenden, zumeist jüngeren Personen reicht, die eine differenziert ausgeprägte   feindliche, oppositionelle Einstellung zur sozialistischen Staats- und Gesellschaftsordnung besitzen. Der Großteil dieser Kräfte ist durch politisch indifferente, labile, schwankende Haltungen und Einstellungen geprägt. Sie vertreten z. T. auch «alternative» oder scheinalternativ orientierte Auffassungen, Vorstellungen, Haltungen und Lebensweisen zur sozialistischen Entwicklung. Der Anteil von Arbeitern und anderen im produktiven Bereich Tätigen ist relativ gering. Beachtlich ist dagegen der Anteil der Personen ohne Arbeitsrechtsverhältnis (12 % aller aktiven Mitglieder/Führungskräfte).

[...]

(Armin Mitter, Stefan Wolle [Hgg.]: «Ich liebe euch doch alle!» Befehle und Lageberichte des MfS, Basis-Druck, Berlin 1990, S. 46 ff.)

16. Leipzig – 9. Oktober 1989

Über den Ablauf jenes schicksalhaften Montags ist schon viel geschrieben und noch mehr spekuliert worden. Ob es nun für diesen Leipziger 9. Oktober einen speziellen Schießbefehl gegeben hat, sei dahingestellt. Auch ist die noch ausstehende Klärung dieser Frage gar nicht von so entscheidender historischer Relevanz, galt doch uneingeschränkt der vom Vorsitzenden des Nationalen Verteidigungsrates, Erich Honecker, am 26. September erlassene Geheimbefehl Nr. 8/89, der in Hinblick auf zu erwartende «Krawalle» eindeutig formulierte: «Sie sind von vornherein zu unterbinden.» Und weiter wurde darin unmißverständlich angewiesen, daß «feindliche Aktionen offensiv verhindert werden sollen».

Wie wortgetreu die Leipziger Einsatzleitung unter Vorsitz des amtierenden 1. Sekretärs der SED-Bezirksleitung, Helmut Hackenberg, diesen Befehl nahm, erwies sich schon am frühen Vormittag. In Betrieben wurde davor gewarnt, nach 16 Uhr die Innenstadt zu betreten; Mütter sollten ihre Kinder bis 15 Uhr aus den Krippen und Kindergärten des Zentrums abholen; Schülern und Studenten wurde mit Relegation für den Fall der Beteiligung an «Aktionen» gedroht. Gerüchte schwirrten durch die Stadt. Man munkelte von MG-Nestern auf zentralen Gebäuden, befürchtete den Einsatz von Fallschirmjägern und wollte erfahren haben, daß der NVA-Hubschrauberstaffel in Cottbus «Führungsbereitschaft» befohlen wurde. Verläßlicher waren Meldungen über Stützpunkte der Sicherheitskräfte im Küchenholz und im Rosental sowie über Vorbereitungen auf dem agra-Gelände in Markkleeberg zur schon am 7. Oktober geprobten Internierung von «Zugeführten». Kirchen sollten für Flüchtende offengehalten werden, in St. Thomas entstand in fliegender Eile eine Sanitätsstelle. In Krankenhäusern wurden Notbetten aufgestellt und vor allem die chirurgischen und Intensivstationen verstärkt besetzt. Tausende von zusätzlichen Blutkonserven standen bereit. [...]

Leipzig glich an diesem Tag einem Heerlager. Nach späteren Aussagen von Bereitschaftspolizisten war ihnen vormittags mitgeteilt worden, daß ein friedlicher Ausgang der Demonstration wenig wahrscheinlich sei und sie vorbereitet sein müßten, möglichen Gewalttätigkeiten zu begegnen. Dementsprechend trugen sie Kampfausrüstung: Helme mit Visier und Nackenschutz, Schilde, Gasmasken (Tränengas war in großen Mengen herangeschafft worden), Schlagstöcke und sogenannte RWKs (Reizwurfkörper); Offiziere waren mit Pistolen bewaffnet, auch Hundestaffeln eingesetzt. Auf dem Hof der VP-Bezirksbehörde standen «aufmunitionierte» Schützenpanzerwagen bereit, die tonnenschweren Stahlkolosse ausgerüstet mit Räumschilden, die Fahrer mit MP und je sechzig Schuß Munition. Die Polizeitruppe zählte insgesamt dreitausend Mann, davon zwölfhundert zur Verstärkung aus den Bezirken Halle und Neubrandenburg herbeibeordert. Hinzu kamen noch fünf Hundertschaften von Betriebskampfgruppen sowie eine sicher vierstellige Anzahl von Einsatzkräften des Ministeriums für Staatssicherheit, dessen Arsenale nicht nur Handfeuerwaffen bargen. [...]

In der Nikolaikirche und in drei weiteren Gotteshäusern wurde während der Friedensgebete ein von sechs Persönlichkeiten der Stadt getragener Aufruf zur Besonnenheit verlesen: «Unsere gemeinsame Sorge und Verantwortung haben uns heute zusammengeführt. Wir sind von der Entwicklung in unserer Stadt betroffen und suchen nach einer Lösung. Wir alle brauchen einen freien Meinungsaustausch über die Weiterführung des Sozialismus in unserem Land. Deshalb versprechen die Genannten heute allen Bürgern, ihre ganze Kraft und Autorität dafür einzusetzen, daß dieser Dialog nicht nur im Bezirk Leipzig, sondern auch mit unserer Regierung geführt wird.»

Dieser gemeinsame Appell des Kabarettisten Bernd-Lutz Lange, des Gewandhauskapellmeisters Kurt Masur und des Theologen Peter Zimmermann, sowie der Sekretäre der SED-Bezirksleitung Kurt Meyer, Jochen Pommert und Roland Wötzel wurde um 18 Uhr auch vom Sender Leipzig und etwa eine Stunde später vom Stadtfunk ausgestrahlt. Die engagierte wie couragierte Wortmeldung hat unzweifelhaft beigetragen zum friedlichen Verlauf dieses Tages, ohne jedoch die voreilig bescheinigte entscheidende Rolle gespielt zu haben. Einzig die geballte Kraft der siebzigtausend angsterfüllten und dennoch nicht weichenden Menschen in der Innenstadt und auf dem Ring erzwang um 18.25 Uhr den endgültigen Rückzug der bewaffneten Einheiten. Jene Namenlosen meinte wohl Christoph Hein, als er vorschlug, Leipzig zur «Heldenstadt der DDR» zu ernennen. –

An diesem Leipziger 9. Oktober siegte die Deutsche Demokratische Revolution 1989. An jenem Montag nämlich wurde der Ruf «Wir sind das Volk!» zur materiellen Gewalt, die fortan alle zögerlichen Zugeständnisse von Partei und Regierung bewirkte und beschleunigte.

(Wolfgang Schneider in: Leipziger DEMONTAGEBUCH, Kiepenheuer Verlag, Leipzig und Weimar 1990, S. 7 f.)

Siebzehntes Kapitel

Frauen, Familie, Alte

Einleitung

Die Emanzipation der Frau galt in der marxistisch-leninistischen Theorie stets als «Nebenfrage» der Befreiung des Proletariats als Klasse. Da diese nach offizieller Lesart durch den Aufbau des Sozialismus prinzipiell gelöst war, erschien die endgültige politische und soziale Gleichberechtigung der Frau in der neuen Gesellschaft nur noch als Problem einer Übergangszeit, in der «hemmende Auffassungen» beseitigt werden mußten, wie Ulbricht meinte.[1]

Der wichtigste Ansatzpunkt sollte die möglichst umfassende Integration der Frauen in den Arbeitsprozeß bilden. Diese ökonomisch besonders dringliche Zielsetzung – der Arbeitskräftemangel war ein Dauerproblem der DDR-Wirtschaft – ließ sich damit an die Ideologie zurückbinden. Verschiedenartige finanzielle und sozialpolitische Anreize sollten den Frauen den Entschluß zur Erwerbstätigkeit erleichtern. Für Verheiratete boten insbesondere die «Hausfrauenbrigaden» flexible Formen des Einsatzes im Wirtschaftsprozeß (Dok. 1). Da die Männer sich überwiegend an der hergebrachten Rollenverteilung orientierten, waren Konflikte zwischen Berufstätigkeit und familiärer Hausarbeit jedoch keineswegs so einfach zu lösen (Dok. 2), und die Hausarbeit lastete weiter zum weitaus größten Teil auf den Schultern der Frauen (Dok. 3). Insgesamt hat sich die Stellung der Frau in der DDR-Gesellschaft (auch im Vergleich zur Bundesrepublik) ohne Zweifel deutlich in Richtung von mehr Selbständigkeit und Unabhängigkeit verändert (Dok. 4), ohne daß damit das grundsätzliche Problem der gesellschaftlichen und politischen Gleichberechtigung wirklich als gelöst gelten konnte, wie z. B. die augenfällige Unterrepräsentation von Frauen in der Machtelite verdeutlichte. So hat etwa dem Politbüro seit 1949 niemals eine Frau als Vollmitglied angehört.

Durch die umfassende Einbeziehung der Frauen in den Arbeitsprozeß erfuhr die Familie eine deutliche Veränderung.[2] Sie blieb aber trotz aller Unkenrufe aus der Bundesrepublik durchaus intakt und behielt eine außerordentlich wichtige Schutz- und Abwehrfunktion gegenüber den politischen Ansprüchen sozialistischer Kollektive. Ausgeprägter als in anderen Gesellschaften

---

[1] Zur subjektiven Beurteilung der Rolle der Frauen in der DDR-Gesellschaft ist besonders instruktiv Maxie Wander: Guten Morgen, Du Schöne. Frauen in der DDR. Protokolle, mit einem Vorwort von Christa Wolf, Darmstadt 1978.

[2] Die Familienpolitik und die Stellung der Familie behandelt Gesine Obertreis: Familienpolitik in der DDR 1945–1980, Opladen 1986.

gehörten ein frühes Heiratsalter und steigende Scheidungsziffern zu den Kennzeichen der DDR-Familie. Die Ursachen dafür wurden auch in offiziösen Veröffentlichungen offen diskutiert, wobei nicht zuletzt die unzureichende Aufgabenverteilung zwischen Männern und Frauen in der Familie kritisiert wurde (Dok. 5).

Die nie behobenen Wohnungsprobleme und die dadurch verschärfte Tendenz zur Reduktion der Familien auf die drei- bis vierköpfige Kleinfamilie aktualisierte das Problem der Versorgung der Alten und Pflegebedürftigen. Der «Lebensabend ohne Sorgen» (Dok. 6) war nur für einen relativ geringen Teil der alten Menschen garantiert (Dok. 7). Beispiele gelungener Ausgestaltung von Altenheimen können daher nicht verdecken, daß dieses Problem insgesamt zu den zahlreichen eher trostlosen Aspekten der DDR-Gesellschaft gehörte, wobei sich viele Notlagen nach der Vereinigung durch den Fortfall bestimmter Unterstützungsmaßnahmen (Einsparung von Personal) noch vergrößert haben. Auch wenn die SED die Rolle der Kleinfamilien niemals grundsätzlich in Frage gestellt und durch andere Formen des Zusammenlebens zu ersetzen versucht hat, sollte die gesellschaftliche Stellung eine andere werden. Die Familie sollte in eine Reihe mit anderen sozialistischen Kollektiven gestellt werden und als bewußter Teil der sozialistischen Gesellschaft funktionieren. Diesem Ziel diente auch die Aufstellung neuer Grundsätze für Feierlichkeiten, die sich traditionell meist im Rahmen der Familie vollzogen. Sie wurden unter Rückgriff auf Traditionen aus der Arbeiterbewegung vorzugsweise in der Aufbauphase der DDR propagiert. Stalinstadt spielte hier eine Vorreiterrolle (Dok. 8). Diese neuen Formen konnten ihr christliches Vorbild kaum verleugnen und haben sich nur sehr begrenzt durchsetzen können (mit Ausnahme der Jugendweihe; vgl. Kap. 18,2). Trotz forcierter Säkularisierung blieb auch die DDR eine stark traditionsgeleitete Gesellschaft.

1. «Die soziale Stellung der Frau in Mitteldeutschland»

[...]

Wenn vor einiger Zeit die DFD-Zeitung (Demokratischer Frauenbund Deutschlands) «Frau von heute» von einer Frau berichtete, die nicht mehr nur «Hausfrau» bleiben wollte und schrieb: «Mit schweren Eisenketten und -stäben hantiert sie wie eine erfahrene Arbeitskraft. Aus ihren Augen leuchten die Freude und der Stolz der Arbeiterin», so ist dies für die Situation bezeichnend. Der ständig steigende Arbeitskräftemangel, bedingt auch durch die andauernde Fluchtbewegung, zwingt, nach neuen Arbeitskräften Ausschau zu halten, die nur noch unter den Frauen und Rentnern zu finden sind. Den volkseigenen Betrieben und staatlichen Dienststellen sind inzwischen Anweisungen gegeben worden, bei der Festlegung der Arbeitszeit beweglich zu sein, um vielen Hausfrauen die Arbeitsaufnahme zu ermöglichen.

Mit der Bildung von Hausfrauenbrigaden und dem Einsatz nicht berufstätiger Frauen im Rahmen des «Nationalen Aufbauwerks» versucht man, immer mehr Frauen aus dem familiären Bereich herauszuziehen.

Mit allen Mitteln soll die Frau an das gleiche unpersönliche Betriebskollektiv gebunden werden, in das der Ehemann bereits eingegliedert ist. So sollen nach neuen Anweisungen des DFD und des FDGB auch Betriebsführungen und die Besichtigung der Arbeitsplätze der Männer erfolgen, bei denen den Frauen über die Wettbewerbsergebnisse ihrer Männer und über die betrieblichen Produktionserfolge berichtet werden soll. In die gleiche Richtung zielen auch die Versuche, familiengebundene Festlichkeiten wie Namensnennung, Eheschließung, Jugendweihe usw. als betriebliche Veranstaltungen zu organisieren, wobei durch den Betrieb finanzielle Erleichterungen und Zuwendungen gewährt werden.

Seit Monaten werden vom DFD sog. «Treffpunkte» für Frauen organisiert. Sie stehen zwar unter dem Motto «Wer schaffen will, muß fröhlich sein», wenden sich aber vorwiegend an nicht berufstätige Frauen. Der Einsatz von Agitprop-Gruppen (Agitations-Propaganda-Gruppen) beweist den politischen Zweck, denn damit soll – wie es in der Zeitschrift «Frau von heute» heißt – «Plunder und Überflüssiges aus den Köpfen gefegt» werden. In dem «Treffpunkt Olympia der Frau» soll nach der Ulbricht-Parole «Jedermann an jedem Ort – jede Woche einmal Sport» besonders der Frauen-Massensport gefördert werden. Durch die in den volkseigenen Betrieben durchgeführten Modeschauen und den dabei verbundenen Einkaufsmöglichkeiten werden bei dem herrschenden Materialmangel wiederum die berufstätigen Frauen bevorzugt. Gleichzeitig versucht man Frauen für einen «freiwilligen» und unbezahlten Arbeitseinsatz zu gewinnen. So berichtet z. B. die DFD-Vorsitzende Ilse Thiele Ende 1959, daß zu «Ehren des 10jährigen Bestehens der DDR» durch freiwillige Arbeiten beim Bau von Schulhorten, Kindergärten und Schulaufgabenzimmern etwa 1,8 Mill. DM eingespart worden seien. Davon seien allein 112 Kinderkrippen und 264 Schulhorte eingerichtet worden, ohne daß eingeplante staatliche Mittel erforderlich waren.

Zur Zeit sollen ca. 3700 Brigaden mit 28 000 Hausfrauen (Berlin 219 Brigaden mit 1700 Hausfrauen) vorhanden sein. Als bei Arbeitseinsätzen von Hausfrauenbrigaden untragbare Zustände eintraten, z. B. durch mangelnden Versicherungsschutz bei Betriebsunfällen, ungenügende Bezahlung, unzweckmäßigen Arbeitseinsatz, wurde erst im Mai 1960 der Versicherungsschutz auf dem Verordnungswege geregelt. Anlaß war ein schwerer Betriebsunfall einer Hausfrau im Ostberliner VEB Walzlagerfabrik; der Betrieb hatte die Frau weder versichert, noch wollte er die Haftung übernehmen.

Der nunmehrige Versicherungsschutz ist trotzdem unzureichend. Dieser Schutz wird nur dann gültig, wenn die Frau ein nominelles Einkommen von 75 DM pro Monat, hauptsächlich von einem Betrieb gezahlt, nachweisen kann. Bei einem Stundenlohn von 0,50 DM, wie er zum Beispiel in mehreren Betrieben zur Zeit gezahlt wird, müßte eine Frau 150 Stunden im Monat arbeiten, wollte sie überhaupt in den Genuß des Versicherungsschutzes kommen.

In Berlin werden zur Zeit Werbezentren aufgebaut. Bis Mitte dieses Jahres sind allein 10000 Frauen «angesprochen» worden, von denen angeblich 15000 ein Arbeitsverhältnis aufgenommen hätten.

Die verstärkte Einbeziehung der Frau, insbesondere der verheirateten Frau und Mutter, in den Arbeitsprozeß mußte zu gesundheitlichen Schädigungen führen, da die zusätzlichen Belastungen ungenügend berücksichtigt werden. Zugegeben wurde zwar ein Ansteigen der Frühinvalidität der Frau, doch wurden, bis auf einen Einzelfall, keine Zahlen bekanntgegeben (in einer Einzeluntersuchung in Halle im Jahre 1958 ist eine überhöhte Frühinvalidität der Frauen, vor allem der Jahrgänge 1905 bis 1940, festgestellt worden.)

Auch ein Blick auf das Lohnsteuersystem zeigt, daß die nichtarbeitende Ehefrau allgemein keine Berücksichtigung findet. Durch eine verhältnismäßig hohe Besteuerung der unteren Einkommen soll die Mitarbeit der Ehefrau auch materiell angeregt werden. So zahlt beispielsweise in der Bundesrepublik ein Verheirateter bei einem Arbeitsverdienst nur eines Ehegatten bei einem Monatseinkommen von 300 DM keine Lohnsteuer, in Mitteldeutschland bereits 10 DM. Bei 400 DM Monatseinkommen beträgt die Steuer 4 DM (BR) bzw. 28 DM (Zone), bei einem Monatsverdienst von 600 DM und bei zwei Kindern müssen in der Bundesrepublik 1 DM, in Mitteldeutschland bereits 50 DM gezahlt werden.

Trotz vieler staatlich geförderter und finanziell unterstützter Aktionen ist es dem DFD nicht gelungen, den überwiegenden Teil der Frauen in seinen Reihen zu organisieren. Zur Zeit sind ungefähr 1,5 Millionen Frauen in diesem kommunistischen Frauenverband organisiert. Nach beiläufigen Schätzungen gehören ca. 10 v. H. der Arbeiterinnen und ca. 17 v. H. der weiblichen Angestellten dem DFD an. [...]

(Sozialer Fortschritt 1960, S. 231 f.)

2. Leserbrief einer Lehrerin
an die Zeitschrift «Frau von heute»

«Liebe ‹Frau von heute›!

... Ich bin jetzt das dritte Jahr Lehrerin in einem kleinen mecklenburgischen Dorf. Ich bin verheiratet und habe einen einjährigen Sohn. Solange ging auch alles gut, doch seitdem ich das Kind habe, besteht zwischen meinem Schulleiter und mir ein gespanntes Verhältnis.

Für mein Kind habe ich eine Frau im Dorf gefunden, zu der ich meinen Jungen während der Unterrichtszeit bis zum Mittag hinbringe, damit er unter Aufsicht ist. Eine Kinderkrippe gibt es hier noch nicht. Nun sind oft auch nachmittags Versammlungen und Veranstaltungen, die ich nach Möglichkeit natürlich besuche. Ich kann aber der Frau nicht dauernd zumuten, daß sie vormittags und dann auch noch nachmittags, ja, sogar sonntags, weil ich unbedingt am Sonntag mit zum Produktionseinsatz muß, meinen Jungen nimmt. Auf mich wartet, wenn ich um 14 Uhr von der Schule nach Hause komme und meinen Jungen geholt habe, doch auch eine Menge Arbeit. Für das kleine Kind hat man jeden Tag zu waschen, und auch der Haushalt ist zu besorgen. Der Sonntag ist bei mir immer der einzige Tag, an dem ich alle Arbeit nachholen kann, zu der ich in der Woche einfach nicht mehr gekommen bin. Nun ist es doch hier auf dem Lande viel unbequemer für jede Hausfrau als in der Stadt (Pumpe auf dem Hof usw.).

Ich bin nun an einem Sonntag nicht zum Ernteeinsatz gegangen, da ich am Sonnabend den ganzen Tag zu einer Tagung in unserer Kreisstadt war. Mein Schulleiter machte mir daraufhin schlimme Vorhaltungen. Bei jeder Gelegenheit bekomme ich, seitdem ich das Kind habe, vorgeworfen, daß ich meinen Unterricht mache und nicht mehr jeden Nachmittag irgendeine gesellschaftliche Tätigkeit ausübe. Ich sagte ihm, daß ich nicht weiß, wo ich dann immer mein Kind lassen soll, und froh bin, daß ich es am Vormittag untergebracht habe. Darauf bekam ich brüsk zur Antwort: ‹Dann können Sie eben nicht Lehrerin sein. Entweder Lehrerin oder Hausfrau!›

Bis jetzt war mir immer bekannt, daß gerade die werktätigen Frauen und Mütter in jeder Weise unterstützt werden. Muß ich mir das einfach gefallen lassen, fast täglich in unschöner Form vorgehalten zu bekommen, daß ich in diesem Falle einfach nicht Lehrerin sein kann?

Ich befinde mich tatsächlich in einem seelischen Konflikt. Es ist für mich gewiß nicht leicht, meinen Beruf gewissenhaft auszuüben, mein Kind gut zu betreuen und meinen Haushalt zu führen. Wenn einem die Liebe und Freude am Beruf so weggenommen werden, ist es besonders schwer, so daß man glaubt, man hält es nicht mehr durch. Muß ich denn wirklich meinen Beruf aufgeben, weil ich durch mein Kind doch etwas gebunden bin und mich nicht an allem beteiligen kann? Nach dem Urteil meines Schulleiters dürfte eine Lehrerin wohl kein Kind haben, denn er antwortete mir, daß er nie mehr eine Kollegin nehmen würde, nur noch einen Lehrer.

Ich meine, diese Ansichten, daß eine Frau nur in die Küche gehört, gehören in die Mottenkiste.

Ist aber nicht doch eine gewisse Rücksichtnahme auf die werktätige Frau nötig? Kann sich mein Schulleiter, der doch nur für seinen Beruf lebt und keine anderen Pflichten hat, mit mir vergleichen?»

(Frau von heute Nr. 51 vom 19. 12. 1958)

3. «15 Milliarden Stunden für Hausarbeit in der DDR»

Seit Jahren widmen Partei und Regierung den Problemen der Erleichterung und Verringerung der Hausarbeit große Aufmerksamkeit. Auf dem VIII. Parteitag der SED wurden die verantwortlichen Organe erneut darauf hingewiesen, daß die Versorgung mit entsprechenden Waren und Leistungen spürbar verbessert werden muß. Die Notwendigkeit einer stetigen und zielstrebigen Arbeit auf diesem Gebiet ergibt sich zwingend aus dem enormen Arbeitsaufwand, der für Hauarbeit anfällt.

Die jährliche Hausarbeitszeit entspricht einer Leistung von etwa 6 Millionen Vollarbeitskräften.

Das Institut für Marktforschung untersuchte 1970 in etwa 1900 Haushalten der DDR die Struktur des Zeitbudgets. Dabei wurden für die Hausarbeitszeit im Durchschnitt der befragten Haushalte 47,1 Stunden pro Woche ermittelt.

Davon für
- die Frau   37,1 Stunden
- den Mann   6,1 Stunden
- sonstige Personen 3,9 Stunden

Der Gesamtaufwand für Hausarbeit liegt demzufolge bei etwa 15 Milliarden Stunden im Jahr. Das entspricht einer Arbeitszeit von etwa 6 Millionen Vollarbeitskräften. Damit werden in diesem Bereich fast so viel Arbeitsstunden geleistet wie von allen Berufstätigen in der gesamten Volkswirtschaft der DDR. In der privaten Hauswirtschaft liegen damit große Reserven für
- die Gewinnung zusätzlicher Arbeitskräfte,
- die Erhöhung des Anteils vollberufstätiger Frauen sowie
- die Erweiterung des Zeitfonds der Bevölkerung für Bildung, Qualifizierung, Erholung usw.

Das wird besonders deutlich, wenn man die Belastung der Frauen durch Hausarbeit betrachtet.

Auf sie entfallen etwa 11,5 Milliarden Stunden pro Jahr. Das entspricht einer Leistung von etwa 5 Millionen Vollarbeitskräften und übersteigt wesentlich die Zahl der berufstätigen Frauen in allen anderen Bereichen der Volkswirtschaft.

1970 standen in der DDR etwa 3,75 Millionen Frauen im Arbeitsprozeß (einschließlich Teilberufstätige). Berücksichtigt man den hohen Beschäftigungsgrad der Frauen in unserer Republik, so ergibt sich, daß viele Frauen etwa 70 bis 80 Stunden pro Woche arbeiten müssen.

Damit ist eine enorme Benachteiligung gegenüber den Männern verbunden. Das betrifft u. a.
- die Ausübung mittlerer und leitender Funktionen,
- die ständige Weiterqualifizierung im Beruf,
- den Zeitfonds für Erholung, Entspannung und Allgemeinbildung.

Die gesetzlich fixierten Bestimmungen über die Durchsetzung der Gleichberechtigung der Frau können unter diesen Bedingungen nicht voll wirksam werden.

(Mitteilungen des Instituts für Marktforschung Leipzig, 1972, Nr. 1, S. 7)

4. Zur Situation der Frauen in der DDR

[...]

In ihrer Mehrheit schienen uns die Frauen drüben zwar genauso mütterlich oder fraulich veranlagt zu sein wie ihre Schwestern in der Bundesrepublik, aber dennoch waren Unterschiede nicht zu übersehen. Wie sollte es auch anders sein? Die Sorgen, mit denen sich die Frauen in Mitteldeutschland abplagen müssen, lassen sich mit denen unserer Frauen kaum vergleichen. Diese Sorgen sind jedoch weit weniger materieller Art, als es im Westen häufig dargestellt wird. Von den kleinen Sehnsüchten jeder Frau nach ein paar mehr Mitteln, die ihre Weiblichkeit unterstreichen, abgesehen (für das Nötigste ist auch hier gesorgt), gibt es alles für den Lebensunterhalt. Manches ist sehr viel teurer – wie zum Beispiel alle Elektro-Artikel, Möbel, Kleider –, da aber gewöhnlich Mann und Frau arbeiten, sind letztlich selbst Luxusartikel nicht unerschwinglich.

Sorgen bereiten vielmehr die Fragen: Was wird aus meinem Mann, aus meinen Kindern, was wird aus mir selbst?

In einem Staat, in dem ständig dirigiert und ständig umdirigiert wird, in dem zwar viel von Familie gesprochen, aber wenig für die Familie getan wird, in dem die Kinder zwar mit allen Mitteln gefördert, aber auch den Eltern mit manchen Mitteln entfremdet werden, müssen sich die Frauen sorgen. Mehr noch, sie müssen Stellung beziehen, sie müssen sich entscheiden.

Viele haben sich für den Staat entschieden, viele sind beharrliche Gegnerinnen. Aber in diesem «Entweder – Oder» sind sie häufig konsequenter als ihre Männer. Für Frauen ist es allerdings viel weniger eine politische Entscheidung, für oder gegen den Staat zu sein, als eine privat-menschliche. Sie wird einfach von dem Wunsch diktiert, nicht den Boden unter den Füßen zu verlieren, einen Platz einnehmen zu können, der die Zukunft überschaubarer macht. Frauen suchen Geborgenheit. Und darin sind sie sich überall auf der Welt gleich. Wer gegen den Staat ist, sucht diese Geborgenheit in den engen Grenzen der Familie, im Freundeskreis, unter verwandten Seelen. Aber es kann gar kein Zweifel darüber bestehen, daß solche menschlichen Inseln der Opposition, des Widerstandes sich nicht ewig halten lassen. Was aber dann? Dann sind es die Frauen, die die Fronten zuerst wechseln, um ihrer selbst, um ihrer Kinder willen.

Wie viele Mütter mag es geben, die allein nur ihrer Kinder wegen, die in der Schule, in der FDJ oder in einer anderen parteigelenkten Organisation zu gläubigen Kommunisten erzogen werden, eine innere Schwenkung vollzogen haben, damit die Kinder ihnen nicht aus der Hand gleiten, sie sich nicht gegen sie stellen?

Aber der Staat verfügt noch über ein weiteres Mittel der langsamen Verführung: Er fördert konsequent die berufliche Gleichstellung der Frau. Er läßt sie Karriere machen, schickt sie in die Parlamente, in die Werksleitungen, auf die Universitäten, gibt ihr Aufgaben, Ämter, Titel, Verantwortung. Fast die Hälfte aller Arbeitnehmer in der DDR sind Frauen. Werden eines Tages auch alle führenden Positionen zur Hälfte mit Frauen besetzt sein? Das könnte nicht ohne politische Folgen bleiben. Denn Frauen sind ihrem Wesen nach dazu bestimmt, Leben zu erhalten, nicht, es zu gefährden.

Wir trafen drüben viele Frauen, die bereits Karriere gemacht hatten. Unaufgefordert und völlig überzeugend erklärten sie: «Wir können uns heute nicht mehr vorstellen, nur noch die Rolle als Frau und Mutter einzunehmen. Und glauben Sie uns, an den häuslichen Herd kehren wir nie wieder zurück.»

«Aber was wird, wenn in einem Jahrzehnt die Automation so weit fortgeschritten ist, daß die Frauen in der Wirtschaft überflüssig werden?» fragten wir.

«Dann werden wir andere Aufgaben finden», gab man zurück. Jedoch nicht nur in der DDR, auch bei uns in der Bundesrepublik steigt die Zahl der berufstätigen Frauen ständig an. In jeder modernen Industriegesellschaft wächst der Frauenarbeit immer mehr Bedeutung zu. Doch in unserem Teil Deutschlands ist das bisher ohne entscheidenden Einfluß auf die Gesellschaft geblieben. Im anderen Teil jedoch wächst dieser Einfluß von Jahr zu Jahr. Auch das führt dazu, daß sich die Menschen hüben wie drüben mehr und mehr auseinanderleben.

Zieht man Vergleiche, so scheinen uns die Frauen Mitteldeutschlands in ihrer Gesamtheit viel aktiver, selbständiger, selbstbewußter, politisch interessierter, geistig aufgeschlossener zu sein als bei uns. Wir haben das oftmals zu spüren bekommen. Nicht zuletzt durch gezielte politische Fragen, die sie an uns richteten. Aber das wiederum ist ein besonderes Kapitel.

[...]

(Werner Commandeur, Alfred Sterzel: Das Wunder drüben sind die Frauen. Begegnungen zwischen Dresden und Rügen, Bergisch-Gladbach 1965, S. 128 ff.)

5. Zur Situation und zur Entwicklung der Familien
in der DDR

[...]

Die Familienbeziehungen sind gesellschaftlicher und natürlich-biologischer Art zugleich. Beide Seiten sind untrennbar miteinander verbunden. Das Wollen, die Bewußtheit und die Kenntnis von der Verantwortung stehen in engstem Zusammenhang mit tiefen, rein persönlichen Gefühlen und Neigungen, mit sexuellen Problemen, mit den individuellsten Seiten des Lebens jedes einzelnen und werden von ihnen beeinflußt. Dazu kommt, daß die Familienbeziehungen zwar wesentlich von den gesellschaftlichen Verhältnissen bestimmt werden und über das Verhalten des einzelnen auch stark auf die

Gesellschaft zurückwirken, die Familie aber doch durch eine gewisse Eigenständigkeit gekennzeichnet ist. Wir meinen damit nicht die Isoliertheit, die für viele Familien in der kapitalistischen Gesellschaft typisch ist und die eine bewußte Abkapselung von der Gesellschaft und eine Art Zuflucht darstellt. Für diese Erscheinung des Familienlebens entfallen in der DDR die Gründe, und sie wird überwunden. Die Familien in der DDR entwickeln sich zu Gemeinschaften, die bewußt als Teil der sozialistischen Gesellschaft verstanden werden. Ungeachtet dessen gehört es zum Wesen der Familiengemeinschaft, daß sie in gewissem Maße eine in sich geschlossene Einheit bildet, daß sie Bindungen und Beziehungen enthält, von denen andere ausgeschlossen sind und die jeder achten und respektieren muß.

[...]
Die Tendenz, früh zu heiraten, hat viele Ursachen. Eine große Rolle dürfte die Tatsache spielen, daß die Jugendlichen in der DDR in sozialer Sicherheit leben, früh über relativ hohe eigene Einnahmen verfügen und im gesellschaftlichen und beruflichen Leben wichtige Aufgaben und große Verantwortung übertragen bekommen. Damit entwickelt sich auch früh der Wunsch, im persönlichen Leben selbständig zu sein und eine eigene Familie zu gründen. Ebenso beachtlich ist, daß heute viele Ehen unter der Voraussetzung geschlossen werden, daß die materiellen Grundlagen des Familienlebens während der Ehe von Mann und Frau gemeinsam erarbeitet werden.

[...]
Neben dem Steigen des Anteils der frühzeitig geschlossenen Ehen ist eine sinkende Tendenz der außerehelichen Geburten bei einem allgemeinen Anwachsen der Geburtenziffern zu beobachten. 1958 waren es 33578 und 1963 28202 außereheliche Lebendgeburten, das waren 1958 12,4 Prozent und 1963 9,3 Prozent aller lebend Geborenen. 85 Prozent der im ersten Ehejahr geborenen Kinder sind vorehelich konzipiert. Jährlich werden bei uns nahezu 8000 Kinder geboren, deren Mütter noch nicht 18 Jahre als sind. Bei Scheidungen von Ehen, die von noch nicht 21jährigen geschlossen wurden, wird Schwangerschaft bei Eheschließung sehr häufig angeführt.

Es besteht der Eindruck, daß trotz der Beseitigung der gesellschaftlichen Diskriminierung, die der außerehelichen Geburt früher anhaftete, bei Schwangerschaft der Wunsch, auf jeden Fall zu heiraten, nach wie vor sehr verbreitet ist. Das wird von einem erhöhten Verantwortungsbewußtsein bei Mann und Frau für das werdende Kind, von verschiedenartiger Einflußnahme der Eltern des Mannes und der Frau, aber wahrscheinlich auch daher rühren, daß viele junge Mädchen noch immer eine außereheliche Geburt als Makel empfinden und dies auch noch im Leben bestätigt sehen. Es scheint, daß viele junge Mädchen eher die Gefahr der Scheidung in Kauf nehmen als die Geburt des Kindes außerhalb der Ehe.

[...]
Die Ehe findet vor allem durch die Geburt und Erziehung der Kinder ihre Erfüllung. In der DDR überwiegen die Familien mit ein oder zwei Kindern.

Etwa 25 Prozent aller Kinder leben in Familien mit drei und mehr Kindern, wie sich auf Grund einer Probe-Volkszählung ergeben hat. 1962 wurden als erstes Kind 41 Prozent, als zweites Kind 27,8 Prozent, als drittes Kind 14,7 Prozent, als viertes Kind 7,6 Prozent, als fünftes (und mehr) 8,9 Prozent aller Kinder geboren. Ebenfalls nach einer Probe-Volkszählung (in Leipzig-Land) leben 41 Prozent der Kinder in Haushalten mit einem Kind, 35 Prozent in Haushalten mit zwei Kindern, 15 Prozent in solchen mit drei Kindern, 6 Prozent in Haushalten mit vier und 4 Prozent in Haushalten mit fünf und mehr Kindern.

Es gibt eine gewisse steigende Tendenz der Fruchtbarkeitsziffern. 1952 betrug sie 16,7 und 1963 17,6 Prozent (bezogen auf je 1000 der Bevölkerung). Jedoch bleibt die Geburtenfreudigkeit in der DDR weit hinter der Heiratsfreudigkeit zurück.

Das durchschnittliche Familieneinkommen wächst. Der sozialistische Staat unterstützt die Familien bei der materiellen Versorgung der Kinder direkt durch Geburtenbeihilfen, Kindergeld und Steuerermäßigung sowie durch indirekte Formen, wie z. B. die Kindereinrichtungen. Dennoch beeinflußt gegenwärtig die Anzahl der Kinder den Lebensstandard der Familie.

Von den Wohnverhältnissen gehen unterschiedliche Wirkungen auf die Familien, speziell auf die Anzahl der Kinder aus. Die Mietpreise sind günstig, während jedoch die Größe der Wohnungen häufig dem Wunsch nach mehr Kindern entgegensteht.

In vielen Familien gibt es – auch unter Einbeziehung der Kinder – eine kameradschaftliche Arbeitsteilung, die sich auf die Familienatmosphäre gut auswirkt und es den Frauen ermöglicht, berufstätig zu sein und sich weiterzuentwickeln. Insbesondere bei den jüngeren Männern bildet sich in beachtlichem Maße das Verantwortungsbewußtsein für die Betreuung und Erziehung der Kinder und für die Arbeiten im Haushalt heraus. Dennoch liegt im allgemeinen die Hauptlast dieser Arbeiten noch bei den Frauen.

Die Forderung nach einer Arbeitsteilung in der Familie muß nicht allein im Interesse der Frauen erhoben werden, sondern zugleich im Interesse der Familiengemeinschaft. Viele Ehen leiden darunter, daß den Frauen Kindererziehung und Hausarbeit allein obliegen. Das ist nicht allein wegen des Umfangs der Arbeiten der Fall. Vielmehr stört eine ablehnende Haltung des Mannes in diesen Fragen in der Ehe und verringert oder beeinträchtigt gar den Einfluß der Familie auf die Entwicklung der Kinder. Umgekehrt ist gerade die gemeinsame Sorge um die Kinder und die arbeitsteilige Erledigung der Hausarbeiten geeignet, die Gemeinschaft zu festigen.

[...]

Die Anzahl der Ehescheidungen in der DDR ist relativ hoch. Jedoch ist zu beachten, daß sich in den Ehekonflikten sowohl negative als auch positive Momente unserer Entwicklung widerspiegeln. Vor allem sollten folgende Erscheinungen näher untersucht werden: Die soziale Sicherheit der Familien führt aus der Sicht der Ehescheidungen nicht automatisch zu einer Stabilisierung der Familienverhältnisse. Ehen mit einer überdurchschnittlich guten materiellen Lage sind relativ häufig an den Scheidungsverfahren beteiligt. Die ständige Steigerung des durchschnittlichen Familieneinkommens hatte bisher kein Absinken der Ehescheidungen zur Folge. Der Anteil der Frauen an den Scheidungsklägern steigt. Während 1958 54,4 Prozent der Scheidungsklagen von Frauen ausgingen, waren es 1963 schon 57 Prozent.

Die Scheidungshäufigkeit ist in mehr ländlichen Gebieten weit geringer als in industriell-großstädtischen Kreisen und Bezirken. Genossenschaftsbauern werden zwar in der Tendenz häufiger, aber doch in weitaus geringerer Zahl geschieden als Arbeiter und Angestellte. Der Anteil der Intelligenz an Scheidungen wächst ständig und ist im Verhältnis zu ihrem wahrscheinlichen Anteil an der Gesamtbevölkerung hoch. Stark katholische Gebiete der DDR haben extrem niedrige Scheidungsziffern, während sie in Berlin beachtlich über dem Durchschnitt der Republik liegen. Die größte Scheidungshäufigkeit liegt heute bei Männern zwischen 25 und 30 Jahren und bei Frauen zwischen 21 und 25 Jahren. Der Anteil junger Ehen an den Scheidungen wächst, und damit sinkt das Durchschnittsalter der geschiedenen Männer und Frauen.

Als Scheidungsgründe werden in der Reihenfolge der Häufigkeit genannt: Untreue des Mannes, unüberlegte Eheschließung, Alkoholmißbrauch des Mannes, Untreue der Frau, sexuelle Unstimmigkeiten u. a. Allerdings handelt es sich bei den erfaßten Gründen nur um die bekannten und ausgesprochenen. Sie haben ihrerseits Ursachen, die oft erst das eigentliche Problem in der Ehe darstellen.

[...]

(Neue Justiz 1965, S. 231 ff.)

6. «Lebensabend ohne Sorgen»

[...]

Wer wüßte nicht um die Pflicht, für die Alten zu sorgen, denn jeden von uns trifft einmal das Schicksal des Alterns. Es ist eine sittliche Pflicht, ein Anliegen des menschlichen Gewissens. Wo, wie bei uns in der Deutschen Demokratischen Republik, alle Politik und jegliches wirtschaftliche Streben dem Menschen zugewandt ist, um ihn immer menschlicher leben zu lassen, war von Anfang an die Sorge, den Alten zu helfen, deren Heim der Krieg blindwütig zerstörte, ein besonders wichtiges Anliegen. Zahlen und Summen reden deutlich genug, noch deutlicher die hellen freundlichen Bauten, die Jahr für Jahr für unsere Alten errichtet werden.

Den Krieg hatten nur wenige Alters- und Pflegeheime überstanden. Aber 1950 waren bereits wieder 42000 Plätze in staatlichen Heimen vorhanden. 1951 wurden es über 46000, 1953 über 54500 und 1956 fast 62000. Man kann es in Summen ausdrücken, die das Ergebnis nicht weniger eindrucksvoll wiedergeben. Um neue Heime einzurichten oder bestehende zu erweitern, setzte unsere Republik im Jahre 1951 5,2 Millionen DM ein, 1953 7,6 Millionen DM und 1956 14,9 Millionen DM an Investitionen.

Diese Zahlen gewinnen noch an Gewicht, wenn man berücksichtigt, welch große Verbesserungen in der gleichen Zeit für die alten Menschen innerhalb und außerhalb der Heime eingetreten sind. Erinnert sei nur an die verschiedenen Rentenerhöhungen.

Es ist bekannt, daß der tatsächliche Aufwand in den Heimen der Deutschen Demokratischen Republik mit rund 130,– DM monatlich in Feierabendheimen und etwa 180,– DM in Pflegeheimen bei weitem über dem liegt, was von den Heimbewohnern als Beitrag zu den Kosten gefordert wird. Auf diese Weise wurden vom Staat z. B. im Jahre 1956 rund 67,5 Millionen DM neben den von den Heimbewohnern entrichteten Beträgen für die Unterhaltung der Heime aufgewendet. Außerdem sind in nichtstaatlichen Heimen weitere 19000 Personen untergebracht. Für rund 12000 dieser Heimbewohner werden Zuschüsse aus Haushaltsmitteln gezahlt, wofür weitere 12,3 Millionen DM benötigt wurden.

Natürlich haben wir keinen Grund, auf dem Erreichten auszuruhen, denn es gibt noch eine Reihe von Mängeln, die beseitigt werden müssen. Die gegenwärtige, wegen des bestehenden Mangels an Heimplätzen vielfach zu dichte Belegung der Heime gehört dazu. Wenn es uns gelingt, den Frieden zu erhalten und wir den Aufbau des Sozialismus fortsetzen können, werden jedoch in einigen Jahren diese Erscheinungen der Vergangenheit angehören.

In der Deutschen Demokratischen Republik ist die Einbeziehung der Werktätigen in die Leitung des Staates oberster Grundsatz. Durch das Gesetz über die örtlichen Organe der Staatsmacht vom 17. Januar 1957 wurde die Bedeutung der Volksvertretungen noch einmal eindeutig unterstrichen. Auch die auf dem Gebiet der Heimfürsorge bestehenden Aufgaben können nicht allein von den Mitarbeitern in der Sozialfürsorge gelöst werden. Besonders jetzt, während der Vorbereitungen zu den Wahlen am 23. Juni 1957, gilt es die Tätigkeit der Volksvertretungen und ihrer Ständigen Kommissionen zu verstärken und ihnen die Bedeutung ihrer Aufgaben bei der Fürsorge für die alten Menschen in unserer Republik klarzumachen.

(Der Morgen vom 5. 6. 1957)

7. «In Mitteldeutschland fehlen 250000 Altersheimplätze»

[...] Bei einem Bestand von knapp 100000 Plätzen in Alters- und Pflegeheimen fehlen in Mitteldeutschland gegenwärtig weitere 250000 Plätze, um alle pflege- und betreuungsbedürftigen alten Menschen unterbringen zu können. Aus den regierungsamtlichen Ost-Berliner «Presse-Informationen» ging hervor, daß gegenwärtig 3,26 Millionen Rentner in Mitteldeutschland leben, von denen zehn bis zwölf Prozent, also etwa 350 000 Menschen, regelmäßiger Betreuung bedürfen. Jedoch konnten nur 96 000 von ihnen Aufnahme in Feierabend- oder Pflegeheimen finden.

Zusätzliche Belastungen entstehen dem mitteldeutschen Sozialwesen durch den zumindest bis 1973 weiter ansteigenden Anteil alter Menschen an der Bevölkerung, was teilweise auf der erhöhten Lebenserwartung beruht, die bei Frauen 73 Jahre und bei Männern 68 Jahre beträgt. Dadurch wird auch der Anteil der über 75 Jahre alten Bevölkerungsgruppe ansteigen, die gegenwärtig 1,3 Millionen – lt. «Presseinformationen» – umfaßt.

Anmerkung der Redaktion: Das statistische Jahrbuch 1968 der «DDR» weist für Ende 1967 jedoch nur eine Zahl von insgesamt 861 622 Personen aus, die 75 Jahre und älter sind.

(IWE Berlin vom 21. 10. 1968. Informationsdienst Berlin-West)

8. «Grundsätze und Erfahrungen bei der Gestaltung
sozialistischer Feierlichkeiten um Geburt,
Eheschließung und Tod in Stalinstadt»

I. Grundsätze

1. Geburt, Verbindung von Mann und Frau sind ursprünglich biologische Vorgänge, die jedoch der Menschheitsentwicklung zufolge hohe gesellschaftliche Bedeutung bekommen haben.

Die Ausbeuterklassen haben jenen Ereignissen idealistische, religiöse Deutungen und kirchlich-feierliche Formen gegeben, um das Volk an sich zu binden und ihrer Herrschaft zu unterwerfen.

In der neuesten Zeit wehrten und wehren sich die unterdrückten Klassen gegen lebensfremde Deutungen und suchen für die Würdigung dieser hervorragenden Geschehnisse des Menschenlebens weltliche Formen.

Die Arbeiterklasse der Deutschen Demokratischen Republik und ihre führende Partei beginnen von der dialektisch-materialistischen Weltanschauung her und mit Hilfe der sozialistischen Staatsmacht die Geburt, die Eheschließung und den Tod feierlich als Ereignisse des Lebens der werdenden sozialistischen Gesellschaft zu würdigen.

2. Inhalt dieser Feierlichkeiten der Werktätigen ist der sozialistische Humanismus, der atheistisch ist und kein höheres Wesen als die für Frieden, Demokratie und Sozialismus arbeitende und kämpfende Menschheit anerkennt.

Der sozialistische Humanismus weckt den Stolz der Werktätigen auf ihre weltumwälzende Schöpferkraft und regt die Werktätigen an, von der Arbeiterklasse und ihrer marxistisch-leninistischen Partei geführt, im Einklang mit den Gesetzen der Natur und Gesellschaft alle Menschen von der Ausbeutung und Unterdrückung zu befreien, die gerechte sozialistische und schließlich die an materiellen wie an geistigen Gütern überreiche kommunistische Gesellschaftsordnung zu errichten.

Der Gehalt dieser Feierlichkeiten ergibt sich aus der Verknüpfung individueller Erfahrungen und Bestrebungen von Eltern, Brautleuten und Hinterbliebenen mit dem fortschrittlichen Menschheitsstreben. Gehaltvoll werden diese Feiern, wenn das besondere menschliche Streben sich mit dem allgemeinen zum Einklang findet.

3. In der Übergangsperiode zwischen Kapitalismus und Sozialismus kann die Übereinstimmung von persönlichem und gesellschaftlichem Interesse im Bewußtsein des einzelnen nicht jeweils vorausgesetzt werden. Zumeist sind im Bewußtsein solche Widersprüche wirksam, die notwendigerweise aufgedeckt und beseitigt werden müssen. Der sozialistischen Staatsmacht kommt deshalb bei der Vorbereitung und Abhaltung von Feierlichkeiten um Geburt, Eheschließung und Tod die Aufgabe zu, auf Eltern, Brautleute und Hinterbliebene sozialistisch-erzieherisch einzuwirken. Diese Erfahrungsaufgabe ist im Bereich der Gestaltung öffentlicher Feierlichkeiten aus persönlichem Anlaß das Wichtigste.

II. Organisation

1. Der Rat der Stadt Stalinstadt gab den vorstehenden Grundsätzen in einem Beschluß Ausdruck und schuf für die Gestaltung sozialistischer Feierlichkeiten um Geburt, Eheschließung und Tod eine Planstelle.

Der Inhaber dieser Planstelle ist voll verantwortlich für die Vorbereitung und Durchführung dieser Feierlichkeiten. Er führt die einleitenden Gespräche, leitet die organisatorischen und technischen Arbeiten und hält die Ansprachen. Als Titel für diesen Mitarbeiter gegenüber der Öffentlichkeit bildete sich die Bezeichnung «Sprecher des Rates der Stadt» heraus. Bezeichnungen wie «Weihesprecher» oder «...-redner» fanden kleinen Anklang.

[...]

III. Gespräche

1. Die Vorbereitung der Feierlichkeiten erfordert gründliche Gespräche mit Eltern, Verlobten, Hinterbliebenen. Bereits in diesen Gesprächen und gerade hier wird die kulturell-erzieherische Funktion des Arbeiter- und Bauernstaates wirksam. Ohne solch eine klärende Aussprache darf keine Feierlichkeit veranstaltet werden.

Methodik dieser Aussprache muß die prinzipienfeste und geduldige marxistisch-leninistische Überzeugung sein. Diese Methodik enthält stets offensive Initiative des Sprechers und Gewährleistung der Entscheidungsfreiheit seiner Gesprächspartner.

[...]

VII. Feierlichkeiten

1. Die Feierlichkeiten sind nach Möglichkeit mit Musik zu durchdringen, um die besondere Situation spürbar zu machen und dem tiefen Eindruck der Handlungen und Ansprachen den Boden zu lockern. Das Honorar für den oder die Musiker wird von den Privatpersonen gezahlt, damit den Feierstunden von dieser Seite nicht nur passiv entgegengesehen wird, damit diese Feiern nicht einfach ein Geschenk des Staates, sondern eine sozialistische Gemeinschaftsleistung von Staat und Einzelpersonen sind.

2. Bei der Feier um das Erziehungsgelöbnis kann nicht auf Musik verzichtet werden. Die Feierlichkeit beginnt nach kurzer Begrüßung der Eltern, des Kindes, der Angehörigen und der anderen Gäste mit einer festlichen Musik. Dann folgt die Ansprache. Nach der Ansprache wird eine kurze Musik gespielt, die die Bedeutung schwerer Fragen um das Erziehungsgelöbnis vorbereitet. Wenn das Gelöbnis gegeben ist, werden Kindesmutter, -vater und eventuell die Paten nacheinander zur Unterschrift gebeten. Die Unterzeichnung wird unaufdringlich musikalisch untermalt. Die Musik steigert sich und reicht so über den Akt der Unterzeichnung hinaus. Danach wird die Urkunde verlesen und den Kindeseltern überreicht. Es folgen Gratulationen und Geschenke. Eine letzte festliche, marschartige Musik wird gespielt, während die Festteilnehmer den Raum verlassen. Sie soll nachklingen, bis die Menschen außer Hörweite geraten.

3. Die Feier um das Ehegelöbnis bildet mit der standesamtlichen Eheschließung eine Einheit. Die Feierlichkeit beginnt mit einem Grußwort des Beauftragten für Personenstandswesen. Es folgt eine würdige Musik. Danach wird in Fragen und Antworten die Eheschließung vollzogen. Der Beauftragte unterzeichnet die Ehebucheintragung. Sodann nimmt der Sprecher den Ringwechsel vor. Dabei setzt die Musik ein und leitet zur Ansprache hin. Nach der Ansprache und der Bejahung des Ehegelöbnisses wird wieder festliche Musik gespielt. Nunmehr verliest der Beauftragte für Personenstandswesen die Ehebucheintragung und läßt sich die Richtigkeit bestätigen. Er bittet, die Eintragung und das Gelöbnis zu unterzeichnen. Während der Unterzeichnung und darüber hinaus wird musiziert. Sodann beglückwünscht der Beauftragte das Ehepaar und überreicht ihm Stammbuch und Unterlage, dann überreicht der Sprecher mit Glückwunsch die Urkunde über das Ehegelöbnis. Als nächste Gratulanten sollen Eltern und Geschwister, dann Delegierte von Betrieben und Organisationen auftreten. Die Musik intoniert dabei einen festlichen Marsch, der – in Variationen – der Festgesellschaft nachklingen soll, wenn sie den Raum verlassen hat.

4. Begräbnisfeierlichkeiten werden den bekannten Traditionen der Arbeiterbewegung gemäß gestaltet.

(Prisma, Göttinger Studentenzeitschrift, 1959 Nr. 4)

Achtzehntes Kapitel

Jugend

Einleitung

Diktaturen haben sich stets besonders um die Gewinnung der Jugend bemüht, hing davon doch die Festigung und der Fortbestand der Staats- und Gesellschaftsorganisation in der Zukunft ab. Was das Jugendgesetz der DDR von 1974 in seinem ersten Paragraphen formulierte, galt daher mehr oder minder seit dem ersten Gründungsjahr als hohes Ziel sozialistischer Jugendpolitik und Pädagogik (Dok. 1). Auch das zweimal veränderte und «aktualisierte Gelöbnis zur Jugendweihe» lag auf dieser Linie. Die DDR ist jedoch auch deshalb zusammengebrochen, weil ihr gerade die Jugend zunehmend die Loyalität aufkündigte und von den pathetisch beschworenen Idealen, mit denen die eher trostlose Gegenwart nicht in Einklang zu bringen war, nichts mehr wissen wollte.

Die Lebensrealität und das Verhalten von Jugendlichen sah in allen Entwicklungsphasen der DDR anders aus, als die Partei es wünschte. Vielfältige Formen von Abweichung und Eigensinn machten in dieser Beziehung die DDR in Grenzen vergleichbar mit westlichen Gesellschaften. Die Geschichte der Jugend ist daher, weil sie dem gängigen Bild einer uniformen, von oben gelenkten Gesellschaft teilweise widerspricht, ein besonders interessantes Kapitel der Sozialgeschichte der DDR.[1]

Die Jugendweihe sollte ideologisches Gegenstück und Ersatz zur Konfirmation sein und glich dieser in den äußeren Formen der Familienfeier doch bis zur Lächerlichkeit (Dok. 2). Den Grad der Identifizierung mit den Inhalten des Gelöbnisses braucht man sich kaum höher vorzustellen als bei westdeutschen Konfirmanden der Volkskirche. Auf ein «einträgliches» Familienfest im Übergang vom Kind zum Jugendlichen verzichteten nur die wenigsten freiwillig.

Größere Chancen dürfte die Partei dagegen bei den noch unmittelbar begeisterungsfähigen Kindern gehabt haben, die in der Organisation der «Jungen Pioniere» erfaßt wurden. Auf fatale Weise dienten hier Geländespiel und Lagerromantik politischen Zwecken einer imaginären «Verteidigung des Frie-

---

[1] Eine umfassende Geschichte der Jugend und der Jugendpolitik in der DDR gibt es bislang nicht. Aufmerksamkeit hat das Thema in den verschiedenen wissenschaftlichen Fachdisziplinen vor allem für die letzten beiden Jahrzehnte gefunden. Genannt seien hier nur Gisela Helwig: Jugend und Familie in der DDR. Leitbild und Alltag im Widerspruch, Köln 1984. Ferner die sehr instruktive Text- und Materialsammlung zu einer Ausstellung der Ost-Akademie Lüneburg: Jugend in der DDR, Lüneburg 1987 (mit vielen Literaturhinweisen).

dens» (Dok. 3). Der Übergang in die FDJ rief dann jedoch neben Engagement und Begeisterung auch wachsendes Mißtrauen gegenüber allzu viel Bevormundung hervor. Das «Doppelleben» zwischen jugendlichen Wünschen nach Autonomie und den Disziplinierungsversuchen der Partei, das gespaltene Bewußtsein vieler Jugendlicher, die Heuchelei nach außen, um sich damit kleine Spielräume zu erhalten, hat die Geschichte der FDJ in vielen Spielarten durchzogen. Man erledigte die Pflicht und drückte sich nach Kräften (Dok. 4, 5).

Jugendliche versuchten in der DDR zunehmend, ihr Leben auch außerhalb der zugestandenen Bahnen zu realisieren. Tanz, Jazz, Rock'n Roll und Motorradgangs bestimmten die Formen der fünfziger Jahre (Dok. 6, 7). Die Versuche, den als dekadent eingestuften Einfluß westlicher Jugendmusik einzudämmen, blieben erfolglos. So entwickelte sich der Mitte der sechziger Jahre auch in die DDR eindringende Beat zum ernsten politischen Problem für die SED. Was sich im November 1965 in Leipzig abspielte (Dok. 9, 10), war nicht auf diese Stadt beschränkt und alarmierte die politische Führung aufs höchste. Gegen jugendliche «Rowdygruppen» ging die Polizei vor, weil hier die ideologische Festigkeit der Jugend insgesamt in Frage stand.

Jugendliche Verhaltensweisen und Orientierungen ließen sich jedoch auf Dauer mit Gewaltmaßnahmen nicht verändern, auch wenn zunächst für viele Jahre äußerlich die Ruhe wiederhergestellt war. FDJ-Mitgliedschaft und Begeisterung für die Beatles und andere Gruppen schlossen sich de facto niemals aus (Dok. 8). Strikte Kontrolle im Klassenzimmer oder im Studentenheim (vgl. Kap. 19, 7) verhinderten nicht, daß immer wieder Nischen ausfindig gemacht wurden. Für die FDJ-Leitung war daher ihre «Verantwortung hinsichtlich einer sinnvollen und interessanten Freizeitgestaltung für und mit der Jugend» ein schwieriges Problem. Das Freizeitangebot blieb mäßig (Dok. 11). Die Konkurrenz der kirchlichen Jugendorganisation der «Jungen Gemeinde» mit offen gestalteten Treffen im Pfarrhaus war bereits in den fünfziger Jahren schwer zu schlagen (vgl. Kap. 16, 9). Sie blieb es bis in das letzte Jahrzehnt der DDR, als die Glaubwürdigkeit der SED immer weiter absank (Dok. 12). Die Kritik am Staat, an der kleinlichen und oberlehrerhaften Attitüde von Partei und FDJ gegenüber jugendlichen Wünschen nach Selbstbestimmung wurde in dieser Zeit dezidierter und selbstbewußter. Die Risiken waren geringer geworden und der Spielraum gewachsen.

Gleichwohl gab es unter der Mehrheit von DDR-Jugendlichen ein bestimmtes Maß an kritischer Identifikation mit ihrem Staat. Der Westen galt keineswegs ausschließlich als golden (Dok. 13). Nach der «Wende» blieb ein Stück dieses «Doppellebens» der Vergangenheit in anderer Form als Erinnerung erhalten (vgl. Kap. 1, 15).

1. «Die Entwicklung der Jugend zu sozialistischen Persönlichkeiten» Aus dem Jugendgesetz der DDR von 1974

§ 1

(1) Vorrangige Aufgabe bei der Gestaltung der entwickelten sozialistischen Gesellschaft ist es, alle jungen Menschen zu Staatsbürgern zu erziehen, die den Ideen des Sozialismus treu ergeben sind, als Patrioten und Internationalisten denken und handeln, den Sozialismus stärken und gegen alle Feinde zuverlässig schützen. Die Jugend trägt selbst hohe Verantwortung für ihre Entwicklung zu sozialistischen Persönlichkeiten.

(2) Aufgabe jedes jungen Bürgers ist es, auf sozialistische Art zu arbeiten, zu lernen und zu leben, selbstlos und beharrlich zum Wohle seines sozialistischen Vaterlandes – der Deutschen Demokratischen Republik – zu handeln, den Freundschaftsbund mit der Sowjetunion und den anderen sozialistischen Bruderländern zu stärken und für die allseitige Zusammenarbeit der sozialistischen Staatengemeinschaft zu wirken. Es ist ehrenvolle Pflicht der Jugend, die revolutionären Traditionen der Arbeiterklasse und die Errungenschaften des Sozialismus zu achten und zu verteidigen, sich für Frieden und Völkerfreundschaft einzusetzen und antiimperialistische Solidarität zu üben. Alle jungen Menschen sollen sich durch sozialistische Arbeitseinstellung und solides Wissen und Können auszeichnen, hohe moralische und kulturelle Werte ihr eigen nennen und aktiv am gesellschaftlichen und politischen Leben, an der Leitung von Staat und Gesellschaft teilnehmen. Ihr Streben, sich den Marxismus-Leninismus, die wissenschaftliche Weltanschauung der Arbeiterklasse, anzueignen und sich offensiv mit der imperialistischen Ideologie auseinanderzusetzen, wird allseitig gefördert. Die jungen Menschen sollen sich durch Eigenschaften wie Verantwortungsgefühl für sich und andere, Kollektivbewußtsein und Hilfsbereitschaft, Beharrlichkeit und Zielstrebigkeit, Ausdauer und Disziplin, Achtung vor den Älteren, ihren Leistungen und Verdiensten sowie verantwortungsbewußtes Verhalten zum anderen Geschlecht auszeichnen. Sie sollen sich gesund und leistungsfähig halten.

(Gesetzblatt der DDR 1974, S. 48)

2. Kleider- und Essensfragen bei der Jugendweihe

In vielen Familien rückt ein ganz besonderer Tag immer näher: die Jugendweihe. Fröhlich und festlich soll dieser wichtige Tag im Leben unserer Kinder begangen werden. Liebe Verwandte und Freunde aus nah und fern werden eingeladen.

Gesprächsstoff Numero eins ist zunächst die Frage: Was ziehen unsere

Kinder an? Festlich gekleidet wollen und sollen die Jungen und Mädchen sein, dabei aber nicht «künstlich erwachsen», sondern frisch, fröhlich und jugendlich-sportlich wirken. Außerdem kann das Kleid, der Anzug nicht allein für diesen einen Tag Gültigkeit haben. Auch in den kommenden Frühjahrs- und Sommermonaten sollen die Jugendlichen damit für Theater-, Jugendklub- oder Matinee-Veranstaltungen richtig angezogen sein.

Für die Mädchen ist dieses Problem nicht ganz so schwer zu lösen wie für die Jungen. Kleindessinierte Kunstseiden- oder Baumwollgewebe in zarter Farbigkeit sind im Handel zu finden und lassen sich leicht zu hübschen Kleidern und Jäckchenkleidern verarbeiten. Das Angebot an Fertigkleidern ist leider unterschiedlich, aber man findet leichter das Richtige für Mädchen als für Jungen. Es wäre doch zweckmäßig, wenn HO und Konsum künftig in Sonderabteilungen ganz groß anbieten würden: «Alles für die Jugendweihe!» Es ist bedauerlich, daß man darauf noch nicht von allein gekommen ist. Wie gesagt, für Mädchen ist dieses Problem leichter zu lösen als für Jungen. Für meinen Sohn habe ich mich zum Beispiel für eine Kombination – schmale einfarbige Hosen, dazu ein farblich gut abgestimmtes Jackett in einem dezenten Streifen- oder Karodessin – entschlosen. Wie ich mich bei einem Bummel durch einige HO- und Konsumverkaufsstellen überzeugen konnte, ist hier einigermaßen Auswahl vorhanden.

Ist die Kleiderfrage geregelt, bleibt das Problem der lukullischen Genüsse, die nun einmal dazugehören. Viele Mütter sind berufstätig und haben wenig Zeit für eine bis ins kleinste gehende Vorbereitung in der Küche. Gespart für dieses Ereignis wurde in den meisten Familien schon das ganze vergangene Jahr über. Deshalb ist zu überlegen, wie man diesen Tag so gestaltet, daß auch die Mutter möglichst gar nichts oder nur wenig in der Küche zu tun hat, sondern richtig mitfeiern kann.

Wie wäre es, wenn Sie sich rechtzeitig mit der HO in Verbindung setzten? Dort wird man Sie gern beraten und zur rechten Zeit beliefern. In Berlin macht das zum Beispiel die HO-Stadtküche des Restaurants «Bukarest», aber auch andere Großgaststätten in den einzelnen Stadtbezirken. Dort können warme und kalte Speisen einschließlich Geschirr und Bestecks bestellt werden.

Will man z. B. mittags ein Gedeck reichen, bestehend aus Champignonsuppe, Zunge in Rotwein mit Gemüse und Kartoffelbällchen, Zitronencreme als Nachspeise, dann kostet dies einschließlich Koch (ihm muß natürlich ein Herd zur Verfügung stehen), der notwendigen Töpfe, Geschirr und Bestecks pro Person 9,50 DM. Der Abwasch fällt vollkommen weg, das Geschirr wird so, wie es vom Tisch kommt, abgeholt. Transportkosten entstehen nur einmal, und zwar 0,50 DM pro Kilometer. Natürlich können Sie sich das Menü nach Ihren speziellen Wünschen und nach Ihrem Geldbeutel zusammenstellen lassen.

Auch kalte Platten, mit und ohne Salat, mit Käse, Butter, Aufschnitt, Brot, werden, liebevoll und appetitlich angerichtet, einschließlich des dazu benötigten Geschirrs geliefert. Wie uns Objektleiter Roth von «Bukarest» sagte, gibt es hier für 10 DM pro Person etwas sehr, sehr Schönes für Augen und Gaumen. Natürlich kann man auch weniger Geld anlegen und wird trotzdem gut bedient.

Sicher, es wird im allgemeinen billiger sein, wenn man alles selbst einkauft, zubereitet und anrichtet. Festlicher aber ist es bestimmt durch die HO. Das Wichtigste aber ist: Mutti und auch Oma können unbeschwert mit ihren Gästen den großen Tag im Leben ihres Kindes feiern.

(Wochenpost 1960, Nr. 8)

3. «Kinder üben ‹Verteidigung der Republik›»

Sonntag morgen 6.30 Uhr. Noch liegt der Schulhof in Merseburg-Süd einsam im Sonnenlicht. Doch plötzlich knattern Motorräder heran. Pioniere und FDJler füllen den großen Platz eine halbe Stunde später. In kleinen Grüppchen oder zu 20 und 30 stehen sie beisammen und sprechen vor Begeisterung laut und erregt miteinander. Einige von ihnen haben sich mit den Motorrädern der Genossen unserer Kampfgruppen aus Großkayna schon eng befreundet. Aus den umliegenden Häusern schauen verwundert die Menschen heraus. Nanu, wird denn neuerdings auch sonntags unterrichtet? Ja! Doch die Lehrer, die Genossen der Kampfgruppe und die Pioniere wissen: Heute wird auf besondere Art gelernt, denn heute ist unser traditionelles Geländespiel!

Noch immer wird gelacht, geschwatzt, und während Inge darüber nachdenkt, ob sie nicht doch noch etwas vergessen hat, rufen Fanfarenklänge die Pioniere zum Appell. Es ist 7.15 Uhr. Die Gruppenkommandeure der Klassen melden ihrem Direktor. Neben den Pionieren stehen auch die Genossen der Kampfgruppen. Es sind vertraute Gesichter. Kumpel aus dem Geiseltal. Das steht z. B. «Schorsch», der 34jährige Bergmann. Er ist dreifacher Aktivist. Eigentlich hätte er heute am Sonntag seine Krümperschicht. «Ist es dir nicht schwergefallen, Schorsch, uns heute deinen freien Tag zu geben?» frage ich ihn. – «Weißt du, es macht mir Spaß, mit Kindern zusammen zu sein. Ich habe auch an meine kleinen Mädchen dabei gedacht. Und nun bin ich ja eigentlich schon ein alter Hase bei euren Geländespielen.» Ja, so ist es richtig, Schorsch, und das spüren die Kinder und wissen die Lehrer, daß man selbst begeistert vorangehen muß, will man ein Kind zum sozialistischen Menschen erziehen. –

Endlich ist es soweit. Die Fahrradkolonne, eine riesige Schlange, ist abgefahren. Die übrigen Pioniere, ich glaube es sind «nur noch» 190, stürmen auf die Lastkraftwagen von der LPG Geusa.

Schön ist es in Pödelist. Weit streift der Blick in das schöne Unstruttal, und hinter uns ist ein riesiger Wald, die «alte Göhle». Hier herrscht um 11 Uhr ein emsiges Treiben. Bis hinunter in das stille Dörfchen hört man den Lärm der 300 Kinder. Warum sollten sie auch nicht einmal laut und ausgelassen sein? Können sie doch eine kleine Republik – ihre Zeltstadt – mit eigenen Händen aufbauen. Alle sind eifrig bei der Sache. Während einige die Zeltbahnen knüpfen, laufen andere wie Wiesel durch den Wald und suchen geeignete Pflöcke, die sie als Heringe verwenden können. Da fehlen plötzlich Schnüre, so daß die letzten drei Langfirstzelte nicht mehr aufgebaut werden können. Sollte etwa einer auf Kosten der Allgemeinheit für sich, sein Zelt, etwas «organisiert» haben? Schimpfend rennen die Pioniere durcheinander und finden auch zerschnittene kleine Stücken unserer schönen 50 m langen Zeltschnur. Ja, wachsam muß man sein, will man etwas aufbauen. –

«Rolf, tarne dich besser!» ruft der Gruppenkommandeur. Vorsichtig schleichen vier Jungen am Rande des riesigen Waldes auf eine kleine Baumgruppe zu. Sie tragen am linken Oberarm rote Armbinden aus Papier. Plötzlich taucht 30 m vor ihnen ein Kopf aus dem Gebüsch auf. Sofort werfen sich die vier vorgeschobenen Späher unserer Verteidigungslinie auf den Boden. «Hans, bringe sofort eine Meldung an den Stab!» Er schreibt auf den Meldeblock die genaue Meldeformel, so wie er es in der touristischen Vorbereitung gelernt hat: wann, wo, wie, wer usw. Hans pirscht sich am Waldrand entlang und ist bald im Gebüsch verschwunden.

«Ich bringe eine Meldung vom Punkt 215!» ruft er schon von weitem seinem Lehrer zu, der etwa einen halben Kilometer von der Zeltstadt der Republik entfernt mit eigenen Pioniergruppen auf der Verteidigungslinie versteckt liegt.

«Wo ist der Gegner, wie stark ist er?» Der Junge, noch erhitzt vom Laufen, wird von allen auf einmal mit Fragen bestürmt. Und gleich saust ein zweiter Pionier los, um dem Kampfgruppenkommandeur, dem Genossen Rohr, mitzuteilen, daß Pioniere der gegnerischen Partei in den Wald eingedrungen sind. Hans aber will zu seinen Jungen zurück.

«Warne sie. Sie sollen zurückkommen. Ihr seid viel zu schwach gegen diese Gruppe.»

Von hinten, der Verteidigungslinie vor der Zeltstadt, marschieren leise 15 Mädchen und Jungen vorbei. Toll sehen sie aus, wie richtige Indianer haben sie sich einen Kopfputz aus Zweigen gemacht, an ihren Kleidern hängen Zweige und Äste. «Wir kommen zur Verstärkung nach vorn.» Der Gruppenkommandeur hat es befohlen.

Auf dem Hauptweg werden plötzlich drei Personen gesichtet. Aha, das sind unser Direktor und zwei Kollegen der Abteilung Volksbildung. Wieder wird dem Kommandeur gemeldet, denn das ist wichtig. Unsere Pioniere sollen sich orientieren können, beobachten lernen, sich hier wie im Leben zurechtfinden. Eine Gruppe von Mädchen kann es sich doch nicht verkneifen, ganz still zu sein und die drei vorüber zu lassen. Sie lachen ihren Direktor an.

«Na, wie steht's? Habt ihr gar keine Angst, gefangengenommen zu werden?»

«Oho, was meinen Sie, wie wir laufen können.»
Um 20 Uhr sitzen die Pioniere wieder alle fröhlich vereint am Lagerfeuer. Gespannt sehen sie auf den Scheiterhaufen, der nun angezündet wird. Natürlich ist das Geländespiel, sind die Zusammenstöße mit der gegnerischen Partei und kleinere Bolzereien noch nicht vergessen. Es fällt den Lehrern nicht leicht, diese aufgeregte Schar von 300 Kindern, die vielleicht auch zum ersten Male in ihrem Leben hier ihren eigenen Tee am Lagerfeuer kochen durften, zu beruhigen.

Dann aber spricht der Direktor, und es wird still im Kreis. Zuversicht und Vertrauen auf die Kraft der Arbeiterklasse klingt aus seinen Worten, als er den Pionieren erklärt: So, wie heute ein Geländespiel mit dem Sieg der Verteidiger der kleinen Zeltstadt endete, so wird es auch immer im Großen sein. Niemand wird unsere Republik überfallen können, weil wir, das ganze sozialistische Lager, für den Frieden auf Wacht stehen.»

(Freiheit vom 12. 6. 1959: Originaltitel: Erziehung ohne erhobenen Zeigefinger. In: SBZ-Archiv 10/1959, S. 205)

4. Erinnerungen an Schule und FDJ
in den fünfziger Jahren

[...]
Von der Schule war mir aufgetragen, mindestens ein Jahr in die «Produktion» zu gehen, einmal um abzuwarten, ob sich für mich irgendeine Studienmöglichkeit bot, aber vor allem, um über den direkten Kontakt mit der Arbeiterklasse und über die produktive Tätigkeit im Betrieb meine idealistischen und «kleinbürgerlichen» Vorstellungen und Illusionen abzuschminken.

Ich komme keineswegs aus dem Kleinbürgertum. An der «Karl-Marx-Oberschule» wurde ich sogar als ein Arbeiterkind gefördert. Aus den unteren Schichten wagten damals wenige diesen Sprung in die erweiterte Bildung. Eingezwängt zwischen den Bälgern der Intelligenz, der Ärzte, Apotheker, den Handwerker- und Kleinkapitalistenkindern konnten wir, die Töchter und Söhne der Arbeiter, Landarbeiter, der unteren Angestellten, kaum eigenständige Interessen artikulieren. Im Gegenteil, diese kleinstädtische Bourgeoiskultur, auch wenn sie mit linken Phrasen aufpolitiert war, fraß uns langsam auf. Anfangs war ich sogar der einzige FDJler in der Klasse. Später gesellten sich einzelne Überzeugte, aber noch mehr Karrieristen dazu, die schon sehr früh auf einen Studienplatz schielten. Ich war damals halbwegs angetan von diesem «neuen» Deutschland.

Irgendwann nach 1945 war ich von den Kinder- und Jugendbanden kommend in die offizielle Organisation der Jungen Pioniere eingetaucht, ohne allerdings die alten Kontakte und Freundschaften aufzugeben. Schon damals

bewegte ich mich in einem Doppelleben. Ich begann, mich politisch zu engagieren. Dieses Engagement lief jedoch parallel zur Kindheits- und Jugend-
sozialisation im Nachkriegsdeutschland.

Die antifaschistische und antimilitaristische Grundschule fand mein kind-
liches Gefallen: keine Dressur, kein Kadavergehorsam, keine Disziplin- und
Leistungsrituale. Die alten Lehrer waren zum großen Teil entlassen worden.
Die neuen Pädagogen kamen aus den Betrieben, aus der Verwaltung oder aus
den Oberschulen. In Schnellkursen wurden sie nur oberflächlich auf ihre
neuen Aufgaben vorbereitet. Bestimmte Schul- und Verhaltensauflagen legten
sie fest und schnürten sie ein, nicht aus den vorgegebenen Bahnen zu geraten
und durch autoritäres Gehabe oder Anmaßungen die pädagogischen Pflichten zu verletzen. Immerhin war das pädagogische Ziel, uns zu glühenden
Friedenskämpfern zu erziehen, die niemals mehr eine Waffe in die Hand nehmen würden und die verhindern würden, daß die kalten Krieger im Westen
wieder aufrüsten werden. Aufrechte Friedensfreunde ließen sich nun einmal
nicht durch die Knute kneten.

Diese neuen Lehrer konnten mit ihrem Elan kaum die Hilflosigkeit über-
decken. Im Schulstoff waren sie oft nur eine Stunde weiter als wir. Wir waren
sozusagen das Publikum ihres beruflichen Werdegangs. Je nach ihren Auftrit-
ten betrachteten wir sie streng als hilflose Trottel, die voll von unserem Spott
und unseren Aggressionen getroffen wurden, oder als Kumpel, denen Vertrauen entgegengebracht werden konnte, oder als Sachautoritäten, die in ihrem Fach etwas brachten, mit denen wir sonst aber nicht «warm» wurden.
Diese zwiespältige Stellung in der Schule garantierte, daß sie irgendwann aus
der Rolle gerieten. Sie verhinderten also selbst eine positive Identifizierung
mit ihnen. Zum Vorbild konnten wir sie kaum küren. Sie entlarvten sich
irgendwann und bildeten so für uns einen Reigen der Autoritäten, die aus-
tauschbar waren. Wir waren dadurch mehr und mehr auf uns selbst angewiesen. Vor allem in den Kinder- und Jugendbanden fanden wir unsere
Geborgenheit und die persönlichen Maßstäbe, nach denen wir uns irgendwie
richteten.

Eine Familie im traditionellen Sinn existierte zu diesem Zeitpunkt kaum.
Die Väter waren in Gefangenschaft, verschollen, gefallen, abgehauen oder
selbst in einer moralischen Krise, die alle väterlichen Funktionen unterlief.
Die Mütter sorgten für die Ernährung. Durch ihre produktive Tätigkeit in
den Fabriken und Büros oder als Hilfskräfte und Trümmerfrauen wurde die
Wirtschaft in Gang gesetzt, auferstand aus den Trümmern ein «neues»
Deutschland. Die Mütter waren ausgepowert, gezeichnet von den Alltagssor-
gen, müde und kaum noch fähig, durch ihre mütterliche Obhut das individuelle Fortkommen und die Persönlichkeitsentwicklung ihrer Kinder zu beeinflussen oder zu erdrücken bzw. mit dem Bleigewicht der Traditionen zu
beschweren.

Wir waren frei, auf uns selbst gestellt, frei von unmittelbaren Disziplin-
zwängen der Schule, frei auch weitgehend von dem familiären Druck, keines-

wegs frei von Ängsten und Aggressionen. Aber immerhin, eine «verrückte» Generation wuchs heran, die irgendwann irgendwas anstellen mußte.

In solch einer Situation ging ich zu den Jungen Pionieren. Es gab mehrere Gründe. Ich hatte die Befürchtung, daß meine kleinen Diebstähle, mein «Handel» mit Alkohol vor den Kasernen der sowjetischen Truppen, meine Streiche, der Krieg der einzelnen Jugendbanden gegeneinander und später gemeinsam gegen «die Russenjungs» aus den Offiziersfamilien, kurz – daß alle diese Aktivitäten mich auf die schiefe Bahn bringen konnten. Ich suchte einen Halt, den ich sonst nirgendwo fand. Vielleicht zog mich auch die Tatsache an, daß in dieser Organisation Mädchen auftauchten, die sonst hinter Verschluß gehalten wurden. Es kann auch sein, daß mich der Kult der Fahnen, der Schwüre, der Aufzüge, aber auch die organisierte Kurzweil anzogen. Außerdem fand ich Anerkennung. Ich konnte gut Sprüche aufsagen, und über meine Knabenstimme klang das Lob an den weisen Generalissimus Josef Wissarionovich Stalin sehr echt und dramatisch.

Wie schon gesagt, ich brach keineswegs die alten Kontakte ab, ich begann mein Doppelleben, das ja so typisch werden sollte für die DDR-Bürger. Ich will aber nicht verhehlen, daß nach anfänglichen Schwierigkeiten, ich blieb sogar in der dritten Klasse sitzen, weil mich die Straße mehr interessierte als der Szenenwechsel in der Schule, daß nach diesen anfänglichen Schwierigkeiten mir der antifaschistische und antimilitaristische Unterricht gefiel. Ich muß dabei hervorheben, daß ich zu einer Generation gehöre, die den militärischen Zusammenbruch des Faschismus bewußt, kindlich bewußt erlebt hat. Ich weiß, was Krieg bedeutet, ich weiß, was Zerstörung heißt, ich kenne die Ängste, wenn Bomben fallen oder wenn Granaten einschlagen. Mir ist auch die Verlustangst gegenwärtig, wenn Du denkst, daß Deine Mutter oder Schwester nicht zurückkommen oder getötet werden können. Ich habe als Kind tote Soldaten gesehen. Ihre aufgerissenen Augen und Münder, das Blut, der Dreck und Kot sind tief in mein Gedächtnis eingegraben. Diese Sinnlosigkeit des Sterbens hat mich tief beeindruckt. Hier entstand wohl auch mein Lebenswille. Und das hieß für mich: nie wieder Krieg, nie wieder Soldaten. [...]

Ab Herbst 1954 besuchte ich die Oberschule. Ich wurde Mitglied der FDJ. Ich sang und agitierte in einem FDJ-Chor. Wir tingelten durch die Dörfer des Kreises, wir traten in den FDJ- und Pionierlagern des Bezirkes auf. Wir wurden sogar zu Westeinsätzen in Westberlin herangezogen. Auf den verschiedenen Pfingst- und Deutschlandtreffen der FDJ gehörten wir zum politischen und kulturellen Programm.

Diese Mobilisierung der Jugendlichen löste durchaus Begeisterung aus. Wir kamen heraus aus dem Alltag der Kleinstädte. Wir lernten das Land und Jugendliche aus anderen Regionen der Republik kennen. Wir waren unter uns, ohne die direkte Aufsicht der Lehrer oder der Partei zu verspüren. Erste Flirts zu den Mädchen oder entsprechend zu den Jungen wurden gewagt. Die Älteren nutzten die Gunst der Stunde und verschönten die politischen Aufmärsche durch die erotischen Spannungen, die zwischen den Frauen und Männern aufkamen. Die Sexualmoral, durch die Kriegsereignisse und durch die Nachkriegszeit aufgebrochen, gewann in diesem Jugendleben keine konservativen Züge, auch wenn das Zusammensein der beiden Geschlechter durch Hemmungen gestört und verkrampft wurde.

Trotzdem, das Mißtrauen der Partei und der Freunde der Jugend, der dreißig- und vierzigjährigen FDJ-Sekretäre, würgte Begeisterung und Engagement immer wieder ab. Das blieb typisch für diese Jahre. Große Mobilisierungskampagnen wurden aufgeboten, die dann abrupt durch bürokratische Direktiven wieder erdrückt wurden. Themen, die die Jugendlichen interessierten, wurden in Jugendforen angesprochen, dann jedoch nicht beantwortet oder durch Überheblichkeit und Besserwisserei zugeschüttet. Jegliche Spontaneität oder Eigeninitiativen oder Selbstvertrauen mußten nach dem Selbstverständnis dieser Politik in die Zange bürokratischer Kontrollen von oben genommen werden. Die Parteispitze besaß kein Vertrauen zu «ihrer» Jugend, deren Phantasie, deren Selbständigkeit und deren Freude am Leben und am Neuen, die Bereitschaft der Jugend, teilzuhaben an der großen Umwälzung der Gesellschaft, löste Verdacht aus. Die Jugend sollte durch die bürokratischen Institutionen der Massenorganisationen und der Partei erfaßt und erzogen werden. Das hieß, sie sollte der bürokratischen Routine und der Disziplin angepaßt werden, der weisen Führung von oben zu genügen. Diese Partei brauchte Duckeberger und Arschlöcher. [...]

(Bernd Rabehl: Schattenspiele. Mühseliges Erinnern an die fünfziger Jahre, in: Götz Eisenberg, Hans-Jürgen Linke [Hgg.]: Fuffziger Jahre, © Focus Verlag-Gesellschaft mbH Gießen 1980, S. 115ff.)

5. Die Fahne bei einer FDJ-Demonstration

Keiner wollte sie tragen. Wir blickten weg und taten geschäftig, führten intensive Gespräche mit dem, der gerade in der Nähe stand oder wechselten die Straßenseite. Niemand wollte den Dummen machen: Es wird sich schon einer finden. Vornweg marschieren und dann noch allein mit diesem Ding, da wirst du gesehen und verlacht, das kennt man, ich werde wohl aus freien Stücken die Fahne schleppen.

Der Verantwortliche hat zwei Möglichkeiten: Entweder er bestimmt irgendeinen, verpflichtet ihn also bei Strafe des Meldens, oder er überläßt die Entscheidung den Anwesenden, lehnt das unerwünschte Objekt an den nächsten Gartenzaun und sagt: Wenn wir losmarschieren muß einer sie mitnehmen.

Und wohin, wenn die Demonstration zu Ende ist? Als Fahnenträger kannst du nicht in die erste beste Seitenstraße entweichen, da mußt du in Reih und Glied bleiben bis zuletzt: Wenn sich die anderen schon nach Eis und

Bockwürsten anstellen, stehst du noch als Demonstrant auf der Straße, weithin sichtbar und verzweifelt eine Ablage suchend. Das habe ich immer wieder erlebt: Irgendeine Lautsprecherstimme verkündete kreischend große Erfolge, und wir standen als bestellte Demonstranten in Nebenstraßen und warteten, bis sich einer fand, der die Fahne mitnahm, die am Zaun lehnte. Und es war die rote Fahne.

(Jürgen Fuchs: Gedächtnisprotokolle, © Rowohlt Verlag Reinbek 1977, S. 81)

6. «Krach durch Freude beim Tanzen und Radfahren»

Auch in Mitteldeutschland hat die Öffentlichkeit Sorgen wegen der Jugend. Man spricht dort nicht von einem «Halbstarken-Problem», aber von «jugendlichen Rowdies, Zynikern und sittlich-sozial Gefährdeten». Hinter dieser Bezeichnung verbergen sich ähnliche Erscheinungsformen jugendlichen Protestes gegen die Welt der Erwachsenen, wie sie auch in der Bundesrepublik bekannt sind. Allerdings wird in der Sowjetzone die Lage dadurch charakterisiert, daß es vornehmlich in Dörfern und Kleinstädten zu Krawallen kommt.

Besonders auf dem Land treten in der letzten Zeit sogenannte «Eisenbahn-Gangs» auf. Die Mitglieder dieser Banden – Minderjährige und Halbwüchsige zwischen 11 und 17 Jahren – finden ihre Freude daran, Steine auf vorbeifahrende Güter- und Personenzüge zu werfen. Einige Reisende wurden bereits durch die vor allem zur Abend- und Nachtzeit auftretenden Wurftrupps verletzt. Die staatlichen Organe der Sowjetzone gehen gegen diese nun wirklich kriminellen Banden mit unnachsichtlicher Strenge vor. Auch Eltern, die ihre Aufsichtspflicht verletzt hatten, wurden scharf bestraft.

Weniger Aufhebens macht man von den Jazzfanatikern und den Fahrradklubs. Die einen fallen dadurch auf, daß sie ihrer Begeisterung für rhythmische Weisen durch Tanzen und Grölen auf den Straßen nach Tanzveranstaltungen Ausdruck verleihen. Oft kommt es auch wie in Wismar und Stralsund dazu, daß Räume, in denen Schauorchester auftreten, gewaltsam und ohne Rücksicht auf die Möbel während der Veranstaltung zum Tanzen hergerichtet werden. In aller Stille gegen die Mutwilligen verhängte hohe Geldstrafen dämmen jedoch diese Formen der Tanzbegeisterung erheblich ein.

Das Gegenstück zu den bundesrepublikanischen und Westberliner Motorradhorden sind in der Zone die Fahrradklubs. Radfahrer haben ihre Räder (Motorfahrzeuge sind zu knapp und zu teuer) mit erschreckenden Geräuschanlagen ausgestattet. Besonders sinnreich konstruierte Sirenen und Klingeln verursachen bei den gemeinsamen Fahrten einen Höllenlärm. Auch sonst benehmen sich diese Klubs, wie der von Rostock, sehr aufrührerisch. Straßen werden versperrt, Passanten belästigt und vorbeifahrende Fahrzeuge beschädigt.

Die Volkspolizei hat für die Behandlung randalierender Jugendlicher besondere Anordnungen erhalten. Oberstes Gesetz in jedem Falle: kein Aufsehen! Beamte in Zivil sehen sich ihre Pappenheimer an und mobilisieren dann deren Eltern. Unauffällig werden Väter und Mütter zu den Radaubrüdern geschleust, bei denen elterliche Zurechtweisung wahre Wunder wirken. Meistens setzen sich die Randalierenden beim Auftauchen ihrer Eltern sofort in Bewegung nach Hause. Handgreiflichkeiten gegenüber uniformierten oder zivilen Ordnungsorganen kommen kaum vor.

Nur die allerschlimmsten Übeltäter werden verhaftet, immer von Beamten in Zivil. Neugierige Zuschauer, die allein durch ihre Anwesenheit die Jugendlichen zu weiteren Aktionen aufstacheln, gibt es wenige.

In Rostock sehen die Stadtväter das Hauptproblem darin, die jungen, schon gut verdienenden Leute von Schlägereien in Kneipen und Gastwirtschaften abzuhalten. Immer häufiger kommt es zu solchen Szenen, bei denen sogar mit Messern und Schlagringen gekämpft wird. Hier helfen, nach Ansicht der Behörden, nur härteste gerichtliche Strafen. Sonst aber geht man in sehr kluger und überlegter Weise gegen die randalierenden Teile der Jugend vor. Wobei dann nie vergessen wird, auf die Vorzüge der kommunistischen Jugenderziehung und die schlechten Beispiele aus dem Westen hinzuweisen.

(Die Zeit vom 18. 10. 1956)

7. «Klassenfeinde auf dem Tanzboden»

In Wiehe, Kreis Artern, wird es bei näherem Hinsehen deutlich, daß hier die Feinde unserer demokratischen Staatsordnung Fuß gefaßt haben. Im Sinne der westdeutschen Monopolisten und Junker versuchen sie, das ganze Dorf ihren Zielen untertänig zu machen. Diese Wühlarbeit des Feindes ist nicht zufällig, sie trägt systematischen Charakter und ist organisiert. Doch die Genossen der Parteiorganisation in Wiehe merken anscheinend von alledem nichts. [...]

Die Landwirtschaftliche Produktionsgenossenschaft in Wiehe besteht heute nur noch aus zwei Mitgliedern; vor wenigen Monaten noch waren es acht Mitglieder. Sechs Mitglieder der Produktionsgenossenschaft sind den Einflüsterungen der Feinde in Wiehe erlegen und traten aus der Produktionsgenossenschaft aus.

Auch ein neu erbautes Kulturhaus haben die Wieher. Oft führen hier Halbstarke ihre Boogie-Woogie-Tänze vor, während Genossen und Mitglieder der FDJ daneben stehen und den blödsinnigsten Verrenkungen Beifall klatschen. Es geschieht sogar, daß in Wiehe fortschrittliche Filme ausgepfiffen werden. Manche Genossen meinen, die Pfeifkonzerte richteten sich lediglich gegen technische Störungen bei den Filmvorführungen. Diese Genossen haben eine sehr naive Auffassung vom Klassenkampf. Es ist doch der Wunsch des Fein-

des, unsere Kulturhäuser zu Speichern amerikanischer Kulturbarbarei herab-
zuwürdigen.

Diese Beispiele beweisen eindeutig, daß die Parteiorganisation in Wiehe dem
Klassenfeind das Feld überläßt. Sie hat jegliche politische Arbeit aufgegeben.
Der Opportunismus in all seinen Schattierungen hat sich in die Parteiorganisation in Wiehe eingefressen. Sozialdemokratismus, linker Radikalismus,
Cliquenwirtschaft bestimmen das ideologische Gesicht der Parteiorganisation. Von etwa 130 Mitgliedern leisten (nach Angaben der Kreisleitung der
SED Artern) ungefähr nur zwanzig Parteiarbeit, die sich aber auch nur auf
den Besuch von Mitgliederversammlungen und den Besuch des Parteilehr-
gangs erstreckt. [...]

Die FDJ-Gruppe in Wiehe steht nur auf dem Papier, von der Parteiorganisation wird sie überhaupt nicht beachtet.

Es ist klar, in Wiehe muß der Karren aus dem Dreck gezogen werden.
Offensichtlich ist die Verbesserung der Parteiarbeit die Hauptaufgabe, die in
Wiehe gelöst werden muß, um den Einfluß der Klassenfeinde ausrotten zu
können.

(Freiheit vom 5. 11. 1953: Originaltitel: Die Parteiorganisation in Wiehe muß
mit dem Kampf gegen die Klassenfeinde beginnen. In: SBZ-Archiv 1952,
S. 351)

8. Brief eines Teenagers aus Magdeburg
an eine neue Brieffreundin im Westen

Magdeburg, den 15. 2. 69

Liebe Cornelia!

Heute kam Dein Brief an. Vielen Dank, ich habe mich sehr darüber gefreut.
Darf ich mich zuerst einmal vorstellen? Ich bin 16 Jahre, werde am 3. März
17. Ich habe lange blonde Haare und graugrüne Augen. Tiere habe ich sehr
gerne. Ich habe einen Goldhamster «Mäxchen» und eine Schildkröte, die zur
Zeit Winterschlaf hält.

Ich habe zwei Brüder, einer 15, der andere 10 und sehr frech, außerdem
superfaul. Meine Mutter ist 37 Jahre und mein Vater 45 Jahre. Sie arbeiten
beide in Magdeburger Betrieben. Meine Mutter als Zuschneiderin, der Vati
als Schlosser.

Du fragst nach meinem Lieblingsstar. An erster Stelle steht der Franzose
Michel Polnareff. Kennst Du ihn? Er singt: «Love me, please love me» und
«La poupée qui fait non». Ansonsten finde ich die Beatles und Barry Ryan
gut.

Meine Wände, in meinem Zimmer, sind mit Bildern aus der «Bravo» be-
stückt. Die meisten habe ich von meiner Freundin aus Pinneberg bei Ham-

burg. Mit ihr schreibe ich mich schon drei Jahre. Ich schreibe mich noch mit einem Jungen und einem Mädchen aus der ČSSR. Da kann man sich am sichersten objektiv informieren.

Hörst Du manchmal den Soldatensender? Oder Luxemburg? Diese beiden werden von mir bevorzugt.

Siehst Du Beat-Club? Ich sehr gerne. Wir haben jetzt Winterferien, vier Wochen. Vorher hatten wir Chemieprüfung, als Endprüfung der 10. Klasse und in Russisch bereits das Abitur. Wir lernen schon seit der 3. Klasse Russisch. Englisch habe ich jetzt das vierte Jahr. Nächstes Jahr lerne ich noch Französisch. Ich finde diese Sprache wunderschön und beneide jeden, der sie beherrscht.

Der Junge, der meine Adresse mitgeschickt hat, geht in meine Klasse. Er ist ganz nett, aber nicht mein Typ. Mich wundert, daß es bei Euch «drüben» auch noch welche gibt, die in die Zone schreiben. Meine Freundin aus Pinneberg sagte mal, als ich sie um eine Adresse für eine Freundin bat, daß es sehr schwer ist, jemand zu finden. Die meisten Mädchen seien zu eingebildet, um sich mit jemandem aus der Zone zu schreiben. Das finde ich albern. Wir sind genau solche Mädchen wie Ihr. Für Politik interessiert sich Bille (aus Pinneberg) nicht. Mit ihr schreibe ich mich über ihren Freund etc. Deshalb freue ich mich, auch eine Brieffreundin zu haben, die sich für Politik und andere Probleme interessiert.

In der FDJ bin ich, wie fast alle. Außerdem ist meine Klasse in der GSF (Gesellschaft für deutsch-sowjetische Freundschaft). Man merkt nicht viel davon. Außer, wenn der Beitrag kassiert wird. Und an Staatsfeiertagen «dürfen» wir im einheitlichen blauen FDJ-Hemd antanzen. Wirklich begeistert für die Interessen der FDJ sind nur die Funktionäre. Die wollen die Jugend immer mitreißen und können nicht! Wenn man sich einfach was weismachen lassen soll, wem paßt das schon! Mit manchen Lehrern kann man sich ganz vernünftig unterhalten. Die akzeptieren auch den Standpunkt der Schüler.

Sei ganz herzlich gegrüßt von Deiner

Fritzi

(ich heiße eigentlich Friederike, aber das ist mir zu altmodisch)

(Hilde Baumgart [Hg.]: Briefe aus einem anderen Land. Briefe aus der DDR, Hamburg 1972, S. 286 f.)

9. Eine Demonstration jugendlicher Beat-Anhänger in Leipzig (1965)

[...]

In der Zeit von 9.00–10.00 Uhr bewegten sich kleine Gruppen von Jugendlichen und Einzelpersonen von verschiedenen Stellen der Innenstadt aus in Richtung Wilhelm-Leuschner-Platz. Ca. 500 solcher Jugendlicher machten nach ihrem Aussehen und Auftreten den Eindruck, daß sie Anhänger dieser Beat-Gruppen sind. Durch die Sicherheitsorgane wurden die Anwesenden durch Lautsprecher aufgefordert, die Straßen und den Platz zu räumen. Mehrmalige Aufforderungen wurden von einem Teil der Gruppierungen mit Pfiffen sowie Pfui- und Buhrufen beantwortet. Der Aufforderung wurde keine Folge geleistet.

Einheiten der VP-Bereitschaft wurden deshalb eingesetzt, und es erfolgte eine zügige Auflösung der Ansammlung auf dem Wilhelm-Leuschner-Platz. Gegen 11.00 Uhr war die Lage auf dem Leuschner-Platz, 11.30 Uhr in der Innenstadt normal. Im Zuge der polizeilichen Maßnahmen wurden 267 Personen wegen aktivem und passivem Widerstand, Störung und Fotografieren der polizeilichen Handlungen und in einzelnen Fällen wegen Staatsverleumdungen dem VPKA [Volkspolizeikreisamt] Leipzig zugeführt. Die Zugeführten gliedern sich in 120 Personen über 18 Jahre, 140 Personen von 15 bis 18 Jahre und 7 Personen bis 15 Jahre. Die bisherigen Untersuchungen bei den Zugeführten ergaben, daß unter ihnen 16 Personen sind, die wegen Diebstahl, 7 Personen wegen schwerem Diebstahl, 7 Personen wegen Sexualverbrechen, 2 Personen nach § 19/1 StEG, 8 Personen nach § 8/Paßgesetz, 5 Personen wegen Körperverletzung und 5 Personen wegen Sachbeschädigung schon vorbestraft waren.

In den Abendstunden des 31. 10. 1965 bewegten sich einzelne kleinere Gruppen Jugendlicher im Stadtgebiet von Leipzig. Zu größeren Konzentrationen kam es nicht mehr.

Am 31. 10. 1965, gegen 20.00 Uhr, wurden in der Oststadt Leipzig-Paunsdorf 5 Stück und in einer Telefonzelle ein Zettel verstreut festgestellt. Am 1. 11. 1965 um 0.15–0.55 Uhr wurden in der Westvorstadt Leipzig-Lindenau folgende Hetzlosungen festgestellt:

1. «Gegen Wasserwerfer und Polizei nur noch Streik»
   (An einer Eisenbahnüberführung, 6 Meter lang, 0,20 Meter hoch, mit Ölfarbe)
2. «Nieder mit dem Polizeiterror!»
   (auf der Straße)
3. «Nur noch Beatls!» [sic!]
   (an einer Schaufensterscheibe)

Auch gibt es bereits wieder Diskussionen unter Jugendlichen, daß solche «Demonstrationen» fortgesetzt werden.

Zum Beispiel informierte uns der Parteisekretär des VEB Drehmaschinenwerk Leipzig, daß heute am Montag, dem 1. 11. 1965, vor dem Leipziger Capitol eine weitere Aktion erfolgen soll.

Erste Informationen aus Betrieben beweisen, daß der überwiegende Teil der Werktätigen die Handlungen der Sicherheitsorgane befürwortet und zum Ausdruck gebracht hat, daß man einmal zeigen muß, wer Herr im Hause ist.

Es gibt aber auch ein Teil, die mit unterschiedlichen Auffassungen die Vorkommnisse am Sonntag beurteilen.

– Es wäre zweckmäßiger gewesen, daß man FDJler und Kampfgruppen in

Zivil eingesetzt hätte, um die Jugendlichen zur Seite zu drängen in Richtung Dimitroffstraße.
(Kollege aus dem Institut für Fördertechnik Leipzig)
– Man hätte die Jugendlichen die Demonstration durchführen lassen sollen.
Sie wären alleine auseinandergegangen. Sie hätten uns keinen Schaden zugefügt, wir haben doch nichts zu verbergen.
(Kollegin aus dem VEB Werkstoffprüfmaschinenwerk Leipzig, Abt. Lack., Mitglied einer sozialistischen Abteilung).

(Information der Abteilung Parteiorgane an das Sekretariat der SED-Bezirksleitung vom 31. 10. 1965; PDS-Archiv Leipzig A–2/16/464)

10. «Zu einigen Fragen der Jugendarbeit
und dem Auftreten der Rowdygruppen»

In Verwirklichung des Jugendkommuniqués des Politbüros des Zentralkomitees und des Jugendgesetzes zeigen sich auf vielen Gebieten des gesellschaftlichen Lebens Fortschritte in der Arbeit mit der Jugend. Die Haltung eines großen Teils der Jugendlichen läßt erkennen, daß sie eine ordentliche und ehrliche Einstellung zu unserem Arbeiter- und Bauern-Staat, zur sozialistischen Arbeit und zum Lernen haben.

Es darf jedoch nicht übersehen werden, daß es einen Teil von Jugendlichen gibt, bei denen sich Tendenzen der amerikanischen Unkultur, der Texasideologie und des Rangertums zeigen, die sich in den letzten Wochen und Monaten verstärkt haben. Sie sind Ausdruck der ständigen Konfrontierung mit der bürgerlichen Ideologie, wobei die westdeutsche reaktionäre Gesellschaftsordnung versucht, ihre Unkultur auch in die DDR einzuschmuggeln. Diese Erscheinungen widersprechen zutiefst den gesitteten Anschauungen von Moral und Ethik aller anständigen Menschen.

Das Ziel des Gegners besteht darin, besonders unter der Jugend die ideologische Aufweichung zu betreiben, Zügellosigkeit und Anarchie zu entwickkeln, um Teile der Jugend gegen ihre eigene Arbeit- und Bauern-Macht aufzuputschen und zum Landfriedensbruch aufzuhetzen. Sie betreiben diese Aufhetzung über ihre Rundfunk- und Fernsehstationen, besonders über den Deutschlandfunk, durch Einschleusung von Schund- und Hetzschriften, aber auch sehr geschickt mit Mitteln der Unkultur der Westlichen Musik und des Tanzens, der Beatle-Ideologie und des Sammlertums, der Aufhetzung zur Arbeitsbummelei. In Westdeutschland selbst brauchen sie diese Lebensweise, um die Jugend psychologisch zu verseuchen und mit allen Mitteln der Verrohung, der Aufputschung der niedrigsten Instinkte ideologisch für ihre verbrecherischen Kriegspläne reif zu machen.

Unsere Gesellschaftsordnung hat die Pflicht, alle Einflüsse und Erscheinungen westlicher Unkultur zu bekämpfen. Auswüchse, wie die in letzter

Zeit in immer größerer Zahl auftretenden Beatle-Gruppen mit amerikanischen Namen, fast ausschließlich westlichem und undefinierbarem Musikrepertoire unter dem Deckmantel des Eigenarrangements haben nichts mit fortschrittlichen Lebensidealen gemein. Wir sind durchaus für eine moderne und gepflegte Tanzmusik, wir sind auch nicht gegen zündende Rhythmen, aber wir wenden uns entschieden gegen solche Gruppen, die alle Prinzipien der Moral und Ethik verletzen, barfuß und halbnackt auftreten, Körperverrenkungen vollziehen und mit ihren aufpeitschenden Rhythmen die Jugend in Ekstase bringen, um sie zu Exzessen zu verleiten.

Andere solche Auswüchse sind das rowdyhafte Auftreten eines Teils von Jugendlichen, das sich verstärkt bei öffentlichen Veranstaltungen (Sportstätten, Vergnügungsparks, Kleinmesse, Kinos, Tanzveranstaltungen, Jugendklubs u. a.) zeigt. Dort kommt es zu Verleumdungen und zur Hetze gegen führende Persönlichkeiten von Partei und Staat. Bürger werden belästigt, angepöbelt, und in einigen Fällen wurden auch Angehörige der Sicherheitsorgane, Partei-, Staats- und FDJ-Funtionäre angegriffen.

Die Häufung und der Charakter dieser Ausschreitungen in den letzten Monaten beweist, daß sie zielgerichtet organisiert und gelenkt werden, wobei die Drahtzieher und Manager im Hintergrund bleiben.

[...]

(Beschluß des Sekretariats der SED Bezirksleitung Leipzig vom 13. 10. 1965)

(PDS-Archiv, Bezirksleitung Leipzig IV A–2/16/464)

11. Jugendclubs und Diskotheken

Jugenddisko im Ost-Berliner Neubauviertel Marzahn. Um 20 Uhr soll es losgehen. Es ist ein mieser, naßkalter Novemberabend kurz nach Totensonntag. Der Jugendklub der FDJ, in dem die Disko angesagt ist, liegt in der ersten Etage eines Neubaus. Hinauf führt eine Freitreppe aus Beton. Unten haben sich die Diskogäste gesammelt und warten. Auf die Frage, warum sie denn nicht hochgingen, wo es doch regne und in den Klubräumen warm sei, antwortete einer übellaunig: «Na, wir warten, bis wir hochgerufen werden!»

An lauen Sommerabenden ist es auch nicht besser. An einem Abend im Mai stehen Jugendliche vor dem Eingang zur Parkgaststätte «Plänterwald» in Ost-Berlin Schlange. Das Mädchen, das als nächstes dran ist, hält eine brennende Zigarette in der Hand. Der Türsteher – er ist nicht viel älter als die Teenies, die rein wollen – schnauzt sie an. Hier wird nicht geraucht! Das Mädchen versucht, sich gegen ihn durchzusetzen, es ist ihr peinlich, sich vor den Gleichaltrigen wie ein Kind zurechtweisen zu lassen. Keine Minute dauert der Konflikt, dann muß sie abziehen – für sie ist der Abend gelaufen. Die anderen stehen betreten herum, der Türsteher spielt sich auf.

Wer in den Klubs der FDJ mitmacht oder zufällig irgendwo arbeitet oder studiert, wo es einen attraktiven Klub gibt, ist gut dran. Jugendliche in den Vorstädten von Leipzig oder Magdeburg, auf dem flachen Land und in tristen Kleinstädten haben es da schwerer. In Jugendsendungen und im kritischen «Prisma»-Magazin ist das DDR-Fernsehen in den letzten Jahren immer wieder auf deren Situation eingegangen. «Prisma»-Redakteure rügten in ihrem Magazin eine engstirnige Bürgermeisterin einer Kleinstadt. Sie hatte den einzigen Jugendklub geschlossen, weil dort mal ein paar Biergläser zu Bruch gegangen waren. Jugendreporter vom Fernsehen klapperten den flachen Norden der Republik ab auf der Suche nach Freizeitmöglichkeiten für die Jugend. Das Ergebnis nannten sie «äußerst wechselhaft».

(Wolfgang Büscher, Peter Wensierski: Null Bock auf DDR. Aussteigerjugend im anderen Deutschland, Reinbek 1984, S. 167 f.)

12. Eine FDJ-Sekretärin in der Bibelstunde

Bei uns im Internat herrschen ganz blöde Erziehungsnormen, da geht's immer nur: Wenn ihr das nicht macht, Brief an die Eltern, da wird Entsprechendes reingeschrieben! Und was nicht alles STRENG VERBOTEN ist. Zum Beispiel in die Kirche gehen, ist doch jetzt 'ne Modefrage. Die FDJ ist selber daran schuld, bietet uns nichts außer bißchen Tanz. Die Kirche ist der einzige Ort, wo man seinen Geist bißchen anstrengen kann. Zum Beispiel: Was ist Kultur? Was hab ich mir denn vorgestellt darunter? Tanzen und höchstens mal 'ne Bilderausstellung. Da hört's schon auf. Nichts Aktives, wo ich meine Phantasie entwickeln kann. Man müßte sich zum Beispiel für Konzerte interessieren, nicht nur Rock, für Sinfonien und so. Wenn man da bloß nicht erst nach Berlin fahren müßte!

Hier in Werder gibt's einen Filmclub, da läuft aber überhaupt nischt. Wir sind mal hingegangen, da kam dieser Knaller nicht, der den Film vorführt.

Aber die Kirche ... ich war in der Bibelstunde. Darf keiner wissen, bin ja FDJ-Sekretär ... Aber ich will mich weiterbilden, weeßte? Wer das nicht versteht, tut mir leid. Die denken dort einfach so vollkommen anders. Na ja, ist eigentlich verrückt, Glaube! Da darfste nicht fragen: Wieso? und Warum? Aber es ist was anderes und nicht mit soviel Zwang verbunden, soviel Organisiertheit und Unpersönlichkeit. Und *freundlich* ist's da ... ist das einzige Wort, was mir dafür einfällt. Als ich zum erstenmal dort war, dachte ich: Häh? und hab die angekiekt. Die reden mich einfach so an. Mensch, man kriegt fast ein schlechtes Gewissen, wenn die Leute mal zu einem freundlich sind. Ist das nicht schlimm?

(Gabriele Eckart: So sehe ick die Sache. Protokolle aus der DDR, Köln 1984, S. 58)

13. «Viele sind nicht scharf darauf, bei Euch zu wohnen»
Brief eines DDR-Jugendlichen an den RIAS

[...] Nach montelangem Überlegen habe ich mich nun doch endlich entschlossen, Euch zu schreiben. Daß es so lange gedauert hat, liegt daran, daß
ich Angst davor habe, erwischt zu werden – wer weiß, von wem die Post an
Euch gelesen und registriert wird, bevor sie in Eure Hände kommt. Ehrlich
gesagt, habe ich wenig Lust, eventuell auf eine Schwarze Liste gesetzt zu werden; das ist vielleicht ein bißchen übertrieben, doch möglich ist hierzulande
ja viel. Zu meiner Person möchte ich bemerken, daß ich mit Sicherheit nicht
zu den bewußtesten DDR-Bürgern oder gar Hurra-Schreiern gehöre. Das
heißt aber noch lange nicht, daß ich bedingungslos alles gut finde, was bei euch
passiert. Deshalb schreibe ich auch. Vielleicht stehe ich mit meiner Meinung
absolut allein da, und vielleicht paßt es auf den ersten Blick auch nicht zum bisher Gesagten, aber ich möchte es trotzdem gerne mal loswerden. Wie gesagt,
ich ärgere mich oft über Dinge, die hier passieren und höre auch regelmäßig
Eure Sendung. Allerdings könnte ich fast jedesmal in die Luft gehen, wenn
Ihr über die DDR berichtet. Und zwar finde ich, daß Ihr ein schiefes Bild von
uns hier erzeugt, weil Ihr für Berichte aus oder über die DDR fast ständig nur
so etwas wie Extremfälle zum Anlaß nehmt. Ich gebe gern zu, daß das meiste
die volle Wahrheit ist, aber entweder berichtet Ihr von Dingen, die schieflau-
fen, von 100%ig überzeugten Aktionen, oder von Leuten, die alles hier an-
kotzt, die evtl. rüberwollen. Wie gesagt, das stimmt sicherlich alles, aber es
gibt doch hier nicht nur absolut Rote und also – evtl. Gegner! Ich habe
manchmal das Gefühl, Ihr könnt Euch überhaupt nicht vorstellen, daß es
hier auch eine ganze Menge Leute gibt, die trotz der Sachen, die hier nicht
stimmen und die man oft (leider) nicht zum Positiven ändern kann, ganz
gerne hier leben und absolut nicht scharf darauf sind, bei Euch zu wohnen,
zu arbeiten usw. Fändet Ihr es nicht besser, etwas dafür zu tun, daß vor allem
Jugendliche ein reales Bild gerade von unserem Alltag kriegen? Ich habe zum
Teil garantiert auch falsche Vorstellungen davon, wie es bei Euch langgeht.
Allerdings kann ich die nicht korrigieren, weil ich ja nicht kommen und selber gucken kann. Aber Ihr könnt ja herkommen und müßtet doch eigentlich
schon gemerkt haben, daß sich zwar viele am Westen orientieren, aber viele
auch hier ganz zufrieden sind. Klar, das ständige Politisieren aller Dinge kann
einem ganz gewaltig den Nerv töten, aber man kann dabei auch ganz einfach
auf Durchzug schalten. Außerdem finde ich, daß wir Jugendliche hier (ge-
zwungenermaßen) ein bißchen mehr dazu angeregt werden, über das nachzudenken, was so in der Welt passiert. Das liegt vielleicht auch daran, daß wir
hier nicht so mit allem überschüttet werden und vor allem nicht mit materiellen Dingen. Sicher haben wir genauso Fußballrowdys, Punker oder Alkohol-
kranke, aber ich finde es zum Beispiel nicht unbedingt lebensnotwendig, daß
in einer Familie 2 Autos existieren, oder daß ich alle Schallplatten auf Anhieb

zu kaufen kriege. Selbstverständlich ärgere ich mich mächtig, wenn ich einem bestimmten Artikel ewig hinterherlaufen muß, das ist doch für mich kein Anlaß, daß ich unbedingt hier 'raus will! Und so geht es auch einer Menge anderer Leute. Ein bequemes Leben ist bestimmt angenehm, macht aber meiner Meinung nach passiv, was hierzulande allerdings auch zu beobachten ist. Kurz zusammengefaßt: Ich finde es blöd, beim anderen nur die Fehler herauszusuchen und dann darüber zu berichten, als gäbe es nichts anderes. Das gilt für unsere, wie für Eure Seite. Im übrigen glaube ich, daß es nicht sehr günstig ist, wie Ihr über die DDR berichtet (auch wenn es die Wahrheit ist), da Ihr auf diese Art und Weise nur die bestärkt, die ohnehin schon die Nase voll haben. Und wenn alle, denen irgendwas hier nicht paßt, abhauen, dann können wir bald den Laden dichtmachen, weil dann die ganz Überzeugten unter sich sind und keiner mehr da ist, der da ein bißchen dazwischenfunkt. Ich jedenfalls ärgere mich über jeden, der vor den Schwierigkeiten wegläuft, so wie z. B. Stefan Distelmann oder gerade erst Renate Krößner. Sicherlich konnten sie sich nicht so entfalten, wie sie es gerne gewollt hätten, aber was hat beispielsweise ein Stefan Distelmann davon? Ich jedenfalls habe bisher so gut wie nichts mehr von ihm gehört, und Blues spielt bei euch ja auch nicht gerade die Rolle in der Musikszene. Bloß, damit er mal laut «Scheiße» singen kann? Das ist ja ein magerer Gewinn. Na gut, die genauen Umstände kenne ich nicht, trotzdem bin ich sauer, daß andauernd Leute abhauen, die was taugen. Ich bin nicht besonders mutig, wie ich ja schon anfangs erwähnt habe. Das kann einem aber auch vergehen, wenn man sieht, wie einer nach dem anderen abhaut. Und wenn ihr dann noch immer in den schlechten Seiten der DDR 'rumstochert, wird das auch nicht besser. Eigentlich wird doch von Eurer Seite immer so viel von Einheit der Deutschen gefaselt (an die ich übrigens nicht glaube, weil wir uns hier und drüben viel zu verschieden entwickelt haben), da könntet Ihr doch mal ein bißchen zum gegenseitigen Verständnis beitragen, indem Ihr mal was «Normales» von hier bringt, was Positives, oder? So, jetzt habe ich mir aber gewaltig Luft gemacht, in der Hoffnung, Ihr versteht mich ein bißchen. Und was ich noch bemerken wollte – mir kommt es manchmal so vor, wenn ich mir so eure Beiträge anhöre, als ob da ein bißchen diese idiotische Einstellung dahinter steht: Die armen Leute in der DDR sind ja wirklich zu bedauern – was die alles aushalten müssen! Ich möchte wissen, weshalb sich einige Leute (damit meine ich nicht Euch speziell) einbilden, daß es in der Bundesrepublik oder allgemein in Westeuropa lebenswerter ist. Was nützt mir denn eine Meinungsfreiheit, die ich bei beliebig vielen Protestmärschen oder Demonstrationen ausnutzen kann, wenn letzten Endes die Herren in der Regierung doch entscheiden, wie sie wollen, egal, ob die Mehrheit der Bevölkerung dafür oder dagegen ist (siehe Stationierungsbeschluß oder letztlich Buschhaus)? Es ist zwar schön, seinem Ärger laut Luft machen zu können, doch was soll's, wenn man damit nichts erreicht? Und darüber hinaus kriegt Ihr es doch genauso wenig fertig, allen ein sinnvolles Leben anzubieten, obwohl es bei Euch so freiheitlich und demo-

kratisch zugeht. – So, das mußte mal raus – hoffentlich haltet Ihr mich nicht
für überdreht. Trotz allem werde ich weiter den TREFFPUNKT anhören,
schon um mich nicht einseitig zu informieren. Außerdem gibt es ja noch viel
Hörenswertes in Eurem Programm. [...]

(Zuschriften aus der DDR 1984/1985, hg. vom RIAS Berlin, S. 11ff.)

Neunzehntes Kapitel

Bildung und Kultur

Einleitung

Daß Wissen Macht sei, war eine alte Weisheit der deutschen sozialistischen Arbeiterbewegung, mit der diese hoffte, die soziale und politische Stellung der Arbeiter bereits vor der proletarischen Revolution entscheidend verbessern zu können. Die DDR wollte an diese Tradition anknüpfen, nachdem die «antifaschistisch-demokratische Umwälzung» für neue politische und ökonomische Rahmenbedingungen gesorgt hatte. Die Abschaffung des herkömmlichen dreigliedrigen Schulsystems und erleichterte Zugänge zum Abitur und zum Hochschulstudium bildeten daher bereits einen wesentlichen Bestandteil der proklamierten «Brechung des bürgerlichen Bildungsmonopols» in dieser Phase (vgl. Kap. 6).

Von Ulbricht ist überliefert, daß er sich als Tischlergeselle in einem sächsischen Arbeiterbildungsverein mit großer Begeisterung für das «klassische Erbe» engagierte und sich Schillers Dramen aneignete. Die Orientierung an der höheren Bildung und der Kultur der deutschen Klassik und die Schaffung von institutionellen Voraussetzungen für deren Popularisierung waren Schwerpunkte des Bildungswesens der DDR. Darüber hinaus erkannte die Partei aus ökonomischen und politischen Gründen aber auch viel eher als die bundesrepublikanische Politik die hohe Bedeutung von Ausbildung und Weiterqualifikation für den Aufbau und die Modernisierung eines Wirtschaftssystems. Emanzipation der Unterschichten durch Öffnung des Bildungswesens und hohe fachliche Qualifikation der Kader waren jedoch zwei Leitlinien, die sich nicht ohne weiteres vertrugen und zu einer Überschneidung divergierender Zielsetzungen führten. Dieser Zielkonflikt fiel in den verschiedenen Entwicklungsphasen der DDR unterschiedlich aus, konnte aber niemals vollständig beseitigt werden.[1]

Nach der zum Teil noch in die Tradition der deutschen Reformpädagogik gehörenden Schulreform von 1946 waren die fünfziger Jahre eher von der Anpassung des DDR-Bildungssystems an sowjetische Vorbilder bestimmt. Der aus ideologischen Gründen betriebenen massiven Förderung von Arbeiter- und Bauernkindern korrespondierte in dieser Zeit eine massive Diskriminierung von Kindern aus bürgerlichen Elternhäusern, sofern sie nicht der Staatspartei eng verbunden waren (Dok. 4,5).

Im Zuge der angestrebten Modernisierung des Gesellschaftssystems unter

---

[1] Einen präzisen Überblick über die Geschichte der Schule gibt Oskar Anweiler: Schulpolitik und Schulsystem in der DDR, Opladen 1988.

dem Schlagwort der «wissenschaftlich-technischen Revolution» rückte aber seit den sechziger Jahren die Fachqualifikation stärker in den Vordergrund. Das Bildungssystem wurde zu einem differenzierten Netz von Bildungs- und Qualifikationsangeboten ausgebaut, das auch in der Bundesrepublik positive Beachtung fand (Dok. 1) und im Gesetz von 1965 eine umfassende Kodifizierung erfuhr. Ohne Zweifel gehörten die Möglichkeiten zur ständigen Weiterqualifikation und damit zum sozialen Aufstieg zu den wesentlichen Faktoren, die der DDR-Gesellschaft relative Stabilität und auch begrenzte Akzeptanz verliehen. Doch der Elan, die neue Gesellschaft über ein neues Bildungswesen erbauen zu können, stieß immer wieder auf Hindernisse. Die Eltern wollten oft nicht so, wie die Partei es wünschte, sondern waren froh, wenn sie angesichts eigener Inanspruchnahme durch den Beruf pädagogische Aufgaben den Lehrern überlassen konnten (Dok. 2). Die Partei war ihrerseits nicht willens, die politische Reglementierung der Schule und die Kontrolle der Studenten aufzuheben (Dok. 6,7), Spielräume für motivierende Experimente zu gewähren und statt autoritärer Vorgaben Kreativität zu fördern. So blieb das gesamte Schul- und Ausbildungssystem eng an Direktiven von oben gebunden und förderte eher Untertanen oder angepaßte Opportunisten als die vielseitige eigenständige «sozialistische Persönlichkeit». 1989 brach dann vieles von dem auf, was vorher unter der Decke gehalten worden war (Dok. 3).

Walter Ulbricht wollte der DDR-Gesellschaft in allen Schichten und Gruppen das Idealbild einer «gebildeten Nation» verordnen (Dok. 8). Dafür kämpfte er unermüdlich, aber ohne durchschlagenden Erfolg. Dennoch blieben solche politischen Zielsetzungen nicht nur Programm. Sieht man von den oft unfreiwillig-komischen Produkten des «sozialistischen Realismus» (Dok. 9) und den Brigadetagebüchern (Dok. 10) als Ergebnis des 1959 als kulturpolitische Leitlinie verkündeten «Bitterfelder Weges» einmal ab,[2] dienten vor allem die Dorfclubs und Dorfakademien (Dok. 11) und die in jedem größeren Ort eingerichteten Kulturhäuser (Dok. 14) diesem Ziel – mit sehr unterschiedlicher Resonanz. Als Mittel zur Gewinnung der alten «bürgerlichen Intelligenz» in der Aufbauphase der DDR sind darüber hinaus in erster Linie die primär für die «Gebildeten» gedachten «Klubs der Intelligenz» zu sehen, die ein breitgefächertes Kulturprogramm anboten und vielfach auch eine Art Refugium für gesellschaftliche Exklusivität boten (Dok. 12, 13).

Zwei Texte werden zum Abschluß dieses Kapitels wiedergegeben, welche ein charakteristisches Licht auf die Rolle von Literatur und Zensur werfen. Was beim politischen Kabarett (Dok. 15) in der engstirnigen Attitüde der Par-

---

[2] Der «Bitterfelder Weg» war das programmatische Ergebnis der Kulturkonferenz im Elektrotechnischen Kombinat Bitterfeld von 1959. Unter der Parole «Greif zur Feder, Kumpel» sollten die Arbeiter zu eigenständigen kulturschöpferischen Aktivitäten ermuntert werden. Zugleich wurden die Schriftsteller aufgefordert, sich verstärkt dem Arbeitsleben im Betrieb zuzuwenden. Vgl. Günther Rüther: «Greif zur Feder, Kumpel». Schriftsteller, Literatur und Politik in der DDR 1949–1990, Düsseldorf 1991.

tei besonders penetrant ausfiel – sogar Honecker wurde damit befaßt –, stellt sich für das literarische Leben vielfältiger und differenzierter dar. Gute Schriftsteller wurden, wenn sie auch nur in begrenztem Umfang auf künstlerischer Autonomie insistierten, fast ausnahmslos irgendwann mit Eingriffen der Zensurbehörde konfrontiert. Aber gerade diese Gratwanderung zwischen Erwünschtem und Verbotenem, das Katz- und Maus-Spiel zwischen Autor und Zensor, in dem die Kulturfunktionäre eine wichtige Schlüsselrolle spielten und damit oft selbst in die Rolle von Prügelknaben gerieten (Dok. 16), erlaubt keine schnellen und glatten Urteile. Die gekonnte Anspielung und die vorsichtige Thematisierung politisch und historisch brisanter Probleme verhalf der Literatur und den Literaten zu einer gesellschaftlich übermäßig herausgehobenen Stellung. Über die gesellschaftliche Realität der DDR, ihre Konflikte und Nischen geben daher Romane und Gedichte oft mehr Aufschlüsse als die dröhnenden Erfolgsmeldungen der Partei und ihrer Zeithistoriker.

1. «Wissen ist Macht»
Vor- und Nachteile des Bildungswesens in der Zone

Die Sowjetunion ist seit Jahrzehnten bemüht, auf dem Gebiet der Bildungspolitik alles zu tun, um das Bildungsniveau der westlichen Welt zu erreichen, wenn nicht gar zu überflügeln. Das gleiche Ziel gilt im gesamten Einflußgebiet der Sowjetunion, insbesondere aber für deren Musterschüler in der sowjetisch besetzten Zone Deutschlands.

Abitur und Facharbeiterbrief zugleich

Viel zu wenig wird darauf hingewiesen, daß es in der Zone keine einzige einklassige Volksschule mehr gibt. 1945 gab es in der Zone deren noch über 4000, schon 1960 gab es keine mehr. In der Bundesrepublik waren 1963 von 30000 Volksschülern noch die Hälfte mit nur ein oder zwei Klassen besetzt, die von 16 % aller Volksschüler besucht wurden. In der Zone wurden dafür an verkehrsgünstigen Orten Zentralschulen eingerichtet, die von den Kindern mehrerer Landgemeinden besucht werden. Durch Einrichtung von Omnibuslinien können die Schüler den Schulort leicht erreichen. Über einen solchen eigentlich selbstverständlichen Ausweg streitet man sich in der Bundesrepublik noch immer.

Wichtiger aber ist die Frage der Schulpflicht. In den meisten Ländern der Bundesrepublik gilt heute noch die achtjährige Schulpflicht, nur in drei Ländern wurde das neunte Pflicht-Schuljahr eingeführt. Nach dem neuen Bildungsgesetz der Zone ist jetzt die zehnklassige allgemein bildende polytechnische Ober-Schule eingeführt, die für alle Kinder obligatorisch ist. An diese Oberschule schließt sich die erweiterte Oberschule mit einer 11. und 12. Klasse an, die gleichzeitig mit dem Abitur und dem Erwerb des Facharbeiterbriefes abgeschlossen wird und Voraussetzung für den Hochschulbesuch ist. Der Hochschulbesuch kann über einen zweiten Bildungsweg in den Betriebsakademien, Volkshochschulen, Dorfschulen und Abendschulen erreicht werden.

Eine Besonderheit dieser Oberschule ist der Werks-Unterricht, der schon in den unteren Klassen beginnt. Von der 7. Klasse an ist ein Unterrichtstag wöchentlich in den Betrieben oder in den Lehrwerkstätten vorgesehen, mit dem die Schüler auf die Praxis eines Berufes vorbereitet werden sollen. Während des polytechnischen Unterrichts und während des Unterrichtstages in den Betrieben sollen die Schüler einen Überblick über die verschiedenen Berufe erhalten. Dadurch soll sich ein ausgeprägter Berufswunsch entwickeln und der Entschluß reifen, sich für einen Beruf zu entscheiden, den die Schüler aus eigener Anschauung kennengelernt haben. In allen Schulen werden jetzt die Voraussetzungen für diese berufliche Grundausbildung geschaffen. Seit dem 1. Januar dieses Jahres wird den Oberschülern während dieser Berufsausbildung ein monatliches Entgelt von 40 bis 70 Mark gezahlt. Folge dieser beruflichen Ausbildung während der Schulzeit ist zweifellos die größere Aufgeschlossenheit der Schüler dem Berufsleben gegenüber.

Lehrer und Universitäten

Eine Maßnahme von entscheidender Bedeutung in der Zone ist die erhebliche Verstärkung der Lehrer-Ausbildung. Seit Jahren werden in den pädagogischen Lehranstalten ständig rund 28000 Lehrer ausgebildet; das sind fast ebensoviel Lehrer wie an sämtlichen Lehrerbildungsanstalten der Bundesrepublik mit einer fast dreimal so großen Bevölkerungszahl.

Eine ebenso große Aktivität ist in der Zone im Ausbau des Hoch- und Fachschulwesens festzustellen. Die Zahl der Hochschulen ist von 17 im Jahre 1945 auf 44 im Jahre 1963 gestiegen, darunter waren vor allem 6 technische Hochschulen für die wichtigsten Wirtschaftsbereiche, ferner landwirtschaftliche und pädagogische Hochschulen sowie medizinische Akademien.

Die Herkunft der Studenten

Es wird oft darauf hingewiesen, daß die Abiturienten-Quote in der Bundesrepublik nur 7% beträgt gegenüber 13% im ersten Bildungsweg und 6% im zweiten Bildungsweg der Zone. Ebenso bedeutungsvoll scheint aber auch die Herkunft der Studenten zu sein. In der Bundesrepublik stellt die Hälfte der Bevölkerung, die aus Arbeitern und Landwirten besteht, nur etwa 7% des akademischen Nachwuchses, während auf 7% der Bevölkerung, bestehend aus Beamten und Angehörigen der freien Berufe, über 50% der Studenten entfallen. In der Zone sind 45% der Studenten Kinder von Arbeitern und 22% von Angestellten, zusammen also zwei Drittel. Weitere 17% der Väter gehören den Intelligenzberufen an und je 6% sind Selbständige und Bauern. Der Unterschied zu den 5% studierenden Arbeiterkindern in der Bundesrepublik ist hier besonders kraß.

Staatliche Studienförderung

Das Studium in der Zone wird vom Staat nachhaltiger gefördert als in der Bundesrepublik. 95 % aller Studenten erhalten ein Stipendium. Kinder von Arbeitern und Genossenschaftsbauern sowie Vollwaisen erhalten ein Grundstipendium von 190 Mk monatlich, die übrigen erhalten 140 Mk unter der Voraussetzung, daß das monatliche Bruttoeinkommen der Eltern 1200 Mk nicht übersteigt. Bei sehr guten Studienleistungen wird zum Stipendium eine Sonderzulage von 40 bis 80 Mk gezahlt. Außerdem gibt es Sonderstipendien in Höhe von 300–400 Mk. In den Studenten-Internaten beträgt die Miete, einschließlich Licht und Heizung, monatlich 10 Mk, und der Preis des Essens 60 Pfg.

Es gibt außerdem ein Vorrangprinzip für die Studien-Bewerber. Für die vom Regime festgesetzten Studieneinrichtungen: Maschinenbau, Technologie, Automation, Elektrotechnik, Regelungstechnik, Ingenieurökonomie, Landwirtschaft, Chemie, Physik, Mathematik und naturwissenschaftliche Lehrfächer ist die Zulassung leichter zu erlangen. Vorrang haben auch Bewerber, die schon einen Beruf erlernt haben oder mehrere Jahre in der Produktion tätig waren.

Vor- und Nachteile

Das Bildungssystem der Zone weist gewisse Vorteile, aber auch manche Nachteile auf. Ein Vorteil ist der rasche, durch keinen Föderalismus verzögerte Ausbau der Hochschulen und der höheren Fachschulen sowie die Ausbildung der erforderlichen Lehrkräfte. Zu den Vorteilen muß man auch die großzügige Förderung der Studenten rechnen. Für das Regime der Zone liegt aber der Hauptvorteil darin, daß das neue Bildungssystem die Handhaben bietet für die von der Staatsführung für erforderlich gehaltene Lenkung des Berufsnachwuchses nach den Bedürfnissen der Staatswirtschaft. Die Jugend wird frühzeitig und in einem in Westdeutschland unbekannten Ausmaß auf die Berufswahl hingewiesen. Von einer Freiheit der Berufswahl kann dabei keine Rede sein. Die Schulabgänger haben nur sehr geringe Möglichkeiten der Wahl zwischen wenigen Berufen, die nach den Beschlüssen der Staatswirtschaftsführung bei der Berufswahl mit Vorrang zu berücksichtigen sind.

(Der Arbeitgeber 1963, S. 507f.)

2. Diskussionsbeitrag einer Lehrerin
nach einem Referat Kurt Hagers zur Schulsituation
(Oktober 1960)

Wenn ich fromm wäre, hätte ich gesagt: «Gott sei Dank, endlich kommt mal jemand und fragt, was an der Basis los ist. Darum bin ich sehr gern hierher gekommen. Und ich habe mir auch fest vorgenommen zu sagen, was ich auf dem Herzen habe. Entweder hilft es oder nicht, aber sagen muß ich es.»

Es wurde richtig gesagt, daß der Ablauf des Unterrichtsprozesses jetzt der schwächste Punkt ist. Das ist Tatsache. Es wurde auch gefragt: warum? Das muß doch eine Ursache haben. Es wird sogar verschiedene Ursachen haben. Ich glaube, zumindest eine der Ursachen ist mir klar und vielen Kolleginnen auch. Zu Beginn des Schuljahrs stürzte wieder alles auf uns zu. Mir wurden auf einmal wieder alle meine Pflichten bewußt. Ich bin als Klassenleiterin selbstverständlich voll verantwortlich für meine Klasse und ich fühle mich auch voll verantwortlich. Ich bin also verpflichtet, ganz eng mit meinen Fachlehrern zusammenzuarbeiten. Ich bin auch verantwortlich dafür, daß sie alle ihre Pläne erfüllen, daß es klappt. Wie ich deren Unterricht besuchen kann, weiß ich allerdings nicht, weil ich zu denselben Zeiten Unterricht habe wie sie. Ich bin auch verpflichtet, eng mit dem Elternbeirat zusammenzuarbeiten, überdies Elternbesuche durchzuführen. Ich bin verpflichtet – und das brennt mir auf der Seele, und ich bilde mich auch weiter – mich weiterzubilden. Ich bin verpflichtet, auch gesellschaftlich innerhalb der Partei und der Gewerkschaft zu arbeiten. Ich möchte am Parteilehrjahr teilnehmen. Ja, es ist gesagt worden: «Du bist Genossin, selbstverständlich mußt du als FDGB-Mitglied auch an der Gewerkschaftsschulung teilnehmen. Du bist doch Vorbild. Das geht gar nicht anders.»

Mein Junge ist 15 Jahre alt. Ich bin eine Mutter zu Hause. Da versuche ich es, und kriege es auch einigermaßen hin. Aber ich sehe meine armen Kolleginnen, die drei Kinder haben und einen kranken Mann oder einen Mann, der zufällig auch Lehrer ist. Was meinen Sie, wie da der Tag aussieht! Die rennen durch die Wohnung, packen ihre Kinder in den Kindergarten, Tasche unter dem Arm und in die Schule! Ich weiß nicht, ob Sie sich vorstellen können, in welchem Zustand eine solche Frau schon in die Schule kommt? Vielleicht klappt etwas im Unterricht nicht – z. B. Disziplinschwierigkeiten. Sie verliert schneller die Nerven als eine Frau, die ausgeruht in die Schule kommt, und schon sind die Schwierigkeiten da. Sie ist vielleicht einmal ungerecht. Da hat sie ihren schwarzen Punkt weg.

Ist mal kein pädagogischer Rat, sind keine Elternbesuche, keine Schule, keine Sitzung, dann saust sie nach Hause. Außer am Waschtag hat sie sowieso immer etwas zu waschen. Dann holt sie ihre Kinder. Vielleicht hat das Kind den Husten. Dann muß sie sich weiterbilden, dann muß sie sich auf den Unterricht vorbereiten. Und ich bin ehrlich: Das was zuletzt kommt, ist immer die Unterrichtsvorbereitung. Die geht bis in die Nachtstunden. Wenn der Junge kein Hemd mehr hat, muß eben erst noch einmal gewaschen werden und so weiter. Die Unterrichtsvorbereitung ist das, was hinausgeschoben werden muß, weil man es dann noch machen kann. Und dann wird es 11½, 12 Uhr. In unserer Schule haben ordentliche, nette Kolleginnen aufgehört. Eine hatte sehr kleine Kinder, die kurz hintereinander kamen. Sie sagte: «Ich bin gerne Lehrerin, ich möchte das später wieder einmal machen, aber mit zwei kleinen Kindern schaffe ich das nicht.» Die andere hatte erwachsene Kinder und einen kriegsbeschädigten Mann. Auch sie sagte: «Ich schaffe das nicht, also ziehe ich die Konsequenzen. Ich kann nicht etwas tun, von dem ich von vornherein weiß, daß es schiefgehen könnte.»

Eine andere Kollegin hat aufgehört. Sie war der Sache nicht gewachsen. Sie war sehr ehrgeizig. Sie hat sich krank gemacht, herzkrank, nervenkrank. Der Arzt hat ihr gesagt: «Wenn Sie noch ein bißchen weiterleben wollen, dann müssen Sie sich einen anderen Beruf suchen.» Da hat sie aufgehört. – Das alles in einem Jahr!

Eine andere hat einen schweren Nervenzusammenbruch gehabt, sie wird wahrscheinlich nie wieder in unserem Beruf arbeiten können. – Und das alles an unserer Schule!

(PDS-Archiv, SED-Bezirksleitung Leipzig, IV 2/9.02/520 Bl. 167f.)

3. Zwei Leserbriefe an Christa Wolf im Herbst 1989

Liebe Christa Wolf, ich habe Ihren Artikel *Das haben wir nicht gelernt* gelesen, und ich muß Ihnen dafür danken, denn es hat mir jemand aus dem Herzen gesprochen. Ich wurde 1953 Lehrerin in unserem Staat und habe 35 Jahre als solche gearbeitet, wie man es von mir verlangte und unter stetem Tabu, um nicht beim Direktor oder Kreisschulrat aufzufallen. Auf meiner Fahne stand ja «Sozialismus». So habe ich all die Jahre meine Schüler gebildet und erzogen und nebenbei auch meine eigenen drei Töchter. Und dann sah ich die Massen der jungen Leute, die, so schien es, zumeist leichtfertig unser Land verließen. Unter ihnen waren auch drei Schüler, die durch meine Erziehung gegangen waren. Da stellte ich mir die Frage: «Warum?» Sie haben doch von uns jede Unterstützung bekommen, sie waren doch so gut «eingebettet» in den sozialistischen Alltag. Und wir haben sie doch hingeführt zu «machtvollen Fackelumzügen und gymnastischen Massendressuren», und wehe es kam ein eigener Gedanke, das stand ja nicht in unseren ethischen und moralischen Vorgaben.

Die erste Ohrfeige und damit das Nachdenken, was ich falsch gemacht hatte, kam, als meine eigene Tochter 1985 einen Ausreiseantrag stellte und ich erst sehr spät davon erfuhr, weil sie wußte, wieviel Kummer mir diese Entscheidung bringen würde. Sie wollte reisen und sich nicht mehr gängeln und einzwängen lassen. Mit ihr ging meine über alles geliebte Constance, bei deren Erziehung auch ich Anteil hatte. Meine Enkelin, die begabt war und ausgestattet mit Einfallsreichtum und Phantasie, hatte gewagt, zum Thema «Vorbild» im Deutsch-Prüfungsaufsatz zu schreiben: «Jesus ist mein Vorbild» – und sie begründete dies. Der Aufsatz wurde nicht zensiert, und meine Tochter mußte in der Schule antanzen. Sie hatte versucht, den aufrechten Gang zu üben, und sich dabei gründlich die Nase gestoßen. Als ich von dem Ausreiseantrag erfuhr, habe ich sogleich meinen Dienst als Lehrerin quittiert, weil ich mich schämte; ich hatte das Gefühl, hier in meiner Erziehung versagt zu haben. Nachdem nun meine Schüler fortgingen, habe ich nachgedacht. Meine Familie ist jetzt gespalten. Meine jüngste Tochter verharrt in der starren Haltung, die ich ihr mit meiner Erziehung mitgegeben habe – aus Angst, Schaden in ihrer beruflichen Tätigkeit zu haben –, und verurteilt ihre Schwester sehr.

[...]

Eine Lehrerin aus Stendal

[...] Woraus erwächst Ihre Kenntnis über das Volksbildungswesen, über die Diskussionen, die in den Lehrerzimmern und Pädagogischen Räten geführt werden, über die konkrete Arbeit des einzelnen Lehrers? Sie unterstellen der Schule, daß die Kinder zur Unwahrheit erzogen und in ihrem Charakter beschädigt werden, daß sie gegängelt, entwürdigt und entmutigt werden. Welche Unwahrheiten meinen Sie? Der sozialistische Staat DDR hat noch nie geleugnet, daß das Bildungswesen ein sozialistisches ist. Sie sagen, die Schule hätte keine Werte vermittelt, an denen man sich orientieren konnte. Sind solche Werte wie Friedensliebe, Solidarität, Achtung des anderen Menschen, Streben nach Vervollkommnung der Persönlichkeit, Hilfe für Jüngere und Schwächere, Standpunkte beziehen und sich für eine gute Sache engagieren, und, und ... nicht Werte, die wegweisend sind für weitere Lebensabschnitte, für die es sich lohnt zu streiten und das humanistische Anliegen dieser humanistischen sozialistischen Gesellschaft auszudrücken? Meinen Sie die Unwahrheit, daß Eltern mit Hirn und Herz im kapitalistischen Ausland leben, aber alle Vorzüge unserer sozialistischen Gesellschaft genießen und ihre Kinder im Zwiespalt erziehen? Dann gebe ich Ihnen recht! [...]

Ein Lehrer aus Merseburg

(Christa Wolf: Angepaßt oder mündig?, Berlin 1990, S. 30 f., 40. Die Briefe beziehen sich auf einen kritischen Artikel von Christa Wolf in der «Wochenpost» Nr. 43, November 1989)

4. Richtlinien für die Zulassung zum Studium
und Studiengebühren 1951/52

Der Fünfjahrplan stellt die Universitäten und Hochschulen der Deutschen Demokratischen Republik vor neue gewaltige Aufgaben.

Die Auswahl des Nachwuchses für unsere Universitäten und Hochschulen erhält damit eine unmittelbare Bedeutung für die Erfüllung des Fünfjahrplanes.

Im Bewußtsein dieser großen Verantwortung gewinnen die Universitäten und Hochschulen ihren Nachwuchs vor allem aus den Bevölkerungskreisen, die durch ihre bisherige Arbeit entscheidend am Neuaufbau unserer Deutschen Demokratischen Republik teilgenommen haben und damit die Gewähr dafür bieten, daß sie auch die neuen gesellschaftlichen Aufgaben erfüllen werden.

1. Voraussetzung für die Zulassung zum Studium sind hervorragende fachliche Eignung und Gewähr der Mitarbeit nach den in der Einleitung gegebenen Grundsätzen.

2. Die Bewerbung kann erfolgen, wenn der erfolgreiche Besuch einer Ober-, Abendoberschule oder Fachschule durch Vorlage von Abschlußzeugnissen nachgewiesen wird oder wenn eine Begabtenprüfung an einer Hochschule der Deutschen Demokratischen Republik mit Erfolg abgelegt wurde.

3. Bewerber, die im Schuldienst stehen, haben dem Antrag einen Freigabebescheid der Hauptabteilung Unterricht und Erziehung des Volksbildungsministeriums des Landes beizufügen.

4. Soweit für Hochschulen und Fachrichtungen der Universitäten die Ableistung von Praktika Bedingung für die Studienaufnahme ist, muß der Nachweis über die erfolgreiche Ableistung des Praktikums dem Antrag beigefügt werden.

Die Zulassung erfolgt jeweils nur zu Beginn des Studienjahres. Bei der Auswahl und Zulassung zum Studium werden bevorzugt:

a) Arbeiter und deren Kinder,
b) werktätige Bauern und deren Kinder,
c) schaffende Intelligenz und deren Kinder,
d) Personen und deren Kinder, denen gemäß den Gesetzen und Verordnungen eine Hochschulausbildung zugesichert ist.
[...]

(Personal- u. Vorlesungsverzeichnis der Friedrich-Schiller-Universität Jena, Studienjahr 1951/52, Herbstsemester, S. 8)

5. Arbeiter- und Bauernfakultäten (ABF)

Die Arbeiter- und Bauern-Fakultäten haben in den vergangenen Jahren wesentlich dazu beigetragen, das in der Verfassung der DDR verankerte Recht auf Bildung für alle zu verwirklichen, indem sie den Arbeiter- und Bauernkindern den Weg zu den Universitäten und Hochschulen öffneten. Sie haben neben anderen Bildungseinrichtungen die Aufgabe, Werktätige mit abgeschlossener Berufsausbildung auf das Studium an den Universitäten und Hochschulen vorzubereiten, wobei die Dauer der Erziehung und Ausbildung für die Mehrheit aller Studierenden an den Arbeiter- und Bauern-Fakultäten auf zwei Jahre festgesetzt wurde. Das Ziel der Erziehung und Ausbildung der Studierenden der Arbeiter- und Bauern-Fakultäten besteht darin, Arbeiter- und Bauernstudenten so auf ein Hochschulstudium vorzubereiten, daß sie den wissenschaftlichen Anforderungen des Studiums voll gewachsen sind und als politisch bewußter aktiver Kern der Studentenschaft an der weiteren sozialistischen Umgestaltung der Universitäten und Hochschulen mitwirken. Als Bahnbrecher des Sozialismus müssen sie an den Universitäten und Hochschulen unter Führung der SED im ideologischen Kampf in vorderster Front stehen. Durch ihr politisches Auftreten und gesellschaftliches Wirken in und außerhalb der Hochschule müssen sie in vorbildlicher Weise bemüht sein, als Menschen der sozialistischen Epoche zu arbeiten, zu lernen und zu leben.

(Aus dem Lehrplan vom August 1961, hg. vom Pädagogischen Beirat der ABF beim Staatssekretariat für Hoch- und Fachschulwesen und den Fachkommissionen der ABF. Zit. bei Erich Taubert: Die Bedeutung der Arbeiter- und Bauern-Fakultäten für die Formung sozialistischer Persönlichkeiten. Darstellung einiger Erfahrungen über die Möglichkeiten der Persönlichkeitsentwicklung bei den Studenten der Arbeiter- und Bauern-Fakultät der Hochschule für Architektur und Bauwesen, Weimar, Diss. phil. Leipzig 1966, S. 41)

Die soziale Zusammensetzung der Absolventen der Weimarer ABF

die Berufsausbildung im Bauwesen erfahren hatten. So lassen sich die 1018 Absolventen der ABF Weimar in den Jahre 1952 bis 1962 wie folgt nach Berufsgruppen aufgliedern:

- 471 Maurer
- 294 Bau- und Möbeltischler
- 111 Zimmerer
- 53 Sonstige Berufe*)
- 35 Betonbauer/Eisenbieger/Eisenflechter
- 23 Schlosser
- 17 Maler
- 8 Straßenbauer
- 6 Steinmetzen/Dachdecker.

*) Darunter wurden verschiedene, dem Bauwesen nahestehende Berufe eingeordnet, wie Zementfacharbeiter, Stukkateure, technische Zeichnerinnen u. a.

(Ebenda, S. 42)

«Lied von den Bauarbeitern» der Weimarer ABF-Studenten

«Von überall her aus Stadt und Land
ziehen Jungen und Mädel in Blau.
Kommen zum Lernen und Schaffen nach hier
aus den Dörfern, Fabriken, vom Bau.

Der Student vom Bau lernt mit aller Kraft,
Studenten vom Bau stürmt die Wissenschaft!
Wir sind bereit. Wir packen an.
Wir zwingen unseren Plan.

Hinweg mit dem Plunder der alten Zeit.
Nehmt das Buch und den Zirkel zur Hand.
Befreit euch von der Unwissenheit!
Befreit von Schmarotzern das Land!

Wir Arbeiter- und Bauernkinder,
Studenten der neuen Zeit
erkämpfen uns eine neue Welt,
die den Frieden der Menschheit erhält.»

*(Ebenda, S. 150. Der Text wurde zum 10jährigen Bestehen der Weimarer ABF
von Studenten und Dozenten verfaßt)*

6. Studienwunsch und Berufslenkung

Ich habe meinen Beruf als Physikerin geschmissen. Es waren sehr unterschiedliche Gründe, die da zusammenkamen. Ich mußte mich mit 17 Jahren
entscheiden für irgendein Studium. Beeinflußt war ich einerseits durch mein
Elternhaus – mein Vater ist naturwissenschaftlich tätig und wollte natürlich,
daß ich mich in eine ähnliche Richtung entwickle –, das andere ist die gesellschaftliche Seite. Im Prinzip ist es so, daß du, wenn du Abitur machst, keine
Zeit hast, lange zu überlegen. Du wirst mit 17 Jahren vor die Entscheidung
gestellt und dabei in eine gewisse Richtung gelenkt, die «gesellschaftlich notwendig» ist, wie es bei uns heißt. Bestimmte Berufe, die gesellschaftlich gebraucht werden – das sind meist Industrieberufe. Du stehst also vor einer
Zwangssituation und hast Angst, wenn du dich jetzt nicht entscheidest, dann
bekommst du nie ein Studium.

Ich war eigentlich auf vielen Gebieten ganz gut in der Schule. Ich kann aber
nicht sagen, daß ich ein ganz besonders dolles Interesse für Physik gehabt
hätte. Ich war zwar in einer Physik-Arbeitsgemeinschaft. Aber es gab für
mich ganz genauso gleichwertige Sachen. Für mich waren Naturwissenschaften etwas Konkretes, etwas Abrechenbares. Gesellschaftswissenschaften
oder alles, was mit Kunst oder Psychologie zusammenhing, kam für mich gar
nicht in Frage. Darüber wurde nicht besonders informiert. Für Berufe dagegen wie Offizier, möglicherweise auch Lehrer wird während der Schulzeit
immer geworben. Da geht das Werben schon in der 4. oder 5. Klasse los. Zu
unserer Zeit gab es einen Menschen an der Schule, der verantwortlich war für
Berufsberatung, und das sollte ab 10. Klasse erfolgen. Bei uns war der Typ
nicht gerade engagiert. Wir haben wohl mal eine Stunde gehabt, wo er uns

was erzählte über Berufe, die besonders gefragt sind. Und ansonsten haben wir versucht, uns selber über Berufsbilder zu informieren.

Das Elternaktiv in unserer Klasse hat uns ebenfalls geholfen. Das ist eine Einrichtung – 5 oder 6 Eltern in jeder Klasse –, die treffen sich regelmäßig und sprechen über Probleme der Klasse. Da gab's einen Verantwortlichen für Berufsberatung, der hat uns in bestimmte Berufe Einblick verschafft.

Ich halte das alles aber nicht für den richtigen Weg, weil man allein von dem gesellschaftlichen Bedürfnis ausgeht und nicht davon, was für Anlagen sind bei dem Jugendlichen vorhanden, was müßte da gefördert werden, um ihm auf den richtigen Weg zu verhelfen. Man geht genau andersherum vor: das und das wird gebraucht, wer paßt in dieses Bild hinein, oder noch nicht einmal diese Frage, sondern: Wer ist bereit, sich in dieses Bild stecken zu lassen?

(Norbert Haase u. a. [Hgg.]: VEB Nachwuchs. Jugend in der DDR, Reinbek 1983, S. 81 f. Mit Genehmigung von Peter Kensierski, Berlin)

7. Wie lebt man in einem Studentenheim jenseits der Zonengrenze?

«Reih Dich ein in die Arbeitereinheitsfront, weil Du auch ein Arbeiter bist ...» erschallt es aus dem Lautsprecher unseres Zimmers. Jeder Tag im Heim beginnt mit einem solchen Lied, einem sogenannten «Arbeiterkampflied».

Ein Studentenwohnheim in der Ostzone wird von Studenten und Studentinnen bewohnt. Studenten und Studentinnen wohnen separat auf verschiedenen Etagen. Ab 10 Uhr abends darf sich kein Student mehr in einem Studentinnenzimmer oder umgekehrt keine Studentin in einem Studentenzimmer aufhalten.

Die Studenten sind nach Fakultäten und Fachrichtungen aufgeteilt. Eine Seminargruppe bildet die kleinste Zelle der studentischen Wohn- und Arbeitsgemeinschaft. Ein Zimmer ist mit drei bis sechs Studenten belegt; und zwar sind diese so auf die einzelnen Zimmer verteilt, daß ein politisch nicht so zuverlässiger mit zwei oder mehreren «linientreuen» Kommilitonen zusammenwohnt. Diese haben die Aufgabe, den noch Schwankenden im Sinne der kommunistischen Ideologie zu beeinflussen und seine politische Entwicklung sorgfältig zu überwachen.

Das Verhältnis zwischen Studenten und Studentinnen ist sehr kameradschaftlich. Findet ein Student an einer seiner Kommilitoninnen besonderen persönlichen Gefallen, so nimmt im allgemeinen niemand daran Anstoß. Wenn jedoch die Leistungen in der Universität sinken oder die gesellschaftspolitische Aktivität dadurch nachläßt, setzt sofort die Kritik der Seminargruppe ein.

An der Pforte muß jeder Heimbewohner einem sogenannten «Studenten vom Dienst» seinen Ausweis zeigen. Jeder Student kommt einmal an die

Reihe und ist zusammen mit seinen Zimmergenossen einen Tag und eine Nacht lang als Wachthabender für Ruhe und Ordnung im Heim verantwortlich. In militärischer Form erfolgt täglich die Wachübergabe. Es gehört weiterhin zu den Pflichten der «Studenten vom Dienst», Passierscheine für Besucher des Heimes auszustellen. Jeder Heimbewohner darf Besuch empfangen.

Nachdem man die Wache passiert hat, fällt der Blick des Eintretenden sofort auf die Wandzeitung mit dem Tagesbericht der Wache. Die Kommilitonen, die ihr Zimmer nicht in ordentlichem Zustand halten, werden in diesem Bericht namentlich genannt und kritisiert.

Nach dem Mittagessen ist eine Stunde Mittagsruhe angesetzt. Pünktlich wird man dann wieder von der Wache geweckt, und es geht mit frischen Kräften an das Selbststudium. Bis zum Abendbrot ist obligatorische Arbeitszeit, und niemand darf während dieser Zeit ohne besondere Erlaubnis das Heim verlassen.

Die Studenten und Studentinnen einer Seminargruppe bilden jeweils ein Kollektiv. Da sie meist alle Mitglieder der kommunistischen Jugendorganisation «Freie Deutsche Jugend» (FDJ) sind, stellt eine Seminargruppe gleichzeitig eine FDJ-Gruppe dar. Jede steht mit den anderen Gruppen im Wettbewerb um die besten Studienergebnisse und die größten Erfolge in der sogenannten «gesellschaftspolitischen Arbeit». Ein Gruppenleiter und ein Gruppenaktiv, gebildet aus den politisch zuverlässigsten Studenten, organisieren das gesamte Gruppenleben. Im Rahmen dieser Gruppen führt man täglich die Zeitungsschau durch. Es gehört nämlich zu den ersten Pflichten eines Studenten in der Ostzone, aufmerksam die Tagespresse zu verfolgen. Weiterhin wird die gesellschaftspolitische Arbeit, darunter versteht man die Teilnahme an militärischen Übungen, politischen Diskussionen und Schulungen, innerhalb der Seminargruppe durchgeführt. Niemand darf sich von seinem Gruppenkollektiv absondern oder sich als sogenannter «Schweiger» gleichgültig zu politischen Fragen verhalten. Man achtet besonders an Diskussionsabenden darauf, daß jeder Stellung zu den Problemen nimmt und seine Meinung äußert. Auch der Besuch kultureller Veranstaltungen geschieht stets im Kollektiv. So geht man z. B. gemeinsam ins Kino oder ins Theater. Jede Gruppe hat ein Theateranrecht und bezieht so Karten zu ermäßigten Preisen oder sogar kostenlos.

Jeder Student soll sich für seinen Kommilitonen verantwortlich fühlen. Das bedeutet, daß jeder die Pflicht hat, fachlich schwächere zu unterstützen und regen Anteil an der politischen Entwicklung der anderen Kommilitonen der Seminargruppe zu nehmen.

So fühlt sich natürlich jeder vom anderen beobachtet und bespitzelt. Am Ende eines Semesters wird ein Bericht über die politische, fachliche und charakterliche Entwicklung eines jeden Studenten abgefaßt. Jeder Student hat die Aufgabe, eine Charakteristik eines seiner Kommilitonen anzufertigen und diese der Gruppenleitung, die sich Abänderungen und Zusätze vorbehält, vorzulegen. Am «Tage der Bereitschaft» gibt jeder Student zunächst eine

Selbsteinschätzung, in der er seine begangenen Fehler zu kritisieren und das Versprechen abzulegen hat, in Zukunft diese Fehler auszumerzen. Anschließend wird seine Charakteristik, die, wie oben erwähnt, ein Kommilitone abgefaßt hat und die von der Gruppenleitung korrigiert und ergänzt worden ist, verlesen. Nach eingehender Diskussion verfaßt schließlich der Gruppenleiter die endgültige Charakteristik.

An dieser Stelle möchte ich ein Beispiel der Kritik an einem Studenten anführen. Einer meiner Kommilitonen pflegte jeden Sonntagmorgen in einem Wilhelm-Busch-Album zu lesen und dabei Pfeife zu rauchen. Das wurde als Zeichen westlicher Dekadenz gebrandmarkt und verurteilt. Man sagte ihm, daß es für ihn nützlicher sei, sich mit den Schriften von Marx, Engels und Lenin zu beschäftigen, als Wilhelm Busch zu lesen.

Man versucht in der Ostzone mit allen Mitteln, die Jugend, besonders die Studenten, im Sinne der kommunistischen Ideologie zu erziehen. Eines dieser Mittel sind die Studentenheime und -internate, deren Zahl ständig vergrößert wird. Sie haben großen Anteil an der Überwachung und Lenkung der politischen Entwicklung der Studenten; denn wo bietet sich eine bessere Möglichkeit dazu, als in einem Studentenheim, abseits von der Einflußsphäre des Elternhauses.

(Einigung. Mitteilungen der Katholischen Deutschen Studenteneinigung, Juni 1960)

8. Kulturelles Leben in der DDR in der Vorstellung Walter Ulbrichts

[...]

Jetzt gilt es, unser Leben noch reicher und schöner zu machen. Die Werktätigen selbst werden mehr als bisher auf die Schönheit ihrer Wohnungen, ihrer Städte und Dörfer, ihrer Betriebe, ihrer Klubs und Kulturhäuser Einluß nehmen. Auch die Form ihrer industriellen Produkte darf und wird ihnen nicht gleichgültig bleiben. In ihren Kulturhäusern besteht die Möglichkeit, in Zirkeln, Bibliotheken und Arbeitsgemeinschaften ihr Wissen allseitig zu bereichern und zu vertiefen. Die schreibenden Arbeiter werden in den Redaktionen der Betriebs- und Kreiszeitungen, in den Gruppen und Zirkeln der Klubs und Kulturhäuser, in den Laienkabaretts und Theatern gute Arbeits- und Publikationsmöglichkeiten finden.

In den Chören wachsen die Bereitschaft und die Fähigkeit, neue Lieder aufzunehmen. Es wächst unter der tanzfreudigen Jugend die Bereitschaft, neue Gesellschaftstänze anzuerkennen. Die Theater, Orchester, Tanzgruppen, Chöre und jungen Talente der Werktätigen auf allen Gebieten werden für ihr Publikum mit neuen Werken und mit der Pflege guter alter Traditionen neue Wege bei der Gestaltung abwechslungsreicher Veranstaltungen in den Kulturhäusern und Klubs suchen und finden. Film- und Fotozirkel sollten aktiv bei der Gestaltung eines allseitig schönen Lebens mitwirken und ihre Arbeiten in Vorführungen und Ausstellungen der Öffentlichkeit zugänglich machen.

Wenn wir nur von dem ausgehen, was wir haben, kann in den Kulturhäusern ständig ein buntes und vielfältiges Leben herrschen. Betriebliche und Familienfeste werden dort stattfinden. Und schließlich sollen unsere Kulturhäuser zum Mittelpunkt unserer sozialistischen Feste werden, die sich in den letzten Jahren in allen Bezirken entwickelt haben. So sollen unsere Kulturhäuser zu wirklichen Zentren eines vielfältigen frohen und kulturellen Lebens aller Werktätigen werden, zu Volkshäusern im besten Sinne des Wortes.

Jährliche Höhepunkte des frohen und kulturvollen Lebens werden die *Arbeiterfestspiele* werden, die sich jetzt schon zur schönen Tradition der Erbauer des Sozialismus entwickelt haben. Sie müssen aber stärker noch als bisher zum Fest aller schöpferischen Kräfte unseres Lebens werden, wo neugeschaffene Werke aller Kunstgattungen der Öffentlichkeit von Berufs- und Laienkünstlern vorgestellt werden.

Ähnliche Zentren wie die Volkshäuser müssen *die Dorfklubs in den Landgemeinden* werden. Das Leben unserer Genossenschaftsbäuerinnen und -bauern wird sich Schritt um Schritt und natürlich nicht ohne Konflikte und Kampf dem Leben in den Städten annähern. Natürlich ist hier manches schwieriger als in der Stadt. Aber gerade darum sollten die Anstrengungen der örtlichen Räte, der LPG-Vorstände und der gesellschaftlichen Organisationen sinnvoll zusammenfließen. Sie gemeinsam tragen die Verantwortung dafür, daß auch in unseren Dörfern die schöpferischen Kräfte zur Entfaltung kommen, daß hier Wissen und allseitige Bildung erworben werden und frohe Geselligkeit mit Tanz und Unterhaltung ihren Platz findet. In dem Maße, wie sich die neuentstandene Klasse der Genossenschaftsbauern ökonomisch und sozial festigt, ihrer Verantwortung auch für die kulturelle Entwicklung bewußt wird, wird sie auch zum Organisator und Träger der Kulturarbeit in den Dörfern werden.

Wenn wir auch auf dem Lande alles, was uns an örtlichen Möglichkeiten zur Verfügung steht, nutzen, wenn wir vorhandene Räumlichkeiten für kulturelle Zwecke herrichten und verwenden, können auch dort frohe Geselligkeit, Tanz und Unterhaltung mehr als bisher ihren Platz finden. Bei der Dorfplanung sollte entsprechend unseren ökonomischen Möglichkeiten in der weiteren Perspektive notwendiges Neues geschaffen werden: Räume der dörflichen Geselligkeit sollten dann ebenso berücksichtigt werden wie Dorfkinos in Mehrzweckhallen.

Freunde der bildenden Kunst oder Freunde der Musik sollten sich zusammenfinden, um überall geeignete Formen zu entwickeln, wie sie ihre Interessen pflegen können. Freunde der Literatur könnten sich um die Bibliotheken, Freunde der Museen um die Museen gruppieren. Hier liegt auch die neue Aufgabe für den Deutschen Kulturbund, Interessenkreise der Buch-, Theater- und Musikfreunde, der Freunde der bildenden Kunst zu gründen.

In der kulturellen Massenarbeit und insbesondere im künstlerischen Laienschaffen vollzieht sich ein Prozeß der Festigung des Bewußtseins und der Entwicklung der Persönlichkeit zugleich mit der Formung des ästhetischen Geschmacks.

Vom Niveau dieser Bewegung wird es wesentlich abhängen, in welchem Umfange daraus neue, höhere kulturelle Bedürfnisse erwachsen, die ihrerseits wiederum auf die weitere Entwicklung unserer sozialistischen Nationalkultur aktiv einwirken.

Deshalb sagen wir:

Schmückt die Republik!

Gestaltet das Leben schöner als je zuvor!

[...]

(Protokoll des VI. Parteitages der SED, Berlin [O] 1963, S. 228ff.)

9. Hans Lorbeer:
Frühlingslied einer Traktoristin

Ich bin Traktoristin der MAS!
Einst war ich beim Bauern die Magd,
mußt melken die Schwarze, die Schecke, die Bleß,
dann hab ich den Dienst aufgesagt.
Ich ging in die Werkstatt und packte mit an,
mein Liebster, der nahm mich beim Ohr
und sagte: «Nun lerne und steh deinen Mann!»
und schob mich auf einen Traktor.

Bald bin ich gefahren das Feld auf und ab.
Ich pflügte weit über mein Soll.
Die Wolke stieg dunkel, warf Regen herab,
der Wind sprang mich an, toll und voll.
Doch Furchen um Furchen zog ich übers Feld.
So zwang ich das vorige Jahr.
Im Frühling und Herbst wird der Acker bestellt
und jedes Jahr besser sogar.

Nun sind wir im Märzen, der Frühling ist da,
und da bin auch ich – und bereit!
Der Frühling verrät, was im Winter geschah
an Fleiß und Verantwortlichkeit:
wir kratzten den Rost und wir schmierten das Rad,
die Achsen, die Wellen, das Seil,
wir prüften die Kolben, die Kupplung, den Draht,
den Hebel, die Ketten, den Keil.

Wir prüften uns selber und sind nun bereit,
zur Frühjahrsbestellung zu ziehen.
Es kommt eine bessere, hellere Zeit,
da werden die Sorgen uns fliehen,
da werden wir lachen im Kampfe ums Brot
und siegen in jedwedem Jahr.
Wir ackern und ernten den Hunger zu Tod
und stecken uns Blumen ins Haar.

Ich bin Traktoristin der MAS
und werd Aktivistin bald sein.
Dann ladet wohl zum Traktoristenkongreß
der kluge Minister mich ein.
Dann will ich berichten von meinem Traktor
und was auf den Feldern geschah.
Und dann tret ich ganz dicht an das Rampenlicht vor
und sage: «Der Frühling ist da!»

MAS = Maschinenausleih-Station, der zentrale Maschinenpark eines Dorfes.

(Menschen und Werke. Vom Wachsen und Werden des neuen Lebens in der DDR, Berlin [Ost] 1952, S. 152)

10. «Die Prämie»
Geschichte aus einem Brigadetagebuch

Der Arbeitsschutzobmann Horst Belling war am Vorabend des 1. Mai in angetrunkenem Zustand zur Nachtschicht gekommen. Horst ist ein guter Arbeiter. Er hat den Rationalisatorenpaß und ist einer der besten Arbeitsschutzobmänner der Anlage. Vielleicht haben ihn die Kollegen deshalb so hart rangenommen.

«Wir werden den Kollegen Arbeitsschutzobmann beschützen müssen!» haben sie gesagt, und sie haben Horst Belling nicht an seinen Arbeitsplatz herangelassen, sondern ihm ein paar Stunden Schlaf «verschrieben». Als er dann vier Stunden später ernüchtert seine Arbeit wieder begann, mußte er sich einiges anhören.

Er hat nichts entgegnet. Er hat nach keiner Entschuldigung gesucht. Alle Anzüglichkeiten hat er als verdient eingesteckt. Zur nächsten Nachtschicht, am 1. Mai abends, kam er pünktlich wie immer und nüchtern wie ein Stockfisch.

Jeder macht mal einen Fehler, und jeder hat mal eine schwache Stunde. Auch ein guter Arbeiter. Der Vorfall war nicht typisch für die Arbeitsmoral des Kollegen Belling, und nichts wäre davon in unserem Tagebuch vermerkt worden, wenn heute nicht die Sache mit der Prämie dazugekommen wäre. Dadurch wird der Vorfall erwähnenswert.

Wir haben heute unsere Wettbewerbsprämie für den Monat Mai verteilt. Kritisch wurde die fachliche und gesellschaftliche Arbeit jedes Kollektivmitglieds beurteilt. Keiner nahm ein Blatt vor den Mund. Jeder bekam aufgetischt, was er sich eingebrockt hatte. Und bei jedem Brocken bröckelte von dem Prämienanteil etwas ab.

Beim Arbeitsschutzobmann Horst Belling war der eine Brocken vom 30. April abzuziehen. Aber an allen übrigen Tagen des Monats hatte er gut gearbeitet und seine Pflicht als Arbeitsschutzobmann getan. Seine Prämie wäre also nur ein wenig kleiner als gewöhnlich geworden, und man hätte sich über ihre Höhe unterhalten müssen.

Doch zu dieser Unterhaltung kam es nicht. Es geschah etwas Ungewohntes und für das ganze Kollektiv Überraschendes: Ehe die Diskussion über den Anteil Bellings begann, erklärte der: «Ich möchte darum bitten, mich in diesem Monat von der Prämie auszuschließen. Was mir an dem bewußten Tage passiert ist, darf einem anständigen Arbeiter nicht passieren!»

Das Kollektiv hat über diesen Antrag nicht lange diskutiert. Wir haben seiner Bitte entsprochen. Horst Belling hat für den Monat Mai keine Prämie bekommen. Das war für seine Brieftasche ein Verlust; aber für sein Ansehen war es ein riesiger Gewinn. Das Kollektiv wußte dieses Beispiel einer konsequenten Selbstkritik zu schätzen. Es wird in der Brigade Schule machen.

(K. Zill, H. Preissler in: Ich schreibe ... Arbeiter greifen zur Feder, Verlag Tribüne/Mitteldeutscher Verlag 1960, S. 211 f.)

11. Die Dorfakademien im Bezirk Leipzig

[...]

Die Entwicklung der Dorfakademien ist in den letzten Monaten nicht gut vorangegangen. Besonders in den Monaten Juli und August fanden fast keine Lehrveranstaltungen statt. Die Dorfakademien werden als koordinierentes [sic!] Zentrum aller im Dorf stattfindenden Bildungsmaßnahmen nicht im vollen Umfange gerecht. So wurden Vortragsabende trotz Bestehends [sic!] der Dorfakademie der Gemeinde Luppa, Kr. Oschatz, von der Orts-VdgB [Vereinigung der gegenseitigen Bauernhilfe; landwirtschaftliche Massenorganisation] organisiert, ohne eine Abstimmung der Dorfakademie herbeizuführen.

Die Räte der Gemeinden sind sich über die Aufgaben zur Unterstützung der DA nicht in jedem Maße voll bewußt. Im Kreis Döbeln sollte im Monat Juni und Juli mit allen Bürgermeistern im Rahmen der BHG [Bäuerliche Handelsgenossenschaften]-Bereiche Beratungen über die Weiterentwicklung der DA durchgeführt werden. Von den zur Beratung geladenen Bürgermeistern waren nur insgesamt 36 anwesend. Es kann festgestellt werden, daß die Mehrzahl der anwesenden Bürgermeister sich nach der Beratung intensiv um die Aufstellung von Kaderentwicklungsplänen in den Genossenschaften bemüht haben, währenddessen aber die Schulungstätigkeit in den DA nicht fortgesetzt wurde.

Ein großer Teil der Lehrveranstaltungen wie z. B. Facharbeiterlehrgänge wie in Döbeln und Grimma laufen entweder formal oder überhaupt nicht im Rahmen der Dorfakademie. Von den ca. 450 im Kreis Grimma ausgebildeten Genossenschaftsbauern zu Facharbeitern wurden 38 insgesamt im Rahmen der Dorfakademie qualifiziert, während alle übrigen in Lehrgängen der LPG oder VEG [Volkseigene Güter] direkt mit Unterstützung von Landwirtschaftsfachkadern, Lehrkräften von Oberschulen qualifiziert wurden.

In den Räten der DA sind Lehrer, LPG-Buchhalter, Vorsitzende der LPG, Abschnittsbevollmächtigte der Deutschen Volkspolizei, Agronomen, Arbeiter aus Industriebetrieben, Viehzucht- und Feldbaubrigadiers, Mitglieder des Rates der Gemeinden, in einigen Fällen Vertreter des DFD oder der FDJ vertreten.

Als wichtigste Probleme wurden in den durchgeführten Lehrveranstaltungen folgende behandelt – der Abschluß eines Friedensvertrages mit Deutschland, der Weg der Wiedervereinigung Deutschlands, Entwicklung in Kuba, Vergütung nach dem Endprodukt, der Arbeits- und Gesundheitsschutz in der LPG, die Futterwirtschaft, verlustlose Aufzucht von Kälbern und Ferkeln, Leistungsfütterung, Möglichkeiten zur Erhöhung des Milchaufkommens, Fragen des Grünlandes.

In den Facharbeiterlehrgängen wurde insbesondere die Futterwirtschaft, die Mechanisierung in der Feldwirtschaft, Anbau und Ernte der Hackfrüchte, Probleme des Pflanzenschutzes behandelt. [...]

(Schreiben der Abt. Landwirtschaft, Erfassung und Forstwirtschaft an die Bezirksleitung der SED vom 18. 8. 1961. PDS-Archiv Leipzig IV 2/9/01/502)

12. «Zwischen Hausfrauennachmittag und Kadettengespräche»
Die Klubs der Intelligenz

Die Veranstaltungskalender von 26 Intelligenzklubs durchzuackern, ist eine Sisyphusarbeit. Aber es lohnt sich dennoch, was allerdings zu beweisen sein wird. Die ersten Eindrücke: bunte Vielfalt. Anfangs fielen mitunter nichtssagende oder vielversprechend sein sollende Ankündigungstitel auf, wie «Probleme der modernen Frau, die auch den Mann interessieren» (Wernigerode), «Fest der Zahnärzte» (Schwerin – allerdings geht das schon aufs Februar-Konto), «Kochrezepte und Kostproben» (Wismar). Doch das sind Ausnahmen. Und was beim ersten Durchsehen der Programme noch entdeckt wurde: Die Zeiten, in denen der Dr. Caligari mit seinem Kabinett oder Mabuse der Spieler, vom Staatlichen Filmarchiv der DDR ausgegraben, durch die Klubs der Intelligenz geisterten, sind wohl vorbei und vergessen. Hier taucht nicht einer auf. Ihr Platz hat, wie es aussieht, das gut gemachte, etwas banale UFA-Außenseiter-Lustspiel-Singspiel-Filmchen «Viktor und Viktoria» eingenommen. Aber in viel geringerem Maße als seine gruseligen Vorgänger. Was hat das Filmarchiv denn sonst noch auf Lager?

Und was bei der ersten Durchsicht der Programme ferner bemerkenswert schien: Die Moral-Ethik-Kampagne (wir wollen doch ehrlich sein, diese Diskussionen hatten zeitweilig leider nur Kampagne-Charakter) ist abgeklungen, und man gewinnt den Eindruck, als wenn nun, zwar sehr schüchtern noch, zu schüchtern eigentlich, eine *kontinuierliche* Wirksamkeit in dieser Hinsicht beginnt. Soweit die ersten Eindrücke.

Wer die Programme von 26 Intelligenzklubs beurteilen will, stößt zunächst auf unvermeidliche Schwierigkeiten. Das wird sicher jeder empfinden, der versucht, das Leben nach einem Fahrplan einzuschätzen. Aber hier wollen wir ja nicht das Leben beurteilen, sondern das, was planmäßig und hoffentlich zielstrebig in den Klubs Leben werden soll. Außerhalb unserer Betrachtung müssen deshalb stehen: die Atmosphäre, das geistige Klima, die Kontinuität, die örtlichen Bedingungen, das Klubleben, welches nicht im Programm angezeigt ist. Zu bemerken ist auch noch, daß die Klubs ihre Veranstaltungen unabhängig voneinander planen. Alles in allem: Es ist nur ein kleiner Abschnitt der Klubtätigkeit, der hier eingeschätzt wird.

Es war nicht ganz einfach, über manche der vorliegenden Programme zu urteilen, da verschiedenes nicht in Ordnung ist in diesen Programmen. Beispiele: Es werden angekündigt ein «Frauennachmittag», am anderen Ort ein «Nachmittag der Damen», an einem dritten Ort «Probleme der Kontinente», woanders ein «Englisch-Abend», ein «Wissenschaftlicher Ärzte-Abend» usw. Unter diesen und ähnlichen Formulierungen kann man sich viel – aber auch wenig vorstellen. Was sind Probleme der Kontinente? Wodurch unterscheidet sich ein Frauennachmittag von einem Nachmittag der Damen? Und ein Wissenschaftlicher Ärzte-Abend? Der Leser möge versuchen, sich diese Fragen selbst zu beantworten, der Artikelschreiber kann es nicht.

Die Januar-Programme von 26 Klubs bieten alles in allem 244 Veranstaltungen. Demnach entfallen im Durchschnitt auf jeden Klub 9,4 mehr oder weniger interessante, mehr oder weniger wertvolle, mehr oder weniger notwendige Abende mit planmäßig vorbereitetem Inhalt. Im Vordergrund steht das Gespräch, das Klubgespräch, ihm folgt der Vortrag mit anschließender Aussprache. Die Thematik ist im allgemeinen vielseitig – aber vielleicht könnte sie noch vielseitiger sein. Einige Beispiele. Mit Problemen der sozialistischen Gegenwartsliteratur (Lesung, Diskussion mit Schriftstellern u. ä.) beschäftigt man sich nur neunmal in acht Klubs. Bemerkenswert ist in diesem Zusammenhang, welche Schriftstellernamen überhaupt in den Programmen genannt werden, sei es auch nur indirekt. Es sind dies: Johannes R. Becher, Willi Bredel, Bertolt Brecht, Harald Hauser, Wladimir Majakowskij, Stefan Zweig, Romain Rolland, Goethe, Graham Green, Krylow, Wolfang Borchert, Wilhelm Busch, Horst Ulrich Wendler, Kurt Arnold Findeisen. Jeder möge sich nun selbst seinen Vers darauf machen.

Einen weiteren Ansatzpunkt zur Kritik bietet die ungenügende Beschäftigung mit aktuellen Theaterproblemen (sozialistische Theaterpolitik, Spielplan usw.). Von den 26 Klubs, deren Programme für diesen Beitrag vorlagen, befinden sich 19 in Städten mit selbständigen Bühnen. Aber nur siebenmal und nur in fünf Klubs wird im Januar über aktuelle Theaterpolitik gesprochen. Wenn man noch den Film in diese Rechnung einbezieht (19 Veranstaltungen in 13 Klubs), die Musik (18mal in 12 Klubs) und die bildende Kunst (7mal in 7 Klubs), so ergibt sich: Von den 244 Veranstaltungen in den 26 Klubs sind 60 der Kunst gewidmet, in den verschiedensten Formen (Leseabend, Diskussion, Schallplattenwiedergabe, Hausmusik usw.). So betrachtet, scheinen die Proportionen zu stimmen. Ein bißchen stärker könnten musische Themen allerdings berücksichtigt werden. Man müßte auf etwa 30 Prozent kommen. Dieses Verhältnis ist natürlich in jedem Ort anders. Der Klub in Frankfurt (Oder), einer der rührigsten überhaupt, bietet zum Beispiel neun Veranstaltungen, vier davon sind künstlerischen Problemen gewidmet. Suhl zeigt in seinem Programm sechs vorbereitete Abende an, einen davon mit kultureller Thematik. Solche Unterschiede gibt es.

Bemerkenswert ist auch, in welchem Maße man sich mit der Theorie des Marxismus-Leninismus beschäftigt, nämlich vierzehnmal in 12 Klubs. In fünf von 26 Klubs gibt es Zirkel zum Studium des wissenschaftlichen Sozialismus. Das ist wohl noch zuwenig. Allerdings ist es nicht leicht, gerade in den Klubs solche Zirkel zu veranstalten, man darf nicht vergessen, daß in vielen Betrieben, Instituten usw. die Intellektuellen schon an ähnlichen Kursen teilnehmen. [...]

Zusammenfassung: Wir registrierten neun bis zehn vorbereitete Veranstaltungen pro Klub und Monat im Durchschnitt. Es könnten gut und gerne zwölf in einem Monat sein. – Einen Abend wenigstens sollten die Klubs Problemen der örtlichen Kulturpolitik vorbehalten. Das ist bei weitem noch nicht erreicht. – Spezialabende für bestimmte Berufsgruppen der Intelligenz sind nicht der Weisheit letzter Schluß. Der Klub soll ja gerade die in verschiedenen Berufen tätigen Geistes- und Kulturschaffenden zusammenführen. – Ankündigungen wie «Probleme der Moral und Ethik» sind zu allgemein. Für diese Aussprache sollten konkrete Themen gefunden werden. – Es wird noch zuwenig Wert auf die sozialistische Bewußtseinsbildung der Intelligenz gelegt. Mehr Themen zur Popularisierung des wissenschaftlichen Sozialismus und mehr Kontinuität in dieser Hinsicht sollten ein erstrebenswertes Ziel sein. – Übrigens fiel auf, daß es in manchen Kulturbundleitungen die Tendenz gibt, allen Veranstaltungs«dienst» den Klubs zu überlassen. Damit würden die Klubs ihrer eigentlichen Funktion, Zentrum der geistigen Auseinandersetzung zu sein, entkleidet. Wir sollten nicht vergessen, daß auch die

Klubs zu unseren Errungenschaften gehören. Nutzen wir sie also noch besser als zuvor.

(Der Sonntag vom 26. 1. 1958)

13. «Ein Besuch im Weimarer Klub der Intelligenz»

Mit Unterstützung des Bundesvorstandes des Kulturbundes ist in Weimar ein Klub der Intelligenz, der bereits eine große Anzahl Mitglieder umfaßt, geschaffen worden. Alle möglichen Wissenszweige sind dabei vertreten: Wissenschaftler, Schriftsteller, Ärzte, Journalisten, Bildende Künstler, Professoren, Architekten, Ingenieure usw. Vor allem aber ist bereits ein reges Klubleben da. Eine ganze Anzahl der Mitglieder haben sich so an die Räume gewöhnt, daß sie sie tatsächlich als ihr zweites Zuhause betrachten. Wir besuchten kürzlich unter sachkundiger Führung eines Weimarer Professors die vorbildlich schönen Klubräume.

Eingebettet in einen kleinen Park voller blühender Bäume liegt ein modernes Bauwerk. Schon nachdem die schwere eiserne Tür geöffnet ist, gewährt eine Glastür, vor welcher der schwere Chenillevorhang zurückgezogen ist, Einblick in einen großen, lichten Raum, von dem man zunächst nur an der Stirnwand einen großen, goldfarbenen Vorhang mit stilisierten, großen Margeriten, davor einen Flügel, neben sich eine geschmackvolle Stehlampe mit einem lichten Schirm, und einen großen runden, weißgedeckten Tisch mit bequemen, grünen Sesseln sieht. Noch sind die mehrarmigen Metallkronen mit den gelb überzogenen Tulpengläsern nicht erleuchtet und lassen die silbergraue Decke, die sich über den vier Säulen langzieht, eine Nuance dunkler erscheinen. Noch steht die Gruppe Professoren an dieser Tür und überschaut mit kritischen Blicken den Raum, bis schließlich alle der freundlichen Einladung folgen, hineinzugehen, um sich bei einer Tasse Mokka alles genauer und in Ruhe zu betrachten. Durch die hauchdünnen Stores an den von gelben Vorhängen eingerahmten Fenstern, die nur durch Säulen, an denen zweiarmige Beleuchtungskörper in dem Stil der großen Kronen angebracht sind, getrennt werden und sich zu beiden Seiten der großen Räume entlangziehen, fällt durch das Laub der Bäume der noch einmal aufstrahlende Schein der untergehenden Sonne. Schon diese Lichtwirkung gibt dem gemütlichen Raum eine anheimelnde Stimmung. Bevor man an einem der gut in das Ganze eingruppierten Tische in den bequemen Sesseln Platz nimmt, wird noch das kleine Lesezimmer, das in dem gleichen Stil gehalten ist, und das Geschäftszimmer, das auch zu Sitzungen benutzt wird, besichtigt.

Dann werden eine Menge Fragen aufgeworfen und von dem Weimarer Professor liebenswürdig beantwortet. «Hier steckt eine Menge Arbeit drin», beginnt er. «Wenn man überlegt, welch verschiedene Bestimmungszwecke diese Räumlichkeiten einmal hatten. Zuerst Bank, dann Stadtmuseum, ach und was weiß ich was noch. Ein Architekt der Hochschule für Architektur, Effenberger, hat es übernommen, die Inneneinrichtung zu gestalten. Die Möbel sind von einem Kollektiv von Architekten der Hochschule entworfen und von der Weimarer Holz- und Polsterhandwerksgenossenschaft ausgeführt worden. Teppiche stammen aus Münchenbergsdorf, die großen Tonvasen dort in der Ecke und da auf dem Blumentisch aus Bürgel. Bestreben des Architekten war es, alles auf das Licht abzustimmen, deshalb die hellen Wände, die vielen Beleuchtungskörper und die hellgelben Vorhänge. Er wählte helle, aber doch stumpfe Farben, die sich alle zwischen Grün und Gelb bewegen. Dabei atmet alles die Atmosphäre der Ruhe und Gemütlichkeit. Es ist auch für das leibliche Wohl gesorgt, und nicht nur Getränke, sondern auch Speisen werden verabreicht.»

(Der Morgen vom 2. 6. 1955)

14. «Mit Kind und Kegel ins Kulturhaus»

Es war ein Sonnabend im September des Jahres 1967. Wenige Tage zuvor erst wurde die Fünf-Tage-Arbeitswoche Wirklichkeit. Im Magdeburger Kulturhaus «Ernst Thälmann» hat man sich auf den gewachsenen Freizeitfonds der Werktätigen eingestellt. Hier hat an diesem Tag eine neue Veranstaltungsreihe «Mit Kind und Kegel ins Kulturhaus» Premiere. Von morgens um zehn bis in den späten Abend wechseln hier musikalische Frühschoppen, Auftritte von Volkskunstgruppen, Tanzeinlagen, Modenschauen und Konzerte einander ab. Während die Eltern der bunten Veranstaltungsfolge beiwohnen, sind ihre Kleinen in guter Obhut. Im eigens für diesen Tag eingerichteten Kindergarten und beim lustigen Kinderfest im Garten kommen auch sie bei Sport und Spiel voll auf ihre Kosten.

Seitdem haben die Mitarbeiter des gewerkschaftlich geleiteten Kulturhauses, das 1951 gegründet wurde, vielerlei Ideen und Initiativen entwickelt, um den Schwermaschinenbauern aus dem «Ernst-Thälmann»- und dem «Karl-Liebknecht»-Werk ein abwechslungsreiches und niveauvolles Kulturangebot zu unterbreiten, mit ihren spezifischen Mitteln das Wetteifern um einen hohen volkswirtschaftlichen Leistungsanstieg zu fördern, den kulturellen Bedürfnissen auch der Schichtarbeiter Rechnung zu tragen. Längst sind solche Veranstaltungen, wie der in jedem Quartal stattfindende Schichtarbeiterball, «Herzliches Dankeschön, Kollege», der Frühschoppen für Schichtarbeiter oder der Bördemarkt zu einer guten Tradition geworden und aus dem Programm nicht mehr wegzudenken.

Da treffen sich ganze Kollektive aus der Spätschicht beim Kabarett zur späten Stunde und Jugendbrigaden zur Mitternachtsdisko. Da gibt es spezielle Veranstaltungen wie «Neuererneuheiten» oder «Ideen muß man haben», bei denen Erfahrungen, Streitgespräche und Informationen gefragt sind.

[...]

Es spricht für die Aktivitäten der Kollegen des Kulturhauses, daß die meisten Veranstaltungen mit eigenen Volksgruppen und -zirkeln gestaltet werden, die Werktätigen also selbst aktive Gestalter ihrer Freizeit sind. Was das Kulturhaus bietet, ist vor allem Ergebnis ständiger Aussprachen mit den Arbeitskollektiven, die Berücksichtigung der Vorschläge und Hinweise aus den Gewerkschaftsgruppen, denen jeweils im Dezember das Kulturangebot für das kommende Jahr unterbreitet wird. Das hilft bei der Ausarbeitung des Kultur- und Bildungsplanes. So kann man schon lange voraus planen, wann es wieder mit Kind und Kegel ins Kulturhaus geht.

(Geschichte des FDGB, Berlin [O] 1982, S. 569)

15. «Politisch-ideologische Verantwortung»
gegenüber dem Leipziger Kabarett «Pfeffermühle»

Leipzig, den 19. 4. 1979

Information der Bezirksleitung Leipzig der SED über eingeleitete Maßnahmen im Zusammenhang mit der Tätigkeit des Leipziger Kabaretts «Pfeffermühle»

Ausgehend von dem auf der Bezirksdelegiertenkonferenz im Februar dieses Jahres erneut bekräftigten Grundsatz, daß die Bezirksleitung für alles verantwortlich ist, was auf dem Territorium des Bezirkes Leipzig geschieht, stellen wir fest, daß die Wahrnehmung der politisch-ideologischen Verantwortung in der Führungstätigkeit gegenüber dem Kabarett Pfeffermühle nicht ausreicht.

Obwohl das Sekretariat im Mai 1978 Maßnahmen zur Qualifizierung der Führungstätigkeit auf dem Gebiet der Kultur festlegte, erfolgte die Umsetzung dieser Beschlüsse hinsichtlich der Pfeffermühle nicht rechtzeitig und konsequent. Die Vorbereitung des Programms «Wir können uns gratulieren» erfolgte seitens der Abteilung Kultur des Rates der Stadt politisch sorglos und wurde von den verantwortlichen Genossen der Stadtleitung politisch nicht kontrolliert. Der von der Leitung des Kabaretts vorgelegten Konzeption für das neue Programm wurde durch den Stadtrat für Kultur und den Sekretär für Volksbildung und Kultur der Stadtleitung zugestimmt, der Ausarbeitung des Programms auf der Grundlage dieser Konzeption aber blind vertraut, ohne mit der notwendigen politischen Einflußnahme und Wachsamkeit die Arbeit am Programm zu verfolgen. So entstand ein gegen die Politik der Partei und des Staates gerichtetes Programm, das ohne Kenntnis der Bezirksleitung zur Aufführung gelangte und vom Klassenfeind als Basis für politische Verleumdung und Angriffe gegenüber unserer Partei und ihrer Politik genutzt werden konnte.

Nach dem Gespräch des Generalsekretärs des Zentralkomitees, Genossen Honecker, mit dem 1. Sekretär der Bezirksleitung, Genossen Schumann, am 20. 3. 1979 wurde das dem Sekretariat der Bezirksleitung bekannt und umgehend eine politische Wertung des neuen Programms anhand des ursprünglichen Drehbuches vorgenommen.

Diese politische Wertung des Programms (Autoren sind die Mitglieder des Ensembles Kollege Siegfried Mahler, Regisseur, und Genosse Rainer Otto, Dramaturg, sowie Kollege Schaller von der Dresdener Herkuleskeule) führte zu einer prinzipiellen Diskussion am 21. 3. 1979 im Sekretariat der Bezirksleitung.

Es wurde festgelegt:
– dieses Programm nicht mehr aufzuführen,
– die parteimäßige Auseinandersetzung mit den verantwortlichen Genossen der Stadtleitung und des Rates der Stadt, die ihrer politischen Verantwortung nicht nachgekommen waren, zu führen,
– die Auseinandersetzung mit den Genossen des Ensembles zu führen,
– durch eine vom Sekretariat der Bezirksleitung eingesetzte Arbeitsgruppe zu sichern, für die Erarbeitung eines neuen politisch qualifizierten Programms alle erforderlichen Voraussetzungen zu schaffen, zu sichern, daß durch den Rat der Stadt, dessen Einrichtung das Kabarett ist, und durch die Stadtleitung die Arbeit des Kabaretts mit den Programmen «Lebensverweise» und «An der schönen lauen Donau» weiterzuführen und zu sichern, daß die Veranstaltungen zum 25. Jahrestag der Leipziger Pfeffermühle auf hohem politischen Niveau stattfinden.

(PDS-Archiv Leipzig, IV D–2/8/02/501)

16. «Glanz und Elend der Prügelknaben»
Zur Rolle der Kulturfunktionäre

Die Kunst der DDR wird gepflegt und bewacht, beschnitten und gedüngt von Kulturfunktionären. Sie sind die Vermittler zwischen Partei und Künstler. Als Kulturfunktionäre gelten Lektoren, Musikwissenschaftler, Dramaturgen, Museumsmitarbeiter, Bibliothekare, Redakteure, Filmproduzenten, Kunsthändler, Kritiker sowie Leute in Betrieben, Verbänden, Kommunen, Ministerien und im Parteiapparat, die sich mit Kultur befassen. Meist fühlen sie sich stark zur Kunst hingezogen, deshalb wählten sie diesen Beruf. Von der Staatsmacht werden sie bezahlt, damit sie die Künstler in die jeweils gewünschte Richtung lenken und die derzeitige kulturpolitische Linie propagieren. Von den Künstlern werden sie als Anwälte benutzt, die neue Werke der Staatsmacht gegenüber verteidigen oder sie in der Öffentlichkeit durchsetzen. Es ist ein Beruf, der vom Konflikt zwischen Geist und Macht lebt. Viele Kulturfunktionäre zerbrechen an dieser Aufgabe, werden Alkoholiker,

Zyniker oder Doppelzüngler. Redakteure des «Neuen Deutschland» beispielsweise betäuben nach der Spätschicht ihr schlechtes Gewissen in Alkohol. In Rundfunkanstalten und Dramaturgien steht die Wodkaflasche stets griffbereit. Der Nervenzusammenbruch und die alljährliche Kur gehören zum Berufsbild. Nicht selten kapituliert ein Mensch vor der Schizophrenie dieser Tätigkeit. Er schlägt sich auf die Seite der Künstler oder auf die Seite der Politiker. Er verliert dadurch seine gesellschaftliche Existenzberechtigung, gewinnt seine persönliche Identität zurück. Er entflieht dem Widerspruch, der ihn zu zerreißen droht, und wird fortan gelobt von der einen Seite, verachtet von der anderen.

Es ist falsch, pauschal von «den Kulturfunktionären» zu sprechen. Es gibt drei Arten: die Apparatschiks, die unreflektiert Weisungen der Staatsmacht durchzusetzen versuchen; die Kunstjünger, die sich als Sprachrohr oder Echo der Künstler verstehen; die Zwitter, die zwischen diesen beiden Anschauungen lavieren, vermitteln. Vertreter aller drei Arten findet man in jeder Institution, vom Ministerium bis zum Kreisvorstand des Kulturbundes. Von Interesse sind die «Vermittler». Sie sind die Erben des Jacob Paul Gundling, der vom Hof Friedrich Wilhelms I. flieht, reumütig zurückkehrt, sich in den Dienst des unsensiblen Soldatenkönigs stellt, Akademiepräsident wird, dem Tabakskollegium angehört, von Offizieren zu den Bären gesperrt wird; vom Gundling, der am Wein und an seinem Zwiespalt starb. So etwa sind diese Kulturfunktionäre. Unfähig, der Obrigkeit ihre Kenntnisse zu verweigern, versuchen sie mit Vernunft und Tricks, Monarchen aufzuklären. Wir haben es mit dem seltenen Fall zu tun, daß Kompromißlertum das Zusammenspiel von Geist und Macht befördert.

Die «Vermittler» sind durch scheinbare Naivität gekennzeichnet. Was immer geschieht, sie lassen sich ihren Optimismus nicht rauben. Sie regen Künstler an, «heiße Eisen» zu gestalten, sie beschaffen Stipendien und Vorschüsse, besorgen Hintergrundinformationen, stellen Kontakte zu «führenden Persönlichkeiten» und Spezialisten her. Erweist sich, daß eine Ausstellung in der Hauptstadt nicht stattfinden darf, probieren sie es in der Provinz oder in einem Großbetrieb. Überall im Land haben die «Vermittler» Freunde und Bekannte. Was sich nicht direkt durchsetzen läßt, wird auf Umwegen versucht. Der Enthusiasmus dieser Leute wirkt rührend, fast kindlich. Dabei sind sie meist knallharte Profis, erfahren im Taktieren und Manipulieren. Sie geben Tips, was in ein Manuskript aufzunehmen ist, um die Zensur abzulenken. Bestimmte Passagen werden oft nur geschrieben, um gestrichen zu werden, damit andere «durchkommen». Auch sind sie Meister der «Tui-Künste», die Brecht im «Kongreß der Weißwäscher» beschrieb. Jede Idee, jedes Projekt muß vorher begründet, seine «gesellschaftliche Notwendigkeit» muß nachgewiesen sein. Im Anfertigen solcher Papiere haben sich diese Kulturfunktionäre zu Könnern entwickelt. [...]

Es ist nicht ohne Tragik, daß die Sklavensprache zum Motor kultureller Entwicklung wird. Daran sind die lavierenden Kulturfunktionäre mitschul-

dig. Sie vermeiden die direkte Konfrontation, drängen die Künstler, sich tak-
tisch zu verhalten. Das Einspruchsrecht des Staates in Kunstangelegenheiten
wird nicht in Frage gestellt, man weicht unaufhörlich aus, man trickst. So verraten diese Kulturfunktionäre letztendlich die Politiker und die Künstler, also
beide Herren. So verraten sie sich selbst und die sozialistische Kunst, der sie
zum Durchbruch verhelfen wollen. Befangen im Pragmatismus, kalkulieren
sie nur «das Mögliche», sind in diesem Rahmen einfallsreich und anregend.
Sie versuchen selten «das Unmögliche». [...]

Geduldig nimmt der lavierende Kulturfunktionär hin, daß er von allen Seiten Prügel bezieht, weil er ein Kompromißler ist. Er nimmt hin, daß er alle
paar Jahre strafversetzt wird, weil er zu hart oder zu weich hantiert. Wie ein
Stehaufmännchen sucht er andernorts seinen Wirkungskreis, geht in einen
Großbetrieb oder einen Künstlerverband, in ein abgelegenes Kulturhaus oder
macht Kulturarbeit im Dorf. Man kann sicher sein, nach drei Jahren ist er
wieder im Gespräch, weil in seiner Umgebung etwas geschieht, was gelobt
oder getadelt wird. Solche Leute sterben nicht aus. Glanz und Elend der Prügelknaben, die niemand schätzt – die dennoch gebraucht werden.

*(Irene Böhme: Die da drüben. Sieben Kapitel DDR, Berlin [W] 1986,
S. 116 ff.)*

Zwanzigstes Kapitel

Alltag, Freizeit, Wohnen

Einleitung

Die Vorstellung, unter einer totalitären Diktatur sei das alltägliche Leben vollständig politisiert und von der Furcht vor der allgegenwärtigen Geheimpolizei bestimmt gewesen, trifft bekanntlich die gesellschaftliche Realität bestenfalls zu einem Teil.[1] Der für die DDR der letzten beiden Jahrzehnte auch in der Wissenschaft populär gewordene Begriff der «Nischengesellschaft» (Günter Gaus) hat gerade dieser Vorstellung entgegenzuwirken versucht, auch wenn seine Angemessenheit in Frage gestellt worden ist. Zwar war auch der Alltag in allen Entwicklungsphasen der DDR stets von politischen Zwängen geprägt. Totalitär war dieser Staat jedoch gerade in der Ära Honecker zumindest dann nicht mehr, wenn man das aktive Mitmachen zu einem wesentlichen Kriterium einer totalitären Diktatur zählt. Denn es gab viele Möglichkeiten, sich zu entziehen und in Ruhe gelassen zu werden.

Alltag ist dennoch eine problematische Kategorie, weil sie unscharf und vage ist. Alltag lebt zunächst einmal von seinem Gegenbild: Alltag als Routine und gewöhnlicher Arbeitstag im Gegensatz zum Außergewöhnlichen und Festtag, als Ereignisbereich des täglichen Lebens im Gegensatz zu den Haupt- und Staatsaktionen, als Privatleben im Kontrast zum öffentlichen und beruflichen Leben, als Sphäre des natürlichen, spontanen und unreflektierten Erlebens und Denkens, als Leben der Masse gegenüber dem der Gutsituierten und Mächtigen.[2] Gerade dieser Blickwinkel «von unten» ist für das Verständnis einer Gesellschaft, die ständig «von oben» angeleitet, belehrt und mobilisiert werden sollte, besonders wichtig.

Etwas über Alltag und Alltagskultur zu erfahren, war und ist auch über veröffentlichte Materialien der untergegangenen DDR möglich: wenig aus Verlautbarungen der Partei und Artikeln in ihrem Zentralorgan «Neues Deutschland», viel mehr dagegen aus Medien wie der sehr populären «Wochenpost» (Dok. 1) oder auch dem Satireblatt «Eulenspiegel». Ausländische und westdeutsche Journalisten haben in unterschiedlichen Entwicklungsstadien der DDR ihre Eindrücke in Reportagen festgehalten (Dok. 2) und damit die Veränderung der Außenwahrnehmung dokumentiert (vgl. Kap. 1). Zu

---

[1] Vgl. Hans Dieter Schäfer: Das gespaltene Bewußtsein. Deutsche Kultur und Lebenswirklichkeit 1933–1945, Berlin 1984, S. 146 ff.

[2] Vgl. Norbert Elias: Zum Begriff des Alltags, in: Materialien zur Soziologie des Alltags. Sonderheft 20 der Kölner Zeitschrift für Soziologie und Sozialpsychologie, 1978, S. 22–28.

den Veränderungen dieser Wahrnehmung gehört, daß der in den fünfziger und sechziger Jahren primär von politischen Phänomenen bestimmte Blick sich später eher auf die Zwischenzonen, das Außerpolitische, Alltägliche und Unspektakuläre richtete.

Wenn der Idee der Planwirtschaft die Vorstellung einer vernünftigen Erzeugung und Verteilung von Gütern mit dem Ziel der Beseitigung von Unterdrückung und Ungerechtigkeit zugrunde lag, dann hatte die pathetisch immer wieder behauptete Überlegenheit dieses sozialen Systems auch einen anderen Charakter von Freizeit zur Folge (Dok. 3). In der Polemik gegen den «dekadenten Kapitalismus», der den Menschen keine wirklich freie Zeit mit Entspannung und geistiger Anregung liefere, sondern sie nur raffiniert manipuliere, wurde dieser Überlegenheitsanspruch Manifest. Viel eher als die «führende Klasse» entsprachen dem Idealbild eines «kulturvollen Freizeitverhaltens» allerdings die Gruppen, die dem Bildungsbürgertum nahestanden und partiell auch auf die Intelligenz insgesamt stilbildend einwirkten. Daß der «Sonntag» einem Hausmusikkreis von Berliner Ärzten besondere Aufmerksamkeit widmete (Dok. 7), war sicher eine Geste der Reverenz gegenüber der «alten Intelligenz», aber auch ein Hinweis auf das kulturelle Erbe, das die offizielle Kulturpolitik vorrangig pflegen wollte.

Für die Masse der Bevölkerung sah die gesellschaftliche Realität in der Regel anders aus und war von kapitalistischen Verhältnissen in dieser Hinsicht weniger weit entfernt, als die Hüter der sozialistischen Moral wünschten. Zwar wurde die kostbare Freizeit immer auch von politischen Anforderungen an «gesellschaftliches Engagement» bestimmt, einschneidender aber war der Verlust an Zeit, die der Normalverbraucher im alltäglichen und oft vergeblichen Kampf um die knappen Konsumgüter vertat (Dok. 4). Zu diesen knappen Gütern gehörte auch der Ferienplatz, der dem Markt entzogen war und zum größten Teil in das vor allem vom FDGB gesteuerte System der Prämierung gesellschaftlicher Leistungen einbezogen war oder kollektiv in Ferienlagern zur Verfügung gestellt wurde (Dok. 5). Die Zahl der Urlaubsreisen vervielfachte sich auch in der DDR seit den siebziger Jahren gegenüber der Ära Ulbricht, aber sie blieb, gemessen an der Bundesrepublik, niedrig. Vor allem war das Reiseangebot aus politischen Gründen äußerst beschränkt.

Weniger ausgeprägt erscheinen die Unterschiede beim Kino- und Fernsehkonsum. Phasenverschoben machte die Bevölkerung zunächst vor allem vom Angebot insbesondere westdeutscher und ausländischer Filme (Dok. 6) und seit Ende der siebziger Jahre vom westdeutschen Fernsehen Gebrauch. Dieser von der Partei nicht mehr eingeschränkte Westempfang – ausgenommen waren aus technischen Gründen nur das «Tal der Ahnungslosen» im Dresdner Gebiet und einige östliche Grenzregionen – hatte nicht nur politische Auswirkungen, sondern prägte über das Werbefernsehen auch den Erwartungshorizont und das Konsumverhalten nachhaltig.

Alltag als privates Refugium spielte sich vor allem in der Wohnung ab. Daß man einen Menschen auch mit seiner Wohnung erschlagen kann – dieses Diktum drängt sich auf, wenn man versucht, die Realität des Wohnens hinter den immer wieder präsentierten Planungen und Erfolgsmeldungen zu erfassen. Natürlich waren zu allen Zeiten die Wohnstandards nach Regionen, Stadt–Land, sozialen Schichten und technischer Ausstattung unterschiedlich, so daß sich keine generelle Antwort auf die Frage «Wie wohnte man in der DDR?» geben läßt. Dennoch war das vom «Neuen Deutschland» gerühmte «Junggesellen-Paradies» im Vorzeigeobjekt Stalinstadt (Dok. 8) die große Ausnahme, und der aus der Mangelsituation geborene Zwang für Jugendliche und junge Paare, noch lange in der elterlichen Wohnung bleiben zu müssen, blieb ein soziales Dauerproblem.[3]

Für die Gesamtentwicklung des Wohnungswesens in der DDR war charakteristisch, daß aus Kostengründen Neubau vor Erhaltung der Altsubstanz rangierte. Die «komplexe Werterhaltung an Wohngebäuden» (Dok. 9) hielt in keiner Weise mit dem rasanten Verfall Schritt. Da dieser vor allem in den letzten beiden Jahrzehnten aufgrund der nach wie vor grotesk niedrigen Mietpreise und dementsprechend fehlender Investitionsmittel zur Renovierung und durch die enorme Umweltverschmutzung verschärft wurde,[4] blieb trotz der großen Bauprogramme insgesamt die Lage desolat (Dok. 10). So kann es nicht verwundern, daß der Wunsch nach einer besseren Wohnung bei den Eingaben der Bevölkerung an die regionalen Parteiinstanzen oder den Staatsrat – sie sind ein aufschlußreicher Indikator für ein Stück Alltag in der DDR – deutlich an der Spitze rangierten (Dok. 11).

1. Die «Wochenpost» und der Alltag

[...]

Wenn irgendwann einmal Kulturhistoriker erfahren wollen, wie das vergessene Land DDR, das abgeschlossene Sammelgebiet, im Alltag wirklich war, werden sie die «Wochenpost» als Quelle erster Ordnung schätzen.

Weihnachten 1953 pustet ein Mädchen auf der Titelseite Kerzen aus. Das erste Heft, 30 Pfennig. Alles schon in der Form, die halten wird, Porträts, Geschichten, Gerichtsbericht, Witze, Rätsel, Tips. Gute Autoren.

Kein Editorial zum Start, sehr ungewöhnlich. Nach Meinung der Redakteure war die «Wochenpost» ein Kind des 17. Juni – der Versuch, mit einer populären Zeitschrift die Kluft zwischen Partei und Volk zu überwinden.

---

[3] Vgl. Irene Runge: Ganz in Familie. Gedanken zu einem vieldiskutierten Thema, Berlin (O) 1985.
Gisela Helwig: Jugend und Familie in der DDR – Leitbild und Alltag im Widerspruch, Köln 1984.
[4] Vgl. Peter Wensierski: Von oben nach unten wächst gar nichts. Umweltzerstörung und Protest in der DDR, Frankfurt/M. 1986.

Und ein Spiegel der allgemeinen Lage: Bei Hochwasserschäden der Papierfabriken im Süden magert die Zeitung 1954 und 1958 auf 16 Seiten ab, im strengen Winter 1963 auch.

Ich kenne keine andere Zeitung, die so nah an ihren Lesern war, die, ohne die Grenzen der Meinungszensur jemals wirklich zu überschreiten, zwischenzeilig vertraulich Zwiesprache hielt. Die Redaktion schickte Weihnachtspakete an alte Abonnenten, Leser verteilten rote Rosen an vorbildliche Leute. Berge von Päckchen trafen in der Redaktion ein – handgestrickte Kinderpullover, Richelieu-Stickereien, Topflappen –, um beim jährlichen Solidaritätsbasar auf dem Alexanderplatz den Stand ihrer Zeitung besonders gut auszustatten. Die «Wochenpost» schrieb ans Ministerium, wenn es keine Zwiebeln gab. Als Leser auf das schlechte Angebot der Miederwarenindustrie verwiesen, kontrollierten Redakteurinnen unterschiedlicher Konfektionsgrößen im Selbstversuch die Büstenhalter, siehe Foto Heft 48/1964. Die Leserbriefe waren ein Schwerpunkt: Filmkritiken oder Reportagen wurden monatelang diskutiert. Ein Klima der Beteiligung. Die Stimme des Lesers hatte Gewicht. Die «Wochenpost» hörte ihm zu.

Kulturgeschichte pur der umfangreiche Annoncenteil: In sparsamen Wortkürzeln floß zusammen, was Besitzsehnsüchte ausmachte. Ein Kosmos der Begehrlichkeit auf der zweiten Verteilerstrecke in der DDR.

Jeder kannte die Sprachregelungen: «Blaue Fliesen», die jemand für seinen neunjährigen Trabant eintauschen wollte, bedeuteten in Wahrheit, daß der Westgeld verlangte. Die Heiratswillige, die ihre persönlichen Daten durch die Wendung «Fahrerlaubnis erwünscht» erweiterte, wollte im Klartext einen Mann mit Auto. «Viertakter mit gr. Heckklappe» – das war ein Mazda oder Golf: Wenige Autos dieses Typs waren importiert oder in Berlin gekauft worden, die restliche Republik kochte, obere Dienstebenen wiesen Auslassung der Reizwörter an.

Die «Wochenpost» erzählt die Geschichte der Beschaffungsanstrengungen. Ein Hauch von Nachkrieg weht durchs Blatt, als auf der anderen Seite der Welt längst Chromleisten verschraubt und Bankkredite aufgenommen werden. Vorschläge zur Verbesserung der Lebenskultur lauten etwa «Wie baue ich ein Schnurregal» oder «Ehepaare lernen tanzen – Vater steht nicht mehr an der Theke».

Es rührt, wenn man heute den Tip für Eheleute von 1956 liest: «Vor dem Radiokonzert richtet man eine kalte Platte an und stellt Gläser bereit. Zehn Minuten vor der Sendung macht man sich fein. Der liebe Mann steigt in den dunklen Anzug, die Mutti ins Theaterkleid. Zwei Sessel schieben wir vor den Radiotisch, löschen das Licht. Nach der Sendung genießt man die guten Sachen, die Mutti mit Liebe angerichtet hat und freut sich, daß man keinen Heimweg vor sich hat.»

Lange hält sich die Mutti in den Zeilen, besonders in Heiratsannoncen – «Mutti sucht nach schwerer Enttäuschung» – und, wenn sich eine allein nicht traut – «Zwei Muttis suchen nach schwerer Enttäuschung». Traurig-realistische Offerte der vielen Alleinerziehenden.

[...]

(Regine Sylvester: Die Wochenpost-Story; «Wochenpost» vom 28. 11. 1991)

2. Reiseeindrücke eines kolumbianischen Reporters von Berlin und Leipzig 1959

[...]

Die offizielle Grenze zwischen den beiden Berlin ist das Brandenburger Tor, auf dem die rote Fahne mit Hammer und Sichel weht. Fünfzig Meter vorher ist ein beruhigendes Schild: «Achtung, Sie betreten den sowjetischen Sektor.» Wir kamen gegen Abend vor diesem Schild an, nachdem wir West-Berlin kennengelernt hatten. Instinktiv verlangsamte Franco die Geschwindigkeit. Ein russischer Polizist bedeutete uns durch Zeichen anzuhalten, prüfte das Auto mit rein verwaltungstechnischem Blick und ließ uns weiterfahren. Der Übergang ist so einfach, wie wenn man auf das Grün der Verkehrsampel wartet. Aber der Wechsel ist zu erkennen. Und er ist brutal. Wir kamen direkt Unter den Linden an, die früher zu den schönsten Alleen der Welt zählte. Jetzt sind dort nur noch rauchgeschwärzte Säulenreste, im Leeren stehende Portale, von Moos und Gras gespaltene Fundamente. Nicht ein einziger Quadratmeter ist wiederaufgebaut worden.

Je weiter man nach Ost-Berlin hineinfährt, um so mehr begreift man, daß es weniger einen Unterschied zwischen den Systemen als zwei entgegengesetzte Mentalitäten beiderseits des Brandenburger Tors gibt. An den wenigen unversehrten Blocks im Ostsektor sind noch die Einschüsse der Artillerie. Die Läden sind schäbig, hinter durch Bombardements entstandenen Schießscharten verschanzt, mit geschmacklosen Artikeln von mittelmäßiger Qualität. Es gibt ganze Straßen mit zerbombten Gebäuden, von deren oberen Stockwerken nur noch die Außenwände stehen. Die Menschen leben zusammengedrängt in den unteren Stockwerken, ohne sanitäre Anlagen und ohne Wasser, und die Wäsche hängt zum Trocknen vor den Fenstern wie in den Gassen von Neapel. Nachts leuchtet anstelle der Leuchtreklame, die West-Berlin in Farben taucht, auf der Ostseite nur der rote Stern. Das Verdienst dieser dunklen Stadt ist, daß sie in der Tat der wirtschaftlichen Realität des Landes entspricht. Mit Ausnahme der Stalinallee.

Die sozialistische Antwort auf West-Berlins Aufschwung ist der monumentale Kitsch der Stalinallee, deren Dimensionen ebenso überwältigend sind wie ihre Geschmacklosigkeit. Eine unverdauliche Stilmischung, die Moskaus architektonischen Grundsätzen entspricht. Die Stalinallee hat eine gewaltige Perspektive mit Wohnhäusern wie die der armen Reichen in der

Provinz, aber geballt, mit unermeßlich vielen Tonnen von Marmor, mit blumenverzierten Kapitellen, Tieren und Masken aus Stein und langweiligen Portalen mit imitierten griechischen Statuen aus Beton.

Das Kriterium derer, die dieses Ungeheuer konzipierten, ist von grundlegender Bedeutung. Hitlers Prachtstraße war Unter den Linden. Die Prachtstraße des sozialistischen Berlins – größer, breiter, klotziger und häßlicher – ist die Stalinallee. In West-Berlin baut man eine Stadt für Reiche, dieselben, die sich vor dem Krieg Unter den Linden trafen. In der Stalinallee wohnen 11 000 Arbeiter. Es gibt Restaurants, Kinos, Kabaretts, Theater, die für alle erschwinglich sind. Jedes einzelne ist ein Überschwang von Kitsch: mit violettem Samt bezogene Möbel, grüne Teppiche mit goldenen Rändern und vor allem Spiegel und Marmor allerorten, sogar auf den Toiletten. Kein Arbeiter lebt irgendwo auf der Welt und zu einem so lächerlichen Preis besser als in der Stalinallee. Aber gegenüber den 11 000 Privilegierten, die dort wohnen, gibt es eine in Mansarden zusammengepferchte Menschenmasse, die meint – und sie sagt es offen –, daß das, was die Statuen, der Marmor, der Samt und die Spiegel gekostet haben, ausgereicht hätte, um die ganze Stadt anständig wiederaufzubauen.

[...]

Leipzig ist ganz anders. Nach vier Autostunden auf einer kurvigen Chaussee fuhren wir durch eine schmale und leere Straße, auf der kaum Platz für die Straßenbahngleise war, in Leipzig ein. Es war zehn Uhr abends, und es begann zu regnen. Die fensterlosen Ziegelsteinwände, die traurigen Glühbirnen der Straßenlaternen erinnerten mich an die frühen Morgenstunden in den Südvierteln von Bogota.

Im Zentrum der Stadt herrschte verdächtige Ruhe. Die Beleuchtung war ebenso spärlich wie in den Vororten. Das einzige Lebenszeichen waren die Neonschilder in den staatlichen Schenken – H. O. – mit sehr wenig Kundschaft in Zivil und einigen Soldaten. Nachdem wir vergeblich ein geöffnetes Restaurant – ein Mitropa – gesucht hatten, entschlossen wir uns zu einem Hotel. Das Verwaltungspersonal sprach nur Deutsch und Russisch. Es war das beste Hotel von Leipzig und nach denselben Dekorationsvorstellungen eingerichtet wie die Stalinallee. Auf dem Tisch im Empfang gab es eine Ausstellung aller kommunistischen Zeitungen in Luftpostausgabe. Ein Violinorchester spielte einen nostalgischen Walzer in der von schweren und prunkhaften Kristallüstern beleuchteten Bar, wo die Kundschaft mit einem Air trübsinniger Vornehmheit schweigend ungekühlten Sekt trank. Die talkumpuderbleichen älteren Frauen trugen altmodische Hüte. Die Musik wogte in durchdringendem Parfüm.

Eine Gruppe von Männern und Frauen in Jagduniform, tadellos in ihren langen roten Jacketts, mit schwarzen Schirmmützen und Reitstiefeln, trank Tee und aß Gebäck in einer Ecke des Raumes. Es fehlten nur die riesigen weißen, schwarzgefleckten Hunde, und die Gruppe hätte aus einer vom ältesten englischen Adel inspirierten Lithographie herausgetreten sein können. Wir

– in Bluejeans und Hemdsärmeln und ohne uns den Straßenstaub abge-
waschen zu haben – verkörperten das einzige Anzeichen von Volksdemokratie.
Wir waren gekommen, um zu sehen. Aber nach vierundzwanzig Stunden
in Leipzig ging es nicht mehr nur darum zu sehen, sondern zu verstehen.
Vierzehn Tage vorher – wie ein Trick des Zufalls – waren wir in Heidelberg,
der westdeutschen Studentenstadt, gewesen, die wie keine andere in Europa
durch ihre Offenherzigkeit und ihren Optimismus beeindruckt. Leipzig ist
auch eine Universitätsstadt, aber es ist eine traurige Stadt mit alten Straßen-
bahnen voller schäbig gekleideter und bedrückter Menschen. Ich glaube
nicht, daß mehr als zwanzig Autos auf eine halbe Million Einwohner kommen. Für uns war es unbegreiflich, daß das ostdeutsche Volk die Macht, die
Produktionsmittel, den Handel, die Banken, das Verkehrswesen übernommen hatte und trotzdem ein trauriges Volk, das traurigste Volk war, das ich
jemals gesehen hatte. [...]

*(Gabriel F. Marquez: Diesseits und jenseits des Eisernen Vorhangs. In: Frank-
furter Rundschau vom 27. 9. 1986)*

3. «Der Charakter der Freizeit im Kapitalismus und Sozialismus»

Freundschaft und Geselligkeit hängen eng mit dem Umfang und Inhalt der
Freizeit zusammen. In diesem Zusammenhang ist eine vergleichende Gegen-
überstellung zwischen dem Charakter der Freizeit im Kapitalismus und im
Sozialismus von Interesse.

Die Freizeit der Werktätigen in der Deutschen Demokratischen Republik
ist von der Freizeit im Kapitalismus durch vier Hauptmerkmale unterschieden:

Erstens entstehen im Sozialismus durch die Eroberung der politischen
Macht durch die Arbeiterklasse und die Vergesellschaftung der wichtigen
Produktionsmittel erstmalig für alle Werktätigen Beziehungen der gegenseiti-
gen kameradschaftlichen Hilfe, die vom Arbeitsprozeß ausgehend auch in die
Freizeit hineinwirken.

Im Kapitalismus ist die gesamte Freizeitgestaltung, zeitweilig stärker oder
schwächer, jedoch unabwendbar, von Existenzsorgen überschattet. Sie ver-
flacht und isoliert, besonders kulturell, nicht zuletzt durch die Auswirkungen der Klassengegensätze, zu denen Engels sagte: «Die Möglichkeit rein
menschlicher Empfindung im Verkehr mit andern Menschen wird uns heutzutage schon genug verkümmert durch die auf Klassengegensatz und Klas-
senherrschaft gegründete Gesellschaft, in der wir uns bewegen müssen.»

Zweitens gibt es im Sozialismus keinen Existenzkampf um die gesicherte
Freizeit mehr. Die Freizeit wird sich mit der Steigerung der Arbeitsproduktivität gesetzmäßig erweitern. Im Kapitalismus dagegen hat der Berufstätige in

Zeiten der Kurzarbeit und Arbeitslosigkeit entweder unwillkommen viel «Freizeit» oder in der Hochkonjunktur, durch die Gier des Kapitals, den letzten Rest der Freizeit in profitbringende Arbeitszeit zu verwandeln, zu wenig Freizeit. Gesicherte und der Arbeit angemessene Freizeit wird so oder so nur im kräfteverzehrenden Klassenkampf erobert. Sie findet in der Regel einen ermatteten Arbeiter vor. Aufschlußreich sind in diesem Zusammenhang die Ausführungen in einer Nummer der «Neuen Rheinzeitung» unter dem Titel «Der Arbeiter verzichtet weitgehend auf das Buch». Dort wird festgestellt, daß der westdeutsche Arbeiter weder zu den Käufern noch zu den Lesern des Buches gehört. Und der Grund? Geben wir zwei Antworten westdeutscher Arbeiter wieder.

Ein 52jähriger Metallarbeiter aus Köln: «Ja, früher war ich abends froh, wenn ich ein Buch lesen konnte. Heute will ich meine Ruhe haben. Die Hetze im Betrieb macht mich so kaputt, daß ich abends höchstens noch mal in die Zeitung gucke. Meine Frau holt sich manchmal was aus der Leihbücherei. Aber da gucke ich nur mal sonntags rein. Meist ist das irgend so ein Kitsch.»

Ein 37jähriger Bauarbeiter aus dem Siegkreis: «Wenn ich von der Arbeit heimkomme, bin ich erst mal fertig. Meine Frau schaltet dann meistens das Fernsehen ein. Oft muß sie mich dann wecken, wenn die Sendung zu Ende ist.»

Im Sozialismus dagegen kann der Arbeiter auf dem Fundament sozialer Sicherheit und geordneter Arbeitszeit noch genügend Kraftreserven für die Freizeit erübrigen.

Drittens gibt es im Sozialismus erstmalig ein großzügig aufgebautes Netz kultureller und wissenschaftlicher Einrichtungen, die uneingeschränkt von allen Werktätigen genutzt werden können. Es besteht ein Gesetz zur Qualifizierung der Werktätigen und zur sozialistischen Entwicklung der Berufsausbildung. «Früher ging es schnell nach Feierabend in die nächste Kneipe», berichtete Dieter Locha, Jugendbrigadier im VEB Maschinenbau Görlitz, «und dann wurde es immer ein oder zwei Uhr. Jetzt geht es nicht mehr. Der eine geht zum Meisterlehrgang, die anderen besuchen Abendkurse zur Erlernung des zweiten Berufes als Schweißer. Dann treffen wir uns auch sehr oft, um etwas durchzusprechen.»

Viertens bietet im Sozialismus die Freizeit, da sie sich gesetzmäßig mit der Steigerung der Arbeitsproduktivität vergrößert und die sozialistische Arbeit noch genügend Kraftreserven läßt, nicht nur die Möglichkeit der Entspannung und Unterhaltung, sondern auch der Persönlichkeitsentfaltung durch vielgestaltige kulturelle und wissenschaftliche Kontakte. «Nur keinen Bildungsfanatismus», empfiehlt dagegen die offiziöse westdeutsche «Welt der Arbeit». «Freizeit bedeutet Freiheit, zu tun, was einem gefällt ... Und wer stundenlang auf einer Brücke steht und in den Kahn spuckt, um zu sehen, ob die Spucke Kahn fahren kann – soll es tun dürfen ...» Hier wird unmißverständlich eine individualistische, auf politische Enthaltsamkeit hinzielende

Freizeitunterhaltung empfohlen. Sie steht im Einklang mit der verunglimpfenden Bemerkung des Ministerialdirektors Osterloh vom Bundesernährungsministerium: «Im sowjetischen Machtbereich wird die Freizeit vernichtet durch ihre Einplanung und durch die staatlich gelenkte Freizeitgestaltung.» Realistische Kunst und Literatur, parteiliche Wissenschaft, allseitige Aus- und Weiterbildung der Werktätigen als größte humanistische Aufgabe einer Gesellschaft ist allerdings eine «Vernichtung der Freizeit», einer Freizeit des angsterfüllten Dahindösens, des eifersüchtigen Klatsches, zotiger Biertischatmosphäre, in der unter dem Einfluß von Alkohol erst die Argumente und dann die Maßkrüge fliegen. Im Kapitalismus soll sich der Werktätige amüsieren, um gut arbeiten zu können; er soll aber nicht denken, nicht klassenbewußt handeln lernen. Kulturelle Erholung ist deshalb nur mit politischer Indifferenz erwünscht. Im Sozialismus dagegen dient die Freizeit neben der physisch und psychisch notwendigen Entspannung vor allem dem baldigen Sieg der Kulturrevolution, der Entwicklung eines hochgebildeten, kulturvollen Menschen. Die Kultur dient erstmalig uneingeschränkt dem Volke, und das Volk schafft erstmalig seine eigene Kultur, die sozialistische nationale Volkskultur.

(Herbert Zerle: Freundschaft und Geselligkeit im Sozialismus. In: Pädagogik 16/1961, S. 581 ff.)

4. «Die kleinen Sorgen des kleinen Mannes bei der Beschaffung von Verbrauchsgütern»

Durch einen Staatserlaß hat das SED-Regime die Einrichtung neuer «Mekker-Gremien» verfügt: In vorerst acht verschiedenen Orten – Leipzig, Neubrandenburg, Mühlhausen, Döbeln, Potsdam, Stralsund, Karl-Marx-Stadt (Chemnitz) und Berlin-Friedrichshain – wurden bei den zuständigen Volksvertretungen «Beschwerdeausschüsse» geschaffen. Diese sollen jedem Bürger die Möglichkeit geben, auf eine Überprüfung der Entscheidungen örtlicher Staatsorgane zu drängen. Offenbar liegt der SED daran, die parlamentarischen Körperschaften aus ihrem Schattendasein herauszuholen und neu aufzuwerten. Andererseits haben die Ausschüsse wohl als Ventile zu dienen, da manche Unzufriedenheit gerade angesichts der Vorgänge in Prag unliebsame Auswirkungen haben könnte. «Sozialistische Demokratie» wird deshalb seit einigen Wochen in der SED-Propaganda groß geschrieben.
[...]
Die Einrichtung der «Mecker-Ecken» brachte auch manch andere Versorgungslücke an den Tag. Die Ostberliner *BZ am Abend* rügte kürzlich das «fade und eintönige» Angebot von Tapeten. Die Zeitung schrieb, viele Ostberliner würden die Tapeten umgekehrt an die Wände kleben und mit Farbe bemalen. In Neubauwohnungen werde immer noch nach dem Motto ge

klebt: «Nachts sind alle Wände grau.» Dabei stellte sich heraus, daß die gesamte Tapetenproduktion der DDR von einem einzigen Mann entworfen wird.

[...]

Größtes Sorgenkind des DDR-Alltagslebens ist das Ersatzteil. Reparaturen von Staubsaugern, Kühlschränken, Rundfunk- und Fernsehgeräten dauern oftmals mehrere Wochen. Die Qualität der Erzeugnisse scheint manchen DDR-Bewohner gar nicht zu befriedigen. In der *Berliner Zeitung* gab ein Meister der «Produktionsgenossenschaft Handwerk-Zentrum» den Rat, bestimmte Staubsauger nur zweimal in der Woche zu benutzen. Mehr dürfe ihnen nicht zugemutet werden. Eine Leserin ärgerte sich über einen Badeofen, der bei einer Garantiezeit von zwei Jahren nicht länger als zehn Monate intakt geblieben war. In der kritischen Fernsehreihe *Prisma* berichtete ein Reporter von der traurigen Tatsache, daß die volkseigenen Wäschereibetriebe um neun Jahre hinter dem Weltstandard herhinken würden: Die Kunden bekämen ihre Wäsche in der Regel erst nach fünf bis sechs Wochen zurück. Ursache dieses Notstandes sei die Überalterung der einzigen Waschmaschinenfabrik.

[...]

In den Reigen der Kritiker schaltete sich auch SED-Chef Ulbricht ein. Auf der Leipziger Frühjahrsmesse bemängelte er die monotone Farbgebung der Möbelbezugsstóffe im Arbeiter-und-Bauern-Staat. Den Generaldirektor der *VVB Deko (Vereinigung volkseigener Betriebe Dekoration)*, Kurt Schmidt, raunzte er an: «Möbelstoffe sollten farbenreicher werden, denn sie müssen das Zimmer beleben und freundlich wohnlich machen.» Ulbrichts Anpfiff darf als Befehl gewertet werden. Zwangsläufig wird sich das Deko-Bild der DDR bald beleben. Dies gilt auch für Stoffe der Freizeitkleidung; Ulbricht fand sie «zu eintönig grau».

(Süddeutsche Zeitung vom 6. 9. 1968)

5. «Verplante Ferien»

Das Bestreben aller Mitarbeiter in den Organen der Staatsmacht in den Bade- und Erholungsorten unserer Republik ist darauf gerichtet, den Werktätigen, der Intelligenz und allen anderen Mitarbeitern am Aufbau unseres Staates eine einwandfreie, vorbildliche Erholungsmöglichkeit zu bieten. Wie ernst es den Kollegen der örtlichen Organe in den Bädern damit ist, beweisen sie dadurch, daß es ihnen trotz großer Anfangsschwierigkeiten gelang, durch eigene Initiative viele aufgetretene Mängel weitgehend zu überwinden.

Manche der Fehler hätten vermieden werden können, wenn die zentralen Organe unseres Staatsapparates dem Erholungswesen mehr Interesse entgegengebracht hätten. [...] Viele Fehler hätten nicht entstehen können, wenn die längst geforderte Anleitung und Koordinierung durch ein zentrales staatliches Organ erfolgt wäre. [...]

Ein Mangel ist die immer noch unzureichende Auslastung der Unterbringungsmöglichkeiten. Diese Unterbelegungen gerade in der Vorsaison führen zu einer nicht notwendigen Einschränkung des Besucherstromes. So war es leider auch wieder in diesem Jahr. In Heringsdorf zum Beispiel waren von 3900 zur Verfügung stehenden Betten am 15. Mai 482, am 25. Mai 501 und am 31. Mai nur 1150 belegt. Auch in diesem Jahr wiederholte sich die auffällige Erscheinung, daß zur Vorbereitung der Saison sich kaum jemand um die Badeorte kümmerte. Sobald aber der Sommer begann, wuchs die Zahl der Dienstreisenden und Instrukteure, die in die Badeorte kamen, stark an. Es ist an der Zeit, daß die Verantwortlichen einen strengeren Maßstab für Dienstreisen anlegen. Den Einwohnern der Badeorte ist es bis heute noch nicht verständlich, daß Kollegen mit ihren Dienstwagen zum Urlaub in die Badeorte kommen können und diese dort stehen lassen. Werden diese Fahrzeuge von den Dienststellen nicht auch im Sommer gebraucht? [...]

Die meisten Hemmnisse gab es in der Versorgung. Mit viel Anstrengungen und nur unter großem persönlichen Einsatz vieler Mitarbeiter gelang es, eine reibungslose Versorgung sicherzustellen. Mit Beginn der Saison zeigte sich, daß entscheidende Fehler gemacht worden waren. Man stellte bei einer Tagung in Stralsund im Februar dieses Jahres fest, daß einfach vergessen wurde, die Zahl der Urlauber, die sich im Bezirk Rostock während der Sommermonate aufhalten, in den Versorgungsplan aufzunehmen. Auf entsprechende Hinweise schalteten sich die damals neugebildete Kommission für Handel und Versorgung und andere Stellen ein, und der DHZ (Deutsche Handelszentrale) der HO und dem Konsum wurden Aufstockungspläne übergeben. [...]

Eine ständige Verbindung aller beteiligten Stellen ist die Grundlage für gute Arbeit. Es darf nicht so sein wie in Kühlungsborn, wo sich anfangs der Saison der Bürgermeister wochenlang vergeblich darum bemühte, daß Kollege Ritter von der Gebietsleitung des FDGB-Feriendienstes an einer Besprechung des Versorgungsaktivs teilnahm. Es darf auch in Zukunft nicht mehr vorkommen, daß die Auswahl an Spirituosen und Zigaretten nur gering ist, der Käse nur alle acht Tage geliefert wird und das Bier auf Grund der vorsichtigen Bestellungen der Heime nur sehr stockend herankommt. Damit verärgert man die Urlauber! Wir verstehen nicht, warum keine besseren Vorbereitungen getroffen worden sind. Es hätte doch ohne weiteres möglich sein müssen, zum Beispiel auf der Grundlage der Aufteilung der FDGB-Ferienplätze auf die Bezirke die notwendigen Lebensmittelmengen rechtzeitig zu verlagern, denn die Urlauber fallen doch in ihren Heimatbezirken für die Versorgung aus.

Neben guten Beispielen einer unserer Ordnung würdigen Verkaufskultur gab es in der Dekoration mancher Geschäfte und der Bedienung große Mängel. So war es notwendig, daß im Anfang der Saison der Bürgermeister der Gemeinde Heringsdorf, Kollege Rauch, aufgrund von Klagen der Gäste das

Bedienungspersonal der HO und des Konsums zusammenrief und sie auf ihre Pflichten und besonderen Aufgaben hinwies. Auch die Handelsorgane sollten lernen, sich auf die Saison einzustellen. Sport- und Badeartikel waren nicht überall genügend vorhanden. In Zingst und Kühlungsborn fehlten fast alle Saisonartikel.

Diese Bemerkungen zur Durchführung der diesjährigen Saison beschränken sich auf Erfahrungen aus nur einigen Bädern. Es sei jedoch betont, daß ähnliche Erscheinungen in vielen Orten auftraten. [...]

(Demokratischer Aufbau August 1953, Nr. 8. SBZ-Archiv 4/1953, S. 256)

6. Kinobesuch der Hausfrauen

[...]

Wie in sämtlichen anderen Ländern sinkt mit steigendem Lebensalter die Häufigkeit der monatlichen Kinobesuche auch in der SBZ. [...]

Die Tatsache, daß Hausfrauen berufstätig oder nicht berufstätig sind, wirkt sich nicht auf die Häufigkeit der Kinobesuche aus, bei den berufstätigen Hausfrauen jedoch ihre soziale Stellung im Beruf. Arbeiterinnen gehen weitaus am häufigsten ins Kino, die Angestellten schon nicht so häufig und noch weniger häufig die leitenden Angestellten und die Selbständigen. Bei letzteren mögen Zeitmangel bzw. die berufliche Tätigkeit ausschlaggebend sein; bei den Angestellten ist es zweifellos die Beanspruchung durch «Gesellschaftspolitische Schulung» oder die kritischere Haltung gegenüber den sowjetzonalen Filmen. Arbeiterinnen sind dagegen kritikloser.

Ein Vergleich mit dem Kinobesuch der Frauen in der Bundesrepublik zeigt, daß diese nicht ganz so häufig ins Kino gehen wie die sowjetzonalen Hausfrauen.

[...]

Liste der Filme, die die geflüchteten Hausfrauen im letzten Vierteljahr in der SBZ gesehen hatten und die ihnen besonders gut gefallen haben.

a) Deutsche Reprisen (vor 1945 gedreht)
    Der Postmeister
    Ich klage an
    Die goldene Stadt
    Die Feuerzangenbowle
    Der Schritt vom Wege
b) Westdeutsche Filme
    Der Hauptmann von Köpenick
    Dr. Holm
    Hinein (Fußballfilm)
    Moselfahrt aus Liebeskummer
    Gitarren der Liebe

Oberarzt Dr. John
Vor Sonnenuntergang
Die letzte Brücke
Zwischen Zeit und Ewigkeit
Herz ohne Gnade
Das Wirtshaus im Spessart
Die Trapp-Familie
c) SBZ-Filme
Alt-Berlin
Meine Frau macht Musik
Der Fall Dr. Wegner
Nachtschwester Irene
d) Russische Filme
Wenn die Kraniche ziehen
Othello
e) Amerikanische Filme
Vom Winde verweht
Die große Liebe der Clara Schumann
f) Französische Filme
Der weiße Hengst
Therese Etienne
Gervaise
Moulin Rouge
Der rote Ballon
g) Italienische Filme
Das Dach
Vater und Söhne
Quo Vadis
Liebe, Brot und Eifersucht
Romeo und Julia
Die Karthause von Parma
Emilia Galotti
Aida
h) Englische Filme
Der lange Arm
Weiße Korridore
i) Österreichische Filme
Wenn der weiße Flieder wieder blüht
Sissy I, II, III

(Alltagsleben der sowjetzonalen Bevölkerung, hg. von infratest München 1959 [hektogr.], S. 115 f.)

7. «Hausmusikkreis Berliner Ärzte pflegt alte Meister»

Schauen wir uns um nach der Pflege der Hausmusik, so werden wir kein erfreuliches Ergebnis feststellen können. Wir reden uns heraus auf Mangel an Zeit, und wir argumentieren: «Rundfunk und Fernsehen bieten doch wesentlich bessere Qualität!» Zugegeben. Aber kommt es in diesem Fall darauf an? «Der hat hingeben das ewig' Leben, der die Musik nicht liebt und sich beständig übt in diesem Spiel», sagt ein Lied aus dem 18. Jahrhundert.

Können Sie sich vorstellen, daß heutzutage ein vielbeschäftigter Arzt regelmäßig mit einem kleinen Kreis von Musikenthusiasten musiziert, abends und nachts Partituren nach alten, oft unleserlichen, durch Tintenlöcher entstellten Handschriften ausarbeitet und Stimmen herausschreibt, daß er um ein Werk des Italieners Francesco Antonio Bonporti an 30 Bibliotheken schreibt? Nein? Als vor kurzem im Berliner Krankenhaus im Friedrichshain ein kleines Konzert stattfand, das von einem Hausmusikkreis Berliner Ärzte und anderer Musikliebhaber bestritten wurde, begegneten wir ihm: dem Berliner Augenarzt Dr. Alexander Bender. «Seit Oktober 1945 spielen wir regelmäßig zusammen», sagte er von seinem etwa 15 Personen umfassenden Kreis. «Damals noch im ungeheizten Zimmer, in Mänteln und Handschuhen. Die Fenster waren mit Pappe vernagelt. Kisten waren unsere Stühle. Aber musiziert haben wir!» Die Liebe zur Musik läßt die Mitglieder auch weite Anfahrtswege nicht scheuen. Dann werden im Heim des Arztes im Berliner Zentrum die Notenpulte zurechtgerückt und die beiden Cembali geöffnet.

Die Musik ist dem Hausherrn und Dirigenten des kleinen Kammerorchesters Wegbegleiterin seit der Gymnasialzeit und den Heidelberger Studienjahren. Im Berliner Heim des Arztes erklingt so manches Werk, das wohl an die 200 Jahre geruht haben mag. Denn die 15 abendlichen Musiziergäste und ihr Dirigent haben sich vorgenommen, Werke weniger bekannter Meister, überwiegend aus dem 18. Jahrhundert, zu spielen. «Schatzgräberarbeit» leistet zumeist der Dirigent selbst, ein im Selbststudium gewachsener Musikwissenschaftler. Namen wie Geminiano (ein Schüler von Corelli), Kirnberger (ein Bach-Schüler), Löhlein und Pepusch (der Komponist der bekannten Bettleroper) tauchen auf, natürlich auch Karl Stamitz etwa und, selbstverständlich, Johann Sebastian Bach und seine Söhne. So gesellt sich zum musikalischen ein musikhistorisch wertvolles schöpferisches Wirken. «Werke aus dem 18. Jahrhundert eignen sich in der Besetzung besonders gut für uns», sagt Dr. Bender. Ist es nur das? Oder ist es neben der Entdeckerfreude auch der Geist der Musik, der die Mitglieder des kleinen Kreises danach greifen läßt, der Geist des aufstrebenden Bürgertums, einer vorwärtsstrebenden Epoche wie der unseren?

Fragt man einen der mit so viel Frische Beteiligten, wie er es schaffe, die strenge Disziplin, die solches kontinuierliche Musizieren erfordert, zu halten, so meint er – und in diesem Falle war es ein bekannter, vielbeschäftigter

Arzt: «Die Zeit bleibt immer, und auch täglich eine halbe Stunde zum Üben.»

Eine kleine Gruppe von Musikliebhabern: Sie zeigt, daß und wie Hausmusik in unseren randvoll mit Arbeit ausgefüllten Tagen auszuüben möglich ist, ja notwendigen Ausgleich darstellt. Sollte ihr Beispiel nicht den einen oder den anderen veranlassen, die längst beiseite gelegte Geige wieder einmal auszupacken, die vergessene Flöte hervorzuholen oder den Flügel stimmen zu lassen? Sollte es nicht dazu anregen, über Sinn und Wert der Hausmusik nachzudenken und von da zum Handeln zu gelangen, zur eigenen und zur Bereicherung anderer?

(Humanitas vom 11. 12. 1963. Haupttitel im Original: Musikalische Schatzgräber)

8. «Junggesellen-Paradies»

Wer denkt nicht mit Unbehagen an die sprichwörtlichen «Junggesellenbuden», unfreundliche möblierte Zimmer mit zusammengestoppelten Möbeln aus drei Generationen und einer Wirtin als Draufgabe, die hinter jedem Gast demonstrativ den Fußboden poliert. Wer das einmal genoß, wird die jungen Männer und Mädchen besonders beneiden, die in diesem Jahr in eine modern möblierte Kleinstwohnung in Stalinstadt einziehen werden.

Im Dachgeschoß neuer Wohnblöcke werden 80 Wohnungen für Ledige ausgebaut. Zu der kleinen Wohnung gehören neben dem 16,5 Quadratmeter großen Wohnzimmer und der 4,83 Quadratmeter großen Schlafnische eine winzig kleine Einbauküche und ein Bad. Jeder Raum ist vom Korridor aus zu erreichen.

Die Fensterpartie des Wohnzimmers mit dem vorgeschobenen Einbauschrank macht den Raum recht heimisch. Das Bett nebst Nachttisch ist in einer Nische eingebaut, die durch einen dekorativen Vorhang vom eigentlichen Wohnraum abgetrennt ist. Zur Wohnung gehören außer den Einbaumöbeln zwei Sessel, der Klubtisch und die Anrichte. Und das alles kostet einschließlich Warmwasser und Heizung 30 DM Miete. Wer möchte da nicht wohnen?

Die kleinen Dachgeschoßwohnungen sind nicht nur recht wohnlich, sondern auch billig. Ihre Baukosten liegen weit unter denen anderer Ein-Zimmer-Wohnungen. Der Ausbau einer Dachwohnung einschließlich der Einbauschränke mit Edelholzfurnieren kostet 8600 DM.

(Neues Deutschland vom 7. 2. 1959)

9. «Komplexe Werterhaltung an Wohngebäuden»

Durch die großzügige Unterstützung unseres Arbeiter-und-Bauern-Staates war es möglich, daß allein in der Stadt Erfurt die Mittel für Maßnahmen der Wohnungswerterhaltung von 7,1 Millionen MDN (Mark der Deutschen Notenbank = DDR-Mark) im Jahre 1958 auf 11,6 Millionen MDN im Jahre 1964 gesteigert werden konnten. Wie berechtigt und notwendig diese höheren Leistungen auf dem Gebiet der Werterhaltung sind, ergibt sich unter anderem aus der Analyse der Bausubstanz.

So betragen z. B. in Erfurt die Schäden an Wohngebäuden durch Kriegseinwirkung 70 Millionen Mark. Hinzu kommt, daß während und nach dem Krieg viele notwendige Baureparaturen nicht durchgeführt wurden. Außerdem sind von den in Erfurt vorhandenen 58 000 Wohnungen rund 30 Prozent vor 1880, weitere 40 Prozent bis 1918 gebaut worden. Umfangreiche Instandsetzungsarbeiten sind hier unumgänglich.

Die Durchführung der Werterhaltungsarbeiten mit einem möglichst großen Nutzen erfordert ein hohes Niveau der staatlichen Leitungstätigkeit. Die bisher übliche handwerkliche Durchführung von Reparaturarbeiten wird den heutigen Anforderungen nicht mehr gerecht. Es wurden deshalb neue Wege beschritten, die den Einsatz der Technik, die Steigerung der Arbeitsproduktivität sowie die Mithilfe der Bevölkerung bei der Erfüllung des Werterhaltungsplanes gewährleisteten.

Nach Anfängen der komplexen Werterhaltung im Jahre 1962 hat sie sich in Erfurt immer mehr durchgesetzt und macht in diesem Jahr einen Anteil von rund 30 Prozent aus. In drei Schwerpunkten der Stadt werden in diesem Jahr 111 Objekte straßenweise im Komplex instand gesetzt. Das bietet die Gewähr für den konzentrierten Einsatz der Baukapazität, die Verwendung einer zentralen Mörtelmischanlage, mechanisches Putzen u. a. Trotz noch vorhandener Schwierigkeiten setzen sich der Taktablauf, die Spezialisierung von Brigaden und ein schnellerer Gerüstumschlag immer mehr durch. Natürlich erforderte das schon in den Jahren 1962/63 umfangreiche Vorbereitungsmaßnahmen.

In öffentlichen Sitzungen des Rates der Stadt Erfurt und der Stadtbezirke wurde unter großer Anteilnahme der Bevölkerung die komplexe Werterhaltung 1964 bereits im Jahre 1963 beraten. Weiterhin fanden Foren mit den betreffenden Hauseigentümern statt. Mit Unterstützung der ständigen Kommissionen, der Wohnbezirksausschüsse der Nationalen Front und der Hausgemeinschaften wurde in gesellschaftlicher Arbeit für jedes Grundstück ein Reparaturplan erarbeitet. Nach weiteren Aussprachen der Hauseigentümer mit Vertretern der Stadtbauleitung wurde die Projektierung vereinbart.

Obwohl Bauschaffende aus Projektierungsbüros in den Arbeitsgemeinschaften zur Lösung der Aufgaben mitwirkten, zeigten sich später in der Durchführung Mängel. Es machte sich dringend notwendig, die Projektierungsgruppe Werterhaltung bei der Stadtbauleitung so zu verstärken, daß sie gegenüber den Projektierungsgemeinschaften eine qualifizierte Anleitung und Koordinierung durchführen konnte. Weiter muß in der Vorbereitung für das Jahr 1965 in noch viel stärkerem Maße die Verteidigung der Projekte vor den Hausgemeinschaften erfolgen.

Zur Erreichung eines hohen Nutzeffektes wurde die Hauptauftragnehmerschaft mit dem VEB Gebäude- und Straßeninstandsetzung sowie mit zwei Bau-PGH vereinbart und fehlende Gewerke diesen zugeordnet. Diese Methode hat sich in ihrer Gesamtheit bisher als richtig erwiesen, jedoch wird ab 1965 nur noch der volkseigene Reparaturbetrieb als Hauptauftragnehmer eingesetzt werden.

Zur Förderung der Mitarbeit der Bevölkerung wurde im Stadtbezirk Erfurt-Nord, hier ist der größte Anteil der Werterhaltungsmaßnahmen zu verwirklichen, ein Bau-Informationszentrum geschaffen. Alle Bürger können sich in diesem Zentrum über die geplanten Maßnahmen zur Werterhaltung informieren und erhalten hier Anleitung sowie Hilfe für Eigenleistungen. Auf diesem Wege wurden schon viele Vorschläge der Bevölkerung zur Modernisierung des Wohnraumes bei der komplexen Werterhaltung berücksichtigt.

Am 1. April 1964 wurden im Stadtbezirk Erfurt-Mitte Wohnungsverwaltungen gebildet. Sie sind für laufende Reparaturen verantwortlich und führen die Bauinformation durch. Das Stadtbauamt dagegen konzentriert sich auf die komplexe Werterhaltung und Hauptinstandsetzung, um eine zielgerichtete Lenkung und Verteilung der Investitionen mit einem optimalen Nutzeffekt für die Werterhaltung zu gewährleisten.

(Roth, Erfurter Bezirksbaudirektor, in: Presse-Informationen Nr. 100, vom 2. 9. 1964, S. 11)

10. DDR-Wohnungsmisere

[...]

Ein Vergleich der Wohnungsbauleistungen pro Kopf der jeweiligen Bevölkerung ergibt, daß in der DDR in den Jahren 1949 bis 1970 pro Kopf der DDR-Bevölkerung jährlich lediglich zwischen 16,5 und (maximal) 57,7 Prozent der pro Kopf der Bevölkerung der Bundesrepublik errichteten Wohnungen gebaut worden sind. Da die in Mitteldeutschland gebauten Neubauwohnungen auf Weisung der SED im Durchschnitt wesentlich kleiner sind als in der Bundesrepublik, betrug die pro Kopf der mitteldeutschen Bevölkerung jährlich geschaffene Wohnfläche nie über 41,6 Prozent der je Bundesbürger im betreffenden Jahre entfallenden neu geschaffenen Wohnfläche. Während für den DDR-Bewohner in den vergangenen Jahren durchschnittlich knapp die Hälfte der Anzahl der jährlich für den Bundesbürger gebauten Wohnungen errichtet worden ist, wurde für ihn an Wohnfläche nur ein Drittel der auf den Bundesbürger entfallenden jährlich in der Bundesrepublik erstellten Wohnfläche geschaffen. Im Gegensatz zur Wohnfläche einer Durchschnittswohnung von nur 55,9 qm im mitteldeutschen Wohnungsneubau des Jahres 1970 weisen die entsprechenden Wohnungen in der BRD durchschnittlich eine Wohnfläche von 83,6 qm auf.

Aber auch in qualitativer Hinsicht bestehen erhebliche Unterschiede im Wohnungsbau des geteilten Deutschland. Während in der Bundesrepublik mehr als 99 Prozent der in den letzten Jahren fertiggestellten Neubauwohnungen mit Bad und über 90 Prozent mit Sammelheizung ausgestattet sind, halten nach Angaben des Gewerkschaftsvorsitzenden Warnke auf der 13. Tagung des FDGB-Bundesvorstandes im Jahre 1971 mitteldeutsche Wohnungsbaukombinate die staatlich vorgegebenen Ausstattungsnormen für volkseigene und genossenschaftliche Neubauwohnungen häufig nicht ein und versuchen, auf Kosten der Ausstattung «unechte Einsparungen» zu realisieren. Da in den vergangenen Jahren keine Informationen über die Ausstattung der mitteldeutschen Neubauwohnungen veröffentlicht worden sind und statt dessen oft über mangelnde Ausstattung und sonstige Qualitätsmängel neugebauter Wohnungen geklagt worden ist, muß davon ausgegangen werden, daß sich der Ausstattungsvorsprung der in der Bundesrepublik gebauten Wohnungen seit etwa 1967 noch weiter vergrößert haben dürfte.

[...]

(Der Arbeitgeber 1972, S. 431)

11. Eingaben aus der Bevölkerung

[...]

Im Jahre 1980 sind bei der SED-Bezirksleitung Leipzig 1154 schriftliche und mündliche Eingaben neu und 199 Zweit- und Mehrfacheingaben eingegangen. Im I. Quartal 1981 wandten sich 297 Eingeber erstmals und 41 Eingeber mit Zweit- und Mehrfacheingaben an die Bezirksleitung.

Im Vergleich zu 1979, wo 1107 Erst- bzw. 152 Zweit- und Mehrfacheingaben eingingen, stieg 1980 die Zahl der Ersteingaben um 4% und die Zahl der Mehrfacheingaben um 24%. [...]

Am häufigsten waren Wohnungsprobleme (31%) Bestandteil von Ersteingaben. Davon sind 80% dieser Eingaben auf das Stadtgebiet von Leipzig konzentriert. Die Ursachen der Eingaben zu Wohnungsproblemen liegen besonders:

– in gegenwärtigen schlechten bzw. beengten Wohnverhältnissen der Eingeber,
– in Wohnungsproblemen getrennt lebender junger Eheleute,
– in Wohnungsproblemen, die aus Ehescheidungen resultieren,
– in wachsenden Ansprüchen nach Wohnraum von ausgezeichneter Qualität.

Darüber hinaus resultiert ein nicht unbeträchtlicher Teil der Eingaben zu Wohnungsproblemen aus nicht realisierten Vergabeplänen der staatlichen Organe.

Einen weiteren Schwerpunkt stellen, wenngleich in der Anzahl fast konstant geblieben, die Eingaben zu Problemen der Baureparaturen dar. Auch hiervon betreffen ca. 80% die Stadt Leipzig. Diese Kategorie von Eingaben setzt sich zusammen aus solchen, in denen Bürger dringende Reparaturen an älteren Wohnhäusern fordern, und solchen, in denen die Beseitigung von zum Teil beträchtlichen Mängeln an Neubauwohnungen (Nässeschäden, Heizung u. a.) gefordert wird und von den Verantwortlichen nicht unverzüglich reagiert wurde.

Die Eingaben zu Reiseangelegenheiten entwickelten sich von 117 im Jahre 1979 auf 184 im Jahre 1980, dies stellt eine Steigerung um 36% dar.

Weitere Schwerpunkte sind gegenwärtig nicht sichtbar.

Aus der Mehrzahl von Eingaben ist ersichtlich, daß sich die Genossen und anderen Bürger im vollen Vertrauen zur Partei mit ihren Problemen, Anliegen, Hinweisen und Kritiken an deren Organe wenden. Sie bringen damit ihre Anerkennung zur konsequenten Arbeit der Parteiorgane, insbesondere des Generalsekretärs, des Zentralkomitees, der Bezirksleitung und ihres 1. Sekretärs zum Ausdruck. In einer Vielzahl von Eingaben wird die Anerkennung über die von Partei und Regierung erfolgreich verwirklichte Politik in ihrer Einheit von Wirtschafts- und Sozialpolitik zum Ausdruck gebracht. Fast 80% der Eingeber bekunden ihre Bereitschaft der Mitwirkung bei der Lösung der von ihnen aufgeworfenen Probleme, beispielsweise durch Um- und Ausbau von Wohnraum, durch die beabsichtigte Mitwirkung bei der Verbesserung von Straßen- und Wegeverhältnissen und auf andere Weise.

(Bericht der SED-Bezirksleitung, PDS-Archiv Leipzig IV D–2/5/331)

Anhang

Quellen- und Literaturhinweise

Verlag und Herausgeber haben sich bemüht, die Rechtsinhaber aller in diesem Buch veröffentlichten Texte ausfindig zu machen. Nicht in allen Fällen ist das gelungen. Inhaber von Abdrucksrechten, die nicht zu ermitteln waren und die Ansprüche anzumelden haben, bitten wir, sich mit dem Verlag C. H. Beck München in Verbindung zu setzen.

Da die Quellennachweise jeweils unter den Dokumenten aufgeführt sind, werden hier nur pauschal Hinweise auf die ausgewerteten Zeitungen und Zeitschriften und Dokumentensammlungen sowie auf allgemeine weiterführende Literatur und Quellen zu den einzelnen Kapiteln gegeben.

1. Zeitungen und Zeitschriften

Arbeitgeber
Arbeit und Sozialfürsorge
Bauern-Echo
Beiträge zur feministischen Theorie und Praxis
Benjamin
Berliner Tageblatt
Bulletin des Presse- und Informationsamtes der Bundesregierung
Der Angestellte Arzt. Mitteilungsblatt des Marburger Bundes
Der Bund/Gewerkschaftsstimme
Der Kurier
Der Leuchtturm
Die Sammlung
Die Zeit/Zeitmagazin
Frankfurter Allgemeine Zeitung
Frankfurter Hefte
Frankfurter Rundschau
Hamburger Freie Presse
Hamburger Nachrichtenblatt
Kursbuch
Mainpost
Merkur. Deutsche Zeitschrift für europäisches Denken
Metall
Münchner Merkur
Neue Westfälische Zeitung
Neue Zeitung München
Neuer Weg
Neues Deutschland
PZ (Publizistisches Zentrum für die Sicherheit Deutschlands) 1950–1952
Ratgeber
Rheinischer Merkur
Selbsthilfe

Sie, Berlin
Soziale Ordnung
Soziale Sicherheit
Süddeutsche Zeitung, SZ-Magazin
Südkurier
Technisches Handwerk
Volkssolidarität
Vorwärts
Welt der Frau

2. Quellen- und Dokumentensammlungen, Handbücher, Nachschlagewerke

DDR-Handbuch. Wissenschaftliche Leitung: Hartmut Zimmermann, 2 Bde., 3. erweiterte Auflage, Köln 1986
Ernst Deuerlein (Hg.): DDR. Geschichte und Bestandsaufnahme, München [3]1971
Dokumente deutscher Kriegsschäden, hg. vom Bundesminister für Nachrichten, Flüchtlinge und Kriegsgeschädigte, 5 Bde., Bonn 1958 ff.
Handbuch politischer Institutionen und Organisationen 1945–1949, bearbeitet von Heinrich Potthoff und Rüdiger Wenzel, Düsseldorf 1983
Klaus Jörg Ruhl (Hg.): Neubeginn und Restauration. Dokumente zur Vorgeschichte der Bundesrepublik Deutschland 1945–1949, München 1982
Ders. (Hg.): «Mein Gott, was soll aus Deutschland werden?» Die Adenauer-Ära 1949–1963, München 1985
SBZ-Handbuch. Staatliche Verwaltungen, Parteien, gesellschaftliche Organisationen und ihre Führungskräfte in der Sowjetischen Besatzungszone Deutschlands 1945–1949, hg. v. Martin Broszat u. Hermann Weber, München 1990
Klaus R. Scherpe (Hg.): In Deutschland unterwegs. Reportagen, Skizzen, Berichte 1945–1948, Stuttgart 1982
Um ein antifaschistisch-demokratisches Deutschland. Dokumente aus den Jahren 1945–1949, Berlin (O) 1968
Hermann Weber (Hg.): Dokumente zur Geschichte der Deutschen Demokratischen Republik 1945–1985, München 1986

3. Gesamtdarstellungen zur west- und ostdeutschen Nachkriegsgeschichte

Rolf Badstübner u. a.: Deutsche Geschichte Band 9. Die antifaschistisch-demokratische Umwälzung, der Kampf gegen die Spaltung Deutschlands und die Entstehung der DDR von 1945 bis 1949, Berlin (O) 1989
Josef Becker, Theo Stammen, Peter Waldmann (Hgg.): Vorgeschichte der Bundesrepublik Deutschland, München 1979
Wolfgang Benz (Hg.): Geschichte der Bundesrepublik Deutschland, 4 Bde., Frankfurt/M. 1989
Adolf M. Birke: Nation ohne Haus. Deutschland 1945–1961, Berlin 1989
Karl Dietrich Bracher, Wolfgang Jäger, Werner Link: Republik im Wandel 1969–1974. Die Ära Brandt, Stuttgart 1986
Martin Broszat, Klaus-Dietmar Henke, Hans Woller (Hgg.): Von Stalingrad zur Währungsreform. Zur Sozialgeschichte des Umbruchs in Deutschland, München 1988
Werner Conze, Rainer M. Lepsius (Hgg.): Sozialgeschichte der Bundesrepublik Deutschland, Stuttgart [2]1985
Anselm Doering-Manteuffel: Die Bundesrepublik Deutschland in der Ära Adenauer, Darmstadt 1983

Theodor Eschenburg: Jahre der Besatzung 1945–1949, Stuttgart 1984
Alfred Grosser: Deutschlandbilanz. Geschichte Deutschlands seit 1945, München [7]1980
Robert Hettlage (Hg.): Die Bundesrepublik. Eine historische Bilanz, München 1990
Klaus Hildebrand: Von Erhard zur großen Koalition 1963–1969, Stuttgart 1984
Wolfgang Jäger, Werner Link: Republik im Wandel 1974–1982. Die Ära Schmidt, Stuttgart 1987
Christoph Kleßmann: Die doppelte Staatsgründung. Deutsche Geschichte 1945–1955, Göttingen [5]1991
Ders.: Zwei Staaten, eine Nation. Deutsche Geschichte 1955–1970, Göttingen 1988
Richard Löwenthal, Hans Peter Schwarz: Die zweite Republik. 25 Jahre Bundesrepublik Deutschland – eine Bilanz, Stuttgart 1974
Rudolf Morsey: Die Bundesrepublik Deutschland. Entstehung und Entwicklung bis 1969, München [2]1990
Hans Peter Schwarz: Die Ära Adenauer. Gründerjahre der Republik 1949–1957, Stuttgart 1981
Ders.: Die Ära Adenauer 1957–1963, Stuttgart 1983
Rolf Steininger: Deutsche Geschichte 1945–1961, 2 Bde., Frankfurt/M. 1983
Dietrich Thränhardt: Geschichte der Bundesrepublik Deutschland, Frankfurt/M. 1986
Hermann Weber: Geschichte der DDR, München 1985
Werner Weidenfeld, Hartmut Zimmermann (Hgg.): Deutschland-Handbuch. Eine doppelte Bilanz 1949–1989, Bonn 1989

4. Weiterführende Literatur und Quellen zu den einzelnen Kapiteln

1. Deutsch-Deutsches

Peter Bender: Deutsche Parallelen: Anmerkungen zu einer gemeinsamen Geschichte zweier getrennter Staaten, Berlin 1989
Die beiden deutschen Staaten im Ost-West-Verhältnis. 15. Tagung zum Stand der DDR-Forschung in der Bundesrepublik, Köln 1982
Marion Gräfin Dönhoff u. a.: Reise in ein fernes Land: Bericht über Kultur, Wirtschaft und Politik in der DDR, Hamburg 1964
Gerhard de Fin, Liselotte Julius (Hgg.): Von Deutschland nach Deutschland. Zur Erfahrung der inneren Übersiedlung, Bonn 1983
Peter Christian Ludz: Deutschlands doppelte Zukunft. Bundesrepublik und DDR in der Welt von morgen, München 1974
Theo Sommer (Hg.): Reise ins andere Deutschland, Hamburg 1986

2. Zerstörung und Entwurzelung

Isaac Deutscher: Reportagen aus Nachkriegsdeutschland, Hamburg 1980
Dokumentation der Vertreibung der Deutschen aus Ost-Mitteleuropa, hg. v. Bundesministerium für Vertriebene, bearbeitet von Theodor Schieder, 5 Bde., Bonn 1953 ff.
Klaus-Jörg Ruhl (Hg.): Deutschland 1945. Alltag zwischen Krieg und Frieden in Berichten, Dokumenten und Bildern, Darmstadt 1984
Kurt Zentner: Aufstieg aus dem Nichts. Deutschland von 1945–1953, 2 Bde., Köln 1954

3. Der Kampf ums Überleben

Rainer Grieß: Die Rationengesellschaft. Versorgungskampf und Vergleichsmentalität: Leipzig, München und Köln nach dem Kriege, Münster 1991
Gabriele Stüber: Der Kampf gegen den Hunger 1945–1950. Die Ernährungslage in der britischen Zone Deutschlands, insbesondere in Schleswig-Holstein und Hamburg, Neumünster 1984

528 Quellen- und Literaturhinweise

Günter J. Trittel: Hunger und Politik. Die Ernährungskrise in der Bizone (1945–1949), Frankfurt/M. 1990
Michael Wildt: Der Traum vom Sattwerden. Hunger und Protest, Schwarzmarkt und Selbsthilfe in Hamburg 1945–1948, Hamburg 1986

4. Politische und soziale Initiativen

Paul Erker: Vom Heimatvertriebenen zum Neubürger. Sozialgeschichte der Flüchtlinge in einer agrarischen Region Mittelfrankens 1945–1955, Stuttgart 1988
Klaus-Dietmar Henke: Die Grenzen der politischen Säuberung in Deutschland nach 1945, in: Ludolf Herbst (Hg.): Westdeutschland 1945–1955, München 1986, S. 127–133
Jochen Christoph Kaiser, Anselm Doering-Manteuffel (Hgg.): Christentum und politische Verantwortung. Kirchen im Nachkriegsdeutschland, Stuttgart 1990
Die Lastenausgleichsgesetze, hg. v. Bundesministerium für Vertriebene, Flüchtlinge und Kriegsgeschädigte, 8 Bde., Bonn 1962 ff.
Lutz Niethammer u. a. (Hgg.): Arbeiterinitiative 1945. Antifaschistische Ausschüsse und Reorganisation der Arbeiterbewegung in Deutschland, Wuppertal 1976
Alexander von Plato, Wolfgang Meinicke: Alte Heimat – neue Zeit. Vertriebene, Umgesiedelte, Flüchtlinge in der SBZ/DDR, Berlin 1991
Ders.: «Der Verlierer geht nicht leer aus». Betriebsräte geben zu Protokoll, Bonn 1984
Hermann Rudolph: Evangelische Kirche und Vertriebene 1945–1972, 2 Bde., Göttingen 1985
Richard Stöss (Hg.): Parteien-Handbuch. Die Partei in der Bundesrepublik Deutschland 1945–1980, 2 Bde., Opladen 1983/84

5. Familie, Frauen, Jugend

Antje Dertinger: Frauen der ersten Stunde: Aus den Gründerjahren der Bundesrepublik, Bonn 1989
Sibylle Meyer, Eva Schulze: Wie wir das alles geschafft haben. Alleinstehende Frauen berichten über ihr Leben nach 1945, München ³1985
Gesine Obertreis: Familienpolitik in der DDR 1945–1980, Opladen 1986
Klaus-Jörg Ruhl (Hg.): Frauen in der Nachkriegszeit 1945–1963, München 1988
Rolf Schörken: Jugend 1945. Politisches Denken und Lebensgeschichte, Opladen 1990
Hilde Thurnwald: Gegenwartsprobleme Berliner Familien. Eine Untersuchung an 498 Familien, Berlin 1948
Dieter Wirth: Die Familie in der Nachkriegszeit. Desorganisation oder Stabilität? In: Josef Becker u. a. (Hgg.): Vorgeschichte der Bundesrepublik, München 1979, S. 193–216

6. Kultur und Bildung

«Als der Krieg zu Ende war». Literarisch-politische Publizistik 1945–1950, Stuttgart 1973
Bertolt Brecht: Arbeitsjournal. Band 2: 1942–1955, Frankfurt 1974
Hermann Glaser: Kulturgeschichte der Bundesrepublik Deutschland. Band 1: Zwischen Kapitulation und Währungsreform 1945–1948, München 1985
Jost Hermand: Kultur im Wiederaufbau. Die Bundesrepublik Deutschland 1945–1965, München 1986
Manfred Jäger: Kultur und Politik in der DDR, Köln 1982
W. Ranke u. a. (Hgg.): Kultur, Pajoks und Care-Pakete. Eine Berliner Chronik 1945–1949, Berlin 1990
Elimar Schubbe (Hg.): Dokumente zur Kunst-, Literatur- und Kulturpolitik der SED 1946–1969, Stuttgart 1972

7. Wirtschaft zwischen Demontage und Währungsreform

Werner Abelshauser: Wirtschaft in Westdeutschland 1945–1948. Rekonstruktion und Wachstumsbedingungen in der amerikanischen und britischen Zone, Stuttgart 1975

Handbuch DDR-Wirtschaft, hg. v. Deutschen Institut für Wirtschaftsforschung Berlin, Reinbek ⁴1984

Werner Matschke: Die industrielle Entwicklung der Sowjetischen Besatzungszone (SBZ) 1945–1948, Berlin 1983

Dietmar Petzina (Hg.): Ordnungspolitische Weichenstellungen nach dem Zweiten Weltkrieg, Berlin 1991

Zur Sozialpolitik in der antifaschistischen-demokratischen Umwälzung 1945–1949. Dokumente und Materialien, Berlin (O) 1984

Wolfgang Zank: Wirtschaft und Arbeit in Ostdeutschland 1945–1949. Probleme des Wiederaufbaus in der sowjetischen Besatzungszone Deutschlands, München 1987

8. Wirtschaft und Arbeitswelt

Werner Abelshauser: Wirtschaftsgeschichte der Bundesrepublik Deutschland 1945–1980, Frankfurt/Main 1983

Ders.: Die langen Fünfziger Jahre. Wirtschaft und Gesellschaft der Bundesrepublik Deutschland 1949–1966, Düsseldorf 1987

Daniel Bell: Die dritte technologische Revolution und ihre möglichen sozioökonomischen Konsequenzen. In: Merkur 1990, Nr. 491, S. 28–47

Friedhart Hegner, Margarete Landenberger: Arbeitszeit, Arbeitswelt und soziale Sicherung. Ein Rückblick auf die Arbeitszeitdiskussion in der Bundesrepublik Deutschland nach 1950, Opladen 1988

Cristoph Heusgen: Ludwig Erhards Lehre von der Sozialen Marktwirtschaft. Ursprünge, Kerngehalt, Wandlungen, Bern 1981

Hans Günter Hockerts: Sozialpolitische Entscheidungen im Nachkriegsdeutschland. Alliierte und deutsche Sozialversicherungspolitik 1945 bis 1957, Stuttgart 1980

Rainer Klump: Wirtschaftsgeschichte der Bundesrepublik Deutschland. Zur Kritik neuerer wirtschaftshistorischer Interpretationen aus ordnungspolitischer Sicht, Wiesbaden 1985

Heinz Lampert: Die Wirtschafts- und Sozialordnung der Bundesrepublik, München ⁹1988

9. Soziale Gruppen und soziale Ungleichheit

Jens Alber: Der Sozialstaat in der Bundesrepublik Deutschland 1950–1983, Frankfurt/Main 1989

Klaus von Beyme: Die politische Elite in der Bundesrepublik Deutschland, München ²1974.

Ditmar Brock: Der schwierige Weg in die Moderne. Umwälzungen in der Lebensführung der deutschen Arbeiter zwischen 1850 und 1950, Frankfurt/Main 1991

Hans Werner Franz, Wilfried Kruse, Hans Günter Rolff (Hgg.): Neue alte Ungleichheiten. Berichte zur sozialen Lage der Bundesrepublik, Opladen 1986

Rainer Geißler (Hg.): Soziale Schichtung und Lebenschancen, Stuttgart 1987

Gert-Joachim Glaeßner, Jürgen Holz, Thomas Schlüter (Hgg.): Die Bundesrepublik in den siebziger Jahren. Versuch einer Bilanz, Opladen 1984

Richard Hauser u. a.: Armut, Niedrigeinkommen und Unterversorgung in der Bundesrepublik Deutschland. Bestandsaufnahme und sozialpolitische Perspektiven, Frankfurt/Main 1981

Ulrich Herbert: Geschichte der Ausländerbeschäftigung in Deutschland 1880–1980. Saisonarbeiter, Zwangsarbeiter, Gastarbeiter, Bonn 1983

Jürgen Kocka: Die Angestellten in der deutschen Geschichte 1850–1980, Göttingen 1981
Richard Kreckel (Hg.): Soziale Ungleichheiten, Göttingen 1983
Brigitte Löhr, Rita Meyhöfer: Arbeits- und Lebensrealität von Angestellten. In: Lutz Niethammer u. a.: Bürgerliche Gesellschaft in Deutschland, Frankfurt/Main 1990, S. 577 ff.
Paul Lüttinger: Integration der Vertriebenen, Frankfurt/Main 1989
Josef Mooser: Arbeiterleben in Deutschland 1900–1970. Klassenlagen, Kultur und Politik, Frankfurt/Main 1984
Wolfgang Ruppert (Hg.): Die Arbeiter. Lebensformen, Alltag und Kultur von der Frühindustrialisierung bis zum «Wirtschaftswunder», München 1986
Bernhard Schäfers: Gesellschaftlicher Wandel in Deutschland. Ein Studienbuch zur Sozialstruktur und Sozialgeschichte der Bundesrepublik, Stuttgart ⁵1990

10. Parteien, Verbände, Initiativen

Ulrich v. Alemann: Organisierte Interessen in der Bundesrepublik Deutschland, Opladen 1987
Volker Berghahn: Unternehmer und Politik in der Bundesrepublik, Frankfurt/Main 1985
Thomas Ellwein: Krisen und Reform. Die Bundesrepublik seit den sechziger Jahren, München 1989
Michael Th. Greven: Parteien und politische Herrschaft. Ein empirischer Essay über das politische Alltagsbewußtsein in Parteien, Opladen 1987
Franz-Xaver Kaufmann, Bernhard Schäfers (Hgg.): Religion, Kirche und Gesellschaft in Deutschland, Opladen 1988
Karl A. Otto: Vom Ostermarsch zur APO. Geschichte der außerparlamentarischen Opposition in der Bundesrepublik 1960–1970, Frankfurt/Main 1977
Roland Roth, Dieter Hucht (Hgg.): Neue Soziale Bewegungen in der Bundesrepublik Deutschland, Frankfurt/Main 1987
Rüdiger Schmidt: Die Friedensbewegung in der Bundesrepublik Deutschland. Ursachen und Bedingungen einer neuen sozialen Bewegung, Opladen 1990
Richard Stöß (Hg.): Parteienhandbuch. Die Parteien der Bundesrepublik Deutschland 1945–1980, 4 Bde., Opladen 1983
Jürgen Weber: Die Interessengruppen im politischen System der Bundesrepublik Deutschland, Stuttgart 1977
Hans-Georg Wehling (Hg.): Parteien in der Bundesrepublik Deutschland, Stuttgart 1990

11. Familie, Frauen

Ute Frevert: Frauen-Geschichte. Zwischen Bürgerlicher Verbesserung und Neuer Weiblichkeit, Frankfurt/Main 1986
Astrid Joosten: Die Frau, das «segenspendende Herz der Familie», Pfaffenweiler 1990
Rosemarie Naeve-Herz (Hg.): Wandel und Kontinuität der Familie in der BRD, Stuttgart 1988
Ulf Preuss-Lausitz u. a. (Hgg.): Kriegskinder, Konsumkinder, Krisenkinder. Zur Sozialisationsgeschichte seit dem Zweiten Weltkrieg, Weinheim 1983

12. Jugend, Bildung

Dieter Baacke: Jugend und Jugendkulturen. Darstellung und Deutung, Weinheim 1987
Siegfried Baske (Hg.): Bildungsreformen in der Bundesrepublik Deutschland und in der Deutschen Demokratischen Republik. Ergebnisse und Probleme vergleichender Untersuchungen, Heidelberg 1981

Peter Büchner, Heinz-Hermann Krüger (Hgg.): Aufwachsen hüben und drüben: deutsch-deutsche Kindheit und Jugend vor und nach der Vereinigung, Opladen 1991
Jürgen Habermas: Protestbewegung und Hochschulreform, Frankfurt/Main 1969
Walter Jaide, Barbara Hille (Hgg.): Jugend im doppelten Deutschland, Opladen 1977
Jugend '81. Studien im Auftrag des Jugendwerkes der Deutschen Shell, 3 Bde., Hamburg 1981
Max-Planck-Institut für Bildungsforschung (Hg.): Bildung in der Bundesrepublik Deutschland. Die Entwicklung seit 1950, Reinbek 1980
Volkmar Sigusch, Gunter Schmidt: Jugendsexualität, Stuttgart 1973
Klaus Wasmund: Leitbilder und Aktionsformen Jugendlicher nach dem Zweiten Weltkrieg in Deutschland bis zu den sechziger Jahren. In: Dieter Duwe (Hg.): Jugendprotest und Generationenkonflikt in Europa im 20. Jahrhundert, Bonn 1986, S. 211–231

13. Wohnen und Freizeit

Klaus v. Beyme: Der Wiederaufbau. Architektur und Städtebaupolitik in beiden deutschen Staaten, München 1987
Ders., Werner Durth, Niels Gutschow, Winfried Nerdinger und Thomas Topfstedt (Hgg.): Neue Städte aus Ruinen. Deutscher Städtebau der Nachkriegszeit, München 1992
Werner Durth, Niels Gutschow: Träume in Trümmern. Planungen zum Wiederaufbau zerstörter Städte im Westen Deutschlands 1940–1950, 2 Bde., Braunschweig 1988
Claus Eurich, Gerd Würzberg: 30 Jahre Fernsehalltag. Wie das Fernsehen unser Leben verändert hat, Reinbek 1983
Ludwig Fischer (Hg.): Literatur in der Bundesrepublik Deutschland bis 1967, München 1986
Ingrid Herlyn, Ulfert Herlyn: Wohnverhältnisse in der Bundesrepublik, Frankfurt/Main 1983
Hilmar Hoffmann, Heinrich Klotz (Hgg.): Die Sechziger. Die Kultur unseres Jahrhunderts, Düsseldorf 1987
Kaspar Maase: Lebensweise der Lohnarbeiter in der Freizeit. Empirische Materialien und theoretische Analyse, Frankfurt/Main 1984
Cornelia Mikolaschek, Peter Mikolaschek: Freizeit als Gegenstand der Politik. Konzepte der Parteien und Verbände, Frankfurt/Main 1984
Horst W. Opaschowski: Sport in der Freizeit. Mehr Lust als Leistung, Hamburg 1987
Martin Osterland: Gesellschaftsbilder in Filmen. Eine soziologische Analyse des Filmangebots der Jahre 1949–1964, Stuttgart 1970
Axel Schildt, Arnold Sywottek (Hgg.): Massenwohnung und Eigenheim. Wohnungsbau und Wohnen in der Großstadt seit dem Ersten Weltkrieg, Frankfurt/Main 1988
Heinz-Günter Vester: Zeitalter der Freizeit. Eine soziologische Bestandsaufnahme, Darmstadt 1988

14. Wirtschaftsplan, Wirtschaftsentwicklung, Versorgungsprobleme

Einheit von Wirtschafts- und Sozialpolitik. Anspruch und Realität. 11. Tagung zum Stand der DDR-Forschung in der Bundesrepublik (Deutschlandarchiv/Sonderheft), Köln 1978
K. Groschoff u. a.: Die Landwirtschaft in der DDR, Berlin (O) 1980
Handbuch DDR-Wirtschaft, hg. v. Deutschen Institut für Wirtschaftsforschung Berlin, Reinbek ⁴1984

Werner Krause: Die Entstehung des Volkseigentums in der Industrie der DDR, Berlin
(O) 1958
Gerd Leptin: Die deutsche Wirtschaft nach 1945. Ein Ost-West-Vergleich, Opladen ³1980
Joachim Nawrocki: Das geplante Wunder. Leben und wirtschaften im anderen
Deutschland, Hamburg 1967

15. Soziale Schichten und Gruppen, Arbeitswelt, soziale Konflikte

Günter Erbe: Arbeiterklasse und Intelligenz in der DDR, Opladen 1982
Werner Filmer, Heribert Schwan: Alltag im anderen Deutschland, Düsseldorf 1985
Lebensbedingungen in der DDR. 17. Tagung zum Stand der DDR-Forschung in der
Bundesrepublik, Köln 1984
Peter Christian Ludz (Hg.): Studien und Materialien zur Soziologie der DDR, Opladen
1971
Heiner Timmermann (Hg.): Sozialstruktur und sozialer Wandel in der DDR, Saar-
brücken 1988

16. Parteien, Verbände, oppositionelle Gruppierungen

Horst Dähn: Konfrontation oder Kooperation? Das Verhältnis von Staat und Kirche
in der SBZ/DDR 1945–1980, Opladen 1982
Wolfgang Eckelmann u. a.: FDGB intern. Innenansichten einer Massenorganisation
der SED, Berlin 1990
Karl Wilhelm Fricke: Opposition und Widerstand in der DDR, Köln 1984
Geschichte des Freien Deutschen Gewerkschaftsbundes, hg. v. Bundesvorstand des
FDGB, Berlin (O) 1982
Ulrich Gill: Der Freie Deutsche Gewerkschaftsbund (FDGB). Theorie – Geschichte –
Organisation – Funktionen – Kritik, Opladen 1989
Magdalena Heider, Kerstin Thöns (Hgg.): SED und Intellektuelle in der DDR der
fünfziger Jahre. Kulturbund-Protokolle, Köln 1990
Armin Mitter, Stefan Wolle (Hgg.): «Ich liebe Euch doch alle!» Befehle und Lagebe-
richte des MfS Januar bis November 1989, Berlin 1990
Helmut Müller-Enbergs u. a. (Hgg.): Von der Illegalität ins Parlament. Werdegang
und Konzept der neuen Bürgerbewegungen, Berlin 1991
Ernst Richert: Die DDR-Elite oder unsere Partner von morgen?, Reinbek 1968
Michael Richter: Die Ost-CDU 1948–1952. Zwischen Widerstand und Gleichschal-
tung, Düsseldorf 1990
Hartmut Zimmermann: Der FDGB als Massenorganisation und seine Aufgaben bei
der Erfüllung der betrieblichen Wirtschaftspläne. In: Peter Christian Ludz (Hg.):
Studien und Materialien zur Soziologie der DDR, Opladen 1971, S. 115–144

17. Frauen, Familie, Alte

W. Commandeur, A. Sterzel: Das Wunder drüben sind die Frauen. Begegnungen zwi-
schen Dresden und Rügen, Bergisch-Gladbach 1965
Gisela Helwig: Am Rande der Gesellschaft. Alte und Behinderte in beiden deutschen
Staaten, Köln 1980
Dies.: Frau und Familie in beiden deutschen Staaten, Köln ²1987
Barbara Hille: Familie und Sozialisation in der DDR, Opladen 1985
Herta Kuhrig, Wolfram Speigner (Hgg.): Zur gesellschaftlichen Stellung der Frau in
der DDR, Leipzig 1979
Siegfried Mrochen: Alter in der DDR. Arbeit, Freizeit, materielle Sicherung und
Betreuung, Weinheim 1980

Gesine Obertreis: Familienpolitik in der DDR 1945–1980, Opladen 1986
Maxie Wander: Guten Morgen, Du Schöne. Frauen in der DDR, Darmstadt 1978

18. Jugend

Wolfgang Büscher, Peter Wensierski: Null Bock auf DDR: Aussteiger-Jugend im anderen Deutschland, Reinbek 1984
Arnold Freiburg, Christa Mahrad: FDJ. Der sozialistische Jugendverband der DDR, Opladen 1982
Walter Friederich, Werner Gerth (Hgg.): Jugend konkret, Berlin (O) 1984
Olaf Leitner: Rockszene DDR. Aspekte einer Massenkultur im Sozialismus, Reinbek 1983
Detlef Urban, Hans W. Weinzen: Jugend ohne Bekenntnis? Dreißig Jahre Konfirmation und Jugendweihe im anderen Deutschland 1954–1984, Berlin 1984

19. Bildung und Kultur

Oskar Anweiler: Schulpolitik und Schulsystem in der DDR, Opladen 1988
Karl-Heinz Günther, C. Lost (Hgg.): Dokumente zur Geschichte des Schulwesens in der DDR, 4 Bde., Berlin (O) 1969/1986
Manfred Jäger: Kultur und Politik in der DDR, ein historischer Abriß, Köln 1982
Hermann Kant: Die Aula. Roman, Frankfurt/M. 1968
Günther Rüther: «Greif zur Feder, Kumpel». Schriftsteller, Literatur und Politik in der DDR 1949–1990, Düsseldorf 1991
Elmar Schubbe (Hg.): Dokumente zur Kunst-, Literatur- und Kulturpolitik in der SED 1946–1969, Stuttgart 1972
Die SED und das kulturelle Erbe. Orientierungen, Errungenschaften, Probleme, Berlin (O) 1986
Dietmar Waterkamp: Handbuch des Bildungswesens der DDR, Berlin (W) 1986

20. Alltag, Freizeit, Wohnen

Irene Böhme: Die da drüben. 7 Kapitel DDR, Berlin (W) 1982
Gabriele Eckart: So sehe ick die Sache. Protokolle aus der DDR, Köln 1984
Werner Filmer, Heribert Schwan: Alltag im anderen Deutschland, Düsseldorf 1985
Helmut Hanke: Freizeit in der DDR, Berlin (O) 1979
Petra Hartmann-Laugs, Anthony John Goss: Unterhaltung und Politik im Abendprogramm des DDR Fernsehens, Köln 1982
Gunter Holzweissig: Massenmedien in der DDR, Berlin (W) 1983
H. W. Jenkis: Wohnungswirtschaft und Wohnungspolitik in beiden deutschen Staaten, Hamburg 1976
Lebensbedingungen in der DDR. 17. Tagung zum Stand der DDR-Forschung in der Bundesrepublik, Köln 1984
Manfred Melzer, Wolfgang Steinbeck: Wohnungsbau und Wohnungsversorgung in beiden deutschen Staaten – ein Vergleich, Berlin (W) 1983
Hermann Rudolph: Die Gesellschaft der DDR – eine deutsche Möglichkeit? Anmerkungen zum Leben im anderen Deutschland, München 1972
Erika Runge: Reise nach Rostock, Frankfurt 1971

Sachregister